中原学术文库·文集

崔大华全集

（全七卷·第五卷）

崔大华　著

社会科学文献出版社
SOCIAL SCIENCES ACADEMIC PRESS (CHINA)

（上图）2000年10月，
崔大华赴福建武夷山参加"纪念朱
熹逝世八百周年学术研讨会"

（下图）2002年10月，
崔大华在"纪念侯外庐先生百年诞
辰学术研讨会"上作报告

（上图）2003年10月，崔大华在"中国桂林纪念梁漱溟先生诞辰110周年暨学术讨论会"上作报告

（下图）2004年8月，崔大华（右二）赴马来西亚参加"第一届儒学国际学术研讨会"时，与参会专家李存山（右一）、徐仪明（左一）、林乐昌（左二）等人合影

2012年10月14日，河南省社会科学院举办"《儒学的现代命运》出版暨崔大华先生学术思想研讨会"

2012年10月14日，在"《儒学的现代命运》出版暨崔大华先生学术思想研讨会"上的崔大华

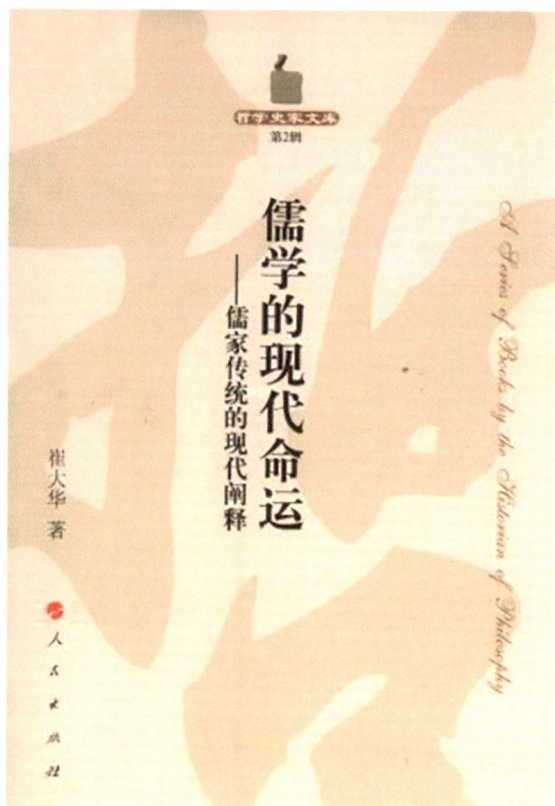

2012年3月，
《儒学的现代命运——儒家传统的现代阐释》由人民出版社出版并收入"哲学史家文库"

出版说明

崔大华,字实之,1938 年 12 月 3 日(农历十月十二)① 出生于安徽省六安县南岳庙区分路口乡莲花庵村(今安徽省六安市裕安区分路口镇莲花庵村)。1961 年 8 月毕业于中国人民大学哲学系。1961 年 9 月至 1978 年 9 月,先后任教于河南省医学院、商丘第一高中、商丘师范学校、商丘大学、商丘师范学院。1978 年 10 月考入中国社会科学院研究生院攻读中国思想史专业硕士学位,师从我国著名马克思主义历史学家、思想家、教育家侯外庐先生(1903~1987)。1981 年 10 月分配到中国社会科学院历史研究所中国思想史研究室工作。1982 年 9 月调入河南省社会科学院哲学研究所,1983 年任副所长,1987 年晋升为副研究员,同年加入中国共产党,1992 年晋升为研究员,1993 年任所长,1998 年退休(随即返聘,2001 年 2 月正式退休)。2013 年 11 月 25 日于广州逝世,享年 75 岁。

崔大华先生曾被聘为河南大学中国哲学专业硕士研究生导师、南京大学中国思想家研究中心兼职教授,曾担任中国哲学史学会理事、国际儒学联合会顾问、河南省儒学文化促进会副会长兼学术顾问、《道家文化研究》编辑委员会编委、"元典文化丛书"编辑委员会编委、《中华道藏》顾问委员会学术顾问,是河南省优秀专家、河南省劳动模范、国家有突出贡献专家、享受国务院政府特殊津贴专家。

---

① 崔大华的出生日期有两种说法:1938 年农历十月十二(生母所说)和 1938 年农历十月十一(乳母所说)。他采用后一个说法,又向后推一个月,通常写为 1938 年 11 月 11 日。经崔大华夫人李正平老师确认,他的出生日期是 1938 年 12 月 3 日(农历十月十二)。

崔大华先生是当代中国著名哲学史家，其学术成果受到海内外学术界的充分重视与肯定。崔先生毕生从事中国哲学思想史研究，其代表性著作主要有：专著《南宋陆学》《庄子歧解》《庄学研究——中国哲学一个观念渊源的历史考察》《儒学引论》《儒学的现代命运——儒家传统的现代阐释》，合著《宋明理学史》《道家与中国文化精神》。此外，还在《中国社会科学》《哲学研究》《文史哲》《中国哲学史》《中州学刊》等刊物上发表学术论文70余篇。其中《宋明理学史》获第一届郭沫若中国历史学奖荣誉奖，《庄子歧解》获河南省社会科学优秀成果一等奖、全国首届古籍整理图书二等奖，《南宋陆学》《庄学研究——中国哲学一个观念渊源的历史考察》《儒学引论》《儒学的现代命运——儒家传统的现代阐释》四部专著及合著《道家与中国文化精神》获河南省社会科学优秀成果一等奖。

崔大华先生的学术成果具有很强的创新性，其理论深度为当代中国哲学界公认。崔先生读研究生前，学术兴趣主要集中在庄子道家；读研究生后，在指导老师的建议下，他把宋明理学特别是南宋陆学作为自己研究的重点。他的硕士学位论文《南宋陆学》将南宋陆学作为一个整体进行研究，资料翔实，论断新颖，拓展了中国思想史研究领域。为此，张岱年先生曾评价该成果"超过了近年来有关宋代思想论著的水平"，"是对于宋代思想史研究的一个重要贡献"。其后，崔先生又参与了集体项目《宋明理学史》的撰写，这为他后来系统的儒学研究奠定了坚实的基础。20世纪80年代初至90年代初，崔先生回到庄子研究，先后出版《庄子歧解》和《庄学研究——中国哲学一个观念渊源的历史考察》两部大著。《庄子歧解》是他为撰写《庄学研究》所做文献准备的成果。以往注解《庄子》的方法大体有两种：集解法与孤解法。前者长于搜集，失之于冗；后者长于有见，失之于偏。崔先生兼取两者之长而避其短，在前人注释《庄子》的基础上活用歧解法，显化分歧产生的原因，从注解的分歧进入问题的研究。因此可以说，《庄子歧解》不是一般的《庄子》注释、集注性著作，而是以对中国哲学史历代思潮、学术派别的全面把握为基础进行的深入、系统解析的研究性专著。该书已成为学人读通和理解《庄子》的一部案头必备书。《庄学研究》在历史考证上系统地归纳并正确地解答了历史遗留的有关庄子其人其书及其与先秦诸子关系上的存疑问题，廓清了重重迷雾；在思想研究中视野广阔，在整个中国哲学和思想文化的发展背景下，系统地分析研究了庄学理论体系及其基本范畴，并在世界哲学背景下，彰显庄子哲学的特质与价值；具体考察了庄子思想在儒学理论更新和消化异质文化方面的突出作用。曾经被认为只有思维教训的庄子哲学，通过崔先生的研究，展现出了真实的面貌与可贵的价值。该书受到学术界的高度评价，称其为"道家思想研究方面的一流学术成果"（吴光先生语），"20世纪最有新意和理论深度的一部道家思想研究专著"（方克立先生语）。崔先生因《庄学研究》而成名，但鉴于中国传统思想文化的主流是儒学，自20世纪90年代起，他的研究重心逐步从庄学转向儒学，这反映了他终极的治学目标和学术旨趣。他先后主持两项国家社科基金项目，结项成果以《儒学引论》和《儒学的现代命运——儒家传统的现代阐释》为书名，由人民出版社列入"哲学史家文库"出版。《儒学引论》运用结构的方法，将孔子创立的儒学解析为三个理论层面，即心性的（仁）、社会的（礼）、超越的（命），表达自己对于孔子儒学的核心究竟是"仁"还是"礼"这类问题的回应，并以这个理论结构的稳定与更新，考察儒学理论形态的变化，将方法自觉与理论创新圆满结合起来；运用历史的方法呈现儒学的理论面貌，即以经学为基础的儒学形态，包括汉代天人之学、魏晋自然之学（玄学）、宋明性理之学（理学）；运用比较的方法突出儒学的伦理道德的理论特质，并在与古希腊和古印度思想的比较中彰显其特色。《儒学的现代命运——儒家传统的现代阐释》承续《儒学引论》而又高屋建瓴、视野宏阔，不仅有高度的方法自觉，还有明确的问题意识。针对儒学在现时代社会生活中究竟是已经退隐而成为一种历史记忆，还是仍在显现功能而仍然活跃的生命这一重大问题，他以翔实严密的论证，彰显了作为中国人的一种生活方式的儒学，在推进中国现代化进程和应对现代性问题中的积极作用和从容姿态，由此说明儒学具有超越具体历史情境的久远价值，古老的儒学并不是博物馆里的死物，它所蕴涵的对人类文明发展具有普适性价值的思想资源，在现代社会依然具有鲜活的生命力。这两部儒学专著，其理论创新所确立的全新视角与学术考察所拥有的开放内涵，为儒学的历史与现实的有效衔接提示了内在的逻辑理路，并为儒学未来的发扬光大和影响世界的命运进程提供了可能的范式。

崔大华先生一生淡泊名利，潜心治学，学养深厚，对于中国哲学、马克思主义哲学、西方哲学、印度哲学，皆精研有得。崔先生将学术研究与延续中华文化慧命结合起来，表现出高度的文化自觉与历史使命感。他在道家与儒学的学术研究中所取得的创新性成果，对于深化道家和儒学研究乃至中国传统文化研究，都有重要的学术价值；对于传承和弘扬中国优秀传统文化，增强中国人的文化自信，具有重要的理论价值和现实意义。

作为当代中国哲学界著名的哲学史家，崔大华先生是河南省社会科学院和河南哲学界的一面旗帜。如今先生虽已仙逝，但他高尚的学术品格和宝贵的思想遗产，永远值得后人学习、研究与传承。2019 年 3 月，河南省社会科学院启动《崔大华全集》的编纂出版工作，并成立《崔大华全集》编纂委员会。《崔大华全集》不仅收录了崔先生已出版的全部论著，包括专著、合著、论文以及早年发表的哲理短文、崔大华先生学行简谱，还收录了他未发表的随笔、短文、日记、部分书信及不同时期照片。《崔大华全集》以保证论著的完整呈现为原则，按照时间与类别相结合的方式编排，共分为七卷：第一卷收录《南宋陆学》和《宋明理学史》《道家与中国文化精神》中崔先生撰写的章节，第二卷收录《庄子歧解》，第三卷收录《庄学研究——中国哲学一个观念渊源的历史考察》，第四卷收录《儒学引论》，第五卷收录《儒学的现代命运——儒家传统的现代阐释》，第六卷收录《中国传统社会思想的理路及当代价值》①，第七卷收录崔先生已发表但未收入《中国传统社会思想的理路及当代价值》的论文，以及随笔、短文、日记、书信、崔大华先生学行简谱。《崔大华全集》计400 余万字。《庄子歧解》《庄学研究——中国哲学一个观念渊源的历史考察》经过崔先生修订后曾在中华书局和人民出版社再版和重印，《崔大华全集》根据再版和重印本校勘。其余发表过的作品根据原版原文校勘。未发表过的作品，在整理中尽量保留原貌，底稿中明显的讹误之处以"编者注"的形式予以说明。

---

① 崔大华先生仙逝后，河南省社会科学院哲学与宗教研究所曾组织科研人员搜集崔先生发表的学术论文，进行分类、校对，编成《中国传统社会思想的理路及当代价值》一书，于 2016 年 10 月由社会科学文献出版社出版。

《崔大华全集》由河南省社会科学院创新工程项目资助，作为河南省社会科学院创新工程成果出版发行。

　　以"全集"的形式为专家学者出版作品集，在河南省社会科学院尚属首次。我们在编纂过程中虽然尽心竭力，但是由于学术水平和编纂经验所限，难免会有不足之处，希望得到学界同仁与读者的批评指正。

《崔大华全集》编纂委员会

2021 年 7 月

编辑凡例

一、已发表作品的版本、出处见各卷"卷前说明"。

二、以繁体字发表的论文改为简体，竖排改为横排。

三、原印刷中的错误和作者行文中明显的文字、标点错误均予校改。异体字改动而无损原意者，一般改为通用字。

四、标点符号按照最新的标准执行。

五、原有随文注一般不改动，文末注释均改为页下注；注释中有明显错误的，予以订正。

六、编者注释均注明"编者注"字样。

卷前说明

    本卷收录《儒学的现代命运——儒家传统的现代阐释》。该书 2012 年
3 月由人民出版社出版，并收入"哲学史家文库"。本卷根据 2012 年版
校勘。

儒学的现代命运——儒家传统的现代阐释

乙篇

丙篇

自　序

　　儒学作为中国传统文化之精神、思想的主体或主流，在中国现代化进程中，在现时代的境况下，是正从社会生活舞台上退隐，还是仍在显现功能？对于未来的中国文化和人类文化来说，儒学只是一种历史的记忆，还是仍可以为活跃的生命？我的这本《儒学的现代命运——儒家传统的现代阐释》，就是试图能较具体、深入地回答这个问题。这本书也是我十年前出版的《儒学引论》的姊妹篇、续篇。

1. 背景

　　应该说，最近一个世纪以来，伴随着中国现代化进程，对儒学之价值和命运的这种反思从未曾停息，无数中国人文学者的智慧都被吸引到这个思想的运动中来。但是也应该说，他们从各自理论立场或视角里所观察到的儒学内容和据以作出的判定，并不相同。20世纪初五四运动前后，具有某种"启蒙"色彩的对儒学之否定性批判，五六十年代以后先是在港台后又在全国兴旺的现代新儒学思潮、80年代以来在大陆兴起的"文化热"（"国学热"）思潮对儒学之肯定性阐发，可以视作20世纪中国儒学反思的两种基本的观察和结论。

　　20世纪前期和后期的人们，何以对儒学坚持如此迥然有别的两种立场态度？这个缘由，在21世纪今天的历史位置上所能拥有的更宽广的历史视野里，显现得还是比较清晰的。春秋末期由孔子开创的儒学，是在殷周宗教观念被突破和西周宗法观念蜕变的基础上形成的，就其本身而言，是一个以"仁""礼""天命"三个基本范畴所体现的心性的、社会的、超越的三个理论层面构成的、以伦理道德思想为特质的观念体系。汉代以后，逐渐成为附着有权力因素的君主专制国家的意识形态①。儒学的社会功能因此也有所扩展，不仅有道德的功能，还表现了法律性和宗教性的功能。南宋以后，程朱理学强化了儒学的国家意识形态性质。在国家的"教化"政策推动下，通过从科举考试到通俗的启蒙读物的多种方式，儒学浸润了士、农、工、商的各个社会阶层，从而也渗透到作为一种文化结构的诸如制度、器物、风俗等各个层面上，并且在有决定的意义上塑造了它们的形态。在世界文化背景下，儒学凝聚成一种具有独特品格的，即有自己的内涵和特征的文化类型，一种生活方式。完全可以说，儒学是中华民族精神生命之所在，中华民族的兴衰荣辱，都能从不同维度上显示出与儒学不同程度的犀通关联。这样，20世纪初，当中华民族国势衰危、国民道德颓靡，在先行完成了现代化国家的西方工业文明挑战面前遭到严重挫折失败时，儒学被视为是酿成这种厄运之观念的、精神的根源而受到严厉的责难和否定性的批判，就是很自然的了。50年代以后，国家经历了辛亥革命的胜利和社会主义革命与建设的成功，数千年来的君主专制的国家制度结束了，属于全体人民的、新的国家权力重心建立起来，中国现代化进程跨入了新的阶段。这样，在中华民族迈上复兴之路时，儒学也有了新的定位，即蜕去了它在历史上被附着的有权力因素的那种国家意识形态性质②，而以其固有的伦理道德思想特质、以其作为中国传统文化中之具有久远价值的基本精神来表现其功能时，人们发现，儒学还是珍贵的，仍在支持着、模塑着我们中华民族作为一种有悠久历史的文化类型和独立的

① "意识形态"之内涵和确切界定，都存在着分歧。然而，一种思想体系与权力结合，无疑是其意识形态性质最具特征的表现。西汉有"推明孔氏，抑黜百家"的董仲舒与汉武帝对策（《汉书》卷五十六《董仲舒传》），东汉有章帝亲自参与的标举"三纲"的白虎观会议（《后汉书》卷三《章帝纪》），都是汉代儒学与权力结合的过程。历史上儒学作为国家意识形态的显著标志是，自西汉平帝始封孔子为"褒成宣尼公"后，历代王朝对孔子都有王、公、先师等封谥；具备儒家德行修养和谙熟儒家经典，亦是汉代以降历代王权选拔人才的标准。

② 辛亥革命后，儒学被从历史上的那种国家意识形态位置上剥离出来，主要有两点表现：其一，从民国之初的《中华民国宪法案》到此后历次民国宪法，每有议员提出在宪法中写将"孔教"立为国教、将孔子思想定为"修身大本"之两项条文，皆被否决；其二，在民国的新教育体制中，各级学校废止读经；儒学亦被肢解，儒学不再以完整的经典体系被尊崇、传授，只是作为人文知识碎片被学习、记忆。

生活方式的存在。现代新儒学思潮和"国学热"思潮①所努力追寻和阐发的，也许正是这样的文化生命。

在21世纪今天的历史位置上所能拥有的更深入的理论眼光中，还能观察到20世纪的儒学反思，在其否定性批判中存在着理论误区，肯定性阐释中也有理论缺弱之处。五四时期，人们据以严厉批判、彻底否定儒学的两个主要判据是：其一，儒学基本的，甚至是全部的思想内容就是"三纲"②，是完全为等级制的君主专制国家社会制度服务的；其二，儒学与中国现代化追求实现的目标——民主与科学是不相容的③，与现代化方向是相悖的。但是，若能对儒家思想作较深入的、历史的考察分析则不难发现，先秦儒学的"君仁臣忠，父慈子孝，夫义妇听"（《礼记·礼运》）之"五伦"或"十义"规范，与汉代以后"君为臣纲，父为子纲，夫为妻纲"（《白虎通》卷七）的"三纲"制度，虽然都是表述、规范儒家社会生活中的主要人际关系，但性质却有重要的不同。前者表述、规范的是相互承担伦理义务、道德责任的人际关系，其义务、责任是有差异的，但是等值的；它不是平等的关系，而是超越平等的和谐的关系。后者则是因在这种人际关系中注入了宗法的、政治的权力因素，而被扭曲、异化，变成了单向的权力屈从的、不平等的关系。所以，将儒学之实质或内容归纳为、等同于"三纲"，是有悖于儒家伦理道德思想固有特质的误判。当然，在五四的当时，汉代以来长时期的儒家伦理道德思想和规范被权力扭曲、与权力结合的生活时代才刚刚终结，这种误判又是可以同情地理解的。社会学的现代化理论在一开始时，曾将现代与传统视为对立的来论说的。20世纪60年代后，现代化理论修正了这个

---

① 这里在宽泛意义上将20世纪里判定儒家思想是中国文化的主体或主流，并对其作肯定性阐释的思潮称为"现代新儒学"；而将对包括儒学在内的全部传统文化、学术思想，一般皆持尊崇的态度、做肯定地阐发的思潮称为"国学热"。"国学"超出本书以儒学为主题的论述范围，后面不再论及。

② 例如，可作为五四前后传统文化批判之代表人物的陈独秀说："儒家立教的实质，不是'三纲'是什么？……儒家的独特主张除去'三纲'的礼教，没有任何主张。"（陈独秀：《孔子与中国》，载林茂生等编《陈独秀文章选编》下册，生活·读书·新知三联书店1984年版，第531页）

③ 例如，陈独秀说："要拥护那德先生，便不得不反对孔教礼法、贞节、旧伦理、旧政治；要拥护那赛先生，便不得不反对旧艺术、旧宗教。"（陈独秀：《〈新青年〉罪案之答辩书》，载《独秀文存》卷一，亚东图书馆1922年版，第362页）

观点。可为代表的是以色列社会学家艾森斯塔德（S. N. Eisenstadt），他从现代化进程的世界背景下，举出三项传统与现代并不对立的例证后说："现代化的成功在很大程度上受益于传统背景中的某些因素；现代社会功能的履行在很大程度上依赖于传统力量在现代化过程中的可利用性。"① 申言之，五四的儒学反思将内涵丰富的儒家文化传统与中国现代化对立起来，也是个误判。显然，对于五四时期的人们而言，那时候的中国现代化进程正处于困难和充满失败的、并未显现任何从传统中生长出成功的境况下，他们的这种误判也是可以谅解的。五四文化反思时对儒学作出彻底的否定性批判的两个主要判据，尽管都有源于当时历史情境的可谅解的原因的解释，但在今天的历史位置上，从作严格理论审视的立场上，我们仍可判定，这两个判据都曾蹈入了理论误区，是我们今天考察、研判儒学的思想特质和现代价值时应吸取的理论教训。

20 世纪以现代新儒家②为代表的对传统儒学所作的肯定性阐释中，也有理论缺弱之处。我观察到的是，其一，儒学当然首先呈现的是一个丰富的观念系统，一个伦理道德思想体系；这些观念有它具体的历史内容，这个思想体系也有它的内在结构。但是，现代新儒家的儒家思想诠释中，似乎是主观性较强而历史意识不足，每援借现代西方哲学某观点，驰骋己见，作主观演绎，多有背离儒家思想观念之历史情境和意涵的情况出现。现代新儒家对儒学的心性观念阐发得比较深刻、充分，但对其社会的、超越的理论层面阐释较疏浅，未能形成儒家思想的整体结构观念，也就不能完整地彰显儒家的道德精神。其二，儒学不仅是一种观念形态的存在，也是一种生活方式的存在，准确地说，更是儒家传统——儒家思想及其建构的生活方式的存在。但是，现代新儒家主要是将儒学作为一种观念形态来

---

① S. 艾森斯塔德：《传统、变革与现代化——对中国经验的反思》，谢立中、孙立平编《二十世纪西方现代化理论文选》，上海三联书店 2000 年版，第 1088～1089 页。

② 现代新儒家是 20 世纪中国现代新儒学思潮的核心部分。学界对"现代新儒家"还没有形成明确一致的界定，我这里主要是指 20 世纪五六十年代以来活跃在港台或海外的一个有某种师承关系的但仍是松散的学术群体。他们论证了儒学认同民主与科学，使儒学跟上时代的发展；发掘了儒学的"内在超越"层面，维护住儒家伦理道德实践的终极根源；探索了儒学具有久远性的精神价值及其现代转化途径；凡此皆可以说是现代新儒家诠释出的儒学现代价值，表达了对儒学未来命运的信心。所以我以为，现代新儒家可被视为 20 世纪中国新儒学思潮之思想和精神的核心部分。

诠释的，而对于其所建构的生活方式却缺乏理论自觉，罕有考察论析。这样，现代新儒家的"儒学永远精神价值"，实际上只是未能显现儒家生活内容的某种抽象的观念；儒学能发力于中国现代化进程、能回应现时代的诸多问题，似乎是儒家思想观念的功能。但实际上，这应是儒家思想已移化为社会集体意识，内化为人们生活行为的生活方式才具有的功能；而这个过程或表现却是现代新儒家没有诠释出的。在此意义上可以说，现代新儒家对儒学现代价值的阐发是不彻底的、未成功的。

我所能识解到的 20 世纪中国文化思潮在其对儒学否定性批判中蹈入的理论误区，和肯定性阐释中存在的理论缺弱，都启示了我应该用另外的理论视角、理论构架来论述、回答儒学的现代命运问题。

2. 视角

我用以观察、研判儒学的现代命运之视角是"儒家传统"——儒家思想及其建构的生活方式。

我对儒学作为一个思想观念体系的分析，首先考察并研判殷周之际的宗教观念被突破和西周宗法观念蜕变，形成了它的伦理道德思想特质；而儒学作为国家意识形态，又带来了它的道德以外的社会功能的扩张；正是这种功能扩张，使儒学思想超越先秦诸子百家，成为中国传统文化的思想主体，凸显出是何种特殊的历史情境、历史境遇形成了儒学的特殊品质和功能。随后，我则关注儒家思想观念中的两个最重要的结构性存在。其一，儒家思想中的三个核心范畴——仁、礼①、命，显示了这是一个由心性的、社会的、超越的三个理论层面构成的、在总体上有完整结构的思想体系。其二，儒家思想中的道德观念系统是一个德目或道德概念众多的较复杂的系统，且因缺乏明确的界定，相互间存在着一定程度的混乱、歧义。然而深入辨析则可以发现，它们原来可区分为归属于德性、德行、道德行为的底线原则和最高标准等不同层面，乃是一个有内在结构的、有序

---

① 儒学中，"礼"主要有二义。其一，"辞让之心，礼之端也"（《孟子·公孙丑上》）。此"礼"是一种谦卑之情，先人后己的心态，心性理论层面上的"仁义礼智信"五种德性之一。其二，更经常的是指社会理论层面上"制度在礼，文为在礼"（《礼记·仲尼燕居》）之"礼"，即社会政治、伦理关系的典章制度，社会生活中不同场合下的行为举止规范。此处之"礼"指第二种意涵。

的道德观念系统。

通过对一种观念形态的儒学所作历史表现和思想结构的分析，我判定儒学的根本精神是一种理性的、世俗的伦理道德精神。其主要内涵是，第一，彻底的道义论立场。道德的行为一定是出于德性、良知的"应当"，而不是任何功利目的（当然，儒家并不否定、拒绝功利）。孟子所谓"由仁义行，非行仁义也"（《孟子·离娄下》），最可为标志。第二，伦理认同。个体对高于自己的家庭、国家之伦理共同体，自觉地承载着不推卸、不逃避的伦理义务、道德责任。二程有"父子君臣，天下之定理，无所逃于天地之间"（《河南程氏遗书》卷五）之论，表达得最为明确。第三，"知天命"的人生终极理性自觉。在儒家思想中，"天命"（或称"天""命"）最初在孔子那里凸显的似乎是一种外在客观必然性①，在此后的儒学思想发展中，"天命"被诠释为就是人的道德本性本身②，"天命"的外在性、异己性逐渐被消解；人的"命"之必然性，则被破解为在人的生命源头处原是气禀的"偶然相值，非有安排等待"（《朱子语类》卷五十五），只是在终点上才显得是"不得免"（《周易程氏传·困》）、"非今所能移"（《论语集注·颜渊》）。用现代语言表述，人之"命"实际上是人的生命存在过程的一次不可逆性；正是这种一次不可逆性，使人的生命在其形成时的偶然性，在终结时呈现的总是唯一的。儒家对"命"之必然性的深入解释，与宿命论划清了界限。人的生命过程和结局不是既定的"安排等待"之呈现，而是"命日新，性日富"（《思问录·内篇》）的创造过程。如果说儒家对"命"之内涵的阐释还有此番曲折幽奥，那么对"命"之回应态度，则一直是清晰明确的。孔子说"五十而知天命"（《论语·为政》），"天命"不是迷信或信仰的对象，而是可凭借个人阅历、知识、思想的积累来认识或体证的对象。孟子说："存其心，养其性，所以事天也；夭寿不二，修身以俟之，所以立命也。"（《孟子·尽心上》）又

---

① 如孔子有谓："道之将行也与，命也；道之将废也与，命也。公伯寮其如何！"（《论语·宪问》）又有谓："死生有命，富贵在天。"（《论语·颜渊》）。

② 如孟子说："尽其心者，知其性也。知其性，则知天矣。"（《孟子·尽心上》）宋儒也说："在天为命，在义为理，在人为性，主于身为心，其实一也。"（《河南程氏遗书》卷十八）。

说："知命者不立乎岩墙之下。"（《孟子·尽心上》）显言之，"知天命"或"立命"就是道德修养，就是践行伦理道德规范和遵循物理规律。宋儒表述得更简捷，"唯义无命"（《河南程氏外书》第三），"人事尽处便是命"（《朱子语类》卷九十七）。即是说，儒家思想体系里的最高超越性存在、精神生活最后皈依的"命"，只存在于、实现于践履人伦、物理中。儒家"知天命"的人生终极理性自觉有两重意涵：一方面认肯在人的短暂生命中，存在着不可预知的、无法左右的最终结局，这是人之生命和生存最深奥之处，令人敬畏①；另一方面，人应充满自信，只要遵循人伦物理去生活、去创造，那就是自己的"命"。这种终极的理性自觉，使儒家生活形态貌似平凡浅薄，实际潜存着厚重高明。

在今天的历史位置上观察，儒家与先秦诸子百家的根本差别，在于它绝不是以一种纯粹的观念形态、思想体系的存在，而是以一种儒家传统——儒家思想及其建构的生活形态或生活方式②的存在。儒家思想建构的生活形态最重要的特质和最凸显的特色可概括为二。其一，儒家以细密的伦理关系之网和道德规范之网构筑了具有封闭性特征的周延的道德生活世界，每个人都以一种或多种伦理角色被嵌定在某个伦理关系位置上，每种行为都有道德规范规约着。在这个周延的道德生活世界里，人们都能通过伦理关系实现自我认同，都能通过道德实践获得充实、慰藉、幸福的人生意义感受。并且，这种以理性的、世俗的伦理道德实践来实现人生价值、意义的生活形态，不是属于部分阶层人士的，而是全体民众拥有的；不是昙花一现，而是有悠久历史传统的存在；更重要的是，在这种生活形态里，儒家伦理道德精神的长期浸润，不仅已成为人们的理性自觉，而且还是超越自觉、已内化为生活本身的固然。简言之，正是在这个周延的道

① 孔子曰："君子有三畏：畏天命，畏大人，畏圣人之言。"（《论语·季氏》）
② 在本书这里，"生活形态"与"生活方式"有时可不作区分，有时所指亦有区别。大体而言，"生活形态"是指在某种思想观念影响、模塑下形成的社会和人们各种生存和发展的行为活动；而"生活方式"则是指在此生活形态中那种最稳定的、最具特征的生活行为——这种生活行为不是属于部分阶层人的，而是全体民众拥有的；也不是短暂时期里的现象，而是有久远历史传统的存在；模塑这种生活行为的内在精神观念，不仅是理性自觉，还是超越自觉的、已内化为生活行为本身的固然。

德生活世界里，形成了以理性的、世俗伦理道德为主要内涵的儒家生活方式。其二，儒家社会生活中也存在着儒家思想笼罩不住的生活空间。这个开放的、可能带来变异的空间，生成于儒家伦理道德规范的合理性在历史发展过程中不断发生的危机之中，生成于儒家社会生活和道德实践中存在着的内在冲突之中，生成于儒家思想在其三个理论层面上也都存在着的缺弱环节之中，特别是在其缺乏超伦理或非伦理的个人独立存在空间、公共社会生活空间和公共道德行为规则的社会层面上。所以，在儒家生活形态中也存在着与周延的伦理道德生活世界有差异、对立、冲突的内在紧张。当儒家每每援借人性相同、人格平等的道德理念①、"和而不同"的生活智慧②来消融这种紧张冲突时，一种宽容的儒家文化品格就历史地形成了。这种品格的伟大贡献和卓越表现是，民族融合的实现，持久不衰的儒家与佛教、道教"三教"兼容，多彩的、没有文化障碍的世俗生活。概言之，以伦理道德思想及规范为精神内核的世俗生活和宽容的文化品格，就是儒家思想所建构的生活形态、生活方式。

在儒家传统——儒家思想及其建构的生活方式之理论视角里，体现儒学现代命运的三个问题：儒学如何发力于我国现代化进程？如何有新的生长？如何回应现代性的问题？上述问题都能有较宽广的理论空间来较真切地考察、论说：儒家传统为我国现代化进程提供了动力因素、秩序因素和适应能力；儒学能在中国现代化进程中所形成的法治社会之伦理秩序中、公民社会之个人道德中实现新的生长，还能向着儒家传统道德的缺弱环节里生长；儒家传统对现代性所引起的问题——现代化所带来的具有负面后果引发的社会思潮、社会运动，也能作出融入性的、有所补益的回应。虽然对于儒学的现代命运这个重大的主题来说，这样的三个回应并不是充分

---

① 《诗经》有云："天生烝民，有物有则，民之秉彝，好是懿德。"（《大雅·烝民》）《尚书》有谓："王司敬民，罔非天胤。"（《商书·高宗肜日》）儒家认为人皆"天"所生，有相同的德性。孟子相信"人皆可为尧舜"（《孟子·告子下》），《礼记》告诫"虽负贩者，必有尊也，而况富贵乎！"（《曲礼上》）儒家认为人的地位可有不同，但人格平等，皆应受到尊重。

② 《国语》有谓："和实生物，同则不继。"（《国语》卷十六《郑语》）孔子曰："君子和而不同。"（《论语·子路》）在儒家，"和而不同"既是一种生活智慧，也是一种德行要求。

的，但也是必须既有儒家的丰富思想理念资源，更需有这种思想理念内化为生活方式后所能呈现的力量，才能作出这样的回应。

3. 构架

围绕能对儒学的现代命运这一重大主题作较具体、深入的论述，我设计了三个大的论题——儒家传统、儒学与我国现代化进程、儒学与现时代。三大论题下，又有多层的更具体的论题。

第一论题是对儒家传统本身的分析，论述了三个问题。其一，儒家思想的伦理道德特质如何形成。儒学继承和巩固了西周时期中国古代思想观念形态由以宗教为主导向道德为主导的演变；儒学将西周贵族阶层的宗法礼文化推展向士以下的庶民大众，此两次观念蜕变就是儒学这一特质形成的主要契因。其二，对以伦理道德为特质的儒学之理论结构和功能的简要分析。儒家思想中的三个核心范畴"仁""礼""命"，构成了儒学的心性的、社会的和超越的三个基本的理论层面；儒学的主要社会功能，是为社会提供了行为的道德判别原则和理想人格之标准的道德功能，为儒家社会的法律提供了"礼"之依据的法律性功能，以及儒学虽然不是严格意义上的宗教，但却有能为人们生活提供人生意义的宗教性功能。其三，也是本书的重点内容，即儒学所建构的儒家生活形态、生活方式。历史上儒家的生活形态，从一方面来看，它是具有封闭性特征的周延的道德生活世界。儒家社会有非常细密的伦理关系之网，家庭和国家（在儒家经典中多是指封建的、氏族的国家）是两个最主要伦理共同体，在国家之上还有"天下"（由礼文化认同形成的"民族"），在家庭内部还有"九族""五服"，每个人在社会生活中总是以某一种或多种伦理角色出现，总是被嵌定在某个伦理关系位置上。儒家的道德行为规范之网也很周延，规约着个人生活世界的方方面面。但从另一方面来看，儒家社会生活又是开放的，或者准确地说，是儒家伦理道德之网笼罩不住的。其主要原因或表现是，儒家伦理道德规范的合理性，在长期的社会生活中由于其内在精神被外在程式、教条吞噬，道德自律被权力扭曲，而不断发生危机；儒家伦理道德生活中，在孝与忠之间、礼与法之间存在着内在冲突，异族（华夷）之间、异教（儒释道）之间，也存在着差异或对立；更重要的是，儒家理论在其理论的三个层面上都有缺弱的环节——在心性层面上，儒家性善论对人性有"人心""道心"的分裂的划分，界定"善"太窄而"恶"过宽，给儒家社会精神生活带来了具有窒息性的负面效应；在社会层面上，伦理生活之外的公共社会生活空间狭小；在超越层面上，人们在"命"之外的超越、终极需求，使得儒家社会生活中客观存在的非理性的鬼神、术数迷信，超理性的宗教信仰也是儒学所笼罩不住的。总之，儒家思想和生活中也存在着一种内在的紧张。这种张力，使儒家生活方式形成了它的最重要特征：宽容。儒家生活中的宽容，其理念是由具有人性相同、人格平等的信念，和而不同的智慧，絜矩、执中的原则等因素构成；其主要表现就是民族融合、宗教兼容、没有文化障碍的世俗生活。正是这些影响了、决定了中国文化和历史之独特面貌的形成。在这里，我援借较丰富的思想史、文化史、社会史资料来论述这个历史悠久的，既有已消逝了的，也有还在生长着的生活形态。

第二论题考察儒家传统在中国现代化进程中的表现，也是论述了三个问题。其一，考察了 20 世纪中国儒学的状况。首先，20 世纪的中国儒学有了新的定位。历史上的儒学是国家意识形态，1911 年辛亥革命后的现代中国，儒学处境发生了变化，儒学被从国家意识形态中剥离出来，并在新教育体制中被肢解。此时的儒学被以康有为、章炳麟、梁漱溟为代表的学者分别定位、诠释为一种宗教、一种哲学和一种生活或文化。这三种定位都含蕴着对儒学的永久的肯定，不仅组成了此后儒学研究所展现的全部学术领域，也建构了此后儒学文化生命所可能拥有的全幅生存空间。其次，20 世纪的中国儒学也有了新的理论进展。其主要表现是，有了新的价值认同和追寻，特别是认同了作为中国现代思潮标帜的民主与科学；儒学形上学实现了新的重建，熊十力的"新唯识论"、冯友兰的"新理学"、牟宗三的"道德的形上学"最可为代表，他们分别从中国固有的思想资源中，或从西方近现代哲学的科学主义思潮和人文主义思潮中汲取营养，重新诠释儒家传统哲学中的天道、心性等形上观念；为了抗衡强势的西方文化——"外在超越"的基督宗教信仰是其精神核心，新儒学学者从儒家传统哲学的心性观念中，升华出"内在超越"观念，并加以现代阐发，判定儒学也有宗教性的功能，是中国文化的核心；新一代的新儒学学者，表现出儒学创新的方法论自觉，提出在"现代转化""对话"的观念下发展儒家思想（杜维明），提出可以"价值系统的中心观念"（余英时）、"理一分殊"（刘述先）、"本体诠释学"（成中英）为核心、基础观念或方法来实现对儒学的理论重构。其二，重点论述了儒学在中国现代化进程中所发挥的作用。在这里，我主要是以社会学的理论立场来理解"现代化"的，即将"现代化"界定为是从传统的农业社会向现代的工业社会的转变过程，世界范围内的现代化进程有内源性和外源性之分。我也像我国多数学者一样，判定中国的现代化是1840年鸦片战争失败后启动的外源性的现代化。儒家传统在我国现代化进程中所表现出的功能主要是，第一，提供动力因素。中国的现代化是属于外源性的后来者的现代化，是在西方列强即先行进入现代化国家的政治、经济、军事压迫下艰难地进行的，必须有一种巨大的、不竭的、能灌注到包括科技在内的政治、经济、文化等构成这次社会转变的各个领域、层面中去的动力，才能带动、支持这个进程，这个动力就是"中华民族的复兴"。构成这个动力的主要因素——对国家的伦理认同、社会责任意识和勤勉的品质，都是从个人对家庭、国家之伦理共同体承担有义务责任的儒家伦理道德思想和生活中发育出来的。第二，提供秩序因素。现代化进程是一复杂的、较长时间才能实现的社会转型过程，一个健康、稳定的社会秩序是保证这一进程顺利进行的必要条件。在中国现代化进程中，儒家传统的"大一统"政治理念、"义利之辨"的道德观念对作为社会秩序之核心的国家权力重心的形成和社会生活中行为失范之危机的消解，具有明显的助益作用。第三，提供适应能力。现代化理论认为，现代化的社会转型在有不同传统的国家、社会里，会带来不同程度、不同形态的冲突、震荡和破坏，而一个政治体制较复杂的、文化底蕴较丰厚的传统，会有较强的适应转变的能力。儒家传统具有这样的品质：从价值层面看，儒家社会是农业社会，注重人际伦理关系和义务，而现代工业社会则是注重个人权利的社会，但权利和义务有内在的犀通；从制度层面看，儒家社会的政治体制、管理系统已十分发达，且具有明显的理性的和法理的内涵，这也正是现代化社会制度的内涵。我努力援依儒家经典和历史事实来论说儒家传统在中国现代化进程中所表现出的这些功能，判定中国现代化道路所呈现的独特性，与儒家传统因素的发力有密切的相通相即的关系。其三，明确研判了儒学的现代转化和新的生长。历史上儒学赖以存在的社会基础是以农耕生产为主要生产力的农业文明、以"礼"建构的具有等级性的社会阶层结构、以主干家庭为主体的社会家庭形态，这是一个以伦理义务为本位的社会。现代化的社会转型改变了这一切：当代中国更多呈现的是一种工业文明，与此相适应，核心家庭成为主导的家庭形态，这是一个公民一律平等、以法治为主的公民社会。在此情势下，儒家思想的现代转化，也就是其在法治社会的伦理秩序中、公民社会的个人道德中的新的生长，就是新的具有儒家文化特色生活方式的创造。我以 2001 年国家公布的《公民道德建设实施纲要》、2007 年评选出的全国道德模范事迹、2008 年汶川地震抗灾中全体国民的表现来说明这种新的生长：这是在儒家传统道德表现的缺弱环节——超越伦理关系的、会发生认同障碍的公共社会生活领域里的生长；是走出传统的宗法伦理樊篱，在广阔的人性、人道的天地里的生长。

　　第三论题论述儒家思想对现代性问题——主要是指现代化所带来的具有消极后果的社会问题及由此而引发的社会思潮、社会运动所具有的回应能力。首先，可视为是现代性的一个核心社会问题——人生意义失落的精神危机问题。西方学者研判，在现代化已完成的，且有基督宗教信仰传统的西方发达国家，较普遍存在的人生或生活意义失落的精神危机，是由理性"祛魅"带来的宗教信仰衰退乃至丧失，以及自我中心的个人主义扩张这两个根由产生的。显然，这些都正是现代化基本价值观念的负面呈现。西方学者为救治这一精神危机，提出了用宗教来"修复"人生意义或从生活中"发现"人生意义的两种"方案"。我们国家现代化进程尚处在制度层面上和价值层面上不断完善的过程中，仍保有广阔的政治经济发展和社会进步空间，西方那种生活意义丧失的精神危机在这里并不典型。就儒学的立场看，在儒家生活中，引发西方现代性的人生意义丧失的那两个根由都不存在。因为这两个根由实际上可以诠释为是人与超越性根源的分离和人与其社会责任的分离，而儒家的"内在超越"是"尽心知性知天"，依靠发掘人自身的精神源泉，通过道德实践实现对终极"天命"的体认，感受到人生意义，不存在被理性"祛魅"或与超越性根源分离而发生的危机。在这里，儒家的精神危机是发生在对儒家之道德理想和实践丧失充分理性自觉时，如在历史上的魏晋名士那里所出现的情况；现时代，在强有力的西方文化影响下，这种危机情况也一直在发生着。儒家的伦理认同，总是把个人对家庭、国家伦理共同体应尽义务责任放在人生的首要位置，人生意义就存在于这种实践中。所以，也不存在人与其责任的分离。但在这里，儒家也有精神危机的发生，那就是当这种伦理自觉被权力扭曲而变成被迫屈从时。在此观点的基础上，我根据在儒家经典和历史中所展现的生活理解，对儒家生活中的广阔人生意义空间、儒家生活中的自由和幸福进行了具体论述。这些都是值得记取的儒家提升人生的宝贵经验。其次，是现时代的、现代性的三个重要的、活跃的社会思潮、社会运动——人与自然关系的生态伦理和生态运动、人类不同文化间伦理共识的全球伦理（普世伦理）、人类男女两性间关系的女性主义思潮和女性主义运动。人类应该对自然负有责任，应该保护赖以生存的环境，是现代人类很难得地获得的一个最广泛的共识。20世纪三四十年代以来，西方环境伦理学（生态伦理学）兴起，对此做理论阐释。回顾以伦理道德观念为核心的儒家思想历史，人对自然的责任之观念，在先秦儒学那里就已在作为一种道德理念、一种规范制度、一种生活中的自觉三个层次上展现出来；宋代儒学中更得到"与万物同体""万物各得其所""民胞物与"三种哲学的诠释。所以，在人与自然关系间，儒学所作出尊重、善待自然，与自然和谐相处的选择，和现代生态思潮是完全一致的。相较由19世纪实证科学之一的生物学之重要成就发展而来的西方生态中心主义的环境伦理思想而言，儒家伦理对人与自然关系的道德选择，有更深厚的道德意识，更纯粹的道德良知，是现代环境伦理思想所不会，也不能逾越的。"全球伦理"是指在不同文化传统和生活方式之间存在的最低限度、最基本的伦理道德共识和规范，1993年世界宗教议会明确提出。这次宗教议会提出的"全球伦理"，内容是"一个基本要求"和"四项不可取消的原则"，是根据基督宗教的基本教义和1948年联合国通过的《世界人权宣言》，已全面涉入政治、法律领域。我认为儒家道德思想中"己所不欲，勿施于人"、"人禽之辨"与"义利之辨"、"民胞物与"三个基本原则，是从个人行为、个人道德行为、个人与他人及与自然间道德行为三个层次上提出的道德要求，可以视为是儒家文化传统的基础的，并且构成某种周延的道德界域，与其他文化传统中基本道德观念也有相互契合、融通的相容之处。女性主义是 19 世纪后半叶开始出现的以消除男女不平等为目标的思潮和运动。女性主义内部在理论和实践上都存在着分歧。女性主义中一种富有远见的观点认为，女性主义思想和运动追求的最终目标应该是男女两性的合作、和谐。以儒学的视角观察，在三个不同的维度上，男女两性关系性质的呈现有所不同：在自然观的维度上，男女两性关系被确定在"阴阳"的自然终极结构上，是互补、和谐而不是对立的；在伦理观的维度上，作为伦理角色的男女两性，无论父女、夫妇、母子之间都是相互承担等值的义务责任的关系，是高于平等的；但在权力（男权）观的维度上，女性屈从于男性，历史上一直存在着男女不平等。儒家经典中有表现出男权的观点，儒家社会中准"礼"而制定的法律中也有维护男女不平等的条文。但儒家对奴役女性的男权行为（"色荒"）还是谴责的，主张以道德制约男权。所以对于女性主义争取男女平等的斗争，走向男女和谐的努力，儒学作为一个古老的，但正有新的生长的道德思想体系，是有理论资源、道德动力表示欢迎和支持的。儒学对现代性人生意义丧失的精神危机和三个重要的现代性社会思潮和社会运动的回应，表现出的都是宽容地接受和从容自立地汇入的文化姿态。最后，对崭露头角的"后人类"文化思潮，儒学也能形成与现代人类良知保持一致的坚守伦理底线、道德优先、社会公平的理论立场，显示儒学依然保有不竭的能转化为、榫接上现代人类思想理念和社会生活的文化生命力。

我也像许多人文学者一样认为，对作为中国传统文化、思想之主流的儒学及其现代价值、未来前景，在现代观念背景下的阐释，是一种深刻的文化自觉，会更加坚定我们对中华民族和中华文明立足于未来世界民族之林和多元文化之中的信心，也会为我们国家正在进行的精神文明建设、公民道德建设、培育和弘扬民族精神提供学术的、理论的支持。

我衷心希望我的这本《儒学的现代命运——儒家传统的现代阐释》，对人们较具体、深入地了解、认识儒家思想、儒家传统能有所助益。这本书涉及了较广泛的论域、论题，学养所限，肯定存在着不少谬误、缺陷，我也诚恳地欢迎读者批评指正。

2010 年 10 月于郑州

甲篇

儒家传统：儒学
及其建构的生活方式

　　儒家传统，简略地说，就是儒家思想及其建构的儒家生活方式。在广阔的世界文化舞台上观察，那种以儒家传统为主体形态、为精神特征的文化，就是中华文化、中国文化。

　　儒学是在中国历史上的春秋战国时代，在"百家争鸣"中最先形成的以孔子为开创者的一个流派①。这是公元前五六世纪的时候，也正是佛陀悟道传教和古希腊哲学生成的时代②，儒学的特质也因此可以在中国固有的先秦诸子思想和文明的人类文化发轫时期的异质文化思想这两个观念背景下来判认。就先秦百家之说相互比较而评断儒家学说的特点，在战国

---

① 《庄子》中有孔子问道于老子（老聃）的描写（见《天道》《天运》《知北游》等），《礼记》中有孔子问丧礼于老聃的记述（见《曾子问》），《吕氏春秋》称孔子学于老聃（见《当染》），汉代学者可能据此论定孔子后于并师事老子（见《史记·仲尼弟子列传》、《吕氏春秋·重言》高诱注），判定《老子》（上下篇）为老子所作（见《史记·老子韩非列传》）。今世学者每有援此以"百家争鸣"中最先形成的思想流派当属道家。但自 20 世纪 20 年代《古史辨》陆续问世以来，多数学者则倾向于认为，以《论语》为代表的早期儒家思想，渊源自周礼中的伦理道德观念，当早于以《老子》为代表的早期道家思想。

② 孔子的生卒年为鲁襄公二十二年至鲁哀公十六年（前 551 ~ 前 479）。佛教创始人乔达摩·悉达多的生卒年代南传和北传佛教中说法不同，我国传统的说法是前 566 ~ 前 486。载入古希腊哲学纪年的第一位哲学家米利都学派的泰利斯，他的鼎盛年（40 岁）是前 585 年。古希腊三位最重要的哲学家的生卒年代是，苏格拉底前 469 ~ 前 399 年，柏拉图前 427 ~ 前 347 年，亚里士多德前 384 ~ 前 322 年。

时期的诸子作品中已经可见①，但最为准确、清晰的判定，还是出现在汉代学者司马谈的《论六家要旨》和刘歆的《诸子略》中。《论六家要旨》称儒家"列君臣父子之礼，序夫妇长幼之别，虽百家弗能易也"（《史记·太史公自序》），《诸子略》评儒家"助人君顺阴阳、明教化者也。游文于《六经》之中，留意于仁义之际，祖述尧舜，宪章文武，宗师仲尼，以重其言，于道最为高"（《汉书·艺文志》）。两位汉代学者之论揭示，儒学的理论渊源（"六经"）、理论核心（君臣父子夫妇长幼的人伦规范和仁义的道德原则）和社会功能（"教化"），就是它在百家之学中的"弗能易""最为高"的特出之处；是关于人的伦理道德的理论和实践构成了儒学的特质。印度佛教在东汉末年传入中国，开始了适应中国文化环境的理论转变，走过隋唐的鼎盛时期，直到宋代，经历理学的消化和中国佛学本身的世俗化之过程，最终融入中国文化。在这个漫长的过程中，与佛家思想划清界限的"儒佛之辨"，一直是儒家学者的一项理论任务。特别是宋代理学家以实与虚、义与利（公与私）、敬与静三项标准界分儒佛之别②，阐述出人伦道德实践是唯一真实、合理、崇高的儒家观点，凸显的也正是汉代学者所揭示的那个儒学特质或特色。18、19 世纪以来，西方文化在与中国文化更为频繁的交往和激烈的冲突中，显露强势的姿态和存在。这样，在现代中国对一个强盛于自己的文化现象和实体作认真研究和比较分

---

① 先秦文献，如《庄子》中的《天下》《徐无鬼》，《荀子》中的《天论》《解蔽》《非十二子》《成相》，《韩非子》中的《显学》《外储说左上》，以及《吕氏春秋·不二》《尸子·广泽》等，皆有对诸家学说特点的评断。

② 在佛家看来，万物生死成坏变动不居，即是"一切皆空"之本质的证明或显现；二程则说："物生死成坏，自有此理，何者为幻？"（《河南程氏遗书》卷一）朱子亦说："佛说万里俱空，吾儒说万里俱实。"（《朱子语类》卷十七）此为儒佛"虚实"之别。程颢说："圣人致公，心尽天地万物之理，各当其分；佛氏总与一己之私，是安得同乎？"（《河南程氏遗书》卷十四）程颐亦说："佛逃父出家，便绝人伦，只为自家独处于山林，亦只是为死生，其情本死爱生，是利也。"（同上书卷十五）此为儒佛"义利"（公私）之别。佛家最基本的修持是"四禅"，又称"四静虑"，使心境枯寂；理学则主张"涵养须用敬"（同上书卷十八），朱子解释"敬"是"主一无适之谓"（《论语集注》卷一《学而》），"持敬"是"因其良心发见之微，猛省提撕，使心不昧"（《朱文公文集》卷四十《答何叔京十一》），即使行为受道德原则规约，使心境保持道德意识觉醒，故程颐回答门人"敬莫是静否"之问时说："才说静，便入于释氏之说也，不用静字，只用敬字。"（《河南程氏遗书》卷十八）此为儒佛"敬静"之别。

析的学术潮流中，儒家学者也获得一个观察点，就是在西方文化的源头处审视儒学的特色；儒学的伦理道德的理论和实践之特质，在这里显现为，或者说可以诠释为相对于古希腊哲学对外界自然的追求，它是对人的生命自身的追求；相对于西方宗教信仰观念产生自一种恐怖、敬畏意识，它的道德观念根源于一种"忧患意识"①。但是，儒学不仅仅是一个思想流派或学说的观念系统。在汉代以后的中国历史进程中，儒学不断吸纳新的观念内容，保持着连绵不绝的演进发展，并且因受到国家政治权力的推崇，广泛地渗透社会生活或文化形态的方方面面中去，这一方面逐渐形成并巩固了儒学在中国传统思想中的主体地位，另一方面也塑造了一种可在最宏大世界文化背景中呈现的独立的儒家生活方式②或文化类型③。所以，论及儒家传统，不仅要研判儒学作为思想体系的特质，还要揭示它塑造的生活形态的特色。这种特色最为鲜明的是，社会生活被伦理性笼罩，少有独立个体存在和活动的公共空间；终极关怀指向人伦道德的完成，宗教性超越的信仰和皈依的观念淡薄；行为和思维的方式注重经验性的实践结果，缺弱知识的逻辑推究过程；儒家生活中有许多为它的伦理道德观念所笼络不住的紧张冲突，但也有它的稳定的伦理性社会和谐和蕴藏着巨大消化能力的宽容。在 20 世纪中国一次又一次涌起的文化反思热潮中，特别是在 50 年代以后在港台兴起的现代新儒学思潮中，这些特色实际上已被发现，

---

① 例如，现代新儒家的代表人物牟宗三说，儒学"从德性实践的态度出发，是以自己的生命本身为现象，绝不是如希腊哲人之以自己生命以外的自然为对象，因此能对生命完全正视。这里所说的生命，不是生物学研究的自然生命，而是道德实践中的生命"。（《中国哲学的特质》，上海古籍出版社 1997 年版，第 11 页）又说，儒学"之重道德性是根源于忧患的意识……宗教的情绪并非源于忧患意识，而是源于恐怖意识"。（同上书，第 12～13 页）

② 例如，被视为现代新儒家先驱人物的梁漱溟，在他的著作中就明确判定："孔子的东西不是一种思想，而是一种生活。"（《东西文化及其哲学》，商务印书馆 1921 年版，第 316 页）。

③ 作为一种文化类型的儒家文化，其影响或渗透显然是越过现代中国的版图，而覆盖着东亚、东南亚。正如现代新儒家的著名学者杜维明所说："当东亚资本主义和社会主义分界线开始变得模糊时，贯穿这一大片地区的文化形式，从性质上看显然就是儒学。"（杜维明：《多种现代性：东亚现代性涵义初步探讨》，塞缪尔·亨廷顿和劳伦斯·哈里森主编《文化的重要作用——价值观如何影响人类进步》，程克雄译，新华出版社 2002 年版，第 378 页）儒家思想在现代中国范围以外的地区的传播和影响，有其独特的历史和表现，本书未遑研讨。

并用不同的理论语言表述出来。在这里，本书试图对儒家传统——儒学作为一种观念系统和一种生活方式的这些特质、特色之形成的根源和基本的表现，能作出更为清晰的、较具体的说明。我以为，这是我们文化自觉的起点。

一　儒家思想特质的形成：两次观念蜕变

人类现存的几种主要的文化形态或思想传统，其显现的不同特色之根源，都可以追溯到它们成型时期由某种特殊的，甚至是唯一的生存环境、历史契机等所形成的独特的观念生长空间和精神因素。就以孔子为创始人、成型在春秋战国时期的儒家学说而论，它的伦理的和道德的理论特质，或者说，它的文化生命和精神，是在殷周之际发生的宗教观念蜕变和春秋时代发生的西周宗法观念蜕变中被铸就的。

（一）宗教观念的突破

王国维在他1917年撰作的《殷周制度论》一文中曾指出，"中国政治与文化之变革，莫剧于殷周之际"（《观堂集林》卷十）。他主要是从典章制度的层面判定，殷周之际的制度变迁，即周人所确立的立子立嫡、庙数、同姓不婚三项新制度及其内蕴的道德理念，是"周之所以定天下"的根本所在。如果从观念的层面观察，我们会发现，殷周之际发生的观念变迁，即社会精神之主体或重心，由宗教观念向道德观念的转移，更是影响了、决定了此后整个中国文化形态的形成和走向的意义重大的变迁。

1. 殷人的宗教观念

宗教的观念是人类精神成长历程中最早出现的、共有的观念形态。然而，宗教的现象在人类不同文明类型和文明阶段的表现，却是十分不同和复杂的。从人类学、社会学和哲学的不同理论角度对宗教的定义和历史描述也很多。在本书这里的论题下，实际上只能涉及这个广阔深邃的人类精神领域和学术领域的很小部分，但是，作为本书论述的前提设定，仍需要对宗教之特质及其历史进程这两个基本问题作出简单的界定。第一，宗教是人对某种在人类与自然之上的超越性实体（或实在）表达的情感和由此而形成的心理状态或精神境界；宗教情感表达方式是通过祭祀的或其他特定的仪式来完成的；共同的宗教心理和宗教祭祀行为能凝聚人群精神，构筑人际结构，宗教因此具有整合社会、模塑生活方式的功能。第二，宗教的历史发展可以最粗线条地划分为原始的宗教到成熟的宗教。主要差别在于其表达的宗教情感之性质及其深刻性和复杂性：原始宗教表达的主要是人类对某种超越性存在的异己的、对立的恐惧的感情和心理状态，成熟的宗教则是对超越性存在增加了融入的、皈依的神圣的感情；原始宗教以祭祀为特征，成熟的宗教以有独特内涵的信仰为标志——所谓祭祀，是可以最终作出将人与超越性存在连接起来之解释的那种动作行为；所谓信仰，就是超出一切理解和证明，超越性本体的存在和全部意义就能直接呈现的心智状态。本书这里对宗教的两项基本的界定，虽然并不周延、严谨，但我以为其与人类学家、社会学家、哲学家给予宗教的一般定义和历史上主要的宗教现象还是吻合的。从殷墟甲骨卜辞的记事中可以看出，殷人思想观念的主要成分是对某种超人的异己力量——天神（帝、天）、人鬼（先王、先公）的依赖、恐惧而产生的崇拜；殷人无事不卜，无日不祭，用以求问神帝和祖先对自己作为的态度，求得神帝祖先对自己的保佑。① 显然，这正是属于原始宗教性质的观念和行为。卜辞中先王庙号皆无道德性内涵②，甚至卜辞中的"德"字也尚无"心"符，是指一种动作、状态，无精神性内容③，所以可以认为，在殷人的精神生活乃至全部的社会生活中，崇拜帝神和祖先的宗教意识起着主导的、决定性的作用；在这种厚密的宗教意识阴霾中，人对属于自己的力量的感受和觉醒是很困

① 例如，卜辞有：帝令雨足年，帝令雨弗其足年？（罗振玉：《殷虚书契前编》1、50、1）；贞卯，帝弗其降祸（商承祚：《殷契佚存》36）；伐吾方帝受我又（佑）（郭沫若：《卜辞通纂》369）；己卯卜，爂，贞王乍邑帝若，我从之唐（董作宾：《殷虚文字乙编》570）。

② 陈梦家在考释了从上甲到帝辛37个殷王庙号后总结说："卜辞中的庙号……乃是致祭的次序；而此次序是依了世次、长幼、即位先后、死亡先后，顺着天干排下去的。"（《殷虚卜辞综述》，中华书局1988年版，第405页）

③ 卜辞中"德"字出现若干次（中国科学院考古研究所编《甲骨文编》卷二、卷二十四共录入19次），无"心"符。学者有不同训释。罗振玉说，"德，得也，故卜辞中皆借为得失字，视而有所得也"（《增订殷虚书契考释》中）；孙诒让解释为"直，正见也"（《契文举例》下）；商承祚说"行而正之义"（《殷契佚存考释》）；叶玉森认为"即'循'字，同'巡'"（《殷虚书契前编集释》卷四）。可见，卜辞中的"德"字，学者多解释为一种动作、状态，无精神内容。

难和微弱的，殷人因此难以产生作为人之自身的力量和价值的那种道德品行的意识。但是，殷人的那种相当发达的崇拜帝神、祖先的祭祀宗教，也没有进一步向对某种绝对的、超越性的存在之虔诚信仰的皈依宗教（成熟宗教）发展，一个巨大的政治变迁——殷被周灭亡，阻塞了、中断了这一古代宗教思想和宗教实践发展的一般进程；一种十分独特的社会精神因素——西周贵族的理性觉醒，使中国古代思想发展主潮由宗教性质的路线转向道德性质的方向上。

2. 周人的道德觉醒：胜利者的忧思

从先秦典籍的记载中可以看出，殷是一个"邦畿千里"的宗主大国，周只是一个"方百里"的从属小国。① 周人以一个属国小邦，居然战胜了、取代了一个"有典有册""多士"的大国②！对于这一巨大胜利所带来的政治统治权和其他种种利益，以周公（姬旦）、召公（姬奭）为代表的西周初期的贵族统治者既感到无限欣喜，又感到十分忧虑：

> 我受命无疆惟休，亦大惟艰。（《尚书·周书·君奭》）
>
> 惟王受命，无疆惟休，亦无疆惟恤。（《尚书·周书·召诰》）

应该说，西周贵族的忧患意识表现着一种历史觉醒，蕴含着相当成熟的政治经验。西周统治者在胜利到来的时刻就开始警惕衰亡，担心殷人的命运又降临到自己身上，"我亦不敢知曰，其终出于不祥"（《周书·君奭》）；这种担心和忧虑，使西周统治者极为严肃认真地去思考、总结殷商灭亡的经验教训。西周统治者除了沿袭用"天命不僭"（《周书·大诰》）——天命不会有差错——这种宿命的宗教性质的解释外，还觉悟在"天命"这

---

① 《诗经·商颂·玄鸟》说："古帝命武汤，正域彼四方……邦畿千里，维民所止。"《孟子·公孙丑上》说："以德行仁者王，王不待大，汤以七十里，文王以百里。"此殷大而周小。《古本竹书纪年》谓："武乙即位，居殷，三十四年，周王季历来朝。"《易·未济》谓："震用伐鬼方，三年，有赏于大国。"《左传·襄公四年》谓："文王率殷之叛国以事纣。"《论语·泰伯》记孔子云："三分天下有其二，以服事殷，周之德，可谓至德也已矣。"凡此皆可见殷为宗主，周为隶属。

② 《尚书·周书》中多次称殷为"大邦殷"（《召诰》《顾命》），而称己为"小邦周"（《大诰》），说"惟殷先人，有册有典"（《多士》），表现了对殷的尊崇。

个人无法左右的超越性的力量之外，还有某种人自身的因素在社会政治变迁过程中起着作用：

> 非天庸释有夏，非天庸释有殷，乃惟尔辟（君），以尔多方，大淫图（鄙）天之命。（《尚书·周书·多方》）
>
> 故天降丧于殷，罔爱于殷，天非虐，惟民自速辜。（《尚书·周书·酒诰》）
>
> 咨女殷商，匪上帝不时，殷不用旧。（《诗经·大雅·荡》）

西周统治者认为，殷的灭亡，并不是被"天"或"帝"所抛弃，而是它的统治者自己放逸无度，不循旧章，违背了"天命"或"上帝"，是咎由自取。这样，西周统治者就在总结和吸取夏、商覆灭的经验教训的历史意识中，在原始宗教观念"帝""天"的异己力量笼罩下，产生出一种具有新的理论性质的观念——属于人自身之力量和价值的道德的观念"敬德"：

> 我不可不监于有夏，亦不可不监于有殷……服天命，惟有历年；不其延，惟不敬厥命。（《尚书·周书·召诰》）
>
> 皇天既付中国民越（与）厥疆于先王，肆王惟德用，和怿（悦）先后迷民，用怿（绎）先王受命。（《尚书·周书·梓材》）

这就是西周贵族最重要的历史的和精神的觉醒：只有"敬德"，才能长久维系家国——对疆土和民众拥有权力的命运。"德"字在西周金文中，增加了"心"符，表明具有精神性的含义。从《周书》和周《诗》中看，这种精神性内涵，主要有二：一是指个人内在品行修养方面的，如"无逸"（《无逸》），"天不畀允、罔、固、乱"（《多士》），"元恶大憝，矧惟不孝不友"（《康诰》），勤俭、诚恳、明智、孝、友等都是德性的内容；一是对人的外在行为的规范，如"敬慎威仪，以近有德"（《大雅·民劳》），"抑抑威仪，维德之隅"（《大雅·抑》），这里的"德"显然包含着礼仪、典章、制度的意蕴。《左传》界定"德"时说："夫德，俭而有度，登降有数，文物以纪之，声明以发之，以临照百官，百官于是乎戒惧，而不敢易纪律。"（桓公二年）从《左传》的界定来看，周人之"德"，就其外在的行为表现而论，就是典章制度，就是"礼"。"礼"在卜辞中，根据王国维的考释，是"象二玉在器之形，古者行礼以玉"（《观堂集林》卷六《释礼》），是指祭奠或奉献的仪式行为。周人之"礼"的内容却深刻广泛得多，《诗经·鄘风·相鼠》咏曰："相鼠有体，人而无礼；人而无礼，胡不遄死。"周礼是指人的全部行为的规范，其社会的作用或功能也有巨大的扩张，按照《左传》的概括是，"礼，经国家，定社稷，序民人，利后嗣也"（隐公十一年），"无礼必亡"（昭公二十五年）。应该说，汉唐以来的学者都是这样从"心"与"行"两个方面来诠释"德"的①。周人的"德"的观念，周延地涵盖了个人在社会生活中的具有正面价值的各个方面；"德"的践履实际上就是全部社会生活中的价值的实现。它逐渐改变了、替代了殷人那样的宗教活动笼罩一切的精神的和生活的样态。"德"作为一种人的而不是"帝"或"天"的品行，周人十分自然地把"德"的典范投射在、凝聚在自己先王先公的身上。这样，在西周贵族的社会生活中，在其维护政治统治的实践中，对自己祖先的德性的思慕、效法，比起对"帝"或"天"的崇拜、祭祀，就更为信赖，更为倚重。《尚书》《诗经》和周彝文中都留下了周人的这种精神观念和生活实践的转变的痕迹：

余小子嗣朕皇考，肇帅型先文祖（按：文王），共明德，秉威仪，用绸缪奠保我邦我家。（《叔向父簋》）

天不可信，我道惟宁王（按：文王）德延，天不庸释于文王受命。（《尚书·周书·君奭》）

---

① 如汉代郑玄注《周礼·地官·师氏》"以三德教国子"说："德行内外之称，在心为德，施之为行。"唐孔颖达疏《左传·桓公二年》"将昭德塞违"说："德者，得也，谓内得于心，而外得于物，在心为德，施之为行。德是行之未发者也，而德在于心不可闻见，故圣王设法以外物表之。"今人郭沫若在《先秦天道观之进展》一文中说："德字照字面上看来是从值（古直字）从心，意思是把心思放端正，便是《大学》上所说的'欲修其身者先正其心'。但从《周书》和周彝看来，德字不仅包括着主观方面的修养，同时也包括着客观方面的规划——后人所谓'礼'。"

上天之载，无声无臭，仪刑文王，万邦作孚。（《诗经·大雅·文王》）

周人在这里表现出对超越性的"天""帝"的疏远怀疑和对自己祖先的亲近怀念，显示出周人效法先王德性的自觉超过了祭祀天帝所抱的期望，周人以道德观念"换位"了殷人宗教观念在社会生活中的地位和作用。

西周贵族在殷周之际的政治变迁的历史经验中获得了"敬德"的道德精神觉醒，认为统治者的政治命运是由他自己的道德表现决定的。作为统治者，这种道德表现不仅是德化个性品质，更重要的是德化自己的政治行为。殷灭亡前夕，民众不满怨恨之状，"如蜩如螗，如沸如羹"（《诗经·大雅·荡》）的情景；牧野之战，"纣卒易乡"（《荀子·儒效》）的事件，西周统治者是很清楚的，其深深感悟到"民情大可见"（《尚书·周书·康诰》），"人无于水监，当于民监"（《尚书·周书·酒诰》）。也是在殷之灭亡的历史经验基础上，和"敬德"的道德观念产生的同时，西周统治者还产生了"保民"的政治观念：

先知稼穑之艰难……则知小民之依……保惠庶民。（《尚书·周书·无逸》）

古先哲王，用康保民……若保赤子，惟民其康。（《尚书·周书·康诰》）

民亦劳止，汔可小康……式遏寇虐，无俾民忧。（《诗经·大雅·民劳》）

周人的"保民"观念充盈着伦理的道德感情，不是严格意义上的政治理念，而是"敬德"的道德观念的衍生或延伸。所以殷周之际的观念变迁，就这样突出地表现为道德观念对宗教观念的置换，道德观念对政治理念的浸润。

当然，不能因此就说周人的道德的思想观念已经摆脱了宗教的樊篱；相反，西周统治者始终认为殷周之际的政治变迁，即自己统治地位的获得是出于"帝"（"帝命"）或"天"（"天命"）。例如周公曾有明确的表述，"已！予惟小子，不敢替上帝命。天休于宁王（按：文王），兴我小邦周。宁王惟卜用，克绥受兹命"（《周书·大诰》），"天乃大命文王殪戎殷，诞受厥命越厥邦厥民"（《周书·康诰》）。宗教虔诚也是周人道德修养中的重要内容之一。武王伐纣，檄文中列举殷纣王的三条罪状之一就是"昏弃厥肆祀"（《周书·牧誓》），即不祭上帝、祖先。鼎革之后，周公也一再训诫"监于殷丧大否，肆念我天威"，"我亦不敢宁于上帝命，弗永远念天威"（《周书·君奭》），要求子孙永远保持对"天"或"上帝"的虔诚礼拜。但是，周人的宗教观念和殷人相比，也是有变化或区别的。有一点比较显著，就是周人较多地用"天"（天命）而不是殷人唯一地用"帝"来称谓超越性的最高主宰。《周书》《诗经》《易经》乃至周彝都显示周人的"天"的观念除了指超验性的、作为人间祸福的主宰的"天"或"天命"，还指广袤的、表现为种种自然现象的"天"，如"天大雷电以风……天乃雨，反风"（《周书·金縢》），"宛彼鸣鸠，翰飞戾天"（《小雅·小宛》），"翰音登于天，贞凶"（《易·中孚·上九》），周人将一种自然性的"天"升华为超验的超越性存在，等同或代替殷人的"帝"，淡化殷人宗教思想中最高主宰"帝"的人格特征①，实际上也是削弱了它的宗教性质。周人在殷周之际政治变迁的历史经验中，从原始宗教观念中蜕变出的道德观念，还有与此相连而引起的周人宗教观念本身弱化的变异，形成了不同殷人的社会生活特色，《礼记·表记》概括为："殷人尊神，率民以事神，先鬼而后礼；周人尊礼尚施，事鬼敬神而远之。"

3. 道德走向的确立与巩固：孔子儒学

殷周之际由氏族国家的原始宗教观念到氏族贵族道德意识觉醒的观念变迁，在春秋时代诸侯各国的社会生活中，因充实了更多的理性精神而得到了新的发展。从《左传》和《国语》的记载中可以看到，其主要之点有二。第一，春秋时代，频繁发生的大国争霸小国图存斗争的每场

① 汉郑玄曾训释"天"与"帝"曰："据其在上之体谓之天，天为体称；因其生育之功谓之帝，帝为德称也。"（《礼记正义》卷二十五《郊特牲》孔颖达疏引）今人王国维也说："'天'本谓人颠顶，'帝'者蒂也。"（《观堂集林》卷六《释天》）根据古今学者的解释，原其字义，"帝"是花蒂，喻生命根源之实体，寓有人格性；"天"是上空，指生命存在之空间，不具有人格性。

结局，都凸显出民众的力量和道德的力量的重要，人们对宗教行为与道德行为、神与民之间在国家政治实践和人的精神生活中的地位之评断和选择因此也更为明确。例如虞国贤臣宫之奇针对虞君自恃"吾享祀丰絜，神必据我"所作的"鬼神非人实亲，惟德是依；黍稷非馨，明德惟馨"之论（《左传·僖公五年》），隋国贤臣季梁批评隋侯"民馁而君逞欲，祝史矫举以祭"的行为所发的"民，神之主也，是以圣王先成民而后致力于神"之论（《左传·桓公六年》），都是明确地将道德行为和民众置放在重于高于宗教行为和神的位置上。第二，春秋时代，人们对怪异的自然现象有了可作"阴阳之事"的理论解释，也有了"吉凶由人"的对人自身力量的信心①，不断增强的理性精神，使人们对祭祀对象和祭祀行为获得了新的理解。鲁国大夫展禽（名获，一字季，一称柳下惠）在批评鲁国柄政者令国人祭祀一只偶然飞来的怪鸟一事时，提出了一个完整的祭祀原则：

> 夫圣王之制祀也，法施于民则祀之，以死勤事则祀之，以劳定国则祀之，能御大灾则祀之，能捍大患则祀之，非是族也，不在祀典……加之以社稷山川之神，皆有功烈于民者也；及前哲令德之人，所以为明质；及天之三辰，民所以瞻仰也；及地之五行，所以生殖也；及九州名山川泽，所以出财用也。非是不在祀典。（《国语》卷四《鲁语上》）

原始宗教的祭祀对象一般都是某种超越性的、异己的存在和力量，祭祀的目的是求得这种异己力量的庇护。殷的"帝"和西周的"天"都有这种宗教观念的因素。春秋时代展禽这里所界定的祭祀原则，赋予了祭祀对象某种属于人的非异己的善的品质，完全消解了祭祀对象的异己性；祭祀行为也转化为追思、报恩的道德行为。这样，殷周之际由西周贵族实现的从

---

① 《左传》记述：鲁僖公十六年（宋襄公七年），宋国有陨石落地、"六鹢退飞"之事发生。宋襄公问来行聘的周内史叔兴："是何祥也？吉凶焉在？"叔兴搪塞了宋君之问，事后对人说："君失问。是阴阳之事，非吉凶所生也。吉凶由人……"（僖公十六年）

原始宗教观念中蜕变出的道德观念，在春秋时代士的阶层这里完成了又一次重要的道德观念跃变，中国古代思想从宗教思想轨道上分离开来的道德走向更进一步确立了。孔子儒学就是在这样的观念背景下或精神土壤里产生。孔子儒学的出现使中国古代思想的道德走向巩固了下来，儒学本身的道德特质也因此形成和凸显。

孔子诞生、生长在春秋末期的鲁国，这是周公的封地，受到周礼的思想浸润最深，保存周礼文化传统也比较完整①。孔子虽然是殷遗民的后裔，但生长在这样的文化环境中，也还是很自然地被熏陶和表现出对周礼的景仰和认同，如他说"周之德可谓至德也已矣"（《论语·泰伯》），"周监于二代，郁郁乎文哉，吾从周"（《论语·八佾》）。儒学确立时期，在孔子本人及其七十子后学和孟子、荀子及其后学的言论中，儒学能最终确定、巩固中国古代思想异于宗教的道德走向，主要之点在于将春秋时代显现出的理性精神，进一步注入对祭祀对象和祭祀行为之性质的阐释，最终论定了这样两个问题，第一，祭祀对象的非宗教性。如前面所简单界定的那样，不同宗教的祭祀或信仰对象，如上帝或不同之神，一般都是超越于人和自然之上某种有意志的存在，简言之，都同时具有超越性（超验的主宰）和实体性（人格的特质）的品质。中国古代的思想观念，到了春秋时代，虽然已从殷商卜辞所反映的原始宗教的丛林中走出来，但作为祭祀或信仰对象的天（天命）、神（鬼神），仍然保留着兼有超越性和实体性的基本特征。例如"天"虽然较之"帝"增加了自然性的内涵，但仍有意志的品质②，"神"则更显然是超越性的人格存在③。进入儒学的

---

① 《左传》中多有可反映出这种情况的记述，其中最为明显者如，其一，齐桓公曾欲攻取鲁国，齐大夫仲孙湫阻止说："不可，犹秉周礼。周礼所以本也……鲁不弃周礼，未可动也。"（闵公元年）其二，吴公子季扎聘于鲁，要求观周乐，鲁乐工为他遍奏周乐，季扎评价曰："观止矣，若有他乐，吾不敢请已。"（襄公二十九年）其三，晋卿韩宣子（韩起）聘于鲁，要求观书，在鲁史官处见到了《易象》《鲁春秋》等，评价曰："周礼尽在鲁矣。吾乃今知周公之德与周之所以王也。"（昭公二年）

② 《左传》记述春秋时刘康公"天夺之魄"（宣公十五年），晋乐师师旷"天之爱民甚矣"之语（襄公十四年），都寓有天有意志之意蕴。

③ 《左传》记述春秋时晋大夫内史过有"国之将兴，神明降之，监其德也；将亡，神又降之，观其恶也"之语（庄公三十二年），最可见神之具有超越性、实体性的品性。

思想领域内，"天"与"神"的宗教性特质就被渐次消解了。"天"（"天命"）之观念在儒家思想中发生的蜕去宗教性品性的变化是，其一，从孔子所说"天何言哉，四时行焉，百物生焉，天何言哉"（《论语·阳货》），"天生德于予，桓魋其如予何"（《论语·述而》），可以看出，"天"是包括人在内的万物产生和生存的根源，天既是一种自然性同时又是一种超越性的存在，是某种整体状态，是某种实在，但不是实体。其二，从孔子七十后学所说"天命之谓性"（《礼记·中庸》），"大凡生于天地之间皆曰命"（《礼记·祭法》），可以认为儒家是以"性"与"命"两个概念对"天"之内涵作出分析和界定的，"性"是天赋予一事物（人与物）的独有品质，是固然，"命"是事物（人）之生存状态中的非人力可改变的过程和结局，是必然。孔子说："道之将行也与，命也，道之将废也与，命也，公伯寮其如命何！"（《论语·宪问》），孟子说："莫之致而至者，命也。"（《孟子·万章上》）儒家认为决定人的生命之生存状态的是含蕴在人自身之中的性、命所具有的客观必然性因素，不是外于人的最高主宰的意志。其三，从孔子所说"不知命，无以为君子"（《论语·尧曰》），自己是"五十而知天命"（《论语·为政》），孟子所说"尽其心者知其性也，知其性则知天矣"（《孟子·尽心上》），《易传》所说"穷理尽性以至于命"（《易传·说卦》），可以看出，天（天命、命）虽然是某种超越性的、非人格的必然性实在，但可以被人的"尽心"的理智认知，被人的"尽性"的实践实现，不再是如宗教之虔诚信仰所皈依的离异于人的对象。总之，在儒家思想中，天（天命）观念之具有人格特质的实体性被完全消解，超越性也发生了变异，不再是超验的人格性主宰，而是无人格的必然性，天失去了作为宗教性祭祀对象的品性。"神"（鬼神）之观念在儒家思想中发生的宗教性品性蜕变是超越性的丧失。《礼记·祭义》曾借孔子、宰我的问答完整界说了鬼神之含义：

> 宰我曰："吾闻鬼神之名，不知其所谓。"子曰："气也者，神之盛也；魄也者，鬼之盛也。合鬼与神，教之至也。众生必死，死必归土，此之谓鬼。骨肉毙于下，阴为野土。其气发扬于上，为昭明，焄蒿凄怆，此百物之精也，神之著也。因为之精，制为之极，明命鬼

神，以为黔首则，百众以畏，万民以服……"

显然，在儒家看来，"鬼神"是人死后的一种存在状态。"神"虽然为"百物之精"，有特别的"昭明"①，但作为"气"的一种形态，与人在本质上皆是实体性的类同，不具有完全异于人的超越性质；对鬼神的祭祀，不是对超越性对象的信仰，而是对某种生活原则的践履。这是何种性质的生活原则？先秦儒者有明确的论定：

> 夫祭有十伦焉：见事鬼神之道焉，见君臣之义焉，见父子之伦焉，见贵贱之等焉，见亲疏之杀焉，见爵赏之施焉，见夫妇之别焉，见政事之均焉，见长幼之序焉，见上下之际焉。此之谓十伦。（《礼记·祭统》）
>
> 礼有三本，天地者，生之本也；先祖者，类之本也；君师者，治之本也。故礼，上事天，下事地，尊先祖而隆君师，是礼之三本也……礼者，人道之极也。（《荀子·礼论》）

显然，这是一种伦理性的生活原则。也就是说，在儒家思想和生活中，对天地鬼神之祭祀，是人生需要践履的与君臣、父子、夫妇、长幼等性质相同的全幅的十种伦理关系和规范的一种，或者说，是三种基本的"人道"之一。这样，在儒学这里，天、神观念失去了完整的宗教性内涵；天神祭祀的宗教性特质则更完全被消解，而充实进伦理性实质。第二，祭祀行为的非宗教性。宗教的祭祀或崇拜仪式是指将人与信仰的超越性实体（实在）存在连接起来的那种行为程序，儒学中既然已不存在宗教性的祭祀对象，儒家生活中的祭祀行为是何种性质、有何种价值呢？儒家对祭祀行为的性质有甚为明确的论述：

> 夫祭者，非物自外至者也，自中去，生于心也，心怵而奉之以

---

① 孟子所说"圣而不可知之之谓神"（《孟子·尽心下》），荀子所说"不见其事而见其功"（《荀子·天论》），都可以视为是对这种"昭明"的解说。孟、荀之论是儒家从实质或实体（"气"）以外的性能的角度对"神"的定义。

礼。是故唯贤者能尽祭之义。(《礼记·祭统》)

唯祭祀之礼，主人自尽焉尔，岂知神之所飨，亦以主人有齐敬之心也。(《礼记·檀弓下》)

祭者，志意思慕之情也，忠信爱敬之至矣，礼节文貌之盛矣……其在君子以为人道也，其在百姓以为鬼事也。(《荀子·礼论》)

可见在儒学中，祭祀只是人对处在伦理序列源头处的被视为人生、人世之本根的天地、祖先、君师的思慕、敬爱之情。至于祭祀对象能否感知人所奉献的尊崇，则不去推求，也不重要，所以儒家有"祭祀不祈"的原则(《礼记·礼器》)；重要的是能尽其敬之情，所以儒家又有"外则尽物，内则尽志，此祭之心也……诚信之谓尽，尽之谓敬，敬尽然后可以事神明，此祭之道也"之论(《礼记·祭统》)。从儒家对"明器"的解释来看①，儒家基本上否认祭祀对象有这种感知。所以儒家的祭祀行为完全不具有如宗教祭祀行为或其他修炼方式之沟通神我、触发神我一体之灵感的意蕴或精神内容②，而只是一种心怀诚敬、慎终追远、培厚德性的道德实践行为③。儒学的祭祀行为也因此与宗教祭祀或仪式有不同的社会的或精神的价值。如果说宗教的祭祀或仪式在于沟通神我，使信仰者在精神上有终极的归宿，皈依超越性的最高存在，其价值目标主要指向精神层面，那么儒家的祭祀行为的功能主要凸显在社会层面上。《礼记·祭统》中有三个层次分明的论断：

---

① 《礼记·檀弓上》有记述："孔子曰：'之死而致死之，不仁而不可为也；之死而致生之，不知而不可为也。是故竹不成用，瓦不成味，木不成斲，琴瑟张而不平，竽笙备而不和，有钟磬而无簨虡，其曰明器，神明之也。'"此可见儒家以"之死而致生之"，即以死者为有知觉的，是不智的、缺乏理性的表现。儒家主张殉葬给死者的器皿——明器，不求精巧，但具其形而不成其用，就是因为死者是无知觉的，而生者应有仁心。

② 美国著名的心理学家、实用主义者威廉·詹姆士(W. James)以印度教徒、佛教徒、回教徒、基督教徒的宗教经验为证，将这种神我一体皈依感的意识状态称为"神秘主义"，并分析出它有超言说性(不可言说的情感状态)、知悟性(理智不可测的直观悟彻)、暂现性(神我契合的心态不能维持长久)、被动性(觉得意志暂停，被某种高级权力所把握)四个特性(《宗教经验之种种》，唐钺译，商务印书馆2002年版，第376~417页)。

③ 曾子曰："慎终追远，民德归厚矣。"(《论语·学而》)

　　凡治人之道，莫急于礼；礼有五经，莫重于祭①。

　　君子之教也，必由其本，顺之至也，故曰祭者，教之本也已。

　　祭者，所以追养继孝也。

儒家认为，祭祀作为典章制度之首，作为滋生道德精神的源头，作为表现孝的道德感情和行为，从不同生活层面上建构社会的政治秩序和伦理秩序。所以，与宗教的祭祀不同，儒学的祭祀不是引人进入神灵的神秘世界，而是走向世俗的道德生活。

　　儒学在其确立时期，论定了祭祀对象和祭祀行为的伦理道德内涵，从而也彰显了祭祀对象和祭祀行为的非宗教性质。"国之大事，在祀与戎"（《左传·成公十三年》），祭祀处于当时社会生活中的最高位置，祭祀的这种是道德的而非宗教的观念性质，在很大程度上决定了那个时代的精神观念的性质。中国古代思想从殷周之际的宗教观念中蜕变、长成道德观念的过程，至此就全部完成。从世界文化背景下观察，中国古代思想从原始宗教观念这个人类意识起点上进一步发展时，没有沿着继续深化宗教的方向，即向着皈依的、信仰的成熟宗教的方向演进，而是选择了道德的走向，这里正是形成中国文化特色的源头之处；这个源头清晰地显现在承担这一走向选择的主体——西周贵族的历史境遇和精神觉醒中。西周贵族阶级不同于推动了古代印度宗教由祭祀宗教向信仰宗教转变的、善作形上玄思、探究出高远宗教目标的婆罗门祭司，也不具有犹太教、基督宗教创造者们在苦难的、奴隶的处境下所感受到的需要神的庇护和皈依上帝的意识。这是一个富有理性和历史意识的阶级，在殷周之际政治权力变迁中获胜的历史经验中，看到人自身的力量，看到道德的力量，于是在神和人之间、宗教和道德之间，作出了道德和人的选择。这一选择的理性精神，在主导着春秋时代社会生活的大夫与士的阶层中得到进一步的扩张。先秦儒家也正是在巩固、充实这一选择所蕴含的道德理性精神走向的过程中，形成了自己的理论品质或特色。并且，随着儒家思想在中国文化中主体地位

---

　　① 郑玄注曰："礼有五经，谓吉礼、凶礼、宾礼、军礼、嘉礼也。莫重于祭，谓以吉礼为首也。"（《礼记正义》卷四十九《祭统第二十五》）吉礼内容为祭祀天、山川、风雨、百物、社稷、先王等十二种对象。（见《周礼·春官·大宗伯》）

的确立，儒家疏离宗教倚重道德的思想特质模塑出或吸附了的诸多制度的、观念的生活形态，也就成为中国文化的特色。

（二）宗法观念的蜕变

儒家精神的形成不仅渊源自殷周之际西周贵族的道德觉醒，而且也根连着西周宗法观念的蜕变。

1. 宗法观念的主要内容

王国维曾简要地解说西周宗法制度之发生：西周始实行传子之制，"由传子之制而嫡庶之制生焉……周人嫡庶之制，本为天子诸侯继统法而设，复以此制通之大夫以下，则不为君统而为宗统，于是宗法生焉"（《观堂集林》卷十《殷周制度论》）。根据王氏之论，可以说在嫡庶原则基础上形成的君统和宗统构成了西周宗法制度的核心。西周宗法制度首先是天子、诸侯（国君）权力传递的嫡庶原则，所谓"立嫡以长不以贤，立子以贵不以长"（《公羊传·隐公元年》），天子之位、君侯之位都当由嫡长子继承，此成君统。其次，诸侯庶子的宗族内部，也以嫡庶原则确定血缘的伦理关系序列，所谓"别子为祖，继别为宗（大宗），继祢者为小宗，有百世不迁之宗（大宗），有五世则迁之小宗"（《礼记·大传》），诸侯庶子为"别子"，其后嗣嫡系为"大宗"，庶系为"小宗，此成宗统。西周宗法制度（君统和宗统）① 不仅是西周实行封建制——分配政治权力、彊土民众的政治原则②，也是制定庙制、

---

① 王国维首先从西周宗法制度中分解出"君统"和"宗统"，现代或有学者将"君统"与"宗统"做进一步的、明确区别的界定，如金景芳说："宗统与君统是两个不同的范畴，宗统行使的是族权，决定于血缘身份；与宗统相反，君统行使的是政权，决定于政治身份。"（《论宗法制度》，《东北人民大学人文科学学报》1956年第2期）本书这里考虑到，君统与宗统有相同的继统原则，君统的权力中有伦理的因素，宗统的伦理身份中也有权力的成分，并且，"君有合族之道"（《礼记·大传》），君统也是最高的宗统，所以是将君统和宗统作为宗法制度之一一体来考察论列的。

② 《左传》记述，周公封管、蔡等十六国给文王之子，封邗、晋等四国给武王之子，封凡、蒋等六国给己之庶子，依据的原则就是"大上以德抚民，其次亲亲，以相及也，故封建亲戚以蕃屏周"（僖公二十四年）。周公"分鲁公以殷民六族……分康叔以怀姓九宗"，也是为"选建明德，以蕃屏周"（定公四年）。

丧服等周礼的伦理基础①。

在宗法制度下，每个氏族成员都被嵌定在君统或宗统的政治性伦理关系的某个不同的位置上，被编织进大宗或小宗的血缘性伦理性关系网络中，形成了独特的伦理差序和伦理认同的观念意识。第一，差序——尊卑和亲疏的观念。在宗法制度下，君统与宗统间，实际上就是君与臣间的关系，"君有合族之道，族人不得以其戚戚君"（《礼记·大传》），"诸侯不敢祖天子，大夫不敢祖诸侯"（《礼记·郊特牲》），君统高于、尊于宗统；在宗统内的大宗与小宗之间，庶子小宗甘处卑位而尊崇嫡子（宗子）大宗，所谓"自卑别于尊"（《仪礼·丧服》），"虽富贵，不敢以富贵加于父兄宗族"（《礼记·内则》）。显然，宗法制度下兼有政治的和伦理的双重内涵的尊卑关系是无处不在的，尊卑现象是很普遍的，尊卑观念自然也是很强烈的。根据"小宗五世而迁"的宗法原则和"亲亲以三为五，以五为九，上杀、下杀、旁杀而亲毕"②的丧服制度（《礼记·丧服小记》），五世而后，也不再祭同一高祖，五服之外也，就不再有亲情③，兼有血缘的自然感情和宗法的伦理界限之双重因素的亲疏关系和观念，也在宗族、家族、氏族成员间产生④。在宗法制度下，这种具有宗法权力和血缘伦理内涵的尊卑、亲疏关系和观念成为社会生活的基础，所谓"亲亲、尊尊、长长、男女有别，人道之大者也"（《礼记·丧服小记》），这种关

---

① 王国维论定，周初宗法已不可考，但有可见于七十子后学所述者，故他以《礼记·丧服小记》《大传》等篇"大宗""小宗"之论为西周宗法制度的主要内容（见《殷周制度论》）。据此，《礼记·王制》《礼器》《祭法》等篇所述天子七庙、诸侯五庙、大夫三庙、士一庙之设，《仪礼·丧服》所论斩衰、齐衰、大功、小功、缌麻之五服，亦可视为西周宗法制度的庙制和丧服之制。以下论及西周宗法制度，亦每以《礼记》相关论述为据。

② 郑玄注曰："己上亲父，下亲子，三也。以父亲祖，以子亲孙，五也。以祖亲高祖，以孙亲玄孙，九也。杀，谓亲益疏者，服之则轻。"（《礼记正义》卷三十二《丧服小记第十五》）

③ 《礼记·大传》谓："四世而缌，服之穷也；五世袒免，杀同姓也；六世，亲属竭矣。"

④ 《左传》记述，周襄王将以狄伐郑，周大夫富辰劝阻，引《小雅·常棣》诗句"兄弟阋于墙，外御其侮"（僖公二十四年），鲁成公欲联楚叛晋，鲁大夫季文子劝阻，引《史佚之志》"非我族类，其心必异"之语（成公四年）。此外，《左传》中还有"民不祀非类"（僖公十年）、"鬼神非其族类，不歆其祀"（僖公三十一年）的记述，凡此皆见周人亲疏之观念。

系若受到破坏，就被视为是极其严重的，如桓王时周大夫辛白所说"并后、匹嫡、两政、耦国，乱之本也"（《左传·桓公十八年》）；就被认为是大逆不道，如桓王时卫大夫石碏所说"贱妨贵，少陵长，远间亲，新间旧，小加大，淫破义，所谓六逆也"（《左传·隐公三年》）。合理化这种在君统与宗统间、在大宗与小宗间有区别、有差等的关系，就是"礼"之规范的产生，仁、义道德内涵的确定，如《礼记》所说："仁者人也，亲亲为大，义者宜也，尊贤为大；亲亲之杀，尊贤之等，礼所生也。"（《中庸》）第二，认同——义务责任的观念。在宗法制度下，在君统的意义上，"王者为天下之大宗"①，天下有共同的大宗；在大宗、小宗不同的宗统层次上，宗族有共同的祖先、姓氏，氏族有五服的亲属关系，参加共同的祭祀②，拥有共同根源的财产——封国（诸侯）、采邑（卿大夫）、禄田（士）③，宗族或氏族成为一种有具体的精神内容和实体形态的、在成员个体之上的共同体存在。宗族或氏族成员在感到自己从这个共同体中获得生命和权益时，也就滋生了对它认同的道德感情。例如，从周彝铭文中可以看到，周的贵族后裔在接受国王封赏时，每每都表述出这种道德感情："余小子嗣朕皇考，肇帅型先文祖（按：文王），共明德，秉威仪，用绸缪奠保我邦我家"（《叔向父簋》）；"番生不敢弗帅型皇祖考丕丕元德，用绸缪大命，屏王位"（《番生簋》）。这种认同的道德感情，就是对自己的宗法形态的宗族氏族或政体形态的家、国应承担义务和责任的自

---

① "王者，天下之大宗"，《诗》毛传对《大雅·板》"大宗维翰"的解释，意谓周王为天下最大最高之宗。此外，《逸周书·太子晋》"师旷对曰：'王子，汝将为天下宗乎'"，《战国策·秦策》"司马错曰：'周，天下之宗室也'"，《荀子·正论》"圣王之子也，有天下之后也，势藉之所在也，天下之宗室也"，有政治权力的含义，但主要是宗法伦理的含义。

② 《左传·桓公六年》记述隋臣季梁有曰"亲其九族，以致其禋祀"，襄公十二年记述一次丧礼曰："秋，吴子寿梦卒，临于周庙，礼也。凡诸侯之丧，异姓临于外，同姓于宗庙，同宗于祖庙，同族于祢庙。是故鲁为诸姬，临于周庙；为凡、蒋、茅、胙、祭，临于周公之庙。"此可见共同祭祀之制。

③ 《左传》记述晋大夫师服语："吾闻国家之立也，本大而末小，是以能固。故天子建国，卿置侧室，大夫有二宗，士有隶子弟，庶人、工商、各有分亲，皆有等衰。"（桓公二年）《国语》记述晋文公时晋国之阶层状况是："公食贡，大夫食邑，士食田，庶人食力，工商食官，皂隶食职，官宰食加。"（《国语》卷十《晋语四》）此可视作春秋时士以上阶层的权力、财产之等级与来源。

觉——继承它的精神传统、维护它的存在，直至献出生命。例如《左传》记述晋大夫荀息接受晋献公托孤之命时说："臣竭其股肱之力，加之以忠贞，其济，君之灵也；不济，则以死继之。"（僖公九年）后来，《礼记》将其概括为"国君死社稷，大夫死众，士死制"（《曲礼下》）。在宗法制度下的社会生活中，每个成员都处在伦理序列的不同位置上，只有在这个共同体的伦理网络里，才能定位自己作为一个社会角色的存在；只有在对这个伦理共同体的认同中，才能实现个人价值的存在。

周代的宗法制度，还有一个重要的历史情况，这就是先秦著述中所记述的"无田禄者，不设祭器"（《礼记·曲礼下》），"待年而食者，不得立宗庙"（《大戴礼记·哀公问》），"持手而食者，不得立宗庙"（《荀子·礼论》）。即是说，宗法制度在当时还只有在占有封国、采邑、禄田的贵族，或者说士以上的阶层中实行，不包括"持手而食者"——没有封禄的"食力"的庶人和"食官"的工商。所以，由此产生的宗法伦理性的尊卑亲疏观念和道德的义务责任感，以及在宗法人伦关系中的"礼"的实践、德行的完成，都是贵族的、士以上阶层的意识和行为。毫无疑义，这是古代世界普遍存在的人类在政治上、经济上和精神上不平等的一种表现。但是，西周宗法制度的运行实际上是把士以下阶层排除在外的情况，或者说，宗法制度作为区分士以上和士以下阶层的社会生活界限，与古希腊奴隶主民主制社会将奴隶和奴隶主（自由民）区别开来的不可逾越的人格界限不同①，与古印度将"一生"族与"再生"族区别开来的不可逾越的人性（种姓）界限也不同②，这是一种因经济生活条件不同而造

---

① 亚里士多德曾典型地表达了这一观点，"奴隶是一宗有生命的财产，优先于其他无生命工具的有生命的工具"，"人类确实原来存在着自然奴隶或自然自由人的区别，前者为奴，后者为主，各随其天赋的本分而成为统治和从属，这就有益而合乎正义"（《政治学》，吴寿彭译，商务印书馆1965年版，第11、16页）。

② 印度早期吠陀（《梨俱吠陀》）的《原人歌》认为，社会各阶级产生于"原人"身体的不同部分：口是婆罗门，两臂作成刹帝利，腿变成吠舍，脚生出首陀罗。后来，前600～前200年，婆罗门教在其《经书》中进一步解释说，婆罗门、刹帝利和吠舍有信仰宗教和死后升天的权利，能参加宗教上重生的再生礼，故称"再生"族；首陀罗没有信仰宗教的权利，不能在宗教中重生，是宗教所不救的贱民，故称"一生"族。5世纪中国僧人法显游历印度，曾描述当时贱民种姓的处境："名为恶人，与人别居，若入城市，则击木以自弃，人则识而避之，不相唐突。"（《佛国记·摩头罗国》）

成的伦理生活实现程度的差别。《礼记·王制》曰：“天子七庙，诸侯五庙，大夫三庙，士一庙，庶人祭于寝”，“大夫士宗庙之祭，有田则祭，无田则荐。庶人春荐韭，夏荐麦，秋荐黍，冬荐稻。”可见，庶人无宗庙（宗族）之建和有异于有田者的祭祀之礼，根源于庶人阶层没有可传继的采邑、禄田。郑玄注解《礼记·曲礼》“礼不下庶人”曰，“为遽于事，且不能备物”（《礼记正义》卷一《曲礼上第一》），就是切合实情的一种解释。《诗经》曰，“天生烝民，有物有则，民之秉彝，好是懿德”（《大雅·烝民》）；《尚书》曰，“王司敬民，罔非天胤”（《商书·高宗肜日》）[1]，可见，中国古代思想从西周以来就开始形成了一个伟大的宽容性的观念基础：人（民）皆天之所生，在自然（“天”）的意义上，人在人性和人格上是没有区别的。西周宗法制度设置在士以上阶层间的差等和在士以上与以下阶层间的界限，因此也存在着被跨越的可能，西周宗法观念因此也潜存着蜕变的空间，正是先秦儒学在其确立过程中实现了这种界限的跨越和观念的蜕变。在孔子生活的春秋时代，即被史学家称为“礼崩乐坏”的时代[2]，宗法制度的阶级、阶层的等差界限已被超越[3]，而与这种社会变迁相应的宗法观念的蜕变，则是在先秦儒学的确立过程中实现。

2. 宗法观念在儒学中的蜕变

西周宗法观念的蜕变在孔孟儒学中的表现，或者说孔孟儒学对周代宗法观念的改造，主要之点有三。第一，伦理生活范围——“礼”的实践范围，由贵族或士以上阶层向士以下的阶层扩展。《左传》中楚国令尹子囊对晋国强盛的赞美，可以视为是对宗法社会生活秩序的概括：

---

[1] 《高宗肜日》在《尚书》中属《商书》，现代学者考证多判定为东周时代的作品。（参见顾颉刚《论今文尚书著作时代》，载《古史辨》第一册下编；张西堂：《尚书引论》，陕西人民出版社1958年版，第193页）

[2] 司马迁有谓：“孔子之时，周室微而礼乐废。”（《史记》卷四十七《孔子世家》）

[3] 《左传》记述的一位公侯和一位卿大夫的慨叹可以为证，郑伯（按：郑庄公寤生）曰：“……王室而既卑矣，周之子孙日失其序！”（隐公十一年）叔向（按：晋大夫羊舌肸）曰：“……虽吾公室，今亦季世也……栾、郤、胥、原、孤、续、庆、伯降在皂隶，政在家门，民无所依……公室之卑，其何日之有！”（昭公三年）《左传》记述的晋太史蔡墨之言亦可以为证：“三后之姓，于今为庶。”（昭公三十二年）

"晋君类能而使之，举不失选，官不易方，其卿让于善，其大夫不失守，其士竞于教，其庶人力于农穑，商、工、皂、隶不知迁业。"（襄公九年）《国语》开篇周穆王卿士祭公谋父关于治理百姓的谏言，亦可以视为是对庶人生活范围的设定："先王之于民也，懋正其德而厚其性，阜其财求而利其器用，明利害之乡，以文修之，使务利而避害，怀德而畏威。"（《周语上》）《左传》《国语》之记述表明，在宗法制度下，有"礼"的道德伦理生活，只是受到封禄、占有禄田的贵族或士以上的阶层才能享有的生活方式，庶民阶级的生活则被限定在只知选择利害、德威范围内。孔孟儒学突破了这个樊篱界限。孔子说："民之于仁也，甚于水火。"（《论语·卫灵公》）孟子说："人之有道也，饱食、暖衣、逸居而无教，则近于禽兽。圣人有忧之，使契为司徒，教以人伦，父子有亲，君臣有义，夫妇有别，长幼有叙，朋友有信。"（《孟子·滕文公上》）可见，在孔孟儒学看来，道德的、伦理的生活，也是被周人贵族宗法观念排除在外的民众庶人的生活所应有的品质和应该实现的要求。孔子还说，"道之以政，齐之以刑，民免而无耻；道之以德，齐之以礼，有耻且格"（《论语·为政》），所以即使是从治理民众的角度权衡，伦理的、道德的治理方式，也较法律的刑威手段更具有人道的价值和久远的效果。孔子"有教无类"的育才原则①和南郭惠子"夫子之门何其杂"的观感②，都表明孔子的教育实践正是不分尊卑贫富地以传授文献知识和

---

① 《论语·卫灵公》记有孔子语："有教无类。"汉代经学家马融诠曰："言人所在见教，无有种类。"（何晏《论语集解》引）宋代理学家朱子注曰："人性皆善而其类有善恶之殊者，气习之染也。故君子有教，则人皆可以复于善，而不当复论其类之恶矣。"（《论语集注》）经学训"类"为"种类"，释得字义，未诠语义。理学解"类"为人性善与恶之"分类"。然人性有善恶之观念，孔子时尚未形成，故理学之解亦非确解。《吕氏春秋·劝学》有谓："故师之教也，不争轻重尊卑贫富而争于道，其人苟可，其事无不可。"此可谓最得其解。

② 《荀子·法行》有记述："南郭惠子问于子贡曰：'夫子之门何其杂也？'"《吕氏春秋·遇合》称孔子"委贽为弟子者三千人，达徒七十人"，《史记·孔子世家》亦称："孔子以诗、书、礼、乐教，弟子盖三千焉，身通六艺者七十有二人。"《史记·仲尼弟子列传》实收七十七人，清代朱彝尊《孔子弟子考》录九十八人。孔子弟子遍及当时诸侯各国，以鲁国最多，仅孟懿子、南宫敬叔、司马牛三人为大夫门第子弟，其他多出身庶民贫寒人家。

指导具体实践的"四教"不同方法①，把当时的文化成就——诗书礼乐努力推向士以下的庶民阶层。孔孟儒学对伦理道德生活涵盖社会群体范围扩展，实际上也就是将建构伦理道德生活的基点，从周人宗法观念下以大宗和小宗关系为主要内涵的宗族，转换为以父母、夫妇、兄弟为主要内容的家庭；孟子所说"天下之本在国，国之本在家，家②之本在身"（《孟子·离娄上》），并在家庭关系内来界定儒学最基本的道德观念——"仁之实，事亲是也；义之实，从兄是也"③（同上），《大学》论定以家庭为基础可以实现完整的道德实践——"君子不出家而成教于国：孝者所以事君也，弟者所以事长也，慈者所以使众也"，都清晰地显示了这种转换。第二，宗法观念中的权位——等级性族权、政权中的尊卑关系被淡化，伦常秩序性被凸显。宗法制度以权力为内涵的尊卑等级观念是很鲜明的。所谓"礼不下庶人，刑不上大夫"（《礼记·曲礼上》），显现出贵族与庶民在政治地位和人格上的不平等④；"名位不同，礼亦异数"（《左传·庄公十八年》），表明士以上的贵族阶级中，在社会生活的方方面面中也有为"礼"

---

① 《论语·述而》："子以四教：文、行、忠、信。"
② "家"在《孟子》中有两义：一是特称有采邑之封的大夫，即郑玄所谓"家谓食采地者之臣也"（《周礼注·大司马》），如孟子所说"万乘之国，弑其君者必千乘之家"之"家"（《梁惠王上》）；一是泛称以夫妻为核心所组成的含有父母、夫妇、兄弟人伦关系的最基本的社会生活单位，如孟子所说"数口之家可以无饥矣"之"家"（同上）。《孟子》此处"家之本在身"是就全体社会成员言。"家"当取泛称之含义，故朱子注解此句曰："《大学》所谓'自天子至于庶人，一是皆以修身为本'，为是故也。"（《孟子集注》卷七）。
③ 儒学中，对仁与义，或亲亲与尊尊的界定有不同的角度。《礼记·丧服四制》谓"恩者仁也，理者义也……门内之治恩掩义，门外之治义断恩"，《穀梁传》谓"不以亲亲害尊尊，此《春秋》之大义也"（文公二年）。此以家族内关系为"亲亲"，家族间或君统宗统间关系为"尊尊"，都是在宗法制观念基础上作出的论断。孟子这里在家庭关系内界定亲亲、尊尊，已跨出宗法观念的范围，显示了某种变化。
④ 汉儒郑玄谓："礼不下庶人者，为遽于事，且不能备物。刑不上大夫者，不与贤者以犯法，其犯法则在八议轻重，不在刑书。"（《礼记正义》卷一）宋儒吕大临谓："庶人愚且贱者也，不可以待君子之事责之，大夫贤且贵者，不可以待小人之法辱之。故古之制礼，皆自士始，庶人则略而已，大夫有罪，非不刑也，八议所不赦，则刑于隐者。"（《礼记传》卷一）可见汉学（经学）宋学（理学）训解此二句，或略有不同，但皆诠释出庶人（小人）与大夫（君子、贤人）有人格、政治地位上的差别之义。

所规定的等级差别。从孔子斥责季氏八佾舞于庭①，讥讽三家以《雍》彻②，非议晋侯召王③，认为"唯器与名，不可以假人"④，以及孟子所说"位卑而言高，罪也"（《孟子·万章下》），可以判定孔孟儒学对源自宗法观念的、为"礼"所规范的尊卑等差制度是持维护的态度的。但是，于其间也注入了新异的观念内容。其一，孔子说，"三军可夺帅也，匹夫不可夺志也"（《论语·子罕》），"我欲仁，斯仁至矣"（《论语·述而》）；孟子更明确说，"圣人与我同类"（《孟子·告子上》），"人皆可以为尧舜"（《孟子·告子下》）。可见，孔孟儒学认为，所有的人都可以通过道德实践，实现理想人格（仁人、圣人）；在孔孟儒学中，所有的人在人格上是平等的。其二，孔子说："君使臣以礼，臣事君以忠。"（《论语·八佾》）孟子更进一步说："欲为君，尽君道；欲为臣，尽臣道。二者皆法尧舜而已矣。不以舜之所以事尧事君，不敬其君者也；不以尧之所以治民治民，贼其民者也。"（《孟子·离娄上》）可见在孔孟儒学中，周人宗法政治的权位等级关系，被诠释为或可界定为一种伦理秩序关系。权位等级关系是单向的在下者对在上者、卑者对尊者的臣服，如《左传》所谓"天有十日，人有十等，下所以事上，上所以共神，故王臣公，公臣大夫，大夫臣士，士臣皂……"（昭公七年）；伦理的秩序则是一种双向的、各自承担不同的，但是相互的义务责任，如《大学》所谓"为人君止于仁，为人臣止于敬，为人子止于孝，为人父止于慈，与国人交止于信"；如果没有履行或尽到这种义务责任，此种伦理关系实际上也就不再存在，如孟子说，"君之视臣如手足，则臣视君如腹心；君之视臣如犬马，则臣视君如国人；君之视臣如土芥，则臣视君如寇雠"（《孟子·离娄下》）。当然，在孔孟儒学的伦理秩序中也有尊卑观念，孔子说，"君子有三畏：畏天

① 《论语·八佾》记载："孔子谓季氏：'八佾舞于庭，是可忍也，孰不可忍也？'"
② 《论语·八佾》记载："三家者以《雍》彻。子曰：'相维辟公，天子穆穆，奚取于三家之堂？'"
③ 《左传·僖公二十八年》记载："晋侯召王，仲尼曰：'以臣召君，不可以为训。'"
④ 《左传·成公二年》记载："新筑人仲叔于奚救孙桓子（按：卫大夫孙良夫）……卫人赏之以邑，辞，请曲县、繁缨以朝。许之。仲尼闻之曰：'惜也，不如多与之邑。唯器与名，不可以假人，君之所司也。'"又，《左传·昭公二十九年》记载："晋著范宣子所为《刑书》焉，仲尼曰：'晋其亡乎……贵贱无序，何以为国？'"

命，畏大人，畏圣人之言"（《论语·季氏》），孟子解说得更为清楚，"天下有达尊者三：爵一，齿一，德一。朝廷莫如爵，乡党莫如齿，辅世长民莫如德"（《孟子·公孙丑下》），即孔孟儒学认为在这种伦理秩序中，有权位的"大人"①、有贤德的"圣人"、有年齿的长者，都是应受尊崇、应处尊位的。显然，在孔孟儒学这里，尊卑观念已转化为、内化为对自我在伦理秩序中所处位置的道德自觉。所谓"卑让，德之基也"（《左传·文公元年》），卑微感是这种伦理秩序中先人后己、尊贵事长的道德感情和行为。孔孟儒学这种尊卑观念和同时代在古代希腊人格不平等的奴隶制和人性亦贵贱不同的古代印度种姓制中出现的那种尊卑观念不同，它映现的不是在法律上或宗教教义上已被凝固的、永远不可改易的奴隶或贱民的屈辱卑贱的生存处境，而是人性相同、人格平等的个体，在其自然生命、道德精神和社会角色成长变换的由始到终、由低到高过程中，即亦可为大人，亦可为圣人，终可为长者过程中的不同的人伦位置。第三，较之西周宗法观念，在孔孟儒学中由于道德伦理生活的扩展和尊卑观念的变化，作为涵盖这一切的"礼"之观念本身，也有重要的蜕变。在宗法观念下，对于"礼"，经常是在它具有规范贵贱、亲疏等社会生活中各类差别的社会功能的意义上被理解和被界定的，所谓"礼者，所以定亲疏、决嫌疑、别同异、明是非也"（《礼记·曲礼上》）。在此种观念下，"礼"具有明显的工具性、强制性。所谓"礼者，君之大柄也"（《礼运》），"礼，所以整民也"（《左传·庄公二十三年》）；"礼"的形式的方面，"昭文章、明贵贱、辨等列、顺少长、习威仪也"（《左传·隐公五年》），也被认为是主要的，甚至是全部的内容。孔孟儒学将"礼"的生活扩展到全体社会成员中，认为"礼"是每个人皆内在具有的道德感情的宣示，是这种感情的人文形态的表现，这就是《礼记》中所说的"墟墓之间，未施哀于民而民哀，社稷宗庙之中，未施于民敬而民敬"（《礼记·檀弓下》），"礼者，因人之情而为之节文"（《礼记·坊记》）。所以孔孟儒学强调"礼"的实践必须有道德的内容，如孔子所说："人而不仁，如礼何？人

---

① 孔孟言论中，"大人"多指有位者，如孟子曰"说大人则藐之"（《孟子·尽心下》）；或指有德者，如孟子曰"瞧大人为能格君心之非"（《孟子·离娄上》）。孔子此处"大人"与"圣人"对举，当是指有位者。

而不仁，如乐何?"（《论语·八佾》）强调"礼"的实践不是履行强制性的等级规范，而是每个人都应有的生活需要和自觉，也如孔子所说"民之所由生，礼为大，非礼无以节事天地之神也，非礼无以辨君臣上下长幼之位也，非礼无以别男女父子兄弟之亲、婚姻疏数之交也"（《礼记·哀公问》），"不知礼，无以立也"（《论语·尧曰》）。可以说，孔孟儒学是以此一新的"礼"观念——人之道德感情的人文形态，完成了对西周宗法观念的改造，因为这一观念既为儒家将道德伦理生活由氏族贵族推向庶民阶级提供了人性的前提，也为宗法性伦理生活转换为道德性伦理生活展示出合理的逻辑过程。

儒学确立时期，西周宗法观念在儒学观念催化下发生的蜕变，使原来以君统、宗统为核心的氏族贵族的伦理生活方式界限被突破、被跨越，转换成为包括庶民在内的以家庭为基础的全体社会成员的伦理生活方式，阐释和追求普遍的伦理自觉也成为儒家精神和理论的特质。从世界文化背景下观察，正是这种伦理精神——人格平等的理念，以家庭伦理模塑、建构全部社会关系的观念，使儒家文化在古代世界舞台上，相较于奴隶制或绝对君权、绝对神权的政治制度，具有较多、较充分的人道精神的优势，并且成为以儒家思想为主体的中国文化之特色的一个主要方面。但是另一方面，在儒家观念的伦理生活方式里，个人总是只能以某一伦理角色出现，没有可以超越伦理关系网络和规范的公共空间和个人存在，不能发育出诸如近代西方世界在自然人性理念基础上兴起的个人权利、自由、平等的观念，和在此基础上形成的广阔的社会公共生活空间，儒学因此会在近现代中国的社会转变、发展中遭遇挑战和陷入困境。

二　儒学的理论结构和功能

儒学从殷周宗教观念和西周宗法观念的蜕变中形成的道德和伦理观念，形成的理论和精神走向，在古代世界文化背景下观察，都正是在人类文明源头处，显示儒家文明特色或特质的主要之点。儒学作为塑造了一种文化类型或生活方式的思想学说，必有其更加独特的、深刻的精神内容和生长能力，让我们从儒学的理论构成和表现出的功能中来分析探寻。

（一）三个理论层面

从《论语》中可以看出，孔子思想有三个特别凸显的概念或范畴——仁、礼、天命（天或命）；由这三个概念、范畴表述了孔子学说中不同方面的最重要的思想观点，如"能行五者于天下为仁矣：恭宽信敏惠"（《阳货》），"仁者，居处恭，执事敬，与人忠"（《子路》）；"不知礼无以立也"（《尧曰》），"为国以礼"（《先进》）；"道之将行也与，命也，道之将废也与，命也"（《宪问》），"不知命，无以为君子也"（《尧曰》）。据此，一般来说，我们可以认为儒家学说是由心性的、社会的、超越的三个理论层面构成，并可以用这三个范畴来划分和界定："仁"是个体心性道德修养，"礼"是社会的典章制度、行为规范，"天命"是超越于个人和社会之上的某种外在客观必然性。全部儒学就是在孔子奠定的这三个理论层面上展开。儒学的独特精神品质和文化表现都可在这个结构中找到根由。

1. 社会的理论层面

"礼"之观念在儒学确立以前已经形成。殷墟卜辞中已有"礼"字出现，王国维诠定为"盛玉以奉神人之器"（《观堂集林》卷六《释礼》），《说文》训解为："履也，所以事神致福也。"（《说文解字第一·上》）此可见"礼"之含义最早当是指宗教祭祀行为，从《尚书·洛诰》"王肇称殷礼①，祀于新邑"，《君奭》"殷礼陟配天"之谓，亦可推断"殷礼"主要内涵还是指鬼神祭祀行为。而从宗教观念蜕变出来的"周礼"，范围的拓展和内涵的增益都是很明显的。《诗经·小雅·宾之初筵》和《周颂·丰年》、《载芟》等篇中的"以洽百礼"，显示周代有了祭祀以外各种场合的礼仪行为规范②；春秋初期晋大夫师服所说"名以制义，义以出礼，礼以体政，政以正民"（《左传·桓公二年》）和鲁人曹刿所说"夫礼，所以

---

① 此"殷礼"汉唐经学家多训为"殷家之礼"（见孔颖达《尚书正义》卷十五《洛诰》），宋以降有学者（如蔡沈）训为"盛礼"（见蔡沈《书集传》卷五《洛诰》）。

② "以洽百礼"，经学家亦有歧解，于"百礼"，或谓诸国所献之礼，或谓君所进祭祀之礼多，或谓所荐之酒食肴羞之百种也。（见孔颖达《毛诗正义》卷十四《宾之初筵》）。

整民也。故会以训上下之则，制财用之节；朝以正班爵之义，帅长幼之序；征伐以讨其不然"（《左传·庄公二十三年》），表明规范伦理关系和建构社会生活秩序成为礼的主体内容了。儒家礼的观念和理论，正是继承和发展此种"周礼"而来。

形态 儒家的"礼"，就其形式或形态言，是指礼仪，即人们社会生活中不同场合下的行为举止规范；是指规范社会伦理关系的典章制度。《礼记》谓"制度在礼，文为在礼"（《仲尼燕居》），似乎可以说是对"礼"之形态很周延的概括。儒家经典将这些礼仪分类归纳为吉、凶、宾、军、嘉五种①，所谓"礼有五经"（《礼记·祭统》）②，《周礼·大宗伯》具体规范了五礼的主要内容，郑玄注计其数为：吉礼十有二，凶礼五，宾礼八，军礼五，嘉礼六③，而《礼记·礼器》所谓"经礼二百，曲礼三千"，《中庸》所谓"礼仪三百，威仪三千"，则是指更具体的行为仪则。孔子知晓从夏到殷到周的"礼之损益"④，以雅言"执礼"⑤，要求伯鱼"学礼"⑥，与弟子们一起"习礼"⑦，皆是指此类仪礼。可以说，熟悉、掌握这些礼仪，并以此为国家政治和社会生活服务，正是当时儒者的职业。朱子曾说："古礼繁缛，后人于礼日益疏略。然居今而欲行古礼，亦恐情文不相称，不若只就今人所行礼中删修，令有节文、制数、等威足矣。"（《朱子语类》卷八十四）事实正是如此，汉代以降，儒家古代礼仪随时代变迁，已多所删修简化了。从《周礼》和《礼记》中可以看出，礼所涵盖的典章制度，从爵禄、官制、庙制、畿服之制，

---

① 儒家经典中另有"六礼"之说。《礼记·王制》"司徒修六礼以节民性"，孔颖达疏曰："六礼为冠、昏、丧、祭、乡、相见。六礼为殷礼，周则五礼。"（《礼记正义》卷十三）

② 《周礼·地官·大司徒》"以五礼防民之伪而教之中"，郑玄注引郑司农（众）语："五礼谓吉、凶、军、宾、嘉。"（见贾公彦《周礼注疏》卷十）

③ 见贾公彦《周礼注疏》卷十八。

④ 《论语·为政》："子张问：'十世可知也？'子曰：'殷因于夏礼，所损益，可知也；周因于殷礼，所损益，可知也。其或继周者，虽百世，可知也。'"

⑤ 《论语·述而》："子所雅言，《诗》、《书》、执礼，皆雅言也。"

⑥ 《论语·季氏》："他日，（孔子）又独立，鲤趋而过庭。曰：'学礼乎？'对曰：'未也。''不学礼，无以立。'鲤退而学礼。"

⑦ 《史记·孔子世家》："孔子去曹适宋，与弟子习礼大树下。"

到"八政"所包括的饮食、衣服之等①，甚为广泛，规范着不同生活层面上的人伦关系秩序。儒家对礼之伦理内容——人伦的确定，有一个逐渐明确和周延表述的过程。在《论语》中凸显的伦常是君臣、父子、兄弟、师友②，《孟子》中增显"夫妇"一伦，是为"五伦"——"父子有亲，君臣有义，夫妇有别，长幼有序，朋友有信"（《滕文公上》），涵盖并规范了家庭与社会生活中的主要人际关系及其原则。《礼记》的作者在此基础上进一步完善了儒家的伦理观念，借拟孔子之口说：

> 非礼无以节事天地之神，非礼无以辨君臣上下长幼之位，非礼无以别男女父子兄弟之亲，婚姻疏数之交也。（《哀公问》）
>
> 夫妇别，父子亲，君臣严，三者正，则庶物从之矣。（同上）

《礼记》之论在家庭、社会的人际关系之外，又将超社会的人与自然——天地鬼神的关系③，摄入礼之范畴，拓宽了儒学伦理涵盖的范围④。天地、君亲、师友——家庭的、社会的、超社会的，或血缘的、宗法的、超血缘与宗法的，显示儒家理论所观察到和确立的伦理关系是极为周延的。从《礼记》借孔子之口说"仁人之事亲也如事天，事天也如事亲"（《哀公

---

① 《礼记·王制》对礼的概括："司徒修六礼以节民性，名七教以兴民德，齐八政以防淫……六礼：冠、昏、丧、祭、乡、相见。七教：父子、兄弟、夫妇、君臣、长幼、朋友、宾客。八政：饮食、衣服、事为、异别、度、量、数、制。"
② 孔子答齐景公问政，曰"君君、臣臣、父父、子子"（《论语·颜渊》）；论为政，引《书》云"友于兄弟，施于有政"（《论语·为政》）；孔子三愿之一是"朋友信之"（《公冶长》），相信"三人行必有我师焉"（《论语·述而》）。
③ 《礼记》谓"天地合而万物兴焉"（《郊特牲》），《易传》说"天地之大德曰生"（《系辞》下），儒家认为天地是一切生命的源泉，天地之德无与伦比。《礼记》界说"鬼神"曰："气也者，神之盛也；魄也者，鬼之盛也；合鬼与神，教之至也。"（《祭义》）《易传》将鬼神与天地人作比较说："天道亏盈而益谦，地道变盈而流谦，鬼神害盈而福谦，人道恶盈而好谦。"（《彖·谦》）可见儒家是将鬼神与天地一样作为一种具有德性的自然存在来看待的。
④ 儒家或称为"十伦"："祭有十伦：见事鬼神之道焉，见君臣之义焉，见父子之伦焉，见贵贱之等焉，见亲疏之杀焉，见爵赏之施焉，见夫妇之别焉，见政事之均焉，见长幼之序焉，见上下之际焉，此之谓十伦。"（《礼记·祭统》）

问》），到张载《西铭》"乾称父，坤称母，民与同胞，物吾与也"①，儒家总是以人际的伦理关系原则或仁之道德感情来融摄一切人伦关系之外的客观对象，消解其异己性、对立性，这是儒学的一个重要的理论传统，形成了儒家伦理的开放的姿态。同时，《礼记》之论在全部伦理关系中，将君臣、父子、夫妇三伦置于特别凸显的、具有决定性的位置，也定位了儒家伦理实践的重心。此后，汉代儒学以此为源自"天"的"王道之三纲"②，宋儒称此为"天下之定理"③，君臣、父子、夫妇之伦常一直是儒学不断予以新的论证的中心论题和传统儒家生活方式的最重要内容。

实质　儒家礼的思想最重要之点，是诠释出潜藏在礼仪行为或礼制后面的礼之实质与精神——伦理关系的等级差序原则和道德情感的应有内涵，并唤起自觉。孔子曾说："礼云礼云，玉帛云乎哉？乐云乐云，钟鼓云乎哉？"（《论语·阳货》）认为就像说到音乐，绝不是指钟、鼓这些乐器一样，说到礼，根本也不是指玉、帛这些礼品祭物、揖让周旋。那么，孔子理解的"礼"应是什么？《左传》记载，成公二年夏，齐卫有新筑之战，新筑大夫仲叔于奚帮助卫败退齐军。卫侯赏赐仲叔于奚一座城邑，于奚辞谢，请求赏他诸侯所用的三面悬挂的乐器，并乘马鬣毛有诸侯标志饰物的马车来朝见。卫侯答应了。孔子评论此事说：

> 惜也，不如多与之邑，唯器与名，不可以假人，君之所司也。名以出信，信以守器，器以藏礼，礼以行义，义以生利，利以平民，政之大节也。若以假人，与人政也。政亡，则国家从之，弗可止也已。
>
> （成公二年）

孔子此论清楚表明，儒家所理解和关注的是"礼"的名分之实质，即内

---

① 张载《正蒙·乾称》篇中第一段文字曰："乾称父，坤称母……民吾同胞，物吾与也……存，吾顺事；没，吾宁也。"此段文字程颐称之为《西铭》（事见《河南程氏外书》第十一），后人沿之，亦称《西铭》。

② 董仲舒说："君臣父子夫妇之义，皆取诸阴阳之道……王道之三纲，可求于天。"（《春秋繁露·基义》）

③ 二程说："父子君臣，天下之定理，无所逃于天地之间。"（《河南程氏遗书》卷五）

46
崔大华全集（第五卷）

蕴于器物称号、礼仪内的伦理等级区别原则①，和由此产生的建构社会秩序的功能。也清楚表明儒家对违背这一伦理等级差序原则的行为是持反对的态度，《论语》记载孔子讥斥鲁大夫季氏"八佾舞于庭"，"以《雍》彻"②，并不是其礼乐本身，而是它僭越了，也是破坏了天子与诸侯、大夫间，或君与臣间的伦理原则。儒家甚至认为，即使历史显示了礼仪、器物等礼的形式方面是有变化（损益）的，但作为内涵实质的伦理关系是不可变的。例如孔子曾说："麻冕，礼也；今也纯，俭，吾从众。拜下，礼也；今拜乎上，泰也，虽违众，吾从下。"（《论语·子罕》）在孔子看来，礼帽之以麻或丝制成，只是材质的不同，可以随俗；拜揖之在堂上或堂下，内蕴着君臣间的伦理关系原则，则不可改易。此最可见儒家对礼的形式方面的变更或可宽容，而对其伦理本质则是给予维护。正如《礼记》作者所说："立权度量，考文章，改正朔，易服色，殊徽号，异器械，别衣服，此其所得与民变革者也。其不可得变革者则有矣，亲亲也，尊尊也，长长也，男女有别，此其不可得与民变革者也。"（《大传》）汉代学者也有同样的表述："新王必改制，必徙居处，更称号，改正朔，易服色；若夫大纲人伦，尽如故，亦何改哉？故王者有改制之名，无易道之实。"（《春秋繁露·楚庄王》）孔子以后，儒家还为其礼之伦理关系的等级差序原则永远不可变更的理论观点寻找到最终的根据：

> 有天地然后有万物，有万物然后有男女，有男女然后有夫妇，有夫妇然后有父子，有父子然后有君臣，有君臣然后有上下，有上下然

---

① 先秦六家中，名家也有"名"（或"名分"）的观念，但内涵不同。儒家的"名"是指伦理关系中的等级差序原则或规范，如孔子"必也正名乎"（《论语·子路》）及此处"唯器与名"之"名"，皆含蕴着某种"礼"之规定（即"名分"），是伦理性的身份。法家之"分"或"名"，是指一般公共生活中的或法治中的人的职责，如慎到所谓"法之所加，各以其分"（《慎子·君人》），韩非所谓"审名以定位，明分以辨类"（《韩非子·扬权》），皆属此类，是自然性的身份。

② 《论语·八佾》记载："孔子谓季氏：'八佾舞于庭，是可忍，孰不可忍？'"朱子注："佾，舞列也，天子八，诸侯六，大夫四，士二。季氏以大夫而僭用天子之乐。"（《论语集注》卷二）又载："三家者以《雍》彻。子曰：'相维辟公，天子穆穆，奚取于三家之堂？'"朱子注："三家，鲁大夫孟孙、叔孙、季孙三家也。《雍》，《周颂》篇名。彻，祭毕而收其俎也。天子宗庙之祭，则歌《雍》以彻，是时三家僭而用之。"（同上）

后礼义有所措。（《易传·序卦》）

> 天地尊卑，君臣定矣。卑高已陈，贵贱位矣。动静有常，小大殊矣。方以类聚，物以群分，则性命不同矣。在天成象，在地成形，如此则礼者天地之别也。（《礼记·乐记》）

显言之，在儒家看来，人伦关系及其等级差序原则，都具有或可追溯到超越人自身的自然的永恒的根源性——天与地，礼的伦理规范也因此具有永远的合理性。这种礼的理论观点和立场，使儒家在历史上标志中国社会进步的每个重大政治制度变革时期，例如从封建制到郡县制、从君主制到民主共和制，总要表现出怀疑、伤感、反对，沉沦在失去动力和信心的保守的位置上。然而儒学贡献的伦理秩序与社会和谐的理念，却是每个稳定的社会所不能拒绝的。

儒家礼论不仅判定礼的实质是表现某种伦理，还认为礼的内在精神是一种道德情感。《论语》记载孔子回答宰我对"三年之丧"不为娱乐之事表示质疑时说：

> 君子之居丧，食旨不甘，闻乐不乐，居处不安，故不为也。（《阳货》）

也就是说，父母过世，儿女会悲恸想念，不思饮食，不为娱乐，"三年之丧"的丧礼就是根源于这种感情，并文饰这种自然的感情①。礼的行为植根于人的内心感情之中，儒家也经常以此来定义"礼"："礼者，因人之情而为之节文，以为民坊者也。"（《礼记·坊记》）发自人的内心的这种感情，经过礼的"节文"，有了伦理性的文化自觉，就转变成一种道德的感情。这种情感在不同境况下，可表现为不同的心理状态，例如有所谓"墟墓之间，未施哀于民而民哀；社稷宗庙之中，未施敬于民而民敬"

---

① 《礼记》对"三年之丧"有更具体的道德心理的解释："成圹而归，不敢入处室，居于倚庐，哀亲之在外也；寝苫枕块，哀亲之在土也。故哭泣无时，服勤三年。思慕之心，孝子之志也，人情之实也。"（《问丧》）"三年之丧何也？曰：称情而立文。"（《三年问》）

（《礼记·檀弓下》），形成不同类别的礼的道德感情基础。《礼记》概括说："祀帝于郊，敬之至也；宗庙之祭，仁之至也；丧礼，忠之至也；宾客用币，义之至也。"（《礼器》）儒家认为，正是这种道德感情构成礼的内在精神，是礼的根本。《论语》记载孔子回答鲁人林放"礼之本"的问题时说：

礼，与其奢也，宁俭；丧，与其易也，宁戚。（《八佾》）①

可见孔子认为，就礼的践行来说，即使有充分的周全的玉帛钟鼓、揖让周旋也是次要的，"为礼不敬，吾何以观之哉"（《八佾》），"人而不仁如礼何？人而不仁如乐何？"（同上）没有道德感情的注入，"礼"只是一种无生命的躯壳。《礼记》记载，孔子的家境最贫寒的学生子路，在父母去世时非常伤心愧憾，说："伤哉贫也！生无以为养，死无以为礼也。"孔子就安慰他说："啜菽饮水尽其欢，斯谓之孝；敛首足形，还葬而无椁，称其财，斯之谓礼。"（《檀弓下》）可见孔子又认为，只要含蕴道德感情，礼仪或器物不周，也是可以尽礼的。这是从相反的方面诠释出儒家礼的精神之所在。将道德情感视作礼的内在精神的理论观点，使儒学获得了一种特殊的从道德角度观察社会的理论立场，即是认为缺乏道德精神的伦理秩序或社会秩序，就会变得徒具形式而失去存在的价值。儒学也因此形成了它的道德的社会批判能力，并且在中国历史上的每个社会精神萎靡衰颓的时期里都有所表现。

儒家将礼之伦理实质追溯到天地之序，将礼之内在精神视作人的道德感情，并归源于人性所固有。《礼记》假孔子之口所说"夫礼，先王以承天之道，以治人之情"（《礼运》），正涵盖着礼的这两点意涵，是对礼之观念的一个简要、完整的界定。在这种礼的理论观念中，儒家既形成了某种保守的性格，也生长了社会批判能力。儒学礼理论的这种内在张力和平衡，是儒学不衰的生命力的支撑点之一。

---

① 《礼记》对孔子此论有较明确的转述："子路曰：吾闻诸夫子，丧礼，与其哀不足而礼有余也，不若礼不足而哀有余也；祭礼，与其敬不足而礼有余也，不若礼不足而敬有余也。"（《檀弓上》）

功能 《论语》记载孔子曾说，"不知礼无以立"（《尧曰》），"为国以礼"（《先进》），就个人和国家两个主要角度论定了礼的功能。《礼记》中的某些论述可以视为对此两论断进一步的阐释。《礼记》说：

> 何谓人情？喜怒哀惧爱恶欲，七者弗学而能。何谓人义？父慈、子孝、兄良、弟弟、夫义、妇听、长惠、幼顺、君仁、臣忠，十者谓之人义。讲信修睦，谓之人利。争夺相杀，谓之人患。故圣人之所以治人七情，修十义，讲信修睦，尚辞让去争夺，舍礼何以治之？饮食男女，人之大欲存焉，死亡贫苦，人之大恶存焉。故欲恶者，心之大端也，人藏其心，不可测度也。美恶皆在其心，不见其色也。欲一以穷之，舍礼何以哉！（《礼运》）

简言之，礼从心理的、伦理的不同层面上，对人的全部生活内容——人情与人义、利与患、所欲与所恶，确定规范，指导行为，所以"不学礼无以立"。《礼记》又说：

> 礼者，君之大柄也，所以别嫌明微，傧鬼神，考制度，别仁义，所以治政安君也。（《礼运》）
>
> 礼之于正国也，犹衡之于轻重也，绳墨之于曲直也，规矩之于方圆也……以奉宗庙则敬，以入朝廷则贵贱有位，以处室家则父子亲、兄弟和，以处乡里则长幼有序。孔子曰"安上治民，莫善于礼"，此之谓也。（《经解》）

简言之，从家庭到国家、从道德教化到典章制度，方方面面的社会生活秩序，都是需要由礼而建构成功，所以"为国以礼"。

儒家还经常在礼与法（政、刑）、礼与乐的关系中来论定礼的社会功能。孔子曾说，"道之以政，齐之以刑，民免而无耻；道之以德，齐之以礼，有耻且格"（《论语·为政》），"礼乐不兴，则刑罚不中"（《子路》），都表明作为治国工具，他认为礼的作用要高于和重于法。其后的儒者进一步解释说："礼禁乱之所由生，犹坊止水之所自来也……礼之教化也微，其止邪也于未形，使人曰徙善远罪而不自知也。"（《礼记·经解》）"凡人之知，能见已然，不能见将然。礼者，禁于将然之前，而法者，禁于已然之后。是故法之用易见，而礼之所为生难知也。"（《大戴礼记·礼察》）认为礼能从心理上、观念上塑造一个人，法只是对一个人已发行为的裁判。显然，儒家是更重视、更信赖人的伦理自觉和道德自觉。在儒家伦理观念建构得十分周延的伦理社会里，每个人都有自己的伦理位置和原则；在儒家的性善论里，每个人又都固有恻隐、羞恶、恭敬、是非的道德情怀①。儒家相信，以这种道德自觉、伦理自觉为基础而形成的社会秩序，符合天地之序和人之本性，因而会是和谐、稳定的，而以法（刑、政）建构的社会秩序总是被动的、脆弱的、不完善的。《尚书·吕刑》曰："惟作五虐之刑，曰法。"可以认为，儒家理解的"法"，其主要内涵还是刑，是对罪恶的一种惩罚性回应，与法家在自然人性观念基础上产生的超越伦理关系的个体间有公平之内涵的先秦法家"法"观念甚有不同②。当然，与近现代国家在个人权利、自由、正义等观念基础上构筑的法治体系之"法"，更是不同。在儒家的伦理社会生活中，较之礼，法只能处在次要的、辅助的地位。儒家"以礼治国""以德治国"的政治理念也因此形成和凸显③。

在儒学中，如果说作为治理国家、建构社会的工具，礼和法是有区别

---

① 孟子曰："恻隐之心，人皆有之；羞恶之心，人皆有之；恭敬之心，人皆有之；是非之心，人皆有之。恻隐之心，仁也；羞恶之心，义也；恭敬之心，礼也；是非之心，智也。仁义礼智，非由外铄我也，我固有之也。"（《孟子·告子上》）

② 如早期法家有论曰："不知亲疏远近，贵贱美恶，一以度量断之。"（《管子·任法》）后期法家韩非亦有论曰："法不可阿贵，绳不挠曲。法之所加，智者弗能辞，勇者弗敢争。刑过不避大臣，赏善不遗匹夫。"（《韩非·有度》）

③ 我们这里一直以孔孟的礼的观点立论，先秦儒学中的荀子的礼论与此不同，要之有三。第一，礼之根源。异于孔孟追溯到天地之序和人之道德情怀，荀子归之于人之欲。如荀子说："礼起于何也？曰：人生而有欲……是礼之所起也。"（《荀子·礼论》）第二，礼之内涵。异于孔孟视礼为伦理关系的差序原则之规范，荀子认为礼规范着一切差别。如荀子说："礼者，贵贱有等，长幼有差，贫富轻重皆有称者也。"（《荀子·富国》）第三，礼之功能——礼与法关系。异于孔孟以礼与法建构社会秩序之功能有主次之分，荀子认为礼与法功能同等，作用有别。如荀子说，"治之经，礼与刑"（《荀子·成相》），"由士以上则必以礼乐节之，众庶百姓则必以法数制之"。（《荀子·富国》）

和主次之分的，那么，礼和乐则犹如一体之两面，虽有区别但却不可分割。在浅近的意义上，"乐"可如《说文》所训解的是"五声八音总和"（《说文解字第六·上》），"五礼"仪式进行中，必然有乐章充盈其中，没有无乐之礼，礼乐结为一体。儒家学说在乐的这种形式的特征和表现中注入了许多独特的理论内容。首先，儒家将礼乐不可分离诠释为一体之两面。《礼记》曰："乐者，天地之和也；礼者，天地之序也。和故百物皆化，序故群物皆别。"（《乐记》）礼体现有分别的秩序性，乐彰显和谐的统一性，这是作为人类生存环境——天地这一共同体所具有的互为补充的两种基本性质，及其可构成周延的两个基本方面。其次，儒学特别凸显了乐的感化功能。《礼记》曰，"民有血气心知之性，而无哀乐喜怒之常，应感起物而动，然后心术形焉"（《乐记》），不同的乐音旋律，能引起"思忧""康乐""刚毅""肃敬""慈爱""淫乱"等不同的心理和情感发生；《礼记》又曰："乐也者，可以善民心，其感人深，其移风易俗，故先王著其教焉。"（《乐记》）乐具有激发、陶冶道德情操的功效。乐所内蕴的道德品性和感化功能，实际上也就是礼的实践中所需要的道德自觉、伦理自觉的实现。这样，"礼乐之情同"（《礼记·乐记》），在儒家以礼治国的政治理念中，乐也是不可缺少、不可分离的内容了。儒家认为礼具有高于和重于法的建构社会秩序的功能，认为乐具有同于礼的功能或辅助礼的功能实现的品性。在儒家此种政治理念模塑出的社会生活中，伦理秩序笼罩、压倒了法律秩序，每个人都被定位在不同的、有等级差序的，但是和谐的互有责任、义务的伦理关系中，公共生活中的以法律保障的个体间权利平等关系的观念和生活方式难以发育长成。特别是在近现代的世界文化背景下观察，这应是中国文化或儒家传统的一个明显特征。

在儒家学说中，礼还是文明的尺度，是区分人与动物、文明与野蛮的标志。孟子说："人之有道也，饱食、暖衣、逸居而无教，则近于禽兽。"（《孟子·滕文公上》）随后《礼记》也每说，"今人而无礼，虽能言，不亦禽兽之心乎？圣人作，为礼以教人，使人以有礼，知自别于禽兽"（《曲礼上》），"凡人之所以为人者，礼义也"（《冠义》）。宋儒朱子在对他的学生解说孟子"人之所以异于禽兽者几希"（《孟子·离娄下》）之论时说："人之异于禽兽，是父子有亲，君臣有义，夫妇有别，长幼有序，朋友有信。"（《朱子语类》卷五十七）可见儒家一直是以礼——行为中是否有伦理的自觉和道德的自觉来判分人与动物的界限。同样，儒家也以礼来衡定文明与野蛮的差别。《礼记》记载子游说：

> 礼有微情者，有以故兴物者。有直情而径行者，戎狄之道也。礼道则不然……品节斯，斯之谓礼。（《檀弓下》）

子游之论表明，在儒家看来，野蛮（"戎狄之道"）和文明（"礼道"）的区别就在于对人性固有的、自然的情感情欲之态度或表达方式的不同。放纵情感，任情感、情欲驱动而行为的"直情径行"，是"戎狄之道"——野蛮的表现；而对此能以某种自觉的规范来调节，以某种高于自然的行为来修饰，则是"礼"——文明的表现。《礼记·礼运》的作者进一步解释说："故人情者，圣王之田也，修礼以耕之，陈义以种之，讲学以耨之，本仁以聚之，播乐以安之。"可见，在儒学这里，对"人情"的"品节""节文"，就是要在其中注入以伦理、道德观念为主体的多种形态的文化内容，使人的精神在这个过程中被丰富、被提高，从原始的"情"中升越，进入对某种文化有所自觉的文明。孔子曾十分赞赏把"礼"比喻为"绘事后素"[1]，《礼记》也把"礼释回，增美质"比喻为"如竹箭之有筠也，如松柏之有心也"（《礼器》），都是认为礼是对人性的提高，对人情的美化，凸显礼在建构一种文明中的核心价值地位。儒家此种文明观，使其与同时或稍后兴起的、构成了中国传统文化重要组成部分的另一思想流派——道家，划清了界限。在道家看来，正如《老子》所谓"五色令人目盲，五音令人耳聋"（第12章），《庄子》所谓"待钩绳规矩而正者，是削其性者也；待绳约胶漆而固者，是侵其德也；屈折礼乐，呴俞仁义，以慰天下之心者，此失其常然也"（《骈拇》），礼乐之规范与文彩，都是对本然的人性、自然的人情之束缚与戕害，都是应该鄙弃的。回应来自道

---

[1] 《论语》记载："子夏问曰：'巧笑倩兮，美目盼兮，素以为绚兮，何谓也？'子曰：'绘事后素。'曰：'礼后乎？'子曰：'起予者，商也！始可与言诗已矣。'"（《八佾》）

家的理论挑战和在自觉不自觉中吸纳道家思想营养，也是儒学能够不断演进的因素之一。

2. 心性的理论层面

前已引述，《论语》有记载孔子之言曰"人而不仁如礼何，人而不仁如乐何"（《八佾》），《礼记》有记载子路之言曰"吾闻诸夫子，'丧礼，与其哀不足而礼有余，不若礼不足而哀有余也；祭祀，与其敬不足而礼有余，不若礼不足而敬有余也'"（《檀弓上》），可见在孔子儒学看来，没有人的道德理性、道德感情的注入，礼所蕴含的伦理关系原则是不能真正实现的。这样，儒学理论结构中的较之伦理的社会层面更深入的个体人性的、心性的层面就显露出来了。在这个层面上，儒学构筑了一个较完整的道德规范系统，追溯了道德的人性根源，多角度地阐释了道德修养方法。

道德观念系统　儒家的道德思想十分丰富，儒家经典中出现的德目，或者说道德范畴十分众多，所作的分类归纳也颇有差异，如"三德""四德""五德""六德""九德""十德"等①。因为观察、界定的角度不同，这些归纳分类中的德目及其内涵，往往并不相同。例如就"三德"言，《中庸》所指的知、仁、勇"三达德"，显然是源自孔子"君子道者三，仁者不忧，知者不惑，勇者不惧"（《论语·宪问》），是"君子"的行为

---

① 儒家经典中的"三德"，有《尚书·洪范》"乂用三德：一曰正直，一曰刚克，一曰柔克"，《周礼·地官·师氏》"以三德教国子，一曰至德以为道本，二曰敏德以为行本，三曰孝德以知逆恶"，《礼记·中庸》"知仁勇三者，天下之达德也"。儒家"四德"源于孟子"君子所性，仁义礼智根于心"（《孟子·尽心上》），据此宋儒每说"四端犹四德""仁义礼智四德"（《朱子语类》卷六）。而《易·乾·文言》"君子行此四德"则是指"体仁"（"长人"）、"嘉会"（"合礼"）、"利物"（"合义"）、"贞固"（"干事"）。儒家"五德"，汉代经学家或称"五常""五性"，如董仲舒说："仁义礼智信，五常之道，王者所当修饬也。"（《汉书》卷五十六《董仲舒传》）《白虎通》说："五性者何谓？仁义礼智信也。"（卷八《情性》）《诗经·秦风·小戎》郑玄笺"玉有五德"，孔颖达疏引《礼记·聘义》而后曰："玉有十德，唯言五德者，以仁义礼智信五者人之常，故举五常之德言之耳。"（《毛诗正义》卷六）此外，儒家"六德"之说，见之于《周礼·地官·大司徒》"以乡三物教万民……一曰六德：知、仁、圣、义、忠、和"，"九德"之说见之于《尚书·皋陶谟》"行有九德……宽而栗，柔而立，愿而恭，乱而敬，扰而毅，直而温，简而廉，刚而塞，强而义"《礼记·聘义》。"君子比德于玉"，以玉的美质映现君子的十一种德行（仁、知、义、礼、乐、忠、信、天、地、德、道），孔颖达约称为"玉有十德"，此即"君子十德"。

标准；《洪范》"乂用三德"，是以刚、柔、直为君王治理驾驭民众臣下的方法、方式；《周礼·师氏》的"以三德教国子"是指对公卿士大夫弟子的道德教育有"至德""敏德""孝德"三个方面的内容①。应该说，儒学对众多德目缺乏明确的界说，相互间存在着一定程度的混乱。辨析起来可以发现，儒家众多的道德范畴，实际上是定位在或归属于德性与德行两个观念性质有所区别的不同的层面上。德性是内蕴于儒家众多道德观念、范畴中的基本精神特质、价值意蕴，德行是在现实的社会生活环境中德性外化出的特定伦理规范或一般行为规范。此外，完整的儒家道德观念系统中，还有道德行为基本原则和最高准则的观念。

德性观念　在儒家最早经典《周易》《尚书》《诗经》中，此外，还有在《左传》《国语》所记载的春秋时代儒家先驱人物的言论中，可以看出儒家的许多道德观念在孔子之前已经形成。例如《左传》记述范文子（士燮，晋厉公卿士）一次评论人物，论中出现了四个道德概念：仁、信、忠、敏②。《国语》记载单襄公（单朝，周定王卿士）的临终遗嘱，更集中地提出了十一个道德概念：敬、忠、信、仁、义、智、勇、教、孝、惠、让③。孔子道德思想的重要进展，就是给这些道德行为有一个共同的德性基础"仁"的解释，如他说，"仁者，居处恭，执事敬，与人忠"（《论语·子路》）；就是又在当时对"仁"的众多解说中④，给出一个有其心性根源的、以内心感情"爱"为特质的解释，如他回答樊迟

---

① 《周礼·师氏》郑玄注："至德，中和之德，覆焘持载含容者也。敏德，仁义顺时者也。孝德，尊祖爱亲守其所以生者也。"（《周礼注疏》卷十四）
② 范文子曰："君子……不背本，仁也；不忘旧，信也；无私，忠也；尊君，敏也。"（《左传·成公九年》）
③ 单襄公曰："……夫敬，文之恭也；忠，文之实也；信，文之孚也；仁，文之爱也；义，文之制也；智，文之舆也；勇，文之帅也；教，文之施也；孝，文之本也；惠，文之慈也；让，文之材也。"（《国语·周语下》）
④ 从《左传》《国语》中可以看出，春秋时代社会生活中的许多行为，都被用"仁"来加以描述或界定，如"以君成礼，弗纳于淫，仁也"（《左传·庄公二十二年》），"幸灾不仁"（《左传·僖公十四年》），"出门如宾，承事如祭，仁之则也"（《左传·僖公三十三年》），"乘人之约，非仁也"（《左传·定公四年》），"大所以保小，仁也"（《左传·哀公七年》）。"畜义丰功谓之仁"（《国语·周语中》），"仁者讲功"（《国语·鲁语上》），"爱亲之谓仁"（《国语·晋语一》），"仁不怨君"（《国语·晋语二》），"仁人不党"（《国语·晋语六》），等等。

"什么是仁"之问说"爱人"（《论语·颜渊》）。孟子继承了孔子的这个理论方向，将儒家道德观念思想体系中的德性范畴概括为仁、义、礼、智之"四德"或仁、义、礼、智、信之"五性"。孟子说："恻隐之心，仁之端也；羞恶之心，义之端也；辞让之心，礼之端也；是非之心，智之端也。"（《孟子·公孙丑上》）可见孔孟儒家一开始就是从心理的、心性的层面上，以情感或心智的特征对德性作描述的，努力在人自身之中追寻道德根源。汉代经学家在此基础上进一步界定说："五性者何？仁义礼智信也。仁者不忍也，施生爱人也；义者宜也，断决得中也；礼者履也，履道成文也；智者知也，独见前闻，不惑于事，见微者也；信者诚也，专一不移也。"（《白虎通》卷八《情性》）汉儒对儒家道德五种德性观念的界定，应该说是简明而准确的。显言之，"仁"之德性是爱的情感。从孔子所说"弟子入则孝，出则悌，谨而信，泛爱众，而亲仁"（《论语·学而》），孟子所说"君子之于物也，爱之而弗仁，于民也，仁之而弗亲，亲亲而仁民，仁民而爱物"（《孟子·尽心上》），可以看出儒家"仁"之爱的情感，涵盖爱亲人、爱众人、爱万物的广阔范围，并且有由近及远、由人及物、渐次有差序地展开的过程。应该说，在人类历史上长期存在过的和现在仍然持续着的生存状态下，这更符合人性之固然，不同于经过功利思考的墨家"兼爱"和受信仰浸润的佛家"博爱"。汉儒对"义"的界说，被宋儒进一步显化为"义者，心之制，事之宜也"（《孟子集注》卷一），先儒对"义"之界说虽然不为不确，但仍有一深切之处须辨。"事之宜"有实然（本然、固然）、必然、应然（应该）三种情况，实然是事物的真实本然状态、固有缘由，必然是事物内蕴的可重复再现的客观性，应然含蕴的则是供主观选择的行为合理性。道德行为的本质是自律，是自觉的德性选择。所以，作为德性的"义"之内涵的"宜"，更确切地说，就是对"应该"、对全部道德原则的自觉选择、自我归属、自我担当。违弃了"应该"，就有自我谴责的羞愧情感产生。心性层面上的德性之"礼"，与社会制度层面上的"制度在礼，文为在礼"（《礼记·仲尼燕居》）之"礼"不同，是"礼以饰情"（《礼记·曾子问》）之"礼"，是谦卑之情、感激之情，是先人后己的心态。孔子说，"恭而无礼则劳，慎而无礼则葸，勇而无礼则乱，直而无礼则绞"（《论语·泰伯》），可见在儒家这里，德性之礼是发育出德行所内蕴的自觉、自律之必需的心理环境。"智"是理性，是对"应该"本身，即全部道德规范、原则之所以然的自觉，对行为之是与非的判断、选择能力。孟子说，"智之实，知斯二者（仁义）是也"（《孟子·离娄上》）；王夫之进一步解释说，"夫智，仁资以知爱之真，礼资以知敬之节，义资以知制之宜，信资以知诚之实，故行乎四德之中，而彻乎六位之终始"①（《周易外传》卷一），将"智"视为道德实践（德行）中的必要的心性品质，使儒家道德观念始终保持着理性的光彩。"信"之德性是真诚。朱子说："诚是自然底实，信是人做底实"（《朱子语类》卷六），诚是事物本来真实的样子，信是人之所为同其本来真实的样子相符。作为德性的"信"就是要求人之德行出于衷心，真实不妄，不是做作，不自欺，不欺人。朱子在回答门人"仁义礼智，性之四德，又添信字，谓之五性，如何"之问时说："信是诚实此四者，实有是仁，实有是义，礼智皆然。如五行之有土，非土不足以载四者。"（同上）换言之，所有的道德行为都内蕴有诚实本然的品质。

在儒家道德思想中，对德性"仁"与"义"还有进一步的解说。孔子曾说，"能行五者于天下为仁矣……恭宽信敏惠"（《论语·阳货》），"仁者……居处恭，执事敬，与人忠"（《论语·子路》）。他的弟子子夏也深有体会地说，"博学而笃志，切问而近思，仁在其中矣"（《论语·子张》）。显示出先秦儒家已体认为每一种德行都内蕴着"仁"的精神，以"仁"是所有德行共同的基础。后来，宋儒对此有更明确的阐发，如二程说："仁义礼智信五者，性也。仁者，全体；四者，四支。"（《河南程氏遗书》卷二上）朱子也说："盖仁义礼智四者，仁足以包之。"（《朱子语类》卷六）更凸显"仁"之德性或爱的精神是儒家道德观念中的核心、起点。仁之德性具有所有德行之基础或源头的品质，使宋儒感到"爱不足以尽仁也"（《河南程氏粹言》卷一），而将仁的内涵诠释为"生"，认为"心譬如谷种，生之性便是仁也"（同上书卷十八），"仁字恐只是生

---

① 此"六位"，指卦之六爻；此"四德"，《易传·文言》指为元、亨、利、贞，又诠解为仁、礼、义、事。王夫之在《周易外传》中进而将《文言》"贞者事之干"诠释为"信"，将《乾·彖》"大明终始，六位时成"诠释为"智"，认为"智"贯穿"四德"（仁礼义信）。

意，故其发而为恻隐、为羞恶，为辞让，为是非"（《朱子语类》卷六）。"仁"在宋儒这里甚至获得超出精神意义之外的宇宙生命意义的品性。在儒家的德性观念中，仁是发自内心的、向外推展的爱的情感，义是发自内心的对全部道德规范原则的担当。仁与义之间的这种内涵上的差别，从某种意义上能构成一种对立或差异的周延性；这种周延性使儒家有时用"仁义"来表述、指称全部德行。孟子曾比喻说："仁，人之安宅也；义，人之正路也。"（《孟子·离娄上》）"安宅"与"正路"寓意某种完满的生活环境，使孟子可据以推言"居仁由义"就是儒家全部道德实践的完成①。汉儒董仲舒说："仁之法在爱人，不在爱我；义之法在正我，不在正人。"（《春秋繁露·仁义法》）仁是将爱扩张，义是对"宜"的担当，"爱人"与"正己"构成了周延的德行范围，所以他撰《仁义法》，正是以论述"仁义"来审视儒家全幅的道德图景。"仁义"可以涵盖指称儒家全部德行、全部道义②，这是五种德性中的"仁义"在儒家道德思想中的特殊理论位置。

伦理性德行和品德性德行　儒学的德行最为凸显的部分是符合、践履伦理规范的行为，是在各种特定人伦关系中的德性表现。先秦儒家经典对此有两种概括或界定：

> 教以人伦：父子有亲，君臣有义，夫妇有别，长幼有序，朋友有信。（《孟子·滕文公上》）
>
> 何谓人义？父慈子孝，兄良弟弟，夫义妇听，长惠幼顺，君仁臣忠，十者谓之人义。（《礼记·礼运》）

孟子"五伦"之论，周延地确定了儒家视野里的社会生活伦理关系范围，《礼记》"十义"之说将这种社会生活中的每个伦理角色的应践履的道德

---

① 孟子曰："居仁由义，大人之事备矣。"（《孟子·尽心上》）《孟子》中"大人"有二义：一指权位言，如"说大人则藐之"（《孟子·尽心下》）；一指德行言，如"从其大体为大人，从其小体为小人"（《孟子·告子上》）。此处指德行言。

② 《易传》所谓"立人之道曰仁与义"（《说卦》），唐儒韩愈所谓"吾所谓道德云者，合仁与义言之也"（《昌黎先生集》卷十一《原道》），都可视为此种意义上的概括。

义务与责任明确地表述出来，共同构成完整的儒家道德思想的德行系统。汉儒认为其中君臣、父子、夫妇三种伦理关系和规范最为重要，称之为"三纲"，"三纲者何谓？……君为臣纲，父为子纲，夫为妻纲"（《白虎通》卷七《三纲六纪·总论纲纪》）。汉儒之论反映了儒学由一种伦理道德思想体系向国家意识形态的蜕变，即相互承担义务、责任的伦理的德行规范中，掺入了在君主专制制度下的国家权力和宗法权力因素的单方面屈从的意识。现在看来，在儒家以周延的伦理关系建构的社会生活中，孝、忠、信（诚信）应是最重要的德行，分别践履个人与家庭、个人与国家、个人与其他一切人之间的伦理原则，显现着社会生活的主要方面。子夏说："事父母，能竭其力；事君，能致其身；与朋友交，言而有信。虽曰未学，吾必谓之学矣。"（《论语·学而》）也正是以这三项德行来衡定一个有道德修养的人。在儒家践履伦理规范的德行中，孝是最重要、最根本的德行，有子谓"孝悌也者，其为仁之本与"（同上），《孝经》也说"孝，德之本也，教之所由生也"（《开宗明义》），一切道德感情都是从爱亲的、孝的感情开始萌生，一切道德品行都是在家庭的伦理实践中开始养成。曾子说，"孝有三：大孝尊亲，其次弗辱，其下能养"（《礼记·祭义》），《孝经》也说，"孝始于事亲，中于事君，终于立身"（《开宗明义》），孝蕴有宽广的内容，孝不仅是赡养尊敬父母，而且要以自己全部的，包括服务于社会的生活实践，使父母感到欣慰和幸福。故有所谓"居处不庄非孝也，事君不忠非孝也，莅官不敬非孝也，朋友不信非孝也，战陈无勇非孝也"（《礼记·祭义》）。孝的实践温馨而庄严，儒家生活方式中的人能从中体验到生活的意义，获得生活的动力。在儒学中，"忠"之本义比较宽泛，是尽心尽力为他人之意。朱子注曾子"为人谋而不忠乎"曰"尽己之谓忠"（《论语集注·学而》），可谓是对"忠"的准确界定。但在进入社会生活的伦理秩序中，如孔子所说"臣事君以忠"（《论语·八佾》），《礼记》以"臣忠"为十种"人义"之一，"忠"就被诠解为一个人践履与国家，或作为国家之人格体现的"君"之间伦理原则的道德行为。子夏称赞道德修养好的人必定是"事君能致其身"（《论语·学而》），《左传》评价为国家而捐躯的人物每说"将死不忘社稷，可不谓忠乎"（襄公十四年），"临患不忘国，忠也"（昭公元年），更清晰具体地将忠诠定为高于个人和家庭的某种伦理共同体（国家、君主）尽心尽力，直至献出生命的道德行为。忠的实践隆起了儒家生活中的壮烈和崇高。从孟子那里可以看出，儒家忠的实践，制约于、尊崇着一种道德理性。孟子评论武王伐纣曰，"闻诛一夫纣矣，未闻弑君也"（《孟子·梁惠王下》），又评论君、民与国家之轻重次第曰，"民为贵，社稷次之，君为轻"（《孟子·尽心下》），忠的伦理对象本身的道德品性和合理的伦理位置——民众高于国家，国家高于君主，是儒家忠的实践之选择的两项主要标准。正是儒家此种道德理性，铸就了中国历史的一个重要的国家政体形态特征——虽然有连绵不断的以儒家道德理念为主体的文化传统，即道统，却不会产生万世一系的皇统，而只能有断代接续的君统。在儒家的社会生活中，个人与家庭和个人与国家间的，即父子、君臣间的伦理关系，是最重要的伦理关系。因而践履此两种伦理关系的德行——孝与忠，也常被视为是最重要的道德行为，是对一个人道德评价的首要的、决定性的标准。正如北朝时的一位儒者比喻所说："忠孝者，百行之宝欤！忠孝不修，虽有他善，则犹玉屑盈匣，不可琢为圭璋，锉丝满筐，不可织为绮縠，虽多亦奚以为也。"（《刘子·言苑》①）在儒家德行系统中，信（诚信）是在个人与家庭、与国家这两个最重要的伦常关系之外设定的与一切他人之间关系的道德行为准则。信之德行是与人相交，能践履自己的诺言。孔子说，"自古皆有死，民无信不立"（《论语·颜渊》），"人而无信，不知其可也，大车无輗，小车无軏，其何以行之哉！"（《论语·为政》）没有信构建的人际网络支持，人是不能立身社会的。信所要践履的诺言是对人的承诺，是一种道德责任，必然是真实无妄的，是诚；也必然是合于道义的，是义，这样才是一定能够和应该践履的。换言之，信之德行内蕴着诚与义两个固然、当然的前提。《中庸》有"诚者，天之道；诚之者，人之道也"之论，朱子注解为"诚者，真实无妄之谓，天

---

① 《刘子》，北齐刘昼撰。《刘子》有明显的道家思想痕迹，这是魏晋南北朝时期学术的共同特色；《刘子》维护忠孝仁义的道德立场也是鲜明的，刘昼还曾上书辟佛，这些又都是儒家人物的表现。所以，虽然自《隋书·经籍志》始，《刘子》一直被史志录入子部杂家类（按：《刘子》于《隋书·经籍志》未著作者名，两《唐书·艺文志》误署刘勰撰）；但在《北齐书》《北史》中，刘昼却进入《儒林传》。

理之本然也；诚之者，未能真实无妄，而欲其真实无妄之谓，人事之当然也"（《中庸章句》第二十章）。儒家对诚（诚者）和做到诚（诚之者）深邃的哲学诠定，将其追溯到和归依到真实世界的本身，使得信之德行在儒家道德思想中甚至具有最深刻的内在根据。孟子说，"大人者，言不必信，行不必果，惟义所在"（《孟子·离娄下》），在儒家看来，践行丧失道义原则的许诺，也就不再有"信"的道德品性或价值，对"言必信，行必果"也难予很高的道德期许①。儒学中的信，虽然一般来说是人与人之间的德行标准，但并不是自然的人与人之间的行为原则，孟子说"朋友有信"，郑玄训"朋友"曰，"同门曰朋，同志曰友"②，仍是被诠释为要在某种伦理关系架构内实现的德行。儒学中的信或诚信，似乎还未能获得可超越伦理关系的力度，在一定程度上妨碍了儒家生活方式中公共生活领域的健康发育。

儒家德行主要是在具有伦理性的人际关系中展现的，一种德行也就是践履一种伦理规范。在这个范围之外，儒家也提出甚多的个人品德性的德行观念，如"知仁勇"，如"温良恭俭让""恭宽信敏惠""刚毅木讷"，如"廉耻"，等等。儒家的这些个人品德性德目，在《论语》中就已全部出现，虽然一直没有内涵十分明确的界定，但其位在德行的不同层面或维度上，还是可以分辨的。审视《论语》《孟子》所论，可将这些德目归属三类。一是界分个性人格特征的德目。孔子说："君子道者三：仁者不忧，知者不惑，勇者不惧。"（《论语·宪问》）仁者宽厚，能包容而不被忧愁困扰；智者精明，善洞察而不惑；勇者忘我，坚强无所畏惧。孔子以仁、智、勇三种精神品性表征三种人格，与现代心理学中或以意志、理智、情绪来描述、划分人之性格特征和类型，在不太严格的意义上可以有某种对应。所以这种表征，无论对人格或对德性的概括而言，都是能周延的。后来的儒家称之为"知、仁、勇三者，天下之达德也"（《礼记·中庸》），

① 如《论语》记载孔子答子贡"何如可谓之士"之问时有曰："言必信，信必果，硁硁然小人哉，抑亦可以为次矣。"（《子路》）又说："君子贞而不谅。"（《卫灵公》）朱子注曰："贞，正而固也；谅则不择是非而必于信。"（《论语集注》卷八）

② 《鲁论语·学而》"有朋自远方来"，郑玄注从《古论语》作"朋友自远方来"，注曰："同门曰朋，同志曰友。"（见《周易正义·蹇》）

是人所共通的品德。二是以具体的、有善的内容的行为界定的德目。孔子的弟子称孔子每成就一事，都是"温、良、恭、俭、让以得之"（《论语·学而》），孔子解说仁者的表现说，"刚毅、木讷近仁"（《论语·子路》），"能行五者于天下为仁矣……恭、宽、信、敏、惠"（《论语·阳货》），这里的每一种德目都是一种具体的、有德性内容的行为。这些德目，凸显儒家个人的温和、善良、谦逊、忍让、节俭的品性，张扬仁者的宽厚人格。当然，儒家人物性格还有另外一个方面的特征。孔子说，"君子和而不同，小人同而不和"（《论语·子路》），"三军可夺帅也，匹夫不可夺志也"（《论语·子罕》）。所以无论是君子还是匹夫，在儒家的德行观念中，都有卓尔独立的人格。儒家道德实践中还有一个悲壮的高峰，也是孔子所说："志士仁人无求生以害仁，有杀身以成仁。"（《论语·卫灵公》）儒家在这里形成了一个庄严的道德要求，为了仁的实现，某种情况下，要坦然地献出自己的生命。历史上，通常是在国家民族面临灭亡这样巨大的伦理冲突、伦理灾难时，儒家的仁人义士要作出这样的选择。可见在儒家，宽厚中有刚毅，卑顺中有独立。《礼记》曰，"礼者，自卑而尊人，虽负贩者，必有尊也，而况富贵乎"（《曲礼上》）①，"君子不尽人之欢，不竭人之忠"（同上）。儒家如此尊重他人，体谅他人，展示的绝不是卑贱自己、屈膝于他人的奴隶性格，而是从古代中国独有的礼乐文化发育出来的文明自觉、道德自觉。三是以道德自律本身来界定的德目。道德行为的特质或基本原则是自律，是一种理性的自觉选择。儒学中廉与耻两种个人品德，就是以道德自觉、自律本身为内涵来界说的。廉，就是自觉地有所不取，知其有不应取；耻，就是自觉地有所不为，知其有不当为。《论语》《孟子》中虽然无此明确的界说，但此种意涵却是有的。孔子说："齐之以刑，民免而无耻；齐之以礼，有耻且格。"（《论语·为政》）意谓慑于刑罚的威严，民众虽可不犯罪，但若无道德自觉之心，仍难免有不当为的行为发生。通过"礼"的实践，培养知耻的品德、行为就能自觉地符合规范。孟子说："为机变之巧者，无所用耻焉。"（《孟子·尽心上》）意谓奸邪之人，没有"不当为"的道德约束，所以也就是无耻之人。换

---

① 《礼记》还有类似表述："君子贵人而贱己，先人而后己，则民作让。"（《坊记》）

言之，知己应有"不当为"的自觉，就是知耻。孟子说："可以取，可以不取，取伤廉。"（《孟子·离娄下》）朱子更明确解释说："廉，有分辨，不苟取也。"（《孟子集注》卷六《滕文公下》）廉是知其有"不当取"，其道德自律之含义是很清晰的。道德的自律、自觉既然是道德的本质，当然也是道德人生的根本，所以儒家将知廉耻视为人立身社会的首要的节操①。孟子说："人不可以无耻。"（《孟子·尽心上》）后来宋儒更说："廉耻，立人之大节，不廉则无所不取，不耻则无所不为。"（欧阳修等《新五代史》卷五十四《冯道传·论》）

基德与至德 在儒家的道德观念体系中，还有两个重要的、可视为界定最低或最基本的道德行为界限和最高道德行为标准的德目：絜矩（恕）与中庸。在儒家看来，最低的具有道德性内涵的行为，应该是"己所不欲，勿施于人"，这可能是在孔子以前就已经出现的古语②，但尚无明确的内涵。《论语》记载仲弓问"仁"，子贡问"恕"，孔子都以"己所不欲，勿施于人"来解释③，可见，在儒学中"己所不欲，勿施于人"是具有"仁"的德性内涵，可以称之为"恕"的道德行为。朱子训解曰"推己及人为恕"（《中庸章句》），恕是指对人友善、宽容的行为表现。在儒学中，"己所不欲，勿施于人"作为一种行为原则，还被表述为"絜矩之道"，即"所恶于上，毋以使下；所恶于下，毋以事上；所恶于前，毋以先后；所恶于后，毋以从前；所恶于右，毋以交左；所恶于左，毋以交右"（《礼记·大学》），就是要以度量自己的喜好厌恶的同一把人性之尺来度量别人。儒家的这一行为原则，要求人不要也不能把不愿别人对自己做出的行为施加他人。这是一个内容最少、范围最广的道德原则，可以衡量一切行为的道德尺度，一个道德行为初始的、基础的尺度。同时，儒家

---

① 《管子·牧民》有"礼义廉耻，国之四维"之论。此是早期法家纯粹从治理国家之工具的意义上对廉耻等四种德行亦有所肯定。后期法家（韩非）则明确地说"使民以法禁而不以廉止"（《韩非子·六反》），斥"务行仁义"者为"五蠹"之首（《韩非子·五蠹》）。

② 清人宦懋庸在其《论语稽》中提出三项论据，推断"己所不欲，勿施于人"一语为孔子之前就已出现的古之常语。（见程树德《论语集释》卷二十四《颜渊上》）

③ 《论语》记载："仲弓问仁。子曰：'出门如见大宾，使民如承大祭，己所不欲，勿施于人。在邦无怨，在家无怨。'"（《颜渊》）"子贡问曰：'有一言可以终身行之者乎？'子曰：'其恕乎！己所不欲，勿施于人。'"（《卫灵公》）

这一道德原则是以人性相同、人格平等为其内在理念的。因为十分显然，必须首先有对他人具有与自己同样的欲望需求的尊重，和同等的存在发展权利的确认，然后才有作为道德指令、道德原则的"己所不欲，勿施于人"或"絜矩之道"的成立，所以这又是一个精神基础深厚的道德原则。《周易》有曰："履，德之基也。"（《系辞下》）相对于下面将要论及的、被儒家称为"至德"的中庸，姑且将作为道德行为之起步的絜矩或恕道称为"基德"。

儒家的德行系统中，最高的道德行为尺度或准则是"中庸"。在儒家传统中，"中庸"的最早表述是"允执其中"（《尚书·大禹谟》及《论语·尧曰》）。古文《尚书·大禹谟》记述的是舜让位给禹时传授的最重要的政治经验：牢牢地把握住"中"（适中、中道），避免过急与不及。《论语·尧曰》更追溯尧禅位于舜时，也是这样说的。孔子时，他将这个"中"称为"中庸"，并将这一具体的治国政治经验升华为最高的道德准则："中庸之为德也，其至矣乎！民鲜久矣。"（《论语·雍也》）此后，历代儒家学者皆从"至德"的意义上加以理解、阐发。如汉儒董仲舒发挥说："夫德莫大于和，而道莫正于中。"（《春秋繁露·循天之道》）宋儒张载诠释为"大中至正之极"（《正蒙·中正》）。宋代理学阵营中的两位代表人物朱子和陆九渊，其所诠解的"中庸"各具特色，最为典型。朱子对"中庸"意涵的训解比较简明准确："中者，不偏不倚，无过不及之名；庸，平常也。"（《中庸章句》）中庸是包括道德行为在内的一切行为之共同的、达到完满状态的尺度。陆九渊对"中庸"之情态或境界的描述、体认比较真切到位："中之为德，言其无适而不宜也。"（《象山全集》卷二十九《程文·黄裳元吉黄离元吉》）中庸是一种与外界无差异、无冲突的生存状态。朱子对中庸的训释清晰地显示出两层含义：就行为层面，中庸是不偏不倚，不狂不狷，所以又称"中行"①；就精神层面，中庸是守依道（常），和常道同在，所以又称"反经"②。一个人在行为上和精神

---

① 《论语》记载："子曰：'不得中行而与之，必也狂狷乎！狂者进取，狷者有所不为也。'"（《子路》）
② 《孟子》记载："孔子曰：恶似而非者……恶乡愿，恐其乱德也。君子反经而已矣。经正则庶民兴，庶民兴，斯无邪慝矣。"（《尽心下》）

上达到这样的标准，会将生活中的出处自如臻于"无适而不宜"的境界。这是极高之境，也是至难之事。十分显然，即使是一个德性深厚的人，在人生实践中，于个别或某些德行践履或行为举措做到了适中、完美，但也不可能所有的德行、所有的行为都能如此实现。所以孔子曾感慨说，"天下国家可均也，爵禄可辞也，白刃可蹈也，中庸不可能也"（《礼记·中庸》），慨叹圣王尧舜禹之后，中庸"民鲜久矣"，人们已长久地缺失它了！究其原因，从儒家思想家的理解和诠释中可以看出，儒家之"中庸"实际上已不是单纯的不偏不颇的行为准则，而是能融化一切诸如本末、天人、义利、经权、高明平庸、狂狷之对立，而又能得其"正"的至高的道德和智慧境界，凝聚着一个人全部的人生经验和体验。

儒家的道德观念系统虽然可以解析出多方面的内容，但主体的、核心的特征则应是以"仁"和"义"，即内蕴着"爱人"的道德感情和担当"应该"的道德自觉为共同的德性基础，以具有伦理性内涵的德行孝、忠、信为主要道德规范。儒家的道德理论立场因此有十分彻底的义务论或道义论的特质，其可解析出两层内涵。其一，"善"被界定为是高于大于"好"的一种价值，只存在于伦理性、道义性的行为中，即孟子所说"何必曰利，亦有仁义而已矣"（《孟子·梁惠王上》），汉儒表述得更清楚："循三纲五纪，通四端之理，忠信而博爱，敦厚而好礼，乃可谓善。"（董仲舒：《春秋繁露·深察名号》）。其二，伦理性、道义性的行为只是义务和责任，没有自身之外的目的，亦即孟子所说："由仁义行，非行仁义也。"（《孟子·离娄下》）汉儒也有更清晰的表述："正其道不谋其利，修其理不急其功。"（《春秋繁露·对胶西王越大夫不得为仁》）在古希腊哲学中的目的论和近代欧美功利论的伦理学理论立场映衬下[1]，儒家道德思

---

① 亚里士多德伦理思想可以作为古希腊哲学的目的论伦理学理论立场的代表，其可解析为三层内涵。其一，"善（按：'好'之义）是一切事物所求的目的"（《尼各马科伦理学》，苗力田译，中国社会科学出版社1999年版，第1页）。其二，"幸福是完满自足的，它是人的行为的目的"（同上书，第13页）。其三，获得幸福的"善因"有三类：灵魂（德性）、身体（健康）、外物（财富），其中灵魂（德性）是主要的、最高的善因（同上书，第15页）。功利主义者穆勒（J. S. Mill）对道德标准的界定是："有些关于人类行为的规律训诫，遵守它就能得到在量和质两方面多多享受的生活——这些规律训诫就是道德的标准。"（《功用主义》，唐钺译，商务印书馆1962年版，第13页）

想的道义论色彩更是十分鲜明。

性善论 在心性层面上，儒学的另一重要理论构成是追溯德性、德行的人性根源。孔子在回答宰予何以须"三年之丧"时说："君子之居丧，食旨不甘，居处不安，故不为也。"（《论语·阳货》）显示出儒家发现自觉的伦理实践、道德行为有一种可从心理上作出解释的原因。孟子进一步以心理特征将四种基本德行或德性——界定出来："恻隐之心，仁也；羞恶之心，义也；恭敬之心，礼也；是非之心，智也。"（《孟子·告子上》）孟子由这些具有道德感情的心理为人们所固有，推出仁义礼智之德性、德行为人所固有，推出人性本善这一儒学最重要的道德结论："仁义礼智非由外铄我也，我固有之也……人性之善也，犹水之就下也，人无有不善，水无有不下。"（同上）孟子之论显然有不周延的、易被推翻的经验的成分，但他在人性之中追寻德行、德性之根，却是理性的，巩固了孔子确立的儒学理论方向。

儒学以性善论使人之道德感情、道德行为得到彻底的、最终根源的解释，儒学因此获得对人的道德完成的充分信心，"人皆可以为尧舜"（《孟子·告子上》）；但也一直面临并且必须回答这种挑战性问题：既然"人性善"，为何人也有"不善"的心理感情和行为表现？在孟子之时，告子就提出了这样的质疑。孟子的回答是："若夫为不善，非才之罪也……其所以放其良心者，亦犹斧斤之于木，旦旦而伐之，可以为美乎？"（同上）即是说，这并不是性本身资质的问题，而是因为没有好好养护，致使良心善性逸失。这是孔孟儒学对这个尖锐问题的最初回答。孟子所回答的实际上是何以由"善"之性会出现"不善"之行为的问题。但在孟子之时，真正质疑甚至是否定"性善"论的并不是这个问题，而是在人性本身，在有恻隐、羞恶、恭敬、是非等"善"的心理显现的同一层次的心性层面上，何以也有如稍后荀子所归纳的"好利""疾恶""好声色"等"恶"的心态存在①？这是被孟子回避了而没有回答的问题。我们姑且不谈现代科学和哲学在更深的生理层面、心理层面，甚至是生物层面上对

---

① 见《荀子·性恶》。

"人性"的考察所见①，就孟子所观察、描述的那个人的心理层面而论，这的确是一个否认不了的事实：人诚然有伦理道德感情，但也有自然情欲。整个汉唐儒学都未能摆脱和消解掉由这个事实而产生的困扰，论证不了、坚持不住"性善"论而改持"性三品"说②。传统孔孟儒学能以某种理论破解掉这种质疑，维护住性善说，是在宋代理学中实现的；其中以朱子对这个问题的解释最具代表性、最为完整。朱子的解说是攀缘着两个命题——《易·系辞上》的"一阴一阳之谓道，继之者善，成之者性"和张载的"心统性情"③，分别从本体论层面（"以本体言"）与宇宙论层面（"以流行言"）上作出的④。围绕"继善成性"之命题，朱子说："'继''成'属气，'善''性'属理。性已兼理气，善则专指理。"（《朱子语类》卷九十四）其意是说，"继之"者是指本体，是天道，是理，其性质是善；"成之"者是理之本体通过气质成为人或具体事物，此方是性，兼有气质，就人而言，则有昏明清浊不同的表现，"禀气之清者为圣为贤，如宝珠在清冷水中；禀气之浊者为愚为不肖，如珠在浊水中。"

---

① 例如，现代心理学的精神分析学派创始人弗洛伊德（S. Freud）认为："本我当然不知道价值、善恶和道德，它所有唯一的内容就是力求发泄的本能冲动。"（《精神分析引论新编》，高觉敷译，商务印书馆1987年版，第58页）行为学派的代表人物斯金纳（B. F. Skinner）说："科学的行为分析取消了自主人所施行的控制，转交给了环境。"（《超越自由与尊严》，王映桥、粟爱平译，贵州人民出版社1988年版，第207页）也逻辑地否定了人内在地具有某种道德品性的观点。当代社会生物学的创始人之一威尔逊（E. O. Wilson）认为，"人类社会行为是由那些与人类密切相关的物种所共有的基因以及人类所特有的基因共同形成的"，并以攻击性、性、利他主义和宗教四种行为为"人类天性"（《论人的天性》，林和生等译，贵州人民出版社1987年版，第31、91页）。当然，这些考察人性的现代结论，也是处在颇多的纷争之中。
② 例如，董仲舒以德性、情欲与两者兼有之三种行为表现，将人性区分为"圣人之性""斗筲之性""中民之性"（《春秋繁露·实性》）；韩愈则更明确说"性之品有上中下三：上焉者，善焉而已矣；中焉者，可导而上下也；下焉者，恶焉而已矣"。（《昌黎先生集》卷十一《原性》）
③ 张载说："心统性情者也。"（《张子全书》卷十四《性理拾遗》）
④ 理学中的"本体"与"流行"两理论层面之别，是朱子在论及"太极"（"理"）之动静时明确界分的。他说："盖谓太极含动静则可（自注：以本体而言也），谓太极有动静则可（自注：以流行而言也），若谓太极便是动静，则是形而上下者不分。"（《朱文公文集》卷四十五《答杨子直一》）

（《朱子语类》卷四）可见，朱子引进气质的观念①，在人性的宇宙论层面上解释了"善"与"恶"的发生，而在更高的本体论的"理"的层面上坚持了人性之本体的善性。所以朱子每分辩说，"言其气质，虽善恶不同，然极本穷源而论之，则性未尝不善也"（同上书卷九十四），"才谓说性，便已涉乎有生而兼有气质，不得为性之本体也。然性之本体亦未尝杂"（同上书卷九十五）。依借"心统性情"之命题，朱子说："性无不善，心所发为情，或有不善。心之本体本无不善，其流为不善者，情之迁于物而然也……心具此性情，心失其主却有时不善。"（同上书卷五）其意是说，心作为一知觉实体，其体是性，其用是情，所以就心之本体（性）言，是善；就心之整体（含性与情）言，有善与不善，"心有善恶，性无善恶"（同上）。朱子之论一方面在宇宙论层面上（"继善成性"命题中的"性"，"心统性情"命题中的"心"）解释了"善恶"之发生；另一方面在本体论层面上（"继善成性"命题中的"道"或"理"，"心统性情"命题中的"性"），维护住"性善"的儒学传统结论。此外，宋代理学还给予"善"之内涵以涵盖更广的本体意义上的界定。其中亦可以朱熹为代表，他说："'孟子道性善'，善是合有底道理。"（《朱子语类》卷五）即宋代理学摆脱了单一地以具体的道德规范来界说"善"，而是用超越的，但又内蕴着这些具体规范的人之行为中内在的"固然""当然"来规定"善"②。在理学性善论看来，"仁义礼智"是善，并不是指这些行为举止本身——它的具体的、有道义性价值的动机、后果，而是因为它合乎"理"，是固然、当然，故善。

———————

① 张载说"形而后有气质之性，善反之，则天地之性存焉"（《正蒙·诚明》），程颐说"性出于天，才出于气，气清则才清，气浊则才浊……才则有善不善，性则无不善"（《河南程氏遗书》卷十九）。朱子"气质"之说源于此，故他回答门人"气质之说始于何人"之问时说："此起于张程，前此未曾有人说到此。"（《朱子语类》卷四）实际上，汉儒已开始以"气"释人性之"恶"，如董仲舒曾说："桼众恶于内，弗使得发于外者，心也，故心之为名桼也。人之受气，苟无恶者，心何桼哉？"（《春秋繁露·深察名号》）

② 朱子每以事物之"固然""当然"来界说"理"。如谓"……造化发育，品物散殊，莫不各有固然之理，而其最大者则仁义礼智之性"（《朱文公文集》卷七十八《江州重建濂溪先生书堂记》），"至于天下之物，则必各有所以然之故，与其当然之则，所谓理也"。（《大学或问》卷一）

这样，性善论就可以解释为人的行为最终皆是皈依固然、当然的自我选择，向着固然、当然生长的自律本能。总之，儒家性善论在宋代理学中获得了一种较周延的理论解释，可以回答、破解先秦告子以来的质疑；作为儒家基本的道德信念，也因此获得了一种逻辑上的自洽的哲学坚固性。在这种基本的信念立场上，后面将论及，为了回应现时代的社会发展和精神困惑，儒学需要，也可能在人类生存状态的现代观念背景下，对性善论作出新的诠释。

修养方法　儒家的德性、德行修养方法，也是儒学心性理论层面上的主要的，并且不断呈现新面貌的论题。从《论语》可以看出，孔子和他的及门弟子们经常讨论的如何"为仁"、如何"成人"，就是这个问题的最早形态。而孔子以"非礼勿视，非礼勿听，非礼勿言，非礼勿动"四项自律向颜渊解释"为仁由己"（《论语·颜渊》），以知、仁、勇、艺四种品质和"见利思义，见危授命，久要不忘平生之言"三种表现回答子路"成人"之问（《论语·宪问》），则是表明，原始儒家的"为仁"或"成人"，主要还是指向德行实践本身；虽然孔子有"绝四"——"毋意，毋必，毋固，毋我"（《论语·子罕》），曾子有"三省"——"为人谋而不忠乎？与朋友交而不信乎？传不习乎？"（《论语·学而》）但总的来说，心性层面上的思考并不凸显。思孟以后，情况有所变化。子思《中庸》开篇即立下论断："天命之谓性，率性之谓道，修道之谓教。"天道是人的性命之本原。天道于人，虽然"不睹不闻"，却是"不可须臾离"；人处天道之中，隐微皆显，无所遁形，则有"诚""慎独"的道德要求产生。"诚"是保持真实本然、无虚妄的心境①，"尽人之性""尽物之性"，展示人的本性，这是仁的表现，成全物的本性，这是智的运用，全部修养都是从这里开始②；"慎独"

---

① 在儒学中的"诚"，在不同语境或层面中有不同的含义："诚"是事物本然，此是就本体言（《中庸》和《孟子·离娄上》的"诚者，天之道也"）；"诚"是保持真实无妄的心境，此是就心性修养言（《中庸》的"诚之者，人之道也"和《孟子·离娄上》的"思诚者，人之道也"）；待人以诚之"诚"，此是就一具体的德行言（《礼记·学记》的"使人不由其诚"）。

② 《中庸》谓："唯天下至诚，为能尽其性；能尽其性，则能尽人之性；能尽人之性，则能尽物之性……则可以与天地参。"又谓："诚者非自成己而已也，所以成物也。成己，仁也；成物，知也。"

是要在无任何约束的境况下保持自律①，是充分的道德自觉的表现。儒家德行修养的心性内涵，在《中庸》这里开始变得丰富而明显。《孟子》以"仁义礼智根于心"（《尽心上》），所以德性修养就是对本心的存养，"君子所以异于人者，以其存心也"（《离娄下》）；就是对放逸的本心的寻求，"学问之道无他，求其放心而已矣"（《告子上》）。在孟子这里，儒家的德性修养的重心，就转移到心性层面上了。《中庸》以"诚"去体认"天道"（"天命"），《孟子》则唯存养一"心"，先秦儒学中出现的此种心性修养方法的差异，在宋明理学中进一步被显化，并形成程朱与陆王两派的对立。陆九渊、王守仁的修养方法着眼于对被其视为是善之本体的"心"的体悟，所谓"发明本心""致良知"②，其特点是以对善的悟彻，即是修养的完成。这是一种整体的、全息的明了，没有可作分析的过程或步骤。陆九渊称之为"一是即皆是，一明即皆明"（《象山全集》卷三十五《语录下》），形容为"知道，则末即是本，枝即是叶"（同上书卷三十四《语录上》）；王守仁称之为"即本体即工夫"③，解释说"心无体，以天地万物感应之是非为体"（《阳明全书》卷三《传习录下》）。在这里，在陆王的"一明即皆明""本体即工夫"的悟彻之前，已经经历了知识的和精神的积累，似乎被忽视、被忘却了。程颐、朱子一派则将修养区分为"涵养"（"主敬"）、"进学"（"穷理"）两个方面，这是一个心性自我修持与认识物理事理兼用的修养方法④；是一个由不断积累而一旦贯通，即由工

---

① "慎独"亦在《大学》中出现。《大学》说"人之视己，如见肺肝"，小人为不善，终不可掩，故"君子必慎其独"。显然，《大学》是从某种生活经验的层面上立论，有别于《中庸》据"天道"的形上层面立论。

② 陆九渊说"仁义者，人之本心也"（《象山全集》卷一《与赵监一》），将"心"界定为内蕴善的道德本体，故认为"本心若未发明，终然无益"（同上书卷四《与潘文叔》）。王守仁说"良知者，孟子所谓是非之心，人皆有之者也……吾心之本体，自然灵昭明觉者也"（《阳明全书》卷二十六《大学问》），将心界定为知觉的本体，诸善由此知的功能发生，故称"良知"；故须"致良知"，谓"圣人之学，惟是致此良知而已……致良知之外，无学矣"（同上书卷八《书魏师孟卷》）。

③ 王守仁有谓："合着本体的，是工夫；做得工夫的，方识本体。"（《阳明全书》卷三十二《传习录拾遗》）

④ 如朱子说："程夫子之言曰：'涵养须用敬，进学则在致知。'此二言者，实学者进步之要；而二者之功，盖未尝不交相发也。"（《朱文公文集》卷五十六《答陈师德》）

夫而及本体的过程①。程朱、陆王两派修养方法之异，学术史上在不太严格的意义上，每以《中庸》之"尊德性"与"道问学"之别来界分之②。

儒家的道德修养观念在儒学的历史发展中，虽然就修养方法本身而言，在不同时代或派别有差异或变迁，但修养最终实现或道德完成的走向却始终是相同的。最先是孔子对子路论说"君子"的道德完成从低到高的过程应该是"修己以敬""修己以安人""修己以安百姓"（《论语·宪问》）；后来，《大学》更认定，"自天子以至于庶人，一是皆以修身为本"，并将这个"修身"或道德完成的过程完整地概述为："古之欲明明德于天下者，先治其国；欲治其国者，先齐其家；欲齐其家者，先修其身；欲修其身者，先正其心；欲正其心者，先诚其意；欲诚其意者，先致其知；致知在格物。"显言之，儒家的道德修养应是一个包括由个人的德性、德行修养开始，直到立身和贡献于社会的完整过程③。儒家道德修养在这里充分展现了积极入世的和充分开放的品格。

3. 超越的理论层面

儒学的理论结构，除去社会伦理的和心性修养的理论层面外，还有一

---

① 如朱子论述心性涵养过程曰："若实有为己之心，但于此显然处严立规程，力加持守，日就月将，不令退转……及其真积力久，内外如一，则心性之妙无不存，而气质之偏无不化矣。"（《朱文公文集》卷四十三《答吕伯谦二》）又论述格物穷理过程曰："必使学者即凡天下之物，莫不因其已知之理而益穷之，以求至乎其极。至于用力之久，而一旦豁然贯通焉，则众物之表里精粗无不到，而吾心之全体大用无不明矣。"（《大学章句·补传之五章》）

② 朱子曾说："大抵子思以来，教人之法惟尊德性、道问学两事为用力之要，今子静所说专是尊德性事，而某平日所论却是道问学上多了。"（《朱文公文集》卷五十四《答项平父二》）故后来黄宗羲在《象山学案》按语中说："先生之学，以尊德性为宗……同时紫阳之学，则以道问学为主。"（《宋元学案》卷五十八）

③ 历史上，宋儒程颢曾盛赞好友邵雍平生学术出处为"内圣外王之道"（《邵氏闻见录》卷十五）。这一品评邵氏之学的论断当否，姑且不论。晚近，现代学者每有谓"儒学是内圣外王之学"。这一论断不确切，其一，"内圣外王"一语出自《庄子·天下》，是庄子后学对先秦诸子学术整体内容或特色的概括，不是对儒学一派的评定。在庄子后学看来，儒家可能有"外王"的理想，但绝无"内圣"的品质。其二，就儒家言，"博施济众"（《论语·雍也》）是"圣"的表现，"人伦之至"（《孟子·离娄上》）也是"圣"的表现，"圣"不是心性层面的、内在的修养完成，而是全面的、最高的儒行完成。所以，以"内圣外王"来表征儒学，所反映出的只能是儒学的变迁和儒学的衰退。

个超越的层面——"命"（"天命"，或"天"①）。《论语》记载，鲁人公伯寮在鲁国权臣季孙面前中伤孔子师生治理鲁国的努力，孔子知道后说："道之将行也与，命也；道之将废也与，命也。公伯寮其如命何！"（《论语·宪问》）孔子还对子夏说"死生有命，富贵在天"（《论语·颜渊》），显示孔子儒学的"命"之观念似乎是认为在人的一生遭际中潜存着某种在人之外之上的、超验超时空的、非人力所能左右的客观必然性。此后，孟子亦据孔子之言行评论说，"孔子进以礼，退以礼，得与不得，曰有命"（《孟子·万章上》），并以尧、舜、禹之子贤或不肖的差别皆非人之所能为例，对"命"作出一般的界定，"莫之为而为者，天也；莫之致而至者，命也"（同上），特别凸显"命"之高于、外于人的那种超越性②。宋代理学家程颐有曰，"君子当穷困之时，既尽其防虑之道而不得免，则命也"（《周易程氏传·困》），在此界说中，凸显的则是"命"之观念的必然性内涵。可以说，"命"或"天命"是儒学所确认的唯一具有外在超越性质的客观存在（实在）。因为通常在某些宗教中出现的、被作为是某种超越的存在来理解的"神""鬼"，如前所论，在儒学中被解释为是人的一种异化形态或自然的某种性质，并不具有真正的超验、超时空的超越性质。儒学的超越理论应该说是围绕对命之异己性——外于、高于人的超越性和必然性的消解而展开的。

---

① 儒家的"天"大体上可析为两义。其一，"天地"之"天"，自然义。《论语》"夫子之不可及也，犹天之不可阶而升也"（《子路》），《孟子》"天油然作云，沛然下雨"（《梁惠王上》）中之"天"，皆是此义。如前面所论，此"天"（"天地鬼神"）被儒家在其自然性本质中又赋予道德性品格，与社会伦理性的君亲师友，一起融摄入同属于"礼"的伦理性质的关系中。其二，"天道""天命"之"天"，超越义。"天道""天命"义稍有别，理学有所分辨，如《论语》"夫子之言性与天道"，朱子注曰，"天道者，天理本然之本体"（《论语集注·公冶长》）；"五十而知天命"，朱熹注曰，"天命，即天道之流行而赋于物者，乃事物所以当然之故也"（《论语集注·为政》）。然其作为儒学形上层面的超越义相同。当然，"天道"在朴素原始的意义上，是指天体运行之迹，经学家多作如此解。如郑玄说："天道，七政变动之占也。"（《后汉书》卷二十八《桓谭列传》注引郑玄《论语注》）儒家之"命"与"天命"在超越层面上同义，如《论语》记载，孔子弟子冉耕病重将死，孔子去探望，痛惜："亡之，命矣夫！"朱子注解曰："命，谓天命。"（《论语集注·雍也》）

② 朱子诠释此种超越性说："此皆非人力所为而自为，非人力所致而自至者，盖以理言之谓之天，自人言之谓之命，其实则一而已。"（《孟子集注·万章上》）

"命"之超越性的内在化　我们在世界文化史中看到，人们在生活中感悟的、被理解为是某种客观必然的、根源的外在超越的存在，常常被进一步实在化、实体化、人格化为某种宗教信仰的对象。但在儒学这里，在这个继承了殷周之际从原始宗教观念向道德观念蜕变的精神传统的思想体系里，"天"或"命"这种外在的超越对象，也从周人的具有人格特征的、被虔诚信仰的对象①，转变为一种可被理智体认的对象，进而通过道德实践的桥梁而内化为人的道德本性本身的那种对象。这条消解"命"之异己性的理论演进之路在儒学中还是很清晰的。最先，孔子说自己"五十而知天命"（《论语·为政》），表明在孔子那里，"天命"已不是信仰的对象，而是通过生活经验、思想经历的积累来认识或体验的对象；孔子还说"不知命，无以为君子也"（《论语·尧曰》），表明他认为这一精神经历是每个人都可以和应该实现的。随后，《中庸》界定说"天命之谓性，率性之谓道，修道之谓教"，孟子解释说"尽其心者知其性也，知其性则知天矣；存其心养其性所以事天也"（《孟子·尽心上》），进一步确认儒家最高的认识或精神境界——"知天命"，是在体认和践行仁义礼智的德行中实现的；或者说，就是这些道德实践本身。最后，宋代理学家在诠释、界定"天命"时说，"在天为命，在义为理，在人为性，主于身为心，其实一也"（《河南程氏遗书》卷十八），"天之赋于人物者谓之命，人与物受之者谓之性"（《朱子语类》卷十四），正是沿缘思孟"率性修道"和"尽心、知性、知天"的理路，最终将"天命"诠释为、内化为人的道德本性本身。将外在的命内化为人之性，消解了命的异己性，是儒学超越理论的最大特色与最大成功。

对"命"之必然性的解释　儒学"命"的观念另一重要内涵，是对"命"之必然性作出了与宿命论能划清界限的诠释。"必然性"作为一个哲学范畴，黑格尔将其表述为"真实的可能性"，界定为"可能性与现实

① 如前引《尚书》记载周人的话语，"天乃大命文王，殪戎殷"（《康诰》），"我亦不敢宁于上帝命，弗永远念天威"（《君奭》），其所显现的正是周人宗教色彩的"天""命"观念。

性的统一"①，换言之，必然性是一种由某种根源性因素决定的确定不移的、唯一将实现的可能趋势。宿命论认为人生历程或社会发展，其进程和结局都是注定的，显然是一种含蕴着"必然性"的理论形态。它的特点只是将这种必然性的根源认定为是由某种外在的、高于人类的"实在"（如神）的既定安排。儒学的超越理论，虽然以"人之命"即是对"人之性"的另外角度之表述的诠释方式，消解了命之异己性，但并不否定或否认命之"不得免"的必然性。然而儒学也没有因此陷入非理性或超理性的宿命论的命之信仰中，而是继续在这个命之内在化的理论方向上，从人性之气禀中为"命"的那种必然性找出根源，作出解释。其中，当以朱子的三次解说最为清晰。朱子说："命有两般：有以气言者，厚薄清浊之禀不同也，如所谓'道之将行、将废，命也'，'得之不得曰命'是也；有以理言者，天道流行，付而在人则为仁义礼智之性，如所谓'五十而知天命'，'天命之谓性'是也。二者皆天所付与，故皆曰命。"（《朱子语类》卷六十一）可见在理学看来，是人之气禀的厚薄清浊决定了人的寿夭穷通，决定了人生命过程、生存状态中的"不得免"。亦不难看出，在理学这种对命之必然性的解释中，命之异己性又一次被消解了，"命"的那种必然性之形成，并非来自某种外在超越的原因，而是人自身的某种固有的缘由。理学还认为，决定命之必然的人自身的缘由（气禀），在其源头处却是偶然的。朱子在回答门人"气禀是偶然否"之问时说："是偶然相值着，非是有安排等待。"（同上书卷五十五）这样，儒学的命之必然性观念，就应更确切地解释和表述为，在生命源头处偶然相值而形成的气禀，注定了人生的必然遭际——寿夭穷通的命运。理学的这一解释，在儒学命之必然性观念的源头处排除了宗教性的或其他神秘性的因素介入，但也出现了一种需要消解的吊诡：源头处的偶然性，何以到终点观察是必然性？朱子诠解孔子"死生有命，富贵在天"之论时说：

> 命禀于有生之初，非今所能移；天莫之为而为，非我所能必。
> （《论语集注·颜渊》）

---

① 黑格尔：《小逻辑》，贺麟译，商务印书馆1980年版，第305页。

朱子此论显示出，儒家"命"的必然性实际上是处在因素极为众多、关系极为复杂的生存环境中人的生命活动、存在过程的一次不可逆性；正是这种一次不可逆性，使人之生命在源头处的气禀偶然相值是不可移易的，在尽头处呈现的结局也是唯一的，似是"不得免"的。这种"必然性"不是某种外在超越的既定的"安排"的展现，而是由气禀偶然构成之人在各种不同的、不可重复再现的境况下的一次性的生命和生活过程的创造。这是理学对"命"之必然性内涵的一个完整的解释，理学"命"论之吊诡也在这一解释中被消除。朱子的，也是儒学的对命的此种哲学观察和结论，虽然仍是立足于经验基础之上的，但毕竟潜蕴着真实的存在于人自身的事实前提和合理的逻辑思维过程，所以本质上也是具有科学理性性质的。

对"命"的回应 儒学的超越理论认为"命"就在人自身之中，在人的性理与气禀之中，消解了"命"之外在、异己性，但儒学并没有否定"命"之必然性，而只是在理学中给予一种理性的解释，判定这是个人之生命在源头处的偶然性和生存过程中的一次不可逆性的表现。这样，对于"命"———种必然性的回应或应持之态度，也就成为儒学超越理论的一个很重要的方面；同时，由于这种必然性，不是宿命，不是既定"安排"的展现，而是生命和生活的一次性创造过程，也就使这一回应本身具有含蕴一切可能的自主、自由的广阔空间。儒学的基本回应态度是，不因超越性的命运之必然、"不得免"的性质而改变自己所应有的理性的和道德的实践原则、方向和努力。儒家的这种态度从孔子时就已形成。孔子虽然于"道之不行，已知之矣"（《论语·微子》），但仍遵循"道"（礼与仁）的原则奋行不已；虽遭时人"知其不可而为之者"的讥评（《论语·宪问》），亦无所怨悔。此后，孟子所谓"行法以俟命"（《孟子·尽心下》），程颐所说"知命之当然也，则穷塞祸患不以动其心，行吾义而已"（《周易程氏传·困》），朱子所称"听天命者，循理而行，顺时而动，不敢用私心"（《朱文公文集》卷六十四《答或人》），表述的都是儒家以固有的行为准则和应有的道德实践——物理之固然和伦理之当然，来回应"命"之必然的态度。儒家这一态度可在先秦儒家典籍里找出典型例证：

　　孟子曰："莫非命也，顺受其正；是故知命者不立乎岩墙之下。"（《孟子·尽心上》）

　　邾文公卜迁于绎。史曰："利于民而不利于君。"邾子曰："苟利于民，孤之利也。天生民而树之君，以利之也。民既利矣，孤必与焉。"左右曰："命可长也，君何弗为？"邾子曰："命在养民，死之短长，时也。民苟利矣，迁也，吉莫如之！"遂迁于绎。五月，邾文公卒。君子曰："知命。"（《左传·文公十三年》）

生活经验、物理常识都告诉我们，高墙易倾，故应避离其下，以免危险。孟子"知命者不立乎岩墙之下"之说，以一具体细小日常行为，准确地诠释出儒家回应命之基本态度或原则的一个主要方面——遵循物理地生活。邾文公（邾国国君蘧篨）欲迁都绎地，但不知此举后果是吉是凶，意犹未决，求诸卜筮，占卜显示，迁绎对他的百姓有利，对他的个人命运则是凶——不能长寿。邾文公认为，作为国君，自己的"命"是在于护养自己的民众，既然迁绎能利民，就是吉事，决意迁都。迁绎后，邾文公就死了。邾文公的行为在术数家看来是"不知命"，但《左传》的作者从儒家立场（"君子曰"①）评断，却是"知命"，因为邾文公完全自觉地践履了作为君主的伦理道德原则②。《左传》记述的此段史实，清晰地宣示儒家回应命之基本原则或态度的另一主要方面——遵循伦理道德地生活。儒家回应命（"知命"）的这种态度，在宋代理学中凝聚成两个命题，或者说可为两个命题充分展示。一曰"唯义无命"。这一命题是程颐明确提出的，他说：

　　君子有义有命。"求则得之，舍则失之，是求有益于得也，求在我者也"，此言义也；"求之有道，得之有命，是求无益于得也，求

---

① 《左传》有"君子曰""君子谓"七十余则，"孔子曰""仲尼曰""仲尼谓"二十余则，多为从儒家思想立场对历史事件或人物作出的评断。

② 《礼记》曰，"国君死社稷，大夫死众，士死制"（《曲礼下》），"国有患，君死社稷谓之义"（《礼运》）；"宗子（诸侯、国君）……重社稷，故爱百姓"（《大传》），"君民者子以爱之，则民亲之"（《缁衣》）。可见，儒家以维护国家、爱养臣民为国君的伦理责任和道德要求。

在外者也"①，此言命也。至于圣人，则惟有义而无命，"行一不义，杀一不辜，而得天下，不为也"②，此言义不言命也。(《河南程氏外书》第三)

程颐推演孟子之论，认为诸如寿夭贵贱属于"在外"的东西，得与不得，在"命"不在我；而行义、践履和完成道德，却是"在我"的东西，求则可得的。人应该将"命"置之度外，而把自己的努力、奋斗投入行义的这个方向上来。显然，理学家的"唯义无命"并不是对"命"的否定，而是从人生价值的实现或意义的估量上，将义的实现置于"命"之上，以"求在我者"，即以对伦理原则、道德理想的自觉实践，来回应被视为是一种客观必然的超越的存在。儒家生活方式中的庄严和崇高在这里被展现出来。这种能在儒家思想体系和生活方式中的最高的超越存在面前，显示作为人的理性尊严和自主的人生态度，在理学家看来，就是具有最高的儒家精神觉醒——圣人境界的表现。二曰"人事尽处便是命"。朱子一次回答门人疑问，明确表述出此命题：

> 问："《程氏遗书》论命处，注云：'圣人非不知命，然于人事不得不尽。'如何？"
> 曰："人固有命，只是不可不'顺受其正'，如'知命者不立乎岩墙之下'是。若谓其有命，却去岩墙下立，万一倒覆压处，却是专言命不得。人事尽处便是命。"(《朱子语类》卷九十七)

朱子也曾说："圣人更不问命，只看义如何，贫富贵贱，惟义所在，谓安于所遇也。"(《朱子语类》卷三十四)可见，在"唯义无命"的命题下，朱子也是以践行伦理道德规范为对命的最高自觉的回应。但在"人事尽处便是命"这个命题下，朱子援依孟子"知命"之论，将对命的回应扩展为一切遵循、合于伦理、物理的行为，即使是践履了"不立岩墙之下"

---

① 见《孟子·尽心上》。
② 见《孟子·公孙丑上》。

"晴天穿鞋，雨天赤脚"① 这些最平常、卑微事为中的理则，也可以视为是对命的一种回应。并且，在朱子看来，此种回应就是在一具体情境下的"尽人事"，就是命的实现。遵循伦理、物理的生活，从不太严格的意义上说，也就是健康的人生实践的全部，也就是完满的"人事尽处"。所以，作为儒学之超越存在的命，如果说在"唯义无命"命题中还是"悬置"在人生实践中的，那么，在"人事尽处便是命"命题中，则是消解在人生实践中了，命体现为生活中的人伦物理，就是人生实践本身。将命融入人生实践中，以自觉的人生实践为命之实现，是儒学回应命之必然的一个最积极主动的态度。在这个命题下，朱子还将儒学回应的态度（"知命"）与宿命（"专言命"）划清了界限。宿命论者以为结局既定，可以放意行为（"却去岩墙下立"），所以从"宿命"中不能逻辑地导引出遵循理则地生活的原则，不能逻辑地生长出珍惜和努力人生的情感。理学家也因此获得了一种理论立场，对作为宿命思想具体表现的术家"数"② 的观点表示反对，如程颐说，"儒者只合言人事，不合言有数，直到不得已处，然后归之于命可也"（《河南程氏外书》第五），"古者卜筮，将以决疑也。今之卜筮则不然，计其命之穷通，校其身之达否而已矣。噫！亦惑矣"（《河南程氏遗书》卷二十五）。术家以为人的命运是既定之"数"的展现；儒家（理学）认为人生是"尽人事"的自主创造，最终结局是唯一的，但不是既定的，如果用清儒王夫之的话来说，直至生命的尽头，人都行进在"命日新，性日富"（《思问录·内篇》）的过程中。在这里，理学虽然还没有可以击碎宿命论的那种理论力量，但却显示了非凡的科学理性

① 《论语》记载："子谓颜渊曰：'用之则行，舍之则藏，惟我与尔有是夫！'"（《述而》）朱子对他的门人阐释此"用舍行藏"曰："圣人于用舍甚轻，没些子紧要做。用则行，舍则藏，如晴干则着鞋，雨下则赤脚。尹氏（按：程颐门人尹焞）云：'命不足道。'盖不消言命也。"（《朱子语类》卷三十四）

② 《汉书·艺文志》称"数术者，皆明堂、羲和、史卜之职也"，将其典籍区分为天文、历谱、五行、蓍龟、杂占、形法六类，并以春秋时梓慎、裨灶、卜偃、子韦，战国时甘公、石申夫，汉之唐都等七人"庶得粗循"。据《汉志》所述可以认为，中国古代数术（应该说，秦汉以后更为滋繁），就是将天文、地理、历史等各种知识，纳入一定的逻辑框架，预测、捕捉"既定安排"的人生穷达祸福、世事兴衰更替之命运。不同的"术"有不同的逻辑框架和知识、经验内容；每种逻辑框架内的逻辑秩序和推演规则，都可称之为"数"。

精神。当代世界著名的英国理论物理学家霍金（S. W. Hawking），1990 年在一次演讲中曾探讨了"一切都是注定的吗"的问题，分析了相信宇宙间一切都是注定的会引起的三个难解或无解的问题。他的最终结论是："一切都是注定的吗? 答案是'是'，的确'是'。但是其答案也可以为'不是'，因为我们永远不能知道什么是被确定的。"他的建议是："因为人们不知道什么是确定的，所以不能把自己的行为基于一切都是注定的思想之上。相反地，人们必须采取有效理论，也就是人们具有自由意志以及必须为自己的行为负责。"① 这可以视为是现代科学理性对"命"之难题的全部回答：不能确定性地判定"命"是否有"注定"的品质，但能确定性地告知对待"命"的应有的正确态度——合理地生活。儒家对"命"的回应，与此是犀通的。"人事尽处便是命"作为一种思想，也是形成儒家生活中没有游离于世俗生活之外的终极关怀对象这一重要文化特征的主要观念因素，因为作为儒家思想体系里的最高超越性存在、精神生活的最后皈依的命（天命、天道），只存在于、实现于"尽人事"中。

儒学以其道德理性的"命"之理念，破除了非理性的鬼神、术数迷信，屏障了对人格的外在超越之超理性的宗教信仰；但儒家生活并不会因有这种道德理性带来的精神解放而失去崇高对象和敬畏之心，变得狂傲和无所忌惮。儒家回应"命"的"行法以俟命""人事尽处便是命"之态度，其意涵都是对物理、伦理的遵循、践履。孔子曰："君子有三畏：畏天命，畏大人，畏圣人之言。"（《论语·季氏》）显言之，个体生命所拥有的具有某种超越性质的"不可免"之唯一性、高于个体的国家伦理共同体、道德的律令规范，在儒家生活中都是一个对生命、人生过程有理性自觉的人应当接受和敬畏的。儒家对作为其人生终极的"命"的此种理性自觉，是儒家生活方式最重要的文化标帜。

儒学在由仁、礼、命三范畴所体现的心性、社会、超越三个理论层面构成自己的周延的理论的同时，也塑造了自己的理论个性特色。简略地说，在异质的世界文化背景下，儒学的超越理论使它与创世的人格神信仰

① 霍金：《霍金讲演录》，杜欣欣、吴忠超译，湖南科学技术出版社 1995 年版，第100、97 页。

为特征的，诸如印度宗教的、基督宗教的和伊斯兰教的传统宗教文化有明显的区别；就中国固有文化范围而言，儒学的人性论、德行修养和社会伦理观念，也使它与墨家、法家、道家在其理论基础和主要特征上界线分明。例如，墨家"兼爱"是出于功利前提的结论①，而儒家的"仁爱"（"亲亲"与"泛爱众"）则是伦理道德的义务原则的展开；法家的"四维"是对人之行为具有法的强制性特质的规定②，儒家的"四德"或"五常"，则是发自"性善"的、有道德感情内涵的自律行为；道家的自然人性论视一切道德规范皆是对人性的戕害③，而儒家的性善论则认为道德行为如同"绘事后素"（《论语·八佾》），是对人性的提高、完善，是人性的实现。此外，儒学在两汉、魏晋、宋明的历史时期中，理论观念、理论面貌发生的更新或变化，都显示出对五行观念、道家和佛家思想等儒学以外的精神资源的消化和吸收④。这表明儒学的理论结构中也存在着可吸纳异己思想，实现连绵发展的理论空间和能力。儒学所具有的这些理论品格，最终使其成为中国传统文化中的主体和世界文化中的独立类型。

---

① 墨子论"兼爱"之前提曰："仁人之事者，必务求兴天下之利，除天下之害；今吾本原兼之所生，天下之大利者也，吾本原别之所生，天下之大害者也。"（《墨子·兼爱下》）

② 《管子》认为"四维不张，国乃灭亡"，并界说"四维"曰："何谓四维？一曰礼，二曰义，三曰廉，四曰耻。礼不逾节，义不自进，廉不蔽恶，耻不从枉。故不逾节，则上位安；不自进，则民无巧诈；不蔽恶，则行自全；不从枉，则邪事不生。"（《牧民》）

③ 《庄子》曰："性者，生之质也。"（《庚桑楚》）道家界定"性"为事物的自然、本然状态，所以《庄子》又说："待钩绳规矩而正者，是削其性者也；待绳约胶漆而固者，是侵其德也；屈折礼乐，呴俞仁义，以慰天下之心者，此皆失其常然也。"（《骈拇》）

④ 汉代儒学理论的核心，是建立在有机自然观基础上的天人感应思想，而五行相生相胜的观念则是这个自然观的主要内容之一。魏晋儒学的特色，是吸收道家思想消除儒家在独特社会环境下（门阀制度）产生的精神危机，试图诠定"名教"（儒家伦理道德规范）与"自然"（道家任情性）之间的相同或相通。宋明儒学消化吸收佛学的过程和内容都比较复杂，一般来说，佛学构成了理学形成和流变的主要观念背景：程朱理学诠说的"理"之兼有根源性和总体性的内涵，与华严宗的"理"（"理法界"）观念或因有某种关联而相似；心学（象山、江门、姚江）之"心即宇宙"思想，无论其从本体的或认知的意义上的论证，与禅宗心性观念也或因有某种犀通而相似。

（二）儒学的社会功能

儒学诚然是一个以伦理道德观念为核心，并且有心性的、社会的、超越的三个理论层面的比较周延的思想体系。但是，在中国历史上，儒学并不是以一个单纯的伦理道德思想体系的学术面貌出现和显示功能的。由于儒家提出的君臣、父子、夫妇、长幼、朋友五伦之序的伦理思想，仁、义、礼、智、信和孝、忠、诚等德性和德行的道德规范，能充分满足以家庭为单位的农业社会和君主专制政治制度的社会生活需要，战国时代就开始获得社会的认同①，汉代"独尊儒术"以后，更被历代国家政权自觉地用来作为建构社会政治生活、协调社会人际关系、稳定社会秩序的基本理论工具、指导原则，儒学实际上是中国历史上君主专制的国家意识形态②。儒学此种转变，带来了功能的扩展，儒学不仅表现出其所固有的道德功能，而且也增益了某种法律性的和宗教性的功能。由伦理道德特质而发挥出超伦理道德的功能，在一定意义上构成了儒学的基本历史面貌和理论特色。

1. 儒学的道德功能

儒学以伦理道德观念为其思想特质，它的道德功能应该说是十分显著的。要言之，儒学仁、智、勇或忠、孝、诚信的德行观念，"父子有亲，君臣有义，夫妇有别，长幼有序，朋友有信"的伦理原则，在儒家思想为

---

① 《庄子》中拟借一国君之口曰，"始吾以圣知之言，仁义之行为至矣……"（《田子方》），又拟借一宰臣之口曰，"吾所以说吾君者，横说之以《诗》《书》《礼》《乐》，从说之以《金板》《六韬》……"（《徐无鬼》），又述其所见世之趋好曰，"自虞氏招仁义以挠天下也，天下莫不奔命于仁义"（《骈拇》）。《庄子》所杜撰虽为寓言，且意隐讥嘲，但亦映现出此时儒家之说已获社会认同。

② "意识形态"之内涵和确切界定，都存在着分歧。本书这里在意识形态表现出的一个基本特征的意义上，即总是宣示或体现某一特定群体（阶级、阶层、集团）之利益要求的思想理论形态，将其理解为一种特殊的、与国家权力结合、藉国家权力或意志而运行和发挥维护作用的思想观念体系。儒学之作为中国古代君主专制国家意识形态，是自汉代"独尊儒术"和儒学"五伦"思想渗入法家观念蜕变为"三纲"名教后而逐渐形成的，其有两个最显著的标志：其一，自汉平帝追封孔子为"褒成宣尼公"开始，孔子受到唐宋元明清历代的封谥；其二，在汉代的选举（征辟、察举）和唐代以后特别是明清的科举中，通晓、谙熟儒家经典都是选拔人才的主要标准。

主导的社会中，这些基本的价值取向为建构社会生活不可或缺的理想人格之确立和应当的行为之判定，提供了道德准绳。

理想人格的道德内涵　理想人格是人的社会生活中的精神灯塔，可以照亮所有人的路；也是目标，是每个人自我实现的终点。当然，不同生活方式中、不同思想学说中的理想人格是不同的。儒家的理想人格是"君子"（有时或称"志士""仁人""贤者"），君子中境界最高的人格是"圣人"①。在儒家经典中，"君子"有时是指有权位者或士以上阶层的人，如孔子所说"君子笃于亲，则民兴于仁"（《论语·泰伯》）、"君子学道则爱人，小人学道则易使"（《论语·阳货》）中的"君子"，都有这种意涵；但更经常是指所有人中的有道德修养的人，如孔子所说"君子固穷，小人穷则斯滥矣"（《论语·卫灵公》）、"为君子儒，无为小人儒"（《论语·雍也》）中的"君子"，则属于这种意涵。虽然"君子"一词在两种意涵下被使用的情况，直到《孟子》《礼记》中也都存在②，但一般来说，还是可以认为前一种含义的"君子"，反映出早期儒家思想中残留着从周人宗法思想蜕变而来的观念痕迹，这是一种历史的痕迹；后一种"君子"观念，则是表现了儒家突破周人宗法思想，将氏族贵族的德行要求推展为包括庶民在内的全体民众的道德规范的创造性发展了的观念，并成为儒家凝聚全部德性、德行的人格概念。此种含义上的君子，也就是儒家的理想人格。

作为儒家理想人格的君子，儒家经典对其道德内涵的诠释是很丰富的，例如仅《论语》一书，"君子"一词就出现 107 次③，都可以视为是

---

① 孔子说："圣人，吾不得而见之矣，得见君子斯可矣。"（《论语·述而》）据此，儒学中理想人格的境界可作君子与圣人的区分。或有学者援引更多儒家经典或其他典籍，解读为君子、贤者、圣人之区分，亦无不可。

② 例如，《孟子》"无君子莫治野人，无野人莫养君子"（《滕文公上》）之"君子"，显然是指有权位者；而"君子行法以俟命"（《尽心下》）之"君子"，则是指所有人中有道德修养者。《礼记》一书主旨在诠释礼制，故"君子"一词多有指士以上有位者的宗法含义；但《礼记》明确界定说"博闻强识而让，敦善行而不怠，谓之君子"（《曲礼上》），显然是以德性修养为"君子"之内涵。

③ 今之学者杨伯峻《论语译注·论语词典》统计（中华书局 1980 年版，第 241 页）。元儒何异孙《十一经问对》另有统计："问：《论语》二十篇称'君子'者几？对曰：四十有二。泛言者一十有六，取人者有三，责人者有九，答问者有六，与小人对称者有八。"（卷一《论语》）

从不同角度对"君子"的解说。其中，孔子对子贡所说"君子道者三，仁者不忧，知者不惑，勇者不惧"（《论语·宪问》），和对子路所说君子行为应是"修己以敬，修己以安人，修己以安百姓"（同上），可以认为是对君子之人格内涵两次完整的表述。此外，《礼记》中还有一则以完整的儒家生活方式和儒学理论为背景，来凸显君子人格内涵的简要表述：

> 君子恭俭以求役仁，信让以求役礼，不自尚其事，不自尊其身，俭于位而寡于欲，让于贤，卑己而尊人，小心而畏义，求以事君，得之自是，不得自是，以听天命。（《表记》）

不难看出，这一界说认为君子人格的实现是践仁、履礼、知天命的实践过程，涵盖的正是儒家理论的三个层面和儒家生活方式的全幅人生，因而是周延的。据此，可将儒家君子人格的道德内涵或行为表现归属这样三项。第一，仁爱精神。孔子说："君子无终食之间违仁，造次必于是，颠沛必于是。"（《论语·里仁》）具有仁的品德和行为是儒家君子人格的首要表现。"仁者爱人"（《孟子·离娄下》），儒家的仁，是一种爱的道德感情。从原始儒家经典在不同角度上对"君子"的界说中可以看出，儒家君子能在人的全部生活环境里展现这种爱的道德感情。例如，"君子务本，孝弟也者，其为仁之本与"（《论语·学而》），"君子敬而无失，与人恭而有礼，四海之内，皆兄弟也"（《论语·颜渊》），"君子之于物也，爱之而弗仁；于民也，仁之而弗亲。亲亲而仁民，仁民而爱物"（《孟子·尽心上》）。儒家君子的仁爱精神，就是建构一个从自己到他人、从人到自然的周延的伦理关系架构，将自己爱的感情由近及远和有所差等地倾注到每个伦理对象上。儒家君子的仁爱精神还体现在一个含义最少而范围最广的行为原则中。《论语》记载，孔子对弟子仲弓说，仁就是"己所不欲，勿施于人"（《颜渊》），又对弟子子贡说，仁者就是"己欲立而立人，己欲达而达人"（《雍也》）。换言之，在孔子看来，仁爱情感转换为一种普遍的行为原则，就是不愿别人对自己做出的事，也不要对别人做出；自己希望实现的事，也要帮助别人实现。《大学》将这种无任何境况和条件预设的、由己推人的行为原则阐释为"君子有絜矩之道：所恶于上，毋以使下；所恶于下，毋以事上；所恶于前，毋以先后；所恶于后，毋以从前；所恶于右，毋以交于左；所恶于左，毋以交于右：此之谓絜矩之道。"儒家君子的这一"仁"的行为原则，虽然无任何境况和条件的预设，但实际上含蕴着人性相同、人格平等的信念。因为十分显然，必须首先有对他人具有与自己同样的欲望需求和同样的存在发展权利的确认和尊重，才有"絜矩之道"的行为原则的成立。儒家所谓"君子不以其所能者病人，不以人之所不能者愧人"（《礼记·表记》），"君子贵人而贱己，先人而后己"（《礼记·坊记》），也可以视为是这种原则、这种信念的表现。总之，儒家君子的仁爱精神显现为宽厚的心怀，对所有人有一种无始无界的宽容、谅解和友善，对所有对象有一种伦理性的关爱①。第二，伦理自觉。如前所论，社会意义上的儒家礼之观念，编织了从天地、鬼神，到国家、家庭、师友周密的伦理之网，每个人都被确定在伦理共同体的某个伦理位置上，承负着相应的伦理义务。儒家君子的一个重要的人格标志就是对自己的伦理位置和义务有充分的自觉和努力的实践。这种自觉除了表现为如《礼记》所说的"君子无物而不在礼"（《仲尼燕居》），君子的实践行为都符合礼的要求外；还表现为君子以实践这些伦理义务为自己的责任，所谓"仁以为己任"（《论语·泰伯》），"自任以天下之重"（《孟子·万章下》）；更表现为在某种危难境况下，君子能为践履这种义务和责任而献身。孔子曰"志士仁人，无求生以害仁，有杀身以成仁"（《论语·卫灵公》），孟子曰"生亦我所欲也，义亦我所欲也，二者不可得兼，舍生而取义者也"（《孟子·告子上》），《礼记》曰"国君死社稷，大夫死众，士死制"（《曲礼下》），都显示君子——虽然就社会身份或伦理位置而言有从国君到庶人的不同，但是作为伦理自觉，皆认同履行维护伦理共同体

---

① 这里的"伦理性"是指所有的对象都处在儒家构筑的伦理关系架构内，爱的道德感情释放是一个由近及远、有差等的有序过程。诚如孟子所说"君子之于物也，爱之而弗仁；于民也，仁之而弗亲。亲亲而仁民，仁民而爱物"（《孟子·尽心上》），亦如朱熹所解释"爱亲、仁民、爱物，无非仁也。但是爱亲乃是切近而真实者，乃是仁最先发去处；于仁民、爱物，乃远而大了"（《朱子语类》卷五十六）。儒家认为这种"仁爱"符合人性，更为真实，与墨家"兼爱"有别；并称自己为"一本"，墨家为"二本"（《孟子·滕文公上》），或称自己为"理一分殊"，墨家为"二本无分"（《河南程氏文集》卷九《答杨时论西铭书》）。

存在的义务责任，有高于自己生命的价值。第三，命之自觉。孔子说：
"不知命，无以为君子也。"（《论语·尧曰》）命之自觉是儒家理想人格内
涵最深邃的精神品质。如前所论，儒家的"命"不是人的生命之外的某
种既定的"安排等待"，不是宿命，而是人之生命本身在源头处的"偶然
相值"，过程中的"日新日富"，终点处显现的"不可移"——不可逆的
唯一。儒家君子命的自觉表现为在生命存在的过程中，按照伦理、物理的
原则积极创造生活，"君子遵道而行"，绝不颓萎而"半途而废"（《中
庸》），甚至因是道义所在，能为"知其不可而为之"（《论语·宪问》）；
而对生命唯一性的结局，穷达与否，认为是一种必然，"穷则独善其身，
达则兼善天下"（《孟子·尽心上》），自审生平已尽努力，故坦然接受，
"君子不怨天，不尤人"（《孟子·公孙丑下》）。在此双重意义上，儒家命
之自觉可以表述为："君子行法①以俟命而已矣。"（《孟子·尽心下》）也
可以认为，儒家君子是在命之自觉中感受到不忧不惧，豁然自如，收获着
生命的和精神的自由。君子在全部的生存过程中，既表现出锐意进取的性
格，也有宽厚包容的品质。《易传》曰"天行健，君子以自强不息"
（《乾·象》），"地势坤，君子以厚德载物"（《坤·象》），就是以天与地
的德性来壮写"知命"的君子之人格。

圣人，作为儒家最高理想人格，在儒家经典中最简明的界定是"圣
人，人伦之至也"（《孟子·离娄上》），"圣人至德"（《礼记·礼器》）。
换言之，圣人是德性修养和伦理实践达到圆满境地的人。这显然是毫无疑
义的。但是，《论语》记载孔子有两次在与"君子"的比较中，凸显出的
"圣人"崇高之处，才是儒家圣人人格最重要的内涵：

　　子贡曰："如有博施于民而能济众，何如？可谓仁乎？"子曰：
"何事于仁！必也圣乎！尧舜其犹病诸。"（《雍也》）
　　子路问君子。子曰："修己以敬。"曰："如斯而已乎？"曰："修

---

① "行法"，经学家如汉赵岐注曰"顺性蹈德，行其法度"，清焦循疏曰"人生不容
　逾、不容缺之常度，则而行之，是为行法"（《孟子正义》卷十四）；理学家如朱熹
　注曰"法者，天理之当然者也"（《孟子集注》卷十四）。简言之，"行法"就是遵
　循伦理规范、物理规律而行为。

己以安人。"曰："如斯而已乎？"曰："修己以安百姓。修己以安百姓，尧舜其犹病诸？"（《宪问》）

孔子所论表明，儒家的圣人，是给所有民众创造富裕、安乐的人，带来了福祉的人。显然，这首先是一种伟大的事功；而给民众带来福祉的事功，也当然是一种最伟大的德行。在孔子看来，在"圣人"这个崇高的目标前，作为儒家最高人格的尧舜①，也有所欠缺。孔子的弟子们也每将他视为圣人②，他都予以拒绝。《论语》记载：

> 子曰："若圣与仁，则吾岂敢？抑为之不厌，诲人不倦，则可谓云尔已矣。"（《述而》）③

虽然孔子不自居圣人，甚至认为尧舜于"圣"也犹有不足，但儒学还是将孔子与他所推崇的先王先贤尊为圣人，成为儒家精神传统的标帜。稍前于孔子的鲁国大夫叔孙豹说："太上有立德，其次有立功，其次有立言，虽久不废，此之谓不朽。"（《左传·襄公二十四年》）在儒家看来，圣人或有至德之行，或有至利之功，或有至道之言，圣人是永垂不朽的。虽然在事实上并不是，也不可能是人人都是圣人，但是儒学还是在人性相同、人格平等的意义上，认为"圣人与我同类"（《孟子·告子上》），所以"人皆可以为尧舜"（《孟子·告子下》），人皆可为圣人。人若放弃这种信念和努力，就是"自弃"的表现，如宋儒所说："人皆可以至圣人，而君子之学必至于圣人而后已。不至于圣人而后已者，皆自弃也。孝其所当

---

① 孔子对尧、舜、禹、文王、周公都有最高的推崇。如谓："大哉，尧之为君也！巍巍乎！唯天为大，唯尧则之。荡荡乎，民无能名焉。巍巍乎其有成功也，焕乎其有文章！"（《论语·泰伯》）"巍巍乎，舜禹之有天下也而不与焉！"（同上）"三分天下有其二，以服事殷，周之德其可谓至德也已矣。"（同上）"甚矣吾衰也！久矣吾不复梦见周公！"（《论语·述而》）等等。

② 据《孟子》记述，孔子弟子宰我说，"以予观于夫子，贤于尧舜远矣"；子贡说，"自生民以来，未有夫子也"；有若说，"自生民以来，未有盛于孔子也"。（《公孙丑上》）

③ 据《孟子》记述，子贡正是援此论孔子为圣人曰："学不厌，智也；教不倦，仁也。仁且智，夫子既圣矣。"（《公孙丑上》）

孝，弟其所当弟，自是而推之，则亦圣人而已矣。"（《河南程氏遗书》卷二十五）这样，在儒家生活方式中，理想人格——君子和圣人不仅是人们崇拜的对象，也是每个人精神成长的动力和目标①。

行为的道德判别　儒学的道德功能还特别表现为儒学的德行观念和伦理原则，为人们的社会行为提供了道德的与非道德的判别标准。在儒学中，这种判分通常被归属为，第一，"人禽之辨"。人禽之辨是指人的最低行为标准要与动物有区别。孟子说，"人之所以异于禽兽者几希"（《孟子·离娄下》），"人之有道也，饱食、暖衣、逸居而无教，则近于禽兽"（《孟子·滕文公上》），最先提出并界定了这一标准。后来的儒家也说，"无别无义，禽兽之道也"（《礼记·郊特牲》），"凡人之所以为人者，礼义也"（《礼记·冠义》），"触情从欲，谓之禽兽"（《说苑·修文》）。可见在儒家这里，作为道德原则的"人禽之辨"，可以理解为要有克制自然情欲、践履人伦规范的道德自觉；并且作为最低的道德行为要求，还在传统的儒家生活方式中，逐渐形成了这样的社会舆论和道德评价定式：纵欲乱伦行为最为社会所不齿。第二，"义利之辨"。儒家的义利之辨是指对道义行为和功利行为，即合于伦理道德规范的行为和获得财富、权位等能带来各种"好处"的行为两者之间的分辨和选择。在完整的传统儒学中，义、利行为之关系，从作为个人德性修养和作为国家职能这两个有所差别的论述角度上有不同的立论。在儒家看来，推行教化（义）和追求强国富民（利），都是国家治理者所应有的职责。在这里，义与利虽有区别，但并不对立，而是互为一体、相辅相成的行为，这就是儒家经典中的"利者义之和"（《周易·乾·文言》）、"义以生利"（《左传·成公二年》）、"义者利之本"（《左传·昭公十年》）之论。但是以个人德性修养而论，儒家则是十分明确地将"义"与"利"视为两种价值取向对立的行为。如孔子、孟子所说，"君子喻于义，小人喻于利"（《论语·里仁》），"孳孳为善者，舜之徒也；孳孳为利者，跖之徒也。欲知舜与跖之分，无他，利与善之间也"（《孟子·尽心上》）。显然，在这里儒家将

---

① 例如，孟子评论伯夷（"圣之清者"）和柳下惠（"圣之和者"）之人格感召力曰："闻伯夷之风者，顽夫廉，懦夫有立志……闻柳下惠之风者，鄙夫宽，薄夫敦。"（《孟子·万章下》）

"义"视为是践行诸如"十义""五伦"之人伦规范的道德行为，而"利"则是属于追逐实现诸如富与贵之自然欲望的非道德的、不具有道德价值的行为。这是儒家义利之辨的基本立论。孔子还说，"富与贵，是人之所欲也；不以其道得之，不处也"（《论语·里仁》），"富而可求也，虽执鞭之士，吾亦为之"（《论语·述而》）。可见，虽然儒家认为追逐利欲的行为不具有道德价值，但也并不否定利欲本身存在的自然合理性，而只是认为利的获得应该是取之有道，应该是"见利思义"（《论语·宪问》），"见利不亏其义"（《礼记·儒行》）。孟子以舜为例说："人悦之，好色，富贵，无足以解忧者，惟顺于父母可以解忧。"（《孟子·万章上》）仅仅是利欲的满足而没有"义"的实现，也不会有真正的快乐。作为个人行为道德判分的义利之辨，在这里凸显了又一个基本立论："义"应该高于、重于"利"。亦如孔子、孟子所说"君子义以为上"（《论语·阳货》），"何必曰利，亦有仁义而已矣"（《孟子·梁惠王上》）。儒家义利之辨的两点立论是从它的彻底的道义论伦理学立场必然得出的结论，有力地影响和决定了儒家生活方式中的价值取向。第三，"公私之辨"。公私之辨是儒家面临个人与伦理共同体发生某种利害冲突的景况下的行为道德选择原则。从《诗经》"雨我公田，遂及我私"（《小雅·大田》），到晚出的《尚书》中出现的"以公灭私，民其允怀"（《周官》）①，在儒家生活方式中，伦理共同体的利益（公）高于、先于个人利益（私）是一个很早就形成的思想观念。在宋代理学中，这种判分公私的观念进一步被诠释为本质上也就是一种义利选择，升华为人应有的伦理的道德原则、道德自觉。程颐说"义与利，只是个公与私也"（《河南程氏遗书》卷十七），陆九渊说"凡欲为学，当先识义利公私之辨"（《象山全集》卷三十五《语录下》），都很清晰地表述了这种观点，这是儒学公私之辨的基本含义。在儒学中，公私之辨还较弱地呈现出另一种含义。《孟子》中有段孟子和弟子桃应的对话。桃应问：如果舜的父亲杀了人，法官（士）应如何办？孟子答：把杀人犯（舜父）逮捕法办。问：舜不会阻止吗？答：

---

① 《周官》在伏生所传今文《尚书》和孔安国所传孔壁古文《尚书》中皆无，《史记》中见其篇名（见《周本纪》《鲁周公世家》），东晋梅赜所献孔安国古文《尚书》方有其篇，学者以为是晚出之作。

法官有法的根据，舜怎能阻止呢①？朱子评论此事曰：

> 舜不敢禁者，不以私恩废天下之公法也。盖以法者，先王之利，与天下公共为之。士者，受法于先王，非可为一人而私之。（《朱文公文集》卷七十三《温公疑孟下》）

朱子之论表明，当从以伦理关系为基础的伦理社会生活跨入以自然性个人间关系为基础的公共社会生活中时，公私之辨的内涵有所变化。在公共生活中，履行一视同仁的公正原则是"公"，而囿限于亲疏贵贱的伦理关系则是"私"。朱子说："将天下正大底道理去处置事，便公；以自家私意去处之，便私。"（《朱子语类》卷十三）此种以"天下正大"与"自家私意"来判分的公私，就可以理解为具有这种含义——一种公共性生活中的、有别于伦理性生活的政治道德的公私之辨。与朱子同时代的儒者杨万里也说："以法从人，不若以人从法。以人从法，则公道行而私欲止；以法从人，则公道止而私欲行。"（《诚斋集》卷六十九《论吏部恩泽之敝札子》）如果把杨万里所说的"人"与"法"分别诠释为伦理社会和公共社会的人际关系原则，那么，他清晰而准确表述出的也正是公共生活中政治道德意涵上的儒家公私之辨。应该说，在儒家生活方式中，伦理的观念和伦理的人际关系笼罩了全部社会生活，以自然性个人间关系和观念为基础的公共生活并不发达，这种含义上的公私之辨观念因此也不发达、不显要。这是儒家生活方式的一个特点，也是它的一个弱点。

总之，儒学以君子、圣人人格的道德理想，对人的行为之人禽、义利、公私的道德评价原则，向社会生活注入一种强烈的道德意识、伦理精神，这应该是儒学在中国传统文化形成和发展中所表现出的主要社会功能———种道德功能。

2. 儒学的法律性功能

孔子曰："道之以政，齐之以刑，民免而无耻；道之以德，齐之以礼，有耻且格。"（《论语·为政》）可见在原始儒家那里，礼与法的优劣不同

---

① 见《孟子·尽心上》。

的社会功能和儒家的取舍态度都是很明确的。秦汉之际的儒家似乎更注视礼法间的互补关系，认为"礼者禁于将然之前，而法者禁于已然之后"（《大戴礼记·礼察》）①。这时，在儒学中礼与法虽非对立，其性质和功能的差别仍是显然的。此后，当儒学作为一种国家意识形态存在时，作为它的思想体系核心部分的伦理道德规范（"礼"）被异化为国家权力意志时，儒学也就获得了法律的性质或功能。汉代以后的中国古代法律被儒学"礼"的观念侵蚀、笼罩的情况，主要表现为准礼立法和以礼为法。

准礼立法 《管子》曰："不知亲疏远近、贵贱美恶，一以度量断之。"（《任法》）先秦法家的这种在法律面前平等无差别的法的基本精神，在汉代以后被"定亲疏、明贵贱"的"礼"的差别原则置换②。《礼记》明确提出"凡听五刑之讼，必原父子之亲，立君臣之义以权之"（《王制》）的审判原则，反映在律令上，如汉律始立的"亲亲得相首匿"刑罚原则③，就是援依孔子"父为子隐，子为父隐，直在其中矣"（《论语·子路》）之论。"干名犯分"之律，惩罚告发父母、祖父母者④，其法源就是

---

① 《荀子》说"以善至者待之以礼，以不善至者待之以刑"（《王制》），"治之经，礼与刑"（《成相》）。可见在《礼记》之前，荀子对礼法功能互补已有明确表述。大小戴《礼记》中诸篇章的思想倾向，有属于思孟派，有属于荀子派。汉代以后的传统儒学对荀子每有异议——荀子以"治之经，礼与治"；主"性恶"（《性恶》）；论"天行有常……制天命而用之"（《天论》），视天为自然，无超越义：在三个理论层面上皆与孔孟儒学有分歧，故不能为持正统观念之儒者所认同。如程颐说："荀子悖圣人者也。"（《河南程氏遗书》卷二十五）朱子说："荀卿著书立言，无所顾藉，敢为异论。"（《朱子语类》卷一百三十七）——而对《礼记》，因其附经，故不作思想归属的分辨。本书准儒学正统立论，故凡论及礼、性、命，或援引大小戴《礼记》，而多不涉荀子之论。

② 从《礼记》中可以看出，儒家以礼之产生，缘于有差别存在，如谓："天高地下，万物散殊，而礼制行矣。"（《乐记》）并多次解说礼之功能曰："夫礼者，所以定亲疏、决嫌疑、别同异、明是非也。"（《曲礼上》）

③ 汉律在唐以前已失传，此条汉律见《春秋公羊传·闵公元年》"杀公子牙，今将尔，季子不免"，何休注："论季子当从议亲之辟，犹律'亲亲得相首匿'。"汉律之后如唐律，于此条更为明确并有所扩展："诸同居，若大功以上亲，及外祖父母、外孙若孙之妇，夫之兄弟及兄弟妻，有罪相为隐，及部曲、奴婢为主隐，皆勿论。"（《唐律疏议》卷六《同居相为隐》）

④ 《汉书·衡山王传》："太子（刘）爽坐告王父（刘赐）不孝，弃市。"《唐律疏议·斗讼》三："诸告祖父母、父母者，绞。"此见汉律至唐律均规定告祖父母、父母者为"不孝"，处死。明清律规定告祖父母、父母者杖一百、徒三年。（《明律例》卷十与《大清律》卷三十之《诉讼·干名犯分》）

"亲亲尊尊，人道之大者"（《礼记·丧服小记》）的伦理原则。汉律之后出现的魏律，即以"八议"入律①。"八议"源出《周礼·秋官·小司寇》之"八辟"，对国君或国家之亲、故、贤、能、功、贵、勤、宾八种人犯罪，另行议处。接踵魏律的晋律，首创"峻礼教之防，准五服以制罪"（《晋书·刑法志》）的原则，即按五等丧服所规定的亲等来定罪量刑，服制愈近，以尊犯卑处罚愈轻，以卑犯尊处罚愈重；服制愈远则反是。唐律是中国古代法制承前启后的核心，唐代律法多次纂修，其中以《唐律疏议》最为重要，《疏议》凡12篇502条，既保有唐代法制的律、令、格、式、疏的完整形式，更有将刑法与民法、实体法与程序法融于一体的完整内容，而它的基本的法理原则与精神，则是如《四库全书》所评断的："一准乎礼，以为出入，得古今之平。"（《四库全书总目提要》卷八十二《唐律疏议》）因此，古代儒家每将礼与法（刑罚）视为是"表里""体用"的关系②，凡此皆可见，中国古代法律的制定，完全自觉地遵循贯彻着儒家"礼"之精神。

以礼为法　在中国古代法律中，儒家的主要伦理道德规范，也直接转变为判罪、量刑的律令。《周礼·地官·大司徒》"以乡八刑纠万民"规定不孝、不睦、不姻、不悌、不任、不恤、造言、乱民等八条为要受到纠察的罪行，显然都是伦常和德行的内容。在被隋唐律称为"十恶"的中国古代社会十项最重罪行中③，"谋反""不孝""内乱"实际上就是君臣、父子、夫妇之"三纲"，《唐律疏议》正是从儒家经典中追溯了它们的法理根据——"君亲无将，将而必诛"（《公羊传·庄公三十二年》），"五刑之属三千，而罪莫大于不孝"（《孝经·五刑》），"女有家，男有

---

① 程树德考论："按《唐六典注》，八议自魏、晋、宋、齐、梁、陈、后魏、北齐、后周及隋皆载于律，是八议入律，始于魏也。"（《九朝律考》卷二《魏律考》）
② 如后汉和帝时廷尉陈宠，力主删修苛繁律令，尝曰："礼之所去，刑之所取，失礼则入刑，相为表里者也。"（《后汉书》卷四十六《郭陈列传》）《唐律疏议》开篇总论立法宗旨，有曰："德礼为政教之本，刑罚为政教之用。"（卷一《名例》）
③ 《唐律疏议》追溯"十恶"名例之源起曰："'不道''不敬'之目盖起诸汉。梁、陈已往，略有其条。周、齐虽具十条之名，而无'十恶'之目。开皇创制，始备此科。自武德以来，仍遵开皇，无所损益。"（卷一《十恶》）可见"十恶"之名虽成于隋唐，但自汉以来，其实已具。《宋刑统》《大明律》《大清律例》皆有"十恶"之名例，故大体上可以说，"十恶"是自汉至清全部中国古代法律皆有的重罪之目。

室，无相渎，易此则乱"（《左传·桓公十八年》）。甚至儒家的某些具体伦理规范也被法律化。例如，《礼记》曰"父母在，不许友以死，不有私财"（《曲礼上》）。唐律即以此入"不孝"之罪曰："祖父母、父母在，而有异财、别籍，情无至孝之心，罪恶难容，违者并当十恶。"（《唐律疏议》卷一《十恶》）唐律及其后宋、明、清律于此皆有明确的惩罚条文①。

援礼行法　此外，中国古代在法律执行的过程中，以经义决狱，即援依儒学伦理观点诠释法律条文，或补充法律条文的空缺，用以量刑、判决，也是儒学具有某种法律功能的一种表现。汉代董仲舒以《春秋》决狱最为典型。史载董仲舒以《春秋》义理判决疑难狱案二百三十二件②。实际上，以《春秋》决狱在汉时尚有多人；汉代以后，其余风久犹未坠③。以《春秋》以外的其他儒家经典判决疑狱，自汉以降，也多有记载，如《史记·酷吏列传·张汤》记述："汤决大狱，欲傅古义，乃请博士弟子治《尚书》《春秋》，补廷尉史，亭疑法。"《魏书·世祖纪》亦载："太平真君六年三月，诏诸有疑狱，皆付中书，以经义量决。"后唐大理寺卿李廷范上明宗书奏请决狱之事曰："臣请今后各令寻究律文，具载其实，以定刑辟，如能引据经义，并任所见详断。若非礼律所载，不得妄为判章，出外所犯之罪。"（《五代会要》卷十六《大理寺》）朱熹亦曾根据《礼记·王制》"听讼必原亲立义"之论，上书孝宗请制为决狱例则曰："凡有狱讼，必先论其尊卑上下长幼亲疏之分，而后听其曲直之辞；凡以下犯上，以卑凌尊者，虽直不右，其不直者罪

---

① 例如，唐宋律于卑幼辄用财者，十匹笞十，十匹加一等，罪止杖一百。明清律二十贯笞二十，二十贯加一等，罪亦止杖一百。唐宋律于别籍者，处徒刑三年，明清律改为杖刑一百。（见《唐律疏议》卷十二《户婚》、《宋刑统》卷十二《户婚律》、《明律》卷四《户律》、《清律例》卷八《户律》）

② 董仲舒以《春秋》决狱二百三十二事之记载见《后汉书·应劭传》），二百三十二事已佚，王应麟《困学纪闻·春秋》辑佚三事，程树德《九朝律考·董仲舒春秋决狱》钩沉六事。

③ 程树德《九朝律考·汉以春秋决狱之例》辑入二十三例。其《魏律考》《晋律考》《北齐律考》内皆有"以春秋决狱"之目。唐代犹有此风，唐穆宗长庆二年刑部官员言当以"《春秋》之义原心定罪"的原则审判、量刑一民事案件，可以为证。（见《旧唐书》卷五十《刑法志》）

加。"（《朱文公文集》卷十四《戊申延和奏札一》）明儒丘浚也屡言"言刑者必与礼并"（《大学衍义补》卷一百三《定律令之制下》），"论罪者必当以教为主"（同上书卷一百八《谨详谳之议》），凡此皆可见在儒学具有国家意识形态地位的情况下，儒家经义也获得了相同于，甚至是高出于成文法典的法律性社会功能。

由以上所论可以看出，儒学只是在浅近的"惩罚"的意义上理解、界定"法"，所谓"惟作五虐之刑曰法"（《礼记·缁衣》）；其功能只是对"违礼"行为的补救，因而从属、辅助于"礼"，所谓"礼之所去，刑之所取，失礼则入刑，相为表里者也"①。儒学的此种法律功能，还不是完整意义上的具有超越伦理性的公共性和高于惩罚的维护个人权利、社会公正的那种法律功能。

3. 儒学的非宗教特质和宗教性功能

宗教的形态与宗教的观念都处在演变、发展之中，并且，即使是同一形态的宗教，从宗教人类学、宗教社会学和宗教心理学的不同理论角度观察，对其本质的确定也不尽相同。但是从较严格的意处，根据迄今人类历史上已出现的三个典型的、成熟的世界宗教形态——佛教、基督宗教、伊斯兰教的共同特征，还是可以对宗教作出一个基本的界定：宗教是对某种超越的、具有神灵性的神圣对象的信仰，并从中获得生活的意义。这一界定可分解为三项内涵，一是宗教信仰的对象，必须是神灵性的，通常是超越的人格神。《圣经》中的"上帝"和《古兰经》里的"真主"都是具有人格特征的，但又是超越于人性之上（神灵性）的神圣对象②。原始佛教的教义虽然不是把佛作为人格神来崇拜的，但在佛教的传衍中，佛仍是以某种有神灵性的特殊人格出现的③。二是宗教接近或达到神灵对象的方

---

① 汉和帝时廷尉陈宠此语，可视为儒家法律观念的简要表述（见《后汉书》卷四十六《郭陈列传》）。
② 《圣经》开篇《创世记》即述上帝无所不能，创造天地、万物、人类。《古兰经》通篇（共114章）歌颂真主全知全能，无处不见，结束时（第112章）可视为是简明的概括曰："真主是独一的主，是万物所依赖，没有生产，也没被生产，没有任何物可以做他的匹敌。"（据马坚译《古兰经》）
③ 有所谓"三十二相"（《智度论》八十八）、"八十种好"（《法界次第初门·卷下之下》）。

法，必须是信仰的。因为这种神灵性不可能有真正的经验基础，因而也不可能形成理性的逻辑之路。宗教的一切仪、轨、修持，都是信仰的一种特殊表述。三是宗教给人生一种解释，创造出一种生活意义和形态，是一种文化类型或生活方式的精神核心。这一点既是宗教必具的特质之一，也是宗教的社会功能。以这个界定来度量，儒学显然不具有宗教特质①，但在一定意义上却具有宗教性的功能。

儒学的非宗教特质　应该说，在儒学中，天或天命、祖宗或鬼神、创始人孔子三者都具有被崇拜的"神圣对象"的性质。然而亦如前所述，在儒学中，当"天"被从自然的意义上作为一种与"地"一起构成对于人来说是基始的物质根源来理解时，并无超越性；当"天"在超越的意义上被诠释为一种客观必然性（天命）时，也完全没有人格的和神灵性的内涵。作为已经死去的祖先之返本归根（气）的鬼神，似乎有某种人格的、神灵性的特征，但它又完全是自然的，而非超越的。至于孔子，只是被作为"万世师表"②的伟大人格被礼拜的。总之，儒学中的三个神圣对象，都不兼具有超越性与神灵性，因而都不能形成宗教的特质。与此相连，儒家三大祭——祭天（及日月星辰、风雨山川等自然事物）、祭祖、祭孔，虽然从形式上显现为宗教特质的表征，但其实际的精神内涵并不是顶礼膜拜的宗教信仰感情，而是道德理性的追思恩德的伦理感情。《礼

---

① 当然，如果不是用这三项内涵，而是设定另外的标准来判认宗教，就会有不同的情况出现。例如当代著名的天主教神学家孔汉思（Hans Küng 或译为汉斯·昆）判分世界三大宗教为犹太先知型宗教、印度神秘型宗教、中国哲人型宗教（秦家懿、孔汉思：《中国宗教与基督教》，吴华译，生活·读书·新知三联书店1990年版，第2~3、95页）。显然，他对宗教是以世界主要文明类型的某种特征来界分的。新教神学家蒂利希（P. Tillich，或译田立克）在其《信仰的动力》一书中说："宗教，就该词最宽泛、最基本的意义而言，就是指终极关切。"（转引自张志刚《宗教哲学研究》，中国人民大学出版社2003年版，第220页）认为人类精神的各个领域（道德、认识论、审美）的终极追求，都具有"宗教"的性质。用此等标准来判定，一种文明就是一种宗教；宗教与哲学等人类不同的思想观念形态之间的界限也并不存在。但是，这样一来，在较确切意义上的、作为形成或可界定人类精神史上之宗教形态的那种特质或本质的因素，也就消失了。
② 孔子的谥号在汉代以后每有增益变更，但以"先师"之号、立学之礼祭奠孔子，则自汉明帝后，历代未尝变。"万世师表"乃清康熙皇帝为孔庙所题殿额。

记》曰：

> 天地之祭，宗庙之事，父子之道，君臣之义，伦也。(《礼器》)
>
> 夫圣王之制祭祀也，法施于民则祀之，以死勤事则祀之，以劳定国则祀之，能御大灾则祀之，能捍大患则祀之……文王以文治，武王以武功，去民之灾，此皆有功烈于民者也。及夫日月星辰，民所瞻仰也，山林川谷丘陵，民所取材用也，非此族也，不在祀典。(《祭法》)[①]
>
> 礼有五经，莫重于祭，祭者，非物自外至者也，自中生于心也，心怵而奉之以礼，是故唯贤者能尽祭之义。(《祭统》)

由《礼记》之论可以看出，第一，在儒学中，对于天地、鬼神的祭祀是被定位、定性在如同君臣、父子一样的伦理关系中，换言之，在儒学中不需要用异于人际伦理行为的特殊的宗教行为来处理人与超越之间的关系。第二，在儒学中，祭祀对象不再像在原始宗教中那样是作为一种完全异己的、神灵而可怖的力量出现，而是被诠释为具有善的品质，对人类的生存具有某种宝贵价值的存在。第三，儒学在祭祀中的精神感受或心态，完全是一种发自内心的道德感情和一种自觉的道德理性，而不是由对某种外在超越的恐惧而产生的信仰和崇拜。此即《礼记》所谓"墟墓之间，未施哀于民而民哀，社稷宗庙之中，未施敬于民而民敬"(《檀弓下》)，亦即陆九渊诗所吟"墟墓兴哀宗庙钦，斯人千古不磨心"(《象山全集》卷二十五《鹅湖和教授兄韵》)。在这里，我们还可以具体地以"孝"这一行为规范为例，来对比显示儒学与宗教——姑且以基督宗教、伊斯兰教为代表——这种观念上的不同：

[①] 前引《国语·鲁语上》中的一段文字与此同，且更显完整。清人姚际恒、崔述皆判定此为抄录《国语》(分别见《礼记通论·祭法》《崔东璧遗书·经传禘祀通考》)，甚是。《国语》中此为展禽(柳下惠)语，根据孔子称"柳下惠之贤"(《论语·卫灵公》)，孟子称"柳下惠，圣之和者"(《孟子·万章下》)，故《礼记》此段文字虽抄自《国语》，亦仍可视为儒家言。

崔大华全集（第五卷）

《圣经》中关于孝的诫令举例	上帝说:当孝敬父母。又说:咒骂父母的,必治死他。(《马太福音》第15章)
《古兰经》中关于孝的训示举例	你的主曾下令说:你们只应当崇拜他。应当孝敬父母。(第17章第23节)
儒学中对孝之根源的诠释举例①	宰我问:"三年之丧,其已久矣……期可已矣。"子曰:"食夫稻,衣夫锦,于女安乎?"曰:"安。""女安则为之! 夫君子之居丧,食旨不甘,闻乐不乐,居处不安,故不为也。今女安,则为之。"宰我出。子曰:"予之不仁也! 子生三年,然后免于父母之怀。夫三年之丧,天下之通丧也,予也有三年之爱于其父母乎!"(《论语·阳货》) 成圹而归,不敢入处室,居于倚庐,哀亲之在外也;寝苦枕块,哀亲之在土也。故哭泣无时,服勤三年,思慕之心,孝子之志也,人情之实也。……礼义之经也,非从天降也,非从地出也,人情而已矣。(《礼记·问丧》)

不难看出,在宗教中孝之道德规范（其他道德规范亦同）是被设定在,或者说根由于某种最高的、外在超越的意志中,而儒学则是在人的自我人性中、人的生存环境下形成的固有感情之中（"人情之实"）寻找这种根源。儒学在这里表现出的理性和智慧,如前所述,是因为总体上它是在一种突破了原始宗教观念的道德觉醒的理论环境中孕育成长起来的。在儒学中,此种"人情之实"再进一步地升越,如我们在宋明理学中所看到的,则是将其界说为"理"（"天理"）,其内涵也只是一种"固然""当然"的客观实在（实有）②,绝无宗教的最高外在超越通常所具有的那种人格性和实体性的特质。当然,在具体的道德实践中,儒家之"孝"与上述宗教之"孝",乃至其他道德行为,其道德感情在心理层面上的差异可能是难以区分的,甚至是不存在的,但在其根源的理论诠释和现实的表现方式上的不同,却是存在的,因为儒学和上述宗教毕竟各自创造了不同的生活方式。

---

① 孔子界定"孝"曰:"生事之以礼,死葬之以礼、祭之以礼。"(《论语·为政》)《礼记》进一步阐释曰:"孝子之事亲也有三道焉:生则养,没则丧,丧毕则祭。养则观其顺也,丧则观其哀也,祭则观其敬而时也。尽此三道者,孝子之行也。"(《祭统》)这里以孔子和《礼记》对丧期和居丧的解释为例,显示儒家追溯到的孝之根源。

② 如二程说"父子君臣,天下之定理"(《河南程氏遗书》卷五),朱子亦说"如为君须仁,为臣须敬,为子须孝,为父须慈,物物各具此理,而物物各异其用,然莫非一理之流行也"(《朱子语类》卷十八),"至于天下之物,则必各有所以然之故,与其所当然之则,所谓理也"(《大学或问》卷一)。

儒学独特的宗教性功能 从佛教、基督宗教、伊斯兰教三大世界宗教的历史表现来看，宗教的主要功能可以概括为整合社会和塑造精神，即宗教信仰和法规能十分有力地号召、团结、凝聚信徒，形成制度和组织，建构社会共同体；宗教信仰和修持也能有效地向信徒的精神世界注入善的——符合于、有益于人之群己生存条件的道德观念和神圣的——神秘的、在人生经验之上的终极目标，将其精神导向安宁、高远①。完全可以说，正是夫妇、父子、君臣的儒家伦理思想建构了汉代以后中国传统社会的国家体制和社会秩序，形成了儒家生活方式中具有凝聚力的、以伦理关系和礼乐文化传统为内涵的实体——家庭、国家和华夏民族，儒学也为儒家人格设计了一个完整的精神历程：儒学以具有以爱的道德感情为内涵的"仁"为人之精神的起点或基础，在人生实践中要有"人禽之辨"和"义利之辨"的道德自觉，要以"杀身以成仁"（《论语·卫灵公》）、"舍生而取义"（《孟子·告子上》）的，即道德完成高于生死的态度去践履修身、齐家、治国、平天下的道德义务和社会责任，最后入于超越——"知命"，至于不朽——"立德、立功、立言"。在儒学中，"知命"是儒者应有的精神境界，"不朽"则是儒者向往的事业成就。儒学中这两个作为个体生命最高和最后的企望显示，在完整的儒家精神人格的形成过程中，特别是在其终点上，也有着认识或体悟人之终极的追求，有着超越人之有限个体生命的永恒的追求。这种对高于现世今生的人生终极的关切，也正是宗教所固有的情怀。在此意义上，可以将儒学在中国古代社会所显示的此种有别于道德和法律的整合社会和塑造精神的理论功能，判定为一种宗教性的社会功能。当然，儒家的追求"知命""不朽"的终极情怀与三个典型的、成熟的世界宗教所表现出的终极观念仍有重大的哲学观念上的差异。一个明显的事实是，尽管三大世界宗教由于教义的区别，赋予它们各自信仰者的终极关怀或精神慰藉也有许多具体内容上的不同，但在一根本

---

① 文化人类学或社会学中继踵进化学派、历史学派而起的功能学派也已观察到宗教的这两种社会功能，如英国文化人类学家马林诺夫斯基（B. Malinowski）曾说："宗教又不但专使个人精神得到完善，同样也使整个社会得到完善。"（《巫术 科学 宗教与神话》，李安宅译，中国民间文艺出版社1986年版，第35页）

之点上却完全相同：相信一个行善的个体生命在来世或在末日将有善报①，将能与作为全知全能的最高超越体同在②。宗教的终极关怀在于使人得到可以永生和永恒归宿的慰藉。不难看出，这种慰藉或终极关怀，是以拒绝死亡、拒绝未知为其最深的观念基础的。孔子曰，"朝闻道，夕死可矣"（《论语·里仁》），又说，"未知生，焉知死"（《论语·先进》）。儒学从一开始就坦然地接受死亡而淡然处之。后来，在宋明理学中，这一论题被朱子推向明朗和彻底。他说："死便是都散无了。"（《朱子语类》卷三十九）朱子并据此批评、否定了宋代儒学中具有道家思想倾向的以死为"归根"的观点和可能陷入佛家"轮回"观念的以万物为气之聚散推论人之生死的观点，他说，"'归根'本老子语，毕竟无归"（同上书卷六十三），"日月寒暑晦明，可言反复。死无复生之理。今作一例推说，恐堕入释氏轮回之论"（《朱文公文集》卷五十四《答徐彦章四》）③。可

① 三大世界宗教皆持来世观，此是相同的，但其内容与表述却甚有不同。略言之，佛教称之为"轮回"，生命乘十二因缘以三世（过去、现在、未来）两重（过去—现在、现在—未来）因果，在世间"有情"五类间（神、人、畜生、地狱、饿鬼，或有加阿修罗，称"六道"）业报辗转，直至摆脱轮回，进入涅槃。基督宗教、伊斯兰教称之为"复活"。《新约》中对复活有两种界说：一指肉体复活，"使你们必死的身体又活过来"（《罗马人书》第8章）；一指灵魂不灭，"所种的是血气的身体，复活的是灵性的身体……血肉之体不能承受上帝的国"（《哥林多前书》第15章）。《古兰经》明确训示肉体与灵魂皆在末日审判时复活："我以复活日盟誓，我以自责的灵魂盟誓，难道人猜想我绝不能集合他的骸骨吗？不然，我将集合他的骸骨，而且能使他的每个手指复原。"（第75章第1～4节）

② 三大世界宗教的经典不仅对最高超越（佛、上帝、真主）的全知全能的神灵性有无数次的具体描写，而且对此种属性也有多次明确的表述。如佛典之颂佛曰："如来色身，实无边际；如来威力，亦无边际；诸佛寿量，亦无边际。"（《异部宗轮论》）《圣经》礼赞上帝曰"上帝万能，人难仰望"（《约伯记》第41章），"无所不知，无所不在"（《诗篇》第139篇），"万有都是本于他，倚靠他，归于他"（《罗马人书》第11章）。《古兰经》赞颂"真主对于万事确是全能的"，"真主对于万事是全知的"，"真主是最后归宿"，每章皆可见。

③ 从《朱子语类》中可以看出，宋代理学中对人之死亡持此两种解释的代表人物，前者为谢良佐，后者为张载。朱子曾就张载"气"说评论曰："横渠辟释氏轮回之说，然其说（气）聚散屈伸处，其弊却是大轮回。盖释氏是个个各自轮回，横渠是一发和了，依旧一大轮回。"（《朱子语类》卷九十九）而朱子此处"无归"之论正是针对与门人讨论鬼神时，"陈淳因举谢氏'归根'之说"而发。朱子于此还举例申言曰："毕竟是无归，如月影映在这盆水里，除了这盆水，这影便无了，岂是这影飞上天去归那月里去……人死不是散，是尽了，气尽则知觉亦尽。"（《朱子语类》卷六十三）

见，传统儒学绝无"来世""复活"的观念，并且也非常明确地否定了"轮回"的观念。毫无疑义，儒学的"不朽"也绝不是如宗教所指认的人之肉体或灵魂的永在，而只是人之短暂生命所创造的影响久远的辉煌。如前所述，"命"在儒家思想虽然可以被界定为人生实践结局的某种"不可移"的必然性，但其本质则应被诠释为在未知总体里人之个体生命在其源头上的一次"偶然相值"和在终点处显示的不可逆的唯一性。儒家的"知命"或"安身立命"，不是对某种外在超越的皈依，而是对生命现在的、当下的、经过人之"尽心尽性"的全部现实的努力方获得的自觉、无怨的接受，所谓"到无可奈何处始言命"（《朱子语类》卷三十四），因为它来自一种人无法知晓、无法左右、先于或高于人的存在和经验的根由。总之，儒家的"不朽"与"知命"的超越追求，乃是一种接受死亡、接受未知的理性自觉——认肯人无永生，人处在被无数未知因素包围而未有归宿的生存环境中的一种终极情怀，人应该而且可以在短暂而永逝的生命途程中，努力完成人际和人与自然间伦理道德责任，超越生命的极限。现代的哲学和科学理性都深刻地观察到死亡和未知作为人类生存发展的必要条件的价值，认为接受死亡、承认未知是一种健康的人生态度①。儒学

---

① 现代西方哲学分别从历史的和自然的不同角度判定死亡对于人之生存发展的意义。例如，德国伦理学家、哲学家包尔生（F. Paulsen）说："没有世代的更替就没有历史。不死的人们要导致一种非历史的生活，一种其内容任何心灵也不可能描绘的生活。因此，无论谁只要欲望生活，欲望历史的人生，也就要欲望它的条件——死亡。"（《伦理学体系》，何怀宏、廖申白译，中国社会科学出版社1988年版，第286页）美国哲学家拉蒙特（C. Lamont）也说："生通过死而表现，死从生而获得存在，并且由生而取得完全的意义。在能动的和创造性的自然之流中，同一生物不能无休止地继续下去，最自私自利的人也得要宽宏大量，对别人让出自己的生命，最懦怯胆小的人也得要有足够的勇气走向死亡……自然和进化过程的这个后果，人类的确应该大大地表示感谢而不是提出抗议。"（《作为哲学的人道主义》，吉洪等译，商务印书馆1963年版，第112~114页）现代西方哲学也十分辩证地肯定未知（无知）所具有的认识论的、蕴含着知识增长的价值。如英国哲学家波普尔（K. R. Popper）说："对一个问题的每一种解决都引出新的未解决的问题；原初的问题越是深刻，它的解决越是大胆，就越是这样。我们学到的关于这个世界的知识越多，我们的学识越深刻，我们对我们所不知道的东西的认识以及对我们的无知的认识就将越是自觉、具体，越有发言权，因为，这实际上是我们无知的主要源泉——事实上我们的知识只能是有限的。"（《猜想与反驳·论知识和无知的来源》，傅季重等译，上海译文出版社1986年版，第40页）

理性——显然，这是兼有认知的和道德的双重理性——在这里与现代理性保持了一致，儒学不会遭遇传统宗教与现代理性发生冲突时那种被迫需要调整、变更自己的教义诠释的艰难处境①。儒学毕竟不具有诸如三大世界宗教的传统宗教意义上的那些宗教特质，只是在整合社会生活与塑造精神世界的意义上，特别是在赋予人的生命和生活具有高出于、永久于其本身的意义和价值的那种理论功能上，表现出相同于宗教的功能。这应该被认为是儒学生命力的最深刻的根源。当然，儒学在表现自己的整合与塑造的社会功能时，也有与三大世界宗教不同的特色。儒学的伦理理念以理性为基础，涵摄了人的生活全部和人类生存环境的全部②，故能对异己的文化或生活方式表现出较多的理解、宽容的态度和适应的品质③。儒学在日常生活本身中注入了伦理的、道德的价值和意义④，儒学的精神建设没有游离于日常伦理生活、社会生活之外的特殊形态或方式。儒家的道德感情和精神力量平静地潜存在、流动于平常生活之中，但生活逆境或伦理危机都

---

① 当然，就人的根本精神需要而言，正如很多哲学家和宗教思想家所论证的那样，宗教和理性也是有一致之处的。但这里主要是就人类精神发展进程中出现的一个基本的、如一位历史学家所温和而客观描述的那个在近代发生的事实而言："当物理科学的进步所引起的机械革命，正在破坏着经过数千年演变的古代文明状态的社会分等，并已在产生着一个正义的人类社会和一个正义的社会秩序的新的可能和新的理想时——在宗教思想领域中也进行着一场至少是同等重大、同等新奇的变化，就是那个引起机械革命的科学知识的增长，也正是这些宗教骚乱的原动力。"（H. G. 威尔斯：《世界史纲》，吴文藻等译，人民出版社1982年版，第1056～1057页）。

② 孟子曰"仁民而爱物"（《孟子·尽心上》），宋明理学家说"天父地母，民胞物与"（《正蒙·乾称》），可见儒家伦理涵摄范围的广泛与周延。

③ 汉代以来佛教的广泛传播和最终融入中国传统文化，唐代以来基督宗教、伊斯兰教在中国的传播和与儒学共处，都显示了儒学文化的宽容。英国历史学家汤因比在和日本宗教社会活动家、学者池田大作的对话中曾说："在现代世界上，我亲身体验到中国人对任何职业都能胜任，并能维持高水平的家庭生活。中国人无论在国家衰落的时候，还是实际上处于混乱的时候，都能继续发扬这种美德。"（《展望二十一世纪》，苟春生等译，中国国际文化出版公司1985年版，第288页）这可以视为对处在异质文化中或变异环境中的儒家文化适应性的评价。

④ 有子曰"孝悌为仁之本"（《论语·学而》），宋明理学家更说"洒扫应对与性命孝弟亦是一统事"（《河南程氏遗书》卷十八），"就日用事实上提撕"（《朱子语类》卷一一八），"圣人所说，虽极精微，俱是下学，学者只是从下学里用功，自然上达去，不必别寻个上达的工夫"（王守仁：《传习录上》），"圣学功夫，不过只是随处体认天理"（湛若水：《甘泉文集》卷二十一《四勿总箴》）。可见儒学的最高道德目标只存在于伦理行为中，并在日常的生活行为中注入伦理价值与道德意蕴。

能将其强烈地激发和显示出来。这些都是儒学展示其宗教性社会功能的独特之处。

三 儒家思想建构的生活形态

如前所论，儒学就其本身而论，其基本特质是一伦理道德的思想体系，但在中国汉代以降的两千余年的君主专制社会里，也是以国家意识形态性质的观念体系而存在的。儒学因此也获得了道德之外的法律性的和宗教性的更广泛的功能。这样，在国家"教化"政策推动之下，通过国家颁布取士或科举考试的经义标准，民间的载道艺文和启蒙读物等多种渠道，儒学浸润了士农工商各个社会群体，渗透到构成一种文化的制度、器物、风俗的各个层面上，形成了在世界文化背景下的具有自己特征和内涵的儒家文化类型和生活方式。儒家思想建构的生活形态，其独特之处，我观察到的是，在被周延的伦理道德观念和规范笼罩下，但也绽显开放的空间；存在着内在的紧张冲突，但能自我消化和被宽容地消解。

（一）周延的道德生活世界

儒家思想所建构的社会生活，首先显现的是一种被其伦理道德观念细密地笼罩的特征：每个社会成员的身份都被定位在伦理的关系网络上，每个社会成员的行为都有明确的道德规范。伦理之网、道德之网构成了有某种封闭性特征的儒家之周延的道德生活世界。

1. 伦理关系之网

如果我们将有某种一致、共同特征的，并且是稳定的社会人群的结合，称为"共同体"，那么，儒家社会就是一个伦理性的，且有不同层次的共同体。在儒家的社会生活中，家庭是初始的、基础的伦理共同体，社会伦理关系之网就是以此为中心构建起来的。以家庭为原点，在纵向的显现伦理共同体之不同层次的维度上，援以宗法原则（宗统、君统一体同构）和缘沿血缘关系追溯，有高于家庭的国家（封建的国家）和氏族的伦理共同体出现；在一种文化（礼乐文化）理念浸润下，则有儒家的最高伦理共同体民族（华夏民族、中华民族）或"天下"（统一的国家）形成，是家庭、国家、民族构成能融摄入儒家社会所有个体、群体的结构完整的伦理共同体。在横向的显现家庭成员伦理关系之构成的维度上，亲属的称谓制度和丧服制度，更将这个伦理共同体的网络编织得十分细密。

家与国 如前所述，儒家思想的一个主要渊源，是来自西周宗法观念的蜕变。西周宗法观念在本质上是提出和维护"君统"与"宗统"完全一致的社会建构原则。"天下""国""家"虽然是拥有不等地域的政治、经济实体，但更是用共同的宗法原则建构的伦理共同体；这个伦理共同体中的社会角色天子、国君、士大夫虽然在君统、宗统中处于不同的位置，但却有共同的伦理道德规范——礼。先秦儒学（孔子、孟子）将西周贵族（士以上阶层）的这种伦理性的社会建构原则推展到全体民众（庶民），每个社会成员都进入"礼"的生活中，形成"国家—家庭"的伦理结构。最先，孔子在回答有人质疑他何不"为政"时曾说："《书》云：'孝乎惟孝，友于兄弟，施于有政。'是亦为政，奚其为为政？"（《论语·为政》）孔子之言一方面显示，国家的政治实践就是家庭伦理的延伸或实施，这是西周以来"礼"的一种政治思想；另一方面也显示，这也是儒家自觉选择的一种道德理想和社会实践。后来，孟子有谓"天下之本在国，国之本在家，家之本在身"（《孟子·离娄上》），《大学》也说"君子不出家而成教于国：孝者所以事君也，弟者所以事长也，慈者所以使众也"，都更清晰地显示，在儒家看来，"圣人以天下为一家"（《礼记·礼运》），国家就是家庭的同质、同构放大，国家（君主）与臣民之间的关系，如同家庭中父母与子女间的关系，都是伦理性质的关系①。"国家—家庭"是儒家思想建构的笼罩全体成员伦理之网的主体结构，每个社会成员都必然要以君臣父子的某个伦理角色出现在社会生活中。先秦道家每

---

① 儒家在宗法观念基础上形成的"家齐而后国治"（《大学》）、国家是一高于家庭的更大伦理共同体的观念，是儒家最根本的、最具特色的国家观。此外，孟子又有谓"诸侯之宝三：土地、人民、政事"（《孟子·尽心下》），此则可以认为是儒家也有视国家为一政治实体的观念和对其基本意涵的界定。现代政治学一般都是将国家作为一拥有领土与主权、人民、政权运作等要素的政治实体来界说的。如20世纪英国著名政治理论家拉斯基（H. J. Laski）在其《国家的理论与实践》一书中定义国家说："我之所谓国家，意思是指这样一种社会，它由于具有一种强制性权威，在法律上高出于作为这个社会一部分的任何个人或集团，而构成一个整体……国家拥有领土，划分为政府和属民（个人或个人集团），他们的关系由最高的强制权力的行使所决定。"（王造时译，商务印书馆1963年版，第5页）

无奈于此，曾慨叹："天下有大戒二，其一命也，其一义也。子之爱亲，命也，不可解于心；臣之事君，义也，无适而非君也，无所逃于天地之间也。"（《庄子·人间世》）儒家则以此为固然、当然，亦有论曰："父子君臣，天下之定理，无所逃于天地间。"（《河南程氏遗书》卷五）

氏族与民族　在家庭这个生活的伦理实体的基点上，儒家进一步从追溯家庭渊源和审视家庭成员关系构成的两个维度上拓展了、细密了社会生活中的伦理网络。在追溯家庭这个伦理实体的血缘渊源和最终伦理归属的方向上，有由两个内涵有重要区别的伦理实体构成的伦理网络出现：一是主要以共同血缘纽带维系的"氏族"（姓与氏①），一是以承传共同文化为主要特征的"民族"（华夏民族或中华民族）。《左传》记述，鲁成公到晋国受到"不敬"的接待，心怀怨怒，回国后就准备和楚国结盟，报复晋国。鲁大夫季文子（季孙行父）以为不可，并引古语为据说："史佚之《志》有之曰：'非我族类，其心必异。'楚虽大，非吾族也，其肯字我乎？"（成公四年）这里"族"的含义就是氏族或姓氏。鲁、晋之国君皆为文王后裔，皆为姬姓的封国，是同族；楚则异姓（芈姓）之国，是异族。明代学者周祈训释"氏族"曰："天子赐姓命氏，诸侯命族。姓者，所以系统百世使不别，氏者，所以别子孙所出，族者，氏之别名也。"（《名义考》卷五《姓氏族》）这种实质上是由血缘纽带而联结的姓氏、氏族系统，在儒家这里由于注入了"崇事宗庙"的缅怀先人的道德感情②，注入了"宗庙以爵""族燕以齿"的尊卑长幼的伦理观念。《礼记·文王世子》中有谓"宗庙之中以爵为位，崇德也"，"公与族燕则以齿，而孝弟之道达矣"，就不仅是一个自然性的血缘系统，更是一种超自然的能唤醒道德自觉和伦理认同的伦理网络系统。在历代，特别是魏晋南北朝以后

---

① 先秦，姓与氏有别，如宋代史学家所区分，"姓者，统其祖考之所自出；氏者，别其子孙之所自分"（吕祖谦：《左氏博议》卷二《隐公问族于众仲》），"氏所以别贵贱……姓所以别婚姻"（郑樵：《通志》卷二十五《氏族略序》）。汉代以后，姓氏不分，如清儒顾炎武所说："姓氏之称，自太史公始混而为一。"（《日知录》卷二十三《氏族》）这里姑且以"氏族"统之，界定为一种血缘纽带。

② 儒家认为尊崇祖先具有道德价值，如谓"慎终追远，民德归厚矣"（《论语·学而》），"崇事宗庙社稷而子孙孝顺"（《礼记·祭统》），"社稷宗庙之中，未施敬于民而民敬"（《礼记·檀弓下》）。

的官修氏族志和民间家谱、宗谱中，记载的正是这种系统①。这样，在儒家思想建构的社会生活中，每个人的嵌定在氏族谱系某个位置上的姓氏或姓名，就不仅是一个自然符号，也是一个伦理定位。

《左传》还记述，定公十年，鲁君与齐侯（景公）会盟，孔子相礼，齐侯指使莱人（东夷人）干扰盟会，欲围劫鲁君。孔子令鲁军士阻击莱人，并申斥齐侯此举之失道曰："裔不谋夏，夷不乱华……于神为不祥，于德为愆义，于人为失礼。"（定公十年）孔颖达疏解这里的"华夏"曰："夏也，中国有礼仪之大故称夏，有服章之美谓之华，华、夏一也。"（《左传正义》卷五十六）可见，儒家的"华夏"是指居住在中原地带、以礼乐文明为特色、为周天子封建的诸多氏族国家的文化共同体②。显然，"夷"则是指分布在中原以外的周边地带的、未接受礼乐文化的氏族或氏族国家③。"华夏"超越了单一的、同姓的氏族纽带，而被一种与"夷"相区别、为"诸夏"共拥有的礼乐文化所维系，被一种更强有力的共同的价值取向（"祥""义""礼"）所维系。这是一个具有更丰富内涵、更宽广范围的伦理共同体——民族。所以在儒家这里，"华夷之辨"

---

① 如郑樵《通志》录入各类谱志有帝系 19 部 73 卷，皇族 20 部 150 卷，总谱 43 部 1074 卷，韵谱 8 部 58 卷，郡谱 12 部 849 卷，家谱 68 部 205 卷（《通志》卷六十六）。

② 汉唐经学家多以文化性内涵训释"华夏"。如《尚书·武成》"华夏蛮貊，罔不率俾"，孔氏传："冕服采章曰华，大国曰夏。"孔颖达疏："冕服采章对披发左衽，则为有光华也。《释诂》云：夏，大也。故大国曰夏。华夏谓中国也。"（《尚书正义》卷十一）晚近史学家或以"华夏"为地域之含义。如章炳麟以"华夏"得名于雍、梁二州境内之华山、夏水（《章太炎文录初编·别录·中华民国解》）；钱穆则认为"夏人起于今河南省（豫州）中部，正所谓中原华夏之地。华夏连称者，嵩山山脉亦得华名。《国语》'前华后河，右洛左济'，华在洛东，即今嵩山"（《国史大纲》第一章《中原华夏文化之发祥》）。以地域训释"华夏"，钱氏之论较为确切，西周初所封诸侯列国，多在今中原河南及其周围地区，正是三代夏的地域内，所以《左传》《国语》等先秦史籍每称为"诸夏"。《论语》《荀子》中也有"诸夏"之称。

③ 儒家经典每将华夏以外的氏族或氏族国家分别称为夷、蛮、戎、狄等。如《礼记·王制》谓"中国夷狄，五方之民皆有性也，不可推移。东方曰夷……南方曰蛮……西方曰戎……北方曰狄"，《周礼·夏官·职方氏》谓："职方氏掌天下之图，以掌天下之地，辨其邦国、都、鄙、四夷、八蛮、七闽、九貉、五戎、六狄之民。"《白虎通》则有一简明的蕴有地域与文化两项内涵的周延的界定："夷狄者，与中国绝域异俗。"（卷七《王者不臣·三不臣》）

也是一个基本的伦理尺度，民族的归属也是儒家社会生活中不可逃逸的一个伦理定位、自我认同。在中国历史上，秦汉以后，一方面随着西周封建制（分封制）的废除，氏族国家被"大一统"的国家形态代替；另一方面，礼乐文化也逐渐被中原以外地区的夷蛮戎狄氏族国家认同吸收①，国家（政治实体意义上的"中国"）与民族（以华夏文化为根源的"中华民族"）在外延上也就完全重合。民族与国家重合，像国家与家庭同构一样，又一次拓展了儒家社会生活中的伦理网络和释放道德情感领域；也就是说，儒家要求的道德自觉是，一个人对包括"夷狄蛮戎"等少数民族在内的中华民族，就像对自己的家庭一样，负有伦理的义务和责任。这样，在家庭这个伦理实体基点上，儒家生活方式中的"家庭—国家"间的伦理性内涵和范围，通过对其血缘渊源和文化、精神归属上的追溯，得到充实和扩展，能笼罩所有个人、群体的伦理网络实体，氏族、民族也就形成。

"九族"与"五服"　　在审视家庭成员关系构成——宗亲关系和姻亲关系的维度上②，儒家"九族""五服"的观念，编织了社会生活中的更细密的伦理之网。"九族"在儒家经典《尚书》和《左传》中都有出现，如《尚书·尧典》赞尧之德政有谓"克明俊德，以亲九族，九族既睦，平章百姓"。《左传》记季梁（随国贤者）谏隋君有谓："务其三时，修其五教，亲其九族。"（桓公六年）但经学家对"九族"的训解却多有不同，要言之，有二：一是训"九族"包含有宗亲、姻亲两个系统，一是以"九族"只在宗亲一个系统内。前者如汉代今文学家大小夏侯（夏侯胜、夏侯建）和欧阳生训释"九族"为父族四、母族三、妻族二③；后者如古

① 实际上，春秋以后的中国历史就逐渐形成以礼乐文化为最高的、涵盖最广的伦理定位尺度，如宋儒罗泌所说："《春秋》用夏变于夷者夷之，夷而进于中国则中国之。"（罗泌：《路史》卷二十四《国名纪·桥》）由对儒家礼乐文化认同而形成民族（中华民族）之伦理实体的历史过程，后面将有专题论述。

② 人类学家一般都把家庭或家族成员关系区分为宗亲和姻亲。如摩尔根曾说："由家族组织产生的亲属关系有两类，一类是由世系决定的宗亲，另一类是由婚姻决定的姻亲。"（摩尔根：《古代社会》，杨东莼等译，商务印书馆1977年版，第405页）

③ 夏侯、欧阳训"九族"为：父族四——五属之内为一族，父女昆弟适人者与其子为一族，己之女昆弟适人者与其子为一族，己之女子适人者与其子为一族；母族三——母之父姓为一族，母之母姓为一族，母女昆弟适人者与其子为一族；妻族二——妻之父姓为一族，妻之母姓为一族（见《左传正义》卷六《桓公六年》孔颖达疏）。

文学家马融、郑玄认为"九族"是指九世宗亲，即自男性本人上溯至父、祖、曾祖、高祖的四世，下数至子、孙、曾孙、玄孙的四代（见《尚书正义·尧典》孔颖达疏）。儒家经典中还有"三族"的概念，似乎只是"九族"范围的缩小，因而也基本上有如训"九族"一样的两种训释，如郑玄训《礼记·仲尼燕居》"闺门之内有礼，故三族和也"为"父、子、孙"（见《礼记正义》卷五十），而北周卢辩注《大戴礼记·保傅》"三族辅之"则为"父族、母族、妻族"（《大戴礼记》卷三）。秦汉典籍中还有"六亲"的概念，训解则更为歧异，但也是可以归约为只谓宗亲和兼取宗亲、姻亲的两类。如贾谊《新书·六艺》谓"人有六亲"，并明确界定为"父子、兄弟、从兄弟、从祖父兄弟、从曾祖父兄弟、族祖父兄弟"六项。而颜师古注《汉书·贾谊传》"以奉六亲，至孝也"，则引应劭之训解为"父、母、兄、弟、妻、子"①（见《汉书》卷四十八），杜预注《左传·昭公二十五年》"为父子、兄弟、姑姊、甥舅、昏媾、姻娅以象天明"，为"六亲和睦，以事严父，若众星共辰极也"（见《左传正义》卷五十一）。

儒家"九族""三族""六亲"等概念，在人类学的意义上，只是以家庭或个人为原点，划定了一个自然性质的亲属范围。但是，当儒家将亲属称谓制度和丧服制度注入其中时，这些概念中就充盈了伦理的观念，这种亲属范围也就转变成儒家社会生活中的伦理网络。儒家经典中，对亲属称谓有系统规制和记录的是《尔雅·释亲》和《仪礼·丧服》。《尔雅·释亲》将周代亲属称谓归属为宗族、母党、妻党、婚姻四部分（宽泛地说，后三部分可视为姻亲），共有称谓97种。《仪礼·丧服》记录有104种亲属称谓。除去重复，两书共记录亲属称谓129种②。构建这些亲属称谓的主要规则，诸如宗亲姻亲之分（如父辈分世叔父与舅、祖辈分祖父母与外祖父母、子辈分侄与甥），直系与旁系之分（如父与祖父、祖

---

① 《老子·十八章》"六亲不和有孝慈"，王弼注："六亲，父子、兄弟、夫妇也。"同此。
② 谢维扬《周代家庭形态》考订，"先秦其他文献记录的称谓中有五十一种是《尔雅·释亲》和《仪礼·丧服》所未见"。（《周代家庭形态》，中国社会科学出版社1990年版，第95页）

父与从祖父、子与侄），世代之分（如祖、父、子、孙），嫡庶之分（如嫡母与庶母、嫡子与庶子），长幼之分（如兄弟、姐妹）。此外，还有贯穿大多数称谓的性别之分，以及个别称谓的生死之分（如考妣①），等等，显然都蕴有某种亲疏、尊卑的宗法性内涵，实际上也是伦理的原则。这样，儒家经典中的 129 种亲属关系称谓，就构筑了儒家社会生活中的周延细密的伦理网络。每个人都能在这个网络中找到自己的位置，获得自己生平的第一个社会角色——一种伦理角色。

儒家的丧服制度主要是规定居丧的服饰、时间、行为限制，按与死者亲属关系的远近，丧服区分为斩衰、齐衰、大功、小功、缌麻五等，即"五服"（齐衰又分为齐衰三年、齐衰杖期、齐衰不杖期、齐衰三月四等，实为八等）。儒家丧服制度规定的服丧范围和丧服轻重的等级差别显示出，宗亲与姻亲（父系与母系）有别（如对父系直系亲属上至高祖父母，下至玄孙九世皆有服，对母系只有外祖父母、舅姨父母、姨舅兄弟三世有服）；就宗亲内而言，血缘远近有别（如同父兄弟的丧服重于同祖的从父兄弟）；男女有别（如子为父服斩衰三年，为母服齐衰三年，如父在，只服齐衰杖期；妻为夫服斩衰三年，夫为妻只服齐衰杖期）；嫡庶有别（如父为嫡长子服斩衰，为众子服齐衰不杖期；祖父母为嫡孙服齐衰不杖期，为众孙服大功）；等等。显然，丧服的这些等级差别都直接表现着宗法的伦理原则。较之儒家经典中确认的全部亲属关系（亲属称谓），儒家丧服制度收缩了也更明确了亲属范围。《礼记·大传》谓："四世而缌，服之穷也，五世袒免，杀同姓也。六世，亲属竭矣……系之以姓而弗别，缀之以食而弗殊，虽百世而昏姻不通者。"即是说，为同高祖（四世）的族亲服缌麻三月，就是五服的终限了，到五世就出了"五服"，不是同高祖的族亲，因是同姓，以左祖、著免表示哀思罢了。到了六世，就没有亲属关系了。虽然如此，载入同一族谱、一起参加宗族活动（会餐）、百世不得通婚，仍昭示他们是共同祖宗的后代。当代有学者考订，《仪礼·丧服》

---

① 《礼记》谓："生曰父，曰母，曰妻；死曰考，曰妣，曰嫔。"（《曲礼下》）《尔雅·释亲》未作此区分，但谓"父为考，母为妣"。郭璞《尔雅注》曾引《尚书》《仓颉篇》辟《礼记》之论。《称谓录》评断："考妣古虽生前通称，今人则惟死而后称矣。"（清·梁章钜：《称谓录》卷一《亡父》）

中涉及有服的宗亲称谓40种，涉及有服的姻亲称谓12种①，这应该是儒家社会生活中伦理网络的中心部分，儒家的伦理认同首先从这里开始。

总之，在家庭这个生活的伦理共同体的基础上，儒家一方面通过家庭与国家同构的伦理观念和礼乐文化的理念，将家庭纳入、融进国家、民族更大的伦理共同体中；另一方面，通过亲属称谓制度和丧服制度，使这个伦理共同体在它的核心部分更为明晰和细密。儒家的伦理关系之网就是这样织成，笼罩着社会生活的全部。

2. 道德的行为规范之网

儒家思想建构的社会生活的封闭性特征，还有另外一个重要表现或因素，就是儒家有十分发达的伦理道德观念、细密的礼仪准则，十分周延地规范着、模塑着人们的行为。

构成 儒家社会生活中的这些规范、规则，可以分解为三个方面。第一，是"五礼"的典章制度。儒家将社会生活中的礼仪行为规则划分为吉礼、凶礼、宾礼、军礼、嘉礼五类，《周礼》界定说："以吉礼事邦国之鬼神示，以凶礼哀邦国之忧，以宾礼亲邦国，以军礼同邦国，以嘉礼亲万民。"（《春官·大宗伯》）《周礼》还将"五礼"析分为36项②，对社会生活中人们祈祝福祥、哀悼死亡灾难、威肃军旅征战、欢迎宾客、表达喜庆欢乐等一切方面的情感、举止，给予了程序化、仪式化的规范。《礼记》所谓"经礼三百，曲礼三千"（《礼器》），"礼仪三百，威仪三千"（《中庸》），就是形容这些礼仪的细密。先秦以后，"五礼"之书最为浩繁者应属梁武帝天监年间儒者所撰《五礼仪注》，凡1176卷8019条（见

---

① 见谢维扬《周代家庭形态》，第38页。
② 《周礼·春官·大宗伯》分吉礼有十二：禋祀（祀天）、实柴（祀日、月、星、辰）、槱燎（祀风、雨）、血祭（祭社稷）、狸沈（祭山川）、副辜（祭百物）、肆献裸（祭先王）、馈食（祭先王）、祠（春祭先王）、禴（夏祭先王）、尝（秋祭先王）、烝（冬祭先王）。凶礼有五：丧礼（哀死亡）、荒礼（哀凶礼）、吊礼（哀灾祸）、禬礼（哀围败）、恤礼（哀寇乱）。宾礼有八：朝（春见）、宗（夏见）、觐（秋见）、遇（冬见）、会（有事而见）、同（同时聚见）、问（有事存问）、视（同时聘问）。军礼有五：大师之礼（征伐）、大均之礼（均地）、大田之礼（狩猎）、大役之礼（营造）、大封之礼（封疆）。嘉礼有六：饮食之礼（亲宗族）、婚冠之礼（亲成男女）、宾射之礼（亲故旧）、飨燕之礼（亲宾客）、脤膰之礼（亲兄弟之国）、贺庆之礼（亲异姓之国）。

《梁书·徐勉传》)，但已亡佚无考。此后，当数《大唐开元礼》，150 卷
228 条；宋《政和五礼新仪》220 卷近 8000 条。乾隆《钦定大清通礼》，
50 卷，删繁就简，也有逾 200 条，可见"五礼"繁细之一斑。显然，"五
礼"是涵盖整个国家生活范围内的典章制度。在庶民百姓家庭生活范围
内，"五礼"就要有所收缩，吉礼中的祭祀祖先，凶礼中的丧礼，嘉礼中
的冠礼、婚礼则凸显重要。南宋以后，朱熹所撰《家礼》①，只述冠、昏、
祭、丧四礼，约六十条（其中丧礼居多，冠礼仅二条），甚为简便易行，
为元、明、清时世人所遵行②。第二，"五伦"的人伦行为规范。儒家的
"五伦"是孟子所界定："教以人伦：父子有亲，君臣有义，夫妇有别，
长幼有叙，朋友有信。"（《孟子·滕文公上》）人际的伦理关系是双方相
互皆承担有义务责任的关系，《礼记·礼运》的"十义"进一步界定这种
伦理关系的相互性："父慈、子孝、兄良、弟弟、夫义、妇听、长惠、幼
顺、君仁、臣忠，十者谓之人义。""五伦"规范的具体行为的解说、规
定，则是散见在《论语》、《孟子》、三《礼》、《孝经》等先秦儒家的著
作中，朱熹《小学·明伦》③，摘引汇集这些论述，从不同角度诠解、确
定"五伦"的行为要求或行为表现，其中"父子之亲"三十九章，"君臣

---

① 乾道六年，朱熹 41 岁，李方子《文公年谱》称先生编成《家礼》（见真德秀《西
山读书记》卷三十一《朱子传授》)。后人或有疑其伪，如王懋宏《家礼考》谓：
"《家礼》非朱子之书。"（《白田草堂存稿》卷二）《四库》编者亦断言《家礼》
"决非朱子之书"（《四库全书总目》卷二十二)。然而多为信其真，如夏炘《跋家
礼》纠辨王氏之论曰："《家礼》一书，朱子所编辑，以为草创未定则可，以为他
人之所伪托，则不可。"（《述朱质疑》卷七）今人钱穆亦有申辩，谓：《家礼》虽
为未定之书，而确为朱子亲撰，夫复何疑。"（《朱子新学案·朱子之礼学》)《家
礼》之作者虽有存疑，但其已铸成的巨大历史影响却是无疑的。
② 例如，《元史·孝友传一》有谓："郑文嗣，婺州浦江人，其家十世同居……冠昏丧
葬，必稽朱熹《家礼》而行之。"《明史·礼志一》有谓："永乐中，颁文公《家礼》
于天下。"清时，民间有家谱记曰："祭必有仪节……当遵《朱子家礼》所载。"
（光绪二十二年江苏《江阴六氏宗谱》卷二）凡此，皆可见明清时朱子《家礼》为
世所奉行。
③ 诸家《朱子年谱》皆称，淳熙十四年，朱熹 58 岁，编次《小学》书成。朱熹《小
学》六卷，分内外篇，含立教、明伦、敬身、稽古、嘉言、善行等六项，凡三百
八十五章。王懋宏考异谓："癸卯与刘子澄书，《小学》盖托刘子澄为之类编。"
（《朱子年谱考异》卷三）故确言之，《小学》类例是朱子裁定，采摘之功应是门人
刘子澄。

之义”二十章，“夫妇之别”九章，“长幼之序”二十章，“朋友之交”十一章。《孟子》之“五伦”，《礼记》之“十义”，《小学》之“明伦”，渐次具体地展示出儒家社会生活中的伦理行为。第三，日常生活行为规矩。在儒家的社会生活中，人们的行为主要是被伦理准则制约着、塑造着。但是，先秦儒家还认为，“席而无上下，则乱于席上；车而无左右，则乱于车也；行而无随，则乱于途也；立而无序，则乱于位也”（《礼记·仲尼燕居》），日常的生活行为也有、也应遵循各自的准则，所谓“君子无物而不在礼矣”（同上）。宋儒更明确认为，即使像洒扫、应对、进退这样卑微的日常生活行为，但其规矩，亦蕴含义礼之理，亦是践履伦常的开始。如程颐说：“圣人之道更无精粗，从洒扫应对至精义入神，通贯只一理。”（《河南程氏遗书》卷十五）朱熹对程颐之论作进一步解释说：“不可说‘洒扫应对’便是‘精义入神’。‘洒扫应对’，只是粗底，‘精义入神’，自是精底。然道理都一般，须是从粗底小底理会起，方渐而至于精者大者。”（《朱子语类》卷四十九）朱熹编次《小学》的旨趣，也是从这里产生。《小学》书成，朱熹题叙其宗旨曰：“古者小学教人，以洒扫应对进退之节，爱亲敬长隆师亲友之道，皆所以为修身齐家治国平天下之本，而必使之讲而习之于幼稚之时。”（《朱文公文集》卷七十六《题小学》）所以在儒家，特别是宋儒看来，洒扫应对之生活末节，也与实现伦理规范、完成修齐治平之人生根本相连通，是完整的德行修养过程的起点。儒家的日常生活行为规范，也是散见在《论语》、《孟子》、三《礼》等先秦儒家著作中，朱子《小学·敬身》的“心术之要”“威仪之则”“衣服之制”“饮食之节”四项共四十六章的内容，可以视为对这些规范的归纳。《小学》也因此被后世遵奉①。

周延性　在儒家的社会生活中，典章制度、伦理规范、行为准则相互渗透，结成笼罩着、塑造着人们行为的模式之网。应该说，儒家的这种行

---

①　明崇祯八年曾颁布《小学》于天下（见祁彪佳《祁忠惠公遗集》卷二《孝经小学旁训序》，王世德《崇祯遗录》“八年乙女”条下）。又如清末民间有家谱曰：“文公《小学》书，凡人伦日用之常，立己修身之道，备载于此。为父兄者当教子弟熟读，通晓义理，斯能有所感悟，不为非礼之事。”（宣统元年《新州叶氏家谱》第一册）凡此可见。

为模式之网是很周延的。第一，这些以典章制度为内涵的行为模式，既有人际的，也有人与超人（"鬼神"）、人与自然（天地、日月、山川）间的；既有幸福、友爱的表达，也有面临死亡和灾难的态度，模塑出全幅的社会生活。第二，这些以家庭伦理为内涵的行为模式，既有诸如有父母与无父母的人穿衣应有何不同①，在客人前如何吃饭②，长者前如何扫地③等细枝末节的行为规矩，也有诸如"父母在，不敢有其身，不敢私有财"（《礼记·坊记》），"父母之所爱亦爱之，父母之所敬亦敬之"（《礼记·内则》）等涉及放弃自主权利的严厉要求，规约着个人生活世界的方方面面。第三，这些典制、准则，从婴幼时期就要接受的诸如"男唯女俞，男鞶革女鞶丝"（同上）、"童子不裘、不帛、不屦绚"（《礼记·玉藻》）等性别、年龄的区分，到生命终点的丧礼④、葬具⑤、茔制⑥等的等级差别，贯穿了人的生命历程的时时刻刻。总之，是典章制度、伦理德行规范、日常行为准则，共同构成了儒家的完整的行为模式、周延的道德之网，塑造出社会生活中具有儒家特色的行为方式。

3. 生活情境——一种生活方式

细密的伦理关系之网和德行规范之网，共同构成了儒家之周延的道德生活世界，每个人都能在伦理之网上找到自己的位置而进入社会角色；每

---

① 《礼记·曲礼上》有谓："为人子者，父母存冠衣不纯素；孤子当室，冠衣不纯采。"
② 《礼记》中对饮食之节每有论及，如《少仪》有曰："侍燕于君子，则先饭而后已。毋放饭，毋流歠。小饭而亟之，数噍，毋为口容。"
③ 《礼记·曲礼上》有谓："凡为长者粪之礼，必加帚于箕上，以袂拘而退，其尘不及长者，以箕自向而扱之。"
④ 儒家丧礼从初丧到终丧，程序有二十多节，每一节目皆规定有等级差别。如《礼记·丧大记》记小殓时停放死者尸体所用席，规定为"君以簟席，大夫以蒲席，士以苇席"；所用被，规定为"君锦衾，大夫缟衾，士缁衾。"唐《开元礼》、宋《政和礼》、《明会典》皆各有具体的、有差别的规定。
⑤ 如《礼记·丧大记》记诸侯至士棺椁之差别："君大棺八寸，属六寸，椑四寸。上大夫大棺八寸，属六寸。下大夫大棺六寸，属四寸。士棺六寸。"儒礼棺椁之制，历代亦有不同，等级差别始终是存在的。
⑥ 如《周礼·春官·冢人》有谓："以爵等为丘封之度与其树数。"郑玄注："《汉律》曰：列侯坟高四丈，关内侯以下至庶人，各有差。"贾公彦疏："《春秋纬》云：天子坟高三仞，树以松；诸侯半之，树以柏；大夫八尺，树以栾；士四尺，树以槐；庶人无坟，树以杨柳。"（《周礼注疏》卷二十二）儒礼茔制历代或有变化，但等级差别始终是存在的。

种行为都被德行之范过滤、模塑而展现。在这样的伦理之网和道德之网笼罩下，人们从社会生活中获得的经验感受和精神自觉是，伦理的关系是人与人之间的全部关系，而对家庭、国家的义务与责任，则被视为最主要的、最高的人生职责；道德的实践是最重要的生活实践，而孝与忠，则是被最广泛地认同和践行的生活行为。这里且引宋明史料笔记中三则对平凡人物的记事，显现历史上儒家社会生活中践行忠孝和传递这种道德精神的生活情境。

情境一：忠的情感　明人的历史笔记有一则记述：

> 王达善撰《郑所南先生传》云："先生名所南，字思肖，号忆翁，福州人，宋末太学生也……元氏位中国，坐必向南……善画兰……然不画土，人询之，则曰：'一片中国地，为夷狄所得，吾忍画耶！'凡平日所作诗，多寓意于宋。若《题郑子封书塾》曰：'天垂古色映柴门，千古传家事且存。此世只除君父外，不曾重受别人恩。'讥宋之臣子复仕于元也……所谓所南者，以南为所也，忆翁，忆乎宋也，思肖者，思乎赵也……昔王褒痛父非命，终身不东向而坐①。夫君父一道也，彼所南者，抑又褒之徒欤！呜呼，自有天地以来，所以彝伦不堕者，以有节义为之闲也。通圆者哂其狷介，又孰知有所不为者，亦圣人之所取乎！"②（明·李诩：《戒庵老人漫笔》卷三《郑所南传》）

"此世只除君父外，不曾重受别人恩"，郑所南完全自觉地将自己定位在民族（华夏）、国家（赵宋）、家庭的伦理网络中，并在这个伦理世界中作出自我认同和行为选择。显然，这正是儒家性质的选择，所谓"入有父子兄弟之亲，出有君臣上下之谊"（《汉书·董仲舒传》）。在国家（民族）灭亡这个最大的灾难面前，郑所南的作为——南向坐、不画土，虽

---

① 《汉晋春秋》曰："王褒以父为文王（按：司马昭）所杀，终身不应征聘，未尝西向坐，以示不臣于晋也。"（《三国志》卷十一《王修传》注引）
② 《论语》记孔子语："不得中行而与之，必也狂狷乎！狂者进取，狷者有所不为也。"（《子路》）是孔子对狷者亦有所肯定。

然很平淡，不足比拟同时代的文天祥、谢枋得的作为那样震世①，但他从国家、民族悲剧中感受到的椎心的痛苦和表现出的可能的抗争，其彰显的忠之情感，也内蕴着崇高、壮美的儒家道德精神。

情境二：孝的行为 宋人的历史笔记有一则记述：

> 宝庆丙戌，莆阳境内小民张氏至孝，家贫养母。尝有所适，归而母亡，张追慕不已，既祥而不除②，欲丧之终其身。太守杨叔盼闻而哀之，赐以钱酒，且书其门曰："何必读书，只此便是读书；何必为学，只此便是为学。"（宋·周密：《癸辛杂识后集·张氏至孝》）

《论语》记子夏论德行修养之内容曰："贤贤易色，事父母能竭其力，事君能致其身，与朋友交，言而有信。虽曰未学，吾必谓之学矣。"（《学而》）朱子有题赠友人论德行修养之过程曰："讲明正学，其道必本乎人伦，明乎物理。其教自小学洒扫应对以往，修其孝弟忠信，周旋礼乐。其所以诱掖激励，渐磨成就之道，皆有节序。其要在于择善修身，至于化成天下，自乡人而至于圣人之道。"（见张世南《游宦纪闻》卷八③）可见，儒家所谓的"读书""为学"，其内容和最终目标都是道德实践。张氏小民，家境贫寒，未尝能读书习礼，但对母亲，能养之敬之，终身念之，践

---

① 文天祥，宋理宗时举进士，德祐初，元兵南侵，应诏勤王，拜右丞相，后进左丞相。兵败被俘，囚燕三年。临刑，南向拜而死。尸衣带中有赞曰："孔曰成仁，孟曰取义，惟其义尽，所以仁至。读圣贤书，所学何事，而今而后，庶几无愧。"（《宋史》卷四百一十八本传）谢枋得，宝祐进士。德祐中知信州，抗元兵败后隐居。元至元中访求遗才得之，强之北行，至京师，不食死。行前赋别友人诗有曰："义高便觉生堪舍，礼重方知死甚轻。"（元·陶宗仪《南村辍耕录》卷二《不食死》，《宋史》卷四百二十五有传）

② "祥"是儒家丧礼名。《礼记·间传》："父母之丧……期而小祥……又期而大祥……中月而禫。"即父母死后一周年，举行小祥之祭（桑木神主换成栗木，丧主换缟冠），两周年举行大祥之祭（神主入庙），二十五个月时举行禫祭，除去丧服，停止居丧。

③ 张世南约为南宋宁宗和理宗间人，所撰《游宦纪闻》，《四库》编者评为"宋末说部之佳本"（《四库总目提要》卷一百二十一）。此处所记朱子语，为"世南从三山故家，见朱文公一帖"，朱子文集未见。

行了他的卑微力量所能做到的孝之全部①。在儒家看来，这就是道德的完成，"只此便是读书""只此便是为学"。

情境三：道德生命的传递 又一则明人的历史笔记记述：

> 顾东江弘治六年以解元会魁登第……其堂中有春帖云：才美如周公旦，着不得半点骄；事亲若曾子舆，才成得一个可。又一春帖云：以义处事，义既立而家立有成；以利存心，利未得而害已随至。皆可为近代格言，其孙子龙至今悬之堂中。（明·何良俊：《四友斋丛说》卷十七）

周公姬旦，是周武王的弟弟，灭商的主要谋划者；是周成王的叔父，周礼的主要制定者。孔子曾说"甚矣吾衰也，久矣吾不复梦见周公"（《论语·述而》），将自己很长时间以来未再梦见周公，视为精神衰老的表现。可见周公是孔子心目中最敬佩的古代圣人之一。曾参（字子舆）是孔子的一位年轻的弟子（少孔子46岁），以孝行和阐发孝之意蕴著称，《论语》《礼记》《孝经》多有称引。在儒家思想和生活中，周公、曾子就是忠、孝的圣贤人格典范。孔子曰，"君子义以为上"（《论语·阳货》），"见利思义"（《论语·宪问》），孟子也说，"何必曰利，亦有仁义而已矣"（《孟子·梁惠王上》）。在儒家的思想和生活里，义利关系之义高于、重于利的道德原则是很明确的。顾东江氏在明代史传中未见再有记述，似是一耕读传家的普通士农家庭。其厅堂中悬挂的两副春帖，显然是其修身、齐家的格言、戒条，也是其向子孙后代传递的人生经验、处世原则——要以忠孝的圣贤人格为榜样，恪守道义原则去生活。这也正是历史上儒家社会的生活情境之基本色彩和内在精神生命。

这三则事例虽然细微，却完整地展现出儒家生活形态的根本特质，这就是在一个周延的伦理社会、道德世界中，一方面，人们都有忠孝的价值观念、人格目标和道义论的道德原则；另一方面，每个人都有自己实现这

---

① 《礼记》有谓："曾子曰：孝有三：大孝尊亲，其次弗辱，其下能养。"（《祭义》）"孝子之事亲也有三道：生则养，没则丧，丧毕则祭。养则观其顺，丧则观其哀，祭则观其敬而时也。"（《祭统》）

些价值的生活位置和空间——通过伦理关系获得的自我认同和道德实践获得的慰藉、充实、幸福等人生意义的生活感受。生活情境还共同地显示，在儒家社会里，这种以伦理道德的实践来实现人生价值、意义的生活形态，不是属于部分阶层人士的，而是全体民众拥有的；不是昙花一现，而是有久远历史传统的存在；不仅是理性自觉，还是超越自觉的、已内化为生活本身的固然；这就是一种生活方式。

我们将看到，儒家伦理道德观念所建构的生活形态中既有如以上所述周延的、和谐的方面，也还涌现出冲突的、为其所笼罩不住的方面。

（二）笼罩不住的生活空间

儒家虽然以周延的伦理关系和道德规范建构了有某种封闭性特征的道德生活世界，但是这种封闭性也并不是绝对坚固的，而是不断受到来自儒家理论未能洞察到、觉悟到的然而却是从儒家生活中生长出来的那些方面的撞击而破损，显露笼罩不住的生活空间。

1. 合理性危机的发生

儒家道德的社会生活之封闭性特征，是由周延的伦理关系和道德规范建构而成。显然，这些伦理关系、道德规范本身必须葆有润泽生活、美化人性之合理性的品质，践履这些伦理道德规范的道德自觉、自律，必须不衰退、不枯竭，这种有封闭性特征的，即能屏障异己观念进入的道德生活世界才能持久维持。但是，在儒家的社会生活中，伦理道德的自觉、自律却是经常处在流失之中，儒家道德生活的合理性危机也不时发生，儒家的道德生活世界在其根底处现露破绽。儒家道德合理性危机主要表现为在社会生活的历史进程中，儒家伦理的固有意蕴被礼仪程式所吞噬，道德践履的理性自觉被权力服从所扭曲，渐次失去其内在精神实质。

伦理精神被程式吞噬 儒家礼制的变迁显示，随着时间流逝，儒家伦理道德的内在精神和实践的自觉性，往往会在礼之产生时的历史情境消逝中被伦理道德规范的程式化、形式化吞噬。儒家认为，"礼者，因人情而为之节文"（《礼记·坊记》），"礼节者，仁之貌也"（《礼记·儒行》），所以在儒家这里，礼——包括行为举止的礼仪规范和伦理行为的道德规范，应该被理解为是对人的本然情感、行为的修饰、条理，也是道德情感、伦理行为借以展现的载体；应该被定性为是超越人之自然状态的文明自觉，是提高人性的道德自觉。但是，十分不幸的是，在社会生活实践中，这些礼的行为规范，通常是通过某种程序化的流程表现出来的，在这个过程中，它的外在形式的方面被强化、巩固，而它形成时的那种历史情境，它的意蕴、内涵却逐渐退隐、模糊，直至被遗忘。《礼记》的作者观察并描述了这个蜕变过程：

> 礼之所尊，尊其义也。失其义，陈其数，祝史之事也。故其数可陈，其义难知也。（《郊特牲》）

行为规范的内在精神（"义"，义理）总是处在被它的程式化、形式化（"数"）的吞噬过程中。这样，当礼只是作为一种"数"，一种程式掌握在祝史手中，而其应为民众理解、实践的"义"却遗失难知时，礼之衰亡就要发生。此时，礼失去与发育、诞生它的那种历史情境和精神根源的联系、相通，成为没有生命的躯壳，也就失去了存在的合理性、存在的价值。在这里，礼之程式吞噬精神，使礼之合理性或存在价值丧失的主要表现，是随着社会生活的变迁、繁细的儒家之礼，从古至今也处在不断的萎缩、消失之中。先秦儒家的"经礼三百，曲礼三千"（《礼记·礼器》），到《大唐开元礼》和乾隆《钦定大清通礼》的官修礼典，也只有二百条了。不仅作为儒家先贤的朱熹一再呼吁"古礼难行，得随时裁损"（《朱子语类》卷八十四），一代英主的乾隆也认为"古礼仪节繁委，时异制殊，士大夫或可遵循，而难施于众"，诏谕儒臣重修五礼，"务期明白简易，俾士民易守"（《钦定大清通礼》卷首《上谕》）。凡此都映现了儒礼一直在遭受着合理性危机的困扰。下面，且从凶礼、嘉礼中各举一例，具体说明儒礼挣扎在因迷失精神源头和价值依托而造成的合理性危机中的情态。

例一，"成踊"。丧礼是儒家五礼中凶礼的一种。儒家认为丧礼所要文雅地、有条理地表达出悲哀的道德感情，所谓"丧礼唯哀为主焉"（《礼记·问丧》）。父母死亡，儿女哀伤悲痛之情难以言表，常常捶胸顿足、恸哭呼号不止，古语称之为"辟踊"。对这种发泄自然的极度悲哀的情感，作出某种程式化的条理、节制，就是"礼"的表达了。也是如《礼记》所说："辟踊，哀之至也；有算，为之节文也。"（《檀弓下》）从《仪礼》《礼记》中可以看出，儒家丧礼对辟踊的程式化规定有，其一，成踊。《仪礼·士丧礼》"稽颡成踊"，郑玄注："成踊，三者三。"贾公彦疏："三者三，凡九踊也。"（《仪礼注疏》卷三十五）即每踊要顿足、跳脚三次，三踊共九次，就算完成此礼仪动作（"成踊"）。其二，成踊的回数。《礼记》曰"公七踊，大夫五踊，士三踊"（《杂记上》）。身份地位不同的人死了，入棺停殡在家的时间有三日或五日的差别，丧事活动规模不同，成踊的回数也有区别①。其三，踊有跳脚（"绝地"）与顿足（不绝地）的区分。《礼记》有谓："孔子曰：伯母叔母疏衰，踊不绝地，姑姊妹之大功，踊绝于地。如知此者，由文矣哉，由文矣哉。"（《杂记下》）伯叔母死了，是长辈，但无血缘关系，所以丧服重（齐衰周年），哀情轻（哭踊时顿足）；姑姊妹死，因有血缘之亲，虽然丧服轻（大功九月），但哀情较重（哭踊时跳脚）。这些程式化规定（"节文"），犀通着某种历史情境（如公七踊、大夫五踊、士三踊，与西周公卿士的等级制度相应），也有着道德心理的根源（如哭丧伯叔母时踊不离地，哭丧姑姊妹时踊离地）。并且，也有作为丧事过程中的行为规范的合理性。《礼记》有则记述：

> 弁人有其母死而孺子泣者。孔子曰："哀则哀矣，而难为继也。夫礼，为可传也，为可继也，故哭踊有节。"（《檀弓上》）

这段记述，借孔子之口表述儒家这样的观点：如果一个人的母亲死了，自己像一个孩子那样毫无节制地、长时间地痛哭呼号、抽泣不停，作为发泄悲哀的感情是很充分的了，但让别人都这样做就很难了。礼的行为规范，一方面有可普及的形式，另一方面有皆可做到的内容。"哭踊有节"（"成踊"）就是对丧事中表达哀情的礼的规范，就是将丧事中悲哀感情的自然

---

① 参见《礼记·檀弓下》"辟诵，哀之至也；有算，为之节文也"孔颖达疏（《礼记正义》卷九）。

释放，提升为能自律的道德感情表现。换言之，"成踊"在这里获得了它的道德合理性，具有了存在的价值。

但是，随着时代流逝，"成踊"的意涵被淡忘，而仅作为一种程式被履行时，情况就有所变化。《礼记》有则记述：

> 当袒①，大夫至，虽当踊，绝踊而拜之，反，改成踊，乃袭。于士，既事成踊，袭而后拜之，不改成踊。（《杂记下》）

在一个士的丧事进程中，身份高于士的大夫来了，正在哭踊的主人，即使尚未完成九次跳脚，也要立即停止哭踊，迎拜大夫后，接着再完成九次跳脚（"成踊"）。可见在这里，"成踊"完全被当作"数"之程式来遵行、完成的，而表达哀情之"义"的内涵潜隐了、消失了。因为一种哀情是不可能像一种"数"（程式）那样来随时分割和接续的。"成踊"的程式化（"数"）的成分越是增强，它内蕴的表达对亲人死亡哀伤的道德情感（"义"）的因素越是减弱，它的道德合理性、存在价值开始受到质疑。《礼记》有则记述：

> 有子与子游立，见孺子慕者。有子谓子游曰："予一不知夫丧之踊也，予欲去久矣。情在于斯，其是也夫！"子游曰："礼有微情者，有以故兴物者。有直情而径行者，戎狄之道也。礼道则不然，人喜则斯陶，陶斯咏，咏斯犹，犹斯舞。愠斯戚，戚斯叹，叹斯辟，辟斯踊矣。品节斯，斯之谓礼。"（《檀弓下》）

有子见一个孩子啼哭着寻找母亲，感情真切自然，就对子游说："丧礼中规定的哭踊跳脚程式，非常不自然，难以理解，应该废除。表达哀伤之情，像这个孩子寻找不到母亲而号哭，自然、尽情就可以了。"虽然在当时，子游还是能作出解释，认为直任哀情发泄是野蛮的表现，给予某种

---

① 《礼记》有谓："凡敛者袒。"（《丧大记》）即小敛、大敛时，主人和执事人员都褪下左袖，袒露左臂。

"品节"文饰，是文明的自觉，维护住"成踊"的合理存在。但是，正如我们在《大唐开元礼》上看到的"啼踊无数"（卷百三十八卷《丧礼·三品以上丧》，卷百四十六《六品以下丧》），在《政和五礼新仪》上看到的"啼踊无算"（卷二百一十五《凶礼·品官丧礼》，卷二百十八《凶礼·庶人丧礼》），在《钦定大清通礼》上看到的"丧主哭踊尽哀"（卷五十《庶人丧礼》），程式化（"数""算"）的哭踊仪式，在先秦以后就在不知不觉间退出丧礼（"无数""无算"）。直到清末，在民间的丧事活动中，仍有捶胸痛哭、顿足跳脚的表达哀情动作，但"成踊"的礼目已不存在。

例二，冠礼。在儒家吉、凶、宾、军、嘉五礼中，冠礼系嘉礼的一种，是男子到二十岁时举行的成年礼[①]，是儒家社会生活中最为频繁使用的八项礼仪之一[②]。《礼记》有曰："成人之者，将责成人礼焉也。责成人礼焉者，将责为人子，为人弟，为人臣，为人少者之礼行焉。将责四者之行于人，其礼可不重与！"（《冠义》）可见在儒家看来，明了并能自觉承担一个人对家庭、国家的伦理责任、义务，是一个人"成人"的标志。冠义的主要程式，潜含的、诠释的正是这种"成人"的精神意涵。在《仪礼·士冠礼》详细记录的冠礼仪式全过程中，最为凸显的节目是在阼位上接受三次加冠[③]并命字，在户西接受三次祝酒，接受母、兄弟、姑姊妹的礼拜等。《礼记》解释这些程式的意蕴说："冠于阼，以著代也。醮于客位，三加弥尊，加有成也。已冠而字之，成人之道也。见于母，母拜之，见于兄弟，兄弟拜之，成人而与为礼也。"（《冠义》）

---

① 《礼记》曰："男二十而冠……女子十有五年而笄。"（《内则》）女子的成年礼（笄礼），《仪礼》无记述，故不论。《左传·襄公九年》记晋悼公之言，以国君12岁可以冠，故汉儒高诱注《淮南子·氾论训》、郑玄注《尚书·金縢》，皆以"诸侯十二而冠"。此"男二十而冠"是就士而推及庶人言。后世或不遵此制，司马光《书仪》主张"自十二至二十皆许其冠，若敦厚好古之君子，俟其年十五以上，能通《孝经》《论语》，粗知礼义之方，然后冠之，斯且美矣。"（卷二《冠仪》）朱子《家礼》亦以"男子年十五至二十皆可冠"（卷二《冠礼》）。

② 《礼记》曰："夫礼始于冠，本于昏，重于丧、祭，尊于朝、聘，和于射、乡，此礼之大体也。"（《昏义》）

③ 《仪礼·士冠礼》以三次加冠为缁布冠、皮弁、爵弁，并认为"天子之元子犹士也，天下无生而贵者也"，所以无士冠礼之外的大夫冠礼、公侯冠礼。唯《大戴记·公冠》有谓"公冠四加玄冕"。

冠礼唤起一个人"成人"的自觉，唤起承担伦理的、社会的责任之自觉，在儒家看来，这种自觉是道德人生的真正开始，所以称之为"礼之始"（《礼记·昏义》）。冠礼也很隆重，行礼的日期、为冠者加冠的贵宾，都要用占筮来决定，这是要为肩负着"四行"责任的人生旅程奠立下第一块里程碑，"其礼可不重与"！但是，对于儒家来说，如此重要的冠礼，却逐渐在社会生活中衰微、消失了。汉代何休《冠仪制约》曾将士庶冠礼的加冠、祝酒都简化为一次；宋代司马光《书仪·冠仪》叹"冠礼之废久矣"，重定"三加"之仪，大体被明代沿用；然而到了清代乾隆《钦定大清通礼》中，冠礼还是被删削取消了，退出了礼的舞台。清代历史笔记中有则记事，显示了，或者说可以诠释出这种蜕变的原因：

> 桐乡张杨园先生履祥训门人语，姚瑚所述有云：默斯未冠时（按：默斯，先生子，名维恭），先生命暂以幅巾御寒，默斯不欲，隆冬盛寒，囚首露顶，家人患之，托瑚告先生，瑚难其辞。一日寒甚，始致辞曰："默斯头冻如此，恐或多疾，奈何？"先生厉辞曰："与之幅巾，彼既不肯，此头何妨冻落。"因言"年前太福（原注：厩仆陆慎乳名。）小时，出镇私买一帽戴之，予见之怒甚，投之于厕。可以待子不如待仆乎！"康祺按：杨园晚举维恭，其家教方严，自不同世俗舐犊之爱。惟古人子冠父诏，礼节繁重，必非今日所可行。况寻常衰冠，与幅巾帕首何异。服御之细，驯致贼恩，盖讲学家之徽帜然已。（清·陈康祺：《郎潜纪闻三笔》卷一）

张履祥（字考夫，居杨园里，学者称杨园先生），明末清初儒家操守甚严的程朱学者。他不允许他的儿子未及成年、未行冠礼就戴帽子（冠），冬时为御寒，他要儿子幅巾（巾）包头。儿子不愿这样做，他严厉说："以幅巾御寒，是为守冠礼，你不愿这样做，头冻掉了也不足惜！"他家马厩小僮，私买一帽子戴上，他见到后，愤怒地把它扔到厕所里。从在一个正统的儒家学者家庭里发生的这件事中可以看到，冠礼的衰落和消亡，主要是因为以着冠来对人之身份与年龄作伦理性区分的那种历史情境和功能已经消失。汉代刘熙《释名》有曰："巾者，谨也。二十成人，士冠，庶人巾。"（卷四《释首饰》）晋司马彪《续汉书》有曰："童子帻无屋，示未成人也。"（卷二《刘盆子》）此可见汉魏时着冠（巾、帻）所具有区别身份、年龄的伦理性含义。宋时，司马光从儒家立场观察到的情况是："近世以来，人情尤为轻薄，生子犹饮乳，已加巾帽，过十岁犹总角者盖鲜矣，由不知成人之道故也。"（《书仪》卷二《冠仪》）冠礼的衰落已使他深感不满和不安。到了明末清初的张杨园时代，仆僮就可"私买一帽戴之"，因为"寻常亵冠与幅巾帕首何异"，冠礼时所加之帽（冠），与休闲私便时所戴之幅巾，在形制和质地上已无多差别，帽（冠）已丧失区别身份和标志"成人"的伦理性功能。冠礼程式只使人感到是"礼节繁重"的负累，其内蕴的唤起"成人"的伦理道德自觉的意涵已不再显现。冠礼也就失去了道德的合理性，失去了存在的价值。尽管有儒者如杨园先生那样的全力维护，60年后，冠礼仍是在官家颁布的礼典中被废止了①。

以上，儒家丧礼中表达哀情的"成踊"礼目的消失和儒家生活中常行的八项主礼的冠礼的废弃，典型地表明，在儒家的道德世界中，当一种伦理的、道德的行为规范失去了与发育出它的那种历史情境、精神根源的联系时，作为伦理道德实践之本质的道德自律、自觉，就会被规范的程式化、形式化所腐蚀、吞噬，儒家伦理道德规范的合理性就要在社会生活实践中被质疑、被否定。

道德自律被权力扭曲　孔子说"为仁由己，岂由人哉"（《论语·颜渊》），孟子曰"仁义礼智非外铄，吾心固有之也"（《孟子·告子上》），儒家确认道德行为的本质，是对一种体现善的目标的行为规范的自觉、自律的追寻、践履。反言之，如果一种履行伦理规范的行为，缺乏道德的自觉、自律，而是慑服于某种外界强制的因素——权力，那么，这种实践行为也就失去它的德性内涵，它作为道德行为的那种存在价值和合理性也就丧失。不幸的是，这种情况在儒家的社会生活中，在儒学固有的宗法观念中就已潜在；汉代以降儒学成为国家的意识形态后，更不断被强化。这首先表现在如前面阐述儒学的法律性功能所论及，在国家法律中，由于儒学的国家意识形态性质，儒家的主要伦理道德规范同时也被法律化为判罪、

────────────

① 张履祥卒于康熙十三年（1674年），《钦定大清通礼》颁于乾隆元年（1736年）。

量刑的律令。这样，道德践履也就转变成对法律的遵循。道德规范在藉法律而强化的同时，道德实践的自律自觉精神也被循法的要求而弱化、扭曲，甚至置换。例如，《礼记》中有则属于孝之德行的行为规范："父母在，不许友以死，不有私财。"（《曲礼上》）作为一种伦理的、道德的自觉，其意蕴是敬爱父母，以父母的存在和幸福高于自己的存在和幸福。但是，一旦国家的权力意志或法律介入，这则孝的行为规范，就蜕变为"民有父母而别籍异财者，论死"（《宋史·太祖二》），"子孙别籍异财，徒刑三年"（《唐律疏议·户婚》《宋刑统·户婚律》），或"杖刑一百"（《明律·户律》《清律例·户律》）。在权力的威慑、法律的制裁的阴霾笼罩下，践履伦理规范的道德自觉自律就退隐萎缩了。其次，这种情况还普遍地在儒家社会生活中的宗法性质的家法家规中强烈地表现出来。例如，南宋理学家陆九渊的家族就是一个累世义居的金溪大家族，家法严谨，"子弟有过，家长会众子弟责而训之，不改，则挞之，终不改，度不可容，则言之官府，屏之远方焉"（《宋史》卷四百三十四《陆九韶》）。元代浦阳郑氏家族，十世同居①，制有《家范》一百六十八则，于人伦大义、冠婚丧祭之仪、居家置产经业、出仕奉公勤政皆有规则，违者就要受到责、挞、驱逐的惩罚。如其中有规定，"教子孙以人伦大义，不从则责，又不从则挞"，"祭祀务在孝敬，以尽报本之诚，其或行礼不恭，离席自便，与夫跛倚、欠伸、哕噫、嚏咳，一切失容之事，督过议罚。督过不言，众则罚之"，"子孙倘有私置田业，私积货泉，事迹显然彰著，众得言之家长，家长率众告于祠堂，击鼓声罪而榜于壁。更邀其所与亲朋告语之，所私即便拘纳公堂，有不服者，告官以不孝论"，"子孙出仕，有以赃墨闻者，生则于谱图上削去其名，死则不许入祠堂"（《郑氏规范》）。明末清初，镇江府有赵氏大族，乃宋艺祖之后，族长甚至有权对族人"干名教、犯伦理者，缚而沉之江中以呈官"（清·刘献廷：《广阳杂记》卷四）。晚近，直至清末民初，仍可在一些族谱中看到类似的惩处违背儒家道德规范之行为的具体规定："子孙违抗祖父母、父母教令及缺养者，责三十；骂祖父母、父母及纵妻妾骂者，责五十；居丧娶妻者责二十；匿丧不举、闻

---

① 见《元史》卷一百九十七《孝友一·郑文嗣》。

丧不奔者，责五十；祠堂、坟墓前策骑、肩舆不下者，责一十……"（光绪元年合肥《邢氏族谱》卷一），"子孙有大过，责罚不能尽者，永不许入祠"（1924 年绍兴山阴《吴氏族谱》第三部《家法》）。

总之，在儒家伦理的社会生活中，权力（政权、族权）因素的介入，削弱了甚至置换了伦理道德实践中的自律、自觉成分。显然，对于儒家的道德世界，这是一种否定性、破坏性的因素，它既是道德合理性危机带来的结果，也是道德合理性危机深化的原因。它昭示，在历史上的儒家社会生活中，维系住一种封闭、周延的伦理道德生活领域，实际上是要借用、依靠伦理道德以外的因素或力量。儒家试图以纯粹道德来建构一个和谐、完善社会的道德理想，在这里一直是处在理论要求（道德的自律）与实际状态（权力的屈从）之冲突的困境中。

2. 内在的冲突

在儒家的社会生活中，儒家借血缘关系、宗法制度、文化原则形成的家庭、国家、民族伦理共同体和以"礼"之观念为基础形成的"五伦""十义"人伦道德规范，建构、整合的社会秩序，应该说是一种有序、和谐的伦理秩序。但作为具有不同伦理内容的伦理共同体、道德规范，它们之间又是有差异的，会在一定的历史或生活的情景下发生冲突，构成一种皆有其合理性的对立，使人陷入难以同时而又必须同时选择的伦理困境。

孝与忠间的两难选择　《韩诗外传》有两则故事：

> 田常弑简公，乃盟于国人曰："不盟者死及家。"石他曰："古之事君者，死其君之事。舍君以全亲，非忠也。舍亲以死君之事，非孝也。他则不能。然不盟是杀吾亲也，从人而盟，是背吾君也。呜呼！生乎乱世不得正行，劫乎暴人不得全义，悲夫！"乃进盟以免父母，退伏剑以死其君。……诗曰："人亦有言，进退维谷。"石先生之谓也。（卷六第十二章）
>
> 楚昭王有士曰石奢，其为人也，公正而好直。王使为理。于是道有杀人者，石奢追之，则其父也。还返于廷曰："杀人者，臣之父也。以父成政，非孝也。不行君法，非忠也。弛罪废法，而伏其辜，臣之所守也。"遂伏斧锧，曰："命在君。"君曰："追而不及，庸有罪乎？

子其治事矣。"石奢曰："不然。不私其父，非孝也。不行君法，非忠也。以死罪生，不廉也。君欲赦之，上之惠也。臣不能失法，下之义也。"遂不去斧锧，刎颈而死乎廷……《诗》曰："彼己之子，邦之司直。"石先生之谓也。（卷二第十四章）

两则故事展示了两幅伦理困境的图景。在第一幅图景中我们看到，石他若屈从叛乱者田常，虽然能获得"全亲"的孝，却失去"死君"的忠；不屈从田常，虽能实现"死君"的忠，却丧失"全亲"的孝，正是"生于乱世不得正行"的境况，使他陷入这种伦理困境。最后他只能以"不得全义"的行为和珍贵的生命的代价，来摆脱这种困境。在第二幅图景中，作为法官的石奢，面对着杀人犯的父亲，陷入了更是无法摆脱的困境。他若按法律制裁父亲死罪，"以父成政""不私其父"，是"非孝"；不按法律治理，"不行君法"，又是"非忠"。这里不仅有忠与孝的冲突，也有礼与法的对立。在这无可选择的两难困境中，石奢最后也只能以献出自己的生命作为选择。

《礼记》有曰，"忠臣以事其君，孝子以事其亲也，其本一也"（《祭统》），"礼以道其志，乐以和其声，政以一其行，刑以防其奸，礼乐刑政，其极一也"（《乐记》）。即认为，忠孝等道德规范，礼法等治理社会生活的方式，在其建构社会秩序之功能和目标上，是相辅相成、和谐一致的。应该说，在一般的情况下，儒家的这个"本一""极一"的判定是正确的。但这两则故事却显示，在儒家的社会生活中，伴随着某种特定条件下的对立生活情境出现，儒家伦理道德规范间和礼法间的冲突却不可避免；并且不难看出，这种冲突根源于这些道德规范有不同的伦理内容，根源于礼与法中的人际关系具有不同的性质。简言之，在"五伦""十义"的人伦道德规范中，就其伦理内容言，有血缘伦理与非血缘伦理的区别；在礼与法中，就其规范、治理对象的人际关系之性质言，有伦理性与非伦理性（公共性）的不同。显然，孝之道德规范内蕴的是一种血缘至亲间完全自然的爱的道德感情，忠之道德规范内蕴的则是一种非血缘伦理间具有理性内容的对他人尽心尽力的道德承诺①；无疑地，其中对国家（君

---

① 朱子曰："尽己之谓忠。"（《论语集注·学而》）

主）、民族的忠——完全无私忘我的献身①，是忠的最高表现。礼规范着尊卑、长幼、亲疏、男女的秩序②，赋予人不可逃逸的伦理位置、社会角色；法则不分贵贱、亲疏，一以法度为准③，将人视为摆脱了、剥离了伦理关系的独立个体。

儒家对血缘性与非血缘性不同伦理内容的道德规范间差异的分辨是很清晰的，提出不同的行为分寸也是很明确的，如《礼记》曰："事亲有隐而无犯，事君有犯而无隐，事师无犯无隐。"（《檀弓上》）郑玄训解曰："隐谓不称扬其过也，无犯，不犯颜而谏。事亲以恩为制，事君以义为制，事师以恩义之间为制。"（《礼记正义·檀弓上》）但是儒家伦理中也同时存在一个很明显的孝之泛化的理论态势，就是试图以心理基础最厚实的孝之道德感情，注入、覆盖所有的道德行为规范。《礼记·祭义》所论"居处不庄非孝也，事君不忠非孝也，莅官不敬非孝也，朋友不信非孝也，战阵无勇非孝也"，甚至"断一树，杀一兽，不以其时，非孝也"，最能表现这种理论意图和姿态。《礼记》对孝之观念的此种诠释，与《论语》主要在家庭生活范围内和与父母关系中解说"孝"不同④，而与可能是同时代出现的《孝经》⑤，将"孝"界说为一个人的包括敬养父母的家庭生活

---

① 如《左传》有谓："公家之利，知无不为，忠也。"（僖公九年）朱子亦有谓："知其有国，而不知其有其身，忠之盛矣。"（《论语集注·公冶长》）

② 如《礼记》谓："非礼无以节事天地之神也，非礼无以辨君臣上下长幼之位，非礼无以别男女父子兄弟之亲、婚姻疏数之交也。"（《哀公问》）

③ 如《管子》有谓，"治世不知亲疏远近贵贱美恶，以度量断之"，"君臣上下贵贱皆从法，此谓为大治"。（《任法》）

④ 《论语》记载孔子回答弟子问"孝"，有曰"三年无改父之道"（《学而》），"父母唯其疾之忧"（《为政》），"人不间于其父母昆弟之言"（《先进》），"色难""敬""生事之以礼；死葬之以礼，祭之以礼"（《为政》）等，显然都是在家庭的生活实践中与父母的关系中解说"孝"。

⑤ 《孝经》的作者或成书时代，历来学者判定不一，或谓是孔子作（《汉书·艺文志》），或谓是曾子作（《史记·仲尼弟子列传》），或谓是曾子弟子作（晁公武：《郡斋读书志》卷三）。朱子则疑《孝经》"是战国时人斗凑出来"（《朱子语类》卷八十二）。晚近学者梁启超认为就《孝经》之文体言，"非秦汉人不能做到那样流丽"（《古书真伪及其年代》卷一第四章）；就其书名言，"在汉以前，《易》《诗》《书》都可独称，《孝经》则不能，故可推定其非战国之书，而属汉代之书"（同上书卷二第六章）。最终认为，《孝经》"最早不能过战国，只可放入《礼记》，作为孔门后学推衍孝字的一部书"（同上）。甚是。

在内的、更为广阔的全幅社会生活实践的观点是一致的："身体发肤，受之父母，不敢毁伤，孝之始也；立身行道，扬名于后世，以显父母，孝之终也。夫孝，始于事亲，终于立身。"（《开宗明义》）儒家将孝之观念泛化扩展，意在借孝的道德动力带动、引领人们的全部道德实践。在这种诠释中，血缘伦理与非血缘伦理的道德规范间的心理差距、观念冲突被缓解、消弭了。似乎可以认为，在传统的儒家文化的社会生活中，使父母能得到好的安养、大的荣耀，如果不是一个人生活中唯一的，那么也是主要的生活目的和动力，是人生意义的重要内容。换言之，《孝经》的以孝理念带动、引领人的全部实践的道德理想，在儒家的生活方式中是被实现了的。但是，作为血缘伦理的孝，与其他非血缘伦理的道德规范在观念内涵和生活实践上的差异冲突，是否不存在了呢？这里分别从正史、野史中各摘引一事例以作回答：

> 赵苞字威豪，甘陵东武城人。初仕州郡，举孝廉，再迁广陵令。视事三年，政教清明，郡表其状，迁辽西太守。抗厉威严，名振边俗。以到官明年，遣使迎母及妻子，垂当到郡，道经柳城，值鲜卑万余人入塞寇钞，苞母及妻子遂为所劫质，载以击郡。苞率步骑二万，与贼对阵。贼出母以示苞，苞悲号谓母曰："为子无状，欲以征禄奉养朝夕，不图为母作祸，昔为母子，今为王臣，义不得顾私恩，毁忠节，唯当万死，无以塞罪。"母遥谓曰："威豪，人各有命，何得相顾，以亏忠义！昔王陵母对汉使伏剑①，以固其志，尔其勉之！"苞即时进战，贼悉摧破，其母妻皆为所害。苞殡敛母毕，自上归葬。灵帝遣谒策吊慰，封郁侯。苞葬讫，谓乡人曰："食禄而避难，非忠也；杀母以全义，非孝也。如是，有何面目立于天下！"遂欧（呕）血而死。（《后汉书》卷八十一《独行列传·赵苞》）

> 李义府（按：唐高宗朝之奸相）恃恩放纵，妇人淳于氏有容色，坐系大理，乃托大理丞毕正义曲断出之。或有告之者，诏刘仁轨鞫

---

① 秦末楚汉相争时，王陵归属刘邦，项羽掳取王陵母，用以招降王陵。王陵母为坚固王陵从汉之心，伏剑自杀（事载《史记》卷五十六《陈丞相世家》）。

之，义府惧谋泄，毙正义于狱。侍御史王义方将弹之，告其母曰："奸臣当路，怀禄而旷官，不忠；老母在堂，犯难以危身，不孝。进退惶惑，不知所从。"母曰："吾闻王陵母杀身以成子之义，汝若事君尽忠，立名千载，吾死不恨焉。"义方乃备法冠，横玉阶弹之……高宗以义方毁辱大臣，言词不逊，贬莱州司户。秩满，于昌乐聚徒教授。母亡，遂不复仕进。总章二年卒，撰《笔海》十卷。（唐·刘肃：《大唐新语》卷之二）

汉代这位武将和唐代这位文臣的遭际共同显示，在儒家社会生活中，孝与忠观念之伦理内涵的差异和在某种生活情境下的冲突，并没有因为有泛孝观念的笼罩而消失；正是在这种冲突中形成了儒家生活中具有悲剧色彩的两难道德选择；常常是闪烁着儒家伦理光彩的伟大母亲，帮助她的儿女跨过两难，完成这个道德选择——道德感情要服从道德理性，国家高于家庭，忠重于孝。在这种选择中，显现出儒家生活中的崇高、悲壮。

礼与法的冲突　儒家生活中的礼与法的冲突，从《论语》《孟子》中的两则记述可以看出：

叶公语孔子曰："吾党有直躬者，其父攘羊，而子证之。"孔子曰："吾党之直者异于是：父为子隐，子为父隐，直在其中矣。"（《论语·子路》）

桃应（按：孟子弟子）问曰："舜为天子，皋陶为士（按：法官），瞽瞍杀人，则如之何？"孟子曰："执之而已矣。""然则舜不禁与？"曰："夫舜恶得而禁之，夫有所受之也。""然则舜如之何？"曰："舜视弃天下犹弃敝屣也。窃负而逃，遵海滨而处，终身欣然，乐而忘天下。"（《孟子·尽心上》）

法家说，"骨肉可刑，亲戚可灭，至法不可缺也"（《慎子·逸文》），追求超越伦理关系的人与人公平。叶公所说之"直"，一种"其父攘羊，而子证之"的抛弃父子私情的坦白直率，当属于此。儒家认为"礼"是

"承天之道，治人之情"（《礼记·礼运》），即以天道的固然之理，规约人之自然情感。"父慈子孝"为"十义"之首，父子相亲，既是发自人心的自然之情，也是固然、应然的道德规范；父子相隐在人性的、道德的意义上都有正当合理性。孔子的"直在其中"表述的就是这种与法相对立的礼的立场。孟子答桃应之问所表述的儒家立场，似乎比孔子更多了一层内容，它不仅显示礼与法的对立，而且还承认法与礼都有自己的合理性。作为法官的皋陶要逮捕杀人犯瞽瞍，和作为儿子的舜抛弃天子之位，背负父亲瞽瞍逃之夭夭，脱离法律的制裁，都是应当的，都是唯一的选择。在儒家的社会生活中，所谓"为国以礼"（《论语·先进》），"治国而无礼，譬犹瞽之无相与"（《礼记·仲尼燕居》），儒家总是自觉地将礼，即内容十分周延的伦理原则作为建构社会秩序的主要依据。另外，儒家对于法，只是在十分浅薄的"刑罚"的意义上理解和界定，所谓"惟作五虐之刑曰法"（《礼记·缁衣》）；其功能，也只有消极意义上的对违礼行为的防范、制裁，所谓"刑以坊淫"（《礼记·坊记》），"刑禁暴爵举贤则政均矣"（《礼记·乐记》）。而且法的制定和操作，都必须遵循礼的精神，所谓"凡制五刑，必即天伦，邮罚丽于事；凡听五刑之讼，必原父子之亲，立君臣之义以权之"（《礼记·王制》）。所以，在儒家的社会生活中，较之礼，法（刑）只是处于辅助、从属的次要位置上。在这样浓厚的伦理观念笼罩下，孔子、孟子所表述的那种礼法冲突，很自然地最终获得的是一种"屈法以伸恩"[①] 的解决，即法律接受亲属犯罪可相为隐（容隐），汉宣帝本始四年下诏书曰：

> 父子之亲，夫妇之道，天性也，虽有祸患犹蒙死而存之，诚爱结于心，仁厚之至也，岂能违之哉！自今子首匿父母，妻匿夫，孙匿大父母，皆勿坐；其父母匿子，夫匿妻，大父母匿孙，罪殊死，皆上请廷尉以闻。（《汉书》卷八《宣帝纪》）

[①] 朱子曰："盖圣人之法有尽，而心则无穷，故其用刑行赏，或有所疑，则常屈法以申恩，而不使执法之意有以胜其好生之德。"（《朱文公文集》卷六十五《杂著·大禹谟》）"屈法以申恩"，可以视为儒家处理礼法冲突的基本态度。

宣帝诏书表明,在儒家礼的伦理秩序下,在父子、夫妻、祖孙的至亲私恩面前,法律退却了。在这些重服亲属关系中的犯罪行为,有相互隐匿的,可不予追究;只是犯死刑重罪的,需上报最高司法当局审核。此后历代的法律也都接受了这一容隐的原则,且容隐的范围有所扩大:不但直系亲属和配偶,只要是同居的亲属,皆可援用此律;虽不是同居亲属,但有大功以上的丧服关系,亦可援用此律①。

"容隐"的律则,虽然使在亲属犯罪的生活情境下的礼法冲突"屈法伸恩"地得到化解;但是,分别是规范伦理性关系和非伦理性(公共性)关系的礼与法的根本差异和在这种差异转化为对立的生活情境下的礼与法的冲突并未消失。例如在儒家社会生活的血亲复仇中,这种冲突就较之亲属犯罪以更尖锐的程度表现出来。一方面,儒家伦理要求"父之仇弗与共戴天"(《礼记·曲礼上》),子女有向杀害父亲的仇人复仇的道德责任;另一方面,国家的法律又以杀人为犯罪的行为,须受法律制裁。历史记载的赵娥亲复仇之事,可谓是在典型的意义上展示了这种礼法冲突给一个人造成的生存困境。晋代皇甫谧《列女传》② 记述:东汉灵帝时,酒泉福禄县民间女子赵娥亲,父亲被同县豪强李寿杀死,三个弟弟也遭灾病故。娥亲欲复仇,乡邻劝阻她说,李寿凶悍势众,你一个弱女子,如何能成?娥亲说:"父母之仇,不同天地共日月者也。李寿不死,娥亲视息世间,活复何求!"经过多年的准备,娥亲终于杀死李寿,并提着李寿人头,到县狱自首请罪。县令、狱官十分同情、感佩,不受理,劝她走避。娥亲又说:"匹妇虽微,犹知宪制,杀人之罪,法所不纵,今既犯之,义无可逃,乞就刑戮,殒身朝市,肃明王法,娥亲之愿也。"县令、狱官又将她的事由,上报州刺史、太守,共上表朝廷,皆称其烈义,最后得到宽免。赵娥亲为复父仇,自知蹈入的是礼之所是而法之所非的、冲突无法摆脱的困境,是要付出生命代价的困境。幸运的是,也还是儒家文化环境里的"屈法以申恩"的执法原则,使她走出困境。

血亲复仇、子孙相杀,无疑是社会生活秩序的一个破坏性因素,国家

---

① 参见《唐律疏议》《宋刑统》《明律例》《清律例》中有关"亲属相为容隐"条。
② 参见《三国志·魏书》卷十八《庞淯传》裴松之注引。

权力自会颁布律令，制止相杀的发生。但是，在儒家的社会生活中，一方面，在儒家伦理道德观念浸润下，为父母兄弟的血亲复仇，乃至为作为"五伦"之一的朋友复仇①，都已成为有深厚道德感情和道德理性支持的行为；另一方面，由于国家的法律体系不健全、功能不完备，社会公正借法律以实现并无充分的保证。在此情况下，复仇禁令完全不足以禁绝复仇行为的发生。所以，赵娥亲复仇之事显现的这种礼与法的冲突，不仅是复仇者个人生活中的困境，也是潜存在伦理本位的整个国家社会生活中的一个困境；尽管至少在汉代赵娥亲时已有明确的禁止复仇的律令②，但到了唐代韩愈时，国家统治者仍在感受着不断出现的复仇事件所带来的礼法冲突的困扰。据史载，唐宪宗元和六年，高平县人梁悦，为父杀仇人秦杲，到县狱自首请罪，被判免死罪，流配边远循州。宪宗为此下诏："复仇，据礼经则义不同天，征法令则杀人者死。礼法二事，皆王教之端，有此异同，必资论辩，宜令都省集议闻奏者。"（《旧唐书》卷五十《刑法志》）要求群臣就如何化解、处理复仇一事中的礼法差异和对立发表见解。韩愈为此撰写了备受后来柄政者推崇的名文《复仇状》。韩文首先揭示了国家权力在复仇事由上的两难处境，"不许复仇，则伤孝子之心，而乖先王之训；许复仇，则人将倚法专杀，无以禁止其端矣"；接着分辩了复仇行为之合理的多种情况；最后提出对此类事由的处理建议：

宜定其制曰：凡有复父仇者，事发，具其事申尚书省，尚书省集议奏闻，酌其宜而处之，则经律无失其指矣。（《昌黎先生集》卷三十七）

---

① 《礼记》有曰："父之仇弗与共戴天，兄弟之仇不反兵，交游之仇不同国。"（《曲礼上》）
② 皇甫谧《列女传》记述赵娥亲杀李寿复仇，事在灵帝光和二年，已是东汉末年。东汉早期，桓谭于建武年间上疏言时政所宜，其中有谓："今宜申明旧令，若已伏官诛，而私相伤杀者，虽一身逃亡，皆徙家属于边；其相伤者，加常二等，不得雇山赎罪。如此，则仇怨自解，盗贼息矣。"（《后汉书》卷二十八《桓谭列传》）可见，至少在西汉末年已有禁止复仇的法令。

可以认为，韩愈的《复仇状》，从整体的儒家社会生活的角度，清晰地辨析出血亲复仇的社会习尚，何以对国家权力运作构成难以摆脱的礼法对立的困境；但他提出的"定制"的建议，只是处置此困境到来时的程式和原则，并不能化解形成此困境的根由，唯求"酌其宜"而已。儒家社会生活中的礼法冲突，根源于礼之本质上的伦理性和法之本质上超越伦理的公共性之间的差异，及其在需要同时选择的生活情境下的对立。清代李光地曾评品《复仇状》曰：

> 事理周尽，而辞令简要……其老练精核，远侔武侯（按：诸葛亮封号为武乡侯），近比宣公（按：陆贽谥号曰宣）矣。（李光地：《韩子粹言·复仇状》）

李光地既是清代理学的重镇，也是清代政坛的巨擘（康熙朝宰辅），他对《复仇状》的推崇，不只是一个"辞令简要"的文学评价，更重要的是对其"事理周尽"的义理认同。这表明他作为清代一位国家权力实际运作者，仍然在感受着汉代、唐代社会生活中就已出现的那种礼法冲突的困扰，表明《复仇状》中未能化解的那个困境根由仍然存在。事实上，作为构成礼法冲突之困境的因素之一的超越伦理性的公共性，对于传统儒学来说，已经跨越了它所能笼罩的理论和生活空间，在儒家伦理的社会生活中，是无法化解的。

3. 缺弱的环节

在周延、完整的儒家伦理道德世界里，因其内在的道德精神随其产生时的历史情境消逝而流失和道德自律被权力扭曲所引起的合理性危机，还有无法化解的礼、法冲突，都显露出以纯粹儒家道德理想构筑的封闭性生活领域，也有它的破绽和笼罩不住的方面。此外，儒学理论所固有的某些缺弱，儒学理论所没有观察到的方面，更是显得全幅的社会生活是儒家伦理道德的生活世界所涵盖、笼络不了的。儒学的这种缺弱在心性的、社会的、超越的三个理论层面上和与此相犀通的三个生活层面上都有显现。

人性的自然方面　"孟子道性善"（《孟子·滕文公上》），人性本善是正统儒学人性理论的基本观点①。现在看来，儒学的这一判定，在科学的理论层面上和伦理学的道德理论层面上都存在着缺弱，会受到来自不同理论方面上的质疑。儒家"人性本善"的经验性立论与现代科学在某种理论基础上对人性初始的本有状态的研判结论甚有差距。例如，20世纪初在实验心理学基础上产生的弗洛伊德精神分析，将人格从心理结构解析为本我、自我、超我，无意识的、本能的"本我"，才是人性的初始状态②。20世纪70年代，融摄现代生物学基因理论而形成的社会生物学，从"基因"的层次上诠释出攻击性、性、利他主义、宗教是人性固有的必然表现③。可以看出，在现代科学思想中，在社会生物学和精神分析学中，也有人性之道德呈现的位置，但这是在离开人性之初始状态后才有的表现，更不是人性的唯一品质。换言之，现代科学理论不能支持人性本善的立论。显然，这是儒学必须面临的一个现代理论挑战。但这些科学思想毕竟是晚近才形成，所以儒学性善论在科学品质上的缺弱，并没有影响到它的历史存在及其塑造儒家道德形态的功能。然而，儒学性善论在道德理论层面上的缺弱却在儒家的道德理想、社会生活中埋下了引起分歧、动荡的因素。以现代的道德理论的角度观察，儒学性善论有其明显的缺弱并带来消极的后果。

分裂人性 儒学性善论每将人性（人心）作理与欲、性与情、道心与人心等分裂的解释，每将人的行为中的文化性、社会性的方面（仁义礼智的道德感情和行为）认定是人性之"善"，而其动物性、自然性的方面（自发或自觉追逐实现最佳生存、繁衍、发展的情欲物欲）视为是人

---

① 当然，儒家阵营内还有性恶（荀子）、性三品（董仲舒、韩愈）、性善恶混（扬雄、司马光）诸种人性论的立论。荀子性恶论因与性善论相悖，被宋明理学家判为"异论"（《朱子语类》卷一百三十七）。性善恶混、性三品之论，在宋代理学中，由朱子引进"气质"观念，都能被破解。此外，在先秦就出现的性无善不善论（告子），因受到孟子归谬的反驳，也一直被儒家视为"未知义"的陋见（《河南程氏粹言》卷二《心性篇》）。但在唐代以来佛禅思想风靡的影响下，宋明儒中也出现倡性无善恶论者（如北宋蜀学，二程弟子杨时、谢良佐，二程再传张九成，南宋湖湘学，明代王守仁及其江左后学等），朱子及明清程朱派学者斥其为"阳儒阴释"（《朱文公文集》卷七十二《杂学辨·张无垢中庸解》）。
② 参见S.弗洛伊德《精神分析引论新编》，第56～58页。
③ 参见E.O.威尔逊《论人的天性》，第92～180页。

性之"恶"。虽然在成熟的儒学理论形态（如宋明理学）和儒家学者（如朱子）那里，引进"气质"的观念，能够弥合这种分裂，即认为人性本善（"以本体言"），在其表现时（"以流行言"），有"气质"杂入，故有"恶"的发生①。但儒学或理学阵营中围绕这一论题而产生的理论分歧并未因此消失，仍有坚持性不可分善恶、心不可分道心人心的主张②。并且，这种理论上的分歧，还带来实践上的道德分裂，带来了儒家社会生活中突破正统儒家道德笼罩的、具有"异端""叛逆"色彩的思想和行为的滋生。从自许"举首天外望，无我这般人"（《象山全集》卷三十五《语录》）的陆九渊开始，到自称有"做得个狂者的胸次"（《阳明全书》卷三《语录三》）的王守仁，到"非名教之所能羁络"（《明儒学案》卷三十二《泰州学案·案语》）的王学后学泰州学派，到最后由泰州学派变异出反对"咸以孔子之是非为是非"（《藏书·世纪列传总目前论》）的李贽，一步一步走出了儒家道德世界的樊篱。

界定"善"太窄而"恶"过宽　儒家性善论最先是由孟子作出论证的。他认为人心皆有恻隐、羞恶、恭敬、是非的感情和理智表现，人性中固有仁义礼智的道德行为之根。在理学家看来，这仅是从心理经验的、宇宙论层面上的陈说③。宋儒从形上的、本体论的角度论定，认为性是理（天理），天理既是固然（所以然），又是当然④；而"理之大者有四，命之曰仁义礼智"（《朱文公文集》卷五十八《答陈器之二》）。换言之，性善就是理之当然、固然，是本体的表现，"性之本体便只是仁义礼智之实"（同上书卷六十一《答林德久三》）。可以看出，无论是从经验的层次

---

① 朱子的这类论述很多，如谓"才说性，便已涉乎有生而兼乎气质，不得为性之本体也。然性之本体亦未尝杂……人性本善而已，才坠入气质中，便熏染得不好了"（《朱子语类》卷九十五），"天理中本无人欲，惟其流之有差，遂生出人欲来"。（《朱文公文集》卷四十《答何叔京三十》）

② 宋明理学中，朱子之前有杨时、谢良佐，同时有湖湘学者，之后有王守仁，皆主性无善恶论。于朱子同时的陆九渊，其后的王守仁，皆倡"只此一心"，反对以"人心"为人欲、"道心"为天理的"二心"之说。

③ 如朱子于孟子性善论评曰，"孟子道性善，性无形容处，故说其发出来底"（《朱子语类》卷五十九），"孟子说性，乃是于发处见善"（同上书卷五十七），"孟子之言性，盖亦朔其情而逆知耳。"（《朱文公文集》卷五十八《答陈器之二》）

④ 如朱子说："天下之物，则必各有所以然之故与其当然之则，所谓理也。"（《大学或问》卷一）

上或形上的本体论的层次上，儒家的"善"都是唯一地指体现着"仁义礼智"的道德感情和道德行为。儒家性善论至少在理论上是这样判认，并在实践上是这样导向：如果不是唯一的，也是最应努力实现的、有善的价值的生活，乃是道德的生活。然而，全幅的人世生活，毕竟有更多的"固然""当然"展现；全幅的人生道路，可以是更宽广多彩。明代反儒思想家李贽说："如好货，如好色，如勤学，如进取，如多积金宝，如多买田宅为孙谋，博求风水为儿孙福荫，凡世间一切治生产业等事，皆其所共好而共习，共知而言者，是真迩言也。"（《焚书》卷一《答邓明府》）他认为人们道德行为之外的"一切治生"的行为都是有价值的，可以选择。20 世纪一位美国哲学家也说："社会的善对于个人来说，确有下列各种价值：健康、经济安定、友谊、性爱、教育机会、得到发展的才智、勇气、慷慨、言论自由、文化的享受、美感、娱乐的机会。这是任何合理的社会都要加以提倡和确立的十二种主要的善。"[1] 这位哲学家从伦理学的价值论或目的论立场——认为对人有好处的有价值的事物，皆是正当的、善的——发现了更多的、基本的"善"，当然是义务论立场上——认为符合道德义理原则的行为，才是正当的、善的——儒学性善论观察不到、不予承认的。例如，朱子既强调"圣贤所说工夫，都只一般，只是一个'择善固执'"（《朱子语类》卷八），但也明确表示不认可"有心为善"[2]（同上书卷十六）。可见，在儒家的道德立场上，"善"只存在伦理性的道德原则的实践中，包括"有心为善"在内的追逐既定的、有功利性目的的行为，都不具有"善"的品质。对于全幅的应有、可有的人世社会生活来说，儒家之善的选择，固然显现了"正其义不谋其利，明其道不计其功"（《汉书·董仲舒传》）的高尚纯洁，但也缺损了更大的生活空间，舍弃了更多的精彩人生。而另一方面，儒家对"恶"的界定过宽。儒家早期也是从心理经验的层次上解说"恶"，其代表之论见于荀子"性恶"论中。荀子说："今人之性，生而有好利焉，顺是，故争夺生而辞让亡焉；生而有疾恶焉，顺是，故残贼生而忠信亡焉；生而有耳目之欲，有

---

① C. 拉蒙特：《作为哲学的人道主义》，商务印书馆 1963 年版，第 244 页。
② 朱子说："如有心为善，更别有一分心在主张他事，即是横渠所谓'有外之心，不可以合天心'也。"（《朱子语类》卷十六）

好声色焉，顺是，故淫乱生而礼义亡焉……用此观之，然则人之性恶明矣。"（《荀子·性恶》）荀子的论证确立了儒家对"恶"之含义的一个共同的经验的理解：给社会生活秩序、伦理道德规范带来破坏的、人所固有的心理状态——好利、好色、嫉妒等情欲物欲及其行为，都是"恶"的。宋明理学则是在形上的意义上，在天理与人欲、道心与人心的区别中界定"恶"。如朱子在阐发《大学》六章之旨时说："天下之道二，善与恶而已矣。善者，天命所赋之本然；恶者，物欲所生之邪秽也。"（《大学或问》卷二）又解说《尚书·大禹谟》"人心惟危，道心惟微"曰："只是这一个心，知觉从耳目之欲上去，便是人心；知觉从义理上去，便是道心……'惟微'是道心略瞥见些子，便失了底意思；'惟危'是人心既从形骸上发出来，易得流于恶。"（《朱子语类》卷七十八）可以看出，理学家是以理学的语言，从人心内蕴的各种物欲中、从"人欲"中界定出"恶"的①。但是，"人心"中的物欲何以"流向恶"，"人欲"之恶何所指？《朱子语类》记述：

> 问："饥食渴饮，此人心否？"曰："然。须是食其所当食，饮其所当饮，乃不失所谓道心。若饮盗泉之水，食嗟来之食，则人心胜而道心亡矣！"问："人心可以无否？"曰："如何无得！但以道心为主，而人心每听命焉。"（卷七十八）
>
> 问："饮食之间，孰为天理，孰为人欲？"曰："饮食者，天理也；要求美味，人欲也。"（卷十三）

朱子所论表明，儒家认为，人心中所蕴诸如饮食男女的物欲、情欲，本是人性之本然固有。但是，一旦这些物欲、情欲失去道德制约（如"饮盗泉""食嗟食"），一旦这些物欲、情欲膨胀越出人性之本然、当然范围（如"要求美味"），就是"恶"的表现了。但是，现代心理学和社会学都

---

① 在朱子这里，"人心"和"人欲"有所区别。他说："人心是知觉，口之于味，目之于色，耳之于声底，未是不好，只是危，若便说做人欲，则属恶了。"（《朱子语类》卷七十八）所以他评判"人心，人欲也"之说"此语有病"，而"天理便是道心，人欲便是人心"之论可以成立（同上）。

认为，在饮食男女这样基础的需求和生存繁衍这样基础的人类生活之上，还有很多的人的欲望和人生目标的实现，都是完善人性、完善人生所必需的①。

负面效应 儒家用自己的"善""恶"道德观念，以基本的人性需求为标准，对人们会自然地不断增长的物质的、精神的欲望和追求，都持着怀疑、否定的态度，钉上"恶"的警告，阻止、禁止人们进入，给儒家社会的精神生活、道德理想带来了窒息性的、自我否定的负面效应。一是礼教的残忍。虽然就像朱子区分"天理"与"人欲"那样，儒家道德认同、肯定人性基本需求的正当合理性；但是，宋明理学兴起后，礼教——与国家权力、法律结合的儒家道德意识——渐趋苛严，儒家（理学）道德规范甚至威胁、否定人性的基本需求时，就显露了某种残忍。试引录几则明清历史笔记中涉及女性婚姻的记述，以为证：

古之夫妇以亲迎为定也，今则不然。国律许嫁女已报昏书及有私约而辄悔者，笞五十……古定以亲迎，则未亲迎而夫死，嫁之可也②；今定以纳采，则一纳采而夫死，嫁之不可也。（清·李斗：《扬州画舫录》卷十五）

一士以丧偶娶嫠妇，作诗云："同是人间不幸人。"其子改"幸"为"义"字。（清·龚炜：《巢林笔谈续编》卷上）

明公主、郡主无再嫁者，即此可见宫闱礼法之肃，视唐世迥殊矣。（清·陆以湉：《冷庐杂识》卷四）

李太史慈铭《越缦堂日记》中有云："予尝谓自程朱生后，天下气象为之一变。束发之儒，耻事两姓，曳柴之女，羞醮二夫，尤其明效大验。"声木谨案：太史此数语最为扼要，程朱之理，所以有益于

---

① 例如，在美国心理学家马斯洛（A. H. Maslow）的"人本主义心理学"中，将人的"需要整体"界说为由高到低五个层次系列的动机（欲望）组成——基本需要（生理需要）、安全需要、归属和爱的需要、自尊需要、自我实现需要（马斯洛：《动机与人格》，许金声等译，华夏出版社1987年版，第40～53页）。显然，饮食男女的需求属最低层次。又归纳能负载这种自我实现需要的价值体或"高峰体验"有14种（马斯洛：《存在心理学探索》，李文湉译，云南人民出版社1987年版，第75页）。

② 《礼记》有谓："婿弗娶而后嫁之，礼也。"（《曾子问》）

人家国，亘万世而不变者，正在于此。（清·刘声木：《苌楚斋续笔》卷八）

男女婚配虽然有伦理道德的内容，但更是以顺遂生物学、心理学意义上的人性固然为基础。按照《仪礼·士昏礼》的古代儒家婚仪，要完成纳采（男家遣媒人对女家表示求婚的意愿）、问名、纳吉、纳征（订婚）、亲迎（到女家迎娶）等"六礼"程序，婚姻关系才算成立，夫妇双方互相承担义务与责任。在明清理学特别推重"名节"的道德意识笼罩下①，一旦纳采，即为确定夫妻关系，此时男死，婚仪虽尚未完成，女亦不可改嫁他人。一种理学观念就是如此无情地剥夺一位未婚青年女子的享受婚姻的权利和终身幸福。一对丧偶的不幸男女结为夫妇，应该视为生活的恩赐，是合乎情理的、值得庆幸的事。但一种理学观念却表示谴责，认为是"不义"的事。由"明公主、郡主不再嫁"和"曳柴之女羞醮二夫"，可以看出，在理学统治时期，特别是其末流，此种蔑视人性之固然需求的道德意识，已经广泛渗透进社会的各个阶层中，摧毁男女情爱、吞噬年青生命之事是每每发生的。明末清初反理学思想家批判此种"以理制欲"的道德意识，"适成忍而残杀之具"（戴震：《孟子字义疏证》卷下）。清末民初的改良与革命思潮、自由主义与社会主义思潮，对此更抨击有加②。理学或礼教此种"忍而残"的表现，是儒学衰退的征兆，不仅是对儒家和谐的、各遂其性、各适其宜的"仁义"道德理想的自我否定，而且也为改造、推倒儒家伦理建构的社会生活之社会运动提供一个具有震撼力的理由。二是精神的萎缩。儒家，特别是理学家将人的物欲、情欲理解为是一

① 程颐与弟子论及寡妇或因贫穷而再嫁时所说"饿死事极小，失节事极大"（《河南程氏遗书》卷二十二下），一般被视为是这一理学"名节"意识的发端或代表。然程颐亦有"凡人为夫妇时，岂有一人先死，一人再娶，一人再嫁之约，只约终身夫妇也"之论（同上书），又有"取甥女归嫁"之举（《朱子语类》卷九十六），可见其持论并不很严。此一道德意识虽然更早可追溯到《易传·恒》之"妇人贞吉，从一而终"，但还是在明清理学中方渐趋浓烈。

② 如康有为在《大同书》中论及儒学（理学）道德笼罩下的家庭规范、家庭生活时说："其孝名之名愈著，其闺闼之怨愈甚……其礼法愈严，其困苦愈深。"（《大同书·己部去家界为天民·总论》）鲁迅在《狂人日记》中更呐喊："仁义道德吃人！"（《鲁迅全集》第一卷，人民文学出版社1981年版，第425页）

种"恶"的存在，从孟子的"寡欲"①，到朱子的"灭人欲"②，人的精神世界中的一个最活跃因素，在儒家这里经常是处于被压抑、被窒息的状态。朱子也很赞同谢良佐"透得名利关，方是小歇处"之见解（《朱文公文集》卷四十四《答任伯起三》），并为胡铨能无视乎生死利禄却情失于姝女微涡而深自惋惜："世路无如人欲险，几人到此误平生。"③（《朱文公文集》卷五《宿梅溪胡氏客馆观壁间题诗自警》）。此可见儒家将破除、熄灭在自己心中、生活中时时涌起的物欲情欲，视为完善人格的步骤、目标。儒家（理学家）因此也对表现喜怒哀乐、悲欢离合的多种情态、多样人生的诗文之作、实现人之物欲的知识之途、工技之巧，皆持某种鄙夷、排斥的态度。如二程以多能博识为"玩物丧志"④，朱子称"屈宋之文害心"⑤，更对人们普遍地、不懈地表现出的对富贵名利的向往和孜孜以求感到不安，如程颐说："自庶士至于公卿日志于尊荣，农工商贾日志于富侈，亿兆之心，交骛于利，天下纷然，如之何其可一也？欲其不乱，难矣。"（《伊川易传》卷一《履》）由于儒学，尤其是宋明理学具有国家意识形态的地位，使儒家的这个道德观点也获得了较广泛的社会认同，宋明以来的家训、家谱中每有这样要求子孙摒弃工商名利，遏制物欲的训词。例如：

> 吾家本农也，复能为农，策之上也；杜门穷经，不应举，不求仕，策之中也；安于小官，不慕荣达，策之下也。舍此三者，则无策

---

① 孟子曰："养心莫善于寡欲。其为人也寡欲，虽有不存焉者，寡矣；其为人也多欲，虽有存焉者，寡矣。"（《孟子·尽心下》）

② 朱子曰："圣贤千言万语，只是教人明天理、灭人欲。"（《朱子语类》卷十二）

③ 胡铨为南宋上疏反对秦桧和议最激烈者，因此遭远谪18年，至秦桧死，方得"量移衡州"（参见《宋史》卷三百七十四本传）。宋人笔记有记其事曰："胡谵庵（按：胡铨有《谵庵集》百卷行于世）十年贬海外，北归之日，饮于湘潭胡氏园，题诗云'君恩许归此一醉，傍有梨颊生微涡'，谓侍妓黎倩也。厥后朱文公见之，题绝句云：'十年浮海一身轻，归对黎涡却有情。世上无如人欲险，几人到此误平生。'文公全集载此诗，但题曰'自警'云。"（《鹤林玉露》乙编卷六）

④ 此是二程对有门人热衷读史、作文而发的批评，见《河南程氏遗书》卷三、十八。

⑤ 朱子曰："屈宋唐景之文，熹旧亦尝好之矣。既而思之，其言虽侈，然其实不过悲秋放旷二端而已，日诵此言，与之俱化，岂不大为心害，于是屏绝不敢复观。"（《朱文公文集》卷三十三《答吕伯恭五》）

矣……切不可迫于衣食，为市井小人事耳，戒之戒之。（宋·陆游：《放翁家训》）

累世乡居，悉有定业，子孙不许移家住省城，三年后不知有农桑，十年后不知有宗族。（明·庞尚鹏：《庞氏家训》）

道光间，蓟州郝氏七世同居，食指千记，男耕女织，家法严整。七子读书应考，入学中举人，不赴礼部试，恐入仕也。出游不得越二十里外……（清·陈康祺：《郎潜纪闻初笔》卷八《蓟州郝氏》）

凡工技末作之技，胥台之役，皆不慕逐。（光绪十八年宁乡《陶氏家谱》卷首《家训》）

有领办各字号顷销及海关关税银号、开设民间钱店……俟其歇业之后，向众声明，方许入族。（光绪三十一年福州《郭氏支谱》卷七《家矩》）

子弟不许入茶馆酒市。（1937年交河《李氏八修族谱》第一本《家训》）

这些家训、家规传留给子孙的道德理解和生活经验是，固守男耕女织，轻蔑并避开工技发达、商业兴旺的社会发展；推崇"不慕荣达"，放弃将自己的智慧投入服务社会、以知识实现更高存在价值的人生取向；安土重迁，不远行，不入市。概言之，这些源自儒学（理学）道德理念的窒欲的家训、家规，安于生活永远踏步在家庭、宗族的空间和伦理关系的樊篱内，向我们展现的是一幅精神封闭并不断萎缩的生活画面。但是，正如许多思想家所观察到和指出的那样，人的欲望实际上是个人生活中的，甚至也是历史进步中的一个积极的动力因素。18世纪英国作家孟德维尔（B. Mandeville）在他的《蜜蜂的寓言》中写道："只要恶（按：人的物欲、情欲之类）不再存在，社会就会立即衰落，即使不完全瓦解。"① 黑

---

① 参见马克思《剩余价值理论》第一册（中共中央马恩列斯编译局编，人民出版社1975年版，第416~417页）当然，关于"恶"的价值，19世纪德国伦理学家包尔生表述得可能更为周延："除去了所有邪恶，你也就废除了生活本身。邪恶确实是邪恶，灾祸也确实是灾祸，可它们并不是绝对不应存在的东西。然而它们绝不是为它们本身的缘故，而是为了善的缘故而存在。"（弗·包尔生：《伦理学体系》，中国社会科学出版社1988年版，第274~275页）

格尔在他的《历史哲学》中也说："我们对历史的最初一瞥，便使我们深信人类的行动都发生于他们的需要，他们的热情，他们的兴趣，他们的个性和才能；当然，这类的需要、热情和兴趣，便是一切行动的唯一源泉。"① 在 17 世纪明末清初的反理学思潮中，中国思想家也认为"有欲斯有理"（王夫之：《周易外传》卷二），"天理必寓人欲以见（自注：饮食、货；男女，色）……故终不离欲而别有理也"（王夫之：《读四书大全说》卷八），给予物欲、情欲在生活中应有的、当然的立足位置。儒家，尤其是理学家，视欲（"人欲"）为恶，完全否定人性中的一个基本存在的价值，不仅是儒学本身的理论缺陷，而且也给儒家文化、儒家生活方式带来伤害。它在一定程度上削弱了儒家文化的创新精神和成就，使儒家生活中出现了一个难以摆脱的困扰：压制不了人之欲望永远不会停止的自然生长，却又缺乏接纳欲望之理论的、精神的和制度的准备；社会生活在压抑欲望中会出现秩序、安详，却又不能消解如影随形地发生的精神萎缩。儒学在人性理论上的缺弱，最终带来的还是儒学封闭的伦理天空的破裂、和谐的道德生活的破局。试引几则诗文、史乘的记述为证：

> 关了的雎鸠，尚然有洲渚之兴，可以人而不如鸟乎？（明·汤显祖：《牡丹亭》第九出《肃苑》）②

> 以相忍为家，生人之乐尽矣，岂美谈哉？（清·龚巩祚：《清朝经世文续编·宗法·农宗答问》）③

> 东阳陈同父资高学奇，跌宕不羁，常与客言：昔有一士，邻于富家，贫而屡空，每美其邻之乐。旦日，衣冠谒而请焉。富翁告之曰："致富不易也，子归斋三日，而后予告子以其故。"如言复谒，

---

① 黑格尔：《历史哲学》，王造时译，商务印书馆 1963 年版，第 58～59 页。

② 《牡丹亭》（《还魂记》），明剧，演述杜丽娘和柳梦梅的爱情故事。他俩的爱情因儒家（理学）伦理道德观念垒筑的障碍，经历了梦中相会、由梦生情、由情而病、由病而死、死而复生的奇幻过程。此处引语为剧中丫鬟春香转述杜丽娘读《诗经·关雎》动情而说的话。

③ 《旧唐书·孝友传》记述："郓州寿张公艺九代同居……高宗有事过郓州，亲幸其宅，问其义由。其人请纸笔，但书百余'忍'字。高宗为之流涕，赐以缣帛。"（《旧唐书》卷一百八十八）张氏累世义居，北齐以来，备受历代褒奖。

乃命待于屏间，设高几，纳师资之赘，揖而进之，曰："大凡致富之道，当先去其五贼，五贼不除，富不可致。"请问其目，曰："即世之所谓仁义礼智信是也。"士卢胡而退。同父每言及此，辄掀髯曰："吾儒不为五贼所制，当成何等人耶！"（宋·岳珂：《桯史》卷二）

　　若拘以同居无异产，是禁才智而使之坐困也……今后子弟果有私财，不系侵损公堂之物，听其自治产。（光绪九年桐陂《赵氏宗谱》卷首《家约》）①

当男女情爱受到道德信条的威胁和破坏时，人们就会呼喊和抗议，这是甚至动物皆可实现的本性，人为何被剥夺了这种应有？在一个累世义居的大家庭里，必然家法严密，兄弟、诸父、子侄每人都必须收缩自己的私人空间，舍弃自己情感的发泄、志趣爱好的张扬，相忍为家。王夫之说，"夫忍，必有不可忍者"（《宋论·太宗二》）。人们会质疑，压抑住这些"不可忍"，哪里还有"生人之乐"？为一种伦理秩序的存在，毁弃人生的乐趣，值得推崇吗？这两则发自内心的对爱情自由和家庭幸福的呼求，清晰地显示儒家道德笼罩首先会从最低的生活层面、实际上也是最深刻的人性的层次被怀疑、被突破的。其次，"五贼"之论虽属调侃，甚至是与朱子辩论的功利学派陈亮也不敢苟同，但它也含蕴着一种洞见和觉醒，观察到轻蔑工商、鄙视财利的儒家道德理念，在观念上与"致富"有一层很厚的隔膜；必须破除这种道德障碍，才能有富裕的到来。这是对儒家道德建构完善社会生活的能力和方式的怀疑和挑战。最后，《赵氏宗谱》"苟拘以同居无异产，是禁才智而使之坐困也"之见解，显现了儒家人性观念的某种变化，产生了对固有的道德伦理规范的质疑、否定；而"不损公堂之物，听其自治产"的新家规，则表现伴随这种观念变化，儒家道

---

① 在儒家社会中，虽然有"父母在不有私财"的伦理原则，也有父母在子孙别籍异财要受到惩罚的法律条令，但在实际生活中，子孙自治产的情况却是一直存在的。如在大家族盛行的南北朝，就有人观察说："今士大夫以下，父母在而兄弟异计，十家而七矣；庶人父子殊产，亦八家而五矣。"（《宋书》卷八十二《周朗传》）历史上，父母在而兄弟、子孙别籍异财虽属经常的现象，然而如《赵氏宗谱》能明确在家族宗法中肯定"听子弟自治产"，却是晚近才发生的，映现着一种时代变迁。

德能对行为规范作出自我调适、重新确立，显示儒学在其传统的道德观念、道德生活被突破、被破局后，如果能吸纳新的觉悟、理论，充实新的文化内容，还是可以获得新的存在、生长的空间。

伦理生活之外的公共生活空间　《礼记》说"制度在礼，文为在礼"（《仲尼燕居》)，又说"斯礼也，达于诸侯、大夫及士庶人"（《中庸》)，"君子无物而不在礼矣"（《仲尼燕居》)。所以在儒家看来，社会生活的全幅内容（"制度""文为"）、全体社会成员的所有行为，都应是"礼"的呈现。这种呈现，从另外的一个角度观察，如前面所论，就是儒家的生活世界是一以血缘家庭为基础、以宗法原则和礼乐文化原则为依据而渐次在家庭—国家—民族伦理同质同构的空间里展开的世界；在这个世界里的个人，被嵌定在伦理空间的网络上，总是以伦理的角色出现。儒学在社会伦理层面上的基本立论及其建构的生活形态，在现代观念审视下，有明显的缺弱。

在社会学的视野里，人类社会是由个人主体和由个人组成的群体构成。纷繁的社会群体，可从不同的角度作出类型的区分。依据个人对群体的归属性质，群体可划分为首属群体（家庭、邻里、朋友）、次属群体（各种组织、社团）、隶属群体（国家、民族、阶级）；依据形成群体的缘由，可有血缘、地缘、业缘（职业）、情缘（情趣）、机缘（偶然因缘）等不同关系性质的群体①。纷纭的人类生活，按照活动主体的不同，可区分为个人生活、公共生活（国家等政治组织）、社会生活的不同领域②；还有在全幅的社会生活中，将民众社会与政治国家相区别，又在民众社会

---

① 我国社会学者对群体类型的划分或有不同，此处大体参照宋林飞《现代社会学》（上海人民出版社 1987 年版）。

② 社会学中一般是如此区分的。例如，美国社会法学创始人庞德（R. Pound）论及权利或利益的主体分类时曾说："讲到人们提出的主张或要求，那么利益也就分为三类：个人利益、公共利益和社会利益。有些是直接包含在个人生活中并以这种生活的名义而提出的各种要求、需要或愿望，这些利益可以称为个人利益。其他一些是包含在一个政治组织公共生活中并基于这一组织的地位而提出的各种要求、需要或愿望。还有一些其他的利益或某些其他方面的同类利益，它们是包含在文明社会的社会生活中并基于这种生活的地位而提出的各种要求、需要或愿望。"（罗·庞德：《通过法律的社会控制》，沈宗灵、董世忠译，商务印书馆1984年版，第37页）

间区分出私人领域和公共领域的不同①。在社会学的视野里，个人总是以社会角色出现的，不存在本色的、不是任何角色的个人；但个人也是独立自由的，能主动地扮演角色，自我选择地扮演多种角色②。可见，用现代的社会学理论审视，在儒家的伦理生活世界之外，还有更广阔的公共生活空间。这里的"公共生活"是就儒家而论，是指在血缘家庭基础上、以家庭—国家—民族同构的原则建构的伦理性生活形态以外的社会生活，是非伦理性的或超越了伦理性的生活领域。儒家伦理建构的生活，在这个公共生活空间里，有其难以跨越的界限。

"身份"与"契约"　19世纪中叶英国法律史学家梅因（H. S. Maine）在他著名的《古代法》一书中，根据古代罗马到19世纪法律（民法）的演变，描述了一个社会运动过程并提出了一个被广泛认同的结论：

> 所有进步社会的运动在有一点上是一致的，在运动发展的过程中，其特点是家族依附的逐步消灭以及代之而起的个人义务的增长，"个人"不断地代替了"家族"，成为民事法律所考虑的单位。在以前，"人"的一切关系都是被概括在"家族"关系中的，把这种社会状态作为历史上的一个起点，从这一起点开始，我们似乎是在不断地向着一种新的社会秩序状态移动，在这新的社会秩序中，所有这些关系都是因"个人"的自由合意而产生的……我们可以说所有进步社

---

① 现代西方政治哲学中有此区分。例如，德国哲学家哈贝马斯（J. Habermas）在早期的社会批判理论中就提出了这样的区分：市民社会（公民社会、民间社会）是独立于政治国家的"私人自治领域"；市民社会又可区分为"私人领域"，即由劳动市场、资本市场、商品市场等构成的市场经济体系；"公共领域"，即由非官方组织构成的社会文化系统，并以此为市民社会的核心（见哈贝马斯《公共领域的结构转型》，曹卫东等译，学林出版社1999年版，"初版序言""1990年版序言"及相关部分）。

② 例如，美国社会心理学创始人库利（C. N. Cooley）曾清晰地表述了这种观点："个人有用自己独特的方法发挥功能的自由，像一个橄榄球四分卫那样，但是他总是以某种形式扮演生活安排的角色……每一个个人虽然他的生命由遗传和社会历史构成，但他的生命却是一个新的整体，是对生活的新鲜的组合。"（查·霍·库利：《人类本性与社会秩序》，包凡一、王源译，华夏出版社1999年版，第36页）。个人与社会的关系，无疑是社会学的一个基本问题，库利所论，应该是社会学的一个基本共识。

会的运动，到此处为止，是一个"从身份到契约"的运动。①

简言之，在一个具有法律传统的文化中，社会进步可以表述为是从存在着具有附属性的法律人格，发展到全体成员都是独立、平等的法律人格的过程；从存在着特权义务的社会关系，发展到全部都是个人"自由合意"的社会秩序的过程。

梅因之论对于我们观察儒家生活方式的社会特质和可能的变迁，有一定的借鉴意义。在这里，可以将"身份""契约"的意蕴扩展，视为基于伦理的和法律的两种人际关系、人格状态、社会控制方式和国家体制。在儒家的社会生活中，每个社会成员总是以某一承担着君臣、父子、夫妇、兄弟、朋友的"五伦"或"十义"的人伦义务与责任的伦理角色出现；人之公卿、士庶、士农工商的出身或职业的等级秩序中，伦理性内涵也是很鲜明的。这是儒家社会生活中人的"身份"构成，也是基本的人格——伦理人格表现。伦理人格的核心意识是道德义务的意识，如孟子所说"圣人者，人伦之至也"（《孟子·离娄上》），即对人际关系的源自人伦秩序的差等性的社会责任自觉认同和自律践行；在这里，与"身份"相对的"契约"，体现的是十七、十八世纪西方"契约论"思潮中所设定的并不断确立下来的独立的、平等地拥有权利的法律人格。霍布斯（T. Hobbes）说："权利的互相转让，就是人们所谓的契约。"② 十分显然，只有平等地拥有权利的、独立的个人主体存在，发生个人与个人、个人与国家间的权利"转让"、建构成"契约论"思想家理想的在法律保护下的自由、平等、公正的公民社会才是可能的。所以法律人格的核心意识是个人拥有权利的意识③，个人利益受到法律保护和要遵守法律的意识。契约论思想家预设个人拥有权利和互相转让在"自然状态"下发生，可能有

---

① 亨利·梅因：《古代法》，沈景一译，商务印书馆 1959 年版，第 96～97 页。

② 霍布斯：《利维坦》，黎思复、黎廷弼译，商务印书馆 1985 年版，第 100 页。

③ 罗·庞德考察了希腊、罗马以来的法思想史，将"权利"解析出六种含义（见前引庞德《通过法律的社会控制》，第 44～48 页）。这里只是在一般的意义上将权利理解为被国家权力——这种权力在历史上被诠释为是神（天、上帝）授予的，或人民授予的——认定的个人合理的期望及其实现的行为。显言之，即是国家法律确认的个人利益。

悖历史实际①，但有完善法治和独立法律人格的公民社会，确实是大体沿着他们的理念设计完成的。梅因的"契约"的个人，也是具有独立自主权利意识的法律人格，这与十七、十八世纪社会契约论中的个人是相同的。不同在于，社会契约论的"契约"，是在论述国家、法律起源时，对一种自然状态下"原始契约"的预设、推想；梅因的"契约"，则是对欧洲的社会和法律从古代发展到近现代的过程和结局的概括。显然，这种"契约"的平等权利的法律人格，超越"身份"的公共生活领域里的法治原则——以法律建构保证平等与自由之社会秩序的治国理念，在儒家伦理的社会里是难以形成的。儒家社会生活处在渊源于宗法观念的伦理规范笼罩下，法律意识和法制状态很自然地渗进伦理道德因素。儒家的法意识，可用《唐律疏议》开篇立旨的一句话来概括："德礼为政教之本，刑罚为政教之用。"（卷一《名例》）即法律是刑罚，是辅助礼治理国家的工具。儒家法制的基本状况，如前面所论，是准礼立法，以礼为法，据礼行法。在儒家礼的法律环境中，法律和道德之间的界限不能清晰，法律的确定性、权威性经常受到占优势的道德集体意识的侵扰；个人也不可能从伦理关系中剥离出来，成为独立的、平等的主体人格出现在法律中。这些都妨碍着法治的建成与完善。这里，亲属容隐制度最可为例证。

儒家传统以"亲亲为仁"（《孟子·告子下》），要求"事亲有隐无犯，事君有犯无隐"（《礼记·檀弓上》），所以在先秦，当孔子认为父或子若有不法行为，"子为父隐，父为子隐，直在其中矣"时（《论语·子路》），孟子主张舜应放弃君位，将犯了杀人罪的父亲"窃负而逃"时

---

① 马克思说："平等和自由需要一定的生产关系作前提，在古代世界里还没有出现这样的生产关系；在中世纪也没有这样的生产关系。"（马克思：《政治经济学批判大纲》第二分册，刘潇然译，人民出版社1962年版，第11页）马克思主义对契约论的"自然状态"显然是不能认同的。现代西方政治哲学也离开了古典的契约论立场。罗尔斯（J. Rawls）用相当于契约论"自然状态"的"原初状态"来界说正义原则的源起，但他明确宣示："这种原初状态当然不可以看作是一种实际的历史状态，也并非文明之初的那种真实的原始状况，它应被理解为一种用来达到某种确定的正义观的纯粹假设的状态。"（罗尔斯：《正义论》，何怀宏等译，中国社会科学出版社1988年版，第10页）诺齐克（R. Nozick）则完全抛弃契约论的设计，用虚拟的"看不见的手的解释"重新解释国家的起源（见诺齐克《无政府、国家和乌托邦》，何怀宏等译，中国社会科学出版社1991年版，第26~31页）。

（《孟子·尽心上》），他们是立足于一个伦理世界，将其视为应该践履的伦理义务而作出的道德选择。自汉宣帝本始四年下诏谅解并准予亲属相隐后，历代所颁法律，都有"亲属相为容隐"的条例，并且容隐范围不断扩大①。这样，孔孟时代"父子相隐"这一富有爱之感情色彩的伦理道德行为，获得国家权力认可，成为"亲属容隐"的法律时，亲亲相隐也就从伦理义务转变为个人权利了。但是，从宣帝诏书中，我们仍可以看出这项权利中的非法律的伦理性因素。其一，立法的人性基础是儒家的伦理理念。即诏书所宣示，此项容隐源出于父子之情、夫妇之道的伦理秩序和诚爱仁厚的道德情感。其二，法令中仍内蕴人之尊卑、男女的不平等观念。即诏书中所显示，卑者（子孙）隐护尊者（父母、祖父母）、女性（妻）隐护男性（夫），与尊者隐护卑者、男性隐护女性，其法律后果并不相同，前者宽宥度大（隐匿者无罪），后者宽宥度小（隐匿者有罪，触死罪者由最高理官审慎处理）。中国古代法律容隐制度内蕴的这种伦理性因素，在与有法律传统的古代西方法律的某些相类似、可类比的规定映衬下，就更显鲜明，例如，公元 542 年，罗马优帝一世发布 115 号律令，规定尊亲属废除卑亲属继承权的理由有 14 条，其中第三条就是对尊亲属提起刑事诉讼的；同时规定卑亲属废除尊亲属继承权的理由有 8 条，其中第一条就是告发卑亲属有罪的②。可见，古罗马法也含蕴有某种"亲属容隐"原则，并且在这个原则中，尊卑男女是同等对待的。古罗马一直存在着"家父权"，父与子相互不能提起控诉，因为父与子之间存在着一种"人格统一"③，法律不会受理自己控告、作证自己。可见这种对"父子相隐"的解释，完全是来自法理本身，不涉伦理道德的观念因素。近现代西方法律仍有亲属隐罪和拒绝作证的权利规定④，其旨在保护人权，体现

---

① 汉宣帝诏书的容隐范围为父子、祖孙、夫妻。唐律扩大至同居的无服的亲属，及大功以上的亲属等（参见《唐律疏议》卷六《名例·同居相为隐》）；明清律又扩大至岳父母、女婿等（参见《明律例》卷一、《清律例》卷五之《名例·亲属相为隐》）。

② 参见周楠《罗马法原论》下册，商务印书馆 1996 年版，第 487~488 页。

③ 参见亨利·梅因《古代法》，第 83 页。

④ 参见范忠信《中西法律传统中的"亲亲相为隐"》，《中国社会科学》1997 年第 3 期。

正义，其最终的法理解释，也只是追溯到人性对一种法律制度可能有的支持能力①，不同于儒家的法观念总是在伦理道德的境域内诠释容隐制度，如东晋元帝时廷尉卫展曾有论曰："相隐之道离，则君臣之义废；君臣之义废，则犯上之奸生矣。"（《晋书》卷三十《刑法志》）此可以视为是儒家法官承汉宣帝诏书之旨，对容隐之法律制度的功能或存在合理性作出的最终诠定，但仍跨越不出伦理的樊篱。

　　总之，在儒家伦理的社会生活中，是不能发育生长出具有法治传统的公共生活中的那种独立的法律人格。当然，儒家的伦理人格也有他的独立的品格。孟子所说"富贵不能淫，贫贱不能移，威武不能屈"（《孟子·滕文公下》），就是儒家伦理人格的独立性，本质上是对践履伦理义务、道德规范的自觉与坚定，显示人的德行的价值尊严；但不同于法律人格的个人拥有权利和不能损害他人权利的自觉，及其表现出的行为自主、法律责任意识。儒家的德治也是有生命力的治国理念。孔子主张"为政以德"（《论语·为政》），孟子认为"以德行仁者王"（《孟子·公孙丑上》），就是这种理念清晰的表述；而孔子所说"道之以德，齐之以礼，民有耻且格"（《论语·为政》），则又是清晰表明德治的社会控制方式所要达到的两个目标：民众对伦理秩序有广泛的认同，个人对伦理规范能自觉地践行。汉代以后的中国古代历史显示，在儒家的社会生活中，这两个目标基本上是实现了的，德治在各种涌动的冲突和对立中，创造平衡与和谐，支持儒家社会的稳定。但是正如 20 世纪一位美国法学家评估近代社会四百年的进展时所说："自十六世纪以来，法律已经成为社会控制的最高手段了。"② 有完善法治驾驭的发达而有序的公共社会生活，较之单一的伦理的、宗教的社会生活，拓展了生活空间，给予人更多的生存自由，应该是更进步的生活方式。德治要求人们认同并践行处在变化中的生活模式和原

---

① 西方学者对法律制度的人性基础有如此之表述："我们所需要的不只是一个具有固定的一般规则的制度，我们还需要该制度中的规则上以正义为基础的，换言之，是以对人性的某些要求和能力的考虑为基础的。否则这个制度就会行不通；而且由于它违反了根深蒂固的判断倾向和标准，所以它会不断被人们所违背，因而也不能提供确定性，而确定性则正是该制度存在的理由。"（见 E. 博登海默《法理学——法哲学及其方法》，邓正来、姬敬武译，华夏出版社 1987 年版，第 304 页）

② 罗·庞德：《法律的任务》，沈宗灵、董世忠译，商务印书馆 1984 年版，第 131 页。

则，较之法治下人们所需对法律作知识的了解和规则的遵守，要艰难和沉重得多；德治所需的伦理观念和道德信念的支持，似乎总是处在自然的衰退之中，"人心不古""生不逢时"的失落、挫折之感，从孔子开始就一直伴随着儒家①。这是儒家社会层面上的理论和实践缺弱之处，也是传统儒家最缺乏正确的反思之处。

缺乏公共社会生活空间的儒家伦理生活，如果说在社会控制方式上，表现为难以完成由"身份"意义上的德治向"契约"意义上的法治的转变，那么在国家体制的理念上，则表现为难以实现由"民本"向民主的跨越。公元前5世纪，希腊雅典城邦民主制最卓越的代表伯里克利，在他的著名的"葬礼上的演说词"中说：

> 我们的政治制度之所以被称为民主政治，因为政权是在全体公民手中，而不是在少数人手中……在我们的私人生活中，我们是自由的和宽恕的；但在公家的事务中，我们遵守法律。这是因为这种法律深使我们心服②。

西方"民主"的政治理念和国家制度，自古希腊城邦民主制以来，经历了17、18世纪的"自然权利"思潮的洗礼，到今天所谓"第三波"民主化潮流③，已有许多演变。或者，如有学者所归纳的，其有直接民主、选举民主、自由民主的不同模式④。但民主理念最基本的构成因素仍是伯里克利演说所揭示的：权力属于人民（公民），公民（个人）有在法律前的平等和在法律保护下的自由。在儒家伦理的社会生活中，不存在这样的

---

① 孔子晚年曾伤感"吾道穷矣"（《左传·哀公十四年》），孟子也慨叹自己身处"世衰道微"之中（《孟子·滕文公下》）。历代儒者留下的文字中，皆不乏唱衰当世的言词。

② 修昔底德：《伯罗奔尼撒战争史》，谢德风译，商务印书馆1960年版，第130页。

③ 美国政治学家亨廷顿（Samuel P. Huntington）1989年在一个系列讲座中，将1947年以来全球有30个国家实现民主化的社会政治制度转型，称为"民主的第三波"（塞缪尔·亨廷顿：《第三波——二十世纪后期的民主化浪潮》，刘军宁译，上海三联书店1998年版）。

④ 参见美国学者戴蒙德（Larry Diamond）：《第三波过去了吗？》，载刘军宁编《民主与民主化》，商务印书馆1999年版，第390~413页。

"民主"理念，但却发育出一种"民本"的思想。从先秦儒家著作中可以解析出"民本"的两项主要意蕴是，其一，民众是国家（君主）存亡的根本。古文《尚书·五子之歌》所谓"民惟邦本，本固邦宁"，最明确地表述了这一观点。《礼记》假孔子之口说，"民以君为心，君以民为体，心以体全，亦以体伤，君以民存，亦以民亡"（《缁衣》）；《荀子》引"传"曰，"君者，舟也，庶人者，水也，水则载舟，水则覆舟"（《王制》），是对这一观点的形象的说明。这里，儒家从一种历史经验的觉醒、升华中，表现了卓越的政治智慧。此外，孟子说，"民为贵，社稷次之，君为轻"（《孟子·尽心下》），认为民众具有高于、超越于国家、君主之存在的最终基础的价值。这是从一种更广阔历史视野和社会存在的角度对"民本"的表达。① 其二，民众是治理的对象，也是爱护的对象。先秦儒者一方面认为"君将纳民于轨物者也"（《左传·隐公五年》），民须"得而治之"（《孟子·离娄上》），国家（君主）是制约、治理民众的统治者，民众是不能出"轨"的被统治者；另一方面又时时警示"凯弟君子，民之父母"（《诗经·大雅·泂酌》），"君天下者，子民如父母，有恒怛之爱，有忠利之教，亲而尊，安而敬，威而爱，富而有礼，惠而能散"（《礼记·表记》），国家（君主）要像父母呵护子女那样爱护自己的臣民。这里，儒家在威严的政治统治中，注入伦理的温情，也是儒家的性格和智慧的表现。儒家的"民本"是在一种伦理的社会生活中国家体制的理念，它难以发育、演变成"民主"，因为在这个理念中的"民"还没有跨入伦理生活之外的公共生活空间②，都是以一种有"身份"的伦理角色出现的，不是"契约"的、拥有独立的个人权利的法律人格。当然，"民本"有自己的模塑出一种政治形态的智慧内容和道德基础，但较之"民主"，

---

① 孟子"民为贵"之论，迄今的后世儒者研判不尽一致，唯将其作"民本"的诠释较为允当，尤以朱子之解为简明："盖国以民为本，社稷亦为民而立，而君之尊，又系于二者之存亡，故其轻重如此。"（朱熹《孟子集注》卷十四《尽心章句下》）

② 需要说明，本书这里所说的由伦理生活跨入公共生活，表述的是一个由"身份"到"契约"的、内蕴着由义务、德治、民本到权利、法治、民主等丰富内容的社会转变过程，不同于现代政治哲学在"契约"（法治）环境下的对公共领域和私人领域的区分；在此"契约"（法治）环境下，自由民主与社会民主（"选举民主"）之间、自由主义与社群之间关于应缩小或应扩大公共领域的争论，只是一个对自由与平等、权利与公益之选择的政治信念或策略路线所表现的分歧。

它毕竟在道德价值之外对人之存在价值没有更多的承诺与给予。这不能不也是儒学的缺弱。

正如我们在后面的论述中将看到的那样，在儒家的宽容精神的土壤上，在儒家总是在现世生活中追寻完善人性、完善人生的文化性格的驱动下，近现代儒家在自己的理论和实践中，也认同和融摄了民主、法治的社会生活目标，理论面貌有了新的变化。在此意义上也可以说，儒学理论的这个缺弱处，也是儒学理论的一个新的生长点。

"私德"与"公德" 20世纪初期，中国现代社会改良运动的积极推动者与参与者梁启超，在他那篇著名的《新民说·论公德》中曾论定：

> 人人独善其身者谓之私德，人人相善其群者谓之公德……吾中国道德之发达，不可谓不早，虽然，偏于私德，而公德殆阙如。试观《论语》《孟子》诸书，吾国民之木铎而道德所出者，其中所教，私德居十之九，而公德不及其一焉……我国民中，无一视国事如己事者，皆公德之大义未有发明故也。①

应该说，梁氏之论主要应视为是对国势衰微的清代末年社会生活中道德颓靡状况的观察，并且是符合实际情况的；作为是对儒家社会生活被伦理关系笼罩、缺乏公共生活空间而造成的道德意识发育成长的缺陷的研判，也是有所据的。梁氏一般地以"己"与"群"来界分私德和公德，呼唤有公德的"新民"长成。在本书这里切合儒家社会生活的特质，以"伦理性"与"公共性"来界分私德和公德，并审视儒学的一种缺弱。

如果说，"公德"可以被界定为是"契约性"② 的公共生活领域中的

① 梁启超：《饮冰室文集》，上海广智书局，宣统二年版，卷八。
② 前已引述，17世纪英国哲学家霍布斯曾界定"契约"说："权利的互相转让，就是人们所谓的契约。"显然，只有平等地拥有权利的、独立的个人主体存在，才能有"权利转让"。19世纪英国法律史家梅因曾将近代西方公民社会的最终形成，表述为"从身份到契约的运动"。也很显然，"契约"与"身份"相对。这里"契约性"意指的也就是与依属性的伦理生活领域相区别的由拥有权利的、独立的主体个人所组成的公共生活领域。

具有公共性之德性内涵的行为，那么，儒家伦理性的道德理念和实践，都可以被视为是"私德"。但在比较宽泛的意义上，儒家社会生活中的公与私的区分，也含蕴着独特的"公德"的理念和表现。在儒家的思想中，"公私之辨"是个很清晰的道德自觉意识。古文《尚书·周官》说："以公灭私，民其允怀"，执政者处事以公正之心，灭私人之情，才能获得民众的信赖；宋儒说"人只有一个公私，天下只有一邪正"（《朱子语类》卷十三），公与私也是分辨每个人行为善恶是非的标准。由于儒家的社会生活是伦理笼罩的生活，儒家的"私"与"公"总是要在伦理生活中显现，并且经常是在两种情境下可被界定。其一，如果一个人为了一己的利益、欲望或信念，不去履行对伦理共同体（家庭、国家、民族）的义务责任，就会被判认为是"自私"。宋儒每每就是从这个角度评议出离伦理生活、鄙夷伦理规范的佛老。如二程说："佛本是个自私独善，枯槁山林，自适而已。"（《河南程氏遗书》卷二上）朱子也说："佛氏之失，出于自私之厌；老氏之失，出于自私之巧。"①（《朱子语类》卷一百二十六）其二，如果一个伦理共同体或其成员，为了自己立场上的利益，拒绝履行对高于自己层级的伦理共同体的义务责任，也要被判认为是"私"的表现；反之，为实现高于自己的伦理共同体的需要而舍弃自己的利益的行为，就是"公"。这种伦理层级关系，在先秦封建时代，是指家（士大夫）与国（诸侯）之间和国与"天下"（周王）之间；在汉以后的君主专制的统一国家时代，是指家庭（个人）与国家、民族之间。试以《左传》的二则记事，来观察显现在古代生活情境中的儒家公私观念：

十一月丙寅，晋杀续简伯。贾季奔狄。宣子（按：赵盾）使臾骈送其帑。夷之蒐，贾季戮臾骈。臾骈之人欲杀贾氏以报焉。臾骈曰："不可。吾闻前《志》有之曰：'敌惠敌怨，不在后嗣，忠之道也。'夫子（按：谓赵盾）礼于贾季，我以其宠报私怨，无乃不可乎？介人之宠，非勇也；损怨益仇，非知也；以私害公，非忠也，释

---

① 朱子说："佛老之学，不待深辨而明。只是废三纲五常，这一事已是极大罪名，其他更不消说。"（《朱子语类》卷一百二十六）宋儒对佛老"自私"的判定，显然是在这个基本的伦理观念的前提下作出的。

此三者，何以事夫子?"尽具其帑与其器用财贿，亲帅捍之，送致诸竟。(《左传·文公六年》)

五月，叔弓如滕，葬滕成公。子服椒为介。及郊，遇懿伯（按：子服椒之父）之忌，敬子（按：即叔弓）不入。惠伯（按：即子服椒）曰："公事有公利，无私忌。椒请先入。"乃先受馆，敬子从之。(《左传·昭公三年》)

第一则记事叙述臾骈的故事。臾骈是晋襄公时柄政重臣赵盾的亲信属员，一次在夷地阅兵时曾受贾季侮辱。贾季也是晋国重臣，权位原在赵盾之上，曾派族人续简伯刺杀荐举赵盾柄政的阳处父。事发后，逃离到狄国。赵盾很尊重贾季，派臾骈将贾季的妻子儿女也送去狄国。臾骈随从就鼓动他乘机将贾季家人全部杀尽，以洗昔日之辱。臾骈以三项道德的理由（非勇、非智、非忠）拒绝这样做，亲自护送贾氏亲人、财物到达狄国边境。其间，臾骈对"忠"的理解和践行，就显现了儒家的公私观念，因为赵盾命他护送贾季妻儿去狄国，代表的是一种国家（晋国）的意愿和利益，是"公"；他若以个人的宿怨杀害了他们，就是"以私害公，非忠也"，就是没有践履对国家的伦理义务与责任。

第二则记事叙述惠伯椒的故事。惠伯椒是鲁国大夫，一次作为副使陪同鲁卿叔弓去参加滕成公的葬礼。到达滕国边境的那天，正好是惠伯椒父亲去世的忌日。儒家有"忌日不用"的礼制①，即在父亲逝世周年的那一天，不得举行娱乐、礼仪之事。叔弓考虑到自己副使的这种情况，就决定缓一天进入滕境，因为入境必然要接受滕国的郊劳、授馆等礼仪。惠伯椒说："代表鲁国出使滕国是公事，'忌日不用'是私事，办公事收获公利，就无私忌。"请叔弓不必停留，进入滕国，完成出使任务。惠伯椒的公私之辨也清晰显示，"公"是国家伦理共同体的利益，个人或家庭的利益是"私"；他的行公事而无计私忌的行为，如同臾骈无以私害公之"忠"，也应诠释为是对高于家庭的国家伦理共同体的义务和责任的自觉践履。

---

① 《礼记》有谓："君子有终身之丧，忌日之谓也。忌日不用，非不祥也，言夫日，志有所至，而不敢尽其私也。"(《祭义》)"丧三年以为极，亡则弗之忘矣，故君子有终身之忧，忌日不乐。"(《檀弓上》)

应该说，"不以父命辞王命，不以家事辞王事"（《公羊传·哀公三年》），这种将国家、民族之公，置于个人或家庭的私之上的伦理的道德理念和行为表现，在儒家的社会生活中还是获得了广泛的社会认同。所以如果把这种理念和表现称为"公德"，那么在儒学和儒家生活中，这种道德资源还是丰富的，而不是贫乏的。当然，这种伦理性公德在其表现形态上有其独特性的方面。在儒家的封闭性的伦理社会生活中，人们主要是在家庭这个伦理共同体中生活和成长，通过众多而有序的亲戚关系和亲属称谓，在家庭这个伦理共同体中获得充分的自我认同。儒家甚至以本质上是维护家庭完善、完整存在的"孝"之道德实践，来界定或衡量人的全部行为①，成为最重要的核心的道德实践。家庭利益——家庭伦理共同体成员的幸福，占据着人们生活实践的中心和重心。国家、民族有高于家庭的利益和价值的儒家理念，经常是作为一种道德理性、文化自觉存在于集体意识之中，不是也不能像家庭生活形态那样被时时真切感知；特别是当社会处在一种伦理秩序混乱、国家动员力量薄弱的衰败境况下，更是如此。南宋有一首题壁诗描写偏安一隅局面下的杭州萎靡风情：

> 山外青山楼外楼，西湖歌舞几时休？暖风熏得游人醉，直把杭州作汴州。（林升：《题临安邸》）②

清初传奇《桃花扇》第一出演唱南明福王政权在清兵泰山压卵之势下的南京昏昧世态：

> 孙楚楼边，莫愁湖上，又添几树垂杨。偏是江山胜处，酒卖斜阳，勾引游人醉赏，学金粉南朝模样。暗思想，那些莺颠燕狂，关甚兴亡！（孔尚任：《桃花扇》第一出《听稗·恋芳春》）

① 如《礼记》有谓："居处不庄非孝也，事君不忠非孝也，莅官不敬非孝也，朋友不信非孝也，战陈无勇非孝也。五者不遂，灾及于亲，敢不敬乎！"（《祭义》）
② 见北京大学古文献研究所编《全宋诗》第50册，北京大学出版社1998年版，第31452页。

153

这些都是对世人沉湎私己，漠视、忘却国家、民族的生存与利益——缺乏"公德"之心的鞭挞。然而，儒家公德之强烈表现的契机，却也正是埋藏在此种境况下。以中国悠久历史和文化为载体而潜存于人们内心深处的国家、民族高于个人和家庭的儒家伦理观念和道德意识，总是要被一种巨大的伦理危机或灾难所唤醒、所激活。正如我们所看到的那样，南宋危亡之时，"忠节相望，班班可书"①，无数仁人志士，毁家舍身以赴国难。文天祥有诗曰，"时穷节乃见，一一垂丹青"（《文山集》卷二十《指南后录三·正气歌》），最能显示这种伦理性公德的发生机制②。明代之亡，不仅唤起"蹈死如归者尤众"③，而且激发了三代知识分子对国家命运、民族精神的痛苦的、严肃的思考④。他们锻造出了某种具有新的意蕴的儒家公德理念，如黄宗羲的"公利""公法""公是非"的政治理想⑤，顾炎武的"天下兴亡，匹夫有责"的社会责任观念⑥。黄宗羲的"公"主要是指向君主之"私"，不同于《左传》之"公"；顾炎武将"天下"与"国家"对立而言，内蕴着的是一种民众与君主间的政治关系，不再是周王与诸侯间的伦理层次关系。这些都是在一定意义上跨出了伦理性"公德"的意境，跨出了传统儒学的樊篱，表现了儒学新的生长，三百年后的今天，还可滋养社会公德心的成长。在伦理观念笼罩下的儒家社会生活中，在儒家"公私之辨"中显现的"公"或"公德"，是指个人能自觉放下、

---

① 《宋史·忠义传》序称："靖康之变，志士投袂，起而勤王，临难不屈，所在有之。及宋之亡，忠节相望，班班可书，匡直辅翼之功，盖非一日之积也。"（《宋史》卷四百四十六）

② 《宋史》记述："文天祥，字宋瑞，又字履善，吉之吉水人也……德祐初，江上报急，诏天下勤王。天祥捧诏涕泣……天祥性豪华，平生自奉甚厚，声伎满前。至是，痛自贬损，尽以家赀为军费。"（《宋史》卷四百一十八）可见，文天祥的彪炳千秋的民族精神，也经历了被灾难性伦理危机激活的过程。

③ 《明史·忠义传》序称："……逮庄烈之朝，运丁阳九，时则内外诸臣，或陨首封疆，或致命阙下，蹈死如归者尤众。"（《明史》卷二百八十九）

④ 明末清初反思明亡和批判理学的思潮，可以理解为是对国家命运和民族精神的检讨。至乾嘉学派兴起，经历了从黄宗羲、顾炎武、王夫之，经颜元、李塨，到戴震的具有不同理论倾向和学术内容的三代学者和百年的时间。

⑤ 参见黄宗羲《明夷待访录》之《原君》《原法》《学校》等篇。

⑥ 顾炎武说："有亡国，有亡天下……保国者，其君其臣，肉食者谋之；保天下者，匹夫之贱，与有责焉耳。"（《日知录》卷十三《正始》）

放弃私己的利欲，践履伦理规范；是指一个伦理共同体中的成员能对层级序列高于自己的伦理共同体存在和利益履行维护的道德义务。但是，在儒家的社会生活中，在家庭伦理实践实际上是一个人生活的主要的，甚至是全部内容的情况下，这种公或公德意识，往往是在国家、民族之伦理共同体处于存亡绝续的危机中，家庭之伦理共同体存在也被撼动时才被激活；这种在全幅的伦理生活中才能显现的德性表现，总是要含蕴一种可从不同伦理层面上分析出的个人依属性的"特殊之私"的性质。所以，从比较严格的意义上说，这种伦理性的"公德"，还是一种"私德"。

严格的或特定意义上的"公德"，应该是在跨越了伦理生活范围的公共生活领域里的德性观念和行为准则，凸显的是摆脱了伦理性的公共性。相对儒家伦理生活而界定的公共生活领域，是由在法律面前平等和拥有法律保护下的自由的独立个体组成的有序的社会生活。在公共生活领域中，个人拥有权利和自由，但也要尊重、不能损害他人的权利和自由；合理存在着广泛的个人利益、私人空间，也有为法律所体现的一致的公共利益、公共生活秩序。公共生活领域的行为规则或"公德"，含蕴和表现的正是这样的基本理念——保护公共利益，不损害私人利益。儒家社会生活为伦理关系所笼罩，个人总是以某一伦理角色嵌定在某种伦理性的人际关系中，个人的行为选择总是伴随伦理认同才能作出。在进入社会成员都是独立的主体个人，并能以多种角色出现在各种非伦理或超越伦理的公共社会生活中时，就会发生非伦理性关系认同的障碍，非伦理性行为规则的缺失，即显现为公德的缺弱。

儒家以血缘的家庭为基础，通过宗法原则——宗统与君统一体（家与国同构），又通过文化原则——进礼乐则进华夏，将家庭、国家、民族（华夏或中华民族）这三个现代社会理论中具有不同意蕴的社会群体形态赋予相同的伦理性质，视作完整社会结构中层级次序有别的伦理共同体。当然，中国古代的历史也显示，在先秦封建时代，这三个伦理共同体的内涵和外延都是可作区分的；在汉代以后的统一国家时代，国家与民族（华夏或中华民族）内涵有别，外延却逐渐重合。儒家依附完整社会结构中的这三个或两个共同体，以国家或民族、"五伦"或"十义"、"九族"与"五服"等主要伦理观念为纲目，编织了儒家社会生活中的周延的伦理关系网络，社会成员在这个伦理的关系网络里找到自己的位置、角色，获得自我认同、社会认同。然而对于儒家来说，这个伦理关系网络既是实现认同的途径，也是形成认同的界限。儒家不能认同社会生活中离开伦理性关系的个人独立存在和人际关系存在。因此，激烈抨击杨朱"为我"的观点是抛弃了伦理责任的"无君"之论，墨子"兼爱"的主张是破坏"亲亲"伦理原则的"无父"之论①。但就"契约性"的公共生活领域观察，杨朱"为我"，认为生命高于一切，主张珍爱自己的个体生命②，作为独立个体的自由的价值选择，是可被容许的，也是有理性内容的；墨家"兼爱"的理念，呼吁人与人之间应没有差别地相互关爱，作为自由个体的行为和信念选择，不仅是可被容许的，更是道德的。儒家的道德实践必须首先对他人之个体或与己之关系有伦理性的认同和定位，然后才能有自己的道德的感情和行为的释放。公共生活领域的超越伦理或非伦理性独立个体和人际关系，使儒家在这里发生认同的障碍，表现为诚信不足，关爱缺弱。毫无疑义，诚信和关爱是公共生活领域德行的理念基础。

当然，儒家有如孔子、孟子所表述的那样期许，"老者安之，朋友信之，少者怀之"（《论语·公冶长》），"老吾老以及人之老，幼吾幼以及人之幼"（《孟子·梁惠王下》）；也有如子夏、张载所抒发的那种胸怀，"四海之内皆兄弟"（《论语·颜渊》），"民吾同胞，物吾与也"（《正蒙·乾称》），儒家还是向往和努力将爱与信的道德感情和行为推展到家庭、国家、民族的伦理范围以外的全体人类，甚至自然界。儒家用以克服在非伦理性关系领域认同障碍的方法，就是将这些领域也赋予伦理性品格，以形

---

① 孟子抨击杨墨说："杨氏为我，是无君也；墨氏兼爱，是无父也。无父无君，是禽兽也。"（《孟子·滕文公下》）又针对墨者夷之"爱无差等，施由亲始"之论辨析说："天之生物也，使之一本，而夷子二本故也。"（《孟子·滕文公上》）朱子注解说："人物之生，必各本于父母而无二，乃自然之理，故其爱由此立，而推以及人，自有差等。今如夷子之言，则是视其父母本无异于路人，但其施之之序，姑自此始耳，非二本而何哉？"（《孟子集注》卷五）

② 先秦至魏晋有关杨朱的全部资料显示，杨朱"为我"可解析出两种意涵：一是珍爱生命、全性葆真的"贵生"之论，一是"人人不损一毛，人人不利天下，天下治矣"（《列子·杨朱》）的政治之见。孟子说"杨朱取为我，拔一毛而利天下不为也"（《孟子·尽心上》），是在第一种意蕴上批评杨朱的。

成"拟伦理"的认同。这是儒家的伟大道德理想。但在实践过程中，儒家道德感情和行为的释放，如孟子所说，"仁者无不爱，急亲贤之为务"（《孟子·尽心上》），是以家庭为起点，沿着由家庭（血缘认同）向国家（宗法认同）、民族（文化认同），由伦理领域向拟伦理领域而渐次展开的。儒家真诚地相信，或者希望，这个充实生命、完美人生的开放而无垠的展开过程，在每个人的生活中都能实现。应该说，儒家的这种对人之生命和生活展开的设计，是符合人性的，完全理性的。然而，人类毕竟是处在存在着许多匮乏和自身局限的生存环境中，儒家的伦理理念和道德理想在一个人的生命中所能产生的道德力量，对于多数人众来说，在儒家社会生活中的家庭这个伦理位置上，就几近消耗殆尽。在家庭这个伦理共同体内，由己身按丧服向外推展，五服九族之外，丧服尽则亲属绝，亲属绝即为路人①，难以在国家、民族之外的公共生活领域中，克服非伦理认同的障碍，作出强烈的道德表现。一位法理学学者论及人际伦理时曾有这样的描写：

> 一个人在大街上看见一个卧地不起、急需援助的他人时，很可能无动于衷，可一瞬间他发现这个人是他的熟人时，他会驻足看个究竟，如果碰巧此人是他的朋友，他会放弃他务，立即予以援助，而如果再换成他的亲人（父、母、妻、夫、男女朋友、儿、女）时，他很可能六神无主，失去自制。②

儒家社会生活中公德心——对非伦理性关系的对象之关爱与诚信——缺弱的情况，与此或相仿佛。

儒家的德行系统是一个很丰富的观念和行为规范系统，大体上可以区分为伦理性德行和品德性德行。伦理性德行即"五伦"或"十义"，是儒家社会生活中五种或十种基本的伦理性人际关系的行为规范，主要是孝与忠。品德性德行，如"智仁勇""恭宽信敏惠""温良恭谦让"，

---

① 《礼记》有谓："亲亲以三为五，以五为九，上杀、下杀、旁杀而亲毕矣。"（《丧服小记》）"四世而缌，服之穷也。五世祖免，杀同姓也。六世亲属竭矣。"（《大传》）
② 见江山《法的自然精神导论》，中国政法大学出版社2002年版，第217页。

是在某一特定生活情境下表现出的有某项具体德性（仁义礼智信）内容的行为。并且，在儒家的被伦理笼罩的社会生活中，个人品德性德行所内蕴的德性，最终也都可以追溯到或归属于伦理性的根源。此外，从《礼记》中可以看到，儒家对衣、食、住、行的日常生活行为也有许多具体的规定、规则，虽然还不能诠释为就是一种道德理念或范畴，但也潜涵着或体现出儒家德行的伦理性或品德性意蕴。这样，如果我们一般地把公共生活领域内的行为规范——公德，理解为是一种超越伦理性或非伦理性的公共性的价值理念，更多的是对独立个体应自觉遵守公共的行为规则、道德准则的要求，而不是对个人德性修养和德行的期待，那么，儒家在这个伦理生活之外的生活空间里的德行观念，显然是很缺弱的。试举两例说明。

例一，弃婴。有位法律史学者在论及亲属间犯罪时，曾就虐待遗弃之罪比较中西刑律的不同规定：

> 欧美刑律经常称常人间遗弃为"无义务的遗弃"，称亲属间、师生间、监护人和被监护人间、医生和病人间等遗弃为"有义务遗弃"。中国传统法中是基本上没有这种分别的。《大清新刑律》和《中华民国暂行新刑律》均只有"有义务的遗弃罪"。直到1928年《中华民国刑法》才开始两种遗弃罪并列。该法第309条规定：遗弃无自救力之人者处一年以下有期徒刑、拘役或罚金；遗弃依法令或契约有扶助、保护、养育义务的无自救力之人者处六月以上五年以下有期徒刑……中国古代法律于非亲属之间不责以虐待遗弃之罪，显示中国传统法律和伦理只重视家庭内私德而不重视公德①。

去救助一个虽然与自己无义务性（伦理性的或契约性的）关系的，但已没有生存能力的人，应该是公共生活领域的道德要求，并且是违背了就要

---

① 见范忠信《"亲亲尊尊"与"亲属相犯"：中西刑法的暗合》，《法学研究》1997年第3期。

受到法律纠治的底线道德要求。深受儒家"礼"观念影响的中国古代法律，没有"无义务遗弃罪"，从一个细微但却具体之处反映了儒家伦理性强而公共性——公德心弱的特点。《唐律疏议》遵循儒家"同姓从宗，合族属"（《礼记·大传》）的宗法观念，以"异性之男，本非族类"为由，规定不准收养异姓男性孩童，但在"三岁以下小儿，不听收养，性命将绝"的情况下，还是可以收养的①。儒家之于收养遗弃婴儿，虽然仍表现着人道精神，但未能消除与宗法原则存在着的某种内在冲突。所以在中国传统的儒家伦理性法制中，收养弃婴与否，还不是道德的底线，还没有"出礼入法"②，不会出现"无义务遗弃罪"。

例二，弃灰。不要将生活垃圾随便抛撒、堆放，以免影响环境卫生，危害他人健康，这也应是公共生活中的基本道德要求和行为规则。虽然一般说来，儒家将"洒扫应对"或倾倒垃圾之类的个人行为视为生活中的细枝末节③，但仍在其中注入了明确的伦理性意蕴；然而对其明显存在的公共性，却并未提出自觉的要求。在与法家的对比中，最能显示儒家此种态度上的差别：

法家："弃灰"之刑	儒家："为长者撰"④之礼
殷之法，刑弃灰于街者。子贡以为重⑤，问仲尼。仲尼曰："知治之道也。夫弃灰于街，必掩人，掩人，人必怒，怒则斗，斗必三族相残也。此残三族之道也，虽刑之可也。且夫重罚者，人之所恶也，而无弃灰，人之所易也。使人行之所易而无罹所恶，此治之道。"（《韩非子·内储说上·七术》）	凡为长者撰之礼，必加帚于箕上，以袂拘而退，其尘不及长者，以箕自乡而扱之。（《礼记·曲礼上》）

① 《唐律疏议》曰："异姓之男，本非族类，违法收养，故徒一年；违法与者，得笞五十。其小儿年三岁以下，本生父母遗弃，若不听收养，即性命将绝，故虽异姓，仍听收养，即从其姓。"（卷十二《户婚》）
② 后汉和帝时廷尉陈宠尝表述儒家法律观点曰："礼之所去，刑之所取，失礼则入刑，相为表里也。"（《后汉书》卷四十六《郭陈列传》）
③ 《论语》记载子游说："子夏之门人小子，当洒扫应对进退，则可矣，抑末也。本之则无，如之何？"（《论语·子张》）
④ 郑玄注："撰，又作粪，音奋，扫席前曰撰。"（《礼记正义》卷二）。
⑤ 《韩非子》有谓："殷之法，弃灰于公道者，断其手。子贡曰：'弃灰之罪轻，断手之罪重，古人何太毅也。'"（《内储说上·七术》）。

法家意识到，随意将垃圾倾倒于公共场所，会带来扰乱、破坏社会生活秩序的严重后果，主张用重罚严惩来阻止，是合理的、需要的。这是韩非借孔子之口表达出的"轻罪重罚"的法家观点。可以看出，法家是将"弃灰"行为放在公共生活领域来加以考量的①，而儒家则是在伦理生活领域内来对其进行设计的。儒家很细致周到地规定在长者面前应如何清扫垃圾，以表达关爱（以长袖遮尘），奉献尊敬（用簸箕朝向自己收扫垃圾②）；却完全未曾思虑在完成"攮之礼"的伦理性行为后，就要面临的具有公共性的"弃灰"的问题：向哪里倾倒垃圾？若随意倾倒垃圾，对路人、对公共生活有无妨害？未曾思虑跨出伦理空间到了公共生活领域，是否也应有所规矩？也许正是儒家此处或此种缺失，在儒家传统的社会生活中，今天还受到"弃灰"的困扰，正如我国一位著名的社会学家在20世纪40年代所观察到的那样：

> 在乡村工作者看来，中国乡下老最大的毛病是"私"，说起私，我们就会想到"各人自扫门前雪，莫管他人瓦上霜"的俗语。谁也不敢否认这俗语多少是中国人的信条。其实抱有这种态度的并不只是乡下人，就是所谓城里人何尝不是如此。扫清自己门前雪的还算是了不起的有公德的人，普通人家把垃圾在门口的街道上一倒，就完事了。③

这一事例具有代表性地显示出，儒家往往在自觉不自觉间，将践履伦理性规范（"私德"）置于遵守公共性规则（"公德"）之先，显示出儒家在公共生活领域内的行为规则与自律的缺弱。

---

① 韩非说"法不可阿贵，绳不绕曲。法之所加，智者弗能辞，勇者弗敢争。刑过不避大臣，赏善不遗匹夫"（《韩非子·有度》），"立法以废私也，法令行而私道废矣"（《韩非子·诡使》）。可见，法家理论构建的社会生活具有超越伦理的、所有人在法律前是平等的"公共生活"之性质。当然，这是在君主一人统治之下的"公共生活"，故黄宗羲批评君主制为"以我之大私为天下之大公"（《明夷待访录·原君》）。

② 郑玄注："簸去弃物，以向尊者则不恭。"（《礼记正义》卷二）。

③ 费孝通：《乡土中国》，上海观察社1947年版，第21页。

总之，儒家社会生活中的公德缺弱在两种情况下发生。其一，是就伦理生活领域而言，儒家社会生活在伦理观念笼罩之下，社会成员通过血缘关系、君统宗统同构的宗法原则、同质的礼乐文化原则，来获得对家庭、国家、民族的伦理认同，并且形成将国家、民族伦理共同体置于个人和家庭之上，要履行维护它的存在和利益的"公"的道德理念（公德）。但是在儒家的生活方式中，在经常的情况下，在被经验感知的层面上，社会成员的生活更多的，甚至全部的是对家庭责任、义务的践行。在家庭伦理共同体意识逐渐被生活和经验的强化中，高于家庭的国家、民族伦理共同体观念被淡化，退隐深层的道德理性之中、集体意识之中，对国家、民族自觉履行责任、义务的道德意识和行为就被削弱，表现为"公"或公德的缺弱。然而，在某种巨大的伦理危机降临的境况下，这种"公"的道德意识也就会苏醒或被激活。其二，是就公共生活领域而言，这是指一个没有（不考虑、不涉及）任何伦理性关系联结的，而是由独立个体组成的社会生活①。关爱、诚信于人，尊重、不损害他人，应该是这个生活领域公德的基本理念。在这个领域，儒家固有的通过伦理关系的网络实现自我

---

① 如果说，这种与伦理性相对立、相区别的公共性生活，可以理解为是与"身份"相对立、相区别的"契约"社会，即公民社会的生活特征，那么，这种"契约"社会、公民社会是否也可以作为一种能从中获得自我认同的"共同体"来研判？现代西方政治哲学有两种回答：自由主义政治哲学的代表罗尔斯（J. Rawls）认为，"秩序良好的社会既不是一种共同体，也非一种联合体"（罗尔斯：《政治自由主义》，万俊人译，译林出版社 2000 年版，第 41 页），因为"作为公民，他们合作实现的是他们共同分享的正义目的，而作为一联合体的成员，他们合作实现的目的却分属于他们各自持有的不同的完备性善观念"；"把民主社会看作一种共同体的想法，忽视了建立在一种政治的正义观念之上的公共理性的限制范围"（同上书，第 44 页）。社群主义政治哲学的代表桑德尔（M. Sandel）则认为，可以将公民社会解释为一种"构成性"的共同体，"这种共同体描述的，不只是社会成员作为公民拥有什么，而且还有他们是什么；不是他们所选择的一种关系，而是他们发现的依附；不只是一种属性，而且还是他们身份的构成成分"（桑德尔：《自由主义与正义的局限》，万俊人等译，译林出版社 2001 年版，第 181 ~ 182 页）。桑德尔还认为，一种社会共同体要能含蕴和描述出该社会的"基本结构"和社会成员的"自我理解"方式（同上书，第 209 页）。桑德尔对公民社会"共同体"性质的界说，在一般的、抽象的意义上，也适用于儒家伦理共同体。但桑德尔的自我理解或认同的实现是通过认知意义上的反思（同上书，第 184 页），而不是道德感情意义上的实践；个人在共同体中的位置是通过品格和友谊来创造（同上书，第 216 ~ 220 页），而不是由伦理关系的网络来确定；这又是两者的根本不同之处。

认同、社会认同的途径发生障碍，阻滞了道德感情和行为的释放；儒家以"拟伦理"一定程度上缓解了这种认同的障碍，但不能从根源处消解掉这种障碍，形成有深厚基础的、逻辑必然的行为规范。在这个领域，传统儒家显现出明显的公德缺弱。这里是儒学笼罩不住的空间，也是儒学会有新的生长的空间。

"命"之外的超越需要　　如前所述，在儒家思想中，超越层面之"命"或"天命"观念，似乎可诠释为是在人的一生遭际和最终结局中，潜存着或表现出来的某种在人之外之上的超验超时空的、非人力自身所能左右的客观必然性。在从先秦儒学之初到宋明理学之末的儒学历史发展过程中，外在客观的"命"并没有被进一步实体化、人格化为某种宗教信仰的对象，而是沿着孔子"知天命"（《论语·为政》）和孟子"尽心、知性则知天，存心、养性以事天"（《孟子·尽心上》）的理路，转变为一种可被理智体认的对象，最终可内化为人的道德本性本身的那种对象，即理学家所谓"在天为命，在义为理，在人为性，主于身为心，其实一也"（《河南程氏遗书》卷十八），完全消解了"命"的客观异己性。在理学中，儒家"命"之必然性被诠释为人的生命历程的一次不可逆性，即在生命源头处的气禀偶然相值，在终点处显现为结局的唯一不可移易，排除了具有宗教神秘色彩的既定之"安排"的观念因素。换言之，"命"之必然性，不是宿命，不是既定的"安排"之展现，而是人的生命和生存的一次性自主的创造过程。理学家还认为，"唯义无命"（《河南程氏外书》第三），"人事尽处便是命"（《朱子语类》卷九七），把自觉的道德实践、人生实践作为"命"的实现。这是儒家回应"命"之必然性的基本态度。儒家生活方式中的一个重要文化特征——没有游离于世俗生活之外的终极关怀对象，也因此形成。因为作为儒家思想体系里的最高超越性存在、精神生活最后皈依的"命"或"天命"，只存在于、实现于"尽人事"——践行人伦、物理中。儒家对"命"的诠释和回应"命"的态度，表现了一种很彻底的理性精神。这种理性既有哲学认识论意义上的那种指称高于感觉经验的、通过分析综合认识事物之"规律"或事实之"本质"的科学理性的含义，也有本体论意义上的，即超越性存在证实方式上的与信仰相区别的道德理性（实践理性）的含义。

20 世纪上半期，德国基督教神学家奥托（R. Otto）在其著名的《论神圣》一书中，以基督教的宗教实践为基础，揭示宗教对象神圣性的基本内涵。他的两个基本观点是，蛰伏在宗教神性深处的只能是非理性或超理性的东西，宗教神秘对象必具有使人敬畏（畏惧）和神往（皈依）的两种性质[①]。可以认为，这是从心理、经验层面上对宗教精神生活之特质很准确的判定。这样，在人类的社会生活中，包括宗教在内的全幅的人们对超越性存在的理解、认肯，对生命归宿和精神归宿的追寻、实现，不仅是理性的认知和道德的实践，更多是非理性或超理性的敬畏、皈依。这里，又出现了社会生活中儒家"命"之观念笼罩不住的空间，其显现为以下几点。

第一，非理性的鬼神迷信和术数迷信　在儒家思想中，人的生命历程和最终结局，是以超越的"命"来解释的；"命"又被一种道德理性诠释为自觉遵循人伦、物理的生活和全部努力。但在儒家的社会生活中，还弥漫着对"命"的非理性的、功利的理解和生活形态，表现为鬼神迷信和术数迷信。

应该说，祭祀、礼拜天地山川、宗庙社稷之鬼神，是儒家社会中的一项重要的精神生活内容，这是原始宗教的自然崇拜、祖先崇拜在儒家生活中烙下的痕迹。但从《礼记》中可以看到，儒家对其实现了十分彻底的道德理性改造。首先，对于祭祀对象鬼神，《礼记》界定为"气也者，神之盛也；魂也者，鬼之盛也"（《祭义》），"山林、川谷、丘陵能出云，为风雨，见怪物，皆曰神"（《祭法》）。显言之，就人而言，"鬼神"是人死后生成的"气"之一种存在状态；就自然物而言，"神"是其一种非凡的性能。鬼神并不具有超越性品质和意志性品质。其次，对祭祀行为本身，《礼记》诠释说，"祭者，所以追养继孝也"（《祭统》），"圣王之制祭祀也，法施于民则祀之，以死勤事则祀之；以劳定国则祀之，能御大灾则祀之，能捍大患则祀之，……此皆有功烈于民者也。及夫日月星辰，民所瞻仰也，山林、川谷、丘陵，民所取财用也。非此族也不在祀典"

①　鲁道夫·奥托：《论神圣》，成穷、周邦宽译，四川人民出版社 1995 年版，第 1、36 页。

（《祭法》）。显言之，祭祀是对祖宗表示怀念的孝的感情，对圣贤、天地、山川表示感恩的崇敬的感情；是一种道德行为，是一种内含着君臣之义、父子之伦、夫妇之别、长幼之序、上下之际等十种伦理意蕴的伦理行为。故《礼记》称为"祭有十伦"（《祭统》）。并且，"礼有五经，莫重于祭"（《祭统》）。在儒家吉、凶、宾、军、嘉"五礼"中，祭祀是归属最重要的吉礼范围。但是，在儒家思想为主导的社会生活中，儒家道德理性的祭祀或鬼神观念，还是不断受到非理性、非道德因素的侵蚀而发生变异：鬼神增益了主宰、决定人之命运的有意志和超越性的品质；祭祀行为也转变为从鬼神那里获得佑助、福祉的有功利目的的行为①。这两项变异，特别是在汉代以后，虽然是在人为宗教（道教和佛教）影响下发生的，但从根源上看，却是由于在人类完整周延的精神生活中，在人的超越性精神需求——对人生生命最终归宿的寻求和实现中，非理性、非道德的因素是道德理性之外所固有的，甚至还是很活跃的构成因素。儒家的祭祀和鬼神观念，是经过了深刻的历史反思、生活经验升华而形成的理性程度很高的、基本上消除了信仰成分的道德理念。但对于古代社会多数人众来说，还是更容易和很自然地会援借粗糙的感性经验，沿着非理性的、有功利目标的思维途径而蹈入具有信仰或迷信色彩的鬼神观念领域，也就越出了儒学的笼罩。这里，试以祭灶的习俗来说明之。

《礼记》述及与人们日常生活起居密切的祭祀时说："王立七祀，曰司命，曰中霤，曰国门，曰国行，曰泰厉，曰户，曰灶……庶士庶人立一祀，或立户，或立灶。"（《祭统》）可见，供奉灶神是儒家生活中从王公贵族到普通百姓皆有的祭祀活动。《礼记》还对这一祭祀行为有具体的解说：

---

① 《易·既济》爻辞有曰："东郊杀牛，不如西郊之祭实受其福。"《诗经·大明》赞美文王曰："昭事上帝，聿怀多福。"可见，由祭祀而得福，也是儒家原始经典中固有的观念。但对"福"之含义，《礼记》给出的却是道德的而非功利的诠释。如谓"贤者之祭也，必受其福。非世所谓福也。福者，备也。备者，百顺之名也。无所不顺者谓之备，言内尽于己而外顺于道也"（《祭统》），"祭则受福，盖得其道矣"（《礼器》）。《礼记》以"备""道"训"福"，鲜明地显示出是以能完成德行，而不是以得到功利来诠释"福"。

夫奧者，老妇之祭也，盛于盆，尊于瓶。（《礼器》）

"奥"当为"爨"字之误也，或作"灶"，老妇先炊者。盆瓶，炊器也。明此祭先炊者，非祭火神也①。（《礼记正义》卷二十三《礼器》郑玄注）

从《礼记》之述和郑玄之注可以看出，作为儒家"七祀"之一的"祀灶"，在其源头处仍然保留着儒家道德理性色彩，它原是对创造了一种生存方式的、"有功烈于民"的"先炊"表达感恩、崇敬之祀。两汉魏晋时，灶神及其祭祀的意涵都有了变化，兹援引三则记述为证：

孝武皇帝初即位，尤敬鬼神之祀……是时而李少君亦以祠灶、谷道、却老方见上，上尊之……少君言于上曰："祠灶则致物，致物而丹砂可化为黄金，黄金成以为饮食器则益寿……"于是天子始亲祠灶。（《史记》卷十二《孝武本纪》）

灶神名禅，字子郭，衣黄衣，披发，从灶中出，知其名呼之，可除凶恶。（《后汉书·樊宏阴识列传》李贤注引《杂五行书》）

月晦之夜，灶神亦上天白人罪状，大者夺纪，纪者三百日也，小者夺算，算者三日也②。吾亦未能审其事之有无也，然天道邈远，鬼神难明。（晋·葛洪：《抱朴子·微旨》）

两汉魏晋时，在方士、道教思想侵蚀中，灶神从一种作为有惠泽于后世的先民代表，转变为能干预人间祸福的、且有确定身世的个体人格神③；灶

---

① 汉时有以灶神为火神之说。如《淮南子·氾论训》"炎帝作火，而死为灶"，高诱注："炎帝神农，以火德王天下，死托祀于灶神。"《淮南子·时则训》"孟夏之月……其祭灶"，高诱注："祝融、吴回，为高辛氏火正，死为火神，托祀于灶。"

② 王明《抱朴子内篇校释》谓："'算者三日也'当作'算者一百日也'。《酉阳杂俎·诺皋记》云，大者夺纪，纪三百日；小者夺算，算一百日。"（中华书局1985年版，第13页）

③ 隋唐以后，对灶神姓名身世另有造说，如谓"灶神，姓苏名吉利，妇名博颊"（《玉烛宝鼎》十二），"灶神名隗，状如美女。又姓张名单，字子郭，夫人字卿忌，有六女皆名察洽"（《酉阳杂俎前集》卷十四）。道教《灶王经》有更多关于灶神的杜撰，姑不论。

神祭祀则从一种践履伦理规范的道德行为，转变为祈求某种福祉的功利行为。后汉应劭《风俗通义》记述民间流传的故事，谓南阳阴识用黄羊祭祀灶神，得灶神欢心佑助，子孙封侯有二，牧守数十①，最为典型地映现了这种转变。此后，宋代诗人范成大有首《祭灶词》：

> 古传腊月二十四，灶君朝天欲言事。云车风马小留连，家有杯盘丰典祀。猪头烂熟双鱼鲜，豆沙甘松粉饵圆。男儿酌献女儿避，酹酒烧钱灶君喜。婢子斗争君莫闻，猫犬触秽君莫嗔。送君醉饱登天门，杓长杓短勿复云，乞取利市归来分。（《石湖诗集》卷三十）

可以认为，这是对唐宋以降，直至晚近，在民间普遍流行的祭灶之仪式习俗和价值企求的完整描述②。在这里，怀念感激"先炊"的道德意蕴已消失，凸显的则是畏惧、邀福于一位超越的神祇之非道德理性的迷信心理了。

在儒家的社会生活中，由具有道德意蕴的、作为吉礼的鬼神祭祀，转变为祈福、祛灾的对超越的鬼神的迷信，不仅表现为对"先炊"或灶神这样属于儒家吉礼中固有的鬼神祭祀性质的改变，还表现为对众多的佛教诸神、道教诸神的迷信；表现为对此之外众多的民间诸神的迷信。道教、佛教诸神在道教、佛教得到国家政权承认的情况下，作为是一种宗教信仰的整体内容构成部分，未曾单独被疑议；但民间诸神及其祭祀③，表达的是民间特定范围内民众的特定信仰和祈求，不符合儒家吉礼祭祀对象标准的，不在国家祭祀范围之内，所谓"非此族也，不在祀典"，经常被儒家观念指导下的国家视为是"淫祀"或"淫祠"而加以取缔。例如，《旧唐

---

① 见（后汉）应劭《风俗通义》卷八《祀典·灶神》。

② 清代潘荣陛《帝京岁时纪胜》记述北方民间祭灶风俗："二十三日更尽时，家家祀灶，院内立杆，悬挂天灯。祭品多则羹汤灶饭，糖瓜糖饼，饲神马以香糟炒豆水盂。男子罗拜，祝以遏恶扬善之词。妇女于内室，扫除炉灶，以净泥涂饰，谓曰'挂袍'，燃灯默拜。"此与范诗所述亦相仿佛。

③ 宗力、刘群撰《中国民间诸神》（河北人民出版社1986年版），纂辑录入二百余则神名，最称完备，唯其中亦有若干与道教、佛教神重叠处。

书》载："狄仁杰……充江南巡抚使，吴、楚之俗多淫祠，仁杰奏毁一千七百所，唯留夏禹、吴太伯、季礼、伍员四祠。"① （卷八十九《狄仁杰传》）《宋史》载"政和元年正月，毁京师淫祠一千三百区"（卷二十《徽宗二》），"绍兴十六年二月，毁诸路淫祠"（卷三十《高宗七》）。《清史稿》记载汤斌巡抚江宁时，"苏州城西上方山有五通神祠，几数百年，远近奔走如鹜。斌收其偶象，木者焚之，土者沉之，并饬诸州具有类此者悉毁之"② （卷二百六十五《汤斌传》）。但是，在儒家的社会生活中，民间诸神的信仰仍然顽强地存在，还有包括道教、佛教的神灵信仰，都是一种非理性的超越性信仰，是儒家道德理性的、"吉礼"的鬼神祭祀所笼罩不住、消化不掉的。因为理性和非理性都是建构人的精神生活的意识因素；理性能够解析、诠释非理性，但并不能创造非理性的精神产品，也不能替代非理性的精神产品。

在儒家的社会生活中，从王侯、士大夫到庶民百姓，普遍流行的对术数的非理性迷信，也是儒家理性的"命"之观念所笼罩不住的。儒学（理学）认为，作为人之生命过程和最终结局的"命"，其所显示的"不可免"，并不是既定的"安排"，而是偶然的、不可逆的一次性。但在术数——我们这里把它解析为巫术和数术——看来，个人的生死祸福，乃至国家的兴衰灾祥，都是"数"的展现，都是神明鬼魅的意志作为。巫术就是在企图达到接近、控制神灵鬼魅的目标中产生的"法术"，而数术即是自信能捕捉到既定"安排"的、必然性的数的逻辑技巧。儒家经典《周礼》中有"司巫"之官，并有明确的职责的规定："司巫掌群巫之政令。若国大旱，则帅巫而舞雩。国有大灾，则帅巫而造巫恒。"（《春官·

---

① 唐人笔记载："狄内史仁杰，始为江南安抚使，以周赧王、楚王项羽、吴王夫差、越王勾践、吴夫概王、春申君、赵佗、马援、吴桓王等神庙七百余所，有害于人，悉除之。惟夏禹、吴太伯、季礼、伍胥四庙存焉。"（唐·刘餗：《隋唐嘉话》卷下）

② 清人笔记载："康熙丙寅，擢江宁巡抚都御史汤斌礼部尚书掌詹事府事。汤濒行，疏毁吴下淫祠五通、五显、刘猛将、五方贤圣等庙，恭请上谕，勒石上方山。得俞旨通行直省。"（清·王士禛：《池北偶谈》卷四）"汤文正抚苏，奏毁上方山五通神庙，世以比之狄梁公、程明道，至今啧啧。考同时汉军郭尚书世隆督浙闽时，闽俗信鬼，多淫祠，黠者敛钱民间，辄数十万，尚书檄诸州县毁之。"（清·陈康祺：《郎潜纪闻二笔》卷七）

宗伯·司巫》）汉儒许慎从"六书"的角度训解"巫觋"之职业曰："巫，能事无形，以舞降神者；觋，能斋肃事神明者。在男曰觋，在女曰巫。"（《说文解字五·上》）可见，伴随原始宗教产生就已出现的巫术①，以多样形态的有神秘内容的巫舞、咒语事神、降神的法式，在儒家生活中也存在了下来②。这里且以汉代及其后求雨、祈晴祭祀行为中的巫术内容为例，显示儒学之"命"笼罩不住的方面。史籍中对汉代生活有这样两则记载：

自立春至立夏，尽立秋，郡国上雨泽，若少，府郡县各扫除社稷；其旱也，公卿官长以次行雩礼求雨。闭诸阳，衣皂，兴土龙，立土人舞僮二佾，七日一变如故事。反拘朱萦社，伐朱鼓。（《后汉书·志第五·礼仪中》）

京都大水，祭山川以止雨。丞相、御史、二千石，祷祠如求雨法。（晋·葛洪：《西京杂记》卷一）

从这两则记述中可以看到，汉代的官员都要在大旱和淫雨成灾时参加求雨

---

① 先秦典籍每以"祝史"连语（如《左传·昭公二十年》"鬼神用飨，国受其福，祝史与焉"）、"巫祝"连语（如《礼记·檀弓下》"君临臣丧，以巫祝桃茢执戈"），或有"祝巫史"连语（如《礼记·礼运》"祝嘏辞说，藏于宗祝巫史，非礼也"），此可见中国古代史、祝、巫的密切相连。然其职能亦有可分，大体史主占卜（如《左传·僖公十五年》"史苏是占"），祝主赞词（如《诗经·小雅·楚茨》"工祝致告"），巫主驱邪（《礼记·丧服大记》"巫止于门外"，郑玄注"巫主辟凶邪也"）。晚近西方学者，如英国人类学家弗雷泽（J. G. Frazer），开始曾把巫术划入宗教的范围，故他的研究古代原始信仰的名著《金枝》第一版的副题为"宗教的比较研究"。后来把巫术与宗教做了对立的区分，认为主要是两者对待超越的人格对象的方式不同，"巫术是强迫或压制这些神灵，而不是像宗教那样去取悦或讨好它们"（《金枝》，徐育新等译，中国民间文艺出版社1987年版，第79页）。因而把《金枝》第二版的副题改为"巫术与宗教之研究"。虽然如此，他仍认为"在宗教历史的较早阶段，祭司和巫师的职能是经常合在一起的"。（《金枝》，第80~81页）

② 《礼记·郊特牲》记载："天子大蜡八，伊耆氏始蜡。"郑玄注："蜡祭有八神，先啬一，司啬二，农三，邮表四，猫虎五，坊六，水庸七，昆虫八。伊耆氏，古天子号也。"（《礼记正义》卷二十六）似乎可以认为，蜡祭就是远古时代迎降农事诸神灵、驱避灾邪的巫术祭祀。《郊特牲》中记载的蜡祭祝词"土反其宅，水归其壑，昆虫毋作，草木归其泽"，可以视为蜡祭中的巫祝词。

和祈晴的祭祀——雩祭和禜祭①。尽管求雨、祈晴的祭祀被纳入国家接受的祭祀范围，但与属于吉礼的国家对天地、山川祭祀仍有区别。《左传·昭公元年》记载子产对雩、禜的解释是："山川之神则水旱疠疫之灾，于是乎禜之；日月星辰之神则雪霜风雨之不时，于是乎禜之。"显言之，求雨祈晴的雩禜之祭，是一种袚除日月山川之灾的祭祀，而《礼记·祭法》界定的国家祀典对日月星辰、山林川谷的祭祀，是一种感恩报德之祭。此两种祭祀在价值追求的取向上，有道德性质的与非道德（功利）性质的区别。吉礼中的山川之祭，如《周礼·大宗伯》所规定，"以狸沉祭山林川泽"，即将牲埋土沉水，奉献于供人所取材用的山林与川泽，以示报恩。而在汉代求雨、祈晴的祭祀中，虽然是根据董仲舒的"求雨法""止雨法"②，其间有阴阳学说的理性因素，但具体的法式操作，诸如"闭阳"（祈晴则"闭阴"）、衣皂（祈晴则衣赤）③、兴土龙④（止雨则朱绳系社⑤）等，都有明显的厌胜镇邪⑥之巫术色彩。较之作为吉礼的山林、川泽之祭祀，内蕴着袚除、厌胜等巫术的求雨、止雨的祭祀，具有明显的非理性色彩，因为尽管在它的粗糙经验后面也有某种逻辑或理论，但其试图实现控制带来灾邪的神灵鬼魅的目标，是虚妄的，没有真实的事实

---

① 《礼记·祭法》有谓："雩宗，祭水旱也。"郑玄注："'宗'当为'禜'字之误也。"（《礼记正义》卷四十六）《左传·昭公十九年》："郑大水，龙斗于时门之外洧渊，国人请为禜焉。"故一般以禜为止雨之祭，雩为求雨之祭，有时或不做区分。

② 董仲舒《春秋繁露》中有《求雨》《止雨》之篇。

③ 《汉书·董仲舒传》谓："仲舒治国，以灾异之变，推阴阳所以错行，故求雨，闭诸阳，纵诸阴；其止雨反是。"颜师古注："谓若闭南门，禁举火，及开北门，水洒人之类是也。"（《汉书》卷五十六）

④ 王充《论衡·乱龙篇》谓："董仲舒申《春秋》之雩，设土龙以招雨，其意以云龙相致。《易》曰：'云从龙，风从虎。'以类求之，故设土龙。阴阳从类，风雨自至。"

⑤ "朱丝萦社"，在《春秋繁露·止雨》篇中，属闭阴祈晴之术。《后汉书·礼仪志》录入"请雨"，有误（按：今范晔《后汉书》五志，皆为刘昭自司马彪《续汉书》五志补入）。干宝曰："朱丝萦社，社，太阴也。朱，火色也。丝维属。天子伐鼓于社，责群阴也……此圣人厌胜之法也。"（《后汉书·志第五·礼仪中》刘昭注引）

⑥ 詹鄞鑫《神灵与祭祀》一书中对"厌胜"有简要界说："'厌胜'即通过某些事物来镇压或抑制灾殃邪恶。古代厌胜避邪术有两大类：一类产生于原始时代，传说某种物质具有避邪镇恶的神力如狗血、桃木等；一类产生于战国秦汉时代，其原理是利用阴阳五行之间互相克胜的原理来抑制邪恶。"（江苏古籍出版社1992年版，第409～410页）

基础①，最终形成的只能是一种迷信。巫术的这种品质和表现，与儒学构成的基本上是对立的关系：巫术试图以法术接近、控制神灵鬼魅的意图，可以理解、诠释为对某种"主宰"、某种"必然"的抗争，其与儒家按伦理、物理生活的"行法俟命"观念是不同的；巫术的非理性的迷信，与儒家的道德理性是冲突的。试以唐人笔记的两则记事来显示：

> 代宗时久旱，京兆尹黎干于朱雀门街造龙，台城中巫觋舞雩。干与巫觋史起舞，观者骇笑。经月不雨，干又请祷于文宣王。上闻之曰："丘祷之久矣。"命毁土龙，罢祈雨，以听天命。及是大霈，百官入贺。（唐·卢言：《卢氏杂说》）

> 李相国忠公（按：李吉甫，谥忠懿）贞元十九年为饶州刺史。先是郡城已连失四牧，故府废者七稔。公莅任后，命启钥而居之。郡吏以有怪坚请，公曰："神好正直，守直则神避，妖不胜德，失德则妖兴，居之在人。"（唐·无名氏：《大唐传载》）

代宗在包括武则天在内的唐代 21 位皇帝中，如史家所评，"盖亦中材之主也"（《新唐书》卷六《代宗纪》）。唐人笔记中甚至有代宗惑于释、道"业报""轻重"之说，政事多托于宰相的讥议②。但在取消以巫术求雨这件事上，却表现了鲜明的儒家风范。年有水旱，乃天之自然，凿井疏淤，乃是人之当为，巫舞祈祷，有何助益？正像荀子所说："雩而雨，何也？无何也，犹不雩而雨也。"（《荀子·天论》）这里，"雩而不雨"与"雩而雨"，都是同样自然的。

古代的人们，对一种异于平常的且带来灾害的自然或社会现象、事物，又不知其何根由，不识其真面目，常称之为"妖""邪"。驱邪镇妖，

---

① 人类学家弗雷泽曾将巫术界定为科学的特殊形态。他说："巫术与科学在认识世界的概念上，两者是相近的。二者都认定事件的演替是完全有规律的和肯定的。并且由于这些演变是由不变的规律所决定的，所以它们是可以准确地预见到和推算出来的。一切不定的、偶然的和意外的因素均被排除在自然进程之外……那些属于真理的或珍贵的规则成了我们称之为技术的应用科学的主体，而那些谬误的规则就是巫术。"（《金枝》，第 76、77 页）弗雷泽看重巫术运思过程有与科学相似的逻辑、规则的方面。其实，更应注意的是巫术和科学的终极对象有虚妄和真实的差别。

② 参见唐朝苏鹗《杜阳杂编》卷一。

是巫术中的主要的且有久远历史和在民间广为流行的一个形态①。但在儒家看来，"天反时为灾，地反物为妖，民反德为乱，乱则妖灾生"（《左传·宣公十五年》），怪异妖邪实是由人而起；一个理性而德行公正的人，就不会为妖邪所撼动。在这里，李吉甫就具体表现了儒家的这种立场和态度。李吉甫于唐宪宗时两度出任宰相，史家述称"吉甫当国，经综政事，众职咸治"（《新唐书》卷一百四十六《列传第七十一·李吉甫》），是唐代名臣，著有《六代略》《元和郡国图》《国计簿》，亦显露出注重历史经验和治世实务的儒家风范。对于一座接连死去四任州官的州府衙门，新任州官都心存"妖邪"的疑忌，七年未有敢入住者，他却坦然居之。他的有德无妖的态度，正是儒家道德理性的立场。

虽然巫术的内容多为非理性、具有神秘色彩的成分，但其避免灾难降临、摆脱灾难的处境的最终意图，却是深深地植根于人性之中的心理愿求；虽然儒家的道德理性能构成对巫术的非理性的某种理论优势，但还是笼罩不住、消融不掉它的潜存在非理性表现中的人性的期望。所以，从孔子"子不语怪力乱神"（《论语·述而》）开始，儒家虽然一直都对巫术持质疑否定的态度②，但是巫术的某些基本形态还是在儒家的社会生活中生存下来③，能使巫术消失的那种高度发达的科学水平和社会发展水平，是

---

① 商代卜辞中有"宄寝"，学者诠释为"搜索宅内，以驱疫鬼之祭"（于省吾：《甲骨文字释林》上卷《释宄》）。《周礼》有方相氏："蒙熊皮，黄金四目，玄衣朱裳，执戈扬盾，帅百隶而时难，以索室驱疫。"（《夏官司马·方相氏》）张衡《东京赋》描写汉代驱邪疫的风俗："卒岁大傩，驱除群厉，方相秉钺，巫觋操苪。"（《昭明文选》卷三）凡此可见。

② 例如，明儒丘浚有论雩祭曰："天子于郊天之外，别为坛以祈雨者也。后世此礼不传，遇有旱暵，辄假异端之人为祈祷之事，不务以诚意敢格，而以法术劫制，诬亦甚矣。"（《大学衍义补》卷六十三）明嘉靖年间，朝廷议礼，曾据丘浚之论，重新规范雩祭礼仪，剔除巫术内容（见《明史》卷四十八《礼二》）。此以旱暵祈雨之术为"异端"，遑论诸如驱邪镇妖之其他形态巫术。

③ 例如，《宋史·礼志》"祈禜"礼中录入有"李邕祈雨法"（按：即土龙祈雨）、"画龙祈雨法"、"蜥蜴祈雨法"等多种有巫术内容的求雨法（见《宋史》卷一百二）。明清雩祭中剔除了巫术的内容，但民间求雨方式中仍保留着巫术的痕迹。如明人笔记记述曰："凡岁时不雨，家贴龙王神马于门，磁瓶插柳枝，挂门之旁。小儿塑泥龙，张纸旗，击鼓金，焚香各龙王庙。群歌：'青龙头，白龙尾，小孩求雨天欢喜。麦子麦子焦黄，起动起动龙王，大下小下，初一下到十八。'"（明·刘侗：《帝京景物略》卷二）

历史上的儒家社会所不具备的。

儒学"命"之理性观念笼罩不住巫术的情况，在数术中也同样发生。《汉书·艺文志》曾界定"数术者，明堂、羲和、史卜之职也"，并将其典籍区分为天文、五行、蓍龟、杂占、形法等六类，标举了春秋至汉的七位代表人物，概括出古代数术的基本形态。根据《汉志》所述，可以认为，包括秦汉以后更为滋繁的中国古代数术，是将天文、地理、历史等各种知识，纳入一特定的逻辑框架，预测人生的穷达祸福、世事的兴衰更替的命运。不同的"术"有不同的逻辑结构和知识、经验内容；每种逻辑框架内的逻辑秩序和推演规则，都可称之为"数"。概言之，中国古代文化中的数术，是在卜筮和观察（天文和各种形相观察）基础上衍生发展起来的种类繁多的预测系统。所以，如果说巫术是通过"法术"——由巫舞、祝辞（咒语）、法器等构成的一种神秘力量，接近、控制神灵鬼魅，那么数术就是通过"数"——运用既有的知识和经验，在一个预设的封闭的逻辑框架内，对一种能构成周延和自洽的逻辑秩序的推演，捕捉"命"之必然，预知未来事态的结局。数术的实践意图——这里且以卜筮为代表，与儒家"命"之观念构成明显的冲突。《礼记》说："三代明王，皆事天地之神明，无非卜筮之用。"（《表记》）认为古代君王的一切行事，都是遵照卜筮的指示，君子也是"不废日月，不违龟筮，以敬事其君长"（同上）。所以，古代儒家一般也认同卜筮及其显示出的具有某种非人为的、超越性的神圣的意义。但是，也是从《礼记》中可以看到，儒家对于卜筮还有这样两条原则。其一，功能的定位。《礼记》曰："卜筮者……所以使民决嫌疑、定犹与也。"（《曲礼上》）卜筮的功能就是当人们需要作出某种重要的行为决定，而又面临多种可能性选择犹疑不决时，将这些多种选择归纳为吉、凶两种，并给出一种"吉"的选择。所以，卜筮是一种在智力穷尽时帮助消除疑虑的方式或途径，是对"或然"的一种特殊的、放弃自主的选择，而不是去捕捉确定性的"必然"①。其二，问疑的界限。卜筮以决

---

① 《礼记》以外的其他先秦儒家经典，也是以决疑为卜筮的功能。如《尚书》曰："洪范九畴……七日明用稽疑……择建立卜筮人，乃命卜筮。"（《洪范》）《周易》曰："《易》……以断天下之疑。"（《系辞上》）《左传》曰："卜以决疑，不疑何卜。"（桓公十一年）凡此皆可为证。

疑，问疑有无原则或界限？《礼记》有明确的回答："问卜筮，曰义与？志与？义则可问，志则否。"（《少仪》）郑玄注曰："义，正事也；志，私意也。"（《礼记正义》卷三十五）显言之，卜筮只为道义公正之事作选择，不回答私人欲望邪念之事的求问。然而，后世的数术，诸如易卜、梦占、星占的各种占卜术，星命、相人、相地的各种星相术等，追求的正是试图给予每个人生命、生活进程中的穷达祸福，乃至最终的结局以确定性、必然性的回答，正是在这两条原则上逾越了儒学的限定。因此，受到儒家的批评，如程颐说："古者卜筮，将以决疑也。今之卜筮则不然，计其命之穷通，校其身之达否而已矣。噫！亦惑矣。"（《河南程氏遗书》卷二十五）

数术论者以人的生命历程是既定的"数"之显现，自信可以数术窥测、把握人之命运的必然。尽管数术在各自逻辑框架内的推演过程中，援用的知识、经验很多也是真实的，最终判断也或有言中的①，但是，数术追逐的确定性、必然性的"数"，是虚妄的。在此根本之点上数术与巫术一样，是非理性的。对数术的虚妄性，可从数术的整体上提出这样两点事实来显示之。其一，同一求问，不同数术给出的指示并不相同，甚至相反。如果每种数术都是如各自自诩的那样是正确的、真实的，而确定性的、唯一的"必然"又是存在的，那么，对于同一求问，不同数术给予的回答（吉或凶）就应该是相同的。但是，经常不是这样，不同数术用各自逻辑规则推出的吉与凶的结论，往往迥异。举例如下：

> 例一，初，晋献公欲以骊姬为夫人，卜之，不吉；筮之，吉。公曰："从筮。"卜人曰："筮短龟长，不如从长……"弗听，立之。（《左传·僖公四年》）
>
> 例二，孝武帝时，聚会占家问之，某日可取妇乎？五行家曰可，堪舆家曰不可，建除家曰不吉，丛辰家曰大凶，历家曰小凶，天人家曰小吉，太一家曰大吉。辩讼不决，以状闻。制曰："避诸死忌，以五行为主。"（《史记》卷一百二十七《日者列传》）

---

① 《左传》记载，郑国的星占家裨灶根据星象两次预言郑国将要有火灾。一次被他言中，一次却没有发生。子产评论曰："是亦多言矣，岂不或信？"（昭公十八年）

对于晋献公的求问，卜与筮的回答相反；对于汉武帝的求问，数术七家的回答也各不相同。这种不同数术在同一求问面前，每每会显示出对立的、矛盾的答案的混乱状况，从逻辑上的解释是，各家数术必有虚妄，所以推演不出一致的"必然"的结论；或者是根本不存在唯一的"必然"，数术在捕捉一个虚妄的对象；或者此两种情况皆存在。其二，同一个数术的判定，有不同的甚至是相反的实际结局。如果数术是正确的，有可被经验和事实反复证实的科学性，而"必然"又是存在的，那么，数术的判定，即被数术捕捉到的"必然"，在实践中，在每个人那里都应该是屡试不爽的。但在现实生活中，数术并没有这样的表现。从宋人笔记中举两例如下：

> 例一，灵棋卦三上、二中、一下，名曰"送货"，亦曰"初吉"，繇文云："客从南来，遗我良材，宝货珍玩，金碗玉杯。"杨文公（按：杨亿）在翰苑卜得之，忽有金帛之赐。吴开任宗正少卿，亦得此卦，遂迁给事中，赐对衣金带鞍马。而《南史》载齐江谧，武帝出为东海太守，未发，忧甚，以弈棋占卦，云"有客南来，金碗玉杯"，及诏赐死，果以金罂盛药鸩之。然则繇文虽人各有应，而吉凶特未定也。岂祸福天之所秘，终不容人推测乎？（宋·庄绰：《鸡肋编》卷上）
>
> 例二，鲁公（按：蔡京）生庆历之丁亥，月当壬寅，日当壬辰，时为辛亥……大观初改元，岁复丁亥，东都顺天门内有郑氏者，货粉于市，家颇赡给，俗号"郑粉家"。偶以正月五日亥时生一子焉，岁月日时，适与鲁公合，于是其家大喜，极意抚爱，谓且必贵。时人亦为之倾耸。长则恣听其所欲为，斗鸡走犬，一切不禁也。始年十七八，当春末，携妓多从浮浪人，跃大马游金明，自苑中归，上下悉大醉矣。马忽骇，入波水中，浸而死。（宋·蔡絛：《铁围山丛谈》卷三）

灵棋卦（《灵棋经》）是一操作简单的卦卜形式。卜具是一面刻"上""中""下"字样的棋子十二枚（各四枚），一面不刻字。卜时把十二枚棋子随意掷下，即可成卦。按"上""中""下"字样出现的情况，可组合成一百二十四卦（若计全无字样出现的情况，则有一百二十五卦）。每卦有卦名和十六字卦辞，判定吉凶祸福之类。《灵棋经》的作者旧题为汉东方朔，但已无法确考。据《南史》已有援引，《隋书·经籍志》录有"十二灵棋卜经一卷"，《四库全书提要》断为"是书本出六朝以前，其由来亦已古矣"（《四库全书总目》卷一百九卷）。《灵棋经》第三十七卦（三上、二中、一下）名"送货卦"，卦辞有得到金玉珍玩之文，是得利的吉卦。北宋的两位文臣杨亿、吴开占得此卦，果然分别得到宋真宗、宋徽宗的金帛、金带之赐。但有史记载的第一个占得此卦的南朝齐臣江谧，得到的却是齐武帝赐给的金碗盛着毒药的死罪令，是个极凶的结局。《鸡肋编》的作者庄绰，作为一位深受佛学、杂家思想影响的宋代博物学者，对于占得灵棋卦的相同一卦，得到的却是吉凶并不相同的遭际这一"诡谲"情况虽然并未能使他否定吉凶祸福为"天之所秘"的命之观念，但却使他肯定地认为"天之秘"不是灵棋卦之类的数术所能窥测和掌握的。以人之出生的年、月、日推算命运的星命术，据晚近学者考证，大约始于南北朝①，而以人之出生的年、月、日、时四项，配以干支则为"八字"，推断人之一生的穷达、夭寿等必然的命运，学者多以为是始自宋代②。蔡京为北宋神宗、哲宗、徽宗三朝重臣，徽宗朝更拜为太尉、太师，封为鲁国公，至80岁方死。他在《宋史》中虽被钉在"奸臣"的耻辱柱上，但在当时，无疑应是被世人钦羡的最有权势、财富的人。就命理而言，或星命逻辑所示，与他"八字"相同的人，也当是有福有寿的"贵命"。然而，一位与他"八字"相同的郑氏子弟，其命运非但没有富贵长寿，反而年轻夭折。很难想象，同一时日出生的无数人的命运能是相同的。当然，星命术会设定其他更多的逻辑框架内的条件限制，和援用逻辑框架外的生活经验因素的随机解说，来使这同一"八字"下的命运情况变得复杂和多样。这样，虽然星命术的判言被否证的次数会因此减少，但它的确

---

① 见吕思勉《两晋南北朝史》，上海古籍出版社1983年版，第1484页。

② 宋徐子平撰有《珞琭子三命消息赋注》二卷，《四库全书提要》称："珞琭子书，为言禄命者所自出，其法专以人生年月日时八字，推衍吉凶祸福，不知撰者为何人。禄命之说，至唐李虚中，尚仅以年月日起算，未有所谓八字者。考其书始见于《宋史·艺文志》，而晁公武《读书志》亦云宣和建炎之间是书始行，则当为北宋人所作，今称推八字为子平术，盖因其名。"（《四库全书总目》卷一百九）

定性也因此降低；反之，星命术要增加判定的必然、唯一的确定性，它被否定的概率也就要上升。其他数术也都同样会面临这样两难的处境。这正是自诩能捕捉"必然"的数术虚妄性的表现；而对虚妄性事物的迷信，则只能是非理性的表现。对儒家来说，人的生命、生存过程，不是既定的"安排"，而是"命日新，性日富"的自主创造，显示为由伦理、物理之常理和无数偶然性因素共同构成的一次不可逆性。因而鄙弃对"数"的迷信，主张遵循伦理、物理的理性生活。许多儒者都明确表达过这种生活态度。兹引宋、清人笔记三则为例：

> 晁文元（按：晁迥，谥文元）平生不喜术数说，每谓："自然之分，天命也；乐天不忧，知命也；推理安常，委命也。何必逆计未然哉！"（宋·周辉：《清波杂志》卷三）
>
> 有日者谒黄直卿（按：黄庭坚，字鲁直），云善算星数知人祸福。直卿曰："吾亦有个大算数，《书》曰：'惠迪吉，从逆凶。作善，降之百祥，作不善，降之百殃。'《大学》曰：'言悖而出者，亦悖而入，货悖而入者，亦悖而出。'此个数，亘古今不差，岂不优于子之算数乎？"（宋·罗大经：《鹤林玉露甲编》卷二）
>
> 客有荐相者于毛稚黄（按：毛先舒，字稚黄），毛曰："贫贱我所自有，富贵本非所望，夭寿不二，修身俟之，仆自相审矣，政无烦此公饶舌。"（清·龚炜：《巢林笔谈》卷一）

晁迥是宋真宗、仁宗两朝揆臣，黄庭坚乃宋代文苑名士，毛先舒为清初"西泠十子"之雅士，其生平出处或有差异，但对数术所表现出的却是基本相同的儒家态度：伦理、物理是最大、最优的"数"，循伦理、物理的生活就是"命"的实现。

儒家对待超越性"命"之"行法俟命"（"大算数"）的理性态度，较之数术家的捕捉宿命之必然（"数"）的非理性态度，虽然有其明显的理论和实践的优越，它能时时收获主动创造的生活果实，而无须在疑虑不安或幻想中等待妄臆的命运的降临；能在不动摇的自信和不懈怠的努力中，实现一个无憾的人生，而不会怨天尤人。但是，在现实生活中，非理性的数术迷信仍然顽强地存在，期望对自己的未来命运有确定性的、必然的把握，也是深深植根在人性之中的一种心理欲求，特别是对生活在充满苦难、风险的生存环境中且已智力穷尽的人们①。这个非理性情结，是儒家"命"之理性观念消融不掉的，如同巫术迷信，也是需要高度发达的科学水平和社会发展水平才能化解的。

第二，超理性的宗教性皈依 超越层面的思想或理念，无论是宗教性的或非宗教性的，都要回答生命归宿——人之生命的最终结局和精神的持久安宁的问题，这是人类终极关切的核心的、最高的问题。不同的宗教，如佛教、基督宗教、伊斯兰教三大世界宗教②，由于各自教义的不同，对于这个问题的具体回答也是很有差别的，但在一根本之点上却完全相同：相信一个行善的、能践履教义的个体生命，可以在来世或末日获得永生，可以摆脱恐惧、苦难、罪恶而获得永久的精神安宁。显然，这种"相信"的高渺，不完全是或不同于基于感性经验的想象或妄臆，不是非理性的；这种"相信"的坚定，完全不需要或不同于概念严谨的逻辑证明，不是理性的。它是一种超理性的信仰，是一种皈依③；是在宗教生活实践中形

① 唐人杂史记载："王相（按：王涯，曾为敬宗、文宗两朝宰相）注《太玄经》，常取以卜，自言所中多于《易》筮。"（唐·李肇：《国史补》卷中）宋人笔记记述："自至和、嘉祐以来，费孝先（按：北宋成都善卦影术者）以术名天下，士大夫无不作卦影（按：全称'轨革卦影'。取人生年月日时成卦，系之以诗，言人之休咎，谓之'轨革'；又画人物鸟兽以寓吉凶，谓之'卦影'）而应者甚多。"（宋·魏泰：《东轩笔录》卷十一）"政宣间，除擢侍从以上，皆先命日者推步其五行休咎，然后命出。故一时术者，谓士大夫穷达在我可否之间。"（宋·周辉：《清波杂志》卷三）《清史稿·宗室奕经传》载，奕经卜签决定作战日期，贻误军机，败于英军。凡此可见，不只民间百姓，官宦士大夫迷信数术者亦夥矣。

② 当然，宽泛意义上的宗教应该说是很多的。社会生物学创始人之一的当代美国学者威尔逊曾引证说："宗教活动的萌芽至少可以追溯到尼安德特人的骨头祭坛和丧葬仪节。根据人类学家安东尼·华莱士的研究，从那个时候起，人类大约产生了十万种不同的宗教。"（威尔逊：《论人的天性》，第157页）但本书在论及宗教时，皆以此三个成熟发展了的世界性宗教为例证。

③ 当代著名的天主教神学家汉斯·昆（孔汉思）在其《永生》一书中论及人们如何能接受上帝时说："上帝的现实被人接受的基础，不是一种非理性的感觉，也不是一种理性的证明，而是一种完全理智的信任，这种信任在上帝的现实方面本质上当然显得极端化：一种清醒词义上的上帝信任，就是上帝信仰；在探究开端与终结问题时，这种信任无疑特别需要。"（见刘小枫主编《20世纪西方宗教哲学文选》下卷，上海三联书店1991年版，第1842页）。

成的忘我境界和新生的体验，融入最高超越存在——包括有人格的如上帝、真主，或非人格的如"佛性"的体验①。不同宗教实现皈依的途径和皈依后的生活表现是不同的②，但映现出"皈依"的特质——将一种宗教的教义和终极追求内化为自己的心灵、生活的自然、本然，在一种超理性的信仰中获得生命和精神有了终极归宿的那种心境宁静、满足的感受却是相同的。在人类的生存环境中，宗教一直伴随着人类长成，宗教有它遮掩理性的黑暗的一面，但宗教也生长出生活的力量和勇气，孕育了许多伟大的人格。在有宗教传统的生活方式里，人们会感受到或认为没有宗教，生活是不能存在的③。与宗教不同，人之生命的最终结局和精神的持久安宁，在儒学中获得的是完全理性的诠释，并形成另具特色的生活方式。

如前所述，儒家认为，人之生命实体是由"气"构成的，人死后，这种实体也就瓦解，不存在了，"死便是都散无了"（《朱子语类》卷三十九）；人之灵性，即知觉、心智，以生命或气为载体，人一死，这种灵觉

---

① 20世纪初美国心理学家詹姆士（W. James）曾从心理学的理论层面将这种体验解释为"人类个人能力中心的在内移动和新的情绪关头的爆发"，描述为"一切忧虑的消亡"，"顿悟了前此未知的真理之感"（詹姆士：《宗教经验之种种》，第232、246页），但作为宗教徒的皈依之精神内涵要复杂、丰富得多。

② 对于此种不同，现代著名的天主教神学家马利坦（J. Maritain）曾提出过一个高度概括的表述。他认为，"人类的处境是一个不幸的处境"，"人类的心灵深处不接受人类的处境"，宗教信仰实际上是"超越处境的方式"。在此观点的基础上，他区分"可能有两种超越人类处境的方式：一种方式已包含有某种拒不接受人类处境的意思在内，在这个场合，人要靠自己的力量去超越自己的处境；另一种方式是在承认人类的处境之中去超越这种处境，在这种场合，有一种'新的本性'被接枝在人性上去。第一种方法相当于我们叫作佛教徒印度人的方法，第二种方法相当于我们叫作福音——依靠上帝神恩的方法"（马利坦：《人与人类的处境》，傅乐安译，《哲学译丛》1963年第10期）。若具体言之，且不说一切宗教，就三大世界宗教论，接近、归属上帝、真主、佛性（涅槃）的皈依之路都是独特的。

③ 这样的事实，对于虔诚的宗教徒来说固不待言，一些在基督宗教传统中生长的西方科学家、哲学家也理性地分析并认同了这样的事实。如著名的量子物理学家海森伯（W. Heisenberg）曾说："宗教是伦理学的基础，而伦理学则是生活的先决条件，因为我们每天必须作出决定，我们必须知道决定我们行动的价值，或者至少隐约地想到它们。"（海森伯：《科学真理与宗教真理》，范岱年译，《自然科学哲学问题丛刊》1980年第3期）伦理学家包尔生从更深入的人性的层面论定"我们可以一般地把宗教定义为对超越的信念，它始终如一地以一种因经验世界的不足而产生的感情为基础"，"我相信宗教属于人性的正常功能，相信它的缺乏总是标志着一种个人生活或是社会生活中的紊乱"。（弗·包尔生：《伦理学体系》，第356、384页）

也就泯灭了，"人死不是散，是尽了，气尽则知觉亦尽"（《朱子语类》卷六十三）。在儒家这里，人的生命——身体与灵觉虽然不能永在，但人却可以"不朽"，能以自己短暂生命创造出影响久远的辉煌——立德、立功、立言；虽然不能人人不朽，却人人可以"践形"——既具人之形，能尽人之理。这样的自觉，使人能在其存在的底线界面上获得人生是有意义的、有尊严的和值得欣慰的感受①。与对生命的死亡抱着坦然接受的态度一样，儒家对生活中的苦难忧患也是坦荡以怀。孟子曰："天将降大任于斯人也，必先苦其心志，劳其筋骨，饿其体肤，空乏其身，行拂乱其所为，所以动心忍性，增益其所不能。"（《孟子·告子下》）张载也说："富贵福泽，将厚吾生也；贫贱忧戚，庸玉汝于成也。"（《正蒙·乾称》）儒家将人类生存环境中往往是每个人都会遭遇到的人生苦难，心灵上、身体上的痛苦不幸，物质的或精神的困厄危机，都视为是命运赐给的成长的机会，不是逃避，而是承受，经历苦难，生命质量得到锤炼，人格就能提高。在儒家看来，人生遭际中的"富贵福泽"，能使生活丰厚美满，具有正面的、积极的价值，自然是无疑的；"贫贱忧戚"是苦难，但能锻造出高尚的人格，丰富了生命的意涵，也是具有积极价值的生活构成。儒家从两种对立的人生境遇中，皆诠释出积极的生存意义，使儒家的生活领域变得宽广、周延，人生态度涌显自信、乐观。儒家无须像宗教那样要借超理性信仰、以皈依来消弭现实生活的苦难，填补现世生活的不足，张载表述为："存，吾顺事；没，吾宁也。"（《正蒙·乾称》）儒家以理性态度，使本是人之生命感受不堪重负的，带来恐惧、绝望的苦难和死亡，变得可以平静安详地承载。儒家在这里表现了伟大的明智、伟大的坚强。18 世纪法国思想家狄德罗曾说："宗教带给人类的好处，就像拐杖的好处一样，谁不需要拐杖，他可以走得更好。"② 儒学与宗教——这里是指以佛教、

---

① 孟子曰："形色，天性也；惟圣人，然后可以践形。"（《孟子·尽心上》）程颐诠释曰："此言圣人尽得人道而能充其形也。盖人得天地之正气而生，与万物不同。既为人，须尽得人理，然后称其名。众人有之而不知，贤人践之而未尽，能充其形，惟圣人也。"（见朱熹《孟子集注》卷十三）

② 狄德罗：《怀疑论者的漫步》，转引自普列汉诺夫《评吕根纳的一本书》一文，见《普列汉诺夫哲学著作选集》第三卷，中国人民大学编译室译，生活·读书·新知三联书店 1962 年版，第 344 页。

基督宗教、伊斯兰教为代表的，以前面所述"三项内涵"来界定的成熟的、严格意义上的宗教，而不是以是否能孕育出某种生活或人生意义，即是否拥有某种"终极关怀"来界定的宽泛意义上的宗教①——不同，它以理性自觉的方式而不是缘沿超理性信仰的途径来回答、实现人生的终极关切，从某种意义上说，就是具有这种理论的和实践的"不用拐杖"的优势或特色，它有高于经验感受的理智和理智地生活的健康。但是，正如西方神学家、哲学家所观察到的那样，人类是处在一个"不幸的处境"和深感"经验世界不足"的环境里，借由超理性信仰、皈依宗教摆脱死亡的恐惧、终极的困惑和生活的苦难，获得永生和安宁的心灵感受，应该说是很自然地发生的一种精神需求。现代西方学者甚至追溯认为人的宗教需求具有潜藏于人性中的本然根源②。宗教的必然存在毕竟是儒学笼罩不住的。尽管儒学认为"人之所以异于禽兽者几希"（《孟子·离娄下》），主张人禽之辨，鄙夷出自自然情欲的感情和行为，欣赏"绘事后素"（《论语·八佾》），要求用礼仪、理性矫正、修饰本然的欲望和行为。但在儒家的社会生活中，在超理性信仰的宗教皈依庇护下，人的求永生、求极乐的本能欲望，还是顽强生长着，吸附着众多的庶民信徒，并且也不乏儒家精英。在近现代以前的中国古代社会里，对儒家社会生活发生了重要影响的宗教是佛教和道教。佛教在两汉之际由印度传入，至隋

---

① 前已提及，新教神学家、哲学家蒂利希在其《信仰的动力》一书中曾说："宗教，就该词最宽泛、最基本的意义而言，就是指终极关切。"在他看来，不仅宗教神学关切的生与死，人类精神的各个领域（道德、认识论、审美）的终极追求，都具有"宗教"的性质。但他也还是认为真正是"宗教"的终极关切，乃是对人的生与死，即存在及其意义的关切。在其《系统神学》一书中说："人最终关切的，是自己的存在及意义。'生，还是死'这个问题。在这个意义上是一个终极的、无条件的、整体的和无限的关切的问题。"（转引自詹姆斯·C. 利文斯顿《现代基督教思想》下卷，何光沪译，四川人民出版社1992年版，第697页）蒂利希从存在主义立场将宗教从一种对有人格特征的超越性存在的超理性信仰，转换为对作为整体、无限、终极的存在之本体的具有理性内涵的体认，融化了不同宗教之间的界限与对立。蒂利希的宗教界说，得到较广泛的认同。本书一般是以宗教的"三项内涵"判定儒学的非宗教性特质，而在"终极关怀"的意义上论说儒学有宗教性功能。

② 例如，精神分析心理学认为，宗教是性本能的幻觉表现（弗洛伊德：《一个幻觉的未来》），是集体潜意识或原始意象的象征表现［荣格（G. G. Jung）：《心理学与宗教：西方和东方》］。社会生物学认为，宗教是人类根源其基因的四项"天性"之一（威尔逊：《论人的天性》）。

唐，大体完成了具有中国文化特色的中国佛学的发展。道教则是东汉后期在民间兴起，至明清，一直都是处在不断吸收道家以外的思想、衍生新的派别的发展中。佛教的超越性和终极追求，是通过戒、定、慧的宗教修持，达到出离生死、苦难的"涅槃"境地。道教努力实现的目标，是通过外丹、内丹的修炼，成为长生不老的"神仙"。显然，儒家完全不能认同这样的终极追求，但是，在儒家的社会生活中，除去出于求长寿、祈来世福田、避徭役等功利目的，或惑于其法术神异之愚昧原因①，使得众多的上至帝王官吏，下至众民百姓信奉佛教、道教外，也真实地存在着儒家"命"之理性自觉、儒家人生终极理念笼罩不住的皈依和攀缘佛教、道教（道家）的生活形态。此外，明末儒者对天主教的选择和皈依，虽然是少数人，并且还有某些特殊的社会、思想之因素，但也具有典型意义地凸显了在一种宗教观念土壤上滋生出的为儒学超越理论所涵盖不住的精神空间。

其一，伦理道德生活之外的终极寻求　在儒家生活中，当儒家"礼"的伦理规范制度处于某种衰败的情况下，或者因为某种个人遭际的具体原因，对儒家伦理实践的意义、价值失去了认同或信心时，常常是在士大夫中就会有一种精神危机发生，他需要十分痛苦地与生于斯、长于斯的儒家伦理观念和生活决裂，寻找新的人生意义、精神归宿。魏晋名士对道家（道教）的亲近，明末王学末流对禅学的选择，都具有这样的性质。魏晋政权的建立，都是权臣篡位弱王，在儒家立场看来，就是"以臣伐君"，所以这是伦理秩序崩溃的时代；魏晋政权确立的过程中，名士多有因持不合作或反对的态度而遭屠戮，史称"魏晋之际，天下多故，名士少有全者"（《晋书·阮籍传》），所以这也是残忍的时代。最后，这也是个人道

---

① 清代学者赵翼嘉庆间有则笔记曰："晋永嘉中，洛阳仅有寺四十二所，今城内外共一千余寺……佛教既无益于身心性命，又无益于国计民生，不知何以风行若此？今且更千百倍焉。此固愚民易为所惑，然其始亦有异动人之处，是以所至皈依。如《晋书·载记》内所志诵经解难、临刑枷锁自脱之类，大概或竟有其事。佛道多有咒语、偈语，如张道陵在鹤鸣山造符咒，传之至今，犹有验者。"（《檐曝杂记》卷六《洛阳伽蓝记》）历史上，佛教、道教能够流行，固然有其独特的教义和社会环境等多种因素，然在其初，以诸如魔幻、怪咒的神异之术，折服帝王有权位者，继而诱惑庶民信众，确为其重要的传播方法、途径。

儒家传统：儒学及其建构的生活方式

181

德实践热情衰落的时代，因为在魏晋时期的门阀制度下，对于在社会政治经济生活中的优越地位获得了制度性保障的门阀士族来说，儒家道德的规范和激励作用已经削弱，甚至消失①。魏晋名士如阮籍、嵇康，其所表述的"礼岂为我辈设也"（《世说新语·任诞》）之鄙弃礼数名教的态度，"越名教而任自然"（嵇康：《释私论》）之精神追求，"独有延年术，可以慰吾心"（阮籍：《咏怀诗》十）之人生愿望，以及他们狂放、任情的生活行为②，都是要在儒家伦理生活之外的道家思想、道教目标那里寻找、确定人生终极归宿的表现，并且带着那个时代精神危机的烙印。明代晚期处在王学风靡而儒家伦理衰颓社会环境中的李贽，出身异教家庭和师事具有异端色彩的泰州学派人物的独特成长经历，使他更深切敏锐地感受到社会生活的腐朽，感受到僵化的、失去德性内涵和理性自觉的礼教对自己的摧残，对人性的摧残③。他断然摒弃"以孔子之是非为是非"④，而虔心信仰"至大至高，唯佛为然"（《焚书》卷四《解经题》）；在佛境中，也是在儒家伦理道德生活之外，找寻使他生命、心灵得以安顿的归宿。李贽有一诗吟曰"十卷《楞严》万古心⑤，春风是处有知音。即看湖上花开

---

① 例如，南齐王骞，其曾祖为侍中王昙首，祖为吏部尚书王僧绰，父为尚书右仆射王俭，因而"尝从容谓诸子曰：'吾家本素族，自可依流平进，不须苟求也。'"（《南史》卷二十二《王骞传》）此"自可进而不须苟求"既潜藏着、也表现出对儒家努力为之的立德、立功之人生实践的冷漠与矜持。

② 王隐《晋书》记述："魏末阮籍嗜酒荒放，露头散发，裸袒箕踞。其后贵游子弟阮瞻、王澄、谢鲲、胡毋辅之之徒，皆祖述于籍，谓得大道之本，故去巾帻、脱衣服、露丑恶，同禽兽。甚者名之为'通'，次者名之为'达'也。"（《世说新语·德行》"王平子诸人皆以任放为达，或有裸体者"注引）此外，《世说新语·任诞》、正史《晋书·阮籍传》、《刘伶传》等，都有对阮籍等魏晋名士放达行为的记述。

③ 孔子曰："人而不仁如礼何？人而不仁如乐何？"（《论语·八佾》）儒家社会衰颓时期，"礼数""名教"都会表现出这种失去德性内容和理性自觉的僵化与被权力扭曲的残忍。

④ 李贽有论曰："咸以孔子之是非为是非，故未尝有是非耳。"（《藏书·世纪列传总目前论》）。

⑤ 《楞严经》，佛经《大佛顶如来密因修证了义诸菩萨万行首楞严经》之略称。署名中天竺沙门般剌密帝译，十卷。佛家学者评曰："此经为宗、教司南，性、相总要，一代法门之精髓，成佛作祖之正印。"（明·释智旭《阅藏知津》）宋明佞佛文人士大夫皆喜爱之。晚近学者因其未入唐宋元明四大藏，且考定其援述典据多有讹误（见吕澂《楞严百伪》，《中国哲学》第二辑，1980年3月），推测当系唐时佛家人物伪托之作。

日，人自纵横水自深"（《续焚书》卷五《石潭即事二》），就是抒发他皈依佛教后的快乐与安宁。

其二，伦理道德生活之后的终极归属 儒家将人生终极设置在伦理道德的践履中，设置在现世的伦理道德的完成中。孟子曰："君子之于物也，爱之而弗仁；于民也，仁之而弗亲。亲亲而仁民，仁民而爱物。"（《孟子·尽心上》）一个人应将爱的道德感情，由父母兄弟亲人向他人，向外物有区别而又无止境地推展。《大学》谓："身修而后家齐，家齐而后国治，国治而后平天下。"一个人的道德责任的完成，也是从个人德性修养，到家庭、国家、民族的理想实现的广阔无垠的过程。所以对于儒家来说，一个人的生命有终结，但他的道德实践、道德完成是没有终点的，他的生活意义就是从这种道德实践和完成的过程中产生。然而在历史上的儒家社会生活中，对于庶民大众来说，在经常的情况下，家庭的伦理实践会被感受为、判认为是一个人主要的，甚至是全部的道德生活实践。这时，往往是在佛教成为社会精神生活背景的重要构成的情境下，一个善良的、有德性的心灵，在感到自己的家庭伦理道德责任——也是他判认的全部道德责任已经完成后，作为一种再无挂牵的最后归宿的选择，或更高道德实践的选择而皈依佛门。试录宋人、清人历史笔记中所记两事为例：

> 例一，咸通六年，沧州盐院吏赵镳犯罪，至死。既就刑，有女请随父死，云："七岁母亡，蒙父私盗官利钱衣食之。今父罪彰露，合随其法。"盐院官崔据义之，遂具以事闻。诏哀之，兼减父之死。女又泣曰："昔为父所生，今为官所赐，誓落发奉佛，以报君王。"因于怀中出刃，立截其耳以示信。既而侍父减死罪之刑，疾愈，遂归浮图氏。（宋·钱易：《南部新书丁》）
>
> 例二，有钱塘人许大镛者，为水师营卒，饷不足以养母，遂兼业难工。性极肫挚，而不能识一字……母老矣，思为纳妇，则固谢不愿，盖恐多一人，则母之甘旨或缺也。适有新寡者，母廉其值，不告于子而聘之。大镛大惊，然不敢逆母命，遂成礼。礼成后，询之为寡妇再醮，则又大惊，立与异室寝，而阳共侍母，母不知也。

不数月，母猝以无疾逝，大镛医救莫及，痛绝者数四。既殡其母，乃谓寡妇曰："我之娶尔者，顺母命也。所以我不与尔处者，全尔节也。今我母殁，尔节全，我且行逝矣。请悉以家之所有予尔，尔可保尔节以终身矣。"遂出门去，自髡其发，为僧于华佗庙中，戒律甚严，人咸敬之。（清·陈其元：《庸闲斋笔记》卷十一《不读书人有至行》）

赵氏女是为了报答官府君王赦免父亲死罪的恩惠，而皈依佛门。显然，这一宗教选择具有十分独特的和较复杂的精神内涵：这是一种出于道德性的而非宗教性的精神动因的宗教选择；在这种告别、出离儒家伦理生活而进入"空"的人生终极的选择中，潜存着进一步完成儒家伦理道德责任的真实的意蕴。这一选择固然映现唐代佛教风靡、唐懿宗佞佛①那个特殊社会环境下具有时代特征的价值取向，但也说明一个有儒家道德意识和实践的善良心灵，也能在作为道德实践继续或补充的义境下，认同和接受佛家的终极观念或生活实践，从这一具体的然而也有典型意义的事例中可以看出，一方面，儒家文化拥有多么巨大的消化能力，能将一种异己的宗教祈求和实践，纳入自己的伦理实践的轨道；另一方面，佛教又是多么深入地融进了儒家的社会生活，甚至进入了它的伦理实践。

许大镛，一个贫寒低微的小卒、剃头匠，侍其母，能生养死哀，尽到为子之孝；于其寡妇之妻，能成全其贞节，尽其为夫之义。可见，虽然不识一字，儒家的伦理道德意识却已深深植入心田。他在母亲死后决定髡发入佛，是他感到自己的家庭伦理道德责任已尽，判认自己的全部伦理道德责任已尽，可以在伦理生活完成之后，选择一个无任何挂牵的归宿②。一

---

① "咸通"为唐懿宗年号。唐懿宗是位佞佛的皇帝，史家评唐懿宗在位，"所亲者巷伯，所昵者桑门"（《旧唐书》卷十九上《懿宗》）。五代人笔记称"懿宗即位，唯以崇佛为事"。（五代·孙光宪：《北梦琐言》卷一）

② 唐李公佐所撰传奇《谢小娥传》，叙述侠女谢小娥历经艰辛，"复父、夫之仇毕，归本里，见亲属。里中豪族争求聘，娥誓心不嫁，遂剪发披褐……受具足戒于泗州开元寺"。谢小娥在完成了家庭的伦理道德责任后——"父之仇弗与共戴天"（《礼记·曲礼上》），遁入空门，其终极选择之意蕴，也可以做这样的诠释。

个卑微、孤单、苦难的人生，能从佛教的终极关怀那里感受到更多的慰藉。

其三，伦理道德生活中攀缘佛道　北宋官历仁宗、英宗、神宗、哲宗四朝的名臣张方平曾慨叹说："儒门淡泊，收拾不住，皆归释氏。"（陈善：《扪虱新话》上集卷一《儒释迭为盛衰》）南宋仕历高宗、孝宗、光宗、宁宗四朝的宰臣周必大也观察到，"自唐以来，禅学日盛，才智之士，往往出乎其间"（周必大：《文忠集》卷四十《寒岩升禅师塔铭》）。可见在儒家的社会生活中，唐宋以降，一些在儒家伦理道德观念中生长起来的士的阶层人物，为官为民，在践履着儒家"礼"的规范、完成着为臣为子的道德责任的同时，每有表现出对佛家、道家的心仪神往，甚至是皈依的倾向。对此情势，理学家的程颐曾有个研判："儒者而卒归异教者，只为于己道实无所得，虽曰闻道，终不曾实有之。"（《河南程氏遗书》卷十五）程子的研判是正确的。一些儒家人物，于自己的儒家理念、终极追求坚守不牢，"卒归异教"，经常的表现或原因有三。一者，消化不掉人生苦难。人类是生存在一个精神上和物质上都匮乏的环境里，人的生命短促有限，生命过程中又时时会遭遇到困难的阻挡和烦恼的煎熬。人的一生是充满痛苦、苦难的一生。然而，正如前已引述的那位睿智的西方伦理学家所指出的那样，痛苦、苦难，以及被视为最大的痛苦和不可跨越的厄运——死亡，既都是人生不可避免，也都是人生不可缺少："只要我们还是我们现在所是的人，一种绝对没有痛苦和畏惧的生活，很快就会使我们觉得枯燥乏味和不可忍受。生活就会成为一种没有障碍的纯粹满足，没有抵抗的纯粹成功，我们就会像对待一种自知必赢的游戏一样感到厌倦无味……没有世代的更替就没有历史，不死的人们要导致一种非历史的生活，一种其内容任何心灵也不可能描绘的生活，因此，无论谁只要欲望生活，欲望历史的人生，也就要欲望它的条件——死亡。"① 没有痛苦、苦难的经历，就不会有快乐、幸福的感受；没有死亡的存在，也不会有生活的历史和意义的产生。亦如前已论及，儒家对人生的痛苦、苦难，对人生的大限死亡，都能平静接受之，又积极回应之，每每能在其中发掘出砥砺

---

① 弗·包尔生：《伦理学体系》，第222、286页。

道德完成和人格成长的因素①。换言之，在儒家的道德思想和生活理念中，人生的痛苦、苦难是被理解为一种有意义的生活内容的存在，是被道德理性消化了的。但是，在佛学思想浸染下，唐宋一些根生于儒家而又"于己道实无所得"的士大夫阶层人物，弃置了儒家的这种道德理性，自觉或不自觉地援依佛家的智慧来消弭他们遭遇到或感受到的人生痛苦、苦难。作为佛教全部理论起点和核心的"四谛"（苦、集、灭、道）理论，从某种意义上可以说是彻底化解人生痛苦、苦难的理论。它有三个理论层面，首先是在经验的层面上（"苦谛"），将人生描述为是由肉体生理上的生老病死和精神心理上的愿望每不能满足的"苦"构成。这些多是被世人感受到的和认同的世俗经验之见。其次是在理性的层面上（"集谛"），用佛家独特的"五阴聚会""十二因缘""业报轮回"等理论，将"苦"化解为虚无，是并不真实存在的"空"。佛家在这里展示了某种独特的智慧，它既有预设的前提，也有经验事实；既有不可证实的结论，也有细密合理的逻辑推演。最后是在超理性的层面上（"灭谛""道谛"），论述佛家最高境界和如何达到这个境界。在这里皈依佛教已不再是，或者说是超越了以佛家智慧化解"苦"后的心境宁静，而是通过佛家宗教实践（"八正道"）实现的一个人出离任何生命形态存在的"寂灭"。佛家智慧将人生的痛苦、苦难从价值论的角度上判认为是完全负面的、无意义的存在；又从认识论角度上判定为是不真实的、虚幻的存在。似乎可以说，佛家对人生痛苦、苦难的化解是十分彻底、十分完全的。但是，较之儒家道德理性认为人生的痛苦、苦难是生活有意义的构成部分，佛家实际上并没有真正消化掉人生的痛苦和苦难，只是主观感受地将它视为"空"而排挤出生活；也没有真正消化掉死亡，只是以某种不可被认知、被证实的冥想的结局来自我慰藉。然而在儒家的社会生活中，对于弃置或薄弱于儒家道德

---

① 例如，人皆要经历父母死亡的悲痛，儒家即借此感情来激励孝的践行。《韩诗外传》记曾子曰："往而不可还者，亲也，至而不可加者，年也。是故孝子欲养而亲不待也，木欲直而时不待也。"（卷七第七章），又记皋鱼曰："树欲静而风不止，子欲养而亲不待，往而不可追者，年也，去而不可得见者，亲也。"（卷九第三章）人皆有愿望不能实现时的忧愁，孔子感到的是"德之不修，学之不讲，闻义不能徙，不善不能改，是吾忧也"（《论语·雍也》）。人生会有辛劳、挫折，孟子认为这可以"动心忍性，增益其所不能"（《孟子·告子下》），获得更强的生命能力。

理性的人，佛家智慧所见却更符合和能满足他们对人生痛苦、苦难的生活感受和希望摆脱它的精神需要。这种心声在唐代诗人王维、白居易的诗中每有清晰的表述，如王维的诗一吟再吟："人生几许伤心事，不向空门何处销？"（《王右丞集》卷十四《叹白发》）"欲知除老病，惟有学无生。"（同上书卷九《秋夜独坐》）白居易的诗一唱再唱："只有解脱门，能度衰苦厄。"（《白氏长庆集》卷十《因沐感发寄郎上人二》）"自从苦学空门法，销尽平生种种心。"（同上书卷十六《闲吟》）这种对佛理的需求，往往是在生活中遭遇某种巨大挫折而身处逆境时，在承受生活苦难的生命力已趋衰弱的晚年时，尤为迫切，尤显强烈。宋代王安石、苏轼这两位才华横世人物的表现最为典型。王安石青少年时代就有"材疏命贱不自揣，欲与稷契遐相希"（《临川集》卷十三《忆作诗寄诸外弟》）的大志，看世事前程如"少年见青春，万物皆妩媚"（同上书卷八《少年见青春》），何其乐观、蓬勃！21 岁登进士，入仕途，历仁宗、英宗、神宗三朝，49 岁时拜相，开始推动旨在强兵富国的变法改革，"不畏浮云遮望眼，只缘身在最高层"（同上书卷三十四《登飞来峰》），何等雄视自信！然七年后变法失败，退居江宁，迈入老年，则心境衰颓。欲与稷契相比肩的事业如烟消云散，使王安石深深感受着遗憾、失落的痛苦煎熬，他慨叹说，"可怜世上风波恶，最有仁贤不敢行"（同上书卷三十二《世上》），"渐老偏谙世上情，已知吾事独难行"（同上书卷二十《偶成二首》）。此时的王安石，据苏轼所述，"时诵诗说佛也"①，深深体悟着"何须更待黄粱熟，始觉人间是梦间"（同上书卷三十一《怀钟山》），"能了诸缘如梦事，世间唯有妙莲花"（同上书卷三十一《再次吴氏女子韵》）。可见他正是借用佛家的眼光，将世事人生看得淡漠，看成虚幻，来消弭他的痛苦。苏轼一生也很坎坷，多次因诗文、政见忤触当轴而遭贬斥。其中最重的两次当是 45 岁时因"乌台诗案"贬至黄州和 60 岁后因有涉元祐间政事被远谪惠州、儋州。仕途变迁和厄运带来的坚固难消的失望沮丧和痛苦烦恼，都驱使苏轼更亲近佛门，寻找精神慰藉。黄州城南有安国寺，苏轼在黄州五年间，"间一二日，

---

① 元丰七年，苏轼由黄州赴汝州任，过金陵，与王安石同游蒋山。后苏轼致友人书曰："某到此时见荆公，甚喜，时诵诗说佛也。"（《东坡续集》卷四《与滕达道一》）

辄往焚香默坐，深自省察，一念清净，染污自落"（《东坡前集》卷三三《黄州安国寺记》），希望通过禅定洗净烦恼。苏轼谪居儋州四年，在"怛然惊寤心不舒，其坐有如挂钩鱼"（《东坡后集》卷六《夜梦》）的极度苦闷不安的处境中，更是"《楞严》在床头，妙偈时所读"（《东坡后集》卷六《次韵子由沐罢》），时时引流佛家智慧，消融心中块垒。这些出身儒学的唐宋仕宦阶层人物，虽然弃置儒家的道德理性而借助佛家智慧来消解人生的痛苦、苦难感受，但他们并未否弃而是仍在践行着儒家的伦理道德规范。如王维晚年将自己的住宅辋川别业捐献为佛寺，他表白自己此举的心愿是"上报圣恩，下酬慈爱"（《王右丞集》卷十七《请施庄为寺表》），仍在实践着儒家忠孝的道德理想。王安石晚年有诗云："杖藜随水转东岗，兴罢还来赴一床。尧桀是非时入梦，因知余习未全忘。"（《临川集》卷二十七《杖藜》）他梦中仍在判认着"尧桀是非"这一儒家基本的伦理道德标准和界限。与王维、王安石一样，他们的精神之根仍是深植在儒家生活的土壤里。

再者，感受不到"孔颜乐处"。魏晋时期，多有名士和贵胄子弟鄙弃儒家之礼，神往庄老，放浪形骸，或有以裸体露丑为乐，乐广叹曰："名教中自有乐地，何为乃尔也。"（《世说新语·德行》）唐宋时，才智之士出入佛老，有以"寂灭"出离生死为乐①，有以人我"相忘"、逍遥无束为乐②。宋代理学的开创者周敦颐则每令程颢、程颐兄弟"寻颜子、仲尼乐处，所乐何事"（《河南程氏遗书》卷二上）。"孔颜乐处"是什么？二程没有明确回答。朱子也称自己"不敢妄为之说"（《论语集注》卷三《雍也》），只是认为"学者但当从事于博文约礼之诲，以至于欲罢不能而竭其才，财庶乎有以得之矣"（《论语集注》卷三《雍也》）。即是说，通过对儒家经典的学习和伦理道德规范的践履，在一种充分自觉中，学者对"孔颜乐处"自然会有所体认的。朱子"博文约礼，欲罢不能"之论应该说是正确的。我们

---

① 王维有诗曰："已悟寂为乐，此生闲有余。"（《王右丞集》卷三《饭覆釜山僧》）佛家有"三乐"（《宝积经》一百一）"五乐"（《华严大疏钞》十三）之说，"涅槃"（寂灭）是三乐、五乐中的最高之乐。

② 王安石有诗曰："梦想平生在一丘，暮年方得此优游。江湖相忘真鱼乐，怪汝长谣特地愁。"（《临川集》卷二十八《寄吴氏女子》）庄子以"鱼相忘乎江湖，人相忘乎道术"（《庄子·大宗师》）来显喻"彷徨乎尘垢之外，逍遥乎无为之业"（《庄子·大宗师》）的人之返归自然的自由自在情态。

可以从《论语》的记述中，大体上诠释出"孔颜乐处"的这种意蕴。《论语》记载孔子称赞颜回说："贤哉回也！一箪食，一瓢饮，人不堪其忧，回也不改其乐。贤哉回也！"（《雍也》）可见颜渊的快乐不是物质上的丰富享受，而是某种精神上的充实自得。《论语》又记载孔子表述自己："饭疏食饮水，曲肱而枕之，乐亦在其中矣。不义而富且贵，于我如浮云。"（《述而》）可见这种精神上的充实自得的快乐是因为践履了"义"，完成了作为一个人的那些对家庭、国家的伦理的、道德的责任义务。换言之，"孔颜乐处"是在伦理实践中、德性表现中所产生的精神上的欣慰、满足①。孔颜之乐的精神基础是要有道德理性的自觉，有了这种自觉就不会将伦理原则、道德规范视为一种束缚或负累，而是自由的必要条件。如果一个人能在一个困难的环境下（如贫穷），仍有这样的自觉、这样的践行、这样的快乐，就是一个贤人（如颜渊）、一个人格高尚的人。如果一个人能有充分道德理性自觉（"大"），并内化为本然（"化"），在任何生活情境下②，都这样践行，这样快乐，那就是圣人③（如孔子④），就是儒家的最高人格。接受了佛老思想浸染的唐宋一些士阶层人物，虽然生活在儒家的社会环境中，但淡薄于从人与人伦理关系的实现中、道德的完成中体味人生的意义与乐趣，而倾心佛老出离人世尘网、冥养个人的恬静安宁。白居易有诗云，"每因斋戒断荤腥，渐觉尘劳染爱轻"（《白氏长庆集》卷三十五《斋戒》），"中宵入定跏趺坐，女唤妻呼都不应"（同上书卷三十五《在家出家》），表现出的正是二程对佛家的那个批评："佛本是个自私独善，枯槁山林，自适而已。"（《河南程氏遗书》卷二上）儒佛间对人生乐处之追寻的此种差

---

① 当然，即使在儒家阵营中，也有对"孔颜之乐"作出不以得失累心、任情自然的具有道家色彩的诠解。如王守仁曾论"良知"境界是"得失荣辱，皆能超脱"（《阳明全书》卷三《传习录下》），表白志愿是"就云霞，依泉石，追濂洛之遗风，求孔颜之真趣，洒然而乐，超然而游"（同上书卷七《别三子序》）。差别在于，儒家在得失荣辱间有"义"的界限和取舍标准，道家（王守仁则兼有禅思）则没有这个界限，无所取舍。

② 《论语》开篇记孔子语："学而时习之，不亦说乎？有朋自远方来，不亦乐乎？"（《学而》）在最平凡的生活情境中，孔子都能有快乐的感觉。

③ 孟子对人的智慧或境界之差异，有简单的界分："可欲之谓善，有诸己之谓信，充实之谓美，充实而有光辉之谓大，大而化之之谓圣，圣而不知之之谓神。"（《孟子·尽心下》）这里在不太严格的意义上，取其"大而化之之谓圣"之语义而用之。

④ 孔子说自己是"其为人也，发愤忘食，乐以忘忧，不知老之将至"。（《论语·述而》）

别，应是很鲜明的了。儒道间的这种差别，从宋人一则历史笔记记述的事实中可以看得很清晰：

> 杨诚斋自秘书监将漕江东，年末七十，退休南溪之上。老屋一区，仅庇风雨。长须赤脚，才三四人。聪明强健，享清闲之福十有六年。宁皇初元，与朱文公同召。文公出，公独不出。文公与公书云："更不能以乐天知命之乐，而忘与人同忧之忧，毋过于优游，毋决于遁思，则区区者，犹有望于斯世也。"然公高蹈之志，已不可回矣。尝自赞云："江风索我吟，山月唤我饮。醉倒落花前，天地为衾枕。"又云："青白不形眼底，雌黄不出口中。只有一罪不赦，唐突明月清风。"（宋·罗大经：《鹤林玉露》甲编卷四）

杨万里28岁进士及第，30岁入仕，65岁退休，县官、州官、京官都做过。他为官廉洁，退休时，时人曾有诗称赞他"清得门如水，贫惟带有金"（徐玑：《二薇亭集·投杨诚斋》），映显出其爱民忠君的儒家道德风范。杨万里与朱子年相若（长朱子三岁，晚卒六年），任吏部郎中时主管举荐、考核官员，曾上《荐士录》，推荐六十人，以朱子为首。朱子对杨万里的人品也很推崇，称"杨诚斋廉介清洁，直是少"（《朱子语类》卷一百二十）。杨万里虽然是儒家人物，但从他抒发自己心志的诗中，如"我本山水客，淡无轩冕情"（《诚斋集》卷十六《明发陈公径过摩舍那滩石峰下》），"金印系肘大如斗，不如游山倦时一杯酒"（卷十六《游蒲涧呈周师蔡漕张舶》），可以看出，他对人生乐趣的选择，却有明显的道家倾向，而这种选择对于有坚定儒家立场的理学家朱子来说，是不能认同的。朱子也有述怀诗曰，"读书久已懒，理郡更无术。独有忧世心，寒灯共萧瑟"（《朱文公文集》卷七《夜坐有感》），"荣丑穷通只偶然，未妨闲共耸吟肩。君能触处贡齐物，我亦平生不怨天"（卷四《次刘明远、宋子飞反招隐韵》）。可见，虽然朱子自19岁登进士，入仕途，所历官秩不高，遭遇挫折不少，但他并不怨天尤人，不信命之既定，还是像孔子那样"不知老之将至"，努力于儒家的"修身、齐家、治国、平天下"的道德完成。这就是为什么朱子在65岁时，还要写信劝说已退休的68岁的杨万里，保持儒家情怀，与人同忧，与世同忧，一起出山，共辅新君（宋宁宗）。也就是为什么精神深处长有道家情结的杨万里，并没有接受朱子的邀约。唐宋时期，还包括其前其后的时期，由于某种独特的社会环境或个人遭际，甚多的儒家才智之士选择了远离世俗尘网、亲近自然的生活方式或行为方式，去感受逍遥优游的个人自适，而倦于或放弃在践履伦理的道德完成中收获自由和欣慰。晚年的杨万里和朱子对宁皇初元诏书的不同回应，清晰显示的就是儒道间对人生乐处选择的这种差别。

三者，困于世俗礼俗。如前所述，儒家的社会生活中有十分完整的礼仪典章制度。就全幅的社会生活而言，有吉、凶、宾、军、嘉等"五礼"；就一般的家庭生活而言，分属于"五礼"中嘉、凶、吉礼的冠礼、婚礼、丧礼、葬礼、祭礼等礼仪最为常用。随着时代变迁，产生和施行古礼的那个历史情境已经变化甚至消失，所以儒家礼制也就一直处在自我修改、更新的演变过程中。东汉以后，特别是唐宋以降，随着佛教的传入和兴盛，佛教还有道教的某些宗教仪轨，经过信徒们世俗生活的改造，自觉不自觉间被移植到儒家生活中，渗透进儒家礼仪中，渐成世俗礼俗，甚至吞噬了儒家礼仪中的道德内涵。南宋学者车若水论述曰：

> 自先王之礼不行，人心放恣，被释氏乘虚而入，冠礼、丧礼、葬礼、祭礼皆被他将蛮夷之法来夺了。冠礼被他削发受戒之类代替。丧礼则有所谓七七之说，谓人死后遇第七日其鬼必经由一阴司受苦，须过七个阴司。遇此时请僧追荐，谓之做功德（按：祈求早日投胎入富好人家），吾之朝夕奠礼已无①。葬是顺，火化是逆，今贫民无地可葬，又被他说火化上天，葬礼亦被夺了。施斛一节，既荐祖先，又与祖先请客而共享之，神不歆非类，民不祀非族，盖是理之必然者。毕竟是一个祭祀，以僧代巫，而求达于鬼神，请父母而与请客，致死致生之道，容或有是理也。（宋·车若水：《脚气集》）

---

① 儒家丧礼中有虞祭、卒哭之祭，即在人死入葬后的紧接两个柔日、一个刚日（"三虞"）和人死后的百日，设祭品拜祭。民间佛家丧礼"做七"流行后，此虞祭、卒哭之祭渐被取代。

车若水观察到，儒家家庭生活中主要礼制的意义价值内涵全被佛家观念颠覆。魏晋六朝以来，佛家一直以为自己的理论优势在于"能照幽冥之途，能及来生之化"，而批评儒家的浅陋是："周孔为教，正及一世，不见来生无穷之缘，积善不过子孙之庆，累恶不过余殃之罚，报效止于荣禄，诛责极于穷贱，视听之外，冥然不知，良可悲矣。"（释慧琳：《均善论》①）在儒家看来，佛家的"幽冥""来生"预设，无法证实，不能证实，是虚妄的。但是对于庶民大众来说，有"来世"，有"业报轮回"的信仰，却能符合和满足他们希望不死、永福的虽然具有非理性色彩，然而却是人生匮乏之本质所产生的那种固有的心理期待。另外，应该说儒家鬼神观念与中国佛教的灵魂不灭（神不灭）观念之间的差异②，只有在较高的理性层面上才能辨析清楚，对于即使是生活在儒家思想观念中的庶民大众来说，经常总是在经验的层面上混淆或无视它们之间的界限，因此也就能够容纳和接受佛家鬼神观念在儒家礼仪中的寄生繁殖。儒家丧礼是对死去的亲人表示哀伤，葬礼要使死者既有符合身份的，又使生者心安的归藏，祭祀是向先人奉献崇敬、感激和缅怀，都是表达道德感情的行为③。内蕴着三世、业报轮回等观念的佛教各种法会仪轨，渗进儒家的丧葬祭礼后，超度亡灵、祈求来世福田等功利目的的宗教诉求，就置换、替代了原来的"不求其为"的道德情感的抒发。一种具有异教观念内容的仪轨，约定俗成，逐渐蔚为新的世俗礼仪。宋人历史笔记中有一则记述曰：

　　丧家命僧道诵经，设斋作醮作佛事，曰"资冥福"也。出葬用

---

① 《均善论》（《白黑论》）为六朝宋释慧琳撰，分别就白（儒、道）和黑（佛）立场相互驳难，最后结论是"殊途而同归"。《均善论》的较客观的理论立场和最终结论，受到当时尚浅薄的中国佛学的诛伐。文载《宋书》卷九十七《天竺迦毗黎国传》。

② "神不灭"是中国佛学的观点，认为人死"形尽神不灭"，"神者何耶？精极而灵者"（慧远：《沙门不敬王者论·形尽神不灭》）。儒家认为"神"是"形"（"质"，由"气"构成）的性能（"用"），形亡则其性能也尽，"形存则神存，形谢则神灭"。（范缜：《神灭论》）

③ 《礼记》中此类论述甚多。如谓"丧礼唯哀为主"（《问丧》），"葬也者，藏也"（《檀弓上》），"祭者，所以追养继孝也，致其诚信与忠敬，不求其为"（《祭统》），"丧礼，与其哀不足而礼有余，不若礼不足而哀有余也；祭礼，与其敬不足而礼有余，不若礼不足而敬有余"（《檀弓上》），等等。

以导引，此何义耶？至于铙钹，乃胡乐也，胡俗燕乐则击之，而可用于丧柩乎？世俗无知，至用鼓吹作乐，又何忍也。开宝三年十月甲午，诏开封府禁止士庶之家，丧葬不得用僧道威仪前引。太平兴国六年，又禁丧葬不得用乐，庶人不得用方相魌头。今犯此禁者，所在皆是也。祖宗于移风易俗留意如此，惜乎州县间不能举行之也。（宋·王栐：《燕翼诒谋录》卷三）

可见，唐宋以降，浸润着佛道三世、业报等观念的丧葬礼仪、法式，虽然与儒家的伦理道德及"气"之自然观念有明显的冲突，但因其能满足社会民众——当然首先是有资财、有权位者的某种非理性的、人之生命和生活中固有的短暂、多憾处境所滋生的心理需求和功利目标，还是渐成世俗，风行不止。蹈袭着这种世俗或俗礼的，不仅是一般民众，一些儒家位高名重的才智人物，也困于其中。宋明历史笔记中每有记述：

寅、午、戌月（按：正、五、九月），世人多斋素，谓之"三长善月"。其事盖出于佛书。云大海之内，凡有四洲，中国与四夷特南赡部一洲耳。天帝之宫有一镜，能尽见世间人之所作，随其善恶而祸福之。轮照四洲，每岁正、五、九月，正在南洲，故就作以要福。至唐高祖武德二年，遂诏天下，自今正月、五月、九月，不行死刑，禁屠杀。至今世仕宦之人，以此三月为恶月，不肯交印视事①。（宋·庄绰：《鸡肋编》卷上《三长善月与二瓦》）

宋欧阳文忠公（按：欧阳修）、朱文公（按：朱熹）文集具在，无作祷祈道释之文②。若南丰（按：曾巩）诸公则有之。又如范文正

---

① 前人历史笔记于此事更有具体记述，如："《唐高祖实录》：武德二年正月甲子，下诏曰：'……自今每年正月、五月、九月十直日，并不得行刑，所在公私，宜断屠杀。'唐大夫如白居易辈，盖有遇此三斋月，杜门谢客，专延缁流作佛事者。"（宋·陆游：《老学庵笔记》卷八）"世谓正、五、九三月不宜上官……此于理无稽，于古无稽，巫觋之谈，士君子不宜道也。欧阳公五月不上官，乃亦未免于俗。"（清·王弘撰：《山志》初集卷三）

② 朱子尝自谓："昔守南康，缘久旱，不免遍祷于神。"（《朱子语类》卷三）朱子文集中无祷祈之文，生活中亦难免有困于世俗之行。

公（按：范仲淹）用水陆斋荐祖先，文山丞相（按：文天祥）有诞节升退保安等诸疏。近世名卿，若杨东里先生（按：杨士奇），志同欧朱，杨文定公（按：杨溥）尝以母疾有集庆之为，于节庵（按：于谦）巡抚河南、山西，每旱辄有雷坛丹词，亦见各不同耳。（明·叶盛：《水东日记》卷三十四）

可以认为，唐宋以降，已渐成世俗的、内蕴着异教内容的丧葬仪轨，乃至其他一些生活习俗，也俘获了甚多的儒家仕宦阶层人物。当然，儒家人物屈困于有悖儒家观念的世俗的礼俗中，也有不同的情况。南宋诗人陆游《示儿》诗曰"王师北定中原日，家祭无忘告乃翁"（《剑南诗稿》卷八十五），显示出伤时爱国、关切世事的儒家风范。他的遗言又嘱儿孙，"吾死之后，汝等必不能都不从俗，遇当斋日，但请一二行业僧，诵《金刚》《法华》数卷，或《华严》一卷，不啻足矣"（《放翁家训》），又显示一位儒者迫于对虽浸染异教观念，但已蔚然成风的世俗的无奈。北宋王旦，真宗朝宰相，大中祥符元年，真宗封禅泰山的大礼使。史家记述，他于国，"为相二十年，公廉自守，中外称之"；处家，"事寡嫂谨，抚弟妹有恩，禄赐所得与宗族共之"（司马光：《涑水纪闻》卷七），所行所是，都在儒家典范之间。但他临终遗嘱却是："剃发着僧衣，棺中勿藏金玉，用茶毗火葬法，作卵塔而不为坟。"（同上）即王旦在他生命终点，主动选择的却是要走佛家的礼轨。在儒家的社会生活中，对有悖于儒礼的充盈着佛道异教观念的礼俗，无论是无奈的屈从，或主动的选择，虽然不能说是完全放弃或否定儒家的伦理原则、伦理实践，但在严格坚持儒家道德理性立场的理学家看来①，这种对佛道的攀缘，仍是"于己道无所得""不

---

① 坚持儒家道德理性立场的理学家，在这里多表现为能清晰辨析出有佛道宗教观念内容的世俗礼俗与儒家道德观念的冲突，并自觉地抵制。如程颐曾批评治丧用佛礼之悖谬："某家治丧，不要浮图。在洛，亦有一二人家化之，自不要释氏。道场之用螺钹，盖胡人之乐也，今用之死者之侧，是以其乐临死者也。天竺之人重僧必饭之，因使作乐于前。今乃以为之于死者之前，至如庆祷，亦杂用之，是什义理？如此事，被他欺谩千百年，无一人理会者。"（《河南程氏遗书》卷十）陆九渊任荆门军知军时，也有一改造含佛道观念内容的礼俗之举措："郡有故事，上元设醮黄堂，其说曰：'为民祈福。'先生于是会吏民，讲《洪范·敛福锡民》一章，以代醮事。"（《象山全集》卷三十六《年谱·绍熙三年》）

曾实有"的一种表现，仍是在儒学超越理论层面上的一种动摇和迷失。

其四，明末儒者的天主教选择　明末天主教是继唐代、元代景教之后第三次在中国传播。唐、元的景教是天主教中不信仰"三位一体"的异端①，传教徒实际上多是商人②；明末来华的以利玛窦为代表的传教僧侣，是天主教正统的耶稣会士，多有不凡的神学和科学的学术修养。他们带来迄至哥白尼、伽利略以前的西方科学成就③，认同儒家的社会理想④，谅解儒家的祭祀行为⑤，并且努力援用儒家经典来诠释天主教义，化解与中国文化的隔阂，从而赢得以徐光启、李之藻、杨廷筠为代表的一些儒家人物的信赖与皈依。《明史》对明末发生的这场颇具新特色的、兼有科学和宗教内容的思想运动之原委，是这样评述的：

---

① 天主教史称："唐代之景教，非罗玛天主教，乃内斯多略之异派。内斯多略异端谓：耶稣之天主性，与其人性，未尝合于一位，不过附属于其人性而已。此说显于罗马正教之道理背驰。……元代罗玛公教教友，虽不居少数，然内斯多略异教人尤众。贵族显官，宗室近臣，皆奉异教。中国内地奉内斯多略异教者，凡十五城。"（圣教杂志社编《天主教传入中国概观》，文海出版社 1928 年印行，第 4、9 页）。

② 北京故宫城午门楼上，曾发现景教用于礼拜的赞美颂古钞本，推测钞本的年代在 10～13 世纪，颂文称："正直的殉教者呵！汝等经营商贾的人们……"可见景教徒的传教士，亦是经商之人（参见朱谦之《中国景教》，人民出版社 1993 年版，第 128 页）。

③ 利玛窦与徐光启、李之藻等合作，先后译出的数学、地理、历法方面的书有《几何原本》《测量法义》《圆容较义》《同文算指》《浑盖通宪图说》《经天该》《泰西水法》等。此后，李之藻在万历四十一年在《请译西洋历法等书疏》文中称，传教士带来的书籍，"非特历术，有水法之书，算法之书，测望之书，仪象之书，万国图志之书，医理之书，乐器之书，格物穷理之书，几何原本之书，以上诸书多非吾中国书传所有"（载明代陈子龙等选辑《皇明经世文编》卷四八三《李我存集》）。作为这些科学技术之基础的宇宙观，当然还是哥白尼以前的托勒密地球中心说。哥白尼《天体运行论》1543 年出版，直到 1632 年伽利略《哥白尼和托勒密两大世界体系的对话录》发表，哥白尼学说的影响才逐渐扩大，在科学思想领域的主导地位才逐渐确立。利玛窦于万历八年（1580 年）入中国，万历三十八年（1610 年）卒于北京，他所带来的西方科学还没有进入这个新的宇宙观。

④ 利玛窦对儒家社会理想的基本判定是："儒家这一教派的最终目的和总的意图是国内的太平和秩序。他们也期待家庭的经济安全和个人的道德修养。他们所阐述的箴言确实都是指导人们达到这些目的的，完全符合良心的光明与基督教的真理。"（利玛窦、金尼阁：《利玛窦中国札记》，何高济等译，中华书局 1983 年版，第 104 页）。

⑤ 天主教反对偶像、鬼神崇拜，但利玛窦对儒家的祖先、鬼神祭祀礼仪却表示谅解，认为这是感恩的行为，他说："对受过教育的阶级，这些仪式是因感谢受惠而进行的，但毫无疑问低等阶级的许多人，却把这种仪式和敬神混淆了。"（《利玛窦中国札记》，第76 页）

其国人东来者（按：天主教传教士多为意大利人），大都聪明特
达之士，意专行教，不求禄利。其所著书，多华人所未道，故一时好
异者咸尚之，而士大夫如徐光启、李之藻辈，首好其说，且为润色其
文词，故其教骤兴。（《明史》卷三百二十六《外国·意大里亚》）

事实上，明末以徐、李、杨为代表的儒者之推崇西学和皈依天主教（天
学），并非出于单纯的新奇"好异"，而应视为是试图摆脱、挽救为他们
所深切感受到的儒学面临衰颓危机的一种选择。

明代后期儒学衰颓的危机，显然是由两个因素酿成：一是程朱理学的
僵化，一是阳明心学的禅化。程朱理学经过朱子的努力，已经完成了对理
学的两个理论主题——儒家伦理道德合理性的最终根源和实践方法，即
"本体"与"工夫"的全面论证；完成了对儒家经典"五经""四书"的
理学诠释。明代国家还规定，科举考试取士，以朱子的经解观点为义理标
准，"剿窃异端邪说，炫奇立异者，文虽工弗录"①。所以整个明代，人们
的思想和精神都是处在学术规模宏大周延，同时也是国家意识形态的程朱
理学笼罩之下。物极必反，正是在明代朱学所具有的这种崇高而垄断的地
位中，发育出导致儒学、朱学本身衰落的景象。明代的儒者、士子学人，
在科举功名目的的驱动和科举条例的制约下，既不得不去了解朱学的一
般义理，却又无须去做独立深入的探究，明儒并不了解程朱理学越过了
哪些理论困难而实现对儒学新的发展，也未遑考虑如何援进新的文化、
思想内容将朱学向前推进。明儒薛瑄所说"朱子发挥先圣贤之心，殆无
余蕴，学者但当依朱子，精思熟读，循序渐进"（《读书录》卷一），最
能代表这种态度。本来在消化、吸收道家佛家思想、建构新的儒家形而
上学的儒学发展中，表现了巨大的理论创造的程朱理学，在明代成为停
止发展的僵化的意识形态，正如《明史》所慨叹的那样，明代儒学"经
传非汉唐之精专，性理袭宋元之糟粕，论者谓科举盛而儒术微，殆其然
乎"（《明史》卷二百八十二《儒林传一》）。为科举考试，记诵经传、

---

① 明太祖洪武二年，诏天下立学，制条约十二款，其第一款为："国家明经取士，以
宋儒传注为宗……其有剿窃异端邪说，炫奇立异者，文虽工弗录。"（清·无名氏：
《松下杂抄》卷下）

摹作时文，消耗了儒者士人最好的青少年时光，对儒学理学之外广泛的经世治用知识也无暇无意问津，致使入仕后，在治理国家的实际政务中，每每显得空疏无策。也如《明史》所观察到的那样，明代后期，"朝政弛，则士大夫腾空言而少实用"①（《明史》卷二百四十二《陈邦瞻等传·赞曰》）。学术的空疏、义理的僵化，是明代儒学衰颓的一个方面的表现。

在朱学笼罩下的明代儒学，一方面，由于朱学的学术和理论规模宏大周延，及其地位崇高，每使学者如薛瑄那样，感到难以逾越；但是，另一方面，渐趋僵化的程朱理学，又每使学者感到束缚，期待着一种突破。王阳明心学在异于朱子理学的方向上出现，实现了这种突破。阳明心学的核心理论是他的"良知"说。"良知"说首先破解了朱子理学的具有外界客观性的本体之"理"，认为一切皆是吾心"良知"所发，"良知"即是本体；又破解了朱学提倡的应有所区别、有先后次序的知与行，或学习与涵养的"两个工夫"，主张所知、所行皆是"良知"，是"一个工夫"。阳明心学张扬个体的主体性，视个人的主观感受、认知体悟都是"良知"的表现；轻蔑对儒家经典的孜孜研读和用以规范、约束自己。阳明心学对朱子之学理论和实践的破解、突破，带来了从僵化的程朱理学笼罩下的解放，受到当时儒者文人的欢迎，史称"嘉隆而后，笃信程朱，不迁异说者，无复几人矣"（《明史》卷二百八十二《儒林传一》），成为明代中后期学术思想舞台上最凸显、最活跃的角色。但是，王阳明的"良知"说中，存在着一个足以颠覆阳明心学的盲点，就是王阳明没有清醒地看到，更没有向他的弟子们点破，若无他对儒家经典的熟悉，若无他对儒家"修齐治平"伦理道德的实践——阳明自 28 岁获进士出身，踏入仕途，历经挫折，最终成就为宋明理学家中有最大的事功者——他就不可能形成他的"良知"观念。虽然王阳明也曾说过"某于'良知'之说，从百死千难中得来，非是容易见得到此"（见钱德洪《刻文录叙说》，载《阳明

---

① 史家一般划分明后期起自万历朝。万历皇帝在位 48 年，有 20 年的时间未临朝议事，朝政松弛，史家称"明之亡，不亡于崇祯，而亡于万历。"（清·赵翼：《廿二史札记》卷三十五《万历中矿税之害》）《明史》此卷"赞曰"，乃是就此卷十七位传主皆万历朝入仕之六部官员而引发之评论。

全集》卷四十一），已感悟到他的"良知"内蕴着和表现着的实际上是由自己全部历练升华凝结的人生经验积累；但他并没有识解到正是儒家的生活环境、经典教育和道德实践塑造了他的心或"良知"，成为其心理结构或潜意识的内容。这就使他无视已经凝聚在他的"良知"观念中的儒家精神基础和道德思想，断然判认心或"良知"就是其本身生理心理上的固有的知觉功能。这一盲点使阳明抛弃宋儒以"虚实"、"公私"（"义利"）、"敬静"之辨判定儒释根本对立的观点①，认为儒佛之异只在"几微之间"②，坦然援引禅宗的思想来界定、诠释心或"良知"——"无善无恶心之体，知善知恶是良知"（《阳明全集》卷三《传习录下》）。即"良知"或心（性）是一种无善恶品质的本然存在，是一种知觉功能③。这一诠解作为逻辑前提，推演出的逻辑结论必然是，任何知觉、判断、行为，都是心或"良知"所发，都是合理的。这就是王阳明所说，"我今信得这良知，真是真非，信手行去"（同上），"良知只是一个，随他发见流行处，当下具足，更无去求，不须假借"（《阳明全集》卷二《传习录中·答聂文蔚二》）④。而这一结论，或者说这种"随他流行，当下具足"的修养方法，正是导致阳明心学崩溃的缺口。因为这一修养方法完全漠视了、放弃了道德意识和行为的培育过程。试想，当一王学信奉者，还缺乏对儒家思想、道德规范的理解和实践时，他的"良知"也不会有王阳明"良知"中的那种从"百死千难"历练出来的儒家精神时，他的"随他流行""信手行去"会是什么样的表现呢？在当时社会精神生活的环境下，必然是接近、趋同佛老，正如黄宗羲评断江左王学的

---

① 前已论及，宋儒以实与虚、公与私、敬与静判定儒佛之辨的言论甚多，宋儒以此三项判据判定儒佛思想有根本差别。

② 阳明答友人书中有曰："释氏之说亦自有同于吾儒而不害其为异者，惟在几微毫忽之间而已。亦何必讳乎其同而遂不敢以言，狃于其异而遂不以察之乎？"（《阳明全集》卷二十一《答徐成之二》）

③ 禅宗《坛经》有谓"心量广大，无有边畔，无是无非，无善无恶，无有头尾"（《般若第二》），"佛性非善非不善，是名不二"（《行由第一》）。将心（性）诠定为无善无恶的知觉功能本然，是阳明心学离儒近禅的最重要特征。

④ 禅家有谓"平常心是道，随处作主，立处皆真"（《临济慧照禅师语录》），"佛法在日用处，行住坐卧处，吃茶吃饭处，语言相问处，所作所为处"（《大慧普觉禅师书上》）。阳明倡"良知随他流行，当下具足"的修养方法，是阳明心学离儒近禅的第二特征。

代表王畿的思想走向那样："夫良知即为知觉之流行，不落方所不可典要，一著工夫则未免有碍虚无之体是不得不近于禅；流行即主宰，悬崖撒手，茫无把柄，以心息相依为权法，是不得不近于老。"（《明儒学案》卷十二《浙中王门学案二·王龙溪先生畿》）而这种理论思想的趋向，会带来什么样的道德状况呢？江右王学再传弟子王时槐的观察是："学者以任情为率性，以媚世为与物同体，以破戒为不好名，以不事检束为孔颜乐地，以虚见为超悟，以无所用耻为不动心，以放其心而不求为未尝致纤毫之力者多矣。"（《明儒学案》卷二十《江右王门学案五·王塘南先生时槐·语录》）显然，这是一场儒家道德实践被全面破坏的道德危机的降临。始料未及，作为一种张扬个人主体自主自立精神的儒学理论王学，在其流传中，非但不能指导、激励人们的儒家伦理道德实践，反而践踏、破坏着这种实践。百年间，阳明心学就在他的后学制造的流弊中崩溃了。

学术的空疏、程朱理学的僵化和阳明心学的禅化，明代后期社会精神层面上的颓衰状况就是这样构成的。为了摆脱、挽救这种由儒学颓衰而带来的精神危机、社会危机，明代后期的儒者、士人选择了三种有所区别的途径。一是前面已经论及的在反儒思想家李贽那里所表现出来的抉择，即与儒家决裂，皈依佛老。应该说，这个方向上如果不是只有李贽一个人物，也是只有极少数人物。二是以东林学派为代表的、基本上是在程朱理学与阳明心学间的选择。惩戒于心学的弊端严重，他们希望回归朱学，顾宪成的宣示最为清晰："以考亭为宗，其弊也拘；以姚江为宗，其弊也荡。拘者有所不为，荡者无所不为。拘者人情所厌，顺而决之为易；荡者人情所便，逆而挽之为难。昔孔子论礼之弊，而曰与其奢也宁俭，然则论学之弊，勿应曰与其荡也宁拘。"（《小心斋札记》卷三）似乎可以说，其后整个清代儒学的主流都认同、坚持这一选择。三是以徐光启、李之藻、杨廷筠为代表的儒者的选择，他们试图通过对西学（西方科技）及站在其背后的天学（天主教）的援入和皈依，实现"补儒易佛"①。当然。这个方向上的

---

① 《徐光启集》卷二《泰西水法序》。

儒者也是为数不多的，为时也不长①，但却具有典型的意义，它不仅回应了那个时代摆脱儒学精神危机的要求，而且在儒家社会生活中超越的精神层面上，展示了一种前此未曾出现过的、具有新的特质的终极追求。这是我们这里要予以论述的。

徐光启、李之藻、杨廷筠三人，在中国天主教史中被称为"中国开教三柱石"②。三人皆由科举进士入仕，履历至甚高官阶，徐为相国（礼部尚书兼东阁大学士，入阁参预机务），李为太仆寺卿，杨为京兆尹。三人不是理学家，未遑涉入当时朱学或王学门户之间及王学内部的纷争辩论之中；而是置身于一个末世衰微不振的社会环境里，殚精竭虑地操持、处理国家民生经济、边陲防御，以及历法典章修正等各种棘手政务的儒臣。此种经历和处境，使他们对科举儒学的学术空疏有更深切的感受。徐光启曾面对崇祯皇帝，批评"若今之时文，直是无用"（《徐光启集》卷九《面对三则》）。李之藻也每为科举儒学培养不出实学经世人才而叹息："今士占一经，耻握纵横之算；才高七步，不娴律度之宗；无论河渠、历象，显忒其方。寻思吏治民生，阴受其敝，吁，可慨已！"（《李之藻文稿·同文算指序》③），对于世风萎靡不竞进，道德疲软无力度，他们判定是由于儒学被佛老侵蚀的结果。徐

---

① 据历任万历、天启两朝内阁首辅，且与天主教传教士利玛窦、艾儒略等过从甚密的叶向高观察，当时皈依天主教的士大夫人物，即"深慕笃以为真得性命之学，足了生死大事者，不过数人"（《苍霞余草》卷五《西学十诫初解序》）。明末清初被誉为"关中四君子"之一的王弘撰说："大抵西洋之学，专奉耶稣，于二氏外别立宗旨，其与吾儒悖，均也。然天文奇器，则有独长。"（《山志初集》卷一《西洋》）此可视为当时多数儒者对西学的共同看法。此次天主教东传，自万历八年利玛窦进入中国开始传教，至康熙五十九年下禁教令，凡140年。其中明代末年的60多年间，是天主教在华发展较顺利时期。据天主教史记载，其时"圣教已广行十三省（当时全国只十五省，唯云、贵未到），教友约十五万。全体教友中有大吏十四员，进士十名，举人十一名，秀才、生监以数百计"（圣教杂志社编《天主教传入中国概观》，第21~22页）。可见，明末天主教中的儒门人士仍是少数。

② 中国天主教史称："李、徐、杨三公，人称为'中国开教之三大柱石'。不特因其保护圣教，庇翼教士，致教外人有所畏惮；即上海、杭州开教之缘起，大抵光启与之藻之功居多。饮水思源，其功岂可没哉！"（圣教杂志社编《天主教传入中国概观》，第18页）

③ 《李之藻文稿》，载《增订徐文定公集》卷六附。

光启观察到，虽然世人皆言崇孔，但"二氏之说实深中人心"；二氏之说"能使贤智之士，弱丧忘归"；欲使民众，弃其事业，"为仙为佛"。他质疑并否定地说："能人人仙佛乎？"（《徐光启集》卷二《刻紫阳朱子全集序》）杨廷筠更明确地说："道术不明，风俗日坏，异学误之也……害者维何？在于佛老。"（《天释明辨·原教》）不难看出，作为儒者、儒臣的徐、李、杨，在他们对儒学衰颓带来的社会危机、精神危机的强烈而一致的感受中，也显示对摆脱这种危机的共同期待：希望能有真正切合于民生实务的学问，可用于经国治世；能有一种精神动力、终极理念，可使世人道德实践坚强挺立起来，消解佛老之影响。正是在这样的历史情境下，耶稣会士利玛窦等传教士，带来的天主教及其作为开拓传教道路之工具的西方科学技术，在相当程度上能够满足他们这种"补儒易佛"之精神的、文化的需求，十分自然地受到他们的欢迎、信赖、皈依。

以利玛窦为代表的此次天主教东传，带来的虽然是伽利略以前的西方科技，但是对明末的儒者来说，仍使他们感到新奇、赞佩不已。这次传教士带来的诸如自鸣钟、三棱镜、地球仪、浑天仪、世界地图等西方工艺品、科学仪器之类，都是西方科学思想和技术长期发展的结晶，首先使得明末士大夫折腰，如叶向高赞叹说："其技艺制作之精，中国不能及也。"（《西学十诫初解序》）这次传教士还带来了大量的西学图书，在明末儒者的眼前展现中国固有典籍之外的新的学术视野。如李之藻从利玛窦带来的天文历数学说中，辨认出十四项观点或结论是"我中国昔贤谈所未及者"；历术以外的水法、算法、医理、物理、几何等书，也"多非吾中国书传所有"（《李我存集·请译西洋历法等书疏》）。这自然也使中国学者深为赞赏。除去技艺之精巧，学术之广博，此次东来西学还有一个重要的、使明末儒者感到无与伦比之处，就是思维之缜密。这主要是指表现在作为西方科学共同基础数学中的，尤为凸显在《几何原本》中的那种以符号作逻辑推演的公理系统所具有的细密、准确、简捷、普适的理路方法。徐光启《几何原本杂议》一文，似乎可以视为他对西方数学方法或运思方式的这些特色的概括。他赞叹"能通几何之学，缜密甚矣"；认为《几何原本》有"四不必"、

"四不可得"与"三至三能"①，就是对西方数学准确性与简捷性的归纳；将几何方法比喻为能绣出万种鸳鸯的"金针"②，就是对数学普适性的认定。利玛窦等传教士带来的西方科技，其技艺之精、学术之广、思维之密，使处在精神危机中的明末儒者，深感这就是可以补救儒学——僵化的程朱理学和禅化的王学之空疏的实学。一方面，"非吾中国书传所有"的水法、算法等学，都是治民生经济的实行实事，其为"实学"，固不待言，所以如李之藻在《请译西洋历法等书疏》中称"今诸陪臣（按：徐光启、李之藻上皇帝疏文中对传教士的称谓），真修实学"；另一方面，也是犹如徐光启、李之藻所真切感受到的那样，西方科学、数学之逻辑的运思理路，也"能令学理者祛去浮气，练其精心；学事者资其定法，发其巧思……率天下之人而归于实用者"（《几何原本杂议》）。科学和数学所具有的确实性和确定性之固有品质，"其道使人心归实，虚骄之气潜消，亦人跃跃，含灵通变之才渐启"（《同文算指》序）。可见，在徐、李这里，利玛窦带来的西方学术的"实学"含义，还在于它能在精神上对治、消解王学后学及其影响下世风中的那种虚妄想象之空言和任情骄诞之浮行。

在徐、李倾心利玛窦等传教士带来的西方科学技术，并真诚地接近与接纳了它的时候，他们发现，在这些历术、水法、算法、测望、医理、物理、几何等多彩的西方科学后面，还站着一个更重要、更崇高的义理——天主教教义（天学）。徐光启说：

> 顾惟先生（按：指利玛窦）之学，略有三种：大者修身事天，小者格物穷理，物理之一端，别为象数。（《徐光启集》卷二《刻几何原本序》）

李之藻也说：

---

① 徐光启评《几何原本》曰："此书有四不必：不必疑，不必揣，不必试，不必改。有四不可得：欲脱之不可得，欲驳之不可得，欲减之不可得，欲前后更置之不可得。有三至三能：似至晦实至明，故能以其明明他物之至晦；似至繁实至简，故能以其简简他物之至繁；似至难实至易，故能以其易易他物之至难。"（《徐光启集》卷二《几何原本杂议》）

② 徐光启曰"昔人云'鸳鸯绣出从君看，不把金度与人'，吾辈言几何之学，正与此异。因反其语曰'金针度去从君用，未把鸳鸯绣与人'……其要欲使人人真能自绣鸳鸯而已。"（《徐光启集》卷二《几何原本杂议》）

往游金台，遇西儒利玛窦先生，精言天道，旁及算指……至于缘
数寻理，载在几何，本本元元，具存《实义》（按：指利玛窦撰《天
主实义》）诸书。如第谓艺数云尔，则非利公九万里来苦心也。（《李
文藻文稿·同文算指序》）

他们认为，相对于利玛窦带来的"修身事天"之学，《天主实义》之理，他
的科技艺数之类，只是"小者"；利玛窦东来，非为传其"小者"，真正的
用心、苦心，是要传其"大者"。他们在进一步了解了利玛窦带来的天主教
教义（天学）后，也认同、接受了它，确立为自己新的精神生活目标——
"取西来天学，与吾儒相辅而行"（杨廷筠：《代疑续编·跋实》）。

利玛窦时，天主教神学（天学），已是一个有一千五百年成长历史的
宗教神学思想体系，经历或继承由教父哲学到经院哲学的发展，唯名论与
唯实论的争辩，天主教的神学诠释已具有十分纷繁的内容。利玛窦带来的
"天学"，只是天主教神学的最基本教义，尤为凸显的是创造世界万物、
人类的"天主"观念和人的灵魂不死、死后报应的"死候"观念①；并保
持着经院哲学的托马斯主义的特色，即援用亚里士多德的哲学思想来诠解
神学观点②。但这两个天学基本观念，对于生长在儒家思想传统中的，特
别是经历了宋明理学熏陶的儒者来说，是很难接受的。回顾儒学历史，我
们可以看到，在儒家经典《尚书》《诗经》中，不时会有最高人格神特征
的"上帝"和表现其意志的"帝命"之词语出现③。应该说，这是殷、周
原始宗教观念残留在儒家早期经典中的显露。在此后的儒家思想发展中，

① 利玛窦撰《天主实义》，是此次天主教东传中结合中国思想文化，完整论述天主教
神学基本观点的著作，共八篇。首篇即为"论天主始制天地万物而主宰安养之"，
第三、六篇为"论人魂不灭"与"死后必有天堂地狱之赏罚以报世人所为善恶"。
此外，利玛窦还撰《畸人十篇》，专意与徐光启、李之藻等十人讨论生死（死候）
问题。
② 利玛窦在《天主实义》中以"四因"解释天主创造万物（首篇），以"三魂"解释
人的灵魂不死（第三篇）。此皆同于托马斯之解释，其源于亚里士多德。
③ 例如，《诗经·大雅·文王》"殷之未丧师，克配上帝"，朱子注："上帝，天之主
宰也。言殷未失天下之时，其德足以配乎上帝矣。"（《诗集传》卷十六）《诗经·
商颂·长发》"帝命不违，至于汤齐……上帝是祗，帝命式于九围"，朱子注："商
之先祖，既有明德，天命未尝去之，以至于汤……惟上帝是敬，故帝命之，使为法
于九州也。"（同上书卷二十）

情况逐渐发生变化，直至这种残留的外在客观的、人格的、超越性主宰观念被彻底消除。首先是在孔子那里，《论语》中没有出现"上帝"一词；"上帝"的观念已被"天"置换。如孔子一面说"获罪于天，无所祷也"（《八佾》），"天"似乎仍是一有人格、有意志的存在；一面又说"天何言哉，四时行焉，百物生焉"（《阳货》），"天"实是一种并无人格特质的自然存在。所以在孔子儒学中，"天生万物"就不能再诠释为万物是"上帝"有意志的创造的结果，而应是一种对万物自然过程的最初源头、起点的追溯。与此相应，"帝命"一词也被"天命""天道"代替，其意蕴是指万物与人类生成这一自然过程中的"天"之必然性、规律性，也不再有"帝命"中"上帝"之意志的内涵。《论语》中记载，孔子说自己"五十而知天命"（《为政》），孔子的弟子们感到"夫子之文章，可得而闻也；夫子之言性与天道，不可得而闻之"（《公冶长》）。这是说孔子到五十岁时，才对存在于万物和人类生存过程中的某种必然性有所彻悟；而在经常的情况下，孔子对这种万物和人类生存过程中的必然性、规律性，较之《诗》《书》文献、为学修行，是不多谈论的，这是需要较多的生活观察和人生经验才能感知和体悟的。这样，在孔子儒学中，残留在早期经典中的作为万物和人类创造者、主宰者的最高人格神的宗教观念就被改造了，被淡化了，甚至可以说被消解了；并且开始形成儒学的基本的理性精神传统①。孔子之后，"天"之宗教性内涵进一步被彻底消解，主要有两个方面的表现。一是在可视为先秦孔子弟子或后学论说集的《礼记》中，"天"之源自"上帝"观念的外在超越性被消除。《礼记》有谓"仁人之事亲也如事天，事天也如事亲"（《哀公问》），"天地之祭，宗庙之事，父子之道，君臣之义，伦也"（《礼器》）；认为祭祀的对象应该是"法施于民则祀之，以死勤事则祀之，以劳定国则祀之，能御大灾则祀之，能捍大患则祀之……此皆有功烈于民者也。及夫日月星辰，民所瞻仰也，山林、川谷、丘陵，民所取材用也。非此族也，不在祀典"（《祭法》）。可见在儒学中，天（天地）的祭祀就是人的世俗伦理道德实践组成部分，而不

---

① 程颐曾说："仲尼于《论语》中未尝说'神'字，只于《易》中，不得已言数处而已。"（《河南程氏遗书》卷十五）已观察到并明确表述了孔子儒学这个基本的理性精神传统的形成。

是游离于或高于世俗的超越性伦理；对"天"的崇敬，也无异于对父母、祖先、君王的爱敬，都是人的内心所具有的感恩性质的道德情感的抒发，内蕴着"慎终追远，民德归厚"（《论语·学而》）的道德理性自觉，完全不含有皈依某种超越性存在的意涵。二是在宋代理学中，"上帝"或"天"的那种作为万物和人类的创造者、主宰者之最初、最高根源之品格，被形上的哲学观念"理"（"太极"）消解。宋代理学家二程说，"万物皆出于理"（《河南程氏遗书》卷二上），"实有是理，乃有是物"（《河南程氏经说·中庸解》），"理"是宇宙万物的最后根源。朱子进一步明确界定"理"的内涵就是包括天（天地）在内的所有万物存在的"所以然之故，与其所当然之则"（《大学或问》卷一）；诠定"理"的这种品质就是万物存在之最终根源或本体的品质，可称为"太极"："谓之太极者，所以指夫天地万物之根也"；并区分出"以本体言之"和"以流行言之"（《朱文公文集》卷四十五《答杨子直一》），即本体论和宇宙论两个有所区别的理论角度；认为从本体论角度观察，"理"在万物（"气"）之先出现，就宇宙论即万物生化过程和存在状态而言，"理"与物又是不可分的①。这样，在理学中，作为最初根源或最高本体的，自然是"理"或"太极"，是一切存在的"所以然之故与当然之则""天地万物之根"；那么，从本体论上言，"上帝"若存在，也应在这个"理"之后。总之，儒家自孔子开始形成的理性的精神传统，无论是从道德的或哲学的角度，从宇宙论（万物生化）的或本体论最后的存在根源的角度，都很难接受一种外在超越性的、具有人格特质的"天主"创造、主宰世界万物的观点。

　　同样，天学"死候"的观念，也难以为孔子儒学所接受。《论语》记载："季路问事鬼神。子曰：'未能事人，焉能事鬼?'曰：'敢问死。'曰：'未知生，焉知死?'"（《先进》）可见从孔子开始，儒家对人之必然死亡的生命结局，就看得很平淡；对人死后（鬼神）会是怎样的情状，

---

① 朱子与友人讨论理气先后时说："所谓理与气，此决是二物。但从物上看，则二物浑沦，不可分开各在一处，然不害二物各为一物。若在理上看，则虽未有物而已有物之理，然亦但有其理而已，未尝实有是物也。"（《朱文公文集》卷四十六《答刘叔文一》）

也不予置论。当然，孔子对祭祀鬼神，还是抱着"祭如在，祭神如神在"（《论语·八佾》）的态度，虽然并不清楚祖先之鬼神是何种情状，是否存在，但还是应真诚地对祖先奉献孝敬之意。《礼记》中明确地将"鬼神"诠定为是人死后"气"的一种存在状态①；还认为"祭者，所以追养继孝也"（《祭统》），明确地将鬼神祭祀从其功能上诠定为是一种道德性质的行为。宋代理学家如朱子，继承《礼记》的思想立场，界定"气聚则为人，散则为鬼"（《朱子语类》卷三），认为"散也是无了"（同上），人作为个体生命及其知觉功能等也都不再存在；而祭祀之礼，只是"尽其诚敬"而已（同上）。因此评断佛家人鬼"六道轮回"之说，"必无是理!"（同上）显然，具有儒家理性传统、受到理学浸润的儒者，如同拒绝佛家"轮回"观念一样，也很难接受天学的"死候"观念。

利玛窦敏锐地观察到，天学的"天主""死候"教义与中国儒家思想间的这种观念鸿沟，阻碍着中国儒者、民众对天学的接近；清醒地认识到，要消除这种障碍，必须对"天主""死候"作出能为生活在理性色彩鲜明、历史悠久的中国文化传统中的儒者和民众所理解和接纳的诠释。利玛窦对"天主""死候"两个主要天学观念，所作旨在缩小、弥合与中国传统文化观念差距的诠释，最主要之处有二。一是借援儒家经典。利玛窦在其向中国儒者、民众阐述天主教义的著作中，每援引儒家经典中具有宗教观念内容的"上帝""鬼神"，来证明天学的"天主""灵魂不死"是中国儒学所固有，用以否定孔子以后儒学中的道德性的、哲学形上性的非人格的"天""理"观念和非精神实体性的"鬼神"观念。例如在《天主实义》中，利玛窦历引《诗经》之《周颂·执竞》《商颂·长发》《大雅·大明》、《周易·说卦》、《礼记·月令》、《尚书》之《汤誓》《金縢》中出现的"上帝"或"帝"后说，"历观古书而知'上帝'与'天主'特异以名也"（第二篇《解释世人错认天主》），"但闻古先君子敬恭于天地之上帝，未闻有尊奉太极者，如太极为万物上帝之祖，古圣何隐其说

---

① 《礼记》曰："众生必死，死必归土，此之谓鬼。骨肉毙于下，阴为野土，其气发扬于上，为昭明，熏蒿凄怆，此百物之精也，神之著也。"（《祭义》）此外，《周易·系辞传》也有近似之论："《易》……原始反终，故知死生之说，精气为物，游魂为变，是故知鬼神之情状。"

乎？"（第二篇《解释世人错认天主》）又历引《尚书》之《盘庚》《西伯戡黎》《金縢》《召诰》，以及《诗经·大雅·文王》中之某先王"在帝左右""在天""在上"之词后说："吾遍察大邦之古经书，无不以祭祀鬼神为天子诸侯重事……以死者之灵魂为永在不灭矣。"（第四篇《辩释鬼神及人魂异论》）利玛窦对儒家早期经典的这些援引和解读，或有讹误，但应该说，对于崇古的儒家来说，这一以儒家经典中的前儒家的宗教观念，来否定儒家的道德理性观念的做法，还是很有力的。此外，利玛窦还有意地、巧妙地将儒家的仁义礼智信基本德性规范，编织进天学宗教实践从"爱"到"信"到"行"的全过程：

> 仁之大端在于恭爱上帝，上帝者生物原始，宰物本主也。仁者信其实有，又信其至善而无少差谬，是以一听所命而无俟勉强焉。知顺命而行斯之谓智，不顺命甚且怨命，皆失仁之大端者也……君子于所欲值欲避，一视义之宜与否，虽颠沛之际而事上帝之全礼无须臾间焉（利玛窦：《二十五言》）

这样，天学的宗教实践就被利玛窦诠释为儒家"五德"的实现，使儒者在离开孔子、朱子的思想路线而皈依天学时，仍能充满信心，自以为仍是行进在儒家的道路上。二是借援自然理性。天学作为一种宗教，它的"天主创世""灵魂不死"等根本观念的真正立足，都必须依赖超理性的信仰。但是，利玛窦在中国文化环境下作出的诠释、论证，却是选择了自然理性的途径。在真实记述利玛窦在中国传教经历的《利玛窦中国札记》一书中，述及利玛窦的最重要传教著作《天主实义》时说：

> 这本新著作所包含的全是从理性的自然光明而引出的论点，倒不是根据圣书的权威。这样就铺平并扫清了道路，使人们可以接受那些有赖于信仰和天启知识的神秘了。[1]

---

[1] 利玛窦、金尼阁：《利玛窦中国札记》，第485页。

这里的"从理性的自然光明而引出的论点"，也就是自然理性的推论方法，它是从具体的生活经验的基础上，推演或归纳出高于具体经验的一般性结论。例如《天主实义》首篇中，就是以无生命的万物，"不能自成，定有所为制作者"；"物本不灵，此世间物安排布置有次有常，必有至灵之主使各得其所"；有生命的万类，"初宗皆不在本类，必有元始，化生万类者"三项完全是经验性认知，来推断"天地间有主宰、造化万物者"。这样的推断所依据的经验事实，尽管十分粗浅，十分不足，但毕竟清晰地指示出一条容易为中国文化环境中的信众理解和接受的、可借经验知识及理智思考而走向"天主"之路。当然，正如后面我们将论及的，走在这条路上的中国儒者发觉，只有自然理性，还是达不到"天主"的。利玛窦诠释"死候"的理性表现，与推证"天主"不同，不是再援依经验事实而作逻辑的推论与概括，而是转换为一种对死亡本身的思考及其所可能释放的价值的叙说。《利玛窦中国札记》述及《畸人十篇》时说：

> 《畸人十篇》的大部分是连续不断的评论，是一种以对死亡的反复沉思，作为维持人生的正当秩序的方法。①

显言之，利玛窦对"死候"的诠释，即对灵魂不死、死后报应的阐说，真正的话语和用心是在建构现世的从善去恶的人生秩序。应该说，这一转换是必要的。因为对生者来说，死后的经历只能在非理性的迷信和超理性的信仰中存在；在儒家的文化环境中，在理性中，这只能是无据的、无法证明的妄臆。但当天学将"死候"诠释为是对死亡的一种思考、一种维持人生正当秩序的方法时，还是具有了某种理性的品质。在此意义上，天学阐释"死候"的基本含义是，人于今世为侨寓，后世为久居；人当努力为善去恶，创后世永居天堂之乐，避永沦地狱之苦（《畸人十篇·人于今世惟侨寓》）。这一"死候"观念中，内蕴着能使人"敛心检身""治淫欲""轻货财""伐傲心""不畏死"五种助益人生行为合理、精神安宁的因素，利玛窦称之为"常念死候有五大益焉"（《畸人十篇·常念死

---

① 利玛窦、金尼阁：《利玛窦中国札记》，第487页。

候》）；内蕴着可使人从善去恶行为之力度增强的那种精神驱动机制。利玛窦解释说："吾欲引人归德，若但举其德之美，夫人已昧于私欲，何以觉之乎？言不入其心，即不愿听而去，惟先怵惕之以地狱之苦，诱导之以天堂之乐，将必倾耳欲听而渐就乎善善恶恶之成旨。"（《天主实义》第六篇《解释死后必有天堂地狱》）利玛窦对天学"死候"作出的这种"维持人生正当秩序的方法"的诠释，也许正是首先获得明末儒者对天学之青睐与认同之处，因为它不仅与儒家固有的"圣人以神道设教"① 有某种相通，而且在当时世风萎靡、道德疲软的社会环境下，也唤起他们用以增强人们道德践履动力的期待。的确可以在还不是全部因素或充分条件的意义上承认，利玛窦援借儒家原始经典和自然理性对天学传统教义的独特诠释，消弭了与中国传统思想观念的根本隔阂，为中国信众，特别是儒者接受皈依天主教，"铺平并扫清了道路"。

明末儒者选择、皈依天主教，展现出的是中国思想史上又一次与一种异质文化交融的景象。从徐光启、李之藻、杨廷筠三位代表人物那里可以看出，他们之接受天学，兼有道德理性的和宗教超理性的不同理论姿态。

儒家无论作为一种思想体系或一种生活方式，其伦理性的品格，义务论道德的立场，都是其基本的特质。在徐、李、杨三儒者看来，"天教不废世事，凡人伦日用，服劳作务，无不与世同"（《天释明辨·禅观》）。换言之，首先是在世俗道德理性的层面上，三儒者发觉了可以认同天学的理念基础。这种认同，凸显出这样两个结论。其一，天学虽然也是异学，但能与儒学相合。三儒者于此皆有论断：

> 泰西诸君子，其谈道也，以"践形尽性""钦若上帝"为宗；所教戒者，人人可共由，一轨于至公至正，而归极于"惠迪吉、从逆凶"之旨，以分趋避之路。余尝谓其教必可以补儒易佛。（《徐光启

---

① 《周易·观·象》："圣人以神道设教而天下服。"儒学中此"神道"有两种诠释。一有宗教意蕴，涉鬼神祭祀之义。如经学家虞翻诠释"神道设教"为"神明其德教"（李鼎祚：《周易集解》卷五）。一无宗教意蕴，谓天自然运行之神妙。如理学家程颐诠释"神道设教"曰："观天之运行，四时无有差忒，则其见神妙，圣人体其妙用，设为政教。"（《周易程氏传》卷二）

集》卷二《泰西水法序》）

人有恒言，道之大原出于天。如西贤之道，拟之释老则大异，质之尧舜周孔之训则略同。其为释老也者，与百家九流并存，未妨吾中国之大；其为尧舜周孔之学也者，则六经中言天言上帝者不少，一一参合，何处可置疑矣。（《李之藻文稿·刻圣水纪言序》）

泰西诸君子，其言语文字更仆未易详，而大旨不越两端，曰钦崇一天主万物之上，曰爱人如己。夫钦崇天主，即吾儒"昭事上帝"也；爱人如己，即吾儒"民吾同胞"也。（杨廷筠：《七克序》）

在三位儒者看来，天学的主要信条都能在儒学中获得认同的回应，都能"一一参合"。但是应该说，当三儒者作出这样的论断时，他们实际上已经预设了一个前提，已经将天学的宗教性信条转换到世俗的、伦理道德的层面上。因为只有在这样的生活和精神情境下天学之崇拜唯一神天主，才能诠释为儒家伦理性的"昭事上帝""钦若昊天"[1]；信仰性的死后报应，才能有似于"惠迪吉、从逆凶"[2] 的现世生活中的公正之旨；作为天主命令的"爱人如己"，才能与作为人的道德自觉的"民吾同胞"[3] 相通。其二，天学虽然是宗教，但也是"实学"。三儒者论曰：

以敬天地之主为宗，即小心昭事之旨也；以爱人如己为事，即成己成物之功也；以十诫为约束，即敬主爱人之条件也；以省愆悔罪为善生善死，即改过迁善降祥降殃之明训也。近之，愚不肖可以与能；极之，贤智圣人有所不能尽。时有课，日有稽，月有省，岁有简察，循序渐积，皆有实功，一步蹉跌，即为玷缺，如是乃为实学耳。（杨廷筠：《代疑续编·跖实》）

诸陪臣其说以昭事上帝为宗本，以保救身灵为切要，以忠孝慈爱为工夫，以迁善改过为入门，以忏悔涤除为进修，以升天真福为作善之荣赏，以地狱永殃为作恶之苦报，一切戒训规条，悉皆天理人情之

---

① "昭事上帝"语出《诗经·大雅·大明》，"钦若昊天"语出《尚书·尧典》。

② "惠迪吉、从逆凶"为《尚书·大禹谟》中语。

③ "民吾同胞"为张载《正蒙·乾称》中语。

至。其法能令人为善必真，去恶必尽，盖所言明白真切，足以耸动人心，使其爱信畏惧，发于由衷故也……陪臣所传事天之学，真可以补益王化，左右儒术，救正佛法者也。（《徐光启集》卷六九《辨学章疏》）

《天主实义》十篇，用以训善坊恶，其言曰，人不事亲不可为子，不识正统不可为臣，不事天主不可为人；而尤勤恳于善恶之辨，祥殃之应，为善若登，登天福堂，作恶若坠，坠地冥狱。大约使人悔过徙义，遏欲全仁，念本始而惕降监，绵顾畏而遄澡雪，以庶几无获戾于皇天上帝……诚谓于存心养性之学，当不无裨益。（《李之藻文稿·天主实义重刻序》）

三儒者之论，清晰地显示出他们是如何用儒家传统的运思方式和理论构架，对天学宗教信条进行了世俗伦理和道德性的改造。三儒者认为，"不事亲不可为子，不识正统不可为臣，不事天主不可为人"，这样，宗教性的崇事天主，就获得与孝亲、忠君相同的伦理性质，共同地成为人之世俗伦理实践的构成部分；三儒者认为，天学的"一切戒训规条，悉皆天理人情之至"，这样，天学基于信仰的、旨在死后能够升天真福，避免地狱永殃的全部宗教实践、修持行为，都被诠释为发自人性、人心的道德行为。在将天学宗教信条向世俗的伦理道德层面转换的过程中，三儒者敏锐地发觉，这种来自天学的戒训规条的道德实践，特别是赏善罚恶的天堂地狱规条，足以产生一种撼动人心的畏惧之情，"令人为善必真，去恶必尽"，具有极强道德实践力度。正是在此意义上，三儒者评断天学"于存心养性之学，当不无裨益"，"真可以补益王化，左右儒术"，概言之，天学"如是乃为实学"。但是，这里似乎存在着某种意义上的宗教与道德的悖论。即当三儒者作出这样评断的时候，特别是将恐惧视为驱动从善去恶、驱动道德践履的动因时，他们实际上是又退出了儒家的道德理性层面，而回到天学的超理性信仰层面。《礼记》有论曰，"墟墓之间，未施哀于民而民哀；社稷宗庙之中，未施敬于民而民敬"（《檀弓下》），宋儒有诗云，"墟墓兴哀宗庙钦，斯人千古不磨心"（《象山全集》卷二十五，《鹅湖和教授兄韵》）。可见道德感情中有哀伤、有崇敬，但不会有恐惧。

恐惧是人在面临或身处非人性、非人道情境下产生的心理反应、精神感受，学者们多判定恐惧感是宗教的心理基础①。诚然，宗教中每设计有这样的情境，而在道德中则否定，也不存在这样的情境。

徐、李、杨三儒者，在世俗理性层面上对天学主要理念所作的认同性的诠释，对于他们是在儒家文化环境中选择、接受天学来说，应该是必要的；但是，天学毕竟是一超理性的、信仰的宗教存在，三儒者（特别是李、杨）很快也就觉察，这种理性的、认同的诠释，对于真正理解、皈依天学来说，又都是不够的、不充分的。一者，作为天学主要信条的"天主""死候"，其真确含义都是儒家经典中未曾论及的。如杨说，"古来经典，只教人钦天、奉天，知天达天，未尝明言何者为天"（《代疑续编·明超》），"作善降祥，作恶降殃，儒有恒言，皆生前报应之理，死后一节，未经指点"（《天释明辨·天堂地狱》）。再者，天学所立天主、死候之义，诸如"三位一体""天堂地狱"，也是儒家道德理性推演不出的。亦如杨说，"人只有三位（按：三位一体）难明，非可辩说而得，非可义理而通，要在信心，要在潜悟，又须耐久，默求天主加其力量，有时忽然而通，一得具得"（《代疑篇·答天主三位一体》），"报应之事，有天堂地狱，粗言之，似乎涉迹；精言之，极为玄微，……天主报人，无所不尽，正是超性者之作用，非人思议，岂云粗迹？"（《代疑篇·答既说人性以上》）换言之，天学的根本信条，不是通过理性的、逻辑的推演来证成，而是由"信""悟"获得。李、杨称之为"超性"；只有这种"超性之理"或"超性之知"，才能体识天主、死候之义。

> 西儒言天主三位一体，此超性之理也，言亦不能尽解，喻亦不能尽似……必发超性之愿，方能得超世之功；信超性之理，方能得超世之福。（《代疑续编·明超》）

> 缘彼（按：天学）中先圣后圣，所论天地万物之理，探原穷委，

---

① 例如，18世纪法国思想家狄德罗曾说："除去了一个基督徒对于地狱的恐惧，你就将除去了他的信仰。"（《狄德罗哲学选集》，陈修斋等译，生活·读书·新知三联书店1956年版，第38页）现代著名的英国哲学家罗素也说："我认为宗教基本上或主要是以恐惧为基础的。"（《为什么我不是基督教徒》，沈海康译，商务印书馆1982年版，第25页）

步步推明，由有形入无形，由因性达超性，大抵有惑必开，无微不破。有因性之学，乃可以推上古开辟之元，有超性之知，乃可以推降生救赎之理，以认造物之主。(《李之藻文稿·译〈寰有诠〉序》)

显然，所谓"超性之理""超性之知"，也就是超理性的信仰；只有在这种信仰的基础上，天学的"天主""死候"信条才能立足；接受了这种信条，对天学的皈依才能完成。

明末徐、李、杨三儒者，对利玛窦等传入的天主教的教义，在世俗理性的层面上，以"与儒合""是实学"为词作出可予认同的诠释；又在超理性层面上，以"有超性之知""是超性之理"作出接受其信仰的解释，走上皈依天主教之路。虽然在当时的儒者中，这种天主教的选择和皈依只是少数，但却具有某种典型的意义，并映现了他们作为儒者的自觉的方面。首先，在明末的当时，占据时代精神舞台的儒学两派思想路线都陷入某种深重危机的情况下——程朱理学是因意识形态化而趋于僵化、空疏，失去活力；王学则因禅化而流于放诞无根，迷丧归向。选择天学的儒者十分真诚地相信，他们的这一宗教选择，"真得性命之学，足了生死大事"，既能增强社会道德规范之践履的动力，实现"补儒"；又有助抗御、削弱佛禅侵蚀的功效，可望"易佛"①，消解引起那个时代精神危机的两个因素。潜隐在明末儒者选择天学之背后的"补儒易佛"目标能否达到，自当别论，但毕竟代表了一个自觉的儒者对那个时代儒学危机的一种回应，挽救时代精神危机的一种努力。其次，在更宽广的儒家社会生活的历史背景下，展现了一种前此未曾出现过的，也是在孔孟儒学传统中，特别是宋明理学的超越的理论层面不能存在的终极追求——对人格的、万能的"天主"和灵魂不死、死后报应的"死候"的信仰。显然在这里，明末儒者的天学皈依，已不自觉地离开了儒家超越的理论立场和生活理念。确实如《明史》所观察到的那样，"科举盛而儒术微"，有明一代的儒者，多

---

① 此次西来天学，对佛教抱着明显的敌视和批判的态度。如利玛窦曾说："窦辈所与佛异者，彼以虚，我以实；彼以私，我以公；彼以多歧，我以一本，此其小者。彼以抗诬，我以奉事，乃其大者。如是止耳。"(利玛窦、虞淳熙：《辩学遗牍·利先生复虞诠部书》) 利玛窦在《天主实义》《畸人十篇》中也多次攻击、贬损佛教。

以朱子之学为科举工具使用，放弃了对其义理的探究，儒学的理论水平，较之朱子之学的高度和境界甚有差距。主要表现为，明儒一般是在朱子的宇宙论（"以流行言之"）的理论层面上观察、思考理气问题，难以跨越"理气不可分"的经验性结论；具有更高理性和形上特质的"以本体言之"的"理为天地万物之根"的本体论结论和"理在气先"的本体论观察，皆难以形成。阳明心学以心（"良知"）为本根而风靡一时，但百年间，这种"本根"因被其后学诠释为"知觉之流行"而烟消云散。丧失朱学本体论理论眼光的明代儒学，诠释不出世界的根源，诠释不出人的精神归宿，这给明末传入的天学留下了生长的空间。程朱理学中有一个重要命题："在天为命，在义为理，在人为性，主于身为心，其实一也。"（《河南程氏遗书》卷十八）这是从不同角度对本体（"理"）的诠说。换言之，人的命、性、心也是"理"的体现，能从本体"理"中获得终极的解释。皈依天学的明末儒者，不具有这样的理学本体论理论立场，而只能从天学之信仰的角度，对天地之根源、人之归宿作出解释。杨廷筠的表述最为清晰：

> 儒学言天，第指理气；此言必有主。夫言理气，乃无知无觉之物；此言天主，全能生天生地生人生万物，而主宰、安养、赏罚之……种种殊异，皆超性以上，非肉血含灵可得而思议也。（《代疑续篇·寡俦》）
>
> 今就"天命之谓性"一句释之。言人有性，从天降之；上帝不分体质与人，所命者，虚灵性体……灵性唯由主赋，所以必无散灭；无散灭所以必有报应。报应之事，有天堂有地狱。（《代疑篇·答既说人性以上》）

不难看出，皈依天学的明儒，其"天主""死候"之论，实际上只是信仰支撑下的十分粗糙浅陋的经验推论。所以，尽管明末徐、李、杨少数儒者选择、皈依天主教，有服膺此次西来天学带来的西方科学成就的因素，也有回应那个时代精神危机的原因，但根本上还是他们自己儒学理论上的薄弱，正如程颐批评宋代攀缘、皈依禅门的儒家人物时所说的那样，"只为于己道实无所得"(《河南程氏遗书》卷十五)。皈依天学的明末儒者,未理解、未接受作为古代儒学最高发展的朱子理学的理论成就,在超越的理论层面上,不能理解其对终极"理"或"太极"的理性诠释——作为本体的事物"所以然之故与当然之则"和"天地万物之根",坚守不住儒家终极追求中的道德理念——"行法以俟命"(《孟子·尽心下》)或"唯义而无命"(《河南程氏外书》第三),他们是在一种理论的困惑、空虚中,选择、信仰了"天主""死候"。

明末儒者对天主教的选择和皈依,在其对天主教的"天主"和"死候"两个主要观念的消化、接受中,表现出兼有道德的理性理解和宗教的超理性理解两种理论姿态,所以,虽然他们在本体论层面上,或者说在超越的理论层面上,对终极和终极关怀的诠释,有悖于儒家传统的理性精神,但在世俗生活的层面上,仍与儒家传统的道德观念保持一致,甚至试图用天学来维护、增强这个传统。明末儒者皈依天学的人数不多,为时也甚短,但他们留下的这种儒学与佛教之外的另一种异质文化——基督宗教交流、融合的经验与模式,却仍有某种典型的意义。

(三) 儒家生活中的宽容

儒家的社会生活形态,一方面有封闭性的特征,在儒家以周延的伦理关系、道德规范建构的生活领域中,人们总是被确定地以某一伦理的角色、规范的行为出现在生活的舞台上;另一方面,也有开放性的特征,儒家社会生活中不断生长出、存在着儒家理论笼罩不住的,甚至是背离儒家理论的生活空间和内容。儒学和儒家生活能在这种深刻的内在冲突中,不被磨损消耗而保持长久不衰,必有某种深厚的根源,如《诗经》所吟"何其久也,必有以也"(《邶风·旄丘》),而《尚书》所谓"有容德乃大"(《周书·君陈》),似乎正是一个答案:是一种宽容的品德,使儒学和儒家生活能在这种紧张中保持平衡,创造出绵延的发展。

在不同的历史情境下,人们对"宽容"有不同的界定或诠释。活跃在 20 世纪上半叶的、以文化史为主要题材的美国作家房龙(H. vanLoon),他那本追寻人类或者说西方思想发展的历史故事的著作,就以《宽容》为书名、为主题而展开叙述的。他援依《大英百科全书》,将"宽容"定义为"容许别人有行动和判断的自由，对不同于自己或传统观点的见解的耐心公正的容忍"，并诠释为这是人类至今尚未实现的，要在摆脱、征服"恐惧"后方能实现的理想①。但在浅近的意义上，一般可将宽容理解为接受、认可、尊重差异性的那种理性态度和行为原则。17 世纪英国哲学家洛克（J. Locke），对于处理异教间或教派间纷争的"宗教宽容"的建议——宗教是个人内心信仰，国家和教会都不能以权力干涉，"无论他是基督徒，还是异教徒，都不得对他使用暴力或予以伤害"②；当代美国政治学者沃尔泽（M. Walzer），对于在多民族帝国、国际社会、移民社会五种体制下，有权力、等级、性别、宗教、教育等多种因素介入引起的广泛的差异性冲突的情况下，作出的主旨是"尊重文化的多样性"的多种设计③，都可以视为这种宽容观念的表现。这里所说作为儒学和儒家生活之品质的宽容，似乎有更丰富的、独特的意涵。我们将看到，在儒家的社会生活中，不仅有异己的、差异的宗教思想观念、民族生活方式等不同文化形态的繁荣共存，而且也有他们自然的和自觉的相互融入；容忍、认可、尊重差异，不仅是儒学表现出的道德和智慧的理性态度，而且也是它固有的文化性格。换言之，在儒家这里，宽容不仅是作为一种人类理想的美德存在，也显现为是其生活形态的一个主要特征。

1. 儒家宽容的理念构成

儒家生活中的宽容，不仅有差异的共存，还有差异的融合；不仅是理性态度，还是文化性格。儒家宽容的这种独特、丰富的表现，在于儒家宽容的理念构成也是独特的、充分的。要言之，儒学中有三个基本的理念形成和支持着儒家的宽容表现。

第一，人性相同、人格平等的信念。《诗》云"天生烝民，有物有则，民之秉彝，好是懿德"（《大雅·烝民》），《书》曰"王司敬民，罔非天胤"（《商书·高宗肜日》）。可见，在儒家原始经典中就具有了这样

---

① 亨德里克·房龙：《宽容》，迮卫、靳翠微译，生活·读书·新知三联书店 1985 年版，第 13、388 页。

② 洛克：《论宗教宽容》，吴云贵译，商务印书馆 1982 年版，第 12 页。

③ 迈·沃尔译：《论宽容》，袁建华译，上海人民出版社 2000 年版，第二章、第四章。此外，沃尔泽还论及现代与后现代社会的差异冲突。对于所有这些，都可以这样一句话作为总结："对于这种冲突，除了矢志维护双方的价值观，我们别无选择。"（第 102 页）

的信念：人皆是"天"之所生，具有相同的德性。即在自然的和本然的意义上，人之人性、人格是没有区别的。孔子践行"有教无类"（《论语·卫灵公》），孟子相信"人皆可以为尧舜"（《孟子·告子下》），正是这种人性相同、人格平等观念的具体表现和实践。当然，在儒家的社会生活中，也长期实际存在着诸如"三纲"的君臣、父子、夫妇（男女）间尊卑、主从关系①。但这只是一种对一个人在社会生活之政治性的、自然性的秩序的位置不同的设定，并不能否定他的人格独立和超越这个位置的人格平等。先秦儒家有"君仁臣忠，父慈子孝，夫义妇听"的道德规范（《礼记·礼运》），汉代儒家亦有"天为君而覆露之，地为臣而持载之；阳为夫而主之，阴为妇而助之；春为父而生之，夏为子而养之，王道之三纲，可求于天"之论（《春秋繁露·基义》）。这就是说，对于处在尊卑、主从不同位置上的人，儒家认为，从伦理道德实践的意义上审视，相互承担有对等的义务责任；比拟自然存在状态来观察，是相互补充的。这样，儒学理论就将处在尊卑、主从不同位置上的人，推向人皆有其尊严，皆应受到尊重的人格独立、平等的生活结构中。在古代世界中，与古希腊奴隶主民主制社会将奴隶和奴隶主（自由民）区别开来的不可逾越的人格界限不同，与古印度将"一生"族与"再生"族区别开来的不可逾越的人性（种姓）界限也不同，在儒家这里，正如《礼记》所说："礼者，自卑而尊人，虽负贩者，必有尊也，而况富贵乎！"（《曲礼上》）人格是平等的，即使地位低微之人，其人格也是应受到尊重的。谦卑而尊重他人，是一个能履行儒家道德规范的人的应有表现。在儒家经典源头就形成的这一人之人性相同和人格平等的信念，从理论上、逻辑上可以容纳、可以负载人的全部差异性、多样性的共存，为此后儒家生活中的宽容表现铺垫了宽厚的道德理性基础。

第二，"和而不同"的智慧。《国语》曾记载西周末年周宣王的史官

---

① 儒家社会生活中人际间的伦理关系，先秦儒家，如前已述，概之为"五伦"（《孟子·滕文公上》）、"十义"（《礼记·礼运》）；汉代儒家概之为"三纲六纪"："三纲者，谓君臣、父子、夫妇也；六纪者，谓诸父、兄弟、族人、诸舅、师长、朋友也"；并特别凸显"三纲"的尊卑、主从关系："君为臣纲，父为子纲，夫为妻纲"（《白虎通》卷七《三纲六纪·总论纲纪》），映现了儒学成为国家意识形态后，伦理观念已被权力因素侵蚀。

史伯①观察到西周将衰落的一段论述，其中有曰：

> 今王（按：周幽王）……去和而取同。夫和实生物，同则不继。以他平他谓之和，故能丰长而物归之；若以同裨同，尽乃弃矣。故先王……务和同也。声一无听，色一无文，味一无果，物一不讲（按："讲"当读为"构"②）。王将弃是类也，而与专同。天夺之明，欲无弊，得乎？（《国语》卷十六《郑语》）

史伯观察到"和实生物，同则不继"，认为"和而不同"是万物构成的共同状态，生命繁荣的基本条件。同理，国家能在多样性、差异性中创造、保持和谐，是兴旺的表现；反之，"与专同"，强行同一，就要衰败。作为周之伦理道德继承者的儒家，也接受了史伯所表述的周人生活智慧、政治智慧，并赋予更多的意涵。孔子曾说："君子和而不同，小人同而不和"（《论语·子路》），朱子诠解为"和者无乖戾之心，同者有阿比之意"（《论语集注·子路》）。宽容与专断、公正与阿比，是对人之品行作肯定性或否定性道德评价的标准之一。在孔子后学那里，在更广泛的意义上，还将"和而不同"诠定为儒家礼乐文化的一种特征。如《礼记·乐记》反复阐释曰："天高地下，万物散殊，而礼制行焉；流而不息，合同而化，而乐兴焉……乐者敦和，礼者别宜"，"乐者，天地之和也；礼者，天地之序也。和故百物皆化，序故群物皆别……大乐与天地同和，大礼与天地同节。"简言之，儒家是将"礼"理解为在差异性中建构的秩序性和谐，而"乐"则是在多样性中建构的整体性和谐（"化"）；"和而不同"是"礼"与"乐"皆内蕴有的一种精神或特征。这样，在儒学中，"和而不同"的理念在作为观察世界的智慧、作为个人品行的美德以及作为礼乐文化的内在精神等多重演绎后，就能在深入的层次上被理解、认同，被内化为儒家的文化性格和生活方式的行为特征；对于在不同社会生活领域

---

① 宋人考证谓："史伯，周宣王臣，名颖，硕父，其字也。"（宋·黄伯思：《东观余论》卷上《周史伯硕父鼎说》）
② 清俞樾谓："'物不讲'，甚为无义。'讲'当读为'构'。"（《群经平议·春秋外传国语平议》）

内涌现出的差异性、多样性，也就能表现出不是恐惧、拒绝的非理智反应，而是宽容地接纳、认识、消化的理性态度。

第三，"絜矩"与"执中"的原则。儒家在人际交往中，主张遵循"絜矩之道"；行为态度的选择，主张立于"执中"（"用中"）的立场。《礼记·大学》曰："君子有絜矩之道也。所恶于上，毋使于下；所恶于下，毋以事上；所恶于前，毋以先后；所恶于后，毋以从前；所恶于右，毋以交于左；所恶于左，毋以交于右：此之谓絜矩之道。"显然，"絜矩之道"就是以己身作尺度，推己及人，不能对别人造成、向别人传递一种是自己所厌恶、所否定的，因而也是别人难以接受、不能接受的生活处境。这是一种在儒家人性相同、人格平等的道德信念基础上发育生长出的对他人体谅、尊重的宽容胸襟。《礼记·中庸》曰："舜其大知也与……执其两端，用其中于民，其斯以为舜乎？"能够避免走到过与不及的极端，持守包容着更多可能性的"执中"（"用中"）的位置——中庸，在儒家看来，正是舜之所以是圣人才能有的，而不是一般人都能具备的品格，所谓"中庸其至矣，民鲜能久矣"（《中庸》）。但是作为一种理想人格和美德理想，"执中"或"中庸"也永远在召唤儒家生活中的人们，警惕极端的思想感情和生活态度的发生，而努力于培壅一种能容忍差异和多样性的宽容心境，在可比较中作出对含有较多合理性的可能前景的选择。

在儒学中，人同为"天胤"、皆秉"懿德"的道德信念，"和而不同"的智慧，"絜矩""执中"的行为原则，都蕴含着包容差异性、多样性的宽容精神，共同形成了儒家文化的宽容性格，从不同层面上显现出儒家生活的宽容形态。在中国历史上，儒学这种宽容精神最卓越的表现，或者说，它所创造的独特的宽容的生活形态和成就，主要是民族融合、宗教兼容、没有文化障碍或界限的世俗生活。

2. 民族融合

现在的中华民族，如果不追溯到传说时代，大体上可以说是在现今中国土地上的、自夏代以来曾经存在过的数十个民族，经过长时期的交往、融合而逐渐形成的。这一融合过程，在 20 世纪 30 年代，民族学家林惠祥曾有简要叙述：

中国诸民族之主干实为华夏系。其他诸系则渐次与华夏系混合而消灭其自身，或以一部分加入而同化于华夏系，保留其未加入之一部分。例如三代以来见于记载之东夷南蛮西戎北狄，早与华夏系混合而扩大华夏系之内容。至于秦代，则东夷已全部消灭，南蛮中之荆、吴全部同化，百越亦一部分同化，西戎、北狄之在中国者，亦全部同化，其在域外之部分，方得保存其原状。故华夏系因加入以上诸系而大变其内容；至秦代时，名义固仍袭旧称，然其民族已非三代之旧矣。秦代时期短促，倏移于汉。汉代以后，亦与匈奴、氐、羌、东胡、南蛮、西南夷等接触混合而完全同化于隋唐之际。故隋唐之华夏系，虽仍以华夏自称，其实已大异于秦汉之华夏，更无论三代之华夏系。自唐经五代、宋、元、辽，迭与突厥、契丹、女贞、蒙古诸族接触混合而同化消灭于元亡之后。故明之华夏系，亦大有异于唐之华夏系矣。自明末以来，肃慎之满洲兴起，至于民国而几于全部同化，其间且有回部、羌、藏、蒙古、苗瑶等亦皆参加一部分，故民国之华夏亦与明之华夏大有不同。故华夏系之名一，而其内容乃屡变而不一变，成分愈扩而愈多。①

这一概述，应该说是符合历史实际的。如果更完整、更概括地说，发生在历史上的现今中国土地上的民族融合，可以表述为两个主要的表现或成就：一是历史上的华夏（中原）地域以外的诸多民族（种族），与华夏族（汉代以后可称为汉族），在经历了经济的、政治的、文化的交往、冲突，乃至包括痛苦的战争蹂躏后，形成共同的文化认同、民族认同，融入并因而壮大了华夏族；二是历史上自在地存在的由华夏族（汉族）和其他民族共同组成的中华民族，近现代在与外国列强的斗争与共处中，成为自觉的多元一体的中华民族②。

① 林惠祥：《中国民族史》上册，商务印书馆1937年版，第23页。
② 社会学家、民族学家费孝通在1988年提出著名的界定"中华民族"之特质及其形成过程的观点，"中华民族是多元一体格局"；"中华民族作为一个自觉的民族实体，是近百年来中国和西方列强对抗中出现的，但作为一个自在的民族实体则是几千年的历史过程所形成的"（费孝通：《中华民族多元一体格局》，中央民族学院出版社1989年版，第1页）。应该说，这一观点也是符合历史实际的。

中国历史上的诸多民族的多次融合，何以能够成功？当然可以从不同的观察角度作出研判，但如果将民族融合视为是在一种由共同的价值观念、道德规范、语言文字、生活习俗等为内容的文化认同基础上实现的新的民族认同，那么，儒家思想、儒家文化无疑应是最重要的因素。正是儒家思想的成熟、丰富内容和儒家文化的宽容性格，使华夏民族和其他民族都能跨越各自种族文化意义的多种差异所产生的心理障碍，形成可以相互容纳、融合的认同；正是儒家"华夷之辨"中的宽容原则和对文明的儒家"礼"文化的认同，构成了历史上已经实现了的民族融合过程的起点和终点。

"华夷之辨"中的宽容原则　如前所论定，在先秦，"华"（或称"夏""诸夏""华夏"）是指居住在华夏地带、以礼乐文化（"礼"文化）为特质、为周天子所封建的众多诸侯氏族国家的文化共同体，因而也是大于诸侯氏族国家的伦理性的民族共同体。"夷"（包括"蛮""戎""狄"等不同称谓），则主要是指分布在华夏以外周边区域的未接受这种"礼"文化的氏族部落或氏族国家。这样，在儒学中，"华夷之辨"，分辨华夏与四夷之差别的认知，实际上也就成为一个基本的伦理尺度。通过"华夷之辨"，儒家生活方式中的人，能获得比家庭、国家（西周封建制的诸侯国家）更大的伦理共同体民族——"华夏"的认同，获得一个在更大范围和有新的内容的伦理定位、伦理角色。汉代以后，在民族融合的不断实现中，"华"与"夷"的具体含义有所变化，但"华夷之辨"的民族认同和伦理尺度性质却仍然依旧。

从先秦典籍中可以看出，儒家的"华夷之辨"，就其辨分华夏与四夷之差异的认知意义上研判，主要有三项内涵：地域、种族、文化。就地域言，从春秋周大夫伯阳父所说"昔伊、洛竭而夏亡，河竭而商亡"（《国语》卷一《周语上》），可以推断，黄河中下游的中原地区，是夏商故地。在古代，这是一片较早被开发，气候、土壤自然条件都较优越的农耕区域。周灭商后，"封亲戚，以蕃屏周"（《左传·僖公二十四年》），周的数十个兄弟、姬姓封国也都在这个诸夏地区①。孔子曾说："裔不谋夏，夷

---

① 《左传·昭公二十八年》有谓："武王克商，光有天下，其兄弟之国者十有五人，姬姓之国者四十人。"《荀子·儒效》亦有谓："周公兼制天下，立七十一国，姬姓独居五十三人。"

不乱华"（《左传·定公十年》）。汉魏人诠训"裔"曰，"裔，彝狄之总名"（扬雄：《方言》卷十二），"边地为裔，亦四夷通以为号也"（郭璞：《方言注》）。所以大体而言，四夷是在诸夏以外的边远区域，自然条件较差的狩猎、游牧地带。论及种族，中原诸夏各国，是夏、商后裔和周的封国，较之与四夷之地，相互间自然有其较密切的血缘关系；比较容易在文化认同的条件下，形成超越种族、氏族（封建国家）的民族认同。例如狄人伐邢，邢是周公的后裔①，管仲即请齐侯救之，并说："戎狄豺狼，不可厌也；诸夏亲昵，不可弃也。"（《左传·闵公元年》）管仲辅助齐桓公率诸侯各国，维护周王的天子地位，抵御戎狄入侵，孔子即称赞曰："微管仲，吾其被发左衽矣。"②（《论语·宪问》）管仲、孔子所表述的，皆是超越齐、鲁氏族国家界限的民族认同。当然，"华夷之辨"中最重要的还是文化的差异。孔子说："殷因于夏礼，所损益可知也；周因于殷礼，所损益可知也。"（《论语·为政》）可以认为，虽然夏、商、周的文化各有特色③，但到了孔子儒学形成的时代，中原华夏地区承接的毕竟是已经继承和发展、兼有连续性和一体性的三代文化积累了，所谓"三代之礼，一也"（《礼记·礼器》）。这是在已较发达的农耕经济基础上逐渐形成的有成熟、丰富内容的"礼"文化，是四夷那种社会发展阶段、生存环境不能具备的。

显然，儒家的"华夷之辨"，在其辨析华夏与四夷之差异的认知中，也内蕴有美恶的情感宣泄和有褒贬的道德评价。这是因为在华夷的差异中同时也产生和存在着对立、冲突。儒家经典中的"蛮夷猾夏"（《尚书·舜典》），叙述的应该就是强悍而处于困苦环境下的四夷，向较富裕、丰腴的华夏地区不时发动的骚扰、入侵、掠夺的情况；而"戎狄是膺，荆

---

① 《左传·僖公二十四年》有谓："邢……周公之胤也。"
② 《礼记》有谓："二十曰弱冠。"（《曲礼上》）又有谓："小敛大敛，皆左衽。"（《丧大纪》）郑玄注："左衽，反生时也。"孔颖达疏："衽，衣襟也，生向右，左手解衣带便也。死则襟向左，示不复解也。"（《礼记正义》卷四十四）先秦诸夏地区的成年男性服饰，大体是束发着冠，衣襟右向。"披发左衽"，意指无"礼"的夷狄风俗。
③ 如《礼记》有谓"夏道尊命，殷人尊神，周人尊礼"（《表记》），界分三代文化，各有特色。然而这些观念因素，其后都汇进了儒学之中。

舒是惩，则莫我敢承"（《诗经·鲁颂·閟宫》），歌颂的就是对这些侵扰的反击。当然，实际上也存在着诸夏之国对四夷的扩张、吞并的情况。正是华夷间的这种对立与冲突，加以文化发展水平高低的差异，使先秦儒家滋生了对"夷"的甚深的隔膜和轻蔑，形成了"华夷之辨"中褒夏贬夷的情感倾向和评价定式。孔子曰，"夷狄之有君，不如诸夏之亡也"①（《论语·八佾》），孟子说，"吾闻用夏变夷者，未闻变于夷者"（《孟子·滕文公上》），都依稀可见潜存着这种道德评价立场。"华夷之辨"中的这种道德立场，在先秦诠释《春秋》的《春秋》三《传》中表现得最为鲜明，特别是《春秋公羊传》《春秋穀梁传》，更是十分明确地将"内诸夏而外夷狄"（《公羊传·成公十五年》），即亲夏疏夷、褒夏贬夷视为《春秋》的最主要书法原则。试举例：

例一，《春秋》：庄公十年秋九月，荆败蔡师于莘，以蔡侯舞归。

《公羊传》：荆者何？州名也。州不若国，国不若氏，氏不若名，名不若字，字不若子。蔡侯献舞何以名？绝。曷为绝之？获也。曷为不言其获，不与夷狄之获中国也。

例二，《春秋》：宣公十有一年冬十月，丁亥，楚子入陈。

《穀梁传》：入者，内弗受也。日入，恶入者也。何用弗受也？不使夷狄为中国也。

例一之历史事件原委，据《左传》记述，息侯夫人息妫出嫁，途经蔡国，蔡侯（蔡哀侯，名献舞）对她有轻佻行为，息侯怒，请楚文王伐之。楚王应息侯之求，出兵败蔡师于莘，并俘虏了蔡侯。《春秋》的记载很简略，《公羊传》从中诠释出二点褒贬之义：第一，记载楚国国君，仅记以地名（荆），从书法上说，这是最轻蔑的称谓（按：《春秋》于楚国，庄

---

① 后世学者于孔子此语存在着歧解，要之有二，分别见之于何晏《论语集解》之梁·皇侃《疏》和宋·邢昺《疏》。皇《疏》谓："此章为僭上者发，言周室既衰，诸侯放恣，礼乐征伐之权不复出自天子，反不如夷狄之国尚有尊长统属，不至如我中国之无君也。"（《论语义疏》卷二）邢《疏》谓："此章言中国礼义之盛而夷狄无也。夷狄虽有君长，而无礼义；中国虽偶无君，而礼义不废。"（《论语义疏》卷三）这里援依邢《疏》之意而立论。

公世皆称"荆"，至僖公元年始称"楚"，文公九年始称"楚子"）；第二，对蔡侯则是回护的态度，不说被俘虏（获），而说"归"，不认可，或者说回避华夏之国君被战败、被俘虏的耻辱。例二之史实，据《左传》记述，陈国的大夫夏征舒弑国君陈灵公欲自立，楚庄王率诸侯伐陈，杀夏征舒。楚王本欲将陈设置为县，并入自己的版图，后接受大夫申叔时的谏言，重新扶立陈国，以陈灵公子午为国君（陈成公）。《春秋》简略记载为"丁亥，楚子入陈"。《穀梁传》在"入"字上作出书法的、道德的诠释，认为《春秋》用"入"字，且记录入陈的日期（"日入"，丁亥日），都是表示不欢迎、贬斥蛮夷之楚国介入、操纵华夏陈国事务的态度，寓藏着"不使夷狄为中国也"的立场。此外，诸如"不与夷狄之执中国"（《公羊传》隐公七年、僖公三十三年），"不与夷狄之主中国也"（《公羊传》昭公二十三年、哀公十三年），"不正其信夷狄而伐中国也"（《穀梁传·僖公二十七年》），"不以中国从夷狄也"（《穀梁传·襄公十年》），等等，都表现了《公羊传》《穀梁传》在"华夷之辨"中的十分明确的内外、亲疏、褒贬立场。

汉代以降，先秦时被视为"四夷"的那些区域、种族，逐渐与中原诸夏之国融合，华夏之地域（中国）扩大了，华夏之族（或称"汉族"）也壮大了，正所谓"古之戎狄，今之中国"（王充：《论衡·宣汉》）。但是，在中国的周边，也不断有新的"四夷"种族部落或民族形成，华夷的差异仍然存在，对立和冲突也经常发生。先秦儒家的"华夷之辨"，不仅作为对华夏民族之民族认同的伦理尺度、华夷差异的认知方式和道德评价定式传承下来，而且也作为"非我族类，其心必异"（《左传·成公四年》），对异族保持警惕的历史经验被汲取。特别是在汉族国家政权与某一异族军事、政治力量处于激烈而危险的对峙、冲突的情境下，这一华夏民族意识也就特别清醒而强烈。例如，生活于南宋时代的朱子，一生都处在国家半壁河山已被金人占据，并继续不断受到它的威胁、侵扰的困厄环境中；国力衰弱和当轴者各有不同计虑，每使国家在战与和间难以有一致的判断和抉择。在这种历史情境下，朱子的基本态度是反对和议，他对弟子说："国家遭汴都之祸，国于东南，所谓'大体'者，正在于复中原，雪仇耻。"（《朱子语类》卷九十五）向孝宗谏言说："……释怨而讲和，非屈己也，乃逆理也。逆理之祸，将使子焉而不知有父，臣焉而不知有君，夷狄愈盛而禽兽愈繁，是乃举南北之民而弃之之谓哉。"（《朱文公文集》卷十三《垂拱奏札二》）可以认为，在这个关乎南宋国家存亡的重大问题上朱子的态度所表现的，与其说是卓越的政治智慧，毋宁说更多的是儒家传统的"华夷之辨"观念。一个有三百年历史的庞然汉族国家政权明朝，竟被生长在边陲之地的满族政权灭亡，对于明末清初的儒家学者来说，真是宛如"天崩地解"（黄宗羲：《南雷文定·前集》卷一《留别海昌同学序》），在痛定思痛中，他们的"华夷之辨"观念更是十分浓烈的。王夫之最为代表，他曾说，"人不自畛以绝物，则天维裂矣。华夏不自畛以绝夷，则地维裂矣；天地制人以畛，人不能自畛以绝其党，则人维裂矣。是故三维者，三极之大司也"（《黄书·原极》），"天下之大防二：华夏夷狄也，君子小人也"（《读通鉴论》卷十四）。换言之，王夫之视华夷之界限，是人生所应自觉的三大界限之一；防范夷狄，是人生最不可懈怠的两大警惕之一。他甚至认为："夷狄者，歼之不为不仁，夺之不为不义，诱之不为不信。何也？信义者，人与人相与之道，非以施以异类也。"（《读通鉴论》卷四）王夫之于"华夷之辨"的态度严厉和情绪激烈，应是不难理解的。因为他不仅是作为一个学者在对华夷关系作平静的历史观察①，而且更是作为一个战士，一个在与灭亡了自己国家的异族政治、军事力量作抗争、拼杀的战士在发言②。

"华夷之辨"中包含着的对于华夷差异的判定，及明显的寓有褒贬的道德评价，既映现着，也支持着华夏（汉）族与"四夷"族在漫长的融合过程中发生的对立、冲突。应该说，这是历史上儒家"华夷之辨"的一个比较显著的方面，将华夷界限以地域、种族、文化作明确区分的严格的方面。但是，历史上儒家"华夷之辨"还有一个宽容的方面，舍弃地域、种族、习俗意义上的华夷区分，以"礼"作取舍：有"礼"即是

---

① 王夫之亦曾说："天有殊气，地有殊理，人有殊质，物有殊产，各生其所生，养其所养，君长其君长，部落其部落，彼无我侵，我无彼虞，各安其纪而不相渎耳。"（《宋论》卷六）可见，王夫之主张正常的、合理状态下的华夷关系应该是各安其生，互不侵犯，和平相处。

② 南明永历二年（清顺治五年），王夫之30岁时曾在衡山起兵抗清。兵败投奔桂王政权，依瞿式耜。33岁时因母病卒，辗转回归衡阳后，遂隐居不复出。

"华"，无"礼"即是"夷"。这同时也是"华夷之辨"中为华夷民族融合创造了广阔空间的深刻的方面。"华夷之辨"中这个宽容、深刻方面的意蕴，首先可以从《论语》《礼记》中记载的某些孔子言行中看出：

> 子欲居九夷。或曰："陋，如之何？"子曰："君子居之，何陋之有？"（《论语·子罕》）
>
> 延陵季子适齐，于其反也，其长子死，葬于嬴、博之间。孔子曰："延陵季子，吴之习于礼者也。"往而观其葬焉。其坎深不至于泉，其敛以时服。既葬而封，广轮掩坎，其高可隐也。既封，左袒，右还其封且号者三，曰："骨肉归复于土，命也，若魂气则无不之也，无不之也。"而遂行。孔子曰："延陵季子之于礼也，其合矣乎！"（《礼记·檀弓下》）

孔子曾说"道不行，乘桴浮于海"（《论语·公冶长》），这里又表示"欲居九夷"，这是孔子对于自己政治理想、道德理想不能实现而感到失望的心情流露。但从孔子"君子居之，何陋之有"的态度中，还可以解读出儒家"华夷之辨"中的宽容原则。"九夷"虽然是无文明的、野蛮的"陋"地，但君子居之，自然会以礼义改造之、感化之，就不再是野蛮"陋"地了①。可见，是礼义使一个地域由"夷"变"夏"；一个地域是"夷"是"华"，应该以有无"礼"来判分。延陵季子即季札，是吴国的公子。吴国在春秋时被视为夷狄之国，《公羊传》所谓"不与夷狄之主中国"（昭公二十三年、哀公十三年）、《穀梁传》所谓"不以中国从夷狄"（襄公十年）中之"夷狄"，皆指吴国。所以吴国人也是夷人。但季子早年有让国的仁义行为②，表现过很高的周文化修养③，故孔子评品他是

---

① 皇侃《论语义疏》引孙绰云："九夷所以为陋者，以无礼义也；君子所居者化，则陋有泰也。"其前何晏《论语集解》，其后朱熹《论语集注》亦都以"君子所居者化"训解此句。

② 《公羊传·襄公二十九年》记述季札让国于兄，"去之延陵，终身不入吴国"。

③ 《左传·襄公二十九年》记述季札聘于鲁观周乐，对风、雅、颂皆有精当评议。

"吴之习于礼者"。晚年①，季子在访问齐国后的归途中，埋葬随行的长子。他让死去的儿子穿着平时的衣服，坟墓的制式不深、不广、不高，简朴而合乎节度②；他左袒、三号，葬仪既有哀戚之情，又有理性之智③。在孔子看来，这些都是"合于礼矣"。孔子对夷人季札的赞许，也显现了儒家"华夷之辨"中内蕴有的一种宽容原则：即使是夷狄之人，只要有"礼"的精神与行为，也就是君子、是贤人④，在这里不存在"华"与"夷"的界限。

儒家"华夷之辨"中以"礼"来判分"华""夷"的原则，在《春秋》三《传》中，在其对《春秋》记事的书法分析中，被更鲜明地凸显出来，显示为：合礼者，是夷狄亦中国之；失礼者，是中国亦夷狄之。试从三《传》中各举一例如下：

例一，《春秋》：僖公二十有七年春，杞子来朝。

《左传》：二十七年春，杞桓公来朝，用夷礼，故曰"子"。公卑杞，杞不共（恭）也。

杞国，姒姓，是夏禹的后裔，商汤、周武王所封旧国。故《左传》称之为"夏肆"（襄公二十九年），夏之余也。且据《左传》"公会杞伯姬于洮"（庄公二十七年），"晋平公，杞出也"（襄公二十九年），杞国与姬姓鲁国、晋国还有姻亲关系，又地处中原，自然应属"诸夏"之国。《春秋》称之为"杞侯"⑤"杞伯"，唯有三次称为"杞子"。《左传》诠说这

---

① 郑玄《礼记注》判定季子适齐，归途葬子，事在昭公二十七年（见《礼记正义》卷十），距襄公二十九年聘鲁已30年，是年孔子38岁。

② 孔颖达疏："敛以行时之服，不更制造，是其节也。封圹广轮掩坎，其高可隐，又是有其节制。"（《礼记正义》卷十）

③ 孔颖达疏："郑注《觐礼》云：'凡以礼事者左袒，若请罪待刑则右袒。'丧礼直云袒，不云左右。今季子长子之丧而左袒者，季子达死生之命，云骨肉归复于土，不须哀戚，以自宽慰，故从吉礼左袒也。"（《礼记正义》卷十）

④ 《公羊传》《穀梁传》诠解《春秋·襄公二十九年》"吴子使礼来聘"时，都诠定此处称吴（吴人）为"吴子"，是因为"贤季子也"。

⑤ 《春秋》称"杞侯"有两次（桓公二年、桓公十二年），《公羊传》《穀梁传》读为"纪侯"，学者多以《左传》读为"杞侯"为是。

是因为杞用夷礼，故鄙视之为"夷"，贬称之为"子"①。杜预注释《左传》"杞桓公来朝用夷礼"曰："杞先代之后，而迫于东夷，风俗杂坏，言语衣服有时而夷。"认为杞用夷礼，是因为地近东夷，风俗渐被濡染的缘故。

例二，《春秋》：宣公十有二年春，楚子围郑。夏六月乙卯，晋荀林父帅师及楚子战于邲，晋师败绩。

《公羊传》：大夫不敌君，此其名氏以敌楚子何？不与晋而与楚子为礼也。曷为不与晋而与楚子为礼也？庄王伐郑，胜乎皇门，放乎路衢。郑伯肉袒左执茅旌，右执鸾刀，以逆庄王，曰："寡人无良，边陲之臣，以干天祸，是以使君王沛焉，辱到敝邑。君如矜此丧人，锡之不毛之地，使帅一二耋老而绥焉，请唯君之命。"庄王曰："君之不令臣，交易为言，是以使寡人得见君之玉面，而微至乎此。"庄王亲自手旌，左右㧑军退舍七里②。将军子重谏曰："南郢之与郑，相去数千里，诸大夫死者数人，厮役扈养，死者数百人。今君胜郑而不有，无乃失民臣之力乎？"庄王曰："古者杅不穿，皮不蠹，则不出于四方。是以君子笃于礼而薄于利，要其人而不要其土。告从，不赦不祥，吾以不祥道民，灾及吾身，何日之有？"既则晋师之救郑者至，曰："请战。"庄王许诺。将军子重谏曰："晋，大国也，王师淹病矣，请君勿许也。"庄王曰："弱者吾威之，强者吾辟之，是以使寡人无以立乎天下！"令之还师而逆晋寇。庄王鼓之，晋师大败，晋众之走者，舟中之指可掬矣。庄王曰："嘻！吾两君不相好，百姓何罪？"令之还师而佚晋寇。

《公羊传》对《春秋》此则历史事件记载的诠释，可析为两个层次。首先，书法角度的诠定。《公羊传》认为，根据礼的原则，"大夫不敌君"，而《春秋》记载邲之战，将晋大夫序于楚君之上，这种以臣敌君，是置晋于无礼之地。何休注称，此乃"为君臣之礼以恶晋"，寓褒贬之意即

① 《左传》于《春秋》另外二次称"杞子"处，分别诠说为"书曰'子'，杞，夷也"（僖公二十三年），"书曰'子'，贱之也"（襄公二十九年）。
② 《左传》记述为："退三十里而许之平。"（宣公十二年）

为"不与晋而与楚子为礼"(《春秋公羊传注疏》卷十六)。其次，史实的说明。《公羊传》简述了围郑之战和邲之战两次战争中的楚庄王之言行，以证实"楚子为礼"。据《左传》记述，此次楚伐郑，是因为郑背弃宣公十一年与楚、陈定下的辰陵之盟(宣公十一年)，故乃讨盟之师。楚军围郑数月后，郑伯(郑襄公)投降，肉袒卑词，表示臣服。楚庄王没有采纳臣下吞并郑国的谏言，而允诺与郑国恢复旧好，退兵七里。这是楚子在围郑之战中表现出的"笃于礼而薄于利"。随后发生的晋为救郑而与楚在邲的决战，以晋大败告终，楚庄王在战前有不畏强者的"勇"，胜后有宽待弱者的"仁"，显示了邲之战中的"楚子为礼"。《公羊传》没有述及晋军的情况，但从《左传》的记载中可以看到，邲之战中，晋军的主帅优柔而寡断，诸将跋扈而歧见，唯志"得属"(《左传·宣公十二年》)，完全没有"礼"的道德信念支持和行为表现，《公羊传》竟斥之为"晋寇"。

例三，《春秋》：昭公十有二年冬十月，楚子伐徐。晋伐鲜虞。

《穀梁传》：其曰晋，狄之也。其狄之何也？不正其与夷狄交伐中国也，故狄称之也。

徐是西周宣王时即融入华夏的嬴姓故国①，鲜虞是地处中原的姬姓之国②，显然，在这里《穀梁传》将晋伐鲜虞与楚伐徐视为相同性质的"伐中国"的无礼行为，因而据"诸夏之称，连国连爵"的书法原则③，诠定为"其曰晋，狄之也"。

通过《春秋》三《传》的阐发，儒家"华夷之辨"中所内蕴的一个深刻方面的意涵，即舍弃种族、习俗、地域的观念，而以"礼"的原则来判分"华""夷"，更为彰显，并且也为先秦以后的儒家所认识和接受。

---

① 《诗经》有咏赞周宣王征服徐国之诗："濯征徐国……徐方不回，王曰还归。"(《大雅·常武》)《左传》存"虞有三苗，夏有观、扈，商有姺、邳，周有徐、奄"之说(昭公元年)。

② 《穀梁传·昭公十二年》"晋伐鲜虞"范宁注："姬姓白狄，地居中山，故曰中国。"(《春秋穀梁传注疏》卷十七)

③ 《公羊传·昭公十二年》"晋伐鲜虞"何休注："晋伐同姓，故狄之。"徐彦疏："诸夏之称，连国连爵。今单言晋，作夷狄之号。"(《春秋公羊传注疏》卷二十二)

例如：

> 汉董仲舒说："《春秋》之常辞也，不予夷狄而予中国为礼，至
> 邲之战，偏然反之，何也？曰：《春秋》无通辞，从变而移①。今晋
> 变而为夷狄，楚变而为君子，故移其辞以从其事。"（《春秋繁露·竹
> 林》）
>
> 唐韩愈说："孔子之作《春秋》也，诸侯用夷礼，则夷之；夷而
> 进于中国，则中国之。"（《昌黎先生集》卷十一《原道》）
>
> 宋程颐说："《春秋》之法谨严，中国而用夷狄礼，则便夷狄
> 之。"（《河南程氏遗书》卷二上）

事实上，先秦以后的儒家对以"礼"判分华夷的观念，不仅是作为《春秋》的书法原则来认识和接受的，而且逐渐发育成一种能以"礼"接受、认同"四夷"民族的宽容心态。例如，如前所述，一生都处在宋、金对立、冲突的环境下的朱子，对女真金国持有明显的敌对的态度，然而，对其若有类同于甚或优出于南宋的文明礼化举措，却甚为赞许。如他曾就金国科举考试中的一项规定评论说："闻虏中科举罢，即晓示云，后举于某经某史命题，仰士子各习此业。使人心有所定止，专心看一经一史，不过数举，则经史皆通，此法甚好。"（《朱子语类》卷一百九）在王夫之的"华夷之辨"中，对"夷狄"的态度是很严厉激烈的，但是如他所说，"九州以内之有夷，非夷也……永嘉之后，义阳有蛮夷号，仇池有戎名，迨及荡平，皆与汴、洛、丰、镐无异矣"（《宋论》卷六），他也承认，历史上的华夏与四夷，也有经过对立与冲突而后实现的认同与融合。

总之，以"礼"来判分"华""夷"，是儒家"华夷之辨"中的一个宽容原则，在这里，以种族、地域、习俗的观念而显现的华夷差异并不重要，并不存在。换言之，这是一个能容忍并消化华夷差异的原则。在儒家

---

① 董仲舒在另处将此意表述为"《春秋》无达词，从变从义，而一以奉天"（《春秋繁露·精华》）。若判分华夷，当以"礼"为变。

思想中的"罔非天胤""和而不同""絜矩""执中"等观念的容纳差异性的精神基础上，这一宽容原则更是为华夏族和四夷的民族融合，铺垫了一个重要的和具体的实现途径，华夷异族能在、会在对"礼"的文化认同中逐渐形成归属于同一民族的意识。

"礼"的文化认同　从前面对作为儒家思想一个理论层面的"礼"的论述中可以看出，儒家的"礼"具有成熟、理性的品质和丰富、周延的内容。所谓三代之礼，"所损益可知也"（《论语·为政》），"三代之礼，一也"（《礼记·礼器》），儒家经典和生活中展示的"礼"，是经过长时期历史发展，并不断修正着和补充着的甚为成熟的、稳定的文化形态；所谓"礼者，因人情而为之节文"（《礼记·坊记》），"礼也者，理之不可易者也"（《礼记·乐记》），儒家所理解和构建的"礼"，是对合理性的追寻——使人性得到合理的润饰和文明的展现；最后，儒家的"礼"从对人之伦理的道德的行为之规范，到社会典章制度之模塑，具有十分丰富的、周延的内容，所谓"制度在礼，文为在礼"（《礼记·仲尼燕居》）。完全可以说，在古代世界，作为华夏民族的儒家"礼"文化，是一种具有最高发展水平的理性文化。华夏民族周围的或杂居的四夷民族，受到这种文化的吸引，在长期的包括对立、冲突在内的交流中，对它产生认同，应该说是很自然的；并由此开始踏上民族融合之途。在自觉、不自觉的民族融合过程中，构成"四夷"民族（种族、政权）对华夏礼文化认同的主要内容或表现是，第一，追寻共同祖先。《礼记》曰："万物本乎天，人本乎祖，此所以配上帝也。"（《郊特牲》）儒家人文精神的理性表现之一，就是将万物的产生归之于"天"，并理性地理解为有功德于人类，因而是应受到道德尊崇的伦理对象——拟人格的自然（"上帝"）；而对人自身根源的追寻，也理性地终止在生物学意义上的种族始祖的位置上，并奉献给始祖如同"天"或"上帝"般的尊崇，每当祀天或上帝时（禘祭或郊祭），都要配始祖以祭①。但在儒家文化中，始祖不仅是一个种族、氏族生物学意义上的根，更是一个民族文化意义上的共同标志，凝聚力的精

---

① 当然，郊祭时对上帝与始祖的尊崇还是要有区别的。如《礼记》曾述及周天子祭天时对祭品（牛）的选择有所不同："帝牛不吉，以为稷牛。帝牛必在涤三月，稷牛唯具，所以别事天神与人鬼也。"（《郊特牲》）

神源泉。《礼记》曰："礼者，反本修古，不忘其初也者。"（《礼器》）追寻祖始，不忘祖根，是儒家礼文化之伦理特质的必然要求和内容。从先秦儒家经典《尚书》《诗经》中可以看到，儒家于华夏民族历史只追溯到夏、商、周三代的始祖、先王，及其前的唐尧和虞舜二帝。并且很显然，这种历史的追溯，只是凸显二帝、三代先王间统治权力的传递或继承，并无种族血缘、宗统关系的显现。但在先秦儒家《经》的《传》《记》中，这种历史追溯的内容就更为久远。其中，当以"春秋外传"《国语》① 的两次表述最为清晰。一是鲁国大夫展禽论"制祀"的原则时，其中述及祭统曰：

> 故有虞氏禘黄帝而祖颛顼，郊尧而宗舜；夏后氏禘黄帝而祖颛顼，郊鲧而宗禹；商人禘舜（韦昭注："舜"当为"喾"字之误也。）而祖契，郊冥而宗汤；周人禘喾而郊稷，祖文王而宗武王②。（《国语·鲁语上》）

按照展禽之论，在尧、舜二帝之前，还有黄帝和颛顼、帝喾三帝；五帝和夏、商、周三代不仅是统治权位的承接，而且还有"祖宗"的血亲流脉的联系③。经由夏、商、周三代而形成的华夏民族，其可追溯的、共同的

---

① 三国吴韦昭曰："昔孔子发愤于旧史，垂法于素王。左丘明因圣言摅意，托王义以流藻……以为《国语》，其文不主于经，故号曰'外传'。"（韦昭：《国语解·叙》）北宋宋庠曰："自魏晋以后，书录所题，皆曰《春秋外传国语》，是则《左传》为内，《国语》为外，二书相副，以成大业。"（宋庠：《国语补音·叙录》）

② 郑玄谓："禘、郊、祖宗，谓祭祀以配食也。此禘谓祭昊天于圆丘也，祭上帝于南郊曰郊，祭五帝五神于明堂曰祖宗。祖宗通言尔。"（《礼记正义》卷四十六《祭法》）郑氏此处以"祖宗"为谓先世之通称。魏王肃则有所区分："祖宗为祖有功，宗有德，其庙不毁也。"（同上，孔颖达《疏》引）清金鹗申论曰："祖功宗德之说，当以始祖为祖功，其后有德者则宗之，宗无数，祖则一而已。"（金鹗：《求古录礼说》卷七《禘祭考》）

③ 对这种血缘宗统流脉，战国和秦汉典籍有不同记述，民间也有不同传说。司马迁经过自己的研判、取舍，在《史记》中记述为：黄帝（轩辕氏、有熊氏）是少典氏人，帝颛顼（高阳氏）是黄帝次子昌意之子，帝喾（高辛氏）是黄帝长子玄嚣之孙，帝尧（陶唐氏）是帝喾之子，帝舜（有虞氏）是帝喾七世孙（见《五帝本纪》）。夏禹（夏后氏）是黄帝玄孙，帝颛顼之孙（见《夏本纪》），殷始祖契是帝喾次妃之子（见《殷本纪》），周始祖稷是帝喾元妃之子（见《周本纪》）。

祖先是黄帝。二是晋国大夫司空季子（胥臣臼季）劝说流亡到秦国的晋公子重耳（晋文公）可以娶秦穆公之女时述及：

> 昔少典氏娶于有蟜氏，生黄帝、炎帝。黄帝以姬水成，炎帝以姜水成。成而异德，故黄帝为姬，炎帝为姜，二帝用师以相济（韦昭注："济"当为"挤"。挤，灭也。），异德之故也。（《国语·晋语四》）

按照司空季子之论，黄帝、炎帝虽然因为"异德"，发生过冲突，但同出于少典氏，所以早期的华夏族（诸夏之国），也可以说是由黄帝氏族（十二姓诸国①）和炎帝氏族（姜姓诸国）融合而成；华夏族的始祖也可以说是炎、黄二帝。这样，追寻共同祖先，作为对礼文化认同的一项主要内容，也就表现为在血统上对炎黄的归属，对五帝的归属②。

先秦时代的诸如秦戎、楚蛮、吴越夷、北狄之"四夷"，在秦汉时都已逐渐全部或部分地与中原华夏之族融合，作为这种融合的重要标志，在汉代的历史典籍里都记载了他们对华夏祖先的认同。例如：

> 秦之先，帝颛顼之苗裔，孙曰女修。女修织，玄鸟陨卵，女修吞之，生子大业。大业取少典之子曰女华，女华生大费……大费佐舜调训鸟兽，鸟兽多训服，是为伯翳，舜赐姓嬴氏。（《史记·秦本纪》）

> 楚之先，出自颛顼高阳。高阳生称，称生卷章，卷章生重黎……

---

① 《国语》谓："凡黄帝之子二十五宗，其得姓者十四人，为十二姓。"（《晋语四》）
② 《国语》记载的这两次追溯华夏始祖的表述，"五帝"之论被《礼记·祭法》采用（按：其中"商人禘舜"改为"殷人禘喾"），"炎黄"之论《礼记》似未采用（《礼记》中，"炎帝"只在《月令》篇中出现一次，但是以宗教性的神，而不是以种族始祖身份出现的），鉴于《国语》被视为"春秋外传"，所以仍可以说，对华夏始祖的这两个判定，基本上是从儒家的立场、据儒家的经典作出的。现代学者援用考古学的成就，借儒家之外的更多典籍，可能会有另外的判定，这里姑且勿论。

其弟吴回。吴回生陆终，陆终生子六人，六曰季连，芈姓，楚其后也。（《史记·楚世家》）

吴太伯、太伯弟仲雍，皆周太王之子，而王季历之兄也……自太伯作吴，五世而武王克殷，封其后为二：其一虞，在中国；其一吴，在夷蛮。（《史记·吴太伯世家》）

越王勾践，其先禹之苗裔，而夏后帝少康之庶子也。封于会稽，以奉守禹之祀……后二十余世，至于允常。允常死，子勾践立，是为越王。（《史记·越王勾践世家》）

匈奴，其先祖夏后氏之苗裔也，曰淳维……秦灭六国，匈奴单于头曼不胜秦，北徙。自淳维至头曼，千有余岁，时大时小，别散分离，尚矣，其世传不可得而次云。（《史记·匈奴列传》）

《史记》所记述，可以视为中原华夏民族在"三代之礼一也"的完整意义上形成后，在与"四夷"之族经历了春秋、战国迄至秦统一的五六百年时间的磨合后，实现的一次具有塑造民族基本形态意义上的民族融合。经过这次融合，华夏民族已经跨出了"中原"的地域限制。

在中国历史上，又一次较大范围的民族融合是发生在魏晋南北朝时期，发生在与东晋对峙的"十六国"和与南朝对峙的北朝政权下的北方多民族地区。匈奴、鲜卑、羯、氐、羌等"五胡"人，在西晋汉族政权腐朽崩溃的混乱的社会环境中，用武力征战手段建立了 16 个为时皆不长的政权。经过将近三百年的时间，"十六国"渐次消失，最终出现隋、唐的南北统一国家；而"五胡"族与汉族也在杂处、磨合中逐渐融合。这个历史过程中，"五胡"对与汉族有共同的华夏祖先的追寻与认同，作为这一融合得以实现的种族根由，也被正史记录了下来。例如，《晋书》记载的匈奴族赫连勃勃建立夏国，宣称"朕大禹之后，今将应运而兴，复大禹之业"（卷一百三十《赫连勃勃载记》）；记述建立前秦的氐族苻洪，"其先有扈氏之苗裔①，世为西戎酋长"（卷一百十二《苻洪载记》）；建

---

① 《史记》谓："太史公曰：禹为姒姓，其后分封，用国为姓。故有夏后氏、有扈氏、有男氏、斟寻氏、彤城氏、襃氏、费氏、杞氏、缯氏、辛氏、冥氏、斟氏、戈氏。"（《夏本纪》）后世史家援此说，以有扈氏为夏禹姒姓后裔。

立前燕的鲜卑族慕容皝，"其先有熊氏之苗裔"（卷一百八《慕容廆载记》）；建立后秦的羌人姚苌，"姚氏舜后，轩辕之后裔也"（卷一百二十九《沮渠蒙逊载记》）；等等。经过 50 年的努力，结束了 16 国分裂，统一了北方的北魏政权，是由鲜卑族拓跋珪建立的。《魏书》述称"拓跋"命名之来由曰："黄帝以土德王，北俗谓土为拓，谓后为跋，故以为氏。"①（卷一《序纪》）北魏在维持北方一百年的统一后，又出现分裂。能继续创造出北方统一局面的，是由鲜卑人宇文泰建立的北周政权，《周书》追溯其祖始时称："其先出自炎帝神农氏。"（卷一《文帝上》）历史记载显示，"五胡"在需要昭示自己的祖根时，都会诚悦而自豪地归属五帝，仰止炎黄，并不悚逊于华夏汉族之人。这一承认有共同的祖始的文化认同，作为一个起点，一个重要因素，终于能使十六国时期的汉族与五胡之族，在经历了实际也存在过的痛苦的民族间的歧视、压迫后，逐渐融为一体。

第二，接受"礼治"。《礼记》曰，"治国不以礼，犹无耜而耕也"（《礼运》），"治国而无礼，譬犹瞽之无相与，伥伥乎其何之？"（《仲尼燕居》）在儒家看来，"礼"既是治理国家、社会的工具、手段，也是治理国家、社会要实现的目标。以"礼"治国，或"礼治"，是儒家的基本政治理念，也是儒家社会生活最具特征的表现。所以，"四夷"对"礼"文化的认同，与华夏（汉）民族的融合，最重要的无疑是对"礼治"的认同，实际上也是在"礼治"中实现融合。儒家的"礼治"当然有十分广泛的方面，就民族融合过程中的"四夷"对"礼"文化的认同与接受而言，主要是指在国家制度建构中，对儒家之"礼"的诸如宗庙、社稷、百官、班爵禄等典章制度的移植；用反映儒家伦理思想、道德规范的冠、昏、丧、祭、朝等华夏（汉）族礼仪，不同程度地改造"四夷"固有习俗；对作为这些"礼"的诠释者儒学及其创始人孔子表示尊崇。从史籍的记载中可以清晰地看到，五胡十六国及唐宋以后的契丹、女真、蒙古族、满族建立的辽、金、元、清政权，在他们为巩固、完善自己的国家

---

① 现代有学者研判："'拓跋'二字的含义，乃是北方人谓鲜卑父、胡（匈奴）母所生的后代之意。"（见翁独健主编《中国民族史纲要》，中国社会科学出版社 1990 年版，第 231 页）《魏书》所述，表达的是一种民族认同。

时，都有这样的作为和努力，表明他们都是自觉地，当然也是程度不同地认同、接受了这种"礼治"的汉文化传统。现代史家一般认为，魏晋南北朝时，"五胡"受汉文化的熏染，以匈奴族最早，鲜卑族最深，而羯族最逊①。此三个胡族国家所表现出的认同、接受"礼治"，因此也大体上可以视为显现了五胡十六国认同接受"礼治"的全幅情景。五胡十六国时期，第一个立国并灭亡西晋的是匈奴人刘渊（字元海）建立的汉国。刘渊称王（后称帝）时宣称："昔我太祖（按：汉高祖刘邦）以神武应期，廓开大业……孤今猥为群公所推，绍修三祖（按：汉高帝、汉光武帝、汉昭烈帝）之业。"（《晋书》卷一百一《刘元海载记》）将君统与汉祖连接，汉化色彩极为鲜明。随后，族子刘曜夺取政权，改国号为"赵"（前赵），"冒顿配天，元海配上帝"②（《晋书》卷一百三《刘曜载记》），虽然君统始祖归为匈奴，但刘曜施政，诸如"缮宗庙、社稷、南北郊"，"立太学于长乐宫东，小学于未央宫西，简百姓年二十五已下，十三已上，神志可教者千五百人，选朝贤宿儒明经笃学以教之"，"临太学引试学生之上第者拜郎中"（同上），等等，都显示出接受儒家"礼治"文化的特色。即使是被史家评为汉化"最逊"的羯族，在由羯人石勒建立的后赵国中，其认同、接受礼文化的表现也很鲜明。史载石勒极重视用汉文化熏陶羯族、匈奴族子弟，称王立国前，所占据区域渐稳定时，就"立太学，简明经善书吏署为文学掾，选将佐子弟三百人教之……又增置宣文、崇儒十余小学，简将豪右子弟百余人以教之"（《晋书》卷一百四《石勒载记》上）。称赵王（后称帝）立国后，即"建社稷、立宗庙，设祭酒"，"朝会常以天子礼乐飨其群下，威仪冠冕，从容可观矣"；又"续定九品，典定士族，令群僚及州郡岁各举秀才、至孝、廉洁、贤良、直言、勇武之士各一人"，"令郡国立学官，每郡置博士祭酒二人，弟子百五十人，三考修成，显升台府"，"亲临大小学，考诸生经义，尤高者赏帛有差"；又

---

① 如现代历史学家钱穆曾研判："诸胡中匈奴得汉化最早……鲜卑感受汉化最深……羯附匈奴而起，羌则附氐而起，文化建设最逊。"［钱穆：《国史大纲》（修订本），商务印书馆1996年版，第261～262页］

② 《晋史》谓："刘元海，新兴匈奴人，冒顿之后也。名犯高祖庙讳（按：唐高祖李渊），故称其字焉。初，汉高祖以宗女为公主，以妻冒顿，约为兄弟，故其子孙遂冒姓刘氏。"（卷一百一《刘元海载记》）。

"下书禁国人报嫂及在丧婚娶"① （《晋书》卷一百四、一百五《石勒载记》上下）。在典章制度、风俗礼仪、兴学教化等"礼治"的主要方面，皆显现甚浓厚的追踪、融入汉文化的景象。十六国和北朝时期的鲜卑族，以慕容氏、拓跋氏、宇文氏三支部族最活跃，分别建立燕国（前燕、后燕、南燕）、魏国（北魏、东魏、西魏）、周国（北周）。史称慕容氏建国前即"渐慕诸夏之风"（《晋书》卷一百八《慕容廆载记》），立国后，更是"教以农桑，法制同于上国"（同上），"虽革命创制，朝廷铨谟，亦多因循魏晋"（《晋书》卷一百十《慕容儁载记》）。可以说，慕容燕国从始至终都是十分倾心和自觉移植中原文化。拓跋魏立国有一百五十多年的时期，并且创造了百年的北方统一局面。诸如宗庙、社稷、太学、农桑等表现儒家"礼"文化的建设，都比较充分，而魏孝文帝时，迁国都、变姓氏、禁胡服、屏北语、奖通婚等几项改制，如他所说"如此渐习，风化可新"（《魏书》卷二十一《咸阳王僖传》），更是意在加速、加深接受汉文化的熏染和向汉文化的转变。宇文周受到汉文化影响最深的一个表现，是它虽然立国时间只有短短的二十多年，但是却颇显成熟地、自信地援用《周礼》建六官、改革汉魏以来的中央官制。史载"太祖（宇文泰）以魏晋官繁，思革前弊，乃命苏绰、卢辩依周制改创其事"（《周书》卷二《文帝下》）。宇文周的制度改革甚至对隋、唐都有影响②。

　　唐、宋以降，在汉族政权国家的四境外，也不断有非汉族的国家或部

---

① 《礼记》曰："唯禽兽无礼，故父子聚麀。"（《曲礼上》）所以，报嫂（兄死，弟娶嫂为妻）、烝母（父死，子娶庶母为妻）在儒家看来都是乱伦的禽兽行为。从《左传》中可以看到，在春秋早期，诸夏之国（卫、晋、宋、郑）偶尔也有以某种正当性（履行"烝""报"之礼仪），出现过这种婚姻形式。但到了汉代，从《诗经》注疏中（如《毛诗正义》卷二《邶风·雄雉》之郑玄笺与孔颖达疏引）可以看到，对此种婚姻即予以"淫乱"的强烈谴责。汉代匈奴等西域国有此婚俗（见《史记·匈奴列传》《汉书·西域传》）。"五胡"羯族附匈奴而起，石勒立国后赵，接受汉化，则禁此风俗。另外，儒家践行如《礼记》所说的"丧不二事，自天子达于庶人"（《王制》），"丧事主哀"（《少仪》）的行为规范，视服丧期间娱乐、婚娶都是悖礼失德的表现。石勒后赵"禁丧婚娶"，也是对儒家礼文化的认同。

② 现代历史学家陈寅恪有论曰："隋唐之制度虽极广博纷复，然究析其因素，不出三源：一曰北魏、北齐，二曰梁、陈，三曰西魏、周。"（陈寅恪：《隋唐制度渊源略论稿》，生活·读书·新知三联书店1954年版，第1页）

族政权出现。其中，尤以契丹、女真建立的、立国时间较长、规模较大的与汉族国家形成对峙的辽、金，而由蒙古、女真（满）建立的占据全部中国疆域的元、清，最为重要。从《辽史》《金史》的记载中可以看到，在成熟的、辉煌的唐、宋文化影响下，这些非汉族国家的社会形态中，实际上已渗入许多儒家"礼治"的文化因素，诸如国家典章制度、社会生活中多援用儒家礼制，从皇帝皇室宗族到臣僚百姓多习读儒典，尊重孔子①。到了金、元时期，认同"礼治"文化，或者说汉化，不仅是作为一项有效的能巩固、完善非汉族国家政权的策略在被推行；而且也作为一条有深刻内容的历史经验、规律在被反思、被认识。金、元时代有两位学者论曰：

> 大抵金国之政，杂辽、宋非全用本国法，所以支持百年。然其分别蕃汉人，且不变家政，不得士大夫心，此所以不能长久。向使大定后，宣孝得位②，尽行中国法……则其国祚亦未必遽绝也。（金·刘祁：《归潜志》卷十二《辩亡》）

> 考之前代，北方奄有中夏者，必行汉法乃可长久。故魏（北魏）、辽、金能用汉法，历年最多，其他不能实用汉法，皆乱亡相继，史册具载，昭昭可见也。国朝仍处远漠，无事论此，必若今日形势，非用汉法不可……然万世国俗，累朝勋贵，一旦驱之下从臣仆之谋，改就亡国之俗，其势有甚难合。改用中国之俗，非三十年不成功，在陛下笃信而坚守之，则天下之心庶几可得，而致治之功庶几可成也。（元·许衡：《鲁斋遗书》卷七《时务五事疏》）

---

① 例如，《辽史》记载"国史院……有《辽朝杂礼》，汉仪为多"（卷四十九《礼志一》）；"太祖……诏建孔子庙"（卷一《太祖纪上》）；道宗"讲五经大义""颂五经传疏"（卷二十四《道宗纪四》）。《金史》记载，金国之礼制，乃"参校唐宋故典沿革"而修定（卷二十八《礼志一》）；"皇统元年，上（熙宗）亲祭孔子庙，退谓侍臣曰：孔子虽无位，其道可尊，使万世景仰"。（卷四《熙宗纪》）

② 金世宗太子允恭，未及即帝位而薨，谥宣孝，追尊庙号显宗。史称"显宗孝友敦睦，在东宫二十五年不闻有过"（《金史》卷十九《世纪补·显宗》），"宣孝太子最高明绝人，读书喜文，欲变夷狄风俗，行中国礼乐如魏孝文。天不祚金，不即大位早世"。（金·刘祁：《归潜志》卷十二《辩亡》）

刘、许都是生于金国、卒于元代的具有儒家思想的学者。刘祁的《归潜志》，被元代史官视为最有价值的金末史料著作之一①，许衡则是程朱理学的元代传人②。刘祁总结金灭亡的教训，就是没有如宣孝太子所设计的那样"尽行中国法"，结果国祚只有百年时间，而未能长久支持，表露了一种深深的历史的遗憾。许衡以五胡十六国及辽、金国运长短的历史经验，向元世祖忽必烈谏言，要无疑、坚定地"用汉法"，表现了对自己国家（元朝）美好前程的强烈期待。在刘祁的遗憾和许衡的期待中，涌动的都是对"礼治"文化的认同，显现的都是在"礼"文化认同中作为一个生活在非汉族国家政权下的儒者的超越华夷之分的宽容。

　　元代立国虽然只有百年时间，但受儒学濡染亦甚明显。例如，世祖以"大元"为国号，乃取《易经》"乾元"之义③；自仁宗皇庆年间始，确定科举考试，以儒家经典取士④；不仅在原来的金、南宋地区，即使蒙古腹地也有儒学教育的实施⑤。满族（建州女真）以一边陲人丁甚少的民族，宰治人口以亿计的辽阔中土，立大清国达二百七十年，可谓难能矣⑥！此种情境下，清代诸帝多有两种自觉。一曰坚守"满洲根本"。清帝特别是雍、乾二帝每诏谕"八旗满洲为我朝之根本"

---

① 《金史》撰述者称："刘京叔《归潜志》与元裕之《壬辰杂编》二书，虽微有异同，而金末丧乱之事犹有足征者焉。"（《金史》卷一百十五《完颜奴申传·赞曰》）

② 明儒薛瑄评价许衡曰："许鲁斋……朱子之后一人而已。"（薛瑄：《读书录》卷一）

③ 至正八年，世祖忽必烈建国号曰"大元"，诏书曰："诞膺景命，奄四海以宅尊；必有美名，绍百王而纪统。唐之为言荡也，尧以之而著称；虞之为言乐也，舜因之而作号……我太祖起朔土，大恢土宇，舆图之广，万古所无，可建国号曰大元，盖取《易经》'乾元'之义。"此略可见对儒家历史观和政治理念的认同（《元史》卷七《世祖纪四》）。

④ 元仁宗皇庆二年订《科举条例》，以"四书"及朱熹《四书集注》、"三经"及程朱派传注取士（见《元史》卷八十一《选举志一》）。

⑤ 元应昌路故城（今内蒙古自治区昭乌达盟克什克腾旗境内），有《应昌路新建儒学记》碑刻可为例证（见李逸友《元应昌路故城调查记》，《考古》1961年第10期）。

⑥ 太平天国二年，有《奉天讨胡檄》谓："满洲之众不过十数万，而我中国之众不下五千余万。以五千余万之众，受制十万，亦孔之丑矣！"（太平天国历史博物馆编《太平天国文献汇编》，中华书局1979年版，第106页）

（《清实录·世宗实录》雍正元年十月），"骑射国语，乃满洲之根本，旗人之要务"（《清实录·高宗实录》乾隆十八年三月、四月、七月等），努力保持彪悍尚武、使用满语等满人特色和强势地位。二曰认同"礼治"的儒家文化，借以建设构成社会政治秩序之基础的伦理秩序。清代诸帝于儒家经典和汉文化研习之勤奋①，国家于宗庙、社稷、学校、科举等诸项"礼治"制度建设之用心，都可以说超越历代②。清代国祚之久，几不让唐、明而胜于两汉、两宋，表明其借助"礼治"文化、借助汉族来巩固、完善满族主宰的国家，其策略是成功的。但三百年过去，随着清国家政权被推翻，满人在早已融入汉文化的情况下，其民族特色也日渐消失。

总之，先秦至晚近的中国历史向我们显示，对儒家"礼治"文化的认同，作为民族认同之实现的决定性因素，使历史上曾出现在中国土地上的诸多民族（种族、部族），融合为华夏民族（汉族）；而由此历史形成的、以崇尚对国家、民族伦理共同体之伦理认同为主要内涵的民族凝聚力，也使历史上并未融入华夏汉族的民族，在新的历史条件下，也与汉族紧密地凝聚成一体多元的中华民族。没有民族融合，就没有现在的中华民族，就没有现在的中国国家疆域。如果说，这是中国历史上最伟大的创造，最伟大的成就；那么，也正是在这里，儒家表现了最伟大的历史贡献。

---

① 清朝皇族有位亲王记述曰："皇子六龄，即入上书房读书。书房在前清宫左，近在禁御，以便上稽察也……定制，即入申出，其较往代皇子出阁讲读，片刻即归，徒以为饰观者，真不啻霄壤分也。"（昭梿：《啸亭续录》卷一《上书房》）
② 《清史稿》概述有清一代礼制的建设过程曰："世祖入关，顺命创制，规模宏远。顺治三年，诏礼臣参酌往制，勒成礼书，为民轨则。圣祖岁御经筵，纂成《日讲礼记解义》，敷陈虽出群工，阐绎悉尊圣训。高宗御定《三礼义疏》，网罗议礼家言，折中至当，雅号巨制。若皇朝三通（按：乾隆年间编纂成《皇朝文献通考》、《皇朝通志》和《皇朝通典》）、《大清会典》，其经纬礼律，尤见本原……德宗季叶，设礼学馆，博选耆儒，将有所缀述，未及编定，而政变作矣。"（卷八十二《礼志一》）清朝作为中国历史上最后一个君主专制的社会政治制度，礼的理论和制度的建设，既有承接、综合前代成果的丰满的表现，也遭遇着随着新时代到来而衰落、中断的结局。在构成儒家"礼治"的诸如学校、科举等其他方面，也是同样的情况。

3. 宗教兼容

在中国历史上，东汉时期出现了具有"三项内涵"① 意义上的宗教佛教和道教。佛教是从印度传入，道教则是在中国固有的古代巫术、春秋战国时期道家老子、阴阳五行、神仙的思想基础上形成的。佛教虔信通过坚毅的戒、定、慧修持，实现出离生死等人生一切烦恼的寂灭（"涅槃"）；道教则相信通过服食由金石炼成的"金丹"（外丹）和由精气在体内凝成的"神丹"（内丹）的修炼，可以极大地增强生命力的强度，达到"长生不死"的人生目标。比拟佛教、道教给予人生一种终极价值追求和实现途径的意义，魏晋以后，人们将以践履"礼"的规范，实现对家庭、国家伦理道德义务责任为人生目标的儒家理论也称之为"教"——"儒教"，合称"三教"②。唐代时，基督宗教和伊斯兰教传入，在当时只是侨民的宗教。伊斯兰教在明代以后，逐渐成为民族（回族等）的宗教；基督宗教在中国作为传教的宗教存在，虽然明末清初有短暂的实现，但真正的实现应是鸦片战争后的近现代中国。所以这里论述中国历史上的宗教关系，主要是指儒学（儒教）与佛教、道教间的相互关系。

三教间的观念冲突与融合　中国古代的历史事实显示，儒学与道教似乎没有发生过冲突，但与佛教却一直存在着对立和争辩。而佛、道之宗教理论和生活实践对儒家伦理道德观念所表现出的不同态度，则是形成这种

---

① 前已论及，本书根据佛教、基督宗教、伊斯兰教三个成熟的世界宗教的共同特征，从较严格的意义上界定宗教特质具有三项内涵：一是宗教信仰的对象必须是神灵性的；一是宗教接近或达到神灵对象的方法必须是信仰的；一是宗教能给人生一种解释，创造出一种生活意义和形态。

② "三教"之说，最早可能在三国之时，如释家典籍有记载曰："《吴书》云：吴主问三教。尚书令阚泽对曰：孔老设教，法天制用，不敢违天；佛之设教，诸天奉行。"（宋·释法云：《翻译名义集》卷五《半满书籍篇》）而对于三教提供的人生实践目标，当以宋元学者刘谧《儒释道平心论》概括得较为完整："儒教在中国，使纲常以正，人伦以明，礼乐刑政，四达不悖，天地万物以育，其功于天下大矣，故秦皇欲去儒而儒终不可去。道教在中国，使人清虚以自守，卑弱以自持，一洗纷纭胶葛之习，而归于静默无为之境，其有裨于世教也至矣，故梁武帝欲除道而道终不可除。佛教之在中国，使人弃华就实，背伪而归真，由力行而造于安行，由自利而至于利彼，其为生民之所依归者，无以加矣，故三武之君欲灭佛而佛终不可灭。"（《儒释道平心论》卷上）

儒家传统：儒学及其建构的生活方式

有差别的关系格局的关键之处。儒家以"五伦"（"十义"）的伦理原则的践履，为自己的道德理想和人生实践的核心内容。历史上的儒家，生长在君主制的社会环境中，自汉代"独尊儒术"而成为国家意识形态后，源自先秦法家的权力观念，浸入了儒家伦理的道德思想中，个人与国家（君臣）、家庭（父子、夫妇）间的互有责任义务的伦理关系，蜕变为，或者说增入了强调单方面屈从的"三纲"那种被权力扭曲、异化的伦理关系①。印度佛教传入中国后，虽然不断发生着中国化、世俗化的演变，但仍然始终保持着摆脱情累、洗尽尘缘、出离生死、实现"涅槃"的成佛的宗教目标。中国佛教虽然并不反对世俗的人伦道德理念，但仍然放弃了、拒绝了这种伦理道德的实践。东晋高僧慧远在其《沙门不敬王者论》中说：信佛而未出家的人，应同世俗之民一样，应有"天属之爱，奉主之礼"；但出家之人，"皆遁世以求其志，变俗以达其道；变俗则服章不得与世典同礼，遁世则宜高尚其迹"，则可以而应该超脱世俗伦理观念和规范约束，"求宗而不顺化"（《弘明集》卷五）。初唐，"护法沙门"法琳在其《辩正论》中也说："虽形阙奉亲，而内怀其孝；礼乖事主，而心戢其恩。"（《广弘明集》卷十三）慧远、法琳所论表明，中国佛教的伦理道德实践是一种很独特的、内外异向的双重选择。在儒家的生活方式中，佛教的宗教目标和"求宗而不顺化"的宗教生活及其迅速传播所带来的社会后果，使儒家深感忧虑，因而予以强烈的质疑、抨击。宋代理学出现以前，儒家排佛的主要理据有二。一是认为佛家的宗教生活实践给社会伦理秩序带来破坏。如梁武帝时，荀济上书请废佛法，其理由是："戎教兴于中壤，使父子之亲隔，君臣之义乖，夫妇之和旷，友朋之信绝，海内散乱，三百年矣。"（见《广弘明集》卷七《叙列代王臣滞惑解》）二是认为佛教膨胀的存在给国家经济生活造成危机。如梁武帝时，郭祖深上书谏言削减僧尼，其理由是："僧尼资产丰沃，

---

① 韩非曰："臣事君、子事父、妻事夫，三者顺则天下治，三者逆则天下乱。"（《韩非子·忠孝》）明显地将儒家的君臣、父子、夫妇间相互有道德义务和责任的伦理关系，扭曲为单方面服从的、以权力制衡的人际关系。汉儒缘沿之称之为"三纲"，"循三纲五纪……此圣人之善也"（《春秋繁露·深察名号》），"君为臣纲，父为子纲，夫为妻纲"（《礼纬·含文嘉》），"三纲者何？谓君臣、父子、夫妇也"（《白虎通·三纲六纪》）。

所在郡县，不可胜言。道人又有白徒，尼则皆畜养女，不贯人籍，天下户口，几亡其半。凡僧尼多非法，养女皆服罗纨，其蠹俗伤法，抑由于此。请精加捡括……不然，恐方来处处成寺，家家削发，尺土一人，非复国有。"（《南史》卷七十《郭祖深传》）隋唐儒者的排佛言论，包括韩愈的激烈言词，多未能超出这个范围。宋代以后，儒学（理学）更以"理"的本体论、"心统性情"的工夫论，在哲学层面上破解作为佛禅世界观、修养论之基础的"空"观、"自性"说；以实与虚、公与私、止与定（敬与静）等主要界限，将儒佛加以辨分。这是中国古代儒学在最高的理论角度上对佛学的审视、批判。但是，应该说，儒家对佛教的反对、抨击，始终是止限在思想理论的领域，从未出现儒学借作为国家意识形态的优势地位，鼓动国家权力迫害佛教的情势。道教基本上认同、接受儒家的伦理观念和道德规范。道教的第一位理论家东晋葛洪所宣示的原则——"欲求仙者，要当以忠孝和顺仁信为本，若德行不修，而但务方术，皆不得长生也"（《抱朴子·内篇·对俗》）——可以为证。所以，虽然儒家并不认可道教"长生"的宗教目标①，但在伦理道德观念和实践上的基本一致，使儒学与道教之间终亦未出现对立、争斗之势。当然，宋明理学家有时将道教理论渊源之一的老庄道家思想，不做严格区分地与佛学放在一起，称为"释老"，加以批判，但那主要是对道家也有悖于儒学核心的伦理道德价值理念的思想观念和实践表现的批判，不能视为是对道教的抨击②。

在中国历史上，道教和佛教作为较典型意义上的、有"三项内涵"的宗教，他们间的对立与冲突则每每表现得比较尖锐。从围绕西晋道士王浮《老子化胡经》、南朝宋末道士顾欢《夷夏论》、假名为张融的南齐道士《三破论》而展开的佛道两家为论辩各自宗教真理之真和宗教地位之

---

① 朱子有诗曰："炼形羽化真寓言，世间那得有神仙？"（《朱文公文集》卷一《夜叹》）又曾说："道家说仙人尸解，极怪异。"（《朱子语类》卷一百二十五）此最可为儒家不认可道教宗教目标之证。

② 如二程曾评说："庄子有大底意思，（只是）无礼无本。"（《河南程氏遗书》卷七）朱子亦说："佛老之学，不待深辩而明。只是废三纲五常，这一事已是极大罪名，其他更不消说。"（《朱子语类》卷一百二十六）

高的论战①，乃至多次发生在唐宋时期朝廷大典、诰制行文中佛道位置先后排序的变迁②，都可视为其具体表现。使佛教蒙受三次虽然短暂但却是沉重打击的"三武法难"，固然是由某种具体的政治、经济事态的契因触发而成，但道教人物在其中的鼓动确也起了推波助澜的作用③；而道教在元代遭遇到的诸如《道藏》被焚等的压制中，也多有佛僧的动作④。然而佛教、道教皆未获得国家权力，国家权力选择的基本意识形态或社会精神基础是儒学（儒教）。这就使得佛道间的宗教冲突，只能停止在思想理论领域，在经常的情况下，不可能越过这个樊篱，形成政治的对立、冲突，借国家权力消灭掉对方。

历史上，儒学（儒教）与佛教、道教之间关系的全幅展现，在思想领域内除却人生终极追求、理论结构和实践方法上的差异、对立、

① 道士造《老子化胡经》谓老子入胡化佛（见顾欢《夷夏论》引"道经云"），佛徒则造《清净法行经》，谓佛遣三弟子来震旦教化，儒童菩萨，彼称孔丘，光净菩萨，彼称颜回，摩诃迦叶，彼称老子（见北周道安《二教论》引）。《夷夏论》谓"佛教文而博，道教质而精，精非粗人所信，博非精人所能；佛言华而引，道言实而抑，抑则明者独进，引则昧者竞前；佛经繁而显，道经简而幽，幽则妙门难见，显则正路易遵"，以道教优于佛教；沙门慧通著《驳顾道士夷夏论》，谓"圣教妙通，至道渊博……大教无私，至德弗偏"，以佛说广大，高于道论。《三破论》诋毁佛教"破国""破家""破身"，释玄光则撰《辨惑论》，讥斥道教有"五逆"和妖法、欺巧、不仁、虚妄、顽痴、凶佞之"六极"。

② 如在唐代，太宗贞观十一年有诏令曰："自今已后，斋供行法，至于称谓，道士女冠，可在僧尼之前。"（宋·宋敏求编《唐大诏令集》卷一百十三《道士女冠在僧尼之上诏》）而到武后天授二年，又有制令曰："释教宜在道法之上，缁服处黄冠之前。"（同上书卷一百十三《释教在道法之上制》）在宋代，有宋人记述："大观二年……时方崇道教，诏道流叙位在僧之上。"（周辉：《清波杂志》卷八）慨叹："北齐敕道士剃发为沙门，宣和中，敕沙门着冠为道士，古今事不同如此！"（邵博：《邵氏闻见后录》卷二十九）。

③ 北魏太武帝毁佛的积极推动者崔浩崇信道教，史称"寇谦之有《神中录图新经》，浩因师之"（《魏书》卷三十五《崔浩传》）。史记周武帝废佛，道士张宾甚为推助："有道士张宾谲诈罔上，私达其党，以黑释为国忌，黄老为国祥，帝纳其言，信道轻佛。"（《广弘明集》卷八《叙周武帝集道俗议灭佛法事》）。史载唐武宗在位时，道士"赵归真乘宠，每对，排毁释氏，言非中国之教，蠹耗生灵，尽宜除去，帝颇信之"（《旧唐书》卷十八《武宗纪》）。

④ 如元、明历史笔记有记述曰："宋祥兴二年己卯（按：元至元十六年），元主忽必烈灭宋，大兴彼教，任番僧拊迁等灭道教。十月二十日，尽焚《道藏》经书。"（明·陆容：《菽园杂记》卷十一）"至元间，释氏豪横，改宫观为寺，削道士为髡。"（元·陶宗仪：《南村辍耕录》卷十三）

冲突外，在其各自的发展进程中，也还有观念和思维方式上的相互融摄、消化吸收。佛教自印度传入，从最疏阔的角度上观察，其发展演变可以说是经历了中国化和世俗化两个阶段。前一阶段可界定在魏晋六朝至隋唐的历史时期内，佛学完成了从印度佛教理论发展的固有逻辑轨道，向中国思想的理论思维道路转移，形成了中国佛教。在这个过程中，诸如在"格义""连类"的佛经翻译中，在对"般若""涅槃"的诠释中，在支撑天台宗、华严宗、禅宗等中国佛教宗派立宗的主要观念"实相""法界""自然"中，都有明显的老庄道家思想元素①。后一阶段是指宋代以后，中国佛教的理论创造力已趋衰弱②，而"不分世法佛法，直下打成一片"③ 的世俗化倾向渐趋增强，并最终融入中国文化。这个过程的完成，佛家完全接受和佛学中广泛渗入儒家伦理观念无疑是最重要的④。可见，借助、吸纳道家、儒家思想，是中国佛教形成和发展的重要理论条件。同样，道教从佛学那里，儒学从佛、道那里也吸取了提升甚至是改造了自己理论品质的观念因素、思维方式。例如，魏晋和唐代道教理论家在对自己的传统论题"承负""重玄"作出的含蕴着"轮回""双谴"观念的新诠释，显然是感受或

---

① 佛教思想的这一蜕变过程，是一由微至显的复杂过程，是魏晋南北朝及隋唐许多高僧大德人物的思想和精神经历的积累，这里难以选择简洁的、最具特征的语言展示。我在《庄学研究·庄子思想与佛学》中，从庄学的角度对此过程曾有粗略论述（见《庄学研究》，人民出版社 1992 年版，第 494～537 页）。

② 清代学者恽敬《潮州韩文公庙碑文》云："公之辟佛，辟于极盛之时；宋人之辟佛，辟于既衰之后。宋人之辟佛，以千万人攻佛之一人；公之辟佛，以一人攻佛之千万人，故不易也。"（恽敬：《大云山房文稿》二集卷四）此是清人已观察到，自唐至宋以后，佛教的气势已由盛入衰，故认为韩愈与宋儒虽同为辟佛，但处境有难易的不同。

③ 北宋临济宗杨岐派著名禅师圆悟克勤语（见《圆悟佛果禅师语录》卷十五《示觉民知库》）。

④ 如北宋高僧、明教大师契嵩撰作《辅教编》及《皇极论》《中庸解》《论原》等篇，从道教性命、礼乐刑法，直至九流风俗等不同理论层次上，论说"佛之道与王道合"（《镡津文集》卷九《上仁宗皇帝书》），表现"拟儒发明佛意"（卷十一《与石门月禅师》）；两宋间禅宗领袖宗杲更诠定"菩提心则忠义心也，名异而体同。但此心与义相遇，则世出世间，一网打就，无少无剩矣"。（《大慧语录》卷二十四《示成机宜》）

融会"三世""般若"等佛家智慧的结果①。宋代道教的内丹学家以神仙家所修之"命术"只是初阶，佛家"真如觉性"方是终极②，又或将内丹术分为上中下三品，上品丹法必须"以定为水，以慧为火"方能炼成③，其显现的佛禅思想观念也是很鲜明的。对佛家思想的吸收摄取，使道教原来富于经验性的宗教理论增添了形上的色彩。作为古代儒家思想最高发展的宋明理学，它的那种有区别于传统儒学的理论特色或品质，也正是消化佛学、道家的形上思想而形成的。例如宋明理学中程朱派的"理"，其总体性、根源性和形上性的基本内涵，事实上正是老庄道家"道"的内涵④；陆王派的心性不分、心（性）无善恶的观念，则是清晰地烙印着禅

---

① 东晋以后出现的道教《灵宝》诸经有曰："善恶皆有对，是以世人为恶……而不即被考者，由受先世宿福，福尽罪至，生或为阳官所治，死入地狱，覆诸荼毒，楚痛难言也"，"恶恶相缘，善善相因……身没名灭，轮转死道。"（《太极真人敷灵宝斋戒威仪诸经要诀》）此可见，汉代《太平经》中那种在异代之间传递福祸后果的道教传统的"承负"观念，在此经里改变为一个人因其业果而在"三世""六趣"间轮回的具有佛家色彩的观念。唐道士成玄英说："玄者，深远之义，亦是不滞之名。有欲之人，唯滞于有，无欲之士，又滞于无，故说一玄，以遣双执。又恐学者滞于此玄，今说又玄，更祛后病。既而非但不滞，亦乃不滞于不滞，此则遣之又遣，故曰玄之又玄。"（《道德经开题序决义疏》卷一）显然，道教"重玄"理论的此种诠释，受启发于佛家诸如《中论》中的那种空与有、真与假之分全破又全不破的"般若"智慧。

② 北宋道教内丹学主要人物张伯端曾概述其丹术途径曰："先以神仙命术诱其修炼，次以诸佛妙用广其神通，终以真如觉性遣其幻妄，而归于究竟空寂之本源。"（《悟真篇》卷五《禅宗歌颂》）在张伯端这里，"内丹"由传统道教的某种精神性实体的存在，转变为佛家色彩的精神境界。

③ 南宋著名道教人物白玉蟾撰有《修仙辨惑论》，追述其师陈楠三品丹法曰："天仙之道，以身为铅，以心为汞，以定为水，以慧为火；水仙之道，以气为铅，以神为汞，以午为火，以子为水；地仙之道，以精为铅，以血为汞，以肾为水，以心为火。"（载《修真十书》卷四）。

④ 老庄道家说："道"为"天地根""天下母"（《老子》第六、二十五章）；"道通为一""无所不在"（《庄子·齐物论》《知北游》）；"道"是"无状之状，无物之象"（《老子·十四章》），"无为无形"（《庄子·大宗师》）。换言之，道家认为，根源性、总体性、超验性，是"道"之本体的形上特质。宋代理学家二程论证本体之"理"曰，"万物皆出于理"（《河南程氏遗书》卷二上），"一物之理，即万物之理"（同上），"有形只是气，无形只是道"（《河南程氏遗书》卷六），显示宋学"理"之本体的内涵亦是根源性、总体性、形上性。

宗的观念痕迹①。

总之，历史上的儒、道、佛"三教"，因人生终极的具体目标和人生实践上的差异，存在着对立、冲突；但这种对立、冲突主要发生、表现在思想的领域。同时，在思想领域内"三教"间的对立、冲突中，也有相互的观念与理论的融摄与吸收。所以可以说，儒家社会生活中的"三教"，基本上是在相互兼容、和平共存中实现着各自的生长、演变、发展。相较于西方历史上（中世纪）基督宗教对异己宗教和"异端"教派的不能容忍的无情打击和残酷迫害②，儒家生活方式中的这种宗教关系，则是值得进一步去认识、去诠释的伟大的宽容奇迹。

儒家宗教宽容的理念基础　20 世纪 70 年代，著名的日本佛教学者、社会活动家池田大作和英国牛津大学教授 B. 威尔逊，曾有多次关于社会

---

① 在宋明理学中，特别是朱子学，对心与性有十分明确的区分。朱子说"心者，气之精爽"（《朱子语类》卷三），将"心"定位在宇宙论层面上。"心"之体，即是仁义礼智之性；"心"之用，即是情。"统性情，该体用，心也。"（《朱文公文集》卷五十六《答方宾王》）禅宗却是心性不分，且以性（心）无善恶。如禅家说："佛性非善非不善，是名不二"（《坛经·行由品》），"心性不异，即性即心，心不异性。"（《宛陵录·传法》）王阳明说"良知者，心之本体"（《传习录中》），此以心之知觉功能，即是心之本体（性），是心性不分；又说"无善无恶心之体"（《传习录下》），此以性无善恶。凡此皆是阳明学背离朱子学而接受禅学影响的表现。

② 基督宗教《圣经·旧约》借上帝之口说："你的同胞兄弟，或是你的儿女……若暗中引诱你，说：'我们不如去崇拜你和你的列祖素来所不认识的别神……'你不可依从他，不可怜恤他，总要杀死他。你先下手，然后众民也下手，将他治死。"（《申命记》第十三章）《新约》借耶稣之口说："我是葡萄树，你们是枝子，你们若不常在我里面，就像枝子在外面枯干，人拾起来，扔在火里烧了。"（《约翰福音》第十五章）西方历史上，天主教国家和天主教会对异教徒和异端分子所表现出的不宽容是以此为经典根据的。基督宗教最重要的理论家阿·奥古斯都、托·阿奎那都曾据此论证对异教徒、异端分子施以惩罚、执行火刑的正当性。12、13 世纪的十字军东征和 13～19 世纪初的宗教裁判所（当然，宽泛意义上的基督宗教法庭更早就有了），则是其最凸显的实际表现。至少有八次的十字军东征，既攻击、占领过广大的西亚、中亚异教伊斯兰教统治地区，也掠夺、占领过信奉同宗的东正教拜占庭帝国。20 世纪一位英国学者考证出："1487 年至 1808 年间，宗教裁判所处罚了 34 万人，其中被火刑焚死者约有 3 万 2 千人。"（约翰·德雷珀：《宗教与科学之冲突》，张微夫译，辛垦书店 1934 年版，第 96 页）所以，正如 18 世纪法国启蒙思想家霍尔巴赫反讽地抨击的那样："基督教是火的宗教，教会的忠诚儿子应该燃起对主的爱，神职人员应该燃起热忱，国王和官吏应该随时随地焚烧异教徒及其真教的其他敌人，最后，刽子手应该不断焚烧五月梯脚下的书籍。"（保尔·霍尔巴赫：《袖珍神学》，单志澄等译，商务印书馆 1972 年版，第 44 页）

与宗教诸多问题的广泛对话。其中，也讨论了宗教的宽容问题：

> 池田：很多有独立教理体系的宗教都确信自己拥有唯一的真理，
> 或是掌握了接近真理的唯一方法。这些片面的思想方式是导致不同的
> 宗教和思想体系产生矛盾的原因之一……
>
> 威尔逊：无论是基督教徒，或是伊斯兰教徒，或是其他宗教的教徒，
> 凡是犯有不宽容过错的人，大都是因为确信自己的教义绝对正确①。

应该说，历史上的和世界范围内的宗教对立、冲突，如果排除其爆发时的具体历史情境下的政治、经济因素，就宗教本身来观察，两位学者的论断无疑是正确的、符合事实的。以为自己宗教的终极目标、最高真理是唯一正确的，否定其他宗教的终极追求、最高真理，必然会导致对其他宗教的生活实践、生活方式的轻蔑、不尊重；当这种观念上的成见获得包括权力在内的某种力量介入时，就会表现出形式多种、强烈程度不同的冲突，表现为不宽容。

儒学，或者说"儒教"，以现世的、日常的伦理道德思想为自己的理论核心。先秦和汉代儒家将人的德性归纳为仁、义、礼、智、信五种，论证了五种德性皆有各自的心理的或道德情感的基础，有共同的人性根源，因而是人类普遍共有的；五种德性在不同的伦理关系中表现出的诸如孝、忠、信等不同道德行为规范，因而也应是人类普遍共有的准则。如《礼记》论"孝"曰：

> 夫孝，置之而塞乎天地，溥之而横乎四海，施诸后世而无朝夕，
> 推而放诸东海而准，推而放诸西海而准，推而放诸南海而准，推而放
> 诸北海而准。《诗》云："自西自东，自南自北，无思不服。"此之谓
> 也。（《祭义》）

宋代理学家将人的伦理道德规范的最终人性根源，赋予更抽象的形上特

---

① 池田大作、B. 威尔逊：《社会与宗教》，梁鸿飞、王健译，四川人民出版社 1991 年版，第 432~434 页。

质，称之为"理"①；伦理道德规范，作为儒家的真理，也获得更具普遍性的品质。如理学家说：

> 理则天下只是一个理，故推至四海而准，须是质诸天地、考诸三王不易之理。(《河南程氏遗书》卷二上)

> 东海有圣人出焉，此心同也，此理同也。西海有圣人出焉，此心同也，此理同也。南海北海有圣人出焉，此心同也，此理同也。千百世之上至千百世之下，有圣人出焉，此心此理，亦莫不同也。(《象山全集》卷三十六《年谱·绍兴二十一年》)

儒家认为自己的伦理道德规范，或者说道德理想、最高真理，具有人性的根源，"理"的根据，即符合作为人的"所以然之故与当然之则"，它的正确性不是体现为唯一性，不是天下之见唯我独是；而是体现为普遍性，是四海之人、古今之人皆同如此。孝敬父母、忠于国家、信于朋友，人皆是如此，人同此心，心同此理。显然，儒家最高真理的普遍性的品质，在于儒家体现"理"的伦理道德理念，实际上也就是最基本的、最庸常的生活准则、生活形态。当然，在某种特殊的宗教理论情境中，儒家的道德真理也许会与某种宗教信念并不一致，甚至相悖，例如佛教将出世的宗教修持置于人世的伦理践履之上，斥责不知师僧之恩高于父母之恩者愚昧。② 基督宗教以爱为本，但对将爱父母置于爱上帝之前的信徒则予以谴责。③ 然而在世俗生活中，儒家所提出的那些基本伦理道德原则，却都是不同宗教所一致认同和维护的。因为否定这些原则，失去人类生活、人类生存状态中的伦理原则和道德品性，将不是对儒学或哪一种宗教、思想体

---

① 理学中"理"的完整定义当是朱子所说："天下万物所以然之故，与其当然之则，所谓理也。"(《大学或问》卷一)"理者，形而上之道，生物之本也。"(《朱文公文集》卷五十八《答黄道夫一》)在社会生活领域，伦理道德规范也就是"理"。如二程说："父子君臣，天下之定理，无所逃于天地之间。"(《河南程氏遗书》卷五)"道(理)当于君臣、父子、夫妇、兄弟、朋友上求。"(《河南程氏外书》第十二)
② 唐代律宗名僧道宣说："父母七生，师僧累劫，义深恩重，愚者莫知。"(道宣：《净心诫观法》卷下)
③ 《圣经》记载耶稣说："爱父母过于爱我的，不配做我的门徒；爱儿女过于爱我的，不配做我的门徒。"(《新约·马太福音》第十章)

系的否定，而将是人类生活本身、人类生存状态本身的崩溃。儒家从被自己认为是根源于人性、根源于"理"的伦理道德理念中，发育出一种道德真理具有普遍性的信念，培壅着一种宽容的眼光和心态，有可能在不同宗教那里皆能观察到真理的成分，对不同宗教保持着兼容的态度。

18世纪法国启蒙思想家孟德斯鸠曾说："迷信的偏见强于其他一切偏见，迷信的理论强于其他一切理论。"① 如果在宽泛的意义上，将"迷信"理解为非理性，"信仰"理解为超理性，那么，也可以说："信仰的偏见强于其他一切偏见，信仰的理论强于其他一切理论。"非理性是被情绪、情感主宰的认识，超理性是不可做逻辑分析的整体直观、全息悟解。换言之，信仰和迷信一样，都是缺乏理性的品质。虔诚的宗教信仰者往往不能，也无须对自己的信仰对象（"唯一真理"），诸如"上帝""真主""佛"，产生分析的、反思的认知能力，每表现为不可动摇的、没有思维和选择过程的执着②；而对异于或有悖于自己信仰的宗教对象、真理及其宗教生活实践，则容易表现出不愿或不能理解和缺乏尊重的排斥。在儒学或"儒教"中，对于作为儒家思想中宇宙最后根源、最高本体的"天道"③，却是可解析、可认知的对象。《礼记·中庸》中对这个逻辑过程有

---

① 孟德斯鸠：《论法的精神》，张雁深译，商务印书馆1961年版，第288页。
② 基督宗教思想史显示，教父哲学和经院哲学的思想家都曾援引希腊哲学，逻辑地、理性地论证上帝的存在与属性。但康德的批判哲学指出，"最高存在者的客观实在性既不能由思辨理性证明之，亦不能被否证之"，这里是"为信仰留地盘，则必须否定知识"（康德：《纯粹理性批判》，蓝公武译，商务印书馆1960年版，第456、19页）。近代欧洲种种理性宗教思潮，都努力论证信仰的理性基础和知识内容；但是，正如一位现代新正统派神学家所描述的那样，信仰的本始形态还应是："我们绝不'因为'什么而信，我们是由于领悟而信、而不顾一切。请想一下《圣经》里的那些人物，他们并不是因为有某种证据的理由才信，而只是因为有一天他们被放在能信、但必须不顾一切来信的地位上而已。"（K.巴特：《论基督教信仰》，胡簪云译，载刘小枫主编《20世纪西方宗教哲学文选》上卷，上海三联书店1991年版，第491页）
③ 朱子注解《论语·公冶长》"夫子言性与天道"曰："天道者，天理自然之本体。"（《论语集注·公冶长》）另外，程颐在辨析命、理、性、心等范畴之内涵时说："在天为命，在义为理（原注：疑是"在物为理"），在人为性，主于身为心，其实一也。"（《河南程氏遗书》卷十八）这是宋代理学，也是全部儒学中对"天道"最明确界定和完整解析。天道是最高本体，命、理、性、心，即宇宙万事万物，都可从此获得存在的解释。

较完整的描述：

> 诚者，天之道也。诚之者，人之道也。诚者，不勉而中，不思而得，从容中道，圣人也。诚之者，择善而固执之者也。博学之，审问之，慎思之，明辨之，笃行之。有弗学，学之弗能弗措也；有弗问，问之弗知弗措也；有弗思，思之弗得弗措也；有弗辨，辨之弗明弗措也；有弗行，行之弗笃弗措也。人一能之，己百之；人十能之，己千之。果能此道矣，虽愚必明，虽柔必强。

儒家认为，蕴有宇宙和人生全部内容、真实无妄的本体实在，是天之本然；认识、把握这个本体实在，是人之当为。对于有极高修养的"圣人"来说，自然可以很从容地达到认知、把握本体的境界，但对于众人来说，却需要通过博学、审问、慎思、明辨、笃行的包括认识和实践的过程才能达到；然而只要努力，则一定可以达到。儒学对于可视为是自己思想体系中的最高真理或终极对象的"天道"，能清晰地界定、解析其内涵；能有信心地确定接近、达到这一真理、终极的逻辑途径，较之宗教的最高真理或终极对象总是要在超理性的信仰中才能被接受、被实现，彰显出非常鲜明的理性的品质。只有理性才蕴有能理解、解释和消化非理性、超理性的智力和精神空间；所以在宗教关系中，只有在理性的品质中，才能产生和表现出对不同宗教的兼容立场和宽容态度。

总之，儒家认为自己的伦理道德理想，是人类共有的具有普遍性品质的真理；认为最高的本体、终极对象，是能被人类理智分析、认知的。这使得儒家对不同的宗教信仰皆能作出理性的观察、同情的理解；相信在不同的宗教——东西南北"圣人"那里，皆有"同理"的真理因素。可以认为，这就是历史上的儒家能够对繁荣地生长在儒家社会生活中的宗教表现出宽容态度的理念基础。

儒家对宗教的宽容态度，在宋代理学家对佛教的态度中，最具典型意义地表现出来。前已论定，宋代理学对佛家思想理论的批判，或"儒佛之辨"，是儒学历史上最全面和最深入的，从某种意义上说也是最严厉的。如程颐评断说："佛逃父出家，便绝人伦，只为自家独处于山林，人乡里岂容有此物！……至如言理性，亦只是为死生，其情本怖死爱生，是利也。"（《河南程氏遗书》卷十五）不仅斥责了佛家背弃伦理，也否定了他的宗教追求。朱子也判定佛家"废三纲五常，是极大罪名"（《朱子语类》卷一百二十六）。但是，另一方面，宋代理学家在对佛学细密的辨析和激烈的批判之外，也有对佛学理解、尊重的宽容表现。在这里，程朱也最可为代表。首先，程朱虽然都曾严厉地抨击佛家废弃君臣、父子、夫妇伦理的宗教生活实践，但对佛学形上理论的高深、佛家修养工夫的精专，又都表示叹服，甚至认为其高出于自己的儒门。如程颐承认："释氏之学，又不可道他不知，亦尽极乎高深！"（《河南程氏遗书》卷十五）朱子和他的弟子们讨论理学的根本问题，即宇宙的本体——"道体"时曾说："此事除了孔孟，犹是佛老见得些形象，譬如画人一般，佛老画得些模样。后来儒者于此全无相著，如何教他两个不做大！"（《朱子语类》卷三十六）朱子和他的弟子们讨论理学另一根本问题修养方法时，赞佩"释氏之徒为学精专"，说："吾儒这边难得如此。看他下工夫，直是白日至夜，无一念走作别处去。吾儒学者一时一日间是多少闲杂念处，如何得似他！"（《朱子语类》卷一百二十六）所以在宋代理学家看来，佛家尽管在理论上、实践上有这样那样的可被诟病之处，但他作为一种宗教、一种思想体系，其独立的地位是不可被撼动的。这就是朱子所说："释老虽非圣人之道，却被他做得成一家！"（《朱子语类》卷二十九）其次，程朱虽然都曾对佛教作为一种宗教、一种思想体系有所抨击，但对作为创立佛教的教主本人和创造、阐释佛教理论的佛家高僧大德，其人格，其品德都表示真诚的尊敬。《河南程氏遗书》记载，程颐一次在回答门人"佛当敬否"之问时曾说："佛亦是胡人之贤智者，安可慢也？"（卷十八）有则明清人的历史笔记更记述曰：

> 程子伊川游僧舍，一后生置坐背佛像，伊川列其坐。门人问曰："先生平日辟佛老，今何敬也？"伊川曰："平日所辟者，道也，今日所敬者，人也。且佛亦人耳，想在当时，亦贤于众人者，故辟其道而敬其人。"（清·王弘撰：《山志初集》卷一）

朱子也不止一次对门人盛赞，佛门祖师，气质人品何其高尚！如他说，

"僧家尊宿，得道便入深山中，草衣木食，养教十年，及其出来，是甚次第！自然光明俊伟，世上人所以只得叉手看他自动"（《朱子语类》卷一百二十六），"某见名寺中所画诸祖师人物，皆魁伟雄杰，宜其杰然有立如此"（同上书卷四）。可见，程朱在对佛教的审视中，能将其弃置人伦实践的生活行为与其拥有高超的思想理论，将其道与其人，予以有所不同的研判、评价，在对一个基本上是被自己否定的对象——一个时时在与自己争夺精神领地的思想理论体系身上，保持着理性的宽容，尽管深深地感受着他的威胁①，但还是能承认他的识"道体"、有"工夫"的理论价值，承认他的"宜其有立"的存在合理性。

儒家生活方式中宗教宽容的具体表现　儒家思想中蕴含着可形成宗教宽容的理念基础，在作为古代儒家思想最高发展的宋代理学那里，在程朱等理学家严格的儒佛之辨中，也存在着对佛家的理解和尊重。所以可以说，在中国历史上，在以儒家思想为主体、为国家意识形态的社会生活中，儒与释、道"三教"间的关系，基本上是鼎立并存、相互兼容的宽容局面。这种宽容的形态，除了表现为前面已论定的三教间在思想观念上的相互融摄、消化、吸收外，还表现为国家教化政策认同"三教一致"或"三教合一"，社会能够接受个人精神生活的"双重教籍"，民间世俗层面上的"三教"无界限的混融共存。

"三教一致"或"三教合一"的观念，在魏晋南北朝时期就已形成，但当时还主要是有深厚儒学修养的佛家人物或崇仰佛学的儒、道学者的观点。如东晋时佛门领袖慧远即论定："道法之与名教，如来之与尧孔，发致虽殊，潜相影响；出处诚异，终期则同。"（慧远：《沙门不敬王者论》四）东晋学者孙绰也认为："周孔即佛，佛即周孔，盖外内名耳。应世轨

---

① 如程颐就对当时学者多喜好谈禅之风气深感忧虑，说："此说天下已成风，其何能救！在某，则才卑德薄，无可奈何它；然据今日次第，便有数孟子，亦无如之何。"（《河南程氏遗书》卷二上）朱子亦视佛禅势盛为自己身后之忧，说："释氏之教，其盛如此，其势如何拗他转？吾人家守得一世再世，不崇尚他者，已自难得。三世之后，亦必被他转了。不知大圣人出，'所过者化，所存者神'时，又如何？"（《朱子语类》卷一百二十六）应该说，仅仅是儒学理论本身，确实不足以抵挡和消化佛门兴盛之势；但儒学理论创造的儒家生活方式，却一直能承载着它并最终消化掉它。在程朱的当时，这种历史结局还是无法观察到的。

物，盖亦随时，周孔救极蔽，佛教明其本，共为首尾，其致不殊。"（孙绰：《喻道论》）南朝居士宗炳更力论"孔、老、如来，虽三训殊路，而习善共辙也。"（宗炳：《明佛论》）其时，在道教与佛教充满敌意的争论中，道教阵营也有"道佛本同"的观点出现。如南朝道教信徒张融倡调和之论曰："道也与佛，逗极无二，寂然不动，致本则同，感而遂通，达迹成异。"（张融：《门律》）道士孟景翼更沟通佛道曰："在佛曰实相，在道曰玄牝；道之大象，即佛之法。"（孟景翼：《正论》）南朝道教领袖陶弘景则以三教互补一致观念立论曰："万物森罗，不离两仪所立；百法纷凑，无越三教之境。"（《华阳陶隐居集》卷下《茅山长沙馆碑》）魏晋南北朝时期的佛教、道教人物或学者，在具有共同的儒家思想观念基础上，观察到三教间虽有"治身"或"治世"①、"练神"或"练形"②的差异，但他们在"习善"——实现合理的、美好的人生理想的共同目标方面，是相同的，此所谓"三教一致"；这些差异，虽可从某种意义上诠定为一种内外、本末之分③，但它们毕竟皆是人的完整生命、生活的必要构成部分，是不可或缺的。在此意义上，又可谓之是"三教合一"。

魏晋南北朝时期的"三教一致""三教合一"，还只是关于宗教关系的一种理论观念，一种认为三教有共同的"习善"功能的理论观点。但是，当这种观念或观点得到国家权力认同时——在中国历史上君主专制的制度下，无疑地也就是得到在位君主（王权）的认同，三教一致、三教合一也就由一种宗教关系、功能的表述，转化为国家的教化策略；也就是作为儒家社会生活重要特征的三教兼容并存的宗教宽容的形成。应该说，在中国历史上这种局面是自唐代开始出现。有史料记述，唐代初年，唐高祖在国学听儒释道三家学者讲解《孝经》《金刚经》《老子》后评断说：

---

① 葛洪谓："内宝养生之道，外则和光于世，治身而身长修，治国而国太平。"（《抱朴子·内篇·释滞》）在道教立场上，大体是以治身、治世区分道、儒。

② 刘勰谓："二教真伪，焕然易辨。佛法练神，道教练形。"（刘勰：《灭惑论》）在佛家立场上，或以练神、练形区分佛、道。

③ 此内外、本末之分，佛道有所不同。道教以己为本为内，儒为外为末。如葛洪说："道者儒之本，儒者道之末。"（《抱朴子·内篇·明本》）佛家则以己为本为内，儒、道为外为末。如北周道安说："救形之教，教称为外；济神之典，典号为内。释教为内，儒教为外……道属儒宗，已彰前简。"（道安：《二教论》）

"儒、玄、佛义，各有宗旨。"（唐·刘肃：《大唐新语》卷十一）随后，他又在兴学诏书中说："三教虽异，善归一揆。"（《兴学敕》，载《唐大诏令集》卷一百五）唐高祖关于三教的这两个判言，可以视为是开始了和支持着唐代宗教宽容的基本立论。从此后唐代君主具有代表性的言行中可以看出，唐代社会的宗教宽容形态，有两项基本的内涵或特质。其一，这是建构在以儒家伦理观念为准则的世俗生活基础上的宽容。唐代最有作为的君主太宗曾说："老君垂范，义在清虚；释迦诒则，理存因果，求其教也，汲引之迹殊途；穷其宗也，宏益之风齐致。"（《道士女冠在僧尼之上诏》）宣示他认同佛道有途径不同、目标一致的教化功能。但他又曾表示，"朕今所好者，唯尧舜之道，周孔之教，以为有如鸟有翼，如鱼依水，失之必死，不可暂无耳"（《贞观政要》卷六《所慎》）。表明比较佛、道的宗教生活实践，儒家伦理的生活实践，更是不可须臾离开和缺少的。唐代早期，社会上还存在着僧尼不拜君亲，且能接受父母尊者礼拜的宗教生活礼俗。唐高宗对此深为不满，接连下了两道诏书、一道敕文予以纠正。高宗认为僧尼接受父母尊者礼拜的习俗，完全背离了儒家孝敬父母、礼崇尊长的伦理道德规范，所以就在第一道诏书《僧尼不得受父母尊者礼拜诏》中，称此种习俗"弃礼悖德，朕所不取"（《唐大诏令集》卷一百十三），毫不犹疑地强行废止了它。但于僧尼是否也应礼拜君主、父母，高宗考虑到自东晋名僧慧远"沙门不敬王者"论被国家王权默认以来，"因循日久，已成旧惯，若骤废止，恐爽其恒情"，不易被接受，所以下敕文《令有司议沙门致拜君亲敕》，要求群臣先加评议再作定论①。但因朝臣见解不一②，高宗既有所妥协，也有所坚持，所以在第二道诏书《令僧道致

---

① 唐高宗：《令有司议沙门致拜君亲敕》，见清代儒臣董诰等编《全唐文》卷十四。
② 此次朝臣评议，两派分歧，未有定论。一派以刘祥道（后为右相）、窦德元（后为左相）为代表，认为"谅由剔发有异于冠冕，裂裟无取于章服，出家之人，敬法舍俗，岂拘朝廷之礼。至于玄教清虚，道风遐旷，高尚其事，不屈王侯，帝王有所不臣，盖此之谓。国家既存其道，所以不屈其身。望准前章，无违旧贯"（刘祥道：《僧道拜君亲议状》，见《全唐文》卷一百六十二）。一派以朝臣郝处俊、谢浩为代表，则认为"君亲之重，事极昊天，恭恪之仪，理贯名教。至如凝心玄路，投迹法门，莫不肃敬神明，不轻品物，岂有弛傲所生，不屈君父？既违恭顺之风，恐累求道之因。请革旧风。准敕申拜"。（谢浩：《沙门应拜君亲议状》，见《全唐文》卷一百八十七）

拜父母诏》中，还是明确规定，僧道"今于君处，勿须致拜，其父母之
所，慈育弥深，祗伏斯旷，更将安设？自今已后，即宜跪拜"①。可见，
唐代的宗教宽容是以儒家核心的伦理准则不被破坏、儒家生活的基本特质
不被置换为底线的；是有儒家道德感情所能接受，道德理性所可谅解的合
理性范围的。这个底线、合理性范围虽然具有鲜明的儒家伦理道德观念色
彩，但它是以人类共有的普遍人性为基础的，不掺入任何独特的，需某种
信仰、信念支持的宗教观念因素，因而还是能包容、承载儒家之外的多样
的生活方式。其二，三教作为思想体系所具有的真理性，作为宗教所具有
的教化功能，皆获得相同的评价，因而这是三教在社会生活中具有平等地
位的宽容。前已论及，唐代早期，太宗、武后时，佛道社会地位曾有先后
之分。但支持这种地位划分的，实际上都是越出佛道本身固有教理、功能
之外的某种脆弱的、偶然的因素。太宗只是根据道教始祖老子"姓李名
耳"的传说②，以"尊祖"的名义，将道士女冠置于僧尼之前③。武后将
释教位置升高于道法之上，是为了回报当时佛门僧徒编撰《大云经》，制
造"女王革命"的谶言，帮助她实现了改国号、称皇帝的政治企图④。应
该说，在唐代正常的社会政治环境下，释道的地位是平等的。故武后死
后，睿宗复位，即颁布《僧道齐行并进制》曰：

> 朕闻释及玄宗，理均迹异，拯人救俗，教别功齐，岂有于其中
> 间，妄生彼我，不遵善下之旨，相高无上之法，有殊圣教，颇失道
> 源。自今每缘法事集会，僧尼道士女冠等，宜齐行并进。（载《唐大

① 唐高宗：《令僧道致拜父母诏》，见《全唐文》卷十二。此外，唐玄宗开元年间也
两次下敕文令僧尼道士女冠致拜父母，敕文载《唐大诏令集》卷一百十三。
② 老子"姓李氏名耳，字聃"之说，出自《史记·老子韩非列传》，先秦典籍无此
说。现代学者或认为，"李耳"是由"老聃"音义转出（参见唐兰《老聃的姓名和
时代考》等，载《古史辨》第四册下编）。
③ 唐太宗《道士女冠在僧尼之上诏》称："朕之本系，起自柱下……道士女冠可在僧
尼之前，庶敦本之俗，畅于九有，尊祖之风，贻诸万叶。"（《唐大诏令集》卷一百
十三）
④ 《旧唐书》记载："载初元年……有沙门十人，伪撰《大云经》，表上之，盛言神皇
受命之事。"（卷六《则天皇后本纪》）故武后《释教在道法之上制》称："《大云》
阐奥，明王国之祯符，爰开革命之阶，方启维新之运……自今已后，释教宜在道法
之上，缁服处黄冠之前，布告遐迩，知朕意焉。"（《唐大诏令集》卷一百十三）

睿宗制书判定，佛、道的教理和功能是"理均迹异""教别功齐"，规定佛道在各种社会活动中"齐行并进"。显言之，从此制书中可以看出，唐代国家王权对于释道教理的真理性和教化的功能，给予完全相同的评价，在社会生活中给予完全同等的地位。

唐代形成的这种宗教宽容形态，在其后从宋至清的历史时期中，获得了国家王权的认同和继承。如宋孝宗曾撰有《原道论》，认为"三教本不相远，特所施不同，至其末流，昧者执之而自为异耳。以佛修心，以道养生，以儒治世，斯可也"（《古今图书集成·神异典》第五十七卷二氏部）。明太祖也有《三教论》之作，判言"天下无二道，圣人无两心，三教之立，虽持身荣俭之不同，其所济给之理一，斯世之人，于斯三教，有不可缺"（《高皇帝御制文集》卷十）。清世宗于儒学佛理皆有很高的修养，每有三教一致之谕，其中一则曰："域中有三教，曰儒曰释曰道。儒教本乎圣人，为生民立命，乃治世之大经大法。而释氏之明心见性，道家之炼气凝神，亦于我儒存心养性之旨不悖；且其教旨皆在于劝人为善，戒人为恶，亦有补于治化。"（清·娄近垣辑《龙虎山志》第一卷《恩赉》）至此，可以总结地说，在儒家伦理准则为普遍的生活原则的基础上，国家王权承认儒、佛、道或三教，有一致的教化功能和平等的社会地位，就是中国历史上自唐代以来国家政治生活中的宗教宽容。

自佛教传入和道教形成，历史上儒家生活方式中的宗教宽容还较普遍地表现在个人精神生活中，在坚持践履儒家的伦理道德准则的同时，也接受、践行佛教或道教的思想观念、宗教信念，形成某种宽泛意义上的"双重教籍"。一般说来，在有"三项内涵"的意义上的宗教之间，即以独断的信仰而非以共有的普遍真理信念为基础的宗教之间，"双重教籍"是不可能出现的，不能存在的。当代著名的德国天主教神学家孔汉思曾论述过这个宗教性质的问题。他认为，一方面，"所有人道主义的伟大宗教都有相同的伦理道德原则"；另一方面，"宗教要比单纯的伦理更内涵丰富"。所以，"尽管文化和伦理的双重身份并非不可能，并且应当巩固这种可能性，但是双重教籍的可能性从信仰最深挚最严格的意义上看，则应排除在外——被所有的伟大宗教所排除"①。显言之，不同宗教在文化和伦理上相通的双重身份是可能的，但同时信仰两种宗教的双重教籍是不可能的、不应该的。孔汉思甚至还很赞同法国神学家吉夫雷（G. Geffre）的"基督行为"的观点。这一观点反对从基督宗教思想中剥离出、抽象出某种伦理道德原则，以和其他宗教做相通、相同的类比，认为基督教徒行为只能用原始的、整体的"基督行为"来观照，不能以分析出的某种观念原则、概念来界定、说明②。显然，在这个更加严格的宗教立场上，"双重身份"也是要被排除的。儒学或"儒教"中，在作为其理论特质、核心的理性的伦理道德思想之外，并不存在任何超理性的独断信仰；儒学认为这些伦理道德理念是具有普遍性的人性共有准则，可从心性的、社会的、超越的等不同的，能构成某种周延的理论层面上作出诠释。所以儒学或"儒教"能够毫无理论困难地从不同宗教那里发现和认同属于人性共有的伦理道德准则；也无信仰障碍地能将不同宗教的追求和实践，转译为、定位在自己完整的理论视野或理论结构的某个位置上。换言之，儒者，或者是有深厚儒家观念和生活背景的人，不仅能在普遍人性的意义上认同不同宗教有相通的伦理道德准则，表现为"双重身份"，而且能在相通的伦理准则、"善"的追求的意义上，理解、认同不同宗教的不同终极关切，表现为非严格意义上的"双重教籍"。这就是儒家生活方式中实现在个人精神生活中的宗教宽容。

中国历史上的这种宗教宽容形态，也可以追溯到魏晋六朝。如正史记载，齐武帝时司徒左长史张融"有孝义，忌月三旬不听乐，事嫂谨"，是恪守儒家伦理规范的人物；但同时也是谈论玄义，"神解过人，鲜能抗拒"的道教信徒；临终时则又遗嘱要以"左手执《孝经》《老子》，右手执小品《法华经》入殓"，俨然是三教并取（《南齐书》卷四十一《张融传》）。这种在个人精神生活中三教并取的价值选择，可以从梁武帝、简文帝的重臣王褒所撰诫子《幼训》文中得到基本的解释：

①　秦家懿、孔汉思：《中国宗教与基督教》，第 240～245 页。
②　同上书，第 245 页。

> 儒家则尊卑等差，吉凶降杀，君南面而臣北面，天地之义也；鼎
> 俎奇而笾豆偶，阴阳之义也。道家则堕支体，黜聪明，弃义绝仁，离
> 形去智。释氏之义，见苦断习，证灭循道，明因辨果，偶凡成圣。斯
> 虽为教等差，而义归汲引。吾始乎幼学，及于知命，既崇周、孔之
> 教，兼循老释之谈，江左以来，斯业不坠，汝能修之，吾之志也。
> （《梁书》卷四十一《王规传》）

王褒《幼训》清晰地概括了儒道释三家或"三教"核心的思想观念、生
活实践、修养方法的差异。显然，他并没有去理会这些差异所蕴含的可能
构成对立、冲突的那些因素，而是将这些差异理解为是全幅的人生实践的
不同方面，是完整的个人精神修养的不同方面，所以，"虽为教等差，而
义归汲引"，在实现人性"善"的或人生终极的途程上，互为补助，目标
一致。王褒《幼训》还认为，这种三教并取是一项许多人都在践行的成
熟的人生经验，因此期望他的子孙也能如此选择。

六朝时张融、王褒的所行、所言，可以认为是历史上儒家生活方式里在
个人精神生活中具有三教的双重身份、双重教籍的典型形态。此后，唐宋明
清，每个历史时期里都有诸如前面已论及的那些崇仰佛学的、攀缘佛老的儒家
文人、士大夫人物涌现，他们的生活实践，他们的精神生活，都可以视为是儒
家生活中宗教宽容形态的表现。其中，如柳宗元比较儒佛之论，"浮图往往与
《易》《论语》合，诚乐之，其于性情爽然，不与孔子异道"（《柳河东集》卷
二十五《送僧浩初序》），白居易评品韦处厚（按：文宗朝初年口碑甚佳的宰
相）之语，也是他本人的自画像："佩服世教，栖心空门；外为君子儒，内修
菩萨行"（《白氏长庆集》卷六十《祭中书韦相公文》），显现的信佛儒者的
"双重身份""双重教籍"尤为鲜明；显现的儒家宗教宽容精神——三教虽有
差异、对立，但都是构成全幅的人生实践、完整的精神修养的不同方面，因而
都具有人性内涵的合理性和实现人性"善"的终极目标一致性，也尤为清晰。

儒家生活方式中的宗教宽容，除了具体表现为在国家政治生活层面上的
"三教同功"的教化政策，在文人士大夫阶层人物精神生活中的"双重教籍"
外，在民间，在世俗的层面上，则表现为层出不穷地将"三教"间的关系视
为是没有任何对立，甚至是没有任何界限的观念和行为。此种风俗大约在北

儒家传统：儒学及其建构的生活方式

崔大华全集（第五卷）

朝、唐代已经出现。例如，自汉末佛法西来，雕刻佛像，以求佛佑，渐成佞佛者的习俗。北朝时，在此风气披靡下①，也出现道教信徒造老君像为亡者祈冥福的行为②，佛家修行祈愿死后摆脱轮回苦难，永生"兜率天"享福③，与道家追求返根"自然"、道教企望"成仙"等终极关怀上的巨大差异，在此世俗层面上已不复存在。唐代民间，有将儒、佛、道三教祖师孔子、释迦牟尼、老子供奉在同一厅堂的现象④，儒家礼制的庆典和丧葬仪式中羼入的佛教修炼礼仪也很凸显⑤。这些在自觉不自觉中抹去"三教"界限的民间风俗，在儒家生活方式诸方面都已发展到成熟、完备的时代——明代，也依然存在。例如，从明清历史笔记中每可以看到有将儒释道三教主并祀于一堂的"三教堂"⑥"三教阁"⑦之类的记载，可以看到民间儒家祠庙、道教宫观由僧人主持、奉守的记述⑧。此外，明嘉靖年间创作的、至今仍保存在嵩山少林寺中的《混元三教圣像图》碑刻，图中绘一人体像，从正面看是佛祖，左侧看是孔子，右侧看是老子⑨，三教融为一体之意更是跃然欲出。凡此，皆显现民间风俗中扫

---

① 清人王昶《金石萃编》中总论北朝造像碑刻曰："按造像立碑，始于北魏，迄于唐中叶。大抵所造者释迦、弥陀、弥勒及观音、势至为多。或山崖，或刻碑石，或造石窟，或造佛龛，或造浮图……以冀佛佑，百余年来，浸成风俗。"（卷三十九《北朝造像诸碑总论》）

② 《全北齐文》中有多则记述，其中一则云："大齐武平七年，岁次丁酉二月甲辰朔，二十三日丙寅，清信弟子孟阿妃，敬为亡夫朱元洪及息（按：王昶《金石萃编》卷三十《比丘洪宝造像铭》按语：'北碑多以子为息。'）子敖、息子推、息白石、息康奴、息女双姬等造老君像一区，今得成就，愿亡者去离三涂，永超八难，上升天堂，侍为道君，芒芒三界，蠢蠢四生，同出苦门，俱升上道。"（清·严可均校辑《全北齐文》卷八《朱元洪妻孟阿妃》）

③ 佛家注释"兜率天"曰："睹史多（兜率），此云喜足，于五欲乐生喜足心故，旧云知足。"（唐·法宝：《俱舍论疏》卷八）

④ 唐玄宗开元中宰相张说《天尊赞》记述，刘尊师兄弟三人，各奉儒道佛，画三圣像图，同处于一堂（见《张燕公集》卷十二《益州太清观精思院天尊赞》）。

⑤ 中唐李翱曾有论曰："佛法之流染于中国也六百余年矣……遂使夷狄之术行于中华，故吉凶之礼谬乱，其不尽为戎礼也无几矣。"（《李文公集》卷四《去佛斋》）

⑥ 见明代费尚伊《市隐园集》卷二十四《槐林社记》。

⑦ 见明代李元阳《中溪家传汇稿》卷八《三教阁记》。

⑧ 如明人记述，徐州祭祀汉高祖刘邦的祠庙，其香火由僧人管理（见嘉靖《徐州志》卷八《人事志·祀典》），太仓道教天妃宫以僧人奉守（见施显卿《奇闻类记·奇遇记》）。清初有学者说："今天下之书院祠祀，十之八九者守之以僧。"（刘献廷：《广阳杂记》卷二）

⑨ 参见吕宏军《嵩山少林寺》，河南人民出版社2002年版，第251页。

除"三教"间界限的情景。在儒家生活方式中，儒家思想是作为国家意识形态，作为主导的，甚至是权力的话语而存在的；然而在其民间世俗的层面上，儒家与佛教、道教"三教"间却是几乎无任何界限的混融的存在。应该说，这既是儒家"天下圣人同理""天下之人同心"的宽容理念的表现，也是儒家思想不具有典型意义上的、有"三项内涵"的宗教特质和不具有超理性信仰的那种固执和排斥异己的宗教性格的表现。

以上，我们缘沿历史发展的线索并援引典型的历史事例，审视和论述了儒家社会生活中宗教宽容的理念基础及其在观念世界和生活世界里不同领域内的具体表现。由此，我们可以作出这样的判定：历史上，儒家社会生活的这种很早就形成，并能始终保持的儒家（儒教）与佛教道教三教间的鼎立并存、相互兼容的宽容局面，应该被视为是儒家文化对世界文化、人类生活的一项伟大贡献、一项珍贵的经验。

此外，我们还可以从儒家社会生活中宗教宽容的理念基础及其表现来研判这种宗教宽容的某种独特的性质。历史上，在以伦理道德为核心价值的儒家社会生活中的宗教宽容，无论是国家政治生活中的"三教同功"的教化政策，或士大夫阶层人物精神生活中的"双重教籍"的选择，或世俗、民俗层面上的"三教"无界限的混融，都是为了实现个人道德完善的需要，达到人生终极归宿的需要。与近现代民主国家、法治环境下的宗教宽容相比较，儒家社会生活中宗教宽容的这种独特性质，就显得十分清晰。近现代民主、法治国家的宗教宽容，正如洛克在他的《论宗教宽容》四封书信里所论述的，信仰何种宗教的自由选择，是公民的权利；公民国家的政府和教会，不应干涉个人心灵的信仰，危害公民个人权利的享受①。所以，这里的"宗教宽容"，是指在民主、法治社会环境下的个人自由的一种实现。儒家思想之具有较强道德理性品质而缺弱宗教性品性

---

① 洛克于 1685～1704 年，写有四封书信，对当时的政府、教会应如何处理异教间或教派间的纷争，提出"宗教宽容"的观点，"必须严格区分公民政府的事务与宗教事务二者之间的界限……宗教是存在于心灵内部的信仰，掌管灵魂的事不可能属于民事官长"；"教会的宗旨是共同礼拜上帝，以此求得永生……教会法规以此为限，教会不应、也不能有强制权力"。所以，国家、教会对于信仰者，"无论他是基督徒，还是异教徒，都不得对他使用暴力或予以伤害……不得以任何方式危害其公民权利的享受"。（洛克：《论宗教宽容》，第 5～6、11～12 页）

的特质，一方面使它塑造出的儒者人格、君子人格具有强烈的道德完善的内在自我要求；另一方面，又使它对于世俗层面上民众寻觅人生终极皈依的心理的、情感的需求，未遑给予充分的满足①。历史上儒家社会生活中"三教"间的宗教宽容表现都可以从这里，从这个精神需求中得到理解和诠释。不仅如此，明代晚期徐光启、李之藻、杨廷筠等人对天主教的选择②，王岱舆、刘智等人对伊斯兰教义的发挥③，以及现当代所谓"儒家式"的天主教徒、基督教徒和伊斯兰教徒的现象④，也可以从这里获得一种深度的理解和诠释。

4. 没有文化障碍的世俗生活

在中国古代社会的历史进程中，实现了民族融合，实现了宗教兼容，是儒家思想所能蕴含着的能包容差异性、多样性的那种宽容精神的最卓越表现和伟大成就。不同民族生活方式的交融、不同宗教精神世界的沟通，使以儒家思想为基调、为元色的中国古代社会生活形态也获得了、显现了宽容的品格。在这里，没有文化的樊篱、障碍，不同民族的生活习俗，不同宗教的思想观念，都能在一共同体的儒家生活形态中独立地、混合地、融合地存在、生长。对全幅的生活形态来说，这样的表现是很多的、很具体的，且让我们概括地从生活形态的物质层面和观念层面上，各以一个典型事例，作出观察、阐明。

世俗生活形态的物质层面——以衣食住行为例　"人生归有道，衣食固其端。"（《陶渊明集》卷三《西田获早稻》）衣食住行是生活内容的根基，也是生活形态最具特征的方面。在中国历史的早期，中原华夏族与

---

① 儒家以"命"（"天""天命"）为终极皈依。儒家诠解曰，"行法以俟命"（《孟子·尽心下》），"人事尽处便是命"（《朱子语类》卷九十七）。显言之，儒家认为能践行符合伦理、物理的生活，便是"命"的实现。儒家对人生终极的这种诠解，洋溢着人文精神色彩，有深刻的理性自觉。但对于世俗民众来说，却缺乏他们所需要的能融入某种非理性的或超理性的永久之归宿的那种心灵慰藉。

② 明末儒者曾宣称，他们选择天主教的主要理论动机是"补儒易佛"（见《徐光启集》卷二《泰西水法序》）。

③ 明末穆斯林学者多认同"天方之经，大同孔孟之旨"（刘智：《天方性理·自序》），十分自觉援引孔孟儒学、程朱理学来诠解伊斯兰教义。

④ 当代新儒家学者杜维明曾论及这一现象，并解说这一"儒家式"有"参与社会"和"注重社群伦理和中介文化组织"两项涵或特征。（见杜维明《本土经验的全球意义》，《杜维明文集》第五卷，第534~535页）

四夷民族，因为生存的自然环境的不同，衣食住行的生活习俗也是差异迥然的。《礼记》总结曰："中国戎夷五方之民，皆有性也，不可推移。东方曰夷，被发文身，有不火食者矣。南方曰蛮，雕题交趾，有不火食者矣。西方曰戎，有不粒食者矣。北方曰狄，衣羽毛穴居，有不粒食者矣。中国、夷、蛮、戎、狄，皆有安居、和味、宜服、利用、备器。"（《王制》）秦汉以后，在民族融合的进程中，在四夷民族认同儒家的礼文化，融入汉族、融入中华民族的过程的同时，汉族也认同、吸收了四夷民族创造的文化成就，四夷民族具有实用或休闲价值的衣食住行、音乐体育等方面的生活习俗进入了儒家的社会生活。这种生活的融入，在其过程中也许只是很细微、很缓慢的个人感受，但在终点上看到的则是很显著、很巨大的生活面貌变化了。兹摘录史籍对这一过程的若干记述：

灵帝好胡服、胡帐、胡床、胡坐、胡饭、胡箜篌、胡笛、胡舞，京都贵戚皆竞为之。（《后汉书·志第十三·五行一》）

泰始之后，中国相尚用胡床貊槃，及为羌煮貊炙，贵人富室，必畜其器，吉享嘉会，皆以为先。太康中，又以毡为绲头及络带、裤口。（《晋书》卷二十七《五行志上》）

开元来……太常乐尚胡曲，贵人御馔，尽供胡食，士女皆竞衣胡服。（《旧唐书》卷四十五《舆服志》）

可见，汉、晋、唐以来，汉人从贵族开风气，靡及士庶，都喜爱尝试和接纳夷狄（胡人）的衣食住行的生活习俗。这一变化过程，经由南北朝、五代间的民族融合、人口迁徙，到宋代就显示了巨大的结果。兹录两则宋人的观察：

沈括："中国衣冠，自北齐以来，乃全用胡服。"（《梦溪笔谈》卷一《故事》）

朱子："今世之服，大抵皆胡服，如上领衫、靴鞋之类，先王冠服扫地尽矣！中国衣冠之乱，自晋五胡，后来遂相承袭。唐接隋，隋接周，周接元魏，大抵皆胡服。"（《朱子语类》卷九十一）

《礼记》曰，"礼者，所以章疑别微，以为民坊者也，故贵贱有等，衣服有别，朝廷有位"（《坊记》），含蕴着伦理秩序的衣冠制度，是儒家礼制的重要内容构成。迄至宋代，逐渐形成的这种简易明快的胡服，取代繁缛琐细的儒家服制的情势，自然会引起儒家人物，特别是理学家的重视，甚至是某种不安。但是，在不断进行着和完成着民族融合的儒家社会生活中，这样的胡服、胡食、胡床、胡坐的选择，这样的文化融入，却是必然的。因为在这种情境下，华夷的文化差异虽然还历史地存在着，但在现实中，这种差异并不能构成人们需要在华夷间作出某种选择时的文化障碍。在历史上的民族融合进程中，虽然更多的是四夷族人吸纳儒家礼文化范式，补充自己的生活内容，实现着汉化；但华夏汉族人也在与四夷族人交往、杂居中，自觉不自觉地沿着一种无文化界限的、但有合理性原则——"安居、和味、宜服、利用、备器"的生活行为选择标准，从四夷族人那里学习、移植能改善、提高生活品质的衣食住行的习惯和器物。胡服轻便自如，汉魏以来受到人们青睐，史家称许为"取便于事"（《旧唐书·舆服志》）；胡坐、胡床流行带来高足家具兴起①，中国古来席地而坐的习惯及相关联的礼仪，也因此而改变，学者盛赞为"中国器具史上之一大革命"②。申言之，儒家思想建构的生活形态，因能在民族融合过程中合理地吸纳四夷族人的文化元素而不断地变异；没有文化障碍，既是儒家生活形态宽容的表现，也是它的演变发展的契因。

世俗生活形态的观念层面——以节日为例　节日是日常生活中的特殊日子，是具有周期性和群众性活动的、凸显某项生活内容和实现某种生活意义的特殊日子。每个节日都有自己独特的文化内涵、思想观念成分，儒家社会生活中的三教兼容、三教交融，也使具有不同于儒家观念背景、思想内容的节日，并无障碍地进入了世俗生活，与中国古代传留下来的节日争奇斗艳地存在着，增加了儒家社会生活的色彩，也显示了儒家生活方式的宽容。

儒家生活中节日的源头　传统儒家社会生活中的节日，在这里我们只

---

① 南宋诗人、学者陆游《老学庵笔记》云："往时士大夫家妇女坐椅子、杌子，则人皆笑其无法度。"（卷四）从汉灵帝喜好胡床、胡坐，到南宋时庶民用椅子、杌子亦习以为常，此一起居习俗的最终形成，也经历了千年的时间。

② 尚秉和：《历代社会风俗事物考》，中国书店 2001 年版，第 281 页。

追溯到儒家形成的春秋战国时期。从儒家经典的记述中可以看到，这个时期从西周传递下来的蜡日、社日两个节日，其所具有的观念内容，可以涵盖此后儒家社会生活中的所有节日，可以视为是儒家社会生活中节日的源头。春秋时的中国社会，是已进入包括有水利建设、使用铁制农具、种植多种作物的成熟的农业社会。蜡日是一年岁尾冬至后某天举行的对农业诸神的祭祀活动①，对当年农业获得好收成的庆祝活动。《礼记》记述曰：

> 天子大蜡八……蜡之祭也，主先啬而祭司啬也，祭百种以报啬也。飨农及邮表畷、禽兽，仁之至、义之尽也。古之君子，使之必报之。迎猫，为其食田鼠也，迎虎，为其食田豕也，迎而祭之也。祭坊与水庸，事也。曰："土反其宅，水归其壑，昆虫毋作，草木归其泽。"……蜡之祭，仁之至、义之尽也。黄衣黄冠而祭，息田夫也。野夫黄冠，黄冠草服也。（《郊特牲》）

《礼记》这段文字，对蜡祭的八种对象表述得不是十分清晰，据汉唐经学家的诠释，它们应该是一先啬（稼穑之发明者，神农氏），二司啬（从事稼穑的始祖，后稷），三农（管理田间的农官），四邮表畷（农官在田间的居所），五猫虎（能灭除毁害农作物者），六坊（蓄水设备），七水庸（灌、排水设备），八昆虫（祈其不为灾）②。但对蜡祭过程的记述却很完整，并清晰显示出，古代社会这一隆重的年终祭奠，不仅是对以稼穑之功烈惠泽后世的农业始祖、先民的缅怀、感激之祀，也是对所有有助于农业丰收的自然事物的感激、报恩之祀，洋溢着的是一种伦理的、道德的情感。可以认为，蜡祭在古代社会、在儒家形成之前，还有其他更多更复杂的内涵③，但在儒家这里，它获得的是一种理性的诠释。蜡祭被凸显为是表达"古之君子，使之必报之"的感恩之情和践履"仁至义尽"的道德

---

① 汉代许慎曰："冬至后三戌，腊祭百神。"（《说文》卷四下）
② 此据郑玄注，孔颖达疏，载《礼记正义》卷二十六。
③ 蜡祭中的祝辞"土反其宅，水归其壑，昆虫毋作，草木归其泽"之含义，汉唐经学家认为可有两种诠释："一云蜡祭乃是报功，故亦因祈祷有此辞也。一云祝辞言此神由有此功，故今得报，非所祷也。"（《礼记正义》卷二十六）显言之，一曰报功，当是儒家的感恩之祀；一曰驱使神力，似属巫术的驱避灾邪之祭。

要求。这样，由蜡祭而形成的节日蜡日，伦理的、道德的理念也成为其主要的内涵、特质。但是，蜡祭有黄衣黄冠的"野夫"庶民参加，祭后有以祭物酒浆慰劳野夫的"息田夫"，显示蜡祭作为一个节日，还蕴含有娱乐、休闲的内容。《礼记》对此亦有所记述：

> 子贡观于蜡，孔子曰："赐也乐乎？"对曰："一国之人皆若狂，赐未知其乐也。"子曰："百日之蜡，一日之泽，非尔所知也。张而不弛，文武弗能也。弛而不张，文武弗为也。一张一弛，文武之道也。"（《杂记下》）

农夫庶众，经过一年紧张劳作，在年尾蜡祭的这一天，能得到休息，享受轻松，当然会感到无比的快乐。"一国之人皆若狂"，这种快乐往往是没有经历过劳动辛苦的人所体验不到的。从孔子所论中可以看出，儒家对节日之娱乐、休闲的内涵或功能是充分肯定的，认为节日具有润泽生活的品质；"一张一弛，文武之道"，欢乐、轻松的生活是完整的生活构成不可或缺的部分。

春秋时代，另一全体士民的节日是以社祭为主题而形成的社日。《礼记》记述曰：

> 社祭土……所以神地之道也，家主中霤（按：中室）而国主社，示本也。唯为社事，单出里；唯为社田，国人必作；唯社，丘乘共粢盛：所以报本反始也。（《郊特牲》）

"社"是土地的象征，土地是民众生存的根本，所以"社"也是国家存在的象征。在周的封建制下，从周天子到诸侯国，到乡里庶民都要筑土为社①，在社日的那一天祭祀②，奉献对土地养育之恩的感激之情。在祭社时，

---

① 《礼记·祭法》较完整地记述了西周"社"的建制："王为群姓立社，曰大社；王自为立社，曰王社。诸侯为百姓立社，曰国社；诸侯自为立社，曰侯社。大夫以下成群立社，曰置社。"即主要是王社（周天子）、国社（诸侯国）、里社（乡里庶民）三层次。
② 社日有春社、秋社之分。《礼记·月令》谓"仲春……择元日，命民社"，此是春社。《周礼·春官·肆师》谓"社之日，莅卜来岁之稼"，贾公彦疏称"此社亦是秋祭社之日也"（《周礼注疏》卷十九），此是秋社。明人张自烈《正字通》谓："立春后五戊日为春社，立秋后五戊日为秋社。"（卷七下）

乡里民众更要用自己生产的精粮作为祭品，以宣示"报本返始"，这是一个弥漫着道德情感、践履着某种伦理的日子。在社日里，乡里民众都要放下劳作，出来参加祭祀活动，士民都能参加田猎等体育、娱乐活动，这也是一个轻松快乐的日子。《礼记》对社日的记述虽然很简略，但却清晰地显现出社日和蜡日一样，也有伦理道德的和休闲娱乐的双重内涵。可以认为，这是儒家生活中的节日在其源头处形成的基本品性。

儒家生活中节日的演变　秦汉以后，中国进入郡县制的统一国家时代，儒家思想成为国家的意识形态，汉唐至明清，社会生活的总体特征呈现着被儒学笼罩之势。但是，伴随着社会生活的发展和诸如道教、佛教的异己思想或异质文化因素的生长，不断涌现出来众多的润泽生活、缓解生活紧张的节日，却有明显的异于儒家的观念内容，社会生活又呈现着多元的色彩。宋代的社会生活上承汉唐，下启明清，我们且以宋代的节日状态为中心来对此作出观察。北宋神宗元丰年间尚书省官员庞元英，在其所撰《文昌杂录》中述及当时官员休假的规定：

> 祠部休假，岁凡七十有六日。元日、寒食、冬至各七日。天庆节、上元节同天圣节、夏至、先天节、中元节、下元节、降圣节、腊各三日。立春、人日、中和节、春分、社、清明、上巳、天祺节、立夏、端午、天贶节、初伏、中伏、立秋、七夕、末伏、社、秋分、授衣、重阳、立冬各一日。上中下旬各一日。（卷一）

显然，庞元英这里所记载的北宋神宗时的所有假日，并不全是节日。"上中下旬各一日"是宋代始流行的"月忌"风俗，即每月初五、十四、二十三三天禁忌有重大的行事作为，此为术数家言[1]。这种"以时日疑众"，

---

[1] 南宋周密《齐东野语》谓："俗以每月初五、十四、二十三日为月忌，凡事必避之，其说不经。后见卫道夫云：'闻前辈之说，谓此三日即《河图》数之中宫五数耳。五为君象，故民庶不可用。'此说颇有理。"（卷二十《月忌》）晚清徐珂编《清稗类钞》有谓："月忌为初五、十四、二十三，世俗相沿久矣，有'初五、十四、二十三，太上老君不炼丹'之谚。术家谓为廉贞独火，故以为忌。"（第十册《迷信类·月忌》）

本来是儒家的理性所反对的①。月忌是官员的假日，但不是民众的节日，因为它不具有使民众表现出某种一致性的生活行为的那种节日内涵。天庆节、先天节、降圣节、天祺节、天贶节等五节日，都是真宗朝的"谀佞之臣"为迎合迷信神仙方术的真宗皇帝而编造，到南宋时已不复存在②，其他假日却也囊括了汉代以降积累起来的，并延传至明清的岁时节日。以宋代的这种节日为基点，向汉唐回顾，对明清瞭望，在观念的层面上，我们观察到的儒家社会生活中的节日是怎样情景？

第一，儒家社会生活源头处的两个节日——蜡日、社日逐渐蜕变、淡出。东汉应劭《风俗通义》有谓：

> 夏曰嘉平，殷曰清祀，周曰火蜡，汉改为腊。腊者，猎也，言田猎取兽，以祭其先祖也。（卷八《祀典·腊》）

应劭对蜡（腊）的界说表明，汉代风俗已将蜡祭与腊祭混同。本来，在《礼记》中腊祭是与蜡祭有所不同的另一祭祀，《月令》曰"孟冬之月……腊先祖、五祀"，郑玄注："五祀，门、户、中、灶、行也。"（《礼记正义》卷十七）所以，腊祭是家庭的私祭，有别于汉以前作为民众公共狂欢节日的祭祀八种农业之神的蜡祭。汉代风俗将蜡祭混同为腊祭，使蜡祭中具有原始宗教色彩的成分进一步被伦理化，而渊源于古代巫舞的那种集体性的欢乐、热烈成分被剔除，蜡日（腊日）作为节日存在的那种独特品性就逐渐削弱、消失。换言之，汉代时作为节日风俗的蜡日已不再存在；腊日也不再是最重要的节日，而只是众多岁时节日之一③。蜡祭作为"祭百神"的一种祭祀，一种吉礼，还是与腊祭有区别地保存下来。

---

① 《礼记·王制》谓有四种无须详加审理即可判定的死罪，其四即是"假于鬼神、时日、卜筮以疑众"。

② 南宋学者、高宗朝翰林学士洪迈曾有记述曰："大中祥符之世，谀佞之臣造为司命天尊下降及天书等事，于是降圣、天庆、天祺、天贶诸节并兴……后不复讲。"（《容斋五笔》卷一《天庆诸节》）

③ 晚近学者尚秉和据汉代史籍考定："总汉家之令节，为上元、上巳、伏日、腊日、春社、秋社、夏至、冬至，其见于史者，共八日，皆社会游宴饮乐之时。"（《历代社会风俗事物考》，第415页）

汉唐的儒者或礼家都很清楚，"腊者祭先祖，蜡者报百神，同日而异祭也"（唐·徐坚：《初学记》卷四《腊第十三》）。但是，到了清代，作为吉礼的蜡祭礼仪也被废止了。①

《汉书》记载，汉初曾规定，每年郡县要以羊、彘祀县社，而"民里社各自裁以祠"（《汉书》卷二十五上《郊祀志》）。《淮南子》也有述及，"今夫穷鄙之社也，叩盆拊瓴，相和而歌，自以为乐矣"（《精神训》），显示出汉代的社日依然呈现着先秦的那种乡里民众集体祭祀土地、分享欢乐休闲的节日风貌。南朝梁人宗懔曾记录下他观察到的当时诸多岁时节日风俗，其中有谓"社日，四邻并结宗会社，宰牲牢，为屋于树下，先祭神，然后享其胙"（《荆楚岁时记》），也清晰显示南北朝时期作为节日的社日，仍然完整地保持着传统的那种伦理性内涵和燕饮的欢娱形式。南唐有诗吟咏田家社日："木槲擎社酒，瓦鼓送神钱。霜落牛归屋，禾收雀满田。"（李建勋：《李丞相诗集》卷上《田家》）南宋也有诗抒写同样的景象："社下烧钱鼓似雷，日斜扶得醉翁回。青枝满地花狼藉，知是儿孙斗草来。"（范成大：《石湖诗集》卷二十七《四时田园杂兴》）年代相距近三百年的两首诗，一吟秋社，一写春社，乡野的风景不同，社日的节日生活内容却相同。唐宋诗人以社日为主题的诗还有不少，都抒发着感恩、快乐的情怀②，表明虽经汉魏，唐宋时的社日面貌和精神还是沿袭着先秦的传统。但是，如下面将论述的，在中国古代社会里，随着单纯的农耕社会逐渐生长出商业社会的成分，儒家的社会生活中不断浸入异质的文化成分和异己的思想因素，具有新的娱乐形式和观念内容的节日形态出现了，社日

---

① 《清史稿·礼志》记载："乾隆十年，诏罢蜡祭。时廷臣犹力请古蜡祭，高宗谕曰：'……自汉腊而不蜡，魏晋以降，废置无恒。或溺五行家，甚至近俳类戏，是以元明废止不行。况蜡祭诸神，如先啬、司啬、日月、星辰、山林、川泽祀之各坛庙，民间报赛，亦借蜡祭聊欢井间，但随其风尚，初不责以仪文，其悉罢之。'自是无复蜡祭矣。"（《清史稿》卷八十四）整体的农业诸神已被分解，蜡祭也不复存在。

② 如唐杜甫《社日》"报效神如在，馨香旧不遗"（《杜工部集》卷十六），宋梅尧臣《社日》"老枥半黄田鼓鸣，树下宰平谁似玉"（《宛陵集》卷四十九），凸显社日的祭祀；而唐张籍《吴楚歌词》"今朝社日停针线，起向朱樱树下行"（《张司业集》卷七），宋陆游《春社》"太平处处是优场，社日儿童喜欲狂"（《剑南诗稿》卷二十七），则洋溢着社日的轻快欢乐。

和蜡日在先秦时作为主要的，甚至是唯一的节日的地位已经逝去①。在宋代官府规定的诸多节假日里，社日只是一天假期的节日，可见它已经退到一个次要的角落里。清代中叶，著名文士李斗在其《扬州画舫录》中，广泛地记述了当时商业繁荣的扬州地方的社会风情，其中有二则曰：

> 每岁正月，必有盛集。二月二日祀土神，以虹桥灵土地庙为最，谓之增福财神会。（卷十一《虹桥录下》）
>
> 画舫有市有会，春为梅花、桃花二市，夏为牡丹、芍药、荷花三市，秋为桂花、芙蓉二市。又正月财神会市，三月清明市，五月龙船市，六月观音市，七月盂兰市，九月重阳市。每市，游人多，船价数倍。（同上）

此可见，在明代以降逐渐成熟的商业社会里，祀土之祭已由"报本"的伦理道德践行，蜕变为"增财"的功利祈求②；从正月到九月，人们忙碌而欢乐地过着一个又一个节日会市，但二月和八月的春社和秋社却淡出了他们的生活。

第二，儒家之外的思想理念进入儒家生活中节日的观念构成。汉代时，儒家社会生活中的节日，在蜡（腊）日、社日外，已有上元、上巳、二至、伏日等休假节日出现，但除去祭祀和岁时节令的内涵外——儒学所谓"岁时以敬祭祀"（《礼记·哀公问》），这些节日似乎还没有其他更多的观念内容。汉代以后，由于有像佛教、道教这样有广泛民众基础的宗教逐渐成长、兴盛起来，到了唐宋，不仅节日增多，而且一些固有的节日也增入儒家思想之外的观念内容。其中以上元、中元节最为典型。

---

① 《韩非子》中有二则故事，一则曰："秦襄王病，百姓为之祷；病愈，杀牛塞祷。公孙衍出见之曰：'非社腊（蜡）之时也，奚自杀牛而祠社？'"（《外储说右下》）另则曰："三虱食彘，相与讼。一虱过之，曰：'讼者奚说？'三虱曰：'争肥饶之地。'一虱曰：'若亦不患腊（蜡）之至而茅之燥耳，若又奚患？'"（《说林下》）晚近学者尚秉林据此判定："至战国，仍以社、腊（蜡）为唯一令节。"（《历代社会风俗事物考》，第414页）甚是。

② 《礼记》有谓："君子曰：祭祀不祈。"（《礼器》）郑玄注："祭祀不为求福也。"（《礼记正义》卷二十三）儒家否定为了功利目的而祭祀。

上元节——正月十五灯节，是传统节日中最热烈的、群众性的节日。唐诗"千门开锁万灯明，正月中旬动帝京"（张祜：《张承吉文集》卷三《正月十五夜灯》），"谁家见月能闲坐，何处闻灯不看来"（崔液：《上元夜一》[1]）描述的正是此情状。宗懔《荆楚岁时记》记述曰："正月十五日，作豆糜，加油膏其上，以祠其门户。其夕迎紫姑（按：厕神）以卜将来蚕桑，并占众事。"又引述曰："《邺中记》（按：晋人陆翙撰）正月十五日有登高之会。"可见在六朝时，正月十五还只是一个以"五祀"为内容，或有登高之习俗的岁时。正月十五作为以"上元"为名、观灯娱乐为主要内容的节日，是繁荣的唐代社会生活吸纳、消化佛、道文化和思想观念而形成的。在道教理论编造的纷繁的神灵谱系中，天官、地官、水官之"三官"在道教初创时就出现了。南北朝时，"三官"观念进一步充实，被规定了职责，分属为"三元"[2]，即"天官赐福，地官赦罪，水官解厄"，上元（正月十五日）、中元（七月十五日）、下元（十月十五日）之"三元"日，分别是天官、地官、水官的生日或当值主事之日（见《三元真经》等）。制定了三元斋仪，虔信于三元日斋戒诵经，则能"福及上世，身得神仙"（《度人经》卷九）。道教的"三元"教义自然也会得到视老子为祖始而尊崇道教的李唐王权的尊重。唐玄宗开元年间曾下诏曰："道家三元，诚有科戒，朕尝精意，祷亦久矣，而物未蒙福……自今以后，两都及天下诸州，每年正月、七月、十月三元日，起十三日到十五日，兼宜禁断屠宰。"（《唐大诏令集》卷一百十三《禁三元日屠宰敕》）所以在唐代，"三元日"首先是作为道教的斋戒日被确定下来的。上元节成为民间节日，特别是在上元节中唤起民众狂欢之热情的那个吉祥的、充满宗教信仰色彩的期待——"天官赐福"，正是来自道教。

上元节的娱乐、狂欢选择了燃灯、观灯为主要内容或标志，则是佛教宗教生活习惯向世俗生活移植的结果。五代时有史家记述曰：

---

① 见《全唐诗》卷五十四。
② 清学者赵翼考定："汉末五斗米教张衡等但有三官之称，而尚未谓之三元。其以正月、七月、十月之望为三元日，则自元魏始。"（《陔余丛考》卷三十五《天地水三官》）

> 睿宗好乐，听之忘倦。先天二年正月望，胡僧婆陀请夜开门
> （按：解宵禁，开城门）燃百千灯，睿宗御延喜门观乐，凡经四日。
> （《旧唐书》卷九十九《严挺之传》）

这里显现出，唐代正月十五燃灯、观灯的节日风俗缘起之时，西来佛家人物的建言曾是重要契因。可以推测，这个建言中会充满佛家独有的燃灯的宗教生活经验和感受。两宋间的学者陈元靓，在其所撰《岁时广记》里，援引先前佛家典籍，对正月十五燃灯与佛教的渊源关系有更远的追溯：

> 《涅槃经》：正月十五日，如来阇维讫，收舍利罂置金床上，天
> 人散花奏乐，绕城步步燃灯三十里。
> 《西域记》：摩羯陀国，正月十五日僧徒俗众云集，观佛舍利放
> 光雨花。
> 《僧史略》：汉法本传西域，十二月三十日乃中国正月之望，谓
> 之大神农变月。汉明帝令烧灯，以表佛法大明。

陈元靓的诸多引述，说明了"烧灯故事，多出佛书"（《岁时广记》卷十《上元上》），上元灯节中的佛教因素也清晰呈现出来。在世俗生活中，燃灯照明本是平凡无奇之事，或许还能在一定的情境下触发某种审美的感受。但在佛家，以齐燃各色灯盏象征、寓意着"佛光普照"，被赋予的却是一种宗教的意境。例如，南朝江总《夜望山灯》诗吟诵"百花凝吐夜，四照似含春。的的连星出，亭亭向月新"（《江令君集》），由闪烁的山灯火光中，联想、比拟的还是某种自然景色；而睿宗时崔液《上元夜》诗描绘的"神灯佛火百轮张，刻像图形七宝装。影里如闻金口说，空中似散玉毫光"[1]，从绘画着佛祖形象、故事的灯光中，观照、进入的就是佛陀在说法、佛光在照耀的宗教世界了。所以可以说，正月十五灯节的形成，具有佛教观念的燃灯习惯移植到世俗生活的节日中的过程，从东汉明帝烧灯开始，到唐睿宗解宵禁、燃千灯，也经历了很长的时间。

---

[1] 见《全唐诗》卷五十四。

上元灯节虽然在唐代已具雏形，但到宋代方臻成熟和兴盛。北宋史家宋敏求观察到，"上元燃镫……唐以前岁不常设，本朝初元游观之盛，冠于前代。"（《春明退朝录》卷中）南宋学者王栐追述曰："太祖乾德五年正月甲辰，诏曰：'上元张灯，旧止三夜，今朝廷无事，区宇乂安，方当年谷之丰登，宜纵士民之行乐，其令开封府更放十七、十八两夜灯。后遂为例。"（《燕翼诒谋录》卷三）可见，较之唐代，上元节在宋代成为常制，且由三天增为五天，更有观灯以外的其他多种娱乐内容①，真正成为全体民众狂欢的节日。宋代所确立的正月十五上元节（元宵节、元夕节）的节日形态，被明、清继承。从观念层面上审视，上元灯节是在儒家观念的社会生活基础上，儒、佛、道观念的汇集和无界限的融合。南宋人吴自牧所撰《梦粱录》，真实记录了当时作为南宋首善之地的临安（杭州）的世俗风情，其中有则追记及北宋徽宗宣和年间，汴京（开封）上元节狂欢夜中心场地的情景：

> 正月十五日元夕节，乃上元天官赐福之辰。昨汴京大内前缚山棚，对宣德楼，悉以彩结，山沓上皆画群仙故事，左右以五色彩结文殊、普贤，跨狮子白象，各手指内五道出水。其水用辘轳绞上灯棚高尖处，以木柜盛贮，逐时放下，如瀑布状。又以草缚成龙，用青幕遮草上，密置灯烛万盏，望之蜿蜒，如双龙飞走之状。上御宣德楼观灯，有牌曰"宣和与民同乐"。万姓观瞻，皆称万岁。　（卷一《元宵》）

在这里，首先映入眼帘的是高耸的山灯。山灯上绘画的群仙故事和由"天官赐福"旗帜引导的天官巡行图，在传播着道教的信仰和祝福；彩结的驾狮的文殊菩萨和骑象的普贤菩萨，是释迦佛左右的两位代表智

---

① 南宋初，孟元老《东京梦华录》追记东京（开封）上元节百种娱乐纷呈之景象曰："正月十五日元宵，开封府游人已集御街两廊下。奇术异能歌舞百戏，鳞鳞相切，乐声嘈杂十余里。击丸蹴鞠，踏索上竿，吞铁剑，药法傀儡，吐五色水，烧炼药方，杂剧，稽琴，箫管，鼓笛，筑球，猴呈百戏，鱼跳刀门，使唤蜂蝶，追呼蝼蚁。其余卖药、卖卦、沙书地谜，奇巧百端，日新耳目。"（卷六《元宵》）

儒家传统：儒学及其建构的生活方式

慧和妙理的侍者，手指内泻下瀑布状流水，寓意佛智、佛理润泽人间，显示出佛家的宗旨和慈悲。这样，佛、道两家的宗教思想就同时在山灯上展现，在一种娱乐情境中无界限地融合。儒家有所谓"飞龙在天，犹圣人之在王位"①，有所谓"与民同乐则王矣"②，万盏灯烛点缀成的双龙飞走之状，表现出民众对君王的尊崇、颂扬；楼门牌匾上题写的"宣和与民同乐"，宣示着君王对民众的亲近、仁爱。在这里，接着进入视野的这些景物，含蕴的则是儒家的伦理道德精神了，这应该是儒家社会生活的基本观念背景。所以，从《梦粱录》记述的东京御街上元节场景设计中，不难观察到，在这个节日的狂欢和欢乐中，展现的是佛家、道教等不同儒外的思想观念在儒家生活土壤上的共同生长，无界限的共存。

中元节更是明显地储蓄着多种有差异的观念成分的节日。正如南宋学者周密所概括的：

> 七月十五日道家谓之中元节，各有斋醮等会。僧寺则于此日作盂兰盆斋。而人家亦以此日祀先，例用新米、新酱、时果，而茹素者几十八九，屠门为之罢市焉。（《武林旧事》卷三《中元》）

在道教的宗教图式里，七月十五日是中元地官主事之日。"地官赦罪"，要翻检、裁定人间善行罪孽。道教官观设道场做法事，道士诵经巫舞，"囚徒饿鬼，当时解脱，免于众苦，得还人中"③。在佛教的宗教生活里，七月十五日是盂兰盆会的日子。盂兰盆会缘起于《盂兰盆经》（梵语Ullambana 的音译，义译为"倒悬"），其经叙述一个故事：佛陀弟子目连于七月十五日，以盆盛百味五果，供十方大德僧众，得到祝福，使亡母从饿鬼道中被解放；引出佛陀的一个教导："佛弟子修孝顺者，应念念中常忆父母乃至七世父母，年年七月十五日，当以孝慈忆所生父母，乃至七世父母，为作盂兰盆，施佛及僧，以报父母长养慈爱之恩。"盂兰盆会日，

---

① 孔颖达疏《周易·乾象》"飞龙在天"之语，见《周易正义》卷一。
② 孟子语，见《孟子·梁惠王下》。
③ （唐）徐坚：《初学记》卷四《七月十五日》引《道经》语。

寺庙盛装华饰①，有隆重的诵经法事，超度亡灵。信众多施斋供僧，祈求七世父母免除地狱倒悬之苦，早日超生。十分显然，道教中元节和佛教盂兰盆会尽管有完全不同的宗教信仰根源，但其观念内涵仍有某种犀通相融。道教以中元斋醮能使"饿鬼解脱，得还人中"的宗教信念中，已渗进了佛教三世六道轮回的观念；佛教《盂兰盆经》中"孝顺"的道德要求，濡染着亦为道教所践行的儒家思想色彩，都是很清晰的。在儒家的社会生活中，"凡祭有四时，春祭曰礿，夏祭曰禘，秋祭曰尝，冬祭曰烝"（《礼记·祭统》），秋天祭祖本是君王的一年四次宗庙祭祀之一。也许正是在道教中元斋醮和佛教盂兰盆会的影响下，民众也有了在七月十五日用初秋收获的谷米、果实祭奠先人的风俗。对于祖先之祭的精神内涵，儒家在《礼记·祭统》中有甚是明确、周延的界说，"祭者，所以追养继孝也"，"贤者之祭也，致其诚信与其忠敬，明荐之而已矣，不求其为，此孝子之心也"，"祭者，非物自外至者也，自中出，生于心也"。概言之，儒家祭祀祖先是孝的伦理道德行为的表现，其内蕴的只是一种感激、缅怀先人的道德感情；这种道德感情是单一地、纯粹地发于内心，没有其他任何外在的原因——诸如后来佛教和道教所描绘的祖先"亡灵"在另一个空间里存在之类。《礼记》借孔子之口说："气也者，神之盛也；魄也者，鬼之盛也。"（《祭义》）即在儒家看来，世俗所谓的人死后的"鬼神"，只是一种无个体、个性特征的"气"的存在状态。儒家的这种"鬼神"观念，作为在信仰的宗教之外的一种沟通人之生与死的观点，能够较多和较易地获得经验的理解与支持，虽然还没有更多可科学解析的内容，但它的理性品质则是完全确定的、鲜明的。这种理性使儒家获得一种自觉，即以人的生命只是一次性地存在于现世；也获得一种坚强，即以"行法俟命"②的态度，负载、化解短暂的一次性生命带来的全部困苦、缺憾。印度佛教传入后，经过中国佛学诠释的佛

---

① 唐代，日本僧人圆仁来华游学，曾记述会昌四年长安盂兰盆会："城中诸寺七月十五日供养。诸寺作花蜡花饼、假花果树等，各竞奇妙。常例皆于佛殿前铺设供养，倾城巡寺随喜，甚是盛会。"（圆仁：《入唐求法巡礼行记》卷四）
② 孟子曰："君子行法以俟命而已矣。"（《孟子·尽心下》）有道德修养的人，遵循伦理、物理走完一生，如此而已。

家"三世""灵魂不灭"等观念在信仰的支持下，出现在儒家的社会生活中。对于无力或无缘、不能或不愿用儒家理性承载、消化一次性生命带来的难以忍受的遗憾的人，则借这种信仰带来的希望，得到精神的满足。儒家理性和生活方式所固有的宽容品格，容纳这种信仰及其生活方式的存在。早在南北朝时盂兰盆会设施之初①，基本上应视为是儒家学者的北齐颜之推就遗嘱子孙曰："若报罔极之德，霜露之悲②，有时斋供，及七月半盂兰盆，望于汝也。"（《颜氏家训》卷七《终制》）北宋仁宗、英宗、神宗三朝名相韩琦亦有《家祭式》③曰："近俗七月十五日有盂兰盆斋者，盖出释氏之教，孝子之心，不忍违众而忘亲，今定为斋享。"（见陈元靓《岁时广记》卷三十《中元下·祭父母》引）这里典型地显示出儒家宽容品格的一种生成机制，即儒家总是通过将一种异己的宗教信仰的理念，作出在共同人性基础上的儒家伦理道德的解读，从而自觉地表现出兼容、吸纳的宽容。在民众的风俗的层面上，这种宽容更使得佛、道的某些宗教性的生活行为无障碍、无界限地进入儒家的社会生活，成为某些节日的生活内容构成。南宋初孟元老追述的东京中元节市井景象可以为证：

> 七月十五日中元节。先数日，市井卖冥器靴鞋、幞头帽子、金犀假带、五彩衣服，以纸糊架子盘游出卖。耍闹处亦卖果食种生花果之类，及印卖《尊胜目连经》。一以竹竿斫成三脚，高三五尺，上织灯窝之状，谓之盂兰盆，挂搭衣服冥钱在上焚之。勾肆乐人，自过七夕，便般"目连救母"杂剧，直至十五日止，观者增倍。中元前一日，即卖练叶，享祀时铺衬桌面；又卖麻谷窠儿，亦是系在桌子脚上，乃告祖先秋成之意。十五日供养祖先素食，才明即卖稠米饭，巡

---

① （宋）释志磐《佛祖统纪》载："大同四年，帝（按：梁武帝）幸同泰寺设盂兰盆斋。"（卷三十七）

② 《诗经·小雅·蓼莪》"欲报之德，昊天罔极"，诗吟因父母之恩未报而痛苦；《礼记·祭义》"霜露既降，君子履之，必有凄怆之心，非其寒之谓也"，意谓君子感时而念亲。凡此，皆孝子之心也。

③ 韩琦曾纂辑、修定古今家祭礼仪，成《古今家祭式》十三篇。（见宋·韩琦《安阳集》卷二十二《韩氏参用古今家祭式序》）

门叫卖，亦告成意也。城外有新坟者，即往拜扫。本院官给祠部十道，设大会，焚钱山，祭军阵亡殁，设孤魂之道场。（《东京梦华录》卷八《中元节》）

市井上供应着寺庙盂兰盆会、道观中元斋醮、民家祭祖所需的各色物品；民众既供养祖先素食，也观赏"目连救母"杂剧；既拜扫新坟，也围观"孤魂之道场"：原来正是在由儒、道、佛不同观念编织的一幅完整的生活图景中①，民众度过了他们的三天中元节。

第三，非儒家的节日进入儒家社会生活中的风俗构成。从节日这个视角观察儒家文化的宽容品格，汉代以后儒家社会生活中所固有、攀缘祭祀或岁时节令而形成的节日，每每融进儒家以外的佛、道观念，改变着、丰富了节日的内容和形态，无疑是个重要的表现；此外，一些并无儒家观念内容的节日，也在儒家的社会生活中生长，并逐渐演变成儒家社会生活中的民间习俗，也是一个凸显的表现。纪念佛教、道教教主诞日的宗教节日可为代表。

旧时，一般皆以夏历四月八日为佛陀释迦牟尼的诞生日②。从北魏杨衒之《洛阳伽蓝记》和梁宗懔《荆楚岁时记》的记述中可以看到，南北朝时已有纪念佛诞日的宗教礼仪活动。寺院举行法事，沐浴佛像，烧香散花，以模拟佛经中神话地描述的佛出生时有九龙吐水灌身、空中天龙八部歌舞散花等景象。此外，独具特色的是"行像"，诸寺僧人簇拥佛像，沿街游行，以示欢庆。经过隋唐的佛教兴盛，这个佛教节日"浴佛节"自然也流传并巩固了下来；但也发生着变异。试节录宋人对北宋开封和南宋杭州浴佛节的两则记述，以作出观察：

浴佛之日，僧尼道流云集相国寺，合都士庶妇女骈集，四方挈老

---

① 韩琦有诗云："中元时俗类秋尝，病起躬行力未强。穄米乍炊知早熟，盂兰方倒喜初凉。"（《安阳集》卷十八《中元病起》）正是以"中元""秋尝""盂兰"三项描述七月望日之作为节日的生活内容。
② 宋代释赞宁考论：佛陀降生年代，不同佛经有七种不同的判定；出生月份，亦有按夏历、周历作四月、二月的不同记述（见《僧史略》卷上《佛降生年代》）。这里姑且不论。

扶幼交观者莫不蔬素。众僧环列既定，乃出金盘，六四尺余，置于佛殿之前，仍以漫天紫膜覆于上。又置小方座，前陈经案，次设香盘盛锦绣禧褥，精巧奇绝，冠于一时。良久，吹螺击鼓，迎拥一佛子，外饰以金，一手指天，一手指地，高二尺许，置于金盘中。众僧举扬佛事，其声振地；士女胆敬，以祈恩福。或见佛子于金盘中周行七步，观者愕然，今之药傀儡者，盖得其遗意。既而揭去紫膜，则见九龙，从高喷水止，水入盘中，香气袭人。盘盈水，大德僧以次举长柄金杓，把水灌浴佛子。浴佛既毕，观者并求浴佛水饮漱也。（金盈之：《醉翁谈录》卷四）

四月八日为佛诞日，诸寺院各有浴佛会，僧尼辈竞以小盆贮铜像，浸以糖水，覆以花棚，铙钹交迎，偏往邸第富室，以小杓浇灌，以求施利。是日西湖作放生会，舟楫甚盛，略如春时小舟，竞买龟鱼螺蚌放生。（《武林旧事》卷三《浴佛》）

从两则宋人记述中可以看到，两宋时浴佛节的宗教意蕴和形式已经薄弱，而其娱乐性、世俗性则增强了。肃穆的浴佛仪式演变成鼓乐喧天、"士庶妇女骈集"的民众聚会，观赏用杂技、木偶戏形式表演的佛祖降生；神圣的浴佛香水，变成向观众索取钱财，"以求施利"的饮漱物品。同时可以看到，攀缘着浴佛节，诸如"放生"等一些新的民俗也生长出来。不杀生是佛家"五戒"之首，在佛教风靡的唐代，作为佞佛者表虔诚的一种个人行为选择，"放生"已经出现①，但到宋代则更为风行，成为一种信仰性的习俗进入浴佛节的内容构成。《梦粱录》记述："四月八日西湖放生池建放生会，顷者此会所集数万人。"（卷十九《社会》）浴佛节里这个有万人参与的集会，显然内蕴有某种娱乐的成分，在这里固然不乏有奉献虔诚的信仰者，也会有收获欢乐的观赏者。明清时的浴佛节，"幡幢铙歌，蔽空震野，百戏必集，四方来观，肩摩毂击，浃旬乃已，盖若狂

---

① 例如，武后时，监察御史王守真"于京兆西市疏凿池，支分永安渠水注之，以为放生之所"（见《全唐诗》卷八百七十五《谶记·永安渠石铭》注）。宪宗时，白居易佞佛，有《放鱼》之诗（载《白香山诗集》卷一）。

云"①，娱乐狂欢的色彩更浓厚；并且又摄入了食"结缘豆"②"不落荚"③以及求子④的民间风俗，世俗化色彩也更鲜明了。浴佛节从浴佛、散花、行像的单一佛教宗教仪式⑤，在儒家文化的生活土壤上，蜕变成融入多项世俗生活风俗的民间节日。

在儒家的社会生活中，道教教主老子（老君）的诞日，唐宋以来也是官定的假日和民间节日。唐玄宗天宝五年，中书官员奏准"大圣祖（按：天宝二年老子封号加"大圣祖"）以二月十五日降生，请同四月八日佛生之时，休假一日"（《唐会要》卷五十《杂记》、卷八十二《休假》）。宋人《文昌杂录》记载宋代老君诞日（天圣节）有三天假期，《梦粱录》更记述了老君诞日节日活动的概况：

> 天庆观递年设老君诞会，燃万盏华灯，供圣修斋，为民祈福，士庶拈香瞻仰，往来无数。（卷一《二月望》）

可见在老君诞辰这个道教节日里，道士、信徒皆有修斋祈福的宗教修为，民众则在观瞻中分享轻松娱乐。道教是多神的宗教⑥，神灵们都有自己的"生日"，如玉皇大帝是元月初九，东岳大帝是三月二十八……所以道教有甚多的纪念神灵诞辰的庙会，但一般都是以与老君诞会相近的内容和形式，出现、存在于儒家社会生活的民间节日、民间风俗中。试录两则明人记述东岳大帝——执掌人间生死的尊神诞日京城庙会的情况：

> 三月二十八日，俗呼为东岳神降生之辰，设有国醮，民间每年预集近邻为香会，月敛钱若干，掌之会头。至是日，盛设鼓乐幡幢，会

---

① 见明代蒋一葵《长安客话》卷三《高梁桥》。
② 见明代刘侗、于奕正《帝京景物略》卷二《春场》。
③ 见明代李诩《戒庵老人漫笔》卷一《不落荚》。
④ 见明代沈榜《宛署杂记》卷十七《民风·游高梁桥》。
⑤ 东晋代法显《佛国记》记述行至于阗国，值佛祖节，见其庆典活动，主要是各寺院顺序行像，从四月一日始，至十四日止。
⑥ 南宋金允中《上清灵宝大法》谓，斋醮谢真灵有360位，若事体从简则有160位（卷三十九）。此皆为道教神灵。

头头戴方巾纸，名甲马，群迎以往，行者塞路，呼声震地，甚有一步一拜者，曰"拜香"。(《宛署杂记》卷十七《民风·朝东岳》)

三月二十八日，东岳仁圣帝诞辰，都人陈鼓乐旌帜、楼阁亭彩，导仁圣帝游，帝之游所经，妇女满楼，士商满坊肆，行者满路，骈观之。(《帝京景物略》卷二《东岳庙》)

东岳庙会时的信仰者跪拜而行，表现出的也是虔诚；观赏者满楼满坊，洋溢着的也是欢乐。不难看出，尽管在道教的神灵谱系中东岳大帝与老君（道德天尊）"位业"不同，东岳庙会与老君诞会内蕴着的兼有宗教性和世俗性的内容是相同的；也不难看出，尽管道教和佛教的差异是巨大的，老君诞会和浴佛节的宗教内容和信仰者的宗教期待是迥异的，但给予观赏者、给予民众的娱乐的精神感受却是相同的。

基于这样的观察，我们可以作这样的判定：非儒家的、不蕴含儒家观念渊源的佛教、道教节日，也能在儒家社会生活中生长，也能吸纳诸多民俗成为民间节日，成为民间风俗的基本构成，在儒家社会生活中巩固下来①，缘于它们也有润泽生活、给世俗生活带来休闲娱乐的那种品质。如前所引述，孔子在评论蜡日国人狂欢时曾说："百日之蜡，一日之泽。张而不弛，文武弗能也；弛而不张，文武弗为也。一张一弛，文武之道也。"(《礼记·杂记下》) 即在儒家看来，劳动与娱乐，紧张与休闲，是人的完整生活的两个必要组成部分，只有劳动而无娱乐，只有紧张而无休闲，即使是圣贤之人，也是不能做到的，也是不愿这样做的，生活应该获得、具备欢乐的品质或内容。但是，儒家是如何创造、赋予生活欢乐的品质或内容？《礼记》曰："乐者，天地之和也；礼者，天地之序也……论伦无患，乐之情也；欣喜欢爱，乐之官也。中正无邪，礼之质也，庄敬恭顺，礼之制也。"(《乐记》) 可见，从高于生活的文化的角度上审视，儒家文化的完整和周延，是以和合与秩序、欢乐与道德来诠定的。换言之，儒家的生活是要求有欢乐的生活，也是要求有道德的生活。同时，儒家的生活也是

---

① 如清末富察敦崇所撰《燕京岁时记》、徐珂所编《清稗类钞》等书中记述，清末民初仍存在诸如二月十八日东岳庙会、四月八日浴佛节等民间节日，"结缘""放生"等民间风俗。

现世的、只有今生的生活，因为在儒家之初，孔子就宣示："未知生，焉知死；未能事人，焉能事鬼。"（《论语·先进》）儒家生活就是以这样道德、欢乐、现世的品格或原则，创造自己的节日，赋予节日饮食、观赏、参与等不同形态的娱乐内容；也宽容地接受、消化来自其他异己思想、异质文化的节日形态的娱乐。佛教、道教的节日也正是在儒家此种有道德原则而无文化界限的娱乐选择中，进入儒家的社会生活，并不断吸纳新的民俗内容而持久地存在着。

应该说，在中国古代儒家社会生活中，在实现了民族融合、宗教宽容的情境下，一种没有文化隔离、障碍的宽容生活形态出现，是很自然的、合乎逻辑的。社会生活是一广阔无垠的领域，我们这里以衣食住行为生活的物质层面，以节日中的思想内涵为生活的观念层面，来显示、说明这种无文化障碍的生活情状，虽然并不够充分，但也是很清晰的了，因为构成儒家文化或儒家生活的这种宽容品格所内蕴的基本精神因素，已经凸显出来。第一，道德性认同。儒家能对异己思想、异质文化，诸如道教、佛教的宗教行为、宗旨作出道德的解读，形成与自己的伦理道德观念有在共同人性基础上一致的认同。犹如盂兰盆会的供佛与家祭的祭祖，皆是"孝子之心"。第二，实用性认同。能发现异己的生活行为习惯，皆有与其生活环境一致的合理实用性，皆有其"安居、和味、宜服、利用、备器"的存在理由，也是其可被移植的理由。汉至宋，胡服、胡坐正是在"取便于事"中进入并逐渐在一定程度上改变了汉族的或儒礼传统的起居生活。第三，娱乐性——休闲的生活价值认同。"一张一弛，文武之道"，休闲娱乐是构成生活的不可或缺内容，异质文化中的休闲娱乐形态，在经过自觉或不自觉的道德性的审视后，都能被儒家社会生活所选择、接纳，佛教、道教的宗教节日，正是在这种认同中被非信徒的民众接受，并最终在被注入越来越多的儒家生活内容的过程中而变质、融化。儒家社会生活的无文化障碍、界限的生活形态，也可以视为是儒家文明的一项伟大成就或卓越表现；这种宽容品格使儒家文化或生活方式获得可与异质文化或生活方式从容共处的空间和吸纳消化的能力。

四　结语：儒家传统中活着的、已死的和缺弱的

我们已经从儒学的思想观念系统和它模塑出的生活形态两个方面，简

略地论述了儒家传统。这个传统如果从儒学确立时的公元前6世纪春秋晚期算起，到20世纪初它作为君主制政体国家意识形态地位的结束，即清王朝被推翻，已经有二千五百年的生命。对于这样一个有绵延不断的悠久历史和无数先民先贤思想智慧的文化传统，我们这样短小、浅薄的论列，是完全不够的。但是，在我们今天的历史位置上，在现代的观念背景下——一种兼有启蒙的和启蒙反思的理论视角中①，从以上的论述里还是可以观察到儒家传统中仍然活着的、已经死去的和缺弱的。

1. 儒家思想以伦理道德的思想理论为其主体内容，它的具有久远生命力的那个因素，就是儒家思想坚定地守卫着人类文明生活的底线——要有伦理、有道德地生活。儒家主张人应该有"人禽之辨""义利之辨""公私之辨"，要有克制自然情欲，践履人伦规范的伦理自觉，要有驾驭住、超越于私己利欲的，表现人之尊严、高尚的道德自觉。诚然，这只是儒家才如此明确提出的道德要求，但实际上却是人类文明生活不能鄙弃、不能越过的共同界限，因为一种失去伦理的生活，没有道德的生活，将不仅是对儒家理念的否定，而且也是对人类文明、对人类生存本身的摧毁。儒家道德观念体系，具有德性（仁、义、礼、智、信）和德行规范（孝、忠、诚信等），以及道德行为本身的原则——自律原则（廉耻、絜矩）和理想状态（中庸）等不同的方面或层次，是十分丰富周延的，给儒家文化的社会生活提供了可以不断发掘不断诠释的道德建设、精神建设资源，也是儒家文化彰显其人文特质，立足于世界文化之林的标帜。

在作为组成儒家传统一个方面的、由儒家思想建构的儒家生活方式中，最为珍贵的是它含蕴着和表现出的理性精神和宽容品格。儒学的理性

---

① 这个理论视角可借用现代新儒家学者杜维明的一句话来诠定："文化中国人文精神的勃兴，当然可以从对西方启蒙心态（包括自由、人权、科学和民主的价值），乃至批判启蒙心态的后现代论说（如环保主义、女权主义、宗教多元主义和以全球社群为对象的伦理思潮）中获得丰富的资源。"（杜维明：《开发中国传统文化的人文精神》，载《杜维明文集》第五卷，第583页）换言之，所谓"现代的观念"，大体上可以用此两项内涵来界定：西方启蒙思潮基础上形成的制度、价值、科学的理论或思想；对西方启蒙思想塑造的一切已经显现出来或可能带来的弊端之反思、探究的理论或思想。本书正是试图努力在这样的理论视野中和理论角度上展开对儒学的审视和论述。

具有认知理性（"见闻之知"）和道德理性（"德性之知"）的双重内涵①。认知理性以客观的经验事实为基础，经过合理的逻辑思维过程，实现对具体事物的认识；道德理性是在认知理性的基础上，通过具有德性意蕴的实践，完成对整体、本体的体认②。儒家生活中理性精神的最重要表现，是对人生终极——"命"的理解和回应。儒家"命"的观念，是认为人生历程和结局中，存在着某种非人力所能左右的、超越的客观必然性。儒学在其历史发展，不断对"命"作出洋溢着人文精神的诠释：认为"命"之超越性就内在于人的气禀和德性之中；"命"之必然性实际上是生命的构成在其源头处的偶然性，在终点显现的一次不可逆性；认为"尽人事"——按照伦理、物理地生活，就是"命"的实现，就是使心灵得到安宁、安顿的人生意义的实现。儒家对人生终极关怀充盈着的理性自觉，使儒家生活世界中超理性的、宗教信仰的人生终极或归宿观念，生长空间比较狭小，色彩比较浅淡。儒学的人同为"天胤"、皆秉"懿德"的道德信念，"和而不同"的哲学智慧，"絜矩""执中"的行为原则，都含蕴着包容差异性、多样性的宽容精神。在儒学长期的历史存在中，这种精神也发育出、内化为它的生活形态的宽容品格。儒家生活中不断实现着的民族融合，始终兼容着的不同宗教的存在和发展，正是这种品格的卓越表现和伟大成就。在此基础上，儒家对异质文化和生活方式能够比较容易地产生人皆"同心同理"的道德性认同和事"皆有其宜"的实用合理性认同，形成能够接纳的心态和可被移植的理由，一种无文化障碍的、多彩的儒家社会世俗生活也就出现了。儒家生活方式中的这种理性精神，显现为儒家

① 儒学中"见闻之知""德性之知"是由宋儒张载明确表述的："见闻之知，乃物交而知，非德性所知；德性所知，不萌于见闻。"（《正蒙·大心》）另外，程颐语录中亦有相近的表述："闻见之知，物交物则知之；德性之知，不假闻见。"（《河南程氏遗书》卷二十五）。《中庸》表述的认识"诚"（"天之道"，朱子诠解为"天理之本然"）的全过程——"博学之，审问之，慎思之，明辨之，笃行之"，也可以解析为认知与体认，或知与行两个方面。

② 孟子曰"君子上下与天地同流"（《孟子·尽心上》），宋儒程颢曰"仁者浑然与物同体"（《河南程氏遗书》卷二上），朱子曰"《大学》始教，必使学者即凡天下之物，莫不因其已知之理而益穷之，以求乎其极。至于用力之久，而一旦豁然贯通焉，则众物之表里精粗无不到，而吾心之全体大用无不明矣"（《大学章句》）。凡此皆是对这种道德理性所能达到的终极境界表述。

文化的最重要特色；这种宽容品格，孕育着儒家文化的消化、生长能力，都是支撑儒家文化在世界文化舞台上独立存在的基本因素。

我们将会看到，儒家传统中的上述思想理念和生活形态，仍然活跃在、发力于我国现代化的进程中和走出"现代性"困境的道路上，换言之，它们仍然是活着的。

2. 儒家传统中首先死去、消逝的，是由于时代变迁，儒家的礼仪、典章制度中那些内在伦理道德精神随着它产生时的历史情境消失而流失，变成程式化、形式化空壳的部分，也就是存在的合理性已经丧失的部分。从先秦"经礼三百，曲礼三千"到清代乾隆时官修《大清通礼》只有二百条，可见儒家曾经创造出的而又消逝了的行为规范，还是很多的。其次，汉代以后，儒家成为国家意识形态后，被权力观念侵蚀、扭曲的儒学思想内容部分，也随着君主专制的社会政治制度在中国现代的民主革命中被终结而失去存在的基础。儒家传统中儒学被权力扭曲的主要表现有二。一是儒家社会生活中，君臣、父子、夫妇三种最重要的人际关系，被注入权力因素，由相互承担道德义务、责任的伦理关系——"君仁臣忠、父慈子孝、夫义妇听"，蜕变成了主要是单方面服从的、异化的伦理关系，这就是汉儒所谓的"三纲"观念——"君为臣纲，父为子纲，夫为妻纲"。这里有明显的源自先秦法家的权力观念渗入①。二是儒学的社会功能被变态地扩展，具有了某种法律性的功能。汉儒最先提出的"出礼入法（刑），礼法相表里"的法律观，在历史上儒家社会生活中一直存在着的准礼立法、以礼为法、援礼行法现象，都显示儒学获得了超越它作为伦理道德思想体系以外的、蕴含着权力的功能，扭曲了自己的思想体系，也扭曲了社会控制体系。一个否弃君主专制制度的新时代的到来，这些也都很自然地成为过去。

3. 审视儒家传统的社会结构，在社会整体的维度上，是一以血缘家庭为基础，以宗法原则、礼乐文化原则为依据，由家庭、国家（氏族国

---

① 前已论及，韩非有论曰："臣事君，子事父，妻事夫，三者顺则天下治，三者逆则天下乱。"（《韩非子·忠孝》）法家在这三种伦理关系中，注入单方面服从、卑顺的观念，不同于儒家那样强调互有责任、义务的理念。汉宣帝亦曾宣示："汉家自有制度，本以王霸道杂之。"（《汉书》卷九《元帝纪》）

家）、民族（华夏民族）三个伦理层级构成的能融摄全体社会成员的伦理共同体；在家庭这个伦理共同体的维度上，"九族"的亲属称谓制度和丧服制度，更将成员间的伦理关系网络编织得十分细密。换言之，儒家思想建构的社会生活世界，是十分周延的伦理生活世界，缺乏非伦理性或超伦理性的生活空间——公共生活空间。在这个生活世界里的每个人，都被嵌定在伦理性的网络上，总是以伦理的角色出现；儒家在理论上和实践上都不能认同在伦理之外的独立个人的存在①。传统的、缺乏公共社会生活空间的儒家伦理生活，在国家体制的理念和建设实践上不能实现由"民本"（国家有"民为邦本"的价值期许）向民主（国家有个人权利、自由的法律保障）的跨越；在社会控制方式上，难以完成由"身份"（伦理角色）意义上的礼治，向"契约"（独立个人）意义上的法治的转变；最后，在社会成员的行为方式上，由于传统儒家在伦理生活世界里，已形成了通过伦理关系网络（血缘的家庭、宗法的国家、礼乐文化的华夏民族）实现自我认同、社会认同的定式，在非伦理的、超越伦理关系的公共生活世界里，自我认同、社会认同的途径发生障碍，阻滞了道德感情和行为的释放，就会显得公德——公共生活领域的行为道德规范、行为规则的不足。以人类的现代社会发展水平和社会进步理念来衡量，这些都应该是儒家传统的缺弱之处。当然，还应该说，这种缺弱只能视为是传统儒学理论视域的历史囿限的表现，而不能认定为是它的理论本质所致。传统儒学如果剔除它作为国家意识形态而被权力扭曲、增益的部分，就其伦理道德思想的主体来研判，它的伦理道德规范立论都是立足于一个成熟的农业社会的主干家庭②，并以宗统、君统一体的宗法原则和礼乐文化原则，推展向君

---

① 二程有谓："父子君臣，天下之定理，无所逃于天地之间。"（《河南程氏遗书》卷五）
② 现代社会学对家庭形态有不同标准的不同划分。一般按家庭成员的身份和代际层次的标准，将传统家庭形态划分为：1. 核心家庭（两代人组成的家庭，即一对夫妇与未婚子女共同生活的家庭）；2. 主干家庭（两代人以上，并且每一代人只有一对夫妇的成员组成的家庭）；3. 联合家庭（两代人以上，并且一代人中至少有两对夫妇的成员组成的家庭）。晚近有学者考定，从西汉元始二年（2 年）到清宣统三年（1911 年），1900 多年间，有典籍根据可推算出的中国历史上家庭人口平均数为4.95 人（梁方仲：《中国历代户口、田地、田赋统计》，上海人民出版社1980 年版，第 4~11 页）。此可表明，能较完整承载、体现家庭伦理的，由三代人组成的主干家庭，是历史上儒家生活方式中的主要家庭形态。

主专制社会制度的国家（分封制国家）、"天下"（统一的国家或华夏民族）①。我们现时代，是处在一个工业化社会和主干家庭向核心家庭蜕变的时代，一个后工业化社会和核心家庭趋于解体，出现多样化的、非传统的家庭形式的时代②；是处在一个民主的公民社会成为主导的社会政治形态的时代③。这样时代的家庭关系、社会关系现象自然是传统儒家观察不到的。从儒学理论经历的诸如汉代儒学（天人之学）、魏晋儒学（玄学——自然之学)④、宋明儒学（理学——性理之学）的历史发展来看，儒学的理论本质是对人类伦理生活、道德生活的理性的创造和维护。儒学以它的理性的品质、理性的态度，不断提出、构筑适应不同历史情境下的伦理道德理念、实践方法，坚守住社会的伦理道德生活。在这个过程中，既有儒家传统的、固有的思想观念的转化，也有新的儒学理论的生成。我们将看到，现时代的儒学，或者说现代儒学也是走在这个理论方向的。

---

① 先秦儒家每有论曰"君子之道，造端乎夫妇，及其至也，察乎天地"（《中庸》），"家齐而后国治"（《大学》），"国之本在家"（《孟子·离娄上》）。

② 例如，据美国未来学家托夫勒（A. Toffler）考察说，在美国芝加哥一黑人居住区，发现有 86 种以上各种不同的成人间结合关系的"家庭模式"（见托夫勒《第三次浪潮》，朱志焱等译，生活·读书·新知三联书店 1984 年版，第 300 页）我国社会学家或将西方社会的非传统家庭类型大体区分为四：独身家庭、无婚姻的同居家庭、同性恋家庭、群居家庭。

③ 近现代世界史就是对这个时代之形成和具体内容的叙述；前面引述一位美国法学家评估近现代四百年的社会进展时所说"自十六世纪以来，法律已经成为社会控制的最高手段了"（庞德：《法律的任务》，第 131 页），也可视为是对这个时代的一个主要特点的概括。

④ 魏晋玄学的理论性质比较复杂，用东晋王坦之《废庄论》中的话来说，是"在儒而非儒，非道而有道"（《晋书》卷七十五《王湛传》）。玄学中的道家自然观念十分鲜明，一般多研判为是道家性质的一种思想形态。但是，鉴于玄学思潮是在魏晋门阀制度和社会动乱的历史情境下，精神之根生长在儒家礼教土壤中的门阀士族人物为摆脱生命和道德精神危机而产生；鉴于在玄学中儒学的基本范畴、命题、思想都获得一种援引道家思想的阐释，所以，如同援依阴阳五行的汉代儒学和浸润有佛、道思想的宋明儒学，也可以将玄学视为是特定历史时期里的儒学形态。

乙

篇

儒学与我国现代化进程

我们已经用一个简单的，但大体上还是能构成周延的逻辑构架，从儒学的思想观念系统和它模塑出的生活形态两方面审视了儒家传统。应该说，这些还都是儒家传统的历史表现。现在，我们可以进入新的论域，研判它在我国现代化进程中和走出现代性困境道路上已有的和将可能有的表现。

所谓"现代化进程"，以社会学的理论语言来表述，是指人类社会由以农业生产力为主要生产力，及还有其他诸多与此相联的农业社会的政治、经济、文化特征的传统社会，向以工业生产力为主要生产力，及还有其他诸多与此相联的工业社会的政治、经济、文化特征的现代社会的演变、形成过程。这一进程，从世界历史的范围内观察，是开始于 17 世纪的英国工业革命，此后迄今，在世界上不同的国家、地域，都各有自己独特的路径、形态。就中国历史而论，则应是启动于 19 世纪中英鸦片战争带来的"千年未有之变局"时①；1911 年的辛亥革命后，中国更在新的社

---

① 1840 年中英鸦片战争的结局，是古老的中国被迫开启了与西方现代资本主义世界接触、交往的国门；西方列强渐次攫得在中国通商、传教、划分势力范围等强权。晚清许多思想敏锐的学者、朝臣从不同的角度，都一致判定这将是中国历史上一场史无前例的剧变。如魏源称鸦片的流入是"中国三千年未有之祸"（《海国图志·大西洋·欧罗巴洲各国总叙》），郑观应说鸦片战争之败及此后多次签订的各项丧权条约，使西方各国据以叩关入市，入居内地，"此乃中国一大变局，三千年来未之有"（《郑观应集》上册《易言三十六篇·论出使》），李鸿章作为清末柄政重臣，更深切感受到，鸦片战争以来，中国处在西方列强联合包围之中，"一国生事，诸国构煽，实为数千年来未有之变局"（《李文忠公全集·奏稿》卷二十四《筹议海防折》）。

会环境和政治条件下，走在现代化的道路上。在这里，本书主要是考察在中国这个尚未结束的现代化进程中的 20 世纪时段内——一个中国的现代化形成自己独特模式和取得决定性成功的时段，儒学呈现出的新的理论状态和源自儒家传统的那些仍然活着的、影响了或推助了这个进程的精神观念的或已融化为生活方式的积极因素。

一　20 世纪的中国儒学

就儒学本身而言，由春秋末期孔子开创的儒家学说，是一个以伦理道德观念为核心的思想体系，并且是一个以"仁""礼""天命"三个基本范畴所体现的、由心性的、社会的、超越的三个理论层面所构成的比较周延的思想体系。但是，在中国历史上，儒学并不是以一个单纯的伦理道德思想体系的学术面貌出现和显示功能的，而是，第一，儒家提出的君臣、父子、夫妇、长幼、朋友五伦之序的伦理思想及忠、孝、信、义等道德规范，能充分满足以家庭为单位的农业社会和君主专制政治制度的社会生活需要，战国时就开始获得社会的认同，汉代"独尊儒术"以后，更被历代国家政权自觉地用来作为整合社会人际关系，稳定社会秩序的基本工具。当国家权力因素进入儒家的伦理道德思想体系后，儒学也就逐步演变成中国历史上的国家意识形态。第二，儒学的此种转变，带来了功能的扩展，儒学不仅表现为向人们提供仁、义、忠、孝等价值取向的道德功能，而且也增益了某种法律的宗教的社会功能。中国古代法律思想的一个基本观点是所谓"礼之所去，刑之所取，失礼则入刑，相为表里者也"（《后汉书》卷第四十六《陈宠列传》），正表现儒家的道德规范成为立法依据，中国历史上的"名教罪人"正是以叛离或违背儒家教条而受到诛伐的。如果我们在比较宽泛的意义上，把对某种神圣对象的信仰并从中获得生活的意义，视为是宗教的特征和功能，那么，作为国家意识形态的儒学也具备这样的特征与功能。在儒学里，超越的但非人格的"天"（"天命"），人格性的而非超越的祖先（鬼神），还有作为儒学创始人的孔子，都具有被崇拜的"神圣对象"的性质，儒家三大祭——祭天、祭祖、祭孔，形式上也显现为、可界定为宗教性表征，虽然实际上其精神内涵是一种伦理性的道德感情，而不是信仰性的宗教感情。然而，儒家从这种道德感情中能孕育出一种道德觉醒，自觉到"人禽之辨"、"义利之辨"与"公私之辨"，感悟到生活的意义和终极追求，能"杀身成仁""舍生取义"，即从道德实践中实现安身立命，这又是一种具有宗教性的情怀。第三，由于儒学是一种国家意识形态，且具有多种社会功能，在中国历史上，特别是在南宋以后，程朱理学强化了儒学的意识形态性质，在国家的"教化"政策推动下，通过从科举考试到通俗的启蒙读物的多种渠道方式，儒学浸润了士、农、工、商的各个社会群体，从而也渗透到作为一种文化结构的诸如器物、制度、风俗等各个层面上，并且在有决定意义的程度上塑造了它们的形态。在世界文化背景下，儒学凝聚成一种具有独特品格的，即有自己的特征和内涵的文化类型、一种生活方式。完全可以说，儒学是中华民族精神生命之所在，儒家传统是中华民族最主要的精神遗产。这样，19 世纪中叶鸦片战争以来，当中华民族国势衰微，在西方工业文明的挑战面前遭到严重挫折、失败的时候，特别是20 世纪初，在外国帝国主义列强的政治压迫和西方现代思想理念（包括马克思主义）启迪的双重因素触引下爆发的、兼有爱国救亡和思想启蒙双重内涵的五四新文化运动中，儒学被视为是酿成这种厄运的精神的、观念的根源，而受到严厉的责难和否定性的批判，儒家传统被轻蔑、鄙弃，就是很自然的了。然而，在新世纪到来的今天，当黑暗的风暴过去以后，中华民族迈上复兴之路时，我们发现，虽然儒学的定位已有了变化，但儒家的伦理精神和文化生命依然存在，儒学仍是珍贵的；儒学也在前进，不断获得新的理论进展，得到新的确认、阐发和彰显，仍在支撑着我们中华民族作为一种有悠久历史的文化类型和独立的生活方式的存在。

（一）三种定位

20 世纪中国儒学的重要变迁，是它不再是历史上的那种国家意识形态，而被看作是一种宗教、一种哲学、一种文化。儒学定位的这种变化，缘于它的社会政治处境在 20 世纪发生了重大改变。

1. 儒学处境的改变

1911 年的辛亥革命，推翻了清王朝的君主制统治，建立了共和制的新国家。在中国历史上，这是继秦汉时结束分封制而代以郡县制后又一次重大的政治体制变迁。这一巨大的政治变迁，为历史上汉代以来的儒学存在状态带来了极大的变化：儒学被从国家意识形态中剥离出来，同时在新教育体制中被肢解。

儒学被从国家意识形态中剥离　汉代以来，先秦儒家伦理观念和道德规范，在注入了权力因素后而演变成的"三纲五常"观念，一直都是君主专制的国家意识形态，建构社会秩序的核心理论。这一理论、意识形态所建构、维护的社会秩序，一个本质特征是社会生活中的人与人的关系，有超越伦理义务性质的社会等级与政治权利不平等。这一特征在中国君主制政治制度即将走进坟墓，迫于时代潮流而制定的唯一的一部宪法——清光绪三十四年《钦定宪法大纲》中也都还保存着。因为指导制定这一《大纲》的基本原则是："宪法者，所以巩固君权，兼以保护臣民者也。首列大权事项，以明君为臣纲之义，次列臣民权利义务事项，以示民为邦本之义。"① 然而，在辛亥革命后，由孙中山领导颁布的共和国的第一部宪法——1912年《中华民国临时约法》则明确规定，"中华民国之主权，属于国民全体"，"中华民国人民，一律平等"。② 儒学，特别是以"三纲"为核心内容的政治儒学，作为国家政治生活指导原则的情况不再存在。此后十多年间，在酝酿、制定共和制国家正式宪法的过程中，对于儒学在国家政治生活中的地位，围绕是否应在宪法中将儒学（当时或称"孔教"）确定为"国教"，是否可在宪法中将孔子思想（当时或称"孔子之道"）确定为国民教育的"修身大本"的两项条文或两个问题，不同政治立场的众多人士曾有激烈的争辩和较量。最终

---

① （清）朱寿朋编《光绪朝东华录·光绪三十四年八月》，中华书局1958年版，第五册，第138页。光绪《钦定宪法大纲》凡23条，"君上大权"14条，"臣民权利义务"9条（同上书，第139~140页）。
② 见王培英主编《中国宪法文献通编》，中国民主法制出版社2004年版，第316~317页。

结果是此两项条文皆被否定，皆未被载入宪法①。历史上儒学作为君主制国家的意识形态的地位，在共和制的新时代已经丧失。当然，两千年来儒家思想创造的传统在国家社会生活中的广泛、深入影响，并没有因此而消失。儒学生存环境发生的此种自汉代以来的巨大变化，从儒学的立场来看，既有值得庆幸的轻松的方面，也有引起忧思的沉重的方面。儒学结束与权力的结合，也就是摆脱了长期以来它的伦理道德核心观念被扭曲的、受到人们诟病的异化、变态处境；但它凭借国家权力的支持、保护而得以顺利、稳定发展的优越环境似乎也不能再有，儒学面临在新的时代里是否还有生长发展的生命力的严峻考验和艰难历程。

儒学在新教育中被肢解 晚清，在目标是追求实现国家富强的洋务运动、维新运动中，旨在培养人才的教育制度、科举制度改革，都是一项主要内容。虽然洋务运动、维新运动都未能达到预期的目标而以失败告终，但余绪影响所及，至少也有两项成果：具有新的教育形式和内容的大、中、小学堂（学校）逐渐在全国普遍建置起来；存在了一千三百年的、已经腐朽的科举制度终于在光绪三十二年（1906 年）被废止了。清末的教育制度建设，最为重要的是光绪二十九年（1903 年，癸卯年）张百熙等奏定的《学堂章程》（史称"癸卯学制"）和光绪三十二年学部奏定的《教育宗旨》。癸卯学制是中国第一个经正式颁布在全国范围内实际推行的学制。它将学堂（学校）系统分为三段七级：初等教育三级、中等教育一级、高等教育三级。教学内容为科目大致相同、课程内容却有深浅不等的中学（习读儒家经典）和西学（借鉴日本、欧美设置的各种学科知

---

① 1913 年 10 月，国会宪法起草委员会通过的《中华民国宪法案》（"天坛宪法草案"）第十一条，以"中华民国人民有信仰宗教之自由"，否弃了"定孔教为国教"的提案；第十九条规定"国民教育以孔子之道为修身大本"，部分地保留了儒学的特殊地位。1917 年国会宪法审议会再次复审时，在删除此条的同时，于再次否决"定孔教为国教"提案后，将第十一条折中改为"中华民国人民有尊崇孔子及信仰宗教之自由"。这也就是民国 1923 年国会通过的《中华民国宪法》第十二条的表述。但此后的民国宪法此条亦删去（参见吴宗慈《中华民国宪法史》之卷首《中华民国宪法案会经过对照表》及附编《论坛异同集粹·第十一条、十九条国教问题讨论》，文海出版社 1988 年版；张耀曾等编《中华民国宪法资料》，文海出版社 1982 年版）。

识）。其中，大学堂（高等教育第二级）设八科，为首的就是经学科（另七科为政法、文学、医、格致、农、工、商）①。清末的《教育宗旨》提出国家教育要实现五项目标：忠君、尊孔、尚公、尚武、尚实；规定"无论大小学堂，宜以经学为必修之课目"②。可见，在经过改革后的清末教育制度中，儒学仍处于独尊的地位；尽管受到近代西方教育的学科设置的理念和模式的冲击，儒学仍以经学形态保持着汉代以来固有的整体完整③。显然，这是因为儒学仍是清王朝这个君主专制度国家的意识形态。但当推翻了这个君主制度的共和制的新国家建立时，情况就改变了。儒学不仅被从国家意识形态的位置上剥离下来，而且在国家教育制度中被肢解。民国初年，蔡元培出任临时政府第一任教育总长，上任伊始，发表《对于教育方针之意见》，提出军国民教育、实利主义教育、公民道德教育、世界观教育、美感教育五项新的宗旨；特别明确地否弃清末"忠君""尊孔"的教育宗旨，说："忠君与共和政体不合，尊孔与信教自由相违。"④蔡元培主导下的教育部，编订的中小学校课程标准中，删去了读经课目，改清末大学八科的设置为七科（文、理、法、商、医、农、

---

① 参见璩鑫圭、唐良炎编《学制演变》，载《中国近代教育史资料汇编》，上海教育出版社1991年版，第288~393页。

② 同上书，第534~539页。

③ 《礼记》有谓："乐正崇四术，立四教，顺先王《诗》《书》《礼》《乐》以造士，春秋教以《礼》《乐》，冬夏教以《诗》《书》。"（《王制》）又谓："入其国，其教可知也。其为人也温柔敦厚，《诗》教也；疏通知远，《书》教也；广博易良，《乐》教也；絜静精微，《易》教也；恭俭庄敬，《礼》教也；属辞比事，《春秋》教也。"（《经解》）可见，最早的儒家经传就将儒家六经理解为虽然教化的具体内容有所不同，但教化的目标（"造士"）却是相同的一个整体。汉代史学家有论曰："六艺之于治一也。《礼》以节人，《乐》以发和，《书》以道事，《诗》以达意，《易》以神化，《春秋》以道义"（《史记·滑稽列传》），"《乐》以和神，仁之表也；《诗》以正言，义之用也；《礼》以明体，明者著见，故无训也；《书》以广听，知之术也；《春秋》以断事，信之符也。五者，盖五常之道，相须而备，而《易》为之原。"（《汉书·艺文志》）历史上的儒家以六经为一互补的整体，在这里有最清晰的表述，虽然其对六经内容的概括不一定十分准确。

④ 蔡元培：《对于教育方针之意见》，高平叔编《蔡元培教育论集》，湖南教育出版社1987年版，第48页。蔡元培这里提出的五项教育方针，1912年9月他离任后，教育部《教育宗旨令》下达，令曰："注重道德教育，以实利教育、军国民教育辅之，更以美感教育完成其德。"（见璩鑫圭、唐良炎编《学制演变》，第651页）

工），取消了经学科，将其并入文科（含哲学、文学、历史学、地理学四门）①。民国新教育制度废止读经，与清末废除以儒家经典为准绳的科举，合力从制度的层面上极大地削弱了儒学的影响，极大地压缩了儒学的生存空间。民国教育制度的学科、课目设置，也使儒学的整体结构（"经学"）被合理地肢解。蔡元培就任北京民国政府教育总长时，曾接见记者，发表谈话，其中有答问：

> 记者问：执事对于吾国经、史旧学，主张保全欤？
> 蔡君曰：旧学自应保全。惟经学不另立为一科。如《诗经》应归入文科，《尚书》、《左传》应归入史科也。②

蔡元培晚年（1937年12月），回忆生平在教育界经历，述及民国元年在教育总长任上的诸多作为，其中对此有更清晰的说明：

> 清季学制，大学中仿各国神学科的例，于文科外又设经科。我以为十四经中，如《易》、《论语》、《孟子》等已入哲学系，《诗》、《尔雅》已入文学系，《尚书》、三《礼》、《大戴记》、《春秋》三传已入史学系，无再设经科的必要，废止之。③

在此稍前（1935年5月），晚年的蔡元培在论及读经问题时，也谈到这个问题：

> 读经问题，是现在有些人主张，自小学起，凡学生都应在十三经中选出一部或一部以上作为读本的问题。为大学国文系的学生讲一点《诗经》，为历史系的学生讲一点《书经》与《春秋》，为哲学系的学

---

① 见蔡元培《大学令》，载《蔡元培教育论集》，第57页。大学文科含哲学、文学、历史、地理四门，为教育部1913年1月公布《大学规程》所规定（见璩鑫圭、唐良炎编《学制演变》，第697页）。
② 蔡元培：《在北京任教育总长与记者谈话》，载《蔡元培教育论集》，第50页。
③ 蔡元培：《我在教育界的经验》，载《蔡元培教育论集》，第616页。

生讲一点《论语》、《孟子》、《易传》与《礼记》，是可以赞成的。为中学生选几篇经传的文章，编入文言文课本，也是可以赞成的。若要小学生也读一点经，我觉得不妥当，认为无益而有损。①

蔡元培青年时（24 岁）就登进士第，点翰林，授编修，供职清廷；八年后弃官，投入清末革命和教育改革的洪流中。中年时留学德国，研究、考察西方哲学思想和欧洲的教育理论、制度，是民国早期居首席的、"执牛耳"的教育家。他的这些论说显示，当国家政治制度从君主制变革到共和制时，儒学被从国家意识形态中剥离出来后，在国家的新教育中被解体，是有其必然性和某种合理性的。因为儒学不再是国家的意识形态，不再是国家的政治实践和精神生活的准绳、皈依，因而也就只能是以一个有悠久历史、丰富内容的知识实体、历史遗产在学校的教学中被阅读、研讨、记忆。然而在具有近现代西方教育理念、服膺近现代西方教育模式的民国教育家们所设计的新教育制度中，都是通过专业化的学科、课目设置和训练，才能接近知识、掌握知识②。这样，作为一个知识实体的儒学整体（经学），也必须通过哲学、文学、史学等不同学科的专业渠道分别出现。但是，作为一个曾经塑造了一个文化传统、一种生活方式的那个儒学，它的功能却在这种肢解中衰微甚至消失了。因为具有这种功能的儒学，不是经过哲学、历史、文学等专业理论构架的"筛子"滤过的知识碎片，而是由儒家经典承载的先圣、先贤、先民的思想言论、历史活动、生活实践等共同凝成的精神整体。历史的经验是，儒家精神必须在对儒家经典从浅入深的学习、理解和实践中才能养成。民国新教育虽然仍承认儒

① 蔡元培：《关于读经问题》，载《蔡元培教育论集》，第 571 页。

② 1995 年，在以美国社会学家华勒斯坦（I. Wallerstein）为首的十位学者，共同提出的一份关于现代社会科学形成过程、存在的问题和未来发展的研究报告中研判，欧洲自 16 世纪以来濒于消亡的教育机构大学，在 19 世纪得到了复兴，"成为创造知识的主要场所"，先后形成了理科（自然科学）、文科（哲学、文学）和社会科学（历史学、经济学、社会学、政治学、人类学）多学科的自律的制度化形态；19 世纪大学理念的"首要标志就在于知识的学科化和专业化，即创立了以生产新知识、培养知识创造者为宗旨的永久性制度结构"。（华勒斯坦等：《开放社会科学》，刘锋译，生活·读书·新知三联书店 1997 年版，第 8～26 页）从民国初年的《大学令》《大学规程》的学科和课目设计中，不难看到 19 世纪欧洲大学理念和制度的影子。

学中还存在着有益于现代社会生活的思想理念①，但期望通过专业的知识教育，或以取"精华"、去"糟粕"的"读一点"的主观标准来认同、获得这些，那是不得其门。

在新的时代里，在儒学被从国家意识形态中剥离出来和在新教育中被解体的情况下，儒家思想中那些活着的、具有久远价值的理念、精神，仍然会在社会生活中表现着积极作用。这是社会正在不自觉中"消费"着历史地形成的、贮存在社会各阶层人们生活实践中的儒家传统资源。但是，这种既有的资源毕竟是有限的。如果儒学不能随着新时代的到来而有新的理论创造、发展，并以此来不断充实、丰富儒家传统，那么，总有一天这个传统资源会被消耗殆尽，那时将真是儒学的消亡，成为"历史博物馆的陈列品"②。

2. 儒学：一种宗教

20世纪上半叶，在儒学被从国家意识形态中剥离出来，被在新教育制度的课堂上肢解和驱逐的衰微情境下，儒学获得的第一个新的定位是，儒学是一种宗教（孔教、儒教）。试图给予儒学注入新的生命力的这一定位的代表人物是康有为③。

---

① 蔡元培在《对于教育方针之意见》中说："孔之学术，与后世所谓儒教、孔教当分别论之。嗣后教育界何以处孔子，及何以处孔教，当特别讨论之。"就是表现了这种立场（《蔡元培教育论集》，第48页）。

② 美国学者列文森（J. Levenson）曾断言，"现在，孔子对传统主义者已不再起刺激作用，因为传统的东西已被粉碎，孔子只属于历史"，"虽然共产党中国仍然保留了孔子和传统价值，但它们只是博物馆中的陈列品"（列文森：《儒教中国及其命运》，郑大华、任菁译，中国社会科学出版社2000年版，第372、374页）。列文森只注视着儒学存在的制度层面，未见或忽略了儒学作为一种更为宽广丰富、坚忍深厚的生活方式、文化传统的存在。这是他对中国儒学的观察和研判中的一个很大的盲点。

③ 早在甲午战败之年（1895年），由康有为撰写、一千三百余应试举人联名，提出拒和、迁都、练兵、变法请求的《公车上书》中，就有立道学科、建孔子庙、以"圣教"抵御"外夷邪教"侵蚀的要求（见康有为《上清帝第二书》，载汤志钧编《康有为政论集》，中华书局1981年版，第132页）。戊戌年（1898年）的变法期间，康有为在进呈《孔子改制考》《新学伪经考》《董子春秋考》三本为变法立据的著作时，又提出"尊孔教为国教、立教会、以孔子纪年"的变法主张（见康有为《请尊孔圣为国教、立教部教会，以孔子纪年而废淫祀折》，载《康有为政论集》，第279页）。可见，在辛亥革命前，康有为以"孔子为教主"的宗教观念就已形成。但更多的、更深入的"儒学（孔教）是宗教"的思想观点，是在1911年以后阐发的。这里对此所作的论述，在时间上未做严格的限定。

人道神道合一 康有为对孔教（儒教、儒学）之作为一种宗教的论说，辛亥前，是从今文经学的独特立场上作出的，后来则是属于从宗教的社会功能的一般理论角度上的观察。"百日维新"中，康有为在《请尊孔圣为国教》的奏折中有谓："臣窃考孔子实为中国之教主，而非谓学行高深之圣者……苍帝降精①，实为教主。"② 康有为此番献言中的观点，有两个凸显之处。其一，在康有为看来，先秦诸子"皆创新教"，诸家思想、学说皆是一"教"；创始者皆是"思立教以范围天下者"③，即提出一种模塑社会、模塑民众之主张的人，皆可谓之是"教主"。这是他在最宽泛浅近的"教化"的意义上对"宗教"的理解或界定。其二，康有为认为，孔子是"黑帝降精"，孔子创教是"应天受命"，孔教的内容是"定六经之义，托古改制"。对孔子作为教主的此种论证，正是汉代今文经学引纬书神化孔子，以六经为孔子所作，为新王立法，尊孔子为"素王"的学术传统和理论立场的显现④。何以在先秦诸子众多的"教主"中，孔子独成为"中国教主"，而其他诸教皆泯灭？康有为在奏文中亦有所解释："当其时，诸子争为教主者十数，而老、墨尤大。老为虚无、为我、刑法

---

① 康有为此"苍帝降精"应为"黑帝降精"之误。康有为《孔子改制考·序》称"黑帝乃降精而救民患，为神明，为圣王，为万世师表，为万民作保，为大地教主"可证。《春秋纬·感精符》："墨孔生，为赤制。"《春秋纬·演孔图》："玄丘制命，帝卯行也。"汉代今文经学家据此纬书神化孔子为黑龙之精（五行属水），生当为赤帝刘姓（汉代五行属火）制法。

② 康有为：《请尊孔圣为国教、立教部教会、以孔子纪年而废淫祀折》，载《康有为政论集》，第281页。史学界一般将光绪二十四年四月二十三日（1898年6月11日）光绪帝下"定国是"诏，决定变法，至八月初六（9月21日）慈禧下令再出"训政"，幽光绪于瀛台，政变发生的102天，称为"百日维新"。康有为此份奏折进呈于五月初二（6月19日）。

③ 康有为：《诸家创教绪论》，载《孔子改制考》卷二。

④ 例如，汉代今文经学大家董仲舒评论孔子："有非力所能致而自致者，西狩获麟受命之符是也，然后记乎《春秋》正不正之间，而明改制之义。一统乎天子而加忧于天下之忧也，务除天下之所患。而欲上通五帝，下极三王，以通百王之道。"（《春秋繁露·符瑞》）又说："孔子作《春秋》，先正王而系万事，见素王之文焉。"（《汉书》卷五十六《董仲舒传》）作为汉代今文经学观点之总结的《白虎通》谓："孔子定六经以行其道。"（卷九《五经·孔子定五经》）凡此皆见汉代今文经学以孔子定六经、改古制、为素王的基本理论见解。其"受命之符""黑帝降精"等神化孔子之说，皆出自诸如《春秋纬·演孔图》《春秋纬·元命苞》《孝经纬·援神契》《孝经纬·钩命诀》等汉代纬书中。

之祖，其流为神仙符箓。墨为尊天、尚同、兼爱之宗，其短在非乐俭觳。二大教亦遍行中国，而不若孔子之宏大周遍，又不若孔子之近人中庸，故至汉武时儒学一统，二教败亡，孔子为中国教主，乃定一尊。”① 简言之，孔子之学，以其周延的伦理道德内容，更切合社会生活的需要，成为国家的意识形态，取得了独尊的地位。应该说，康有为的这一解释还是符合历史实际的。

戊戌变法失败后，康有为流亡海外 16 年，卜居、漫游亚、欧、美、非四大洲三十余国。对这些分别在基督宗教（天主教、基督教、东正教）、伊斯兰教、佛教、印度教笼罩下的国家的民众宗教生活有了较具体的、近距离的观察，深深感触于宗教在他们社会生活中的崇高、根本的地位：“各国于其本国言语、文字、历史、风俗、教宗，皆最宝爱之、敬重之、保存之，而后人性能自立，一国乃自立。故各国学堂、狱医，必有其敬礼国教之室，不如是则殆比于野蛮人。”② 在这四个有悠久历史和成熟发展的、以信仰神灵的或神秘的对象为特质的、完整意义上的宗教面前，在这四个宗教明显地成为这些国家的历史存在和社会生活的精神核心的事实面前，康有为对于孔教或儒学之作为宗教，有了进一步的思索；使他在当时和此后“以演孔为宗，以翼教为事”③ 的引领建立孔教的活动中，主要从孔教之作为宗教的独特性质和功能的角度作出新的论说。康有为每有论曰：

> 夫教之为道多矣，有以神道为道者，有以人道为道者，有合人神为教者。要教之为义，皆使人去恶而为善而已……孔子敷教在宽，不尚迷信，故听人自由，压制最少，此乃孔子至公处，而教之弱亦因之。然治古民用神道，渐进则用人道，乃文明之进者。故孔子之为教主，已加进一层矣。④

---

① 康有为：《请尊孔圣为国教、立教部教会、以孔子纪年而废淫祀折》，载《康有为政论集》，第 281 ~ 282 页。

② 康有为：《意大利游记》，载蒋贵麟编《康南海先生游记汇编》，台北文史哲出版社 1979 年版，第 190 页。

③ 康有为：《孔教会序一》，载《康有为政论集》，第 734 页。

④ 康有为：《意大利游记》，载《康南海先生游记汇编》，第 192 ~ 193 页。

> 夫凡圆首方足之人，身外之交际，身内之云为，持循何方，节文何若，必有教焉以为之导。太古草昧尚鬼，则神道为尊，近世文明重人，则人道为重，故人道之教，实从神道而更进焉。要无论神道人道，而其为道则一也。①

这是康有为在四个以对神灵或神秘对象的信仰为特质的"神道"宗教映衬下，对孔子之学作为宗教的基本判定：一方面，就其皆具有"使人去恶而为善"的教化功能而言，它们皆是"教"，皆是"宗教"②；另一方面，就其教化的具体内容和实现教化目标的途径、方法来说，又有"神道"和"人道"之分。对于界分孔教"人道"和四宗教"神道"的主要观念特征和孔教"人道"的主要内容，康有为也有明确的说明和具体的论说：

> 婆罗门教、佛教、基督教、回教，皆劝人为善，但只注重灵魂，所谓神道教也……孔子之教，不专言灵魂，而实无所不包，简而言之曰人道教而已。③

> 夫孔子者，以人为道者也……人有食味、被服、别声、安处之身，而孔子设为五味、五色、五声、宫室之道以处之；人有生我、我生、同我、并生、并游、并事、偕老之身，而孔子设为父子、夫妇、兄弟、朋友、君臣之道以处之；明有天地、山川、禽兽、草木，幽有鬼神，孔子设为天地、山川、禽兽、草木、鬼神之道以处之；人有灵气魂，知生死运命，孔子于明德、养气、穷理、尽性以至于命，无不有道焉，所谓人道也。④

---

① 康有为：《孔教会序二》，《康有为政论集》，第 739 页。
② 康有为曾说："今人称宗教者，名从日本，而日本译自英文之厘离尽（Religion），在日习用二文，故以佛教诸宗加叠成词，其意实曰神教云尔。然厘离尽之义，实不能以神教尽之，但久为耶教所囿，凡若非神无教云耳。"（《孔教会序二》）即康有为认为，世俗每以"宗教"即是有神之教，这是由某些具体原因而形成的观念，实际上宗教（Religion）概念的意境或外延应更宽泛些。
③ 康有为：《陕西第二次讲演》，载《康有为政论集》，第 1099 页。
④ 康有为：《以孔教为国教配天议》，载《康有为政论集》，第 845 页。

在康有为看来，四大神道教关注的重心在人的现世之外，在人死后"灵魂"的永久的皈依；而孔子的人道教关注的是人的现世生活，将现实的人生从生到死的各种问题，做出合乎伦理、事理的合理安排。神道教拥有对神灵或神秘对象的执着的迷信或虔诚的信仰，具有巨大的震慑力量，人道教依靠人的理性的自觉自律，显得宽容柔弱。然而，就人类社会生活和精神世界发展的一般走向来说，从愚昧野蛮走向理智文明，无疑是它的基本趋势。据此而论，人道教较之神道教是"加进一层"，更为进步。应该说，康有为对孔教作为宗教具有较强的人道性和不排斥神道性的独特性质的判定①，也是符合历史实际的。但是，他将宗教简单地理解、界定为"教"（教化），则是一个浅薄的，并没有真正揭示宗教本质的观点，是一个容易引起质疑并被否定的见解。像四大神道教那样成熟发展了的宗教，除了有远远超越于"教化"的复杂内容和形态外，也还有潜藏于人性之心理结构深处的、为人的现实生命存在所需要的摆脱不安、恐惧的固有因素。否则我们不能理解何以随着人类理智、理性的发展，宗教虽有内容和形态的变化，但却并不消失。另外，正如《礼记》界定"鬼神"为"气也者，神之盛也；魄也者，鬼之盛也"（《祭义》），《易传》解释"鬼神之情状"是"精气为物，游魂为变"（《系辞上》），在儒家思想中，"鬼神"被诠定为是"气"的存在形态，不具有超越性的品质，与四大神道教信仰的神灵、神秘对象所具有的超验的、超时空的超越性品格迥然不同。康有为于此也缺乏应有的分辨。

桢干、国魂　"宗教存，而后人性能自立，一国乃自立"，这是康有为在四大宗教笼罩的国家十多年的游历中所获得的宗教对社会生活有何等巨大作用的观感。在这种观察的基础上，康有为形成了这样的观点："夫国所与立，民生所依，必有大教为之桢干，化于民俗，入于人心，奉以行

---

①　是时，多有人持"子不语怪、力、乱、神"（《论语·述而》）之据，判定孔子之学非宗教。康有为反驳说："无论神道、人道，而其为教则一也……况孔子尊天事神，'无二尔心'，'明命鬼神，为黔首则'，'原始反终，而知死生之说，精气为物，游魂为变，而知鬼神之情状'，孔何所不有，乃执'不语神'之单文，以概孔教之大道，是犹南洋人不知北地之有冰雪，而疑其无也。"（《孔教会序二》，《康有为政论集》，第739~740页）康有为于此援引《诗经·大明》《礼记·祭义》《周易·系辞》等儒家经传中的文字，证明人道的孔教中也有鬼神的观念。

止，死生以之，民乃可治，此非政事所能也；否则皮之不存，毛将焉
附。"① 换言之，宗教能模塑出一种人格类型，一种国家形态。宗教这种
独特功能是超越于国家政治作为的功能之上的，显示宗教是一个国家存在
的根本，是民众精神的皈依。康有为也从这个理论角度上对孔子之教或儒
学之作为宗教进行了反复的论证：

> 凡为国者，必有以自立也。其自立之道，自其政治教化风俗，深
> 入其人民之心，化成其神思，融洽其肌肤，铸冶其群俗，久而固结，
> 习而相忘，谓之国魂。②
>
> 中国之国魂者何？曰：孔子之教而已。孔子之教，有自人伦物
> 理、国政天道，本末精粗，无一而不举也。③
>
> 孔子以前之道术，则孔子集大成；孔子以后之教化，则吾中国人
> 饮食男女坐作行持，政治教化，矫首顿足，无一不在孔子范围
> 中也。④
>
> 中国一切文明皆与孔教相系相因，若孔教可弃也，则一切文明随
> 之而尽也，即一切种族随之而灭也。⑤

康有为认为，孔子之教是人伦事理，表现着生活的自觉，同时也融化为民
众的思想，冶铸成民众的习俗，成为相忘而不觉的生活本然；既规范着民
众的"矫首顿足"，也指导着国家的政治教化，是生活的全部；孔子之教
就是中国国魂，就是中国文明。换言之，孔子之教就是作为一国之"桢
干"的那种"大教"，那种宗教。在中国历史上，在以儒家思想为主流，
为国家意识形态的情境下，康有为的论断应该说基本上是符合实际的。但
是，对于坚持"神道"应是宗教固有的、不可或缺的特质之理论立场的
人看来，这只是孔子之教或儒学作为一种已成为国家意识形态的伦理道德

---

① 康有为：《孔教会序一》，《康有为政论集》，第733页。
② 康有为：《中国颠危误在全法欧美而尽弃国粹说》，载《康有为政论集》，第896页。
③ 康有为：《中国学会报题词》，载《康有为政论集》，第797、799页。
④ 同上。
⑤ 康有为：《孔教会序二》，载《康有为政论集》，第738页。

思想体系所表现出的功能，不是宗教的功能；或者说，本质上有别于宗教的功能。

康有为将孔子之教或儒学定位、定性为宗教（"孔教"），并积极投入立孔教为国教和建立孔教会的活动，有两个主要的理论机动或社会目标：抵御西方基督宗教对儒家文化的侵蚀，抗拒民主革命带来的对儒学的冲击。康有为说：

> 近日风俗人心之坏，更宜讲求挽救之方……六经为有用之书，孔子为经世之学，鲜有负荷宣扬，于是外夷邪教，得起而煽惑吾民。直省之间，拜堂棋布，而吾每县仅有孔子一庙，岂不痛哉！①
>
> 犹太亡国，千九百年矣，以能笃守其教，故流离异国，而犹太至今不亡；墨西哥国未亡也，而古墨之文字图画，皆为班人所焚，今墨人所诵服，皆班人之先哲遗言，是所谓永亡也。印度虽亡，而印人笃守其教，联络日益盛大，他日英势稍弱，印人即可因教而自立。若吾中国，一切自弃之而师欧美，又弃其教，浸假失败，则欲为印度、犹太，不可得也。②

1858 年，第二次鸦片战争失败，清政府在中英、中法的《天津条约》中允许了基督宗教（天主教、基督新教）可进入内地自由传教。至清末，天主教和耶稣教教堂已在全国各地普遍建立起来。"拜堂棋布"，西方宗教来势汹汹；而孔子之庙"每县仅一"，儒家国学日趋式微。中国固有文化将有被西方文化淹没、覆盖的情势，使康有为深感忧虑，他更从世界历史的范围内，搜索历史的经验教训，如果没有自己的宗教——孔教的确立，中国就会沦入失去了自己的文明的"永亡"，成为墨西哥！相信如果能坚守自己的宗教，如犹太人和印度人，即使流离、灭亡，将来也会有复兴、重建的时日；若鄙弃自己的孔教和儒家文化，已处在衰微中的中国，将来更是不堪设想的了！康有为在这里表现了他作为儒家文化传统维护者

---

① 康有为：《上清帝第二书》，载《康有为政论集》，第 132 页。
② 康有为：《复教育部书》，载《康有为政论集》，第 855 页。

的使命感："保存孔教，即以保存中国之文明。"① 康有为还说：

> 孔子之道范围不过、曲成不遗，人人皆在孔教中，故不须立令也。惟今者共和政体大变，政府未定为国教，经传不立于学官，庙祀不奉于有司……甚至躬长教育之司，而专以废孔教为职志者。若无人保守奉传，则数千年之大教将坠于地，而中国于以永灭，岂不大哀哉!②

> 自共和以来，教化衰息，纪纲扫荡，道揆凌夷，法守骎骎，礼俗变易。盖自羲、轩、尧、舜、禹、汤、文、武、周、孔之道化，一旦而尽，人心风俗之害，五千年来未有斯极。耗矣哀哉，中国之不为墨西哥者仅矣! 盖国魂死矣。③

十分显然，康有为的这些论说是指向推翻君主制的共和革命，指向这场民主革命所带来的政治变革、社会变革，不满、怨恨这场变革所带来的孔子之教被从国家意识形态中剥离、被从国家教育中削弱、驱逐，儒家传统在社会生活中被鄙弃、破坏。他的定国教的呼吁，建孔教会的努力，都是试图把孔子之教或儒学永远地奠定在一个崇高而稳固的位置上，以抗衡这场革命的结局；他的"还魂论"主张——"今欲救四万万之民，大拯中国，惟有举辛亥以来之新法令尽火之而还其旧……庶几还民之魂，而后他政乃可议行"④。——更是彻底否定这场革命的一切创造。康有为在这里扮演了中国近代反对君主专制的民主革命洪流中的一个坚定的改良派、保守派角色。

"孔教"被质疑 康有为的意蕴着抗衡民主革命之结局的以孔子之教或儒学是一种宗教（孔教）的观点，立孔教为国教的活动，在共和制的新时代虽已到来但尚待巩固的情境下，很自然地会遭质疑，会被否定。这种质疑、否定，要言之，也可以归纳为两个主要问题：孔子之教是否具有

---

① 康有为：《孔子新教之〈礼运注〉》，《康有为政论集》，第194页。
② 康有为：《孔教会序一》，《康有为政论集》，第732~735页。
③ 康有为：《中国学会报题词》，《康有为政论集》，第797页。
④ 康有为：《中国还魂论》，《康有为政论集》，第930页。

宗教的特质？现代环境下，孔子之教是否还有"国所与立，民所与依"那种指导社会生活的功能？对于第一个问题的回答，蔡元培、章炳麟可为代表，他们的回答是完全否定的。蔡元培说：

> 自广义的宗教言之（信仰心），必有形而上之人生观及世界观，而孔子无之；而所言者，皆伦理学、教育学、政治学之范围。孔子自言"无可无不可"，其不立一定之信条可见。自狭义宗教言之，必有神秘思想，而孔子又无之，"未知生，焉知死"，"未能事人，焉能事鬼"，"不语神怪"，其不涉神秘可见，故孔子绝非宗教家，而"孔教"为不辞①。

蔡元培认为，孔子之教没有提供一个"形而上"的即超越的信仰对象，也没有"鬼神"的神道的内容，无论从广义的还是从狭义的宗教意义上说，都不是宗教。这是蔡元培从宗教之特质的一般理论立场上作出的否定的判定。应该说，蔡元培此番孔子或儒学"绝非宗教"的论述方向和逻辑都是正确的，然而不够到位。儒家思想中有鬼神观念，但如前所述，儒学的"鬼神"是"气"的一种自然存在状态，不具有宗教之"神"的那种超越性；儒家思想中也有形而上的观念——"天道"，但其超越性意境被诠定为是本然、自然之实在②，没有宗教信仰的最高超越性存在那种人格的、神灵性内涵。章炳麟则是从另外的理论角度对孔子之学非为宗教进行了论说：

> 中土素无国教矣，舜敷五教，周布十有二教，皆掌之司徒，其事不在庠序，不与讲诵，是乃有司教令，亦杂与今世社会教育同类，非宗教之科。逮及衰周，孔老命世，老子称"以道莅天下，其鬼不神"，孔子"不语神怪"，"未能事鬼"。次有庄周、孟轲、孙卿、公

---

① 蔡元培：《致许崇清函》，高平叔、王世儒编《蔡元培书信集》，浙江教育出版社2000年版，第312页。

② 《论语·公冶长》"夫子之言性与天道"，朱熹注："天道者，天理自然之本体。"（《论语集注·公冶长》）《礼记·中庸》"诚者，天之道也"，朱熹注："诚者，真实无妄之谓，天理之本然也。"（《中庸章句》）

儒学与我国现代化进程

305

孙龙、申不害、韩非之伦，渤尔俱作，皆辨析名理，察于人文，由是妖言止息，民以昭苏，则中国果未有宗教也……孔子所以为中国斗杓者，在制历史、布文籍、振学术、平阶级而已。总是四者，孔子于中国，为保民开化之宗，不为教主。①

在章炳麟看来，就中国文化的总体而言，《尚书·舜典》"五教"、《周礼·大司徒》"十二教"中的"教"，都是教化、教育之意，不是宗教；包括孔子在内的诸子思想中，也都没有神道的内容。所以由此源头流衍下来的中国固有文化，不是宗教性的；就孔子本人而论，孔子只是一个历史的整理者、学术的传播者，是人文的先师，不是神道的教主。这是章炳麟从独特的古文经学的理论立场上作出的否定的判定。② 蔡元培、章炳麟对孔子之教或儒学是否是宗教所作出的否定的判断，尽管相互间的理论立场有所差别，但他们都共同地认为神道是宗教固有的、不可或缺的内涵，都是在一种较严格的意义上理解、界定宗教的③。然而，康有为却是在"神道人道为教则一"的宽泛的意义上理解、界定孔子之教的。蔡、章二氏之论还不足以彻底否定康有为的"孔教"之说。

　　对于第二个问题的回答，陈独秀最为代表。他说：

---

① 章炳麟：《驳建立孔教议》，汤志钧编《章太炎政论选集》，中华书局1977年版，第688～692页。

② 在这里，章炳麟据《周礼》立论、尊孔子为"保民开化之宗"的人文先师，都正是与今文经学据《公羊传》立论、尊孔子为"受命"的"素王"相对立的古文经学立场。当代经学史家周予同曾归纳出今、古文经学十三项重要的理论区别，此是其中的两项（参见周予同《经今古文学》，朱维铮编《周予同经学史论著选集》，上海人民出版社1983年版，第9页）。

③ 可以认为，这是那个时代学者们的共识。例如，思想路向与蔡元培、章炳麟皆有不同的马克思主义者李大钊、陈独秀也如是说："宗教是以信仰的形式示命人类行为的社会运动，宗教的信仰就是神的绝对体认，故宗教必信仰神。"（李大钊：《宗教与自由平等博爱》，载《李大钊选集》，人民出版社1959年版，第392页）"凡宗教必言神，必论生死，此大前提未必有误。孔子不语神怪，不知生死，则孔教自非宗教。儒家虽有鬼神体物不遗之说，骤观之似近泛神教，然鄙意此所谓鬼神，与《周易》一阴一阳之谓道相同，非宗教家所谓有命令的、拟人格的主宰之神也。"（陈独秀：《答俞颂华》，《独秀文存》卷三，亚东图书馆1922年版，第66页）。

儒者三纲之说，为吾伦理政治之大原；三纲之根本义，阶级制度是也。近世西洋之道德政治，乃以自由、平等、独立之说为大原……共和立宪制，以独立平等自由为原则，与纲常阶级制为绝对不可相容之物，存其一必废其一。①

儒者宗法社会之奴隶道德，病在分别尊卑，课卑者以片面之义务，于是君虐臣，父虐子，夫虐妻，主虐奴，长虐幼，社会上种种之不道德，种种罪恶，施之者以为当然之权利，受之者皆服从于奴隶道德下而莫之能违，弱者多衔怨以殁世，强者则激而倒行逆施矣。以此种道德，支配今日之社会，能系今日之人心，欲其不浇漓堕落也，是扬汤止沸耳，岂但南辕北辙而已哉。②

简言之，在陈独秀看来，以"三纲"之等级观念、奴隶道德为社会生活根本大义的儒学，不可能是自由平等的共和制新时代的立国所据、民心所依。他因此评断："孔教不适现代日用之缺点，较以孔教为宗教者尤为失败也。"③换言之，历史上孔子之教那种指导、模塑社会生活的功能，已经丧失。对于儒学之不适应现代生活，陈独秀更深入的论说是：

记者（按：陈独秀以《新青年》杂志主编的自称）非谓孔教无一可取，惟以其根本的伦理道德，适与欧化背道而驰，势难并行不悖。④

道德之为物，应随社会为变迁，随时代为新旧，乃进化而非一成不变的，此古代道德所以不适于今之世也。⑤

在这种以"欧化"为社会政治目标和建设原则、以"进化"为社会发展必然规律的新时代社会思潮的理论立场上，古老的孔子之教、儒家传统，

---

① 陈独秀：《吾人最后之觉悟》，《独秀文存》卷一，第55页。
② 陈独秀：《答傅桂馨》，《独秀文存》卷三，第52页。
③ 陈独秀：《孔子之道与现代生活》，《独秀文存》卷一，第117页。
④ 陈独秀：《答佩剑青年》，《独秀文存》卷三，第48页。
⑤ 陈独秀：《答淮山逸民》，《独秀文存》卷三，第61页。

无论其是已死的还是尚活着的，是过时的还是仍有现代价值的，一概被漠视、被否定，都是理由充分、十分自然的了。

不难看出，在这个理论立场上所作出的孔子之教或儒家学说已丧失现代价值的判词中，一个最重要的历史依据，就是孔子之教被牢牢地钉在"三纲"之说上。如陈独秀曾质疑地问："儒家立教的实质，不是'三纲'是什么？在儒家的教义中，若除去'三纲'的礼教，剩下来的只是些仁、恕、忠、信等美德，那么，孔子和历代一班笃行好学的君子，有什么不同呢？"① 又肯定地答："儒家的独特主张除去三纲的礼教，没有任何主张……孔子尊君的礼教是有利于他们的东西，孔子之所以称为万世师表，其原因亦在此。"② 在现代儒家的理论立场上看来，孔子作为儒学——一个以伦理道德思想为核心的观念体系的创始人，在汉代以降的很长历史时期里，受到君主专制的国家政权高于先秦其他诸子思想派别创始人的尊崇，确实是因为这种以家庭伦理道德规范为起点、为中心的观念体系，十分适合于、有助于农业社会君主专制的国家的社会生活秩序的建构和稳定，成为国家的意识形态。但是，将先秦儒家理论所主张的人与人之间应是相互承担道德的义务责任的"五伦""十义"的伦理关系③，注入权力因素，成为单方面服从的"三纲"等级关系，却是对儒家思想的扭曲，是儒家思想在特定历史条件下的异化、变态。儒家思想在历史上的显现，除去在人际伦理关系的主要方面（君臣、父子、夫妇）有被权力扭曲的部分，还有甚多的攀附"五礼"的具体行为规范——所谓"经礼三百，曲礼三千"（《礼记·礼器》），随着历史情境变迁、消失和社会生活发展、更新而丧失合理性的部分，这些都是儒学传统中死去的部分。但儒家思想的精神或根本之处，即儒家所努力阐发和实践的一种符合人性的人类生活——有伦理的、有道德的生活，也正是被陈独秀怀疑其真实性的"除

---

① 陈独秀：《孔子与中国》，载林茂生等编《陈独秀文章选编》下册，生活·读书·新知三联书店1984年版，第531页。

② 同上。

③ 孟子曰："人之有道也，饱食、暖衣、逸居而无教，则近于禽兽。圣人忧之，使契为司徒，教以人伦：父子有亲，君臣有义，夫妇有别，长幼有序，朋友有信。"（《孟子·滕文公上》）《礼记》曰："何谓人义？父慈、子孝、兄良、弟弟、夫义、妇听、长惠、幼顺、君仁、臣忠，十者谓之人义。"（《礼运》）

去'三纲'礼教，剩下的仁、恕、忠、信等美德"的生活，却是具有永久价值的；即使是在"以自由、平等、独立之说为大原"笼罩之下，这种生活也是需要的。中国历史上如果只有"三纲"的黑暗、腐朽，我们就不能解释儒家的社会生活何以能长久存在并创造了辉煌；如果只是"礼教吃人"，我们也不能理解儒家的道德典型何以能使"顽夫廉、懦夫奋、薄夫敦、鄙夫宽"①。在中国历史上，儒家的道德理想，儒家的"仁、义、礼、智、信"德性曾孕育出美好、崇高的生活和人物，是难以否定的。当然，陈独秀也曾表示："记者之非孔，非谓其温良恭俭让信义廉耻诸德及忠恕之道不足取；不过谓此等道德名词，乃世界普遍实践道德，不认为孔教自矜独有者耳。"② 诚然，忠孝诚信、善良勇敢等品德、人格，在不同的文化土壤上都会生长出的，但在不同的文化类型或文明形态中，这些道德品质在其精神生活结构中所处位置并不相同；界定、诠释这些美德的内涵和所源由的根柢也有差异。例如在基督宗教的文化传统中，对上帝之爱是超越血缘亲情之上的神圣感情（圣爱），是最高的德性③；但在儒家生活中，亲亲之爱的感情（仁爱）、"慎终追远"的对父母、祖先的孝，被认为是最基础的德性与德行④。在一种宗教的文化传统中，人的德性、德行都会根系于某种信仰的超越性对象那里（如上帝），而在儒家文化中，"仁义礼智根于心"（《孟子·尽心上》），德行是人之个体的理性的自觉自律。不同文化类型、文明形态中的道德概念、道德观念体系可能相同，可以有相通、兼容，但深入辨析必能发现，其在根源之处是有差别

---

① 孟子曰："圣人，百世之师也，伯夷、柳下惠是也。故闻伯夷之风者，顽夫廉，懦夫有立志；闻柳下惠之风者，薄夫敦，鄙夫宽。"（《孟子·尽心下》）
② 陈独秀：《答〈新青年〉爱读者》，《独秀文存》卷三，第119页。
③ 基督宗教的主要信条是：上帝爱我们，我们因此也要爱上帝、爱一切人——邻人、敌人。基督宗教信仰爱的根源来自上帝，不允许将对父母兄弟儿女的血缘亲人的伦理置于对上帝的爱之上。例如，《旧约》记载摩西传达上帝的诫令："你要尽心、尽性、尽力爱耶和华——你的上帝。"（《申命记》第六章）《新约》记载圣子耶稣说："爱父母过于爱我的，不配做我的门徒，爱儿女过于爱我的，不配做我的门徒。"（《马太福音》第十章）又记载圣徒约翰说："我们应当彼此相爱，因为爱是从上帝来的。凡有爱心的，都是由上帝而生，并且认识上帝；没有爱心的，将无法认识上帝，因为上帝就是爱。"（《约翰一书》第四章）
④ 有子曰："孝弟也者，其为仁之本与！"（《论语·学而》）曾子曰："慎终追远，民德归厚矣。"（同上）孟子曰："亲亲，仁也。"（《孟子·告子下》）

儒学与我国现代化进程

309

的，因而都是独特的；这种独特性正是构成一种文化、文明类型的重要标志和内容。

20世纪初，以康有为为代表的、以"人道神道为教一"和"国魂""桢干"两个基本理据判定孔子之教是一种宗教的观点，和立孔教为国教的活动，在当时的历史环境下遭到普遍的反对，并且可以说是以失败而告终。但是，由于这两个立论根据，或是一种有合理性的设定，或是一种无疑的历史事实，使人们可以从另外的理论立场上不承认它，但难以彻底否定掉它。这样，民国早期就点燃的孔子之教或儒学是否是宗教的争辩之火，一直并未熄灭，在其后某种适当时机下，仍会不时地燃起。

3. 儒学：一种子学、哲学

儒学是先秦诸子百家中的一家学说，一个具有演变、发展的历史内容的思想观念体系。20世纪的中国人文学者多数都是对儒学作如是观，作如此的定位、定性。但作为肇始者、最为代表者，当属章炳麟。回顾历史，在《史记·太史公自序》的"六家要旨"和《汉书·艺文志》的刘歆《诸子略》中，儒家与阴阳、墨、法、名、道五家，或道、阴阳、法、名、墨、纵横、杂、农、小说九家，都是并列的。那是汉代史家对先秦学术思想态势的客观全面的总结概括。这两种概括中，不仅有"六家"与"十家"（刘歆于《诸子略》结语说："诸子十家，其可观者九家而已"故世或不计小说家而径称"九流"）之诸子家数的明显不同，更重要的是有学术立场的差别。司马谈"六家要旨"界说道家是"因阴阳之大顺，采儒墨之善，撮名法之要"（《史记》卷一百三十），认为道家兼容、吸纳了各家的优长，表现为崇尚道家的立场；而《诸子略》则总结十家为"合其要归，亦'六经'之支与流裔"（《汉书》卷三十），认为"六经"是古代已有的典籍，与今文经学家判定"六经"是孔子所作的观点不同，显示的是古文经学家的立场。在儒学成为国家意识形态的社会环境下，在经常的情况下，儒学总是与"六经"经学结合为一体，处在不受挑战、不被争议的高于、尊于诸子的学术地位。而当儒学出现某种危机、陷入衰微时，这种学术地位就会受到质疑。例如在明末清初的反理学思潮中，在对理学形成批判的不同理论角度中，就有一种以傅山、唐甄为代表的

"子儒"的立场①。两位学者都认为，诸子与儒学（经学）具有同等的理论价值，儒学与释、道各有独立的理论体系和功能，不应有是非尊卑之分②。清代后期，在乾嘉学派的余绪中出现了诸子学的兴起。对于这一学术现象，梁启超评断说："晚清先秦诸子之复活，实为思想解放一大关键；此种结果原为乾嘉学者所不及料。"③ 应该说，这一评断是很正确的。一方面，《荀子》《墨子》《管子》《韩非子》《老子》《庄子》《列子》《孙子》《战国策》《淮南子》《春秋繁露》《潜夫论》《论衡》《抱朴子》《颜氏家训》等儒学独尊以来湮没、沉寂的先秦汉晋诸子著作，皆有学者校注，厘清讹误，重现理论光芒，是一种"思想解放"；另一方面，包括乾嘉学者在内的清代学者校勘、辨伪古书，志在广征博引、疏通经义，将经学推向新的高峰，带来诸子学的复兴，自然不是其意料之所及。章炳麟的业师俞樾，先有《群经平议》之作，后又撰成《诸子平议》，于其卷首序曰："圣人之道，具在于经，而周秦两汉诸子之书，亦各有所得，且其书往往可以考证经义，不必称引其文，而古言古文居然可见……然诸子之书，文词奥衍，且多古文假借字，注家不能尽通，而儒者又屏置弗道，传写苟且，莫或订正，颠倒错乱，读者难之。樾治经之暇，旁及诸子，不揣鄙陋，用《群经平议》之例，为《诸子平议》。"（《诸子平议·序目》）可见，在晚清学者那里，已经兴起的诸子学还是处在经学（包括《论语》《孟子》在内的"十三经"）之下、孔孟儒学之次的位置。到了章炳麟这里，他撰作《诸子学略说》诸篇，发表多次国学讲演，开创了将孔子儒家与先秦诸子、将汉代以后演变着的儒学与同时存在着的、包括佛学在内的非儒家的思想派别或人物，皆放置在一个属于义理性质的、一种称为哲学的论域内，予以平等的审视、研判的学术局面。

---

① 明末清初的反理学思潮，就其对儒学所表现出的态度，可区分为三种：其一，反儒，以李贽为代表，对儒学表示轻蔑、反对；其二，子儒，以傅山、唐甄为代表，将诸子、释道放在与儒学平等的学术地位上加以评量，表达对理学的不满；其三，原儒，以顾炎武、颜元、戴震等为代表，援依先秦原始儒家经典，驳论宋明理学观点。

② 例如，傅山说："经之争亦末矣，只因儒者知'六经'之名，遂以子不如经之尊，习见之鄙可见。"（傅山：《霜红龛集》卷三十八《杂记三》）唐甄亦说："老养生，释明死，儒治世，三者各异，不可相通，合之者诬，校是非者愚。"（唐甄：《潜书·性功》）。

③ 梁启超：《清代学者整理旧学之总成绩（二）》，《中国近三百年学术史》，中国书店1985年版，第247页。

章炳麟对儒学的定位，即孔子儒家是先秦诸子的一家，儒学是义理性质的哲学，显现在他将儒学与经学、先秦诸子、佛学、西方哲学等作比较分析的不同论述角度中。

与经学分离的孔子儒家　《论语》记载，"子（孔子）所雅言，《诗》、《书》、相礼皆雅言也"（《述而》），孔子使"乐正，《雅》《颂》各得其所"（《子罕》）。可以看出，商、周传递下来的《诗》、《书》、礼、乐之典籍、传统，是孔子从事教育、传播学术的主要内容；并且孔子也在其中融入了他的思想学说、理论创造。所以，尽管孔子说自己是"述而不作"（《论语·述而》），庄子还是裁定"孔子治《诗》《书》《礼》《乐》《易》《春秋》六经"（《庄子·天运》）。换言之，"六经"（《乐》经已佚，或因没有其他五经的那种文字载体形态，后人每称"五经"）虽是孔子以前就已存在的古先文献，也或为其他先秦诸子所征引，但在先秦作为一家学派的主要思想渊源、学术内容和理论特征，那是属于孔子儒家的。汉代以降，训解"五经"之为学（经学）和援依"五经"而立论（儒学义理），其学术形态、理论内容有所区别，但对儒家来说它们是不可分裂的儒学整体组成部分。这应该是历来多数学者对儒家与"五经"间关系的基本研判。章炳麟也判定"六艺者，道墨所周闻"[①]，即以"六经"是孔子之前既有的古先典籍，是先秦诸子的共同思想资源。但他在青年时代就已形成的古文经学的学术立场，[②] 使他在这个基本上应是确凿的历史事实面前，特别凸显地注意孔子儒家[③]与"五经"间的历史距离，注意经学训解与儒家论说间的形态、内容差异，正是在此种立场上的此种观察，使他作出了新的研判。章炳麟说：

---

① 章炳麟：《订孔》，《訄书》（重订本）（1904 年）。后来，章炳麟在《检论》卷三《订孔》（上下）中（1914 年），对此文有较多删修，但此论断未变。

② 章炳麟"二十四岁，始分别古今文师说……专慕刘子骏，刻印自言私淑"，即已形成古文经学的学术立场。（《章太炎先生自定年谱·光绪二十二年二十九岁》）

③ "儒"作为一名词概念，章炳麟曾以秦汉典籍为根据，就其内涵的差异，将其划分为外延广狭不同的达名、类名、私名之三种儒："达名为儒，儒者术士也……号遍施九流"，范围最广。"类名为儒，儒者有六艺（《周礼》礼乐射御书数），以教民者"，范围次之。"私名为儒，《七略》曰'儒家者流，游文于六经之中，留意于仁义之际，祖述尧舜，宪章文武，宗师仲尼者'"，范围最狭（见章炳麟《国故论衡》卷下《原儒》）。故章炳麟凡言及"儒家"（儒学），皆指私名之"儒"，即刘歆《诸子略》所界定之儒家。此与多数学者对"儒家"的理解是一致的。

说经与诸子异也。说经之学，所谓疏证，惟是考其典章制度与其事迹而已，其学惟为客观之学。若诸子学则不然，彼所学者，主观之学，要在寻求义理，不在考迹异同。①

有商订历史之孔子，则删定"六经"是也；有从事教育之孔子，则《论语》《孝经》是也。由前之道，其流为经师；由后之道，其流为儒家……儒生以致用为功，经师以求是为职。②

"儒林"之名，起于大史，专录经师，与九流之儒实异。③ 经、史古为一录，若夫言性命、称仁义、极治乱，此为九流之儒。④

章炳麟以考证历史事迹（"客观之学"）与寻求义理（"主观之学"），获得真实与见收事功的学术内容和目标上的差别，十分明确地将儒家与经师区别开来、分裂开来，将儒学定位在子学的位置上；并且也甚是简要地概括出作为子学的儒家或儒学的义理内容——"言性命、称仁义、极治乱"，周延地涵盖了儒家思想体系的超越的、心性的和社会的三个主要理论层面。但是在实际上，儒家尊于诸子是在汉代"独尊儒术"以后逐渐形成的，先秦儒家本来就是以与"六经"紧密结合为学术生命、思想特征的诸子之家而存在的，所以尽管章炳麟对儒学义理内容的概括是正确的，但以与经师、经学相分离来界定儒家，似乎儒家可以离开经学而独立存在，却是踏入了一个悖谬于历史真实的、具有古文经学色彩的误区。在这里，孔子被定位为"良史"⑤，而"孟、荀道术皆踊绝孔氏"⑥。这种误判即是源于对儒学之经典训诂与义理阐发分裂，未能解读出《论语》中

① 章炳麟：《诸子学略说》，《章太炎文钞》卷三。
② 同上。
③ 自《史记》至《清史稿》二十五部正史，多立有《儒林传》（两《唐书》为《儒学传》），唯《宋史》同时立有《道学传》。
④ 章炳麟：《哀清史·附近史商略》，《检论》卷八。
⑤ 章炳麟：《订孔》，《訄书》（重订本）。《检论》卷三《订孔》（上下）此论断未变。这是章炳麟从古文经学立场对孔子学术地位的基本评断。至于章炳麟对孔子的态度，前后很是不同：早年有所不恭，诋毁"孔子诈取老子征藏故书，权术过于老子"（《诸子学略说》）；晚年则甚为尊敬，推崇"孔子之书，昭如日月，德行政事何所不备"。（《与孙思昉论学论》，《制言》第46期）
⑥ 章炳麟：《订孔》，《訄书》（重订本）。《检论》卷三《订孔》（上下）此论断未变。

对"六经"的理论转变、跃进；正是在这种理论跃变中，形成了孔子的具有新的理论内涵的命、仁、礼的观念，开创了儒家学派。这种历史地位只能是孔子而不能是孟子、荀子所拥有的。

先秦诸子中的儒家 儒家被定位在"寻求义理"的诸子行列中后，章炳麟进一步从儒家与"九流"的相互关系的视角，对它作出评断：

道家固出于史官，孔子问礼老聃，卒以删定"六艺"（按：即"六经"①），而儒家亦自此萌芽。②

儒家于招选茂异之世，则习为纵横；于综核名实之世，则毗于法律。③

仲尼之功，贤于尧舜；其玄远终不敢望老庄矣。④

章炳麟研判儒家的思想渊源来自"六经"，而"六经皆史"⑤，道家老子是史官，所以，孔子是从老子那里承接了"六经"；儒道的关系是"道家为儒家之先导……孔学本出于老"⑥。而对于"以致用为功"，积极于经世治国的儒家来说——用章炳麟意含讥评的话则是"湛心荣利"⑦，在实际活动中，往往是兼有纵横家的捭阖之术和法家赏惩之方。章炳麟甚至慨叹"然至今日，则儒、法、纵横，殆将合而为一"⑧。儒家若与诸子比较长

① 《周礼》以"六艺"为礼、乐、射、御、书、数六种技艺（见《周礼·地官·保氏》）。汉代学者以《乐》《诗》《礼》《书》《春秋》《易》六种典籍即"六经"为"六艺"（见《史记·伯夷列传》《汉书·艺文志·六艺略》）。章炳麟之称"六艺"，同汉代学者的习惯。
② 章炳麟：《诸子学略说》。
③ 同上。
④ 章炳麟：《菿汉微言》。
⑤ "六经皆史"是清儒章学诚明确提出的一个论断（见《文史通义·易教上》）。此前，明代理学家王守仁也从经与史即道与事不可分的角度，认为"六经"也是史（见《传习录上》）。章炳麟认同这个观点，这与他的古文经学立场完全一致。如说"六艺，史也"[《訄书·清儒》（重订本），《检论》卷四《清儒》此论断未变]，"'六经皆史也'，这句话详细考察起来，实在很不错"。[章炳麟：《国学的派别（一）——经学的派别》，《国学概论》，曹聚仁整理]
⑥ 章炳麟：《诸子学略说》。
⑦ 同上。
⑧ 同上。

短，则在儒道间最为明显，儒家长于社会事功，老庄善为形上玄思。这是章炳麟从儒家的学术源头、儒家对其他诸子的吸纳、儒家与其他诸子理论特色的比较三个观察点上对儒家与诸子关系所作出的评断。应该说，这三个评断，最后一个是符合事实的，简要而准确地概括了儒、道间思想差异在其形态上的表现。而前两个研判的理据则是欠缺的了。"六经"作为春秋前的典籍，是先秦诸子共同的学术渊源或观念背景，但"九流"百家从中吸取和独立阐发的并不相同，所谓"天下多得一察焉以自好……道术将为天下裂"是也（《庄子·天下》）。就道家和儒家而论，比较《老子》和《论语》可以清晰地看出：《老子》展示崇尚"自然"（第25章），"绝仁弃义"（第19章），"无为"治国（第3章）；《论语》则阐说君主"为政以德"（《为政》），"先之劳之"（《子路》），使国家"礼乐兴、刑罚中"（《子路》），"君君、臣臣、父父、子子"（《颜渊》），伦理秩序井然，国人庶民都能"约之以礼"（《雍也》），"仁以为己任"（《泰伯》），"义以为上"（《阳货》），道德风气高尚。儒、道的学说内容，其理论的运思和归宿都迥然有别。以《庄子》中的孔子曾问学于史官（征藏史）老聃的尚待确考的记述①，判定"孔学出于老子"，从确凿的、作为道家、儒家最早文献的《老子》《论语》中是得不到证明的。刘歆在《诸子略》中，大体上是以世卿背景（"王官"）、社会职能、学说内容三项内涵来界定诸子十家的；而基调则是"诸子皆出于王官"。章炳麟对此是表示认同的。他在《诸子学略说》中考论了儒家、道家、墨家、阴阳家的王官背景后说："其他虽无征验，而大抵出于王官。"② 刘歆界定法家是"出于理官，信赏必罚"，纵横家是"出于行人王官"，善于"专对"

---

① 《庄子·天道》《天运》《田子方》《知北游》等篇，都有孔子问道于老子（老聃）的记述。据《田子方》篇中同时有庄子见鲁哀公的记述，而庄子与鲁哀公间有一百二十年的时间距离，故可推断这些记述都为寓言性质，多有附会。《礼记·曾子问》也有孔子问礼于老聃的记述，可能是缘沿《庄子》的又一次附会。

② 1917年，胡适撰《诸子不出于王官论》，考论刘歆提出、章炳麟认同的"诸子出于王官"之说不能成立，认为"诸子皆忧世之乱而思有以拯济之，故其说皆应时而生，与王官无涉"（《胡适文存》卷二，上海亚东图书馆1921年版，第365页）。1922年，章炳麟在国学讲演中仍坚持"诸子出于王官"说，但也承认，"九流的成立，也不过适当时的需求"，对来自胡适的评说似乎亦有考虑［见章炳麟《国学概论》第三章《国学的派别（二）——哲学的派别》］。

（外交谈判与对话）、"权事制宜"，而儒家则是"出于司徒之官，助人君顺阴阳、明教化者也"（见《汉书》卷三十《艺文志》）。在这里，三家的界限区分，应该说是清晰的。在一个儒家人物的政治实践中，他可能会有信赏必罚的作为，善播言辞的表现，但如果认同《诸子略》对十家的界定，就不应把个人行为和一家学派的社会职能混同，以此判定儒家兼综法家、纵横家，而无视儒家的真正特征是将"齐之以礼"放在"齐之以刑"之上①，将"德行"置于"言语"之前②。章炳麟这两个研判的失误，与他在古文经学基础上形成的学术立场、政治立场相关联、相犀通。古文经学的一个基本观点是"六经"皆古代既有史料，而非孔子所作。章炳麟的"孔子之教本以历史为宗"③，"孔学本出于老（史官）"之判定，都可以视为是这个基本观点的逻辑延伸。章炳麟作为清末民初的古文经学家，和同时代的今文经学家代表康有为本来在学术立场上就是对立的；加以种族"革命"与变法"保皇"的政治立场的根本分歧，就使这种对立更趋强烈。章炳麟每讥讽儒家也多藏有指向"寻求义理"的今文经学家的锋芒；其所谓"以富贵利禄为心，但欲假借事权，便其行事"④，"然至今日，儒、法、纵横殆将合而为一"，更颇见有影射康有为之意向⑤。

在章炳麟关于儒家与"九流"相互关系的三个评断中，研判孔子儒学"其玄远终不敢望老庄"，是符合事实的，但当他试图运用老庄玄义来诠释儒家观点时，却又背离了儒家思想的实际，并不符合儒学意旨。例如，他解释孔子"一贯之道——忠恕"⑥曰：

---

① 《论语》记载孔子说："齐之以刑，民免而无耻；道之以德，齐之以礼，有耻且格。"（《为政》）儒家的特点是将道德的治世功能放在法律之上。

② 《论语》中对孔子十个最主要的及门弟子排序是，德行：颜渊、闵子骞、冉伯牛、仲弓；言语：宰我、子贡；政事：冉有、季路；文学：子游、子夏。

③ 章炳麟：《答铁铮》，《太炎文录·别录》卷二。

④ 章炳麟：《诸子学略说》。

⑤ 章炳麟《致柳翼谋书》有谓："鄙人少年本治朴学，亦唯专信古文经典，与长素（按：康有为号长素）辈为背道驰。其后深厌长素孔教之说，遂至激而诋孔。中年以后，古文经典笃信如故，至诋孔则绝口不谈，亦由平情较论，深知孔子之道，非长素辈所能附会也。"（《史地学报》第一卷第四期）

⑥ 《论语》记载："子曰：'参乎，吾道一以贯之。'曾子曰：'唯。'子出。门人问曰：'何谓也？'曾子曰：'夫子之道，忠恕而已矣。'"（《里仁》）

道在一贯，持其枢者，忠恕也。心能推度曰恕，周以察物曰忠。故夫闻一以知十，举一隅而以三隅反者，恕之事也；周以察物，举其征符而辨其骨理者，忠之事也。故疏通知远者恕，文理密察者忠……体忠恕者，独有庄周《齐物》之篇，恢恑谲怪，道通为一。①

孔子解释"忠"曰"为人谋而不忠乎"（《论语·学而》），界说"恕"为"己所不欲，勿施于人"（《卫灵公》）。朱子进一步诠解"忠恕"说"尽己之谓忠，推己之谓恕"（《论语集注》卷二《里仁》），"圣人之忠即是诚，圣人之恕即是仁"（《朱子语类》卷二十七）；又解释"一贯"说："忠恕只是一件事，不可作两个看……主于内为忠，见于外为恕。"（同上）概言之，在儒家学说里，忠恕是对人的行为的一种道德规范，在与他人交往中，应向他人奉献自己的真诚、努力，表现自己的宽容、体谅。两者的道德理念、道德感情的基础是共同的。章炳麟的解释则是将人的这种道德行为，置换为纯粹的认知行为，并且在庄子的齐一万物的"道通为一"的②、具有相对主义性质的认识论观念基础上来诠释"一贯"。显然，这已不再是儒家的"一贯之道——忠恕"的观念了。又如，章炳麟曾说：

若夫九流繁会，各于其党，命世哲人，莫若庄氏："消摇（逍遥）"任万物各适，"齐物"得彼是之环枢，以视孔墨，犹尘垢也。③
以庄证孔，而"耳顺""绝四"之指居然可明。④

可见，在先秦诸子中，章炳麟最推崇的是庄子；他从《庄子》中收获到的最大的思想成果是彻底的相对主义的理论启迪：《逍遥游》彰显的万物虽殊，但皆各有所适、自得的逍遥自由⑤；《齐物论》叙说的物论万端，

---

① 章炳麟：《订孔》下，《检论》卷三。
② 《庄子·齐物论》："物固有所然，物固有所可，无物不然，无物不可……恢恑谲怪，道通为一。"
③ 章炳麟：《庄子解诂》。
④ 章炳麟：《菿汉微言》。
⑤ 《庄子·逍遥游》："蜩与学鸠笑之（鲲鹏）曰：'我决起而飞，抢榆枋，时则不至而控于地而已矣，奚以之九万里而南为？'"

但在"道枢"中却是没有彼此、是非的"天地一指，万物一马"①。在这个相对主义的立场上，一切言论皆无是非、对错，皆可"两行"② 地顺心入耳；万物皆有自己独特的，然而是同等的存在理由，立于"道枢""环中"则可无差别、平等地对待，"唯一""必然"的主观、固执态度是悖于道的。在章炳麟看来，这就是孔子的"六十而耳顺"③，就是孔子的"绝四"④。换言之，孔子的思想境界是可以用庄子思想来诠解、证明的。但在正统儒家看来，孔子的"耳顺"，程颐训解为"所闻皆通也"（《河南程氏经说》卷六《论语解·为政》），朱子训解是"声入心通，无所违逆，知之之至，不思而得"（《论语集注》卷一《为政》）。意谓"耳顺"是于其所闻，皆能悉知其原委而宽容处之，并不是以一切言谈物论皆是皆非，而无须或不能予以判别的"两行"。孔子的"绝四"，程颐训解曰："'毋'非禁止之辞，圣人绝此四者，何用禁止？"（《河南程氏外书》第三）所以"绝四"不是对某种规范的被动的遵循，而是一种境界的自然的呈现。这种境界，朱子训解为"凡事顺理……凝然中立者"（《朱子语类》卷三十六）。换言之，"绝四"是据中道而作判定，并不是"得其环中以应无穷"的一切皆无然否。"耳顺""绝四"都是孔子在"四十而不惑，五十而知天命"后又高一层的智慧境界、道德境界，丝毫没有相对主义所固有的那种抹去客观事物界限的理论谬误，那种潜隐着的以现实世界是不确定的、虚无的理论陷阱。

以佛学、西方哲学审视儒学　章炳麟还从诸子学以外的西方哲学、佛学的角度审视、研判被定位在子学位置上的儒家。章炳麟五十岁时曾回顾说："既出狱，东走日本，尽瘁光复之业，鞅掌余闲，旁览彼土所译希腊、德意志哲人之书，时有概述。"⑤ 可见章炳麟对西方哲学有较系统的了解，

---

① 《庄子·齐物论》："彼是莫得其偶，谓之道枢。枢始得其环中，以应无穷……天地一指，万物一马。"

② 《庄子·齐物论》："圣人和之以是非而休乎天钧，是之谓两行。"

③ 《论语》记载孔子晚年自述其精神境界的成熟过程："吾十有五而志于学，三十而立，四十而不惑，五十而知天命，六十而耳顺，七十而从心所欲不逾矩。"（《为政》）

④ 《论语》记载孔子弟子对他处世态度、精神境界的一种观察："子绝四：毋意、毋必、毋固、毋我。"（《子罕》）

⑤ 章炳麟：《菿汉微言》。

那是在"苏报案"刑满出狱后①，他在日本居住的四年内完成的。但章炳麟用西方哲学来审视、诠解儒家思想，似乎还是处在比较零碎的、简单类比的阶段上。例如：

> 《易》之为道，皮它告拉斯家（原注：希腊学派）以为，凡百事物，皆模效肤理，其性质有相为正乏者十种：一曰有限无限，二曰奇耦，三曰一多，四曰左右，五曰牝牡，六曰静动，七曰直线曲线，八曰昏明，九曰善恶，十曰平方直角。天地不率其秩序，不能以成万物，尽之矣。（原案：是说所说十性，其八皆《周易》中恒义，惟直线曲线、平方直角二性，《易》无明文。）②

> 然其（按：指孔子）言曰："鬼神之为德，体物而不可遗。"此明谓万物本体即是鬼神，是即斯比诺沙泛神之说。泛神者，即无神之逊词耳。③

> 夫其（按：指王守仁）曰"人性无善无恶"，此本诸胡宏（原注：胡宏曰："凡人之生，粹然天地之心，道义完具，无适无莫，不可以善恶辨，不可以是非分。"又曰："性者，善不足以言之，况恶邪？"）而类者也，陆克所谓"人之精神如白纸"者也。④

以阴与阳为基础的种种对立现象，来解释、构筑宇宙万事万物的生成和存在状态，应该说是《周易》的一个基本思想，章炳麟以此为"易之道"，显示他对《周易》理论特色的把握是准确的；他援引古希腊毕达哥拉斯学派的以十组对立元素解释宇宙组成的哲学观点，来作类比的说明，是可以成立的，也还是贴切的。17 世纪荷兰哲学家斯宾诺莎（B. Spinoza）认为神（上帝）不是超自然的力量，而是自然本身——是存在于万物自身

---

① 1903 年（光绪二十九年）6 月，章炳麟在上海《苏报》发表《革命军序》《驳康有为论革命书》鼓吹革命，措辞激烈，如谓"今中国既亡于逆胡，当谋光复"，斥光绪"戴湘小丑，未辨菽麦"，被清政府判刑入狱三年。
② 章炳麟：《清儒》，《訄书》（重订本）。《检论》卷四之《清儒》篇，此段文字被删去。
③ 章炳麟：《答铁铮》，《太炎文录·别录》卷二。
④ 章炳麟：《王学》，《訄书》（重订本）。《检论》卷四改称《议王》篇，此段文字被删去。

之中的万物生成、存在的原因，是一种必然性①。在西方基督宗教的神学思想中，斯宾诺莎的神学观点被判定为是一种反传统的自然神论或泛神论的观点。儒家思想中的"鬼神"，一般被诠定为是构成万物的"气"的一种自然存在状态②。显然，两者在否定神（鬼神）之具有超越性质上有一致之处，但其对神（鬼神）的本质内涵的界定、解说却是根本不同的；以为两者的观念内容相同或相通，或可以相互诠释，都是一种误判，不能成立。17世纪英国哲学家洛克说："我们的一切知识都是建立在经验上的，而且最终是导源于经验的。"③ 认为人的认识（心灵、精神）本身如一张"白纸"，不存在任何先天的诸如逻辑法则、数学公理、道德法律等观念原则。在西方的哲学传统中，这是在认识论领域内以经验论反对自柏拉图以来就已出现的"天赋观念"的先验论的哲学观点。在儒学思想中，正统的儒家都坚持孟子的人性善的道德信念；但也存在着受到社会生活经验支持的荀子人性恶、汉唐学者人性善恶混的观点。在告子、庄子以"生"界说"性"和禅宗心、性不分之观念影响下④，还有如王守仁的人性无善无恶的观点。正统儒家一般将其视为是越出儒学理念之外的非儒的思想。人性善恶是对人之本身、本性作出道德性的价值研判的问题，只有在没有超越人自身的超越性主宰者存在的儒家思想中才会有如此凸显、如此分歧的论题。显然，作为儒家人物的王守仁"人性无善无恶"与洛克

---

① 如斯宾诺莎说，"神是万物本质及万物存在的唯一原因，这就是说，神不仅是万物生成的原因，而且是万物存在的原因"，"神根据必然性而认识自己，也根据同样的必然性而动作"。（斯宾诺莎：《伦理学》，贺麟译，商务印书馆1958年版，第49、43页）

② 《礼记》假借孔子之口说："气也者，神之盛也；魄也者，鬼之盛也。"（《祭义》）在儒学中，特别是在宋明理学中，每据此将鬼神诠定为是"气"的一种存在状态。如张载说："鬼神者，二气之良能也。"（《正蒙·太和》）朱子说："鬼神不过阴阳消长而已……鬼神只是气。"（《朱子语类》卷三）

③ 洛克：《人类理解论》，关文运译，商务印书馆1959年版，第68页。

④ 告子曰，"生之谓性"，"人性之无分于善不善也，犹水之无分于东西也"（见《孟子·告子上》）。《庄子》曰："性者，生之质也。"（《庚桑楚》）此即以"性"为"生"的观点。六祖《坛经》有谓："心地无非自性戒，心地无痴自性慧，心地无乱自性定。"（《顿渐第七》）希运禅师更说："心性不异，即性即心，心不异性，名之为相。"（《宛陵录》）此即禅宗心、性不分之说。在此基础上，禅宗有性（心）无善恶的观点："一者善，二者不善，佛性非善非不善，是名不二。"（《坛经·行由第一》）

"人之精神如白纸"是在哲学的两个不同理论领域内——价值论与认识论，对两个不同理论对象——人的本性之价值本质与人的认知能力之本质所作出的思想内容有质的区别的判断，难以类比。实际上，王守仁所谓的"无善无恶"，在"四句教"中原表述为"无善无恶是心之体"（《传习录下》），是他在不自觉中转换到禅家立场，援依禅宗"即性即心""佛性非善非不善"观点所作出的表述，具有更复杂的内涵，远远不是洛克单一的、认识论意义的"白纸"所能比拟、说明的。

从以上对章炳麟援用西方哲学观点来审视、诠解儒学观点的三个例证的简单分析可以看出，章炳麟对西方哲学的理解和运用，还是处在比较肤浅的、初始的水平上。但是，它有巨大的理论意义，昭示着儒学在新的处境下必将会发生的一种学术的、理论的演变之开始。儒学在17世纪的清王朝建立以来，就停滞、僵化在宋明理学的内容和形态上而未有进展，现在又走下国家意识形态的位置而更趋衰微。儒学必须吸纳进和消化掉新的文化内容、新的思想理论，才能有新的存在和发展。包括斯宾诺莎、洛克在内的17世纪以来摆脱欧洲中世纪的黑暗而发生、发展起来的灿烂、丰富的欧美近现代哲学，无疑是最能得到儒家学者青睐的。儒家学者会援引欧美哲学的概念、命题、观念来类比地解释自己儒学思想体系里的概念、命题、观念；进而会借鉴、移植欧美哲学的运思方式、逻辑或理论的架构，来重新诠释、建构儒学的核心思想、体系结构。在这个过程中，儒学发生着、完成着具有新的内容和形态的蜕变。20世纪，我们在章炳麟这里看到的是儒学变化的肇端，此后还会看到儒门一代代新人致力于儒学重建的努力。

在章炳麟的观念世界中，佛学思想是其重要组成部分，并且位于理论的最高端。他曾说：

> 遭祸系狱，始专读《瑜伽师地论》及《因明论》、《唯识论》，乃知《瑜伽》为不可加。①

---

① 章炳麟：《自述学术次第》，《制言》第25期。

　　余向以"三性"、"三无性"抉择东西玄学，诸有疑滞，恚然理解。①

　　《瑜伽师地论》提出"八识"②理论，是中国佛教唯识宗（法相宗）依据的最主要经典。"三性"③（"三无性"——对"三性"之另一角度表述）是唯识宗观察、解释世界一切现象（"诸法"）的独特视角。这里需要提及，在"八识""三性"之外，唯识宗还有一个独特的，亦可作为该宗标帜的用以观察、解释认识过程的"四分"观点④。可见，在众多的中国佛教宗派中，章炳麟选择的、崇仰的是义理细密的唯识宗。他对何以作这样的选择，也有所说明：

　　慈氏、世亲⑤之书，以分析名相始，以排遣名相终，从入之途，与平生朴学相似，易于契机。⑥

　　仆所以独尊法相者，别自有说。盖近代学术，渐趋实事求是之途，自汉学诸公分条析理，远非明儒所能企及，逮科学萌芽，而用心益复缜密矣，是故法相之学，于明代则不宜，于近代则甚适，由学术

---

①　章炳麟：《频伽精舍校刊〈大藏经〉序》，《太炎文录·别录》卷三。

②　八识：眼识、耳识、鼻识、舌识、身识、意识、末那识、阿赖耶识。前六识在此前的佛教理论中旧有，唯识宗又增加第七识（末那识）为前六识之根，第八识（阿赖耶识）为前七识的共同根源。唯识无境，阿赖耶识是世界一切现象（"诸法"）生起的根源。

③　三性（三无性）：遍计所执性（相无性）、依他起性（性无性）、圆成实性（胜义无性）。法相宗以"三性"观念形成了与法性宗（三论宗）不同的实相观念、中道观念。

④　"四分"是唯识学中另一重要的基础性观念，正如清儒龚自珍所说："法相宗大纲在八识，大纬在四分。"（《定盦遗著·最录入识规矩颂》）四分是相分、见分、自证分、证自证分。（按：陈那立"三分"说，其弟子护法立"四分"说，增加"证自证分"。"四分""三分"其诠释功能基本相同，但从逻辑上说，"四分"能将"自证"义阐发到穷尽。）"三分""四分"论使唯识宗能独特地将人的认识本来是人之主观认识主体与外界客观认识对象间的关系，彻底转变为是人之认识主体内部的关系。

⑤　慈氏，弥勒菩萨的义译名，《瑜伽师地论》说者。世亲菩萨，《唯识论》作者。

⑥　章炳麟：《菿汉微言》。

所趣然也。①

章炳麟的解释表明，他于法相唯识学的选择，与他作为古文经学家所遵循的学术传统，即细致考证、严谨推理的学术方法和实事求是的学术追求是分不开的；并且与他要继续保持着和"最得力于禅宗"②的康有为所代表的今文经学派之对立的那种政治的、学术的情结也分不开。章炳麟认为汉儒缜密，明儒粗疏；认为在明代阳明心学的带动下，风靡于明代中后期的禅学，在近代科学之时是"不宜"的，也都寓意明显地是对康有为今文经学的"往往不惜抹杀证据或曲解证据，以犯科学家之大忌"③之学风的讥评。

章炳麟将他获得的唯识学视为锐利的理论武器，首先运用在当时的政治斗争中，提出要以唯识论来建立一个无神的宗教，以培育革命道德，推动种族革命进程④。但是，他那晦涩、烦琐的立教主张，丝毫也不能得到处在一场不仅是种族的，也是民主的世俗革命中的，一直是在儒家文化熏陶中生长而无宗教传统的民众的响应⑤。章炳麟的唯识学在政治领域内的运用是失败的，毫无所得；然而其在学术领域内，用来审视、研判中西思想，似乎是成功的，颇有所得，用他自己的话来说是"抉择东西玄学，诸有疑滞，憉然理解"。这是怎样的"憉然理解"？且看他是如何立在唯识学的高处，观察、评断可认为是东西哲学之巅的康德和庄子：

　　康德以来治玄学者，以忍识论为最要，非此所得率尔立一世界缘起，是为独断。而此忍识根本所在，即非康德所能辨，由彼知有相、

---

① 章炳麟：《答铁铮》，《太炎文录·别录》卷二。
② 梁启超：《康南海先生传》。
③ 这是梁启超对康有为学风之缺点的批评。见梁启超《清代学术概论》二十三。
④ 章炳麟在这里显示有十分完整的、合乎逻辑的论证过程，"无道德者不能革命"（《革命之道德》，《民报》第8号），只有"用宗教发起信心，增进国民的道德"（《东京留学生欢迎会演说辞》，《民报》第6号），"今之立教，唯以自识为宗"（《建立宗教论》，《民报》第9号）。
⑤ 其实，章炳麟对儒家文化的世俗生活特质十分了解，并有甚是准确、简要的描述："国民常性，所察在政事日用，所务在工商耕稼，志尽于有生，语绝于无验，人思自尊，而不欲寄死事神以为真宰，此华夏之民所以为达"（《驳建立孔教议》，《太炎文录》卷二）；也听到了民众批评、拒绝他的建立唯识宗教的声音："佛书梵语，暗昧难解，不甚适于众生"（《人无我论》，《太炎文录·别录》卷三）。

见二分，不晓自证分、证自证分故①。

　　庄生不达唯心之理，详此所谓"成心"，即是识中"种子"，《德充符》所谓"灵府"，即阿罗耶识，《庚桑楚》所言"灵台"，即阿陀那识。阿罗邪译言"藏"，阿陀那译言"持"，义皆密合……本是庄生所有，但无其名。②

康德认识论主要是探讨人类的认识——人类的数学、自然科学、形上学等知识如何可能的问题。他的主要结论是，人类通过先验的感性直观形式（时间、空间）和先验的知性形式（十二范畴）整理经验的自然现象，可以形成数学知识和自然科学知识；对形而上的、超验的对象"物自体"（灵魂、世界、上帝），通过理性的辩证思维能证明其存在，但不能形成知识的认识，这里是人类认识能力的界限。换言之，康德认识论是将人类的认识、知识逻辑严谨地论定为是人类先天固有的"先验观念形式"塑造经验材料、自然现象的过程。在唯识学中，认识的结构是以"四分"的理论来建构的："相分"（所取）是"识"所现的外境，认识的对象；"见分"（能取）是"识"的认识功能，对外境的判认；"自证分""证自证分"是"识"对认识过程、结果的自觉、自明③。在章炳麟看来，虽然康德建构了一个一直笼罩着西方哲学的严谨的认识论体系，但从"四分"的立场来研判，它有"相分"（数学、自然科学），有"见分"（先验感性形式、先验知性形式），但却没有"自证分""证自证分"，不能最终地、绝对地证明自己的正确性，仍然是不完整的、有缺陷的。甚至还可以说，在康德认识论里，有不能认识的"物自体"，存在着识外之境，这是一个更大的缺陷。只是章炳麟没有从这个立场上继续追究，而是从另外的角度接受了"物自体"的存在。他说："以不知知之，即谓以无分别智证知也……康德见及物如（按：即"物自体"），几与佛说真如等矣。而终

----

① 章炳麟：《菿汉微言》。
② 章炳麟：《齐物论释》。
③ 《成唯识论》有曰："相分是所缘，见分名行相，相见所依自体名事，即自证分。"（卷第二）

言物如非忍识论境界，故不可知也，此但解以知知之，不解以不知知之也。"① 在章炳麟这里，一个在"四分"理论中应被质疑、否定的对象，在"真如"理论中又被认同了。在《庄子》中，有"成心""灵府""灵台"等心的名目出现，这种表述表明"心"之性质、功能，在庄子这里只是得到一种笼统、模糊的形态描述，没有确切的内涵界定。章炳麟援用唯识学理论赋予《庄子》的"心"以"种子""藏""持"的含义②，使其也具有了阿赖耶识的那种作为世界根源的品质。章炳麟因此不无遗憾地评品庄子，没有唯识学的理论，很多相同于唯识论的思想，不能明确表达。

从章炳麟对康德、庄子的审视、评断中可以看出，他自谓能每以唯识学理论"抉择东西玄学，诸存疑滞，焕然理解"，就是援用丰富、细密的唯识论名相（概念、观念），对中西哲学作出唯识学立场的诠释、判定和改造。在章炳麟的这样一种佛学性质的理论视野里，被定位在子学位置上的儒家获得了怎样的研判？归纳言之有三。其一，儒学处在甚低的义理水平上。章炳麟说：

> 《论语》所说胜义，大抵不进十余条耳，其余修己治人之术，乃在随根普益，不主故常，因情利导，补救无尽。谓本无微言妙义者非也，谓悉是微言妙义者亦非。③
>
> 私谓释迦玄言，出过晚周诸子不可计数；程朱以下，尤不足论也。④

在章炳麟看来，记述孔子一生言行出处的《论语》，其真理性语言，不过十余则，何其薄也！作为儒学历史上发展最高峰的理学代表者程朱，"尤

---

① 章炳麟：《菿汉微言》。
② 在唯识学中，作为根本识的第八识阿赖耶识，又被称为藏识，并有三种含义：就其含藏有构筑世界的世识（时间）、处识（空间）、相识、数识、作用识、因果、我等七类种子，称为"能藏"（含藏义）；就其染有前七识的习性，称为"所藏"（被盖覆义）；就其为第七识末那识的见分所执，称为"执藏"（被持义）（见《唯识述记·三本》）。
③ 章炳麟：《菿汉微言》。
④ 同上。

不足论"，何其微哉！客观地说，较之细密、严谨、浩繁的唯识学经论玄义，孔孟程朱的论说是比较简单短小。但是，孔孟程朱也开拓了虽与佛家不同，然而也是周延圆满的精神世界。章炳麟这种流露着轻视的对儒学评价，不难看出，是站在唯识学的立场上作出的。他的这一立场和态度还特别表现在对儒家之道体观、生死观两个具体问题的研判上：

> 宋以后的理学，有所执着，专讲"生生不灭之机"，只能达到"阿赖耶恒动如瀑流"和孔子"逝者如斯夫，不舍昼夜"地步，那"真如心"便非理学家所能见。孔子本身并非未尝执着，理学强以为道体如此，真太粗心了。①

> 世有儒家宗匠，未证二乘无学、大乘三贤，而悍然言死不足畏者，殆皆夸诞也。②

显然，章炳麟对儒家思想没有佛家"真如"那样的本体（道体）观念而表示轻蔑。《成唯识论》曰："真谓真实，显非虚妄；如谓如常，表无变异。谓此真实，于一切位，常如其性，故曰真如。"（卷第九）章炳麟据此认为，在唯识学的八识变现恒动不已如"瀑流"的现象中，还有一真实不变的本体"真如"存在。《论语》记述，孔子见江河之水奔流不止，慨叹说"逝者如斯夫，不舍昼夜"（《子罕》）；《易传》观察天地万物生长不息，概括为"日新之谓盛德，生生之谓易"（《系辞上》）。章炳麟从唯识学的立场研判认为，这显示儒家对变动不已的宇宙状态的认识只是驻足于"瀑流"的现象层次，尚达不到"真如"本体的高度；宋代理学家竟然将此诠释为"道体"（本体）③，是拔高了的，"太粗心了"。在儒家

---

① 章炳麟：《国学概论》，曹聚仁整理，上海古籍出版社 1997 年版，第 47 页。

② 章炳麟：《菿汉微言》。

③ 《论语》"子在川上曰：逝者如斯夫，不舍昼夜"，程颐解释曰，"言道之体如此，这里须是自见得"（《河南程氏遗书》卷十九）；朱子进一步解释曰，"天地之化，往者过，来者续，无一息之停，乃道体之本然也。然其可指而易见者，莫如川流"（《论语集注》卷五《子罕》）。《易传》"日新之谓盛德，生生之谓易"，程颐训解曰，"'日新'，无穷也，'生生'相续，变易而不穷也……通变不穷，事之理也"（《河南程氏经说》卷一）；朱子进一步训解曰，"德便是本，'生生之谓易'便是体"。（《朱子语类》卷七十四）

的立场上看来，宋代儒者将"逝水""生生"诠释为"道体""本体"，首先是对秦汉儒家思想的继承。先秦时，儒家人物就对孔子何以盛赞奔流作出解释，如孟子曾说："源泉混混，不舍昼夜，盈科而后进，放乎四海，有本者如是，是之取尔。苟为无本，七八月之间雨集，沟浍皆盈；其涸也，可立而待也。"（《孟子·离娄下》）荀子也说："其洸洸乎不淈尽，似道。"（《荀子·宥坐》）可见，儒家最早对孔子"逝水"——奔流不止之水的意涵就是以"有本""似道"来诠释的。汉代儒者郑玄《易论》界说曰："易一名而含三义：简易一也，变易二也，不易三也。"（见《周易正义·卷首》）所以根据"生生之谓易"，宋儒将"生生不灭之机"视为是宇宙间根本的、稳定不变的机理、本体，对儒家来说也是有经典理据的。其次，"逝水""生生"的此种"道体"的诠定，也是对秦汉儒家思想的发展。因为如果没有受到道家的"道"与万物的关系之观念和佛家的理与事、体与用的关系之观念的影响、浸润①，宋代理学不会有如此明确、清晰的不同于先儒的"道体"之表述。

也很显然，章炳麟还对儒家思想中没有佛家"涅槃"那样的具有能彻底消融掉死亡恐惧的理论力量的观念而表示轻蔑。如果摆脱佛教烦琐的、独特的教义论说，从作为一种思想、观念所可能拥有的共通的语言来表达，佛教的"涅槃"是一种崇高的精神追求和实践，努力实现断灭一切精神烦恼，以平静、安详、快乐的心境走进死亡。佛教二乘（小乘、大乘）对涅槃有不同的分类，划分出不同的诸如"三贤十圣"或"三乘"（声闻、缘觉、菩萨）的佛家精神境界；大小乘经论中众多的"涅槃"异名②，则是从不同方面对这个精神境界的界说，对消化了死亡的心境——

---

① 《庄子》有谓"夫道，覆载万物者也"（《天地》），"道者，万物之所由也"（《渔父》），此可见道家认为道与万物的关系是相即不离，而道为根本。佛家如华严宗也以理与事、体与用的关系表述了相似的观点："事虽宛然，恒无所有，是故用即体也，如会百川以归于海；理虽一味，恒自随缘，是故体即用也，如举大海以明百川；由理事互融故，体用自在。"（法藏：《华严经义海百门·体用开合门第九》）简言之，理事相融，体用相即。这些都可以视为是宋代理学形成其本体论（道体）观点的观念背景。

② 如《大般涅槃经》卷三十三有 25 种"涅槃"异称，《四谛论》卷三有 66 种"涅槃"别名。

佛家概括表述为"常、乐、我、净"之多角度描述①。佛家"涅槃"的实现，需要有两个必要的精神条件：要有对人的生命、人生是痛苦的、可鄙弃的独特观察，要有对人之思维、生命寂灭后的佛果、福田的独特信仰。儒家思想中确实没有这样的理论，但是儒家也创造了使人坦然面对死亡的精神力量和在某种特定情境下坦然选择死亡的精神空间。孟子曰："形色，天性也；惟圣人然后可以践形。"（《孟子·尽心上》）程颐训解曰："盖人得天地之正气而生，与万物不同。既为人，须尽得人理，然后称其名。众人有之而不知，贤人践之而未尽，能充其形，惟圣人也。"（见朱子《孟子集注》卷十三《尽心上》）儒家的"践形"理念认为，每个人都应将自己的生命存在视为是幸运的、珍贵的，都应自觉地遵循"人"的那些原则去生活；死亡是人生的必然终结，也应坦然接受，这就是充实、完善的一生。孔子曰，"志士仁人，无求生以害仁，有杀身以成仁"（《论语·卫灵公》），孟子说，"生亦我所欲也，义亦我所欲也；二者不可得兼，舍生而取义也"（《孟子·告子上》）。儒家认为仁义的实现，高于生命的存在；在两者发生冲突，不能兼有的情境下，应该为践履仁义——某种伦理道德原则而舍弃生命选择死亡。子路战死前，不忘"君子死，冠不免"的礼则，从容地结上冠带，端正地戴好②；曾子临终前，坚持要将自己病卧着的、高于自己身份的竹席换掉，以期"得其正而死"③。诸葛亮向蜀后主表示的忠诚是"鞠躬尽瘁，死而后已"④；文天祥怀着能

---

① 《大般涅槃经》界说"涅槃"曰："涅槃即是常、乐、我、净。"（卷二十五）这部四十卷的佛典以繁细的论说将人之死亡（"寂灭"）诠释为"涅槃之体"，其意蕴或境界是不生不灭（"常"）、寂静永安（"乐"）、真实自在（"我"）、解脱烦恼污秽（"净"），显示了佛学对人生终极之独特的、最高的精神自觉。

② 《礼记》曰："冠者，礼之始也，嘉事之重者也。是故古者重冠。"（《冠义》）子路"结缨而死"，事见《左传·哀公十五年》。

③ 《礼记》记述：曾子病危，夜晚，躺卧在卿大夫赠给他的、高于他的身份的大夫才能用的竹席上，被执烛的少年发现提醒。曾子马上要儿子曾元来换掉它。曾元说：你病重，不宜动，等天明时再换。曾子说："尔之爱我也不如彼。君子之爱人也以德，细人之爱人也以姑息。吾何求哉？吾得正而毙焉，斯已矣。"大家只好抬起曾子，换了卧席，还未放稳，曾子就断气死了（见《檀弓上》）。

④ 《诸葛武侯文集》卷一《后出师表》。

"成仁取义"，而以毫无愧疚遗憾的心情走向刑场①，都是在不同情境下儒家人物对这一伦理道德原则的实践。在这样的儒家人物面前，完全可以说"死不足畏"。可以看出，面对死亡这一"生命黑洞"，佛家和儒家有完全不同的理论的和实践的走向。死亡对于整个人类的存在而论，应该说，是必要的；但对个人来说，却是不需要的，痛苦的。佛家"涅槃"理论通过独特的想象、独特的修炼，在这种痛苦中注入"常、乐、我、净"的思绪，将其消融，给予人的心灵莫大的慰藉。当然，对于没有这种宗教情愫、信仰的人来说，它是虚幻的、荒诞的。儒家理论不能融化掉死亡带来的人生最大和最后的痛苦；但是儒家"践形"的理念，却能使人首先形成一种在万物中作为人的根本的自觉，人应为此感到宽慰与满足。这样，在生死面前也能形成一种坦然的态度，正如宋儒张载所说："存，吾顺事，没，吾宁也。"（《正蒙·乾称》）儒家"舍生取义"的理念，确立了人的生活中有高于生死的道德价值和人生意义的存在，使人能在某种特殊的道义与生命对立的情境下，有力量克服死亡的痛苦所带来的压力，获得也能主动舍弃生存而选择死亡的精神自由空间；这种对死亡的选择，乃是对道义的选择，对生命应有的尊严的选择。儒家对待死亡的态度是理性的、真实的。章炳麟在唯识学立场上对儒学的第一项研判，即对儒学总体理论形象的观察和判定——一个处在甚低义理层次上的思想观念体系，是有盲点和可被质疑的。

其二，儒学理论范畴的唯识学观念诠定。章炳麟在他的唯识学的理论视野里捕捉了许多儒学的理论范畴、思想观念，如"性""人心道心""绝四"，《周易》"乾""坤"诸卦象，等等，然后用唯识学的理论观点予以诠释。这里且以他对"性"（人性）、"人心道心"的诠定为例，辨析他的儒学观的特色。章炳麟说：

> 儒者言性有五家：无善无不善是告子也，善是孟子也，恶是孙卿也，善恶混是扬子也，善恶以人异殊上中下是漆雕开、世硕、公孙

---

① 《宋史》记述："天祥临刑殊从容谓吏卒曰：'吾事毕矣。'南乡拜而死。数日，其妻欧阳氏收其尸，面如生，年四十七。其衣带中有赞曰：'孔曰成仁，孟曰取义，惟其义尽，所以仁至。读圣贤书，所学何事，而今而后，庶几无愧。'"（《宋史》卷四百十八《文天祥传》）

崔大华全集（第五卷）

尼、王充也……诸言性者，或以阿罗耶当之，或以受熏之种子当之，或以意根当之。①

　　昔人言性者，皆非探本之谈，不知世所谓善恶，俱由于末那识之四种烦恼。②

　　以藏识为性者，无善无恶者也；以藏识所含种子为性者，兼其善恶者也。③

章炳麟对秦汉儒者（显然，章炳麟这里的"儒者"含义较宽泛）不同的性之善恶的观点概括得很完整，并用唯识学的"八识"观念作出基本的诠定：性无善恶，是阿赖耶识的本然状态；性有善有恶，是阿赖耶识（藏识）含藏的受熏的种子，是末那识（意根）中的"四种烦恼"④。章炳麟以唯识理论对人性的这两点判定，都与儒家不同：儒家的"人性善恶"是对人之本性或人性品质的道德性的评断，不是指人的意识状态；正统儒家坚持人性本善，不是无善无恶。

　　"人心惟危，道心惟微"是古文《尚书·大禹谟》中出现的命题。汉唐经学家从总结治理国家的经验的角度训解，认为"人心惟危"意谓人的心绪，常是动荡不安；"道心惟微"是指根本法则，往往深奥难明⑤。治理国家要保持专一、精诚，履行中道。宋代理学家将"人心""道心"转移到个人修养的角度来诠释，界定"只是这一个心，知觉从耳目之欲上去，便是人心；知觉从义理上去，便是道心"（《朱子语类》卷七十八）。即"道心""人心"是人的知觉活动或是符合"天理"，或是表现

---

　　① 章炳麟：《国故论衡》上卷《辨性上》。
　　② 章炳麟：《菿汉微言》。
　　③ 章炳麟：《菿汉昌言三·经言三》。
　　④ 唯识学中有界说"……是识名末那，四烦恼常俱，谓我痴、我见，并我慢、我爱"。（《唯识三十论》）
　　⑤ 《尚书·大禹谟》"人心惟危，道心惟微"，孔安国传曰："危则难安，微则难明。"孔颖达疏曰："居位则治民，治民必须明道，故戒之以'人心惟危，道心惟微'。人心为万虑之主，道心为众道之本。立君所以安人，人心则难安；安民必须明道，道心微则难明。"（《尚书正义》卷四）

"人欲"的两种道德性质对立的心理状态①。章炳麟则以唯识学理论诠释曰：

> 人心者，有生之本，天地万物由此心造，所谓阿赖耶识，所谓依他起自性也；道心者，无生、无有天地万物，所谓真如心，所谓圆成实自性也……后儒直以人心为欲，道心为理，不悟理欲皆依人心，若"道心"则亦无所谓理也，谓之"道心"，亦不得已而为之名也。②

章炳麟援引八识、三性的唯识学理论诠定"人心"为对流变的现象之认知，而"道心"则是对恒定的本体的认知。很明显，这种诠释既迥异于古文经学的训解，也不同于理学的观点。儒家的理论观念、命题在章炳麟这里都要如此经历佛家唯识理论的改造。

其三，儒学内部纷争的唯识学观念判定。在儒学的历史发展中，儒学内部不时会出现因对同一范畴、命题、观念的不同理解而引起的争论。章炳麟每试图用唯识学理论予以裁定，消解他们的困扰。这里且以他如何消弭分别出现在宋明理学本体论和工夫论中的两个纷争为例，来研判他的这种努力。

例一，理气关系之争——一个本体论问题的争论。章炳麟说：

> 宋明诸儒之辨，困于理气。所谓理，即道体，而五常属焉；所谓气，则以知觉运动当之。理犹佛典所谓法③，气犹佛典所谓生④。有生已空而法未空者矣，宋儒谓理在气先，可也；现见人类有生然后有道义，明儒谓理丽于气，即气之秩序不紊者，亦可也……以妄见天地万物言，唯有知，气则知之动，理则知所构也；以本无天地万物言，

---

① 朱子说："只是一人之心，合道理底是天理，徇情欲底是人欲。"（《朱子语类》卷七十八）

② 章炳麟：《菿汉昌言一·经言一》。

③ 佛典中的"法"有两义：一为事物、存在，一为轨则、道理。《大乘义章》十："法义不同，泛释有二：一者自体为法，二者轨则名法。"此处用第二义。

④ 佛典所谓"生"，是法（事物、存在）之出现。《俱舍光记五》："于法能起，彼用令人现在境，名为生。"

唯有知，所谓本觉也①。了此者，奚困于理气为？②

理与气是宋明理学中的两个最重要的范畴。朱子界定说："理也者，形而
上之道也，生物之本也；气也者，形而下之器也，生物之具也。"（《朱文
公文集》卷五十八《答黄道夫一》）理与气的关系是宋明理学中歧解最大
的问题。朱子的观点是：从本体论的角度看（朱子所谓"以本体而言
也"），理在气先，"虽未有物而已有物之理"（《朱文公文集》卷四十六
《答刘叔文一》）；从宇宙论角度来看（朱子所谓"以流行而言也"③），理
气不可分，"二物浑沦，不可分开各在一处"（同上）。就理学的立场而
论，朱子对理、气的界定是明确的；对理气关系的概括是周延的。明代儒
者缺乏朱子那样的形上之思，每从形下的、经验的角度理解、确认理气关
系。先是曹端、薛瑄对朱子既判定"理先气后"，又认为"理气不可分"，
感到困惑、怀疑；后来罗钦顺、王廷相则更进一步抛弃"理先气后"，走
到理气永不可分的、以气为本体的理论立场上。理气关系之争是宋明理学
历史上，因本体论观点不同而引起的、客观存在的不可弥合、不可消解的
理论分歧。章炳麟以佛典"法"之两义来解说理与气，宽泛地说，和理
学以形上、形下界分理与气有某种可类比性；超脱理本体论或气本体论的
特定理学立场，对宋儒理先气后和明儒理附于气的不同观点皆予认可，也
是可成立的。换言之，在佛家"法"之观念角度上，宋明诸儒理气关系
的两种观点是可以兼容的。章炳麟又进而援用唯识学"三性"观念研判：
若以执着于天地万物的"妄见"观（遍计执性），理、气皆是"知"
（识）所生，"知"的不同呈现（"知之动"与"知所构"），皆是人之知
觉的状态，不存在理气"形上形下""先后"的对立；若以"本觉"言
（圆成实性），本无天地万物，唯有知，理、气本身亦不存在，这样，宋
明理学中的理气问题也就被彻底取消了。

---

① 《仁王经》有谓："自性清净名本觉性，即是诸佛一切智智。"（卷上《菩萨行品第
三》）佛家认为，就相言曰本觉，就体言曰真如。
② 章炳麟：《菿汉昌言一·经言一》。
③ 前已述及，朱子"以本体而言""以流行而言"之论（见《朱文公文集》卷四十五
《答杨子直一》），清晰显示朱子理学思想中本体论、宇宙论两个有区别的理论层面，
分辨出这种区别经常是解读朱子理学观点的关键之处。

例二，"致良知"与"体认天理"之争——一个工夫论问题的争论。
章炳麟说：

> 延平云默坐澄心，体认天理，甘泉言随处体认天理；阳明称致良
> 知，亦随其动静为之，天理不外良知。天理犹佛家言真如，良知犹佛
> 家言本觉。揭真如，人犹汗漫无所从入，一言本觉，则反心而具。天
> 理与良知亦此比例，二说但了义不了义分耳。然王湛二公门庭已别，
> 其后遂滋争论，苟循其本，三家竟无异也。①

宋明理学中的理论纷争，除了发生在不同理论派别间（理本体论、气本
体论、心本体论间），在同一理论派别内部也有发生。章炳麟这里论及的
是明代心学内部姚江心学（王守仁）和江门心学（湛若水）在修养方法
（工夫论）上的"致良知"与"体认天理"间的歧见之争。王、湛在心学
工夫论上的分歧，根源于他们心学本体论上的差别。虽然王、湛都具有
"心外无物"的心学本体论的根本特征②，但其意涵有所不同：王守仁之
意是"千变万化，莫非发于吾之一心"（《阳明全书》卷八《书诸阳伯
卷》），湛若水之意是"心体物而不遗，何往而非心"（《甘泉文集》卷七
《答太常博士陈惟浚》）。显言之，阳明的"心外无物"是谓事物皆为心之
所发，产生于知觉之中，存在即是感知；甘泉的"心外无物"是指事物
皆为心所体认，包容于知觉之中，存在融于感知。这样，在工夫论中，在
王守仁那里，良知即天理，致良知即是达天理，"一语本体，即是工夫"
（《阳明全书》卷三《传习录下》），工夫论与本体论已不能或无须分辨，
"本体工夫合一"（同上）；但在湛若水这里，却是"随处体认天理"
（《甘泉文集》卷三十一《阳明先生王公墓志铭》），"天理"还是人心或
感知之外的存在，还需要有一个"体认"的修养过程，才能达到。在宋

---

① 章炳麟：《菿汉昌言二·经言二》。
② 王守仁的最重要心学论断是："心外无物，心外无事，心外无义，心外无善。"
（《阳明全书》卷四《与王纯甫二》）湛若水对此表示赞同，说："心外无事，心外
无物，心外无理，三句无病。"（《甘泉文集》卷七《答太常博士陈惟浚》）并提出
自己的心学论断："何谓心学？万事万物莫非心。"（同上书卷二十《泗州两学讲
章》）

代理学的背景下观察，阳明心学彻底跨越了朱子理学的樊篱，而甘泉心学还没有走出朱子学的范围。章炳麟以佛家"真如"与"本觉"的关系来类比宋明理学中的"天理"与"本心"（心、良知），对阳明心学来说，或许有所吻合；而用于甘泉心学就有了差错，映照朱子的业师李侗（延平）之作为一种平实的修养方法的"默坐澄心，体认天理"，更是不类了。儒佛间毕竟各自拥有不同的理论逻辑，所以佛学真如、本觉之论，既弥合不了明代心学的"致良知"与"体认天理"的王湛之争，也消解不掉明代心学与朱子理学间的差异。

章炳麟用佛家唯识学理论审视儒学得出的诸多结论，尽管从儒家的历史和理论立场上来看，多有可质疑、欠准确之处，但是这种审视启示了被定位在子学位置上的儒学，还可以从诸子学本身、西方哲学以外的佛学中得到诠释，得到义理的充实，还是具有理论意义的。

20 世纪初，中国社会政治制度的变革，儒学被从长期以来作为国家意识形态的地位上剥离出来，被在国家教育体制中肢解，儒学面临着能否继续存在或以何种形态继续存在的严重危机。章炳麟将儒学定位在子学的位置上，儒学可以以一种历史的、义理的学术形态出现了。章炳麟还说：

> 九流皆言道，自宋始言道学（原注：理学、心学皆分别之名），今又通言哲学矣①。
> 原来我国的诸子学，也就是现在的西洋所谓哲学。中国有特别的根本，外国哲学是从物质发生的，注重物质，所以很精的。中国哲学是从人事发生的，有应变的长处，短处却在不甚确实。②

这样，章炳麟进一步将子学定位、定性在近现代学科分类的哲学的位置上③。被肢解的、作为子学的儒学，以其"义理"内容在哲学的学术领域

---

① 章炳麟：《明见》，《国故论衡》卷下。
② 章炳麟：《说新文化与旧文化》，《太炎学说》上卷。
③ "哲学"一词是近人翻译西方"哲学"（Philosophy，爱智，求智）而来。学者多认为最先的译者是日本近代学者西周。用来称谓子学，似乎涵盖不了了，章炳麟说："'哲'训作'知'，'哲学'是求知的学问，未免太浅狭了……今姑且用'哲学'二字罢。"［章炳麟：《国学概论》第三章《国学的派别（二）——哲学的派别》］

里获得了自己的立身之地。儒学是一种哲学，一种有自己独特内容的思想观念体系；儒学可以从中国固有的诸子思想中，从世界哲学的背景下，从某一独特哲学理论架构的视角里，作出审视、研判：这就是章炳麟对儒学的定位，对儒学的诠释模式。这一定位和诠释模式，此后逐渐建构成和显现为 20 世纪中国儒学存在的主要形态。

4. 儒学：一种生活、一种文化

20 世纪上半期，还有一种为梁漱溟所论说的，与康有为、章炳麟皆不同的儒学定位。梁漱溟判定："孔子的东西不是一种思想，而是一种生活。"① 即是说，不应将孔子儒学简单地视为一种静态的思想观念形态，而应深入地理解为一种鲜活的、生命的存在表现。梁漱溟又研判："自古相传未断之祭天祀祖，在周孔教化未兴时，当亦为一种宗教；在周孔教化既兴之后，表面似无大改，而留心辨察，实进入一特殊情形了，此后之中国文化，其中心便移到非宗教的周孔教化之上，而祭天祀祖，只构成周孔教化之一条件而已。"② 简言之，以孔子之教为中心的中国文化，是一种道德文化，而不是宗教。显然，这与康有为定位孔子之教为宗教，章炳麟研判儒家为子学都是迥然有别的。

孔子之学——生命的表现 孔子之学"不是一种思想，而是一种生活"。梁漱溟是在何种独特的理论立场上，形成了对儒学性质的这种独特的判断？这从他对"生活""思想"的理解、界定中可以观察出来。梁漱溟界说"生活"曰：

> 生活即是某范围内的"事的相续"。这个"事"，即唯识家所谓一"见分"、一"相分"——是为一"事"。一"事"又一"事"，涌出不已，是为"相续"。涌出不已之所自产出者，我们叫他大意欲……小范围生活的解释，即是"现在的我"，对于"前此的我"之一种奋斗努力。③
>
> 生活就是没尽的意欲（Will）——此所谓"意欲"，与叔本华所

---

① 梁漱溟：《东西文化及其哲学》，商务印书馆 1921 年版，第 316 页。
② 梁漱溟：《中国文化要义》，学林出版社 1987 年版，第 100 页。
③ 梁漱溟：《东西文化及其哲学》，第 71～72、34 页。

谓“意欲”略相近——和那不断的满足与不满足罢了。①

可见，梁漱溟的“生活”的观念，是在唯识学、现代西方生命哲学影响下而形成的，从人的心理感受的角度对人的生存状态的概括、描述。“生活”就是潜存在人的生存状态之内的、作为生命之本质、主宰——意欲的不息不止的跃动。梁漱溟又界说“思想”曰：

> 思想是知识的进一步，就着已知对于所未及知的宇宙或人生大小问题而抱的意见同态度。②
>
> 不但孔子，就是所有东方人都不喜欢讲求静的知识，而况儒家尽用直觉，绝少讲理智，孔子形而上学和其人生的道理，都不是知识方法可以去贯的。③

“思想”是在知识的基础上对宇宙、人生问题的看法、态度；而知识是理智的产物，对事物所作一种凝固化、程式化的静态认知。所以，对于生命的本质——流动不已的“意欲”，在这里也就是梁漱溟所谓“孔子形而上学和其人生道理”，理智是把握不住的；而只有随着意欲本能同步运行的直觉才能呈现、体知。梁漱溟更解释说：“凡直觉所认识的只是一种意味、精神、趋势或倾向”④，“随感而应则无所不可，系情于物则无一而可，所谓得其正，不倾倚于外也。”⑤ 直觉是一种融入运动着的、整体的对象中的认识状态，一种境界。梁漱溟对“思想”的界定和由此而导引出的对理智与直觉之性质或功能的区分——“系情于物”地“讲求静的知识”与“随感而应”地把握动的、整体性的“精神”“趋势”，虽然表述得不够明确、准确，但与现代生命哲学的直觉主义观点却是完全

---

① 梁漱溟：《东西文化及其哲学》，第 71～72、34 页。
② 同上书，第 45 页。
③ 同上书，第 177 页。
④ 同上书，第 105 页。
⑤ 同上书，第 203 页。

一致的①。

从梁漱溟对"生活""思想"的界说中可以看出，他的"孔子的东西，不是一种思想，而是一种生活"的论断，有唯识学的观念因素，但更鲜明显现的则是一种现代生命哲学的思想观点；这一观点可以更明确地表述为：孔子儒学是人之生命跃动的行为表现，是人之意欲本能的直觉呈现，不能以理智性的知识、思想形态来定性、诠释。以这个观点或理论视角，梁漱溟诠释儒学中的基本观念"仁"和宋明理学中的基本观念"天理""人欲"曰：

> 仁就是本能、情感、直觉……孔子说"刚毅木讷近仁"，又说"巧言令色鲜矣仁"。我们可以看出这仁与不仁的分别：一个是通身充满了真实情感，而理智少畅达的样子②。
>
> 天理不是认定一个客观道理，如臣当忠、子当孝之类，是我自己生命自然变化流行之理；私心人欲不一定是声色名利的欲望之类，是理智的一切打量、计较、安排，不由直觉去随感而应。③

这样，应该被视为是儒家生活最重要的、伦理道德性质的理念基础"仁""天理"观念，在梁漱溟这里都被"本能""自然""直觉"的生命哲学性质的观念浸润。梁漱溟进而又以此种生命哲学的"本能""自然""直

---

① 现代最著名的生命哲学家柏格森（H. Bergson）曾界定直觉说："所谓直觉，就是一种理智的交融，这种交融使人们自己置身于对象之内，以便与其中独特的、从而是无法表达的东西相符合。"并认为，"按照我们的理智的自然倾向，它一方面是借僵固的知觉来进行活动，另一方面又借稳定的概念来进行活动。它从不动的东西出发，把运动只感知和表达为一种不动性的函项"，因此，理智是不能把握生命冲动的实在的（柏格森：《形而上学导言》，刘放桐译，商务印书馆1963年版，第3～4、30页）。与柏格森相较，梁漱溟对直觉、理智的界说没有如此明确，但对其意涵的理解却完全一致。

② 梁漱溟：《东西文化及其哲学》，第188页。

③ 同上书，第187～188页。柏格森说："理智的正常活动绝非无利害关系……而是为了满足一种利益。"（《形而上学导言》，第18页）生命哲学反理性的直觉主义，除了从理智的认识形式和方法总是静止、片段的这个方面，还从理智活动总有某种设计的实践目的的方面来否定理智。梁漱溟在这里也表现生命哲学直觉主义的这一特征。

觉"观念为基础，具体阐说儒家"生活"的特质、特征：

> 孔家没有别的，就是要顺着自然道理，顶活泼流畅的去生发。他以为宇宙是向前生发的，万物欲生，即任其生，不加造作，必能与宇宙契合，使全宇宙充满了生气春意……所以我心目中代表儒家道理的是"生"。①

> 孔子从这种不打量计算的态度是得到怎样的一个生活？我们可以说他这个生活是乐的，是绝对乐的生活……他不认定计算而致情致系于外，所以他毫无所谓得失的；而生趣盎然，天机活泼，无入而不自得，绝没有那一刻是他心里不高兴的时候，所以他这种乐不是一种关系的乐，而是自得的乐，是绝对的乐……宋明人常说："寻孔颜乐处"，那是不差的。他只是顺天理而无私欲，所以乐，所以无苦而只有乐，所有的忧苦烦恼——忧国忧民都在内——通是私欲。私欲不是别的，就是认定前面而计虑。没有那件事值得计虑——不但名利，乃至国家世界。②

> 孔子只要一个"生活的恰好"。"生活的恰好"不在拘定客观一理去循守，而在自然的无不中节。拘定必不恰好，而最大的尤在妨碍生机，不合天理。他相信恰好的生活在最自然，最合宇宙自己的变化——他之谓"天理流行"。③

梁漱溟认为，孔子之学提倡的和孔子本人实践的生活，是"顺着自然道理"或"天理"的生活。这种生活的特征，从个人所融入万物生机盎然、欣欣向荣的世界中去的处境观察，可概括为"生"；就个人心境恰然自得、无所窒碍的状态来描述，可称之为"乐"。在梁漱溟看来，儒家所追求和能贡献的，就是这种"生"与"乐"的生活，就是"恰好"的生活，所以他概括说："孔家要旨只在圆满了生活，恰好了生活。"④

---

① 梁漱溟：《东西文化及其哲学》，第 178~179 页。
② 同上书，第 202~203 页。
③ 同上书，第 190 页。
④ 同上书，第 267 页。

梁漱溟进一步观察到，孔子儒家"恰好"的生活，除了是"随感而应"的直觉呈现外，还有运用理智的内容。他说：

　　　　孔子之作礼乐，其非听任情感，而为回省的用理智调理情感，说甚明了。然孔子尚有最著明说出用理智之处，则此中庸之说是也。他说"道之不行也，我知之矣，贤者过之，不肖者不及也；道之不明也，我知之矣，智者过之，愚者不及也"，又说"舜执其两端而用中"，又说"极高明而道中庸"，这明明于直觉的自然求中之外，更以理智有一种拣择的求中，双、调和、平衡、中，都是孔家的根本思想。①

　　显然，梁漱溟于这里研判的孔子儒家"中"的生活，较之前面"恰好"的生活，有更丰满的、由两个方面合成的内容：既有直觉的"自然的求中"（不拘定于规范的"自然中节"），又有理智的"拣择的求中"（合乎"中庸"的人伦中道）。应该说，对于儒家生活特质的判定，梁漱溟这一修正、增补是非常必要的。孔子曾比喻地界定"礼"是"绘事后素"（《论语·八佾》），《礼记》也每说"礼以饰情"（《曾子问》），"礼者因人之情而为之节文"（《坊记》）。在儒家立场上看来，在社会生活中，人之本能（"素""情"）应该受到伦理道德规范、受到理智的改造、润泽；这种改造、润泽旨在使本能获得文化内涵，具有文明性质，而不是本能之原始的、自然的实现。儒家的这一立场正确与否，利弊为何，可以有不同的评说，但儒家生活的历史面貌却正是这样展现的。所以，梁漱溟对儒家生活是"恰好""圆满""中"的判定或评价，如果没有这一理智的、自觉的、"拣择的求中"的补充内容，就会被儒家生活的历史表现所否定②。这样，在增入了理智的内容后，梁漱溟最终地将作为是一种生活的孔子儒

---

①　梁漱溟：《东西文化及其哲学》，第212页。
②　孔子曾界定"君子"就是"修己以敬，修己以安人，修己以安百姓"（《论语·宪问》），又认为"君子有九思：视思明，听思聪，色思温，貌思恭，言思忠，事思敬，疑思问，忿思难，见得思义"（《论语·季氏》）。强烈的社会责任感，鲜明的理智、理性色彩，是历史上儒家人物和生活的主要特征。无任何人际关系的绝对的自然之乐，无任何思虑的任直觉的生机流行，只能在某种特定的情境下才可用以观察、描述儒家的人物和生活。

家总结为：

> 走孔子的路，此话自非一言能尽，然亦不妨简说两句：头一层，他既看到人类生活本来是怎么一回事，则他将不能不顺从生活本性而听任本能冲动的活泼流畅，一改那算账而统驭抑制的态度；第二层，他既看到人类生活本来是怎么一回事而不能统驭抑制了，则他不能不有一种先事的调理，俾冲动发出来就是好的，妥洽的，没毛病没危险的，那就不外乎要养得一种和乐怡静的心理才行；即这般活泼和乐的生活便是"仁的生活"，便是孔子的生活。孔子的生活要去说明，只这么两层，初无他义；而所有孔子那一套学问和其一套办法，通不外要自己作这般生活，且教人作这般的生活，其内容也不外就是这么两层。①

梁漱溟最终判定，孔子儒学原来是一种生活的学问；这种生活是生命本能冲动的直觉呈现；这种直觉事先要受到理智的"调理"，是一种"理智的直觉"②。梁漱溟对孔子儒学此一最终的定位、定性的判定，含蕴着生命哲学的理论立场与儒家生活的历史实际之间的深刻悖谬、冲突。当梁漱溟坚定地站在生命哲学的"本能""意欲"观念立场上时，会在理论逻辑上排斥理智、拒绝儒家道德，如他说："理智起了的时候，总是直觉、情感平下去；理智是给人作一个计算的工具，而计算实始于为我，每随占有冲动而来。因这妨碍情感和连带自私之两点，始于孔家很排斥理智。"③ 又说："以注重道德习惯来讲孔子人生哲学，我们是不能承认的。"④ 但这时，儒家生活的历史真实就会站出来反对他。而当梁漱溟不得不承认儒家生活中触目皆是的道德规范的存在，认同了"孔子作礼乐，非听任情感，

---

① 梁漱溟：《东西文化及其哲学》，第252页。
② 梁漱溟界说圆满的儒家生活的"中"，有"直觉的自然求中"与"理智的拣择求中"之分，有时将此表述为"两个直觉"："当下的直觉"与"回省的直觉"或"往的直觉"与"返的直觉"。此"回省的"或"返的"直觉即是"理智的直觉"："孔子差不多常常如此，不直接任一个直觉，而为一往一返的两个直觉。此一返为回省时附于理智的直觉"（《东西文化及其哲学》，第211页），"中国生活是理智运用直觉的"（同上书，第233页）
③ 梁漱溟：《东西文化及其哲学》，第188页。
④ 同上书，第193页。

而用理智调理情感"时，他同时也就从根本上修改了"生活是没尽的意欲"，是生命本能的直觉呈现的观点，背离了生命哲学的基本立场——尽管他用"回省的直觉""返的直觉""理智的直觉"来形容、称谓这种对理智的运用，仍然掩饰不了、消弭不掉这种背离。处在生命哲学的理论立场与儒家生活的历史实在的冲突中的梁漱溟，最后是放弃了生命哲学的理论立场。在他的以"意欲"观念为理论基础，论述中、西、印三种文化、定位孔子儒学的《东西文化及其哲学》一书出版后的五年（1926 年），他在一篇文章中检讨，认为这本书的"根本错误，便是没把孔子的心理学认清，而滥以时下盛谈本能一派的心理学为依据，去解释孔学上的观念和道理，因此就通盘皆错"[1]。此后，在他 20 世纪 40 年代撰作完成的《中国文化要义》中，就改用与"本能""理智"皆有区别的"理性"观念为理论基础来论述中西文化，审视孔子儒学了。在这里，孔子儒学被定位、定性为一种理性的道德文化，不再是一种"本能"的直觉呈现的生活或生命形态。但是，《东西文化及其哲学》作为 20 世纪 20 年代中西文化论争中的第一块丰碑，仍然在中国近现代思想史上矗立不倒，特别是其将"生命"的观念引入儒学，提出"理智的直觉"，更为 50 年代以后"现代新儒家"的形成、发展，开凿了一个新的智慧和观念源头[2]。

孔子之学——一种道德文化　梁漱溟对中国文化的审视、研判，在方

---

[1]　梁漱溟：《人心与人生·自序一》，《东西文化及其哲学》第八版（1929 年）《自序》附录。

[2]　例如，20 世纪 50 年代以后现代新儒家的主要代表人物牟宗三论及梁漱溟时曾说："在新文化运动中反孔鼎盛的时候……他独能生命化了孔子，使吾人可以与孔子的真实生命及智慧相照面，而孔子的生命与智慧亦重新活转而披露于人间。同时，我们也可以说他开启了宋明儒学复兴之门，使吾人能接上宋明儒者之生命与智慧。"（牟宗三：《现时中国之宗教趋势》，《生命的学问》，广西师范大学出版社 2005 年版，第 88 页）"智的直觉"也是这一派现代新儒家理论体系中的重要论题。康德理性批判哲学认为，人的认识能力中没有"智的直觉"，因而形上对象（灵魂、世界、上帝）是人的认识的界限。牟宗三曾撰作《智的直觉与中国哲学》一书，对康德设计的人的认识结构作出自己的诠释，援依中国哲学儒、道、佛三家相关的"知"的观点、观念（"本心""道心""真常心"），证明在中国哲学传统中，"智的直觉"是存在的。当然，牟宗三这里的"生命"是指"文化生命"，与梁漱溟的"意欲"展现的"生命"之内涵有所差异；牟宗三援用、阐述"智的直觉"与梁漱溟提出"理智的直觉"所要摆脱的理论困境、解决的理论问题也并不相同，但其传承关系仍然明显。

法论上有两个显著的特色。其一，总是十分自觉地把中国文化放在世界文化的背景下加以分析考察。他说，"一家民族的文化不是孤立绝缘的，是处于一个总关系中的，从以往到未来，人类全体的文化是一个整东西，现在一家民族的文化，便是这全文化中占一个位置的"①，要在和异质文化比较中判定中国文化的特质、特色。其二，总是努力地在人的心理层面上追寻中国文化特质形成的根源。如他说，"凡是一个伦理学派或一个伦理思想家，都有他的一种心理学为其基础"②，也就是对这种方法论的一个表述。在20世纪20年代出版的《东西文化及其哲学》中，他以在人的意识（心思）之前存在的、表现人之本能的"意欲"为起点，以意欲的三种不同取向在和印度文化、西方文化的对勘中来诠定中国文化的特质："西方文化是以意欲向前要求为根本精神的，中国文化是以意欲自为、调和、持中为其根本精神的，印度文化是以意欲反身向后要求为其根本精神的。"③ 后来，他发觉"人类生命原是从本能解放出来，其重点宁在本能以外"④，也就是说，人类社会的发展，个人生命的精彩，都是跨越出本能以后才能实现的；形成中国文化之特质、特色的根源，应该在"本能以外"的心理世界中来搜寻。跨越出本能后的人的心理形态，梁漱溟在其20世纪40年代末出版的《中国文化要义》中称之为"人心"或"心思"，并解析其结构说：

> 理性、理智为心思作用之两面：知的一面曰理智，情的一面曰理性，二者本来密切相联不离。譬如计算数目，计算之心是理智，而求正确之心便是理性。数目算错了，不容自昧，就是一极有力的感情，这一感情是无私的，不是为了什么生活问题。分析、计算、假计、推理，理智之用无穷，而独不作主张，作主张的是理性。理性之取舍不一，而要以无私的感情为中心。⑤

---

① 梁漱溟：《东西文化及其哲学》，第36页。
② 梁漱溟：《人心与人生·自序一》（1926年作）。
③ 梁漱溟：《东西文化及其哲学》，第80~81页。
④ 梁漱溟：《中国文化要义》，1987，第269页。
⑤ 同上书，第127页。

两种不同的理，分别出自两种不同的认识：必须屏除感情而后其认识乃锐入者，是之谓理智；其不欺好恶而判别自然明切者，是之谓理性。①

显然，在梁漱溟这里，"理智"是指人的认知能力，而"理性"意谓人的具有道德内涵（"无私的感情"）的价值判断能力。这完全是在人的心理能力这个心理学的理论平面上作出的划分和界定。若以现代哲学的理论架构来观察，这种划分和界定都存在着明显的混乱：作为构成"心思"的两面，它们在这个架构内应是处在认识论和价值论的不同理论层面的位置上；如果将其放置在同一的认识论层面上，则梁漱溟的"理性"并不具有康德的或一般认识论所界定的那种通过概念、判断、推理认知形上（经验让）对象的内涵，不是哲学认识论意义上的"理性"。但是，这种"心思"的划分，"理性"的界定，对于梁漱溟却非常重要，他正是在这种观念基础上重新确定文化之根源和研判中西文化之分野：

心思作用为人类特长，人类文化即于此发生。文化明盛如古代中国、近代西洋者，都各曾把这种特长发挥到了很可观地步。但不免各有所偏，就是，西洋偏长于理智而短于理性，中国偏长于理性而短于理智。②

这样，从 20 世纪 20 年代到 40 年代，梁漱溟的文化理论就从以"意欲"为起点的中、西、印三种文化的对比分析，转换为以"理性"为中心的中西文化对比分析。至于文化的具体内涵，梁漱溟一直都宽泛地界说为"所谓一家文化，不过是一个民族生活的种种方面"③，"文化就是吾人生活所依靠之一切……文化之本义应在经济、政治乃至一切无所不包"④。比较而言，梁漱溟在《东西文化及其哲学》中，从精神生活、社会生活、

---

① 梁漱溟：《中国文化要义》，第 130 页。
② 同上书，第 128 页。
③ 梁漱溟：《东西文化及其哲学》，第 15 页。
④ 梁漱溟：《中国文化要义》，第 1 页。

物质生活三个方面对中国文化特质的论述还很空泛；而他在《中国文化要义》中，在西方文化背景映衬下，相对西方文化的集团生活、个人生活有充分发展，阶级对立明显，国家形态和功能完整，并且所有这些皆犀通于基督宗教的笼罩等特色，概括、描述中国文化特色的主要标帜——伦理本位、职业分途、以社会代国家、以道德代宗教，则是十分真切的。在梁漱溟看来，中西文化这种不同特质、特色的形成，就其心理基础而言，是对"理性"或"理智"的各有所偏；而追溯社会历史根由，则是其对作为文化之构成要素的道德或宗教的各有所偏。他说：

> 要从人的生命深处有其根本不同者，这就是中国人发乎理性无对，而外国人却总是从身体有对出发①。根本上不一样，影响到社会结构，则阶级不固而分解，及至伦理本位、职业分途的社会出现，中国遂以社会而代国家。②
>
> 依我所见，宗教问题实为中西文化的分水岭。中国古代社会与希腊罗马古代社会，彼此原都不相远。但西洋继此而有之文化发展，则以宗教若基督教者作中心；中国却以非宗教的周孔教化作中心。从此两方社会结构演化不同，悉决于此。周孔教化"极高明而道中庸"，于宗法社会的生活无所骤变，而润泽以礼文，提高其精神，中国遂渐以转进于伦理本位，而家庭生活乃延续于后。西洋则由基督教转向大团体生活，而家庭以轻，家族以裂，此其大较也。③

可见，梁漱溟是在以"心思"之心理基础、道德与宗教之文化构成要素为视角的中西文化比较分析中，将孔子儒学推到了作为中国文化的中心、代表的位

---

① 内与外、心与身、无对与有对，皆是梁漱溟从不同角度对"理性"与"理智"的表述。如他谓，"中国式的人生最大特点莫过于他总是向里用力，与西洋人总是向外用力者恰恰相反"（《中国文化要义》，第200页），"西洋文化是从身体出发，慢慢发展到心的，中国文化却径直从心发出来，而影响了全局"（同上书，第267页），"展转不出乎利用与反抗，是曰'有对'，'无对'则超乎利用与反抗，而恍若其为一体也。"（同上书，第137页）

② 梁漱溟：《中国文化要义》，第313～314页。

③ 同上书，第48页。

置上的。在梁漱溟这里，他的孔子儒学这一定位的诸多论述，可归纳为两点。其一，孔子儒学塑造了中国文化以道德代宗教的基本品格。梁漱溟说：

> 道德为理性之事，存于个人之自觉自律；宗教为信仰之事，寄于教徒之恪守教诚。中国自有孔子以来，便受其影响，走上以道德代宗教之路。①

在已经形成的人类文化中我们看到，宗教具有建构社会生活和慰藉人们心灵的功能；宗教普遍的和悠久的存在，似乎可以表明它是人类生活不可或缺的。然而在中国文化中，孔子儒学何以能以其道德的品格代替宗教？梁漱溟回答说："宗教在中国卒被代下来之故，大约由于二者：一、安排伦理名分以组织社会；二、设为礼乐揖让以涵养理性。二者合起来，遂无事乎宗教。此二者在古时原可摄之于一'礼'字之内，在中国代替宗教者实周孔之'礼'。"② 即在梁漱溟看来，以仁义礼乐的伦理道德思想为内容、为特质的孔子儒学，也具有宗教的那种建构社会、滋养情性的功能。一般说来，宗教作为人类文化的重要构成要素，它的那种通过非理性的迷信或超理性的信仰，使人们获得一种强烈的人生终极有所皈依，人生有其意义的感受和体验，是其他文化成分所不具备的。但在梁漱溟这里，他观察到并且认同周孔之"礼"的教化中能孕育出这样的精神成果：在高度自觉的伦理道德实践中，在完成个人对家庭、国家、民族伦理道德义务责任中，能产生一种幸福的欣慰之感，一种充实的人生有意义之感；正是这种道德感情和精神力量，可以置换宗教的存在："中国家庭伦理所以成一宗教替代品者，亦即它融合入我，泯忘躯壳，虽不离现实而拓远一步，使人从较深较大处寻取人生意义。"③ 梁漱溟还观察到并认同这样的精神现象：在一种巨大、深刻的美的感受中，人能将自己融入某一伟大的美感对象，此种忘我的体验中，精神能获得升华与慰藉；孔子儒学的礼乐文化除

---

① 梁漱溟：《中国文化要义》，第106页。
② 同上书，第108～109页。
③ 同上书，第87页。

了它的明显的道德功能外①，也还有这样的美感功能，亦可以置换宗教的存在："礼乐使人处于诗与艺术之中，无所谓迷信不迷信，而迷信自不生。孔子的礼乐有宗教之作用，而无宗教之弊；亦正唯其极邻近，乃排斥了宗教。"②总之，在孔子儒学中，以道德代替宗教是充分可能的，完全实现了的。这样，在梁漱溟的文化视野里，宗教问题是中西文化的分水岭；以道德代替宗教也就是中国文化的最重要的特质、最基本的品格。

其二，孔子儒学形成了中国社会生活形态的主要特征。梁漱溟界定文化是"吾人生活所依靠之一切"，"政治经济一切无所不包"，并在西方文化背景下研判中国社会生活形态的特征是伦理本位、职业分途、以社会代国家。伦理本位就是"就家人父子兄弟之情，推广发挥，以伦理组织社会，举社会各种关系而悉伦理化之，亦即家庭化之"③。而职业分途、以社会代国家的形态特征，都可以视为是在某一特定领域、具体环境下的社会生活、社会关系伦理化、家庭化的后果或表现④。所以，伦理本位实际上更应是历史上中国社会生活形态的根本特征。孔子曰"为国以礼"（《论语·先进》），孟子曰"天下之本在国，国之本在家，家之本在身"（《孟子·离娄上》），这种"以伦理组织社会""社会关系家庭化"的中国伦理本位社会，以及与此相犀通的职业分途、以社会代国家等社会生活形态之形

---

① 梁漱溟诠释儒家礼乐的道德功能曰："这些祭祀礼文，或则引发崇高之情，或则绵永笃旧之情，使人自尽其心而涵厚其德，务郑重其事而妥安其志。人生如此，乃安稳牢韧而有味，却并非要向外求得什么——此为根本不同于宗教之处。"（《中国文化要义》，第112页）

② 梁漱溟：《中国文化要义》，第113页。梁漱溟于此处曾略作追述曰："儒家之把古宗教转化为礼，冯友兰先生见之最明，言之甚早。他引证儒家自己理论，来指点其所有祭祀礼文仪式，只是诗，只是艺术，而不复是宗教。这些礼文，一面既妙能慰安情感，极其曲尽深刻；一面复见其所为开明通达，不悖理性。"（同上书，第111页）还应补充，在冯友兰之前，蔡元培就曾明确提出"以美育代宗教"的教育主张（见高平叔编《蔡元培教育论集》之《教育界之恐慌及救济方法》《以美育代宗教》等篇）。

③ 梁漱溟：《中国文化要义》，第199页。

④ 梁漱溟研判伦理本位与职业分途不可分："伦理秩序著见于封建解体以后，职业分途即继此阶级消散而来，两方面交相为用，以共成中国社会。"（《中国文化要义》，第196页）又研判由伦理本位而演成的以社会代国家："伦理社会原非团体，那种基于情义的组织关系，只可演为礼俗而不能成法律，二千年来，总难使此伦理社会扭转到阶级武力的地域统治——总不像国家。"（同上书，第205~206页）

成，可追溯根源至孔子儒学，应该说是很显然的。据此，梁漱溟判定：

> 中国伦理本位的社会，形成于礼俗之上，多由儒家倡导而来。这是事实。①
>
> 二千年来局面，社会组织启导于儒家，儒家所以为其治道之本者在此。②

梁漱溟进一步对伦理本位之形态本身作辨析，由其所蕴含的独特的人与人之关系和义务与权利之关系，研判其所具有的文化特征意义。梁漱溟界定说，"伦理本位者，关系本位也"③，"伦理为此一人与彼一人（明非集团）相互之间的情谊（明非权力）关系"④。所以在伦理本位的社会里，人们都被笼罩在一种无处不在、无处不是的伦理情谊义务中。实践这种情谊，是生活的内容和目标，是生命的意义："处处以义务自课，尽一分义务，表现一分生命，而一分生命之表现，即是一分道德。"⑤ 孟子曰，"圣人，人伦之至也"（《孟子·离娄上》）。在伦理本位的社会里，在这种理想人格的召唤下，会产生一种动力，人们会为尽情尽义地、为"人伦之至"地践履伦理义务，付出全部的生命热情，作出全部的生活努力。据此，梁漱溟判定中国文化的珍贵之处：

> 在儒家精神领导之下，二千多年间，中国人养成一种社会风尚或民族精神……过去中国人的生存，及其民族生命之开拓，胥赖于此。这种民族精神分析言之，约有两点：一为向上之心强，一为相与之情深。⑥

梁漱溟还认为，"伦理关系即表示一种义务关系，一个人似不为其自己而

---

① 梁漱溟：《中国文化要义》，第138页。
② 同上书，第223页。
③ 同上书，第93页。
④ 同上书，第195页。
⑤ 同上书，第212页。
⑥ 同上书，第134页。

存在，乃仿佛互为他人而存在者"①，"各人尽自己义务为先，权利则待对方赋予，莫自己主张，这是中国伦理社会所准据之理念"。② 在伦理本位的社会中，每个人都在社会伦理关系网络里存在，总是只能以某一伦理角色出现，而不能形成独立的自然人格；能自觉地负载着对他人的伦理义务，并不认识也拥有独立的自然权利。《礼记》曰，"君子卑己而尊人"（《表记》），儒家认为这种伦理自觉是有道德修养的表现。据此，梁漱溟判定中国文化的最大偏失：

> 到处弥漫着义务观念之中国，其个人便几乎没有地位，此时个人失没于伦理之中，殆将永不被发现……中国文化最大偏失，就在个人永不被发现这一点上。一个人简直没有站在自己立场说话机会，多少感情要求被压抑、被抹杀。③

梁漱溟对中国文化的特征，还有一个总体的评断：早熟。他说：

> 在人类历史上，道德比宗教远为后出。盖人类虽为理性之动物，而理性之在人，却必渐次以开发。在个体生命上，要随着年龄及身体发育成长而后显。在社会生命上，则须待社会经济文化之进步为基础，乃得透达而开展。不料古代中国竟要提早一步，而实现此至难之事。我说中国文化是人类文化的早熟，正指此。④

可以看出，梁漱溟大体上是从人类文化的观念形态演进的一般进程、社会政治经济发展过程、个体生命历程三个方面来论定中国文化的早熟性。简言之，他认为历史表明，人类文化的观念形态，先有宗教出现，后有道德产生，而中国文化没有宗教的充分、成熟的发展，就进入了道德的茁壮生长，以道德代替了宗教；人类的社会政治经济生活发展，应是先解决人对自然的问题，然后方能着手人与人关系的安排，而中国则是第一个问题没

---

① 梁漱溟：《中国文化要义》，第89页。
② 同上书，第92页。
③ 同上书，第259页。
④ 同上书，第106～107页。

有解决，就提前走到应对第二个问题的路上①；就个体生命而言，当然首先是"身"，即生命的存在，然后才有"心"，即精神的发展，而中国文化却是"径直从心发出来"②。据此，梁漱溟判定中国文化的总特征：

> 所有中国文化之许多特征，其实不外一"文化早熟"之总特征。或问：此早熟又由何来？早熟就是早熟，更无谁使之早熟者。③

梁漱溟推证中国文化"早熟"的三个逻辑前提，一般来说是可以成立的；但以此来截然划分中西文化，论定其特质、特征，则并不是所有人都能认同的，它删削了许多会扰乱这种划分和能推翻此种论定的复杂而真实的情况④。另外，梁漱溟对中国文化"早熟"的总特征从何而来，未做进一步的判定。事实上，他以上所有的论述都是对此问题的回答：由孔子儒学而

---

① 梁漱溟说："人类文化之初，都不是不走第一路，中国人自也是这样，却他不待把这条路走完，便中途拐弯到了第二路上来，把以后方要走到的提前走了，成为人类文化的早熟。"（《东西文化及其哲学》，第 295 页）

② 梁漱溟说："西洋文化是从身体出发，慢慢发展到心的，中国却有些径直从心发出来，而影响了全局。前者是循序而进，后者便是早熟，'文化早熟'之意义在此。"（《中国文化要义》，第 267 页）

③ 梁漱溟：《中国文化要义》，第 319 页。

④ 梁漱溟在《东西文化及其哲学》中，不止一次对胡适《中国哲学史大纲》中的某些观点提出否定性的批评，这些在"孔子的东西不是一种思想而是一种生活"的独特理论立场上作出的批评之论断，未必皆正确。《东西文化及其哲学》出版两年后（1923 年），胡适在《读书杂志》上发表《读梁漱溟先生的东西文化及其哲学》，他没有回应梁漱溟对他提出批评的具体问题，而是从整体上对《东西文化及其哲学》作出基本上也是否定性的评论。要言之，主要是两点：一是有个"大错"——"把这种历史上程度的差异，认作民族生活根本不同方向的特征，这已是大错了"（《胡适文存》二集卷二，上海亚东图书馆 1924 年版，第 74 页）；二是有个"根本缺陷"——"文化的分子繁多，文化的原因也极复杂，而梁先生要把每一大系的文化，各包括一个简单的公式里，这便是笼统之至……他的根本缺陷只是有意要寻一个简单公式，而不知简单公式决不能笼罩一大系的文化"（同上书，第 69、72 页）。梁漱溟认为中西印文化的不同，是"路向"的不同；胡适坚持中西文化的差异，是"古今"的差别。他俩在中西文化比较上的这种观点对立，应该是两个不同理论立场上的不同理论预设——多元呈现的"路向"与一元进化的"古今"——之分歧的表现，所以，胡适评断梁漱溟"大错"，未必就是定谳。但他认为梁漱溟的文化分析，笼统地要以一个"简单公式"装入繁多的文化分子，装入中西印复杂的文化表现，是其"根本缺陷"，却是一个能获得很多事实支持的正确论断。

来。当然，这一答案中又潜藏着孔子儒学的此种独特品格和其在中国文化中的地位何以形成等诸多问题，梁漱溟未遑做更多的追寻。

梁漱溟界说"文化"是一家民族的"生活所依靠"，"政治经济一切无所不包"。孔子儒学以其伦理的、道德的特质和品格，塑造了中国文化的一切方面的特征，创造了一种生活方式。所以，孔子儒学是一种文化，是中国文化的中心。梁漱溟是这样深情地总结对儒学的这一定位：

> 中国文化之流传到现在，且一直为中国民族所实际受用者，是周孔以来的文化……中国以偌大民族，偌大地域，各方风土人情之异，语音之多隔，交通之不便，所以树立其文化之统一者，自必有为此一民族社会所共信共喻共涵育生息之一精神中心在，唯以此中心，而后文化推广得出，民族生命扩延得久，异族迭入而先后同化不为碍。此中心在别处每为一大宗教者，在这里却谁都知道是周孔教化而非任何一宗教。①

20 世纪的中国儒学，不再是历史上的、汉代以来渐次形成的君主制国家的意识形态，而被康有为、章炳麟、梁漱溟在 20 世纪上半叶分别诠释、定位为是一种宗教形态，一种哲学思想观念体系，一种文化、生活方式。这三种定位都含蕴着对儒学的永久的肯定，不仅组成了此后儒学研究所展现的全幅学术论域，也建构了此后儒学文化生命可能拥有的全部生存空间。

（二）理论进展

20 世纪中国儒家学者的阵营十分壮观。由方克立教授、李锦全教授共同主持完成的、有十几位 80 年代成长起来的优秀中青年学者参加的国家社会科学基金"七五"重点项目"现代新儒学思潮研究"，选取属于三代人或

---

① 梁漱溟：《中国文化要义》，第 101 页。

三个阶段十五位主要人物①，用数百万字规模的《现代新儒学学案》《现代新儒学论著辑要》，及收入《现代新儒学研究论集》《现代新儒学研究丛书》中的近二百篇论文、十多部专著，全面地展现了 20 世纪中国儒学的理论面貌。本书这里主要是援依现代新儒家中第一代熊十力、冯友兰，第二代牟宗三，第三代余英时、刘述先、成中英、杜维明等人的某些思想观点，简要论述我能观察到的在传统儒学背景映衬下的现代儒学的理论进展。

1. 新的价值认同和追寻

20 世纪中国儒学新的理论进展，首先的表现是十分自觉地认同 1919 年的五四文化思想运动所选择的"科学""民主"的社会进步目标；十分自觉地发掘自己固有的思想资源，并努力作出现代的诠释，为 20 世纪中国的社会进步提供思想、精神的支援。

认同民主与科学　五四运动伟大的启蒙意义，就是明确提出了中华民族现代化过程的两个主要目标——民主与科学，并且得到极为广泛的认同与拥戴；五四同时又判定儒学是处在这两个目标的对立的位置上②，因此，20 世纪的中国儒学曾经几度处境艰难。但一段时间过后，人们发觉，五四此一判定存在着某种对儒学的观察结论有以偏概全的缺陷；同时，正如新一代的现代化理论所揭示的那样，将传统与现代对立起来的观点，在事实和理论上也是有困难的③。所以，使儒学处于与时代潮流、社会生活对立面的那种社会文化环境并不能形成。不管出现怎样的情势，就儒学本身而言，它还是一直努力发掘它可以响应或转换出"民主"与"科学"

---

① 这十五位新儒家学者按年齿和师承关系排列。第一代八人：马一浮、熊十力、张君劢、梁漱溟、冯友兰、钱穆、方东美、贺麟；第二代三人：徐复观、唐君毅、牟宗三；第三代四人：余英时、刘述先、成中英、杜维明。参见方克立《现代新儒学与中国现代化》（天津人民出版社 1997 年版）一书中《现代新儒学的产生、发展及其基本特征》《第三代新儒家掠影》《现代新儒学的发展历程》等篇对现代新儒学的总体论述。

② 例如，作为五四文化思想运动旗手之一的陈独秀曾明确宣示："要拥护那德先生，便不得不反对孔教礼法、贞节、旧伦理、旧政治；要拥护那赛先生，便不得不反对旧艺术、旧宗教；要拥护德先生又要拥护赛先生，便不得不反对国粹和旧文学。"（《〈新青年〉罪案答辩书》，《独秀文存》卷一，第 362 页）

③ 与早期的现代化理论——一般是从 19 世纪末法国社会学家涂尔干（E. Durkheim 或译为杜尔凯姆）算起的关于社会变迁和现代社会形成的理论——将传统与现代对立起来的观点不同，20 世纪 60 年代以后，新一代的现代化理论则修正了（转下页注）

的那些精神资源，表现它完全认同"民主"与"科学"的态度①。从
《新青年》中可以看到，五四的"民主"观、"科学"观已达到相当高的
水平。五四的"民主"已超越政体、国体的具体问题，而是在更基本的
"人权"基础上的政治、思想、经济的独立平等与自由，完全涵盖了当时
杜威在华作《美国民治之发展》讲演中所提出的"政治民主""民权民
主""社会民主""经济民主"的民主"四因素"。五四的"科学"，也不
仅是具体指以实验、逻辑分析、数学工具为特征的西方近代实证科学，而
且也是指"求真""求实"的理性思维的精神和方法。20世纪的中国儒
学对在此文化或精神层面上的民主与科学，有三个认同性的回应。一曰儒
学能兼容民主与科学。五四以来，许多服膺或研究儒学的中国学者指出，
《尚书》中的"民惟邦本"和孟子的"民贵君轻"的思想，都具有重视、
尊重民众的内涵；孔孟儒学的"人性善""人皆可以为尧舜"的基本观
点，也蕴含着人在道德人格上平等的理念因素。当然，儒学的"民本"
与人格平等皆是一种道德性质的观念，与西方民主思想，即以自然人性论
为根据的自然法（自然状态下的天赋平等）观念基础上发展起来的、以
人权和法治为主要内涵的政治观念，是不同的；伦理关系中不同角色的人
格平等与法律关系中自然人的人权平等也是不同的。但是，它们并不一定
是对立的。儒学的道德性的民本、性善观念，内蕴着一种深刻的对人的存
在的根本的和全面的肯定，它虽然不能直接转换为政治性的民主、人权，

（接上页注③）这一观点，例如作为这一新思潮的代表人物之一的以色列社会学家艾森
斯塔德（S. N. Etsenstadt），在从现代化进程的世界背景下举出三项传统与现代并不
对立的例证后说："所有这些例子都可以表明，无论从原则上来看传统社会与现代
社会的区别有多么大，现代化的成功——即成功地建立有生命力的现代社会——都
在很大程度上受益于传统背景中的某些因素，而现代性正是从这个背景中发展出来
的，对现代性冲击进行反应的也是这个背景。这些例子也表明，现代社会功能的不
断履行也在很大程度上依赖于传统力量在现代化过程中的可利用性，以及被合并到
现代背景中去的可能性。"（S. 艾森斯塔德：《传统、变革与现代性——对中国经验
的反思》，孙立平译，见谢立中、孙立平主编《二十世纪西方现代化理论文选》，第
1088～1089页）

① 最可为代表的是梁漱溟。他在努力捍卫孔子儒学的同时，也真诚而明确地宣示：
"德漠克西精神、科学精神这两种精神完全是对的，只能为无批评、无条件的承
认……怎样引进这两种精神，实在是当今所急的。"（《东西文化及其哲学》，第
305页）

但可以兼容它。20 世纪 40 年代冯友兰在其《中国哲学中之民主思想》一文中说："孟子和荀子都主张人类是平等的，这就是民主思想中的重要核心。"① 50 年代唐君毅等四位学者发表的《中国文化宣言》中也说："从儒家之肯定：天下非一人之天下，并一贯相信在道德上，人皆可以为尧舜为贤圣，及民之所好好之，民之所恶恶之等来看，此中天下为公，人格平等之思想，即为民主政治思想根源之所在，至少亦为民主政治思想之种子所在。"② 20 世纪新儒学认为儒家思想中有民主的"核心""根源"的观点，在最低的意涵限度上也都可以解读为儒学是能兼容民主的。在科学观上亦是如此。40 年代时，富有儒家情怀的科学家竺可桢在其《科学之方法与精神》一文中，考察了近代科学先驱哥白尼、布鲁诺、伽利略、刻卜勒、牛顿、波义耳等人的科学实践后总结说，科学的基本精神是"求是"，并认为《中庸》的"博学之、审问之、慎思之、明辨之、笃行之"，《论语》的"毋意、毋必、毋固、毋我"都正是这种精神③。还有一些学者更为具体地指出，孔子经常仁、智并举，儒家经典中蕴藏了许多古代经验的或科学的知识④，儒学历史上的主要学术或理论形态（如经学、宋明理学）都吸纳了各自时代的科学成果，凡此皆可说明儒学对科学是具有兼容性的。更有一个明显的事实是，在儒家文化环境里成长起来的中国学人，理解和接受近现代西方科学理论、科学思想都毫无心理上、精神上的困难与障碍，儒家心态对西方现代科学成就总是非常欣喜和欢迎的。应该说，儒学作为一种伦理道德的思想体系，它有理性的科学精神，但并不具有科学方法论的意义；它不会触发也不会证实人们的科学发现，但较之宗教，儒学世界观对任何真正的科学发现、发展都可以是极为宽容的。

---

① 冯友兰：《三松堂学术文集》，北京大学出版社 1984 年版，第 640 页。
② 牟宗三、徐复观、张君劢、唐君毅：《为中国文化敬告世界人士宣言》，封祖盛编《当代新儒家》，生活·读书·新知三联书店 1989 年版，第 32～33 页。
③ 文载《思想与时代》杂志 1941 年第 1 期。
④ 晋人刘徽《九章算术法·原序》谓："按周公制礼而有九数，九数之流，则《九章》是矣。"（按：《周礼·地官·保氏》"六日九数"，郑玄注引郑众之说："九数：方田、粟米、差分、少广、商功、均输、方程、赢不足、旁要；今有重差、夕桀、句股也。"凡此皆中国古代学者对实用数学中算题的分类。）可见中国古代的实用数学，并可推知其他实用科技，皆与儒家经典有关联。

二曰儒学可以"转出"民主与科学。这是第二代现代新儒学代表人物牟宗三提出并予以独特论证的观点。就儒学思想中具有民主性、科学性的意蕴而言，我们可以得出儒学兼容民主科学的结论；但从实际意义上的民主与科学的产生与发展来看，我们也应该承认，历史上的儒学并没有此种展现，这也正是牟宗三的观察角度。他说，儒学或中国文化"在全幅人性的表现上，从知识方面说，它缺少了'知性'这一环，因而也不出现逻辑数学与科学；从客观实践方面说，它缺少了'政道'之建立这一环，因而也不出现民主政治，不出现近代化的国家政治与法律"①。出于对儒学历史状况的此种观察和对五四开启的时代潮流的响应，牟宗三认定，儒学的进一步发展的文化使命就是要在儒学的道德理性中"转出"民主与科学，或"内圣开出新外王"。他说："中国人文主义的发展，须在道德理性之客观实践一面转出并肯定民主政治，且须知道德理性之能通出去，必于精神主体中转出知性主体，以成立并肯定科学。"②又说："儒家学术第三期的发展（按：牟氏将儒学发展历史分为三期，先秦至两汉为第一期，宋明为第二期，现今为第三期），所应负的责任即是要开这个时代所需要的外王，亦即开新的外王。"③困难而重要的是，需要阐明具备何种条件、注入何种动力才能启动此种"转出"或"开出"。牟宗三说："历史为精神表现之全部历程……从精神之所以为精神之内在的有机发展言，必在各民族之发展过程中——逐步实现而无遗漏。"④就中国儒家之"转出"民主科学而论，"仁且智的精神实体，注定要在历史发展中完成其自己，以前没有开出来，将来都要开出来，这里决定没有不相容的地方"⑤。他称之为儒家道德理性（良知）之"自我坎陷（自我否定）"⑥。不难看出，牟宗三是借助黑格尔的哲学思想来解决这个理论上的难题。

---

① 牟宗三：《历史哲学》，台北学生书局1984年版，第191页。
② 牟宗三：《道德的理想主义》，台北学生书局1985年版，第184页。
③ 牟宗三：《从儒家的当前使命说中国文化的现代意义》，《时代与感受》，台湾鹅湖出版社1984年版，第309页。
④ 牟宗三：《历史哲学·自序》。
⑤ 牟宗三：《道德的理想主义》，第258页。
⑥ 牟宗三别出心裁地将这一"转出"解释为"由动态的成德之道德理性转为静态的成知识之观解理性，这一步转，我们可以说是道德理性之自我坎陷（自我否定）"。（牟宗三：《政道与治道》，台北学生书局1983年版，第58页）

正是黑格尔周延而细密地论述和界定了世界的全部内容（也就是他的哲学体系的全部内容）是"绝对精神"的辩证的展开与实现。应该说，用黑格尔"绝对精神"自我展开的哲学理论来解释儒学的"道德理性"或"仁且智的精神实体"能转出民主与科学，虽然在理论上是很简便的、可取的，但在实践上仍是十分抽象的、无力的，距离令人满意的、真切的解答在儒家文化环境下民主与科学形成、发展的动力和条件这个巨大的问题，仍然是很远的。但是，也应该说，这一解释毕竟是从更深入的层面上表明 20 世纪中国儒学对五四树立的中国现代化进程的民主与科学两个目标的认同和拥护。另外，对于这一解释，我们也可以给出一个经验的理解，即如同一个成熟的、德行高尚和智慧丰富的人，一定可以因应各种处境一样，具有悠久历史的、内涵丰富的，并且在历史上也一直不断地充实和变化着的"仁且智"的儒学系统，在现代情势下，也一定可以长出民主，长出科学。从这一经验的理解中，可以看出"转出""开出"说亦有其合理的、深刻的内容，它是这一经验升华的理论表述。

三曰民主与科学是儒学所缺乏的，是儒学应该用自己的和自己以外的思想资源来加以培育、实现的。五四以来，在不断涌入的更丰富、更准确的西方哲学思想、政治思想的观念背景下，在对西方的历史和现状有更全面、更深入的了解的情况下，只要对儒家思想传统稍作谦逊的反思，就不得不承认，民主与科学是儒学所缺乏的。徐复观曾说："民主、科学未曾在传统中出现……必须彻底加以接承。"[1] 杜维明也说："五四揭橥的大目标'民主'与'科学'，到现在还是中国十分需要的，而这是儒家传统中最缺乏的。"[2] 加上前面已引述的梁漱溟对民主与科学"无批评无条件的承认"的宣示，可以说，认为儒学或儒家传统中缺乏民主与科学，是现代新儒学三代人的一个共识。儒学作为中国历史上处于主流、主体地位的思想理论，何以塑造出这种缺乏科学（当然这是指西方近现代以实验、逻辑方法、数学工具为主要内涵的实证自然科学）、缺乏民主（当然这是指西方近现代以人权、法治、代议制为主要内容的资本主义制度的民主）

---

① 徐复观：《论传统》，《徐复观文录选粹》，台北学生书局 1980 年版，第 113 页。
② 杜维明：《"五四"的困境在过分的政治化，今天的突破要面对四个课题》，《杜维明文集》第五卷，第 228 页。

的国家政治制度和社会生活形态？冯友兰曾分别从中国哲学的特质和中国社会所处的发展阶段来回答这个问题。他说："中国没有科学，是因为按照她自己的价值标准，她毫不需要。"① 对于这个论断，冯友兰进一步阐述说，驱动西方近代自然科学的发生、发展，有两项动力，是由欧洲近代哲学之父笛卡尔和培根给注入的，那就是追求确实性，追求力量。而中国哲学的特质，是"在一切哲学中，中国哲学是最讲人伦日用的"②；中国思想的特质，是"中国思想从心出发，从各人自己的心出发"③。这样，"中国哲学家不需要科学的确实性，因为他们希望知道的只是他们自己；他们不需要科学的力量，因为他们希望征服的只是他们自己"④。换言之，在儒学中不存在形成近代自然科学的那种内在的动力因素，所以也就孕育不出科学。冯友兰的这一阐述是很深刻的，也是很正确的。儒家传统何以缺失民主？冯友兰的回答是："所谓民主政治，即是政治社会化；政治社会化，必在经济社会化底社会中，才能行。"⑤ 对这个回答，冯友兰也有进一步的说明。他认为有两种文化：一种是经过了产业革命的生产社会化的文化，一种是没有经过这一革命的生产家庭化的文化。两种文化各有自己的生产、生活方式，即形成了自己的经济制度，并进而形成了相适应的政治制度，"一个社会行了这一种经济制度，虽不必能行这一种政治制度，但如不行这一种经济制度，必不能行这一种政治制度。在不行这种经济制度底社会里，若有人主张这种政治制度其主张即真正是不合国情，其言论是空言无补"⑥。显言之，民主是生产社会化文化所形成的经济制度的政治表现，在以家庭伦理道德思想观念为中心而展开的儒家文化中，在这种生产家庭化的文化中，这是不可能出现的。冯友兰这一具有历史唯物论理论色彩的回答，一般来说是符合事实的，也是正确的。正是在这里，

---

① 冯友兰：《为什么中国没有科学》，《三松堂学术文集》，北京大学出版社 1984 年版，第 24 页。
② 同上书，第 40 页。
③ 同上书，第 40 页。
④ 同上书，第 41 页。
⑤ 冯友兰：《新事论》，《三松堂全集》第四卷，河南人民出版社 1986 年版，第 331 页。
⑥ 同上书，第 331 页。

20 世纪的中国儒学展现了它的开放的心态：民主与科学是儒学所缺乏的，但也是儒家真诚地接受、热烈地欢迎的。也正是在这里，20 世纪的中国儒学获得了由传统儒学向现代儒学转化的契机，踏入了新的理论生长空间。对于儒家来说，五四所提出的科学与民主两个现代化目标的实现，似乎有"为与不为"和"能与不能"的两种情况。20 世纪的儒家相信，儒家文化已培育的智力和积累的智慧，使"科学"的目标的达到，是个"是不为也，非不能也"的问题，一旦有了"需要"，"科学"这颗果实就会摘到手[1]。而儒学适应、融摄"民主"，则是一个有无可能的问题，至少是一个有艰辛的蜕变过程。一方面，儒学从其熟悉的、赖以生长的"生产家庭化"的、以家庭伦理为中心的社会生活，转换到陌生的、以"生产社会化"的公共道德为重心的社会生活中，需要有重要的、根本的思想观念和生活方式的自我改造、更新、重建。例如，儒学需要补充、增新公共性的公德观念和内容，与已经十分丰满的伦理性私德相协调；需要培育、发展公共性社会认同的新观念，突破传统儒家社会生活中的伦理性社会认同的笼罩；需要形成能承受在伦理角色之外的人格存在的理论力量和社会生活厚度。另一方面，儒学在这个现代化转化过程中，又需要保持固有的由"仁""礼""命"等基本理念所构成的儒学理论特质，及其建构的儒家文化的核心价值取向———一个符合人性的有伦理、有道德的社会生活，一种出于道德理性的人生终极追求的精神生活；警惕被悖谬、离开这个底线的某种强势的异质文化或现代思想所异化、扭曲，再次发生如同历史上曾被权力、权威扭曲、异化的那种不幸。显然，这既是思想理论探索之路，也是新的生活方式形成过程。作为第三代现代新儒家主要代表的杜维明曾期望地说："能够把公共性在人的主体性的最强烈感情中开发出

---

① 例如，冯友兰曾回忆说："中国为什么没有近代自然科学？是为之而不能，或是能之而不为？当时我认为是能之而不为。"（冯友兰：《三松堂自序》，生活·读书·新知三联书店 1984 年版，第 203 页）钱穆也对中国文化中的科学智慧和能力表示有信心："严格说来，在中国传统文化里，并没有科学，天文、历法、算数、医药、水利工程、工艺制造各方面，中国发达甚早，其所到达的境界亦甚高……我们尽管可以说中国科学不发达，却不能说中国人真的没有科学才能，倘使中国人真的没有科学才能，则他们历史上也不会有如许般的发现和发明。不过中国人科学才能之表现，也有和西方人不同处。"[钱穆：《中国文化史导论》（修订本）商务印书馆 1994 年版，第 213、219 页]

来，这是儒家的大贡献。"① 又清醒地说，面对传统文化的现代转化，"今天思想界的课题就是：如何批判地继承传统，如何彻底抛弃封建遗毒，如何深入地引进西方文明，如何比较严正地排拒欧风美雨？"② 显示出在儒家历史上这个新的理论的实践的起点上，20 世纪的中国儒家已有了充分的理论自觉，并开始了认真的努力。在这里，"科学""民主"已超出它本身所固有的含义，实际上已升越为凝聚着中国现代化全部实质、理想的标志、符号；20 世纪中国儒学对它的执着的认同，也超出了单纯的思想观念范畴，实际上是一种自我定位，表明儒学决心站在中国社会前进的方向上，与中国未来的社会进步同行。

发掘固有资源 20 世纪的中国儒学在认同科学与民主之价值的同时，还十分自觉地发掘自己固有的思想资源，努力作出适应于、有助于现代社会发展的诠释。1958 年唐君毅、张君劢、牟宗三、徐复观四位旅居海外或中国台湾的新儒学学者，联名发表《为中国文化敬告世界人士宣言》，提出"东方智慧"——"'当下即是'之精神与'一切放下'之襟抱""圆而神的智慧""温润而恻怛或悲悯之情""使文化悠久的智慧""天下一家之情怀"等在儒家心性之学理念基础上形成的生活态度、人生智慧，是处于强势的、支配地位的西方文化应向东方文化学习借鉴之处③。2004年北京文化高峰论坛上，70 位论坛成员共同签署的《甲申文化宣言》，宣示"东方品格"——"注重人格、注重伦理、注重利他、注重和谐"的中华文化品格，在全球化趋势强劲而多元文化并存方兴未艾的时代背景下，对于思考和消解当今世界个人至上、物欲至上带来的种种令人忧虑的现象，对于追求人类的安宁与幸福，必将提供重要的思想启示④。此两次文化宣言，提出的并有明确意涵的"东方智慧""东方品格"，尽管可能

---

① 曾明珠整理《儒家与自由主义——和杜维明教授的对话》，哈佛燕京学社、三联书店主编《儒家与自由主义》，生活·读书·新知三联书店 2001 年版，第 100 页。

② 杜维明：《"五四"的困境在过分政治化，今天的突破要面对四个课题》，《杜维明文集》第五卷，第 237 页。

③ 牟宗三等：《为中国文化敬告世界人士宣言》，封祖盛编《当代新儒家》，第 37~49 页。

④ 见《甲申文化宣言》，《大地》2004 年第 8 期。杜维明是《甲申文化宣言》签名人之一。他把儒学的现代价值诠定为"和西方启蒙心态所代表的人文精神相当不同，但又可以进行互补互动的另一类型的人文精神"。（杜维明：《儒家人文精神与宗教研究》，《杜维明文集》第四卷，第 565 页）

有不够周延、准确之处，但都可以视为正是这种努力的代表①。更多的学者还援借儒家思想的基本范畴、基本命题等不同内容，从不同向度上诠释出它对于现代中国社会文明建设——诸如道德文明、政治文明、生态文明所具有的价值。可以说，这是 20 世纪儒学思想的一个最开放的领域。诚然，这里不会有最终的诠释，也不应有唯一正确的诠释，但要避免过度的诠释——一种远离儒家文本之历史和本义的诠释。

2. 儒学形上学的重建

儒学以伦理道德思想观念为其核心或特质，因此，追寻、阐释伦理道德最终的、超越性的根源，十分自然地成为儒学形上学的主要内容。从儒学历史上看，这一形上的对象，一直攀缘着先秦儒学中具有超越性的"天"（"天命""天道"）的观念，并因吸纳进不同的儒外思想而呈现不同形态，最后在宋明理学中达到了成熟的发展。宋明理学对作为伦理道德最终根源的形上对象有两种对立的表述或界定——"理"与"心"（"本心""良知"）。但它们具有本体性——形上的超越性、总体性、根源性却是相同的；这种本体观念的形成与阐释主要是借助对儒家经典（在理学中主要是"四书"与《周易》）的义释和个人生活体悟，也是相同的。理学在明末清初的理学批判思潮沉寂以后，就成了一个既生长不出，也补充不进新的文化思想内容的封闭自足的思想体系。换言之，在 17 ~ 19 世纪里，中国儒学的理论思维内容和形态实际上是没有发展的。中国儒学对与此同时在西方发生的笛卡尔启动的西方近现代哲学的蓬勃发展毫无知觉、毫无感动。在没有感受到新的理论观念的挑战并能将其消化吸收的情况下，儒学既无理论的能力，也无理论的需要，去对其理论的最高层面、最基础的观念——伦理道德的形上根源作出有异于理学之"理"或"心"的新的解释，儒学形上学也就不能推展出新面貌。进入 20 世纪的中国，社会制度发生了巨大的变迁，西方思想大量涌入。新的社会环境和理论环境，

---

① 20 世纪的中国还有一份文化宣言，那是在 1935 年由王新命等 10 位学者联名发表的《中国本位的文化建设宣言》。这份宣言对中国文化的内容只有极简略的历史过程的叙述，尚未形成或未表述它具有何种久远价值的观点，所以这里未予论列。2004 年的《甲申文化宣言》已跨出 20 世纪，这里未作严格的断代限定，故予论列。

使儒学获得了突破传统理论观念、建构新的理论体系的契机和条件；可以视为是现代新儒学之形成的主要内容、首要标志的儒学形而上学的重建，也被提上日程。在第一代新儒家熊十力的"新唯识论"、冯友兰的"新理学"和第二代新儒家牟宗三的"道德的形上学"中，都典型地表现了这种儒学形上学重建的努力和实现。

新唯识论　熊十力的新唯识论（熊十力每自称为"新论"）是用中国哲学中"体"与"用"两个最基本的哲学范畴，对宇宙万物之存在根源和存在状态作最彻底、简捷、周延之哲学表述的理论体系。引用熊十力自己的话来概括："《新论》明举体成用，绝对即是相对；摄用归体，相对即是绝对，庶几本体论、宇宙论、人生论融成一片。"[1]

"本体"新解　较之传统儒学，尤其是宋明理学之"理"或"心"的形上观念，新唯识论的形上理论，更加充实、明晰了儒学中的"本体"观念；作为哲学概念的"本体"，其本身也获得了某种独立、自体的品格。宋代儒者如程颐，曾有"体用一源，显微无间"之论（《河南程氏文集》卷八《易传序》），朱子每明确区分"以本体而言"与"以流行而言"之不同（《朱文公文集》卷四十五《答杨子直一》）。但在这里，"体"或"本体"只是对"理"或"太极"之本体性质的一种说明，对"本体"本身并无具体、明确的界说。当然，我们可以从宋代理学家们对"理"之诸多性质的解说中，看出"理"具有超越具体事物的根源性、总体性、形上性等的本体性品质[2]，判定这就是宋代理学中本体观念的基本内涵；看出理学之"理"的这些性质，与先秦道家的"道"之观念内涵犀通、相近[3]，判定宋代理学的本体观念是自觉不自觉地吸纳道家思想而

---

[1]　熊十力：《摧惑显宗记》附录二《为诸生讲授〈新唯识论〉开讲词》。

[2]　如二程说"实有是理，乃有是物"（《河南程氏经说》卷八《中庸解》），此见"理"之根源性；"一物之理，即万物之理"（《河南程氏遗书》卷二上），此显"理"之总体性；"理无形也，故假象以显义"（《伊川易传》卷一《乾·初九》），此谓"理"之形上性。

[3]　如《庄子》有谓，"形非道不生"（《天地》），"道通为一"（《齐物论》），"道无为无形"（《大宗师》），正是对"道"作为宇宙本体之根源性、总体性、形上性的性质之表述。

形成。从熊十力最具代表性的著作《新唯识论》（语体文本）①中可以看出，新唯识论对"本体"之反复的、众多的阐说、界定，显现两个有所区别的论述角度。一是对"本体"之观念意涵的规定。熊十力说："本体所以成其为本体者，具有如下诸义：一、本体是备万理、含万德、肇万化，法尔清净本然；二、本体是绝对的；三、本体是无形相的，没有空间性的；四、本体是无始无终的，没有时间性的；五、本体是全的，圆满无缺的，不可剖割的；六、本体是不变易中涵着变易，变易中涵着不变易的。"②熊十力"本体六义"③对"本体"性状的描述、形容，较之宋代理学对"理"之本体性意涵的规定，应该说更为丰满、明晰，但并没有根本的观念突破。二是对"本体"之实质（"自然"）和如何证实之的判定。熊十力批评地说："从来哲学家谈本体，许多臆猜揣度，总不免把本体当作外在的物事来推求，好像本体是超越于一切行或现象之上而为其根源的，多有把本体和一切行或现象界说成两片。"④又说："哲学家谈本体者，大抵把本体当作离我心而外在的物事，因凭理智作用，向外界去寻求。由此之故，哲学家各用思考去勾画一种境界，而建立为本体，纷纷不一其说。"⑤在熊十力看来，必须从历史上哲学智慧在探寻"本体"的这两个主要的迷误中走出来，才能形成正确的本体观念；熊十力的本体思想的主要内容构成，事实上也可以视为正是对这样两个哲学的历史经验反思的理论收获。第一，不可离"用"觅"体"——所以"即用显体"。熊十力说："我以为所谓体，固然是不可直揭的，但不妨即用显体，因为体要显现为无量无边的功用的。体不可说，而用却可说。用，就是体的显现；

---

①　熊十力的《新唯识论》，1932年以文言文出版，1942年以语体文出版。较之文言文本，语体文本的文字浅显，但内容却多有增益，论说亦更精详。1950年出版《体用论》和《明心篇》，是《新唯识论》的重新创作，内容有所修改。我和多数学者一样，认为语体文本的《新唯识论》最可见熊十力的独特思想风貌。本书援引《新唯识论》，皆据此文本。

②　熊十力：《新唯识论》，中华书局1985年版，第313～314页。

③　熊十力"本体六义"出于《新唯识论》（语体文本）第四章《转变》，乃文言文本之所无；在其《体用论》第一章《明变》中简化为"四义"，意涵未变。

④　熊十力：《新唯识论》，第311页。

⑤　同上书，第250页。

体就是用的体。无体即无用，离用元无体。"① 在独特的"即用显体"的本体观念下，熊十力十分自然地要兼摄体与用的特质，来给出"本体"之自性、实质的诠定。熊十力界定体与用曰："体，本寂然无形，而显现动势，即名为用。"② 这样，熊十力理解和诠释出的宇宙本体，就是含蕴有至寂本然与生化不息两个能构成周延、圆满"自性"的宇宙整体，就是包含着源起和过程的真实的全部的宇宙存在。此即熊十力所说："本体是绝对的真实：所谓真实者，并不是凝然坚住的物事，而是个恒在生生化化的物事。"③ 第二，不可离心觅体——所以"本心即是本体"。在熊十力的新唯识论中，"心"有"习心"与"本心"的明确区分。熊十力说："习心者，原于形气之灵，凭官能以显，以追逐物境、物化者也，后起之妄也……本心无对，先形气而自存，遍现为一切物，而遂凭物以显，至无而妙有，体物而不物于物者也。"④ 显言之，"习心"是凭借感官而产生的对外界事物的知觉、思维功能，妄见多由此而生；"本心"则是人心能对宇宙总体产生体悟的那种能力，是人之能不为"物化"的，且能"与万能同体"的"真性"⑤。正是在此种对"本心"与"习心"有明确区分的意义上，熊十力判定"本心即是本体"，他说，"提到一心字，应知有本心、习心之分，唯吾人的本心，才是吾身与天地万物所具的本体"⑥；认为对万物一体境界的体认、冥合，就是本体的呈露，也即是本体的证成，他说："非脱然离迹，廓然亡象，而直冥神于无物之地者，则不可证体。冥神无物之地者，情见息，妄识泯，炯然绝对即本体呈露也。本体呈露时，即自明自证，谓之证体，非别有一心来证此体也。"⑦ 在"即用显体""本心即本体"两个基本观念支撑下的熊十力新唯识论哲学思想体系，具有这样三个鲜明的理论特色。首先，如果以唯物、唯心来研判一个思想体

---

① 熊十力：《新唯识论》，第 301～302 页。
② 同上书，第 363 页。
③ 同上书，第 410 页。
④ 同上书，第 253 页。
⑤ 熊十力曾说："故此心（熊注：谓本心），即是吾人的真性……是吾与万物同具之真性……乃吾与万物浑然同体之真性也。"（熊十力：《新唯识论》，第 252 页）
⑥ 熊十力曾说："故此心（熊注：谓本心），即是吾人的真性……是吾与万物同具之真性……乃吾与万物浑然同体之真性也。"（熊十力：《新唯识论》，第 251 页）
⑦ 熊十力：《新唯识论》，第 487 页。

系的哲学性质，那么，新唯识论是一个十分自觉的、彻底的唯心论体系，正如熊十力在回答有学者问他"何以用'新唯识论'为书名"时所宣示："从来哲学思想不外唯心、唯物两途，吾非唯物论者，不以'唯识'名吾书，而将何名？吾书之作，由不满有宗之学而引发，不曰'新唯识论'，而将何名？"① 其次，的确，正如熊十力自己所概括的，这也是一个本体论——"体"、宇宙论——"用"、人生论——人之"心"三者"融成一片"的独特的哲学思想体系。最后，这个哲学体系里的"本体"之被证实、被确认，不是如一般哲学体系是通过哲学概念的逻辑推演、理智的思索来完成的，而是通过一种"与万物同体"的精神境界的体认——熊十力称之为"性智"，或一种修养实践——熊十力称之为"保任"来实现的②。新唯识论的这些理论特色都是在现代哲学的观念背景下、理论架构或语境中才能成型、凸显的，显示新唯识论已经跨出了传统的、宋明理学的理论樊篱，是一个新的儒学形上学。

诠释与批判 熊十力新唯识论的最出色之处，似乎是它所显现的理论的自觉和诠释的功能。新唯识论的本体观念，主要是由"至寂"与"生化"两项意涵构成，熊十力多次宣示这是由吸纳、会通中国固有的或既

---

① 熊十力：《新唯识论》，第671页。这里需要说明，熊十力"新唯识论"之名号，虽主要是批判、扬弃唯识论而"引发"，但新唯识论之理论内容，正如熊十力所说，却是"参证各家之旨，得其会通"，是"自观、自喻，自家体认出来"（熊十力：《新唯识论》，第380页），不仅儒家之"仁""易"观念，在佛家中，唯识宗的"识"观念之外，天台宗的体用观念、华严宗的理事观念、禅宗的心性观念，皆是形成其"体认"的资源。新唯识论的独特性，亦如熊十力所说："吾毕竟游乎佛与儒之间，亦佛亦儒，非佛非儒，吾亦只是吾而已矣。"（熊十力：《新唯识论》，第404页）

② 在熊十力的新唯识论中，"智"有"性智"与"量智"之分。他说："性智者，即是真的自己底见悟，此中'真的自己'一词，即谓本体……量智是思量和推度，或明辨事物之理则，亦名理智。"（熊十力：《新唯识论》，第249页）显言之，"性智"是与对具体事物或事物具体部分之理则作逻辑推理之"量智"有区别的对宇宙整体或事物整体（"本体"）作全息的直观把握。在新唯识论中，育成"性智"的修养方法，则被称为"保任"："真宰（熊注：真宰，谓本心）不为惑染所障而得以显发者，则以吾人自有保任一段工夫故耳。保任约有三义：一、保任此本心不使惑染得障之也；二、保任的工夫只是随顺本心而存养之；三、保任的工夫即不可更起意来把捉此心。"（同上书，第565页）凡此，皆是一种培壅、保持无染的心境的修养方法。

有的传统思想而来。如他说："本论（按：指新唯识论）会佛之寂与孔之仁，以言本体"①，"佛家谈本体，毕竟于寂静的方面，提揭独重，此各宗皆然，禅师亦尔；儒家自孔孟，其谈本体，毕竟于仁或生化方面提揭独重，《大易》《论语》，可以参证。会通佛之寂与孔之仁，而后本体之全德可见"②，"《新论》融佛之空，以入《易》之神，自是会通之学"③。这些对新唯识论体系之思想渊源、理论特质的自我定性、定位的论断，是符合实际的，表现了新唯识论对中国传统哲学的十分自觉的继承与发展。

新唯识论以"本心即本体""即用显体"的基本理路，对宇宙之存在根源和存在状态作出了一种因简易而彻底、因周延而自洽的哲学解释，是一种本体理论的元理论，简单而根本；新唯识论也因此而具有了一种独特的理论立场，一种独特的对中国传统哲学作出诠释和批判的能力。例如熊十力曾说："《新论》所谓本体，非谓其超脱于万有之上，或隐于万有之后，虽不妨形容为万有之根源，而根源即显现为万有，非离万有而独在。故从万有言，则一一现象，皆是自根自源。孟子言形色即天性，宗门说一华一法界，一叶一如来，皆可由《新论》而得其解。"④ 显然，这正是熊十力用他的"即用显体"的观点从容地诠释了儒家关于人之内在本性与外在表现和佛家关于本体法界、如来与现象（花、叶）之关系的基本观点。熊十力甚至对用新唯识论的理论来诠释全部的中国传统哲学都表现出信心，他说："会六艺之要归（熊注：孔门标六艺），通三玄之最旨（熊注：魏晋人标三玄），约四子之精微（熊注：宋明诸师标四子），极空有之了义（熊注：佛家大小乘不外空有两轮），以吾说证之，未见其有一焉或偶相庤者也。"⑤

由会通、融合儒、佛而形成的新唯识论，除了自信对儒、佛观点具有作出"的解"的诠释功力外，还多次显示了它指点儒学（宋明理学）、佛

---

① 熊十力：《新唯识论》，第578页。
② 同上书，第574页。
③ 同上书，第675页。
④ 熊十力：《摧惑显宗记》附录一《为诸生谈〈新唯识论〉大要》。
⑤ 熊十力：《新唯识论》，第677页。

学之"谬误"的批判眼光。学者多认为，儒学的历史显示，宋明理学中的最大分歧是程朱与陆王之间关于理与心、物关系的争持。熊十力也说："宋明哲学家关于理的问题，有两派的争论：宋代程伊川和朱元晦等主张理是在物的，明代王阳明反对程朱，而说心即理，二派之争若水火。"① 可见，对于宋明理学中存在着的最大理论分歧的观察，熊十力与多数学者并无不同。他的不同在于他没有像宋明以来的学者往往在宗程朱与宗陆王之间作出选择，是此而非彼，而是用"即用显体"或"体用不二"② 的本体理论对这一分歧、争论所作出这样的裁判："若如我义，心物根本不二，心物实皆依真理之流行而得名（熊注：真理即本体之名），此义见透，即当握住不松，所谓理者，一方面理即心，一方面理亦即物。"③ 所以，"我们不可离物而言理，我们不可舍心而言理，二派皆不能无失。说理即心，亦应说理即物，庶无边执之过"④。即在熊十力看来，这场贯穿宋明理学始终的、持久的争论，原来是一场各执偏见、离开"真理"、分裂体用的皆非的争论。站在"即用显体"或"体用不二"的本体理论立场上，熊十力还进一步对宋明理学中的理本体论、气本体论、心本体论三个本体论理论形态皆一一予以批评驳难。熊十力说：

> 宋儒说理不离乎气，亦不杂乎气，是直以理、气为两物，此说已甚误；明儒则或以气为实在的物事，而以理为气之条理，则理且无实，益成谬论。余以为理者，斥体立名（熊注：体者，本体），至真至实；理之流行，斯名为用，亦可云气。故气者，理之显现；而理者，气之本体也，焉得判之为二乎?⑤

显然，这正是从"体用不二"的本体论观点，对宋儒以朱子为代表的理

① 熊十力：《新唯识论》，第 272 页。
② 熊十力说："夫即用而显体者，正以即用即体故也。此两'即'字吃紧，正显体用不二。"（熊十力：《新唯识论》，第 434 页）可见，在新唯识论中，"体用不二"是"即用显体"的另一表述。
③ 熊十力：《新唯识论》，第 468~469 页。
④ 同上书，第 272~273 页。
⑤ 同上书，第 542 页。

本论和明儒以罗钦顺、王廷相为代表的气本论的否定。理本论虽然与新唯识论在以理为本体之观念上有所契合，但理本论以理与气为"两物"①，却又为新唯识论所不能认同；气本论不仅以理与气为"两物"，且以气为实体性的本体②，则更为新唯识论所不能容。对于持心本论的阳明学派，新唯识论主要有两点批评。一是对王守仁本人。阳明心学有分裂体用的缺点，故其心学犹有未尽。熊十力说："所谓理者（按：熊十力此"理"即是指"真理""本体"），一方面理即心，吾与阳明同；一方面理亦即物，吾更申阳明所未尽者。"③ 一是对王学后学。王守仁在本体论上有分裂体用的缺点，受到熊十力的批评，但其"即工夫即本体"的修养方法④，则受到熊十力的赞扬："善夫阳明学派之言'即工夫即本体'，一言而抉天人之蕴，东土诸哲传心之要，皆不外此旨也。"⑤ 然而，王学后学却有分裂本体与工夫的流弊，熊十力说，"王学末流，或高谈本体，而忽略工夫，却成巨谬"⑥，并具体分析了其"巨谬"之所在：

> 见闻觉知等等作用，实即心之力用，发现于根门者，故此作用，不即是心体（熊注：心体是独立无对的，冲寂无朕的）。但心体亦非离见闻觉知而独在……明代阳明派下，多有只在发用处说良知者，是直以作用为性体（按："性体"与"心体"同义），其谬误不待言。及聂双江、罗念庵救之以归寂，而于作用见性意思，似亦不无稍阔。

---

① 如朱子曰："天地之间，有理有气。理也者，形而上之道也，生物之本也；气也者，形而下之器也，生物之具也。"（《朱文公文集》卷五十八《答黄道夫一》）此最可见持理本论的学者以理为本，以理、气为"两物"。

② 如王廷相曰："万理皆出于气，无悬空独立之理……万物之生，气为理之本，理为气之载。"（《王氏家藏集》卷三十三《太极辩》）此最可见持气本论学者以气为实体、为本体，以气、理为"两物"。

③ 熊十力：《新唯识论》，第 468～469 页。

④ 王守仁"良知"的意涵，既是"本体"——如他谓"良知者，心之本体"（《传习录中》），也是修养的工夫——如他谓"知善知恶是良知"（《传习录下》）。所以他每将他的"致良知"的修养方法表述为"即工夫即本体"——如他谓"工夫不离本体"，"一悟本体，即是工夫"（《传习录下》），"合着本体的，是工夫；做得工夫的，方识本体"。（《传习录拾遗》）

⑤ 熊十力：《新唯识论》，第 565 页。

⑥ 同上书，第 566 页。

夫归寂，诚是也，而寂然真体，毕竟不离发用，如或屏用而求寂，其不为沦空之学者鲜矣，尚得谓之见性乎？①

显然，这是对阳明后学两种背离"即工夫即本体"修养方法的倾向的批评。王守仁殁后，以王畿为代表的浙中（江左）王门弟子，将"良知"理解为一本然的、自然性的知觉实体，所以每在"无念"处，或知觉之"流行"处体认"良知"②；以邹守益、罗洪先、聂豹等为代表的江右王门弟子，为救正浙中王门的偏颇，则将"良知"诠释为一寂然常定的善的本体，努力在"良知"中注入道德性、确定性的内涵③。在新唯识论的"体用不二"的理论立场上看来，王学后学或以用为体，或守体屏用，其"巨谬"是昭然若揭的。熊十力还以他的"至寂而生化""即用而显体"的本体理论，从佛家思想的基本特质——世界之"空"或"有"，评说了大乘空宗和有宗，揭示它的不足或失误。在这个理论立场上，熊十力研判空宗之弊是"执于空"，"不识性体之全"：

> 空宗应该剋就知见上施破，不应把涅槃性体直说为空，为如幻，如此一往破尽，则破亦成执。④
>
> 寂静之中即是生机流行，生机流行毕竟寂静，此乃真宗微妙（熊注：真宗犹云真宰，乃性体之别名），迥绝言诠，若见此者，方乃识性德之大全。空宗只见性体是寂静的，却不知性体亦是流行的。吾疑其不识性德之全者，以此。⑤

指出有宗的谬误是在宇宙论上有"两重世界"，在本体论上有"两重本体"：

---

① 熊十力：《新唯识论》，第 561~562 页。
① 熊十力：《新唯识论》，第 561~562 页。
② 如王畿说："君子之学，以无念为宗"（《龙溪先生全集》卷十五《趋庭漫语付应斌儿》），"舍知觉无良知。"（同上书卷十《答念庵》）。
③ 如邹守益说："良知之本体，本自廓然而大公。"（《东廓文集》卷五《复石廉伯郡守》）罗洪先说："心有定体，寂然而不动……心体唯其寂也，故不可以见闻指。"（《念庵文集》卷三《答陈明水》）
④ 熊十力：《新唯识论》，第 383 页。
⑤ 同上书，第 381 页。

他们（按：指有宗）说种现（按：谓种子与现象）互相为缘，只是把二界加以穿纽，而现界自是现的万象，种界自是潜优的主体，总是两重世界对立着，这种臆想穿凿，分明是戏论。①

他们（按：指有宗）既建立种子为诸行之因，即种子已是一重本体，又要遵守佛家一贯相承的本体论，即有所谓真如是为万法实体……种子是多元的、生灭不断的，真如是不生灭、无起作的，种子自为种子，真如自为真如，此二重本体，既了无干涉，不独与真理不相应，即在逻辑上也确说不通，纯是情计妄构，毕竟成为戏论②。

显然，在新唯识论的本体理论立场上，佛家有宗遭遇到的非难、否定更为彻底，熊十力说："我们依本体论和宇宙观的观点来审核，空宗不免有遗用谈体之失……有宗根本不曾证得本体，不悟体必成用，所以有此戏论。"③ 也很显然，新唯识论是在一种现代哲学理论观念和架构中来解读、评品佛学思想的。但并不能因此把它理解或定性为是对佛学的一种新的、忠实的义理诠释，应视为是援借被改造了的佛学来完成的一种新的儒学形上学的哲学创造④。回顾历史，较之明末清初反理学思潮对理学的批判，新唯识论的理学批判不能说是更全面、更深刻，但它避免了蹈入明末清初理学批判思潮未能识别理学有本体论和宇宙论两个不同理论层面，因而混

---

① 熊十力：《新唯识论》，第 426 页。
② 同上书，第 427～428 页。
③ 同上书，第 429 页。
④ 熊十力曾明白宣示："本书（按：指《新唯识论》）于佛家，元属创作。凡所用名词，有承旧名而变其义者（熊注：旧名，谓此土故籍与佛典中名词，本书多参用之；然义或全异于旧，在读者依本书立说之统纪以求之耳），有采世语而变其义者。"（熊十力：《新唯识论》，第 41 页）所以新唯识论中的佛学思想是经过了在一个由本体论、宇宙论、认识论、价值论（人生论）等观念构成的现代哲学理论架构中解读、重构了的佛学思想，是被改造了的佛学思想。《新唯识论》问世后，佛家唯识论学者曾对该书有许多批评。应该说，这些批评是完全正当的，也可能全部都是正确的。但是，并不能损伤、推倒《新唯识论》，因为《新论》并不是佛家唯识论学，它是在与佛家唯识学有完全不同的理论轨道上完成的一个新的哲学创造。

乱地解读朱子理学中理与气关系的论断①，以及未能深辨儒佛间本体论上差别，因而简单地以"阳儒阴释"来判定理学之性质②的两个误区，显示新唯识论是以一个新的、现代哲学的理论结构或角度在观察、研判理学问题，具有不同于反理学思想家的理论视野。较之宋儒的佛学批判——儒佛之辨，新唯识论的佛学批判也不能说是更全面、更深刻，但若就本体论（"空"观）的批判而言，新唯识论摆脱了宋儒经验性指陈的论说方式③，而是凭借一个创新的"即用显体"本体理论为基础，以"体用不二"的逻辑推证来实现这种批判。所以从纯粹的理论的意义上来评判，新唯识论的佛学批判是高于、精于宋儒的"儒佛之辨"的，是儒学中的一个最具理论色彩的、着力于根本处的佛学批判。

疑窦 新唯识论最凸显的理论创造是"即用显体"——亦可表述为"体用不二"，表述为"功能即本体"④ 的本体理论，即是一个以体用互摄来诠释本体、将宇宙存在之根源和宇宙存在之状态作为同一个问题或融为同一个问题来阐述的独特的本体理论。在传统的本体理论中，功能总是本体的显现，宇宙存在的状态总要追溯到宇宙存在根源。在这个理论立场看来，新唯识论似乎是以功能取消本体，以宇宙状态替代宇宙根

---

① 朱子于理、气关系有两个论断，"若在理上看"（按：本体论层面），"理与气决是二物"；"若在物上看"（按：宇宙论层面），"二物浑沦，不可分开"（《朱文公文集》卷四十六《答刘叔文一》）。本体论层面的"理"，即是"太极，所以指夫天地万物之根也"（同上书，卷四十五《答杨子直一》）；宇宙论层面的"理"，是事物的"所以然之故与其当然之则"（《大学或问》卷一）。明儒（如曹端、薛瑄）每以这两个论断是矛盾的，常不自觉地以朱子宇宙观层面的理气关系论断，质疑、"救正"他的本体论层面的理气关系论断；明末清初的反理学思想家则是自觉地以朱子的理气关系之宇宙论层面的论断否定其本体论层面的论断。

② "阳儒阴释"最早是朱子批评张九成思想中的禅学倾向的用语："凡张氏所论著，皆阳儒阴释。"（《朱文公文集》卷七十二《杂学辨·张无垢中庸解》）后来成为宋明理学阵营内程朱派攻讦陆王派的用语。反理学思想家更用来评断整个的宋明理学。如颜元说："论宋儒，谓是集汉晋释道之大成者则可，谓是尧舜周孔之正派则不可。"（《习斋记余》卷三《上太仓陆桴亭先生书》）

③ 宋儒有批驳佛家以世界为"空幻"之说曰："释氏不知天命，而以心法起灭天地，以小缘大，以末缘本，其不能穷而谓幻妄，真所谓疑冰者与！"（张载：《正蒙·大心》）"物生成坏，自有此理，何者为幻？"（《河南程氏遗书》卷一）基本上是立足于经验事实来作批判的。

④ 熊十力谓："功能本大用之称，然即用即体故，故说功能是体。"（《新唯识论》，第451页）

源，在其理论起点处显露有一个"缺口"，难免会使人产生这样的疑窦问难：在"即用显体"或"空寂生化"之先有否更深的实在根由？熊十力的回答是：

> 于全体中，不碍分化；于分化中，可见全体。法尔①如是，何庸疑难？②
>
> 余谓寂而不已于生，空而不穷于化，是乃宇宙实体，德用自然，不可更诘其所由然。③

熊十力的回答表明，他十分自信他的理论创造就是以"性智"（直觉体认）达到的本体理论的"无待而然"的终极，不应有这样"量智"（理智思量）的"更诘其所由然"的问题提出。也表明熊十力或许还没有提炼、形成一个可以涵盖、统摄宇宙存在之根源和存在之状态的更高的哲学本体范畴，如"存在"。显然，以"存在即本体"替换"功能即本体"，似乎就可以堵住新唯识论理论起点处的那个"缺口"。但是，这样一来，新唯识理论的本体理论又回到了传统理论的旧轨道上了。

如果说，熊十力的新唯识论主要是立足于中国固有或既有的传统哲学，重建了一个能对宇宙万物、万事之存在根源和状态皆可作出解释的哲学本体理论的儒学形上学，那么，冯友兰的新理学和牟宗三的道德的形上学，则是援借近现代西方哲学的理论观念和方法，对宋明理学的儒家伦理道德之根源的观念——理或心，有了新的理解和诠释，重建了新的儒学形上学。

新理学　冯友兰对自己的新理学④有很明确的攀缘宋明理学（按：冯

---

① 熊十力解释"法尔"曰，"法尔一词，本之佛籍，犹言自然"（熊十力：《新唯识论》，第337页），"法尔，犹言自然；自然者，无待而然"。（同上书，第449页）
② 熊十力：《新唯识论》，第448页。
③ 熊十力：《体用论》，中国人民大学出版社2006年版，第46页。
④ 冯友兰"新理学"思想体系，一般是指他在1938～1946年撰作的"贞元六书"——《新理学》《新事论》《新世训》《新原人》《新原道》《新知言》。六书具有超越哲学之外的广泛内容，这里仅就其攀缘程朱理学所作的儒学形上学重建，予以简略的述评。

友兰称之为"宋明道学"①）的定位："宋明以后底道学，有理学、心学二派，我们现在所讲之系统，大体上是承接宋明道学中理学一派。我们说'大体上'，因为在许多点，我们亦有与宋明以来底理学，大有不相同之处。我们说'承接'，因为我们是'接着'宋明以来底理学讲底，而不是'照着'宋明以来底理学讲底。"② 冯友兰对宋明理学的"接着讲"，主要是援用 20 世纪二三十年代尚处于兴盛阶段的美国新实在论和维也纳逻辑实证主义的哲学观点、方法，对程朱理学作出现代观念的改造——一种逻辑的、形式的改造；在这个改造过程中，形成了 20 世纪中国儒学又一个新的形而上学理论形态。

新理学的形式逻辑构成 新理学之形上学的形式的、逻辑的理论特色，首先直接表现在它用以建构宇宙图景的四个基本论概念——真际、实际、共相、殊相，都是形式的，没有任何经验内容。冯友兰界说前两个概念说："真际是指凡可称为有者，亦可名为本然；实际是指有事实底存在者，亦可名为自然。"③ 又界说后两个概念说："个体是特殊底，亦称殊相；一类事物所共同依照者，亦称共相。"④ 这是对全部的世界存在分别从宇宙论和认识论层面⑤作出完全是形式的，但却可构成周延的界分。新理学的形上学和其他哲学内容都是在这个形式的理论世界中展开的。在这

---

① 宋明学者始将儒学中与考据、训诂之学（经学）有别的义理之学称之为"理学"。如黄震说："自本朝讲明理学，脱出训诂。"（《黄氏日抄·读论语》）黄宗羲亦说："有明文章事功皆不及前代，独于理学，前代之所不及。"（《明儒学案·发凡》）然冯友兰称之为"道学"，亦有其理据和优长之处，朱子曰："'道'字包得大，'理'是'道'字里面许多理脉。"（《朱子语类》卷六）所以，"道学"似能将宋明儒家义理之学的理、心两派皆涵盖、包括，避免了通常将程朱理学与陆王心学皆称为"理学"时，"理学"有内涵不同的两次使用而易生混淆之不便。只是《宋史》立《道学传》仅收入程朱派（按：此乃史家诚信所然，二程每称"道学"，时人亦以"谈道学者"视之，《宋史》特立《道学传》，将二程学派之源头与传衍人物收入），未录入陆九渊学派（按：将其收入《儒林传》）。故现今学界仍是称"宋明理学"者多，呼"宋明道学"者少。
② 冯友兰：《新理学》，《三松堂全集》第四卷，河南人民出版社 1986 年版，第 5 页。
③ 同上书，第 11 页。
④ 同上书，第 217 页。
⑤ 这里，我也认同并采用多数学者对哲学理论结构所作的这样的界分：本体论——宇宙存在之根源，属形上；宇宙论——宇宙存在之状态，属形下，认识论、价值论。本体论、宇宙论或合称为存在论，逻辑的层面是涵于认识论中的一个次级层面。

个以真际、实际、共相、殊相建构的形式的理论世界中，新理学用对"实际"的唯一肯定，奠定一个经验基础十分稳固的逻辑前提：有事物存在①。进而，援进一个逻辑原则：蕴涵（"如……则"）。于是，开始对事物存在作形式的分析，形成"理""气"两个观念或命题："有物必有则（理）""有理必有气"；对事物存在作形式的总括，形成"道体""大全"两个观念或命题："存在是一流行，总所有底流行，谓之道体，总一切底有，谓之大全。"② 在冯友兰看来，"真正底形而上学底任务，就是在于提出这几个观念并说明这几个观念"③。所以，可以说，新理学的形而上学系统，就是理、气、道体、大全四个基本观念或命题逻辑地推演、编织而成。

程朱理学的逻辑改造 新理学以此种形式的、逻辑的形而上学来改造程朱理学，最清晰地显现在它对理学的两个基本观念——理与气的新界定和理学的两个重要论题——"理气先后"与"理一分殊"的新解说中。如前所论及，朱子曾界定"理""气"曰，"理也者，形而上之道也，生物之本也；气也者，形而下之器，生物之具也"（《朱文公文集》卷五十八《答黄道夫一》），"阴阳，气也，形而下者也；所以一阴一阳者，理也，形而上者也"（朱熹：《〈通书〉解》，载《周濂溪先生全集》卷五）。由于在朱子理学中，有"以本体而言"和"以流行而言"，即本体论和宇宙论两个理论层面，所以这里的"理为生物之本"，可以含蕴有本体论层面上的"天地万物之根"（《朱文公文集》卷四十五《答杨子直一》）、"万化自此流"（同上书卷五《奉酬敬天赠言》）和宇宙论层面上的事物"所以然之故与当然之则"（《大学或问》卷一）、"品物散殊，莫不各有固然之理"（《朱文公文集》卷七十八《江州建濂溪先生书堂记》）的两重多种意涵。可见，在朱子理学中"理"之观念是比较复杂的；理与气

---

① 由于新理学的形式的理论特质，所以它"只对于真际有所肯定，而不特别对于实际有所肯定"（《新理学》，《三松堂全集》第四卷，第 11 页）。但为了使新理学有一稳固的事实的逻辑起点，新理学又不得不对"实际"有所肯定，"形上学对于实际所作底第一肯定，也是唯一底肯定，就是：事物存在"。（《新知言》，《三松堂全集》第五卷，第 224 页）

② 冯友兰：《新原道》，《三松堂全集》第五卷，第 148～153 页。

③ 同上书，第 154 页。

是指"形上"的宇宙存在、事物生成之根源，与"形下"的构成事物的材料，其间的关系是决定（"所以"）与被决定，或生者与被生者的有内在联系的关系。朱子又曾界定"形上""形下"曰："形而上者，无形无影是此理；形而下者，有情有状是此器。"（《朱子语类》卷九十五）显然，在朱子理学中，"形上""形下"是在存在论意义上对理、气存在之可被感知或不可被感知之性状的一种描述、形容。冯友兰曾批评"宋明道学没有直接受过名家洗礼，所以他们所讲底，不免著于形象"[1]。诚然，朱子对理学基本观念理、气的界说，都是有特定的经验的或源自经验的内容的，是"著于形象"的。与朱子不同，新理学对理、气、形上、形下都有自己的新的界说。冯友兰界说"理"曰："有某种事物，必有某种事物之所以为某种事物者。"[2] 并举例说："凡方底物所皆依照而因以成其为方者，即方之理。"[3] 界说"气"曰："能存在底事物，必都有其所有以能存在者。"[4] 不难看出，冯友兰的"理""气"界说将朱子理学中的理、气观念所具有的实质内容（"生物之本"——"天地之根"及具体事物之"所以然""当然""固然"，"生物之具"——"阴阳"），即"著于形象"的方面，全部剔除，变换成完全是对"生物之本""生物之具"之形式的表述、语义的解说——两个重言式的分析命题。新理学中也有对"理"的具有"实质"内容而非形式的界说，那是引用"真际""共相"概念来作的解说。冯友兰说："物之所以然之理，不是主观底，亦不即是实际底，我们说它是真际底。实际底物必须依照它才可以成为实际底物。"[5] 又说："每一类之理，则是此一类事物所共同依照者，所以理是公共底，亦称共相。"[6] 简言之，理即是真际、共相，是一类事物必须依照的共同标准。在这个新的界说中，理与由气构成的物之间的关系，也由朱子理学中的生者与被生者——本体论层面上宇宙存在与其根源，宇宙论层面上的具体事物与其固有理则的内在关系转换为新理学的事物之"标准"

---

① 冯友兰：《新原道》，《三松堂全集》第五卷，第146页。
② 同上书，第148页。
③ 冯友兰：《新理学》，《三松堂全集》第四卷，第32页。
④ 冯友兰：《新原道》，《三松堂全集》第五卷，第150页。
⑤ 冯友兰：《新理学》，《三松堂全集》第四卷，第38页。
⑥ 冯友兰：《新事论》，《三松堂全集》第四卷，第217页。

与"依照"的外在关系。冯友兰也对"形上""形下"予以新的界说："我们所谓形上、形下，相对西洋哲学中所谓抽象、具体。理是形而上者，是抽象底；其实际例是形而下者，是具体底。抽象者是思之对象，具体者是感之对象……我们此所说形上、形下之分，纯是逻辑底。"① 可见，新理学中的形上、形下主要是对两种认识形态之逻辑性质的区分，而不是朱子理学在存在论层面上的对理气之不同性状的描述、形容。总之，新理学对理、气、形上、形下的新界说，朱子理学中的形上本体性的"理"之观念被消解了；宇宙论层面上的"理""形上"观念也被彻底地形式化、逻辑化，理与事物间的"固然"的内在关系被转换为"依照"的外在关系。这样，新理学就完成了对宋明理学（程朱理学）理论基础的改造。拒斥形而上学（如"本体"观念）、追求逻辑分析是维也纳逻辑经验主义的理论特征，"共相"说、"外在关系"说②是新实在论的哲学标帜，所以确切地说，应该是在逻辑经验主义和新实在论哲学理念影响下，新理学完成了对程朱理学理论基础的改造。

新理学对宋明理学的改造，还具体表现在对诸多的理学范畴、命题、观念的新解中。这里姑且以新理学对程朱理学"理气先后"论题和"理一分殊"命题的新解，来展显其兼有逻辑经验主义和新实在论思想成分的理论特色。

如前所述，在理、气关系上，程朱理学有两个论断：从本体层面上立论（"在理上看"）的"理先气后"与从宇宙论层面上论（"在物上看"）的"理气无先后"。新理学在维也纳学派逻辑经验主义影响下，排除不能

---

① 冯友兰：《新理学》，《三松堂全集》第四卷，第36～37页。
② 美国新实在论者为反驳主观唯心论自我中心的，诸如"存在即被感知"的观点，提出认识主体与认识对象间的"外在关系"说，并表达为："在'a项和b项具有R关系'这一命题中，aR在任何程度上都不构成b，Rb也不构成a，R也绝不构成a或b。"（霍尔特等：《新实在论》，伍仁益译，商务印书馆1980年版，第460页）显然，新实在论的"外在关系"说是认识论层面的观点，与冯友兰的新理学宇宙论层面的理与物间的"依照"论所含蕴的"外在关系"，是有所区别的。但鉴于冯友兰1919～1923年留学美国时，曾就读于美国新实在论学派门下，且在他的新理学中既已明白显示接受了新实在论的"共相"说，故亦可研判此两种"外在关系"也是犀通的，受其影响的。

被经验证实的"本体"观念，"理"之本体性已被消解，"气"也不是本体①。所以，在新理学中不存在本体论的观察、解读程朱理学的理论角度。在宇宙论层面上（"真际""实际"），新理学的理、气观念，只是一种无时空内涵的、形式的逻辑概念，也构不成有先后关系的经验事实。据此，新理学对于程朱理学"理先气后"或"理气无先后"皆不能认同。冯友兰说：

> 时或空是两种实际底关系，而理不是实际底，所以不能入实际底关系中……所谓真元之气②，不是实际底事物，不能有任何实际底关系，所以它亦是不在时空底。由此可知，在旧理学中所谓有理气先后之问题，是一个不成问题底问题，亦可说是一不通底问题。③

但是，在新实在论观念形成的诠释空间内，属于宇宙论层面的新理学的真际、实际观念，却又可以给出这样的解释：任何一个实际事物总是有其开始的，在此开始之前，此事物之理（真际）在逻辑上已是存在的了。或者说"潜存"的了④。因此，新理学可以从纯粹逻辑的立场上说"事物之理先于其实际事物而有"⑤。新理学更由此具体事物与其理之逻辑上的先后关系，进而推出一个一般性的结论：

---

① 冯友兰曾说："维也纳学派以为哲学家说有'本体'，是由于受言语的迷惑，其实除了现象，更无本体。新理学中所谓气，并不是所谓本体，如维也纳学派所批评者。"（《新知言》，《三松堂全集》第五卷，第227页）所以，在接受了维也纳学派观点的新理学中没有"本体"的观念。

② "真元之气"在中国传统哲学（如道教）中，含义比较复杂；但在新理学中，"真元之气"也就是"气"。冯友兰说："气曰真元，就是表示此所谓气，是就其绝对意义说。"（《新原道》，《三松堂全集》第五卷，第151页）

③ 冯友兰：《新理学》，《三松堂全集》第四卷，第59页。

④ 冯友兰在此再次表现了他受到的新实在论的影响，他说："有某种事物之有，新理学谓之实际底有，是于时空中存在者。'有某种事物之所以为某种事物者'之有，新理学谓之真际底有，是虽不存在于时空而又不能说是无者。前者之有，是现代西洋哲学所谓存在。后者之有，是现代西洋哲学所谓潜存。"（《新原道》，《三松堂全集》第五卷，第149页）而"共相潜存"正是新实在论用之与心物二元论和主观唯心论相区别的根本观点。

⑤ 冯友兰表述为："某种事物之所以为某种事物者，在逻辑上先某种事物而有。"（《新原道》，《三松堂全集》第五卷，第149页）

> 总所有底理名曰理世界，理世界在逻辑上先于实际底世界。①

这样，新理学在逻辑经验主义的立场上所拒斥的程朱理学本体论上的理先气后的形而上学观点，在新实在论的理论轨道上，将其改换为真际（理）与实际（事物）间的关系后，在逻辑的层面上又重新确立起来。

"理一分殊"是程朱理学对宇宙图景、世界结构的一个概括的哲学表述。朱子多次对"理一分殊"做过解说。归纳言之，可概之为本体论层面的解说和宇宙论层面的解说。在本体论层面上，朱子将"理一分殊"诠解为"统体一太极"与"一物一太极"②，即总体之一理与分殊之万理；宇宙论层面上，或者说本体—宇宙论层面上，朱子将"理一分殊"解说为理与气，即一理而生成万物万事之分殊③。程朱理学对"理一分殊"的两个基本的诠解，新理学都是不能认同的。冯友兰说：

> 照我们的说法，一类事物，皆依照一理。事物对于理，可依照之，而不能有之。理对于事物，可规定之而不能在之。用如此看法，我们只能说，一某事物依照某理，而不能说一事物依照一切理。用如此看法，则所谓"人人有一太极，物物有一太极"者，是一种神秘主义底说法，我们现在不能持之。④

冯友兰的驳论显现新理学与程朱理学在理论思想上的明显不同。第一，对"太极"的理解。朱子曾解说"太极"之名义："总天地万物之理，便是太极。"（《朱子语类》卷九十四）又进一步解说此"总理"或"太极"

---

① 冯友兰表述为："某种事物之所以为某种事物者，在逻辑上先某种事物而有。"（《新原道》，第150页）

② 朱子曰："合而言之，万物统体一太极也；分而言之，一物各具一太极也。"（《〈太极图说〉解》，载《周濂溪先生全集》卷一）"一物各具一太极"，即万物皆能追溯到它的最后根源"太极"，朱子又表述为"人人有一太极，物物有一太极"。（《朱子语类》卷九十四）

③ 朱子曰："天之生物，有有血气知觉者，人兽是也；有无血气知觉而但有生气者，草木是也；有生气已绝，但有形质臭味者，枯槁是也。是虽其分之殊，而其理则未尝不同。"（《朱文公文集》卷五十九《答余方叔》）

④ 冯友兰：《新理学》，《三松堂全集》第四卷，第43页。

之实义在于其"实为万物之根柢也"(《朱文公文集》卷八十《邵州州学濂溪先生祠记》),"实造化之枢纽,品汇之根柢也"(《〈太极图说〉解》,载《周濂溪先生全集》卷一),即本体论意义上的天地万物之根源。冯友兰在"太极"之名义上追随朱子,也说"总所有底理,新理学中名之曰太极"[①]。但对此"总理"做进一步阐明时则说:"所有理之全体,我们亦可以之为一全而思之,此全即是太极。所有众理之全,即是所有众极之全,总括众极,故曰太极。"[②] 显然,此"总理"或"太极"乃是运思过程中为总括万理而言之的表述语,是内涵为数量意义上的"全"的逻辑集合概念,因而,新理学中的"太极"是认识论层面上的而不是本体论层面上的概念。第二,对太极与万理,或理与事关系的理解。朱子曾说:"若以形而上者言之,则冲漠者固为体,而其发于事物之间者为之用;若以形而下者言之,则事物又为体,而其理之发见者(按:指事物之性能表现)为之用。"(《朱文公文集》卷四十八《答吕子约十二》)即是说,任何事物皆可追寻到、归属到它的体用关系中,并且无论在本体论的或宇宙论的层面上,"用"都是"体"之属性的显现,体用关系是密切的、内在联系的关系。在朱子看来,太极与万理、理与事,即"理一"与"分殊"间的关系也具有这种体与用的关系之性质。如他说:"万物皆有此理,理皆出于一源,但所居之位不同,则其理之用不一……物物各具此理,而物物各异其用,然莫非一理之流行也。"(《朱子语类》卷十八)但冯友兰却认为,理与事物相互之间"不能有之""不能在之"。质言之,是相互分离的;所谓"可依照之""可规定之",也只能是一种并无内在联系的外在关系。这样,程朱理学认为事物("人人""物物")不仅内在联系地显现各自之理,而且还可以内在联系地溯源到本体之理("太极"——冯友兰解读为"一切理")的观点,对于新理学来说,就是"神秘"的了。新理学在否定了程朱理学的"理一分殊"说后,提出自己的"理一分殊"新说:

---

① 冯友兰:《新原道》,《三松堂全集》第五卷,第 150 页。
② 冯友兰:《新理学》,《三松堂全集》第四卷,第 40 页。

在我们的系统中，我们仍可说"理一分殊"。先就一类中之事物说，此一类之事物，皆依照一理，而又各有其个体。此一类之事物，就其彼此在本类中之关系说，可以说是理一分殊。就一共类之各别类说，各别类皆属于共类，而又各有其所以为别类者，此一共类中诸别类之关系，亦可说是理一分殊……此是我们所说之理一分殊。此理一分殊之说，是就逻辑方面说，只对于真际有所肯定。此说并不含蕴实际事物中有内部底关联，所以对于实际无所肯定。①

显然，冯友兰之论是从不同观察角度，将"理一分殊"共同地界定为、解释为"共类"与"别类"的关系，实际上是一种逻辑层面上的种与属，或认识论层面上的一般与个别的关系。所有这种关系中只有一种逻辑性质的、形式的外在联系，并无诸如体用间的那样实际的、内在的联系。回顾前述冯友兰对理气的新界定和对理气先后的新解说，他的"理一分殊"新说再次表明新理学"接着讲"的基本理论特色，是将程朱理学的本体论、宇宙论层面上的观念、命题，转换到认识论的、逻辑的层面上加以解说，并烙印了明显的逻辑经验主义和新实在论的思想痕迹。

评议　应该说，新理学选择这样的理论方向、理论方法来重建儒学形上学是十分自觉的。冯友兰每说："中国最缺乏理性主义的训练，我们应当多介绍理性主义"②，"深恨在中国哲学里，逻辑不发达。"③ 正是在这种对中国传统哲学之理论状态具有现代的、世界的眼光的观察中，冯友兰确定了自己哲学创造的目标、任务："新理学的工作，是要经过维也纳学派的经验主义而重新建立形上学。"④ 换言之，要在作为传统儒家哲学最高发展的宋明理学中注入富有现代科学精神的理性的、逻辑的因素，予以现代哲学观念的改造。新理学的努力在某种意义上是成功的、卓越的，它竟然能在与中国传统哲学完全不同的理路上，立于一个稳固的以经验事实为基础的逻辑起点，用一条基本的逻辑原则，逻辑地推演出一个形上的哲

---

① 冯友兰：《新理学》，《三松堂全集》第四卷，第45页。
② 冯友兰：《在中国哲学年会上的开会词》（1935年），《三松堂学术文集》，第297页。
③ 冯友兰：《新对话（一）》，《南渡集》上编，《三松堂全集》第五卷，第277页。
④ 冯友兰：《新知言》，《三松堂全集》第五卷，第223页。

学系统，形式地界说了传统理学的基本范畴、命题；在此基础上，也形式地解说了它的包括自然、社会、人生几乎是全部的内容。但在另种意义上，又是不成功的、失败的，因为仅仅是形式的、逻辑的方法是不能诠释出传统理学的全部意蕴的。以传统理学中最重要的观念"理"为例，新理学拒绝、或不能诠释程朱理学本体论层面的"理"（"太极"）之"天地万物之根"（宇宙根源）的内涵固不待言，宇宙论层面上的"理"之"所以然"（事物规律）、"当然"（人伦道德规范）、"固然"（人与物之本性）三种意蕴，新理学的"理"似乎也只是对"所以然"的形式的界说，其余都被新理学视为"宋明道学不免著于形象"而鄙弃之①。实际上，儒家或宋明理学人文精神的深远根源和复杂表现，只凭借形式的、逻辑的眼光是观察不到、阐发不出的。

道德的形上学　牟宗三对传统的、以儒家思想为主流或主体的中国文化、哲学的状态、特质②，也有自己的观察和判定："中国思想不是由知识上的定义入手的，所以它没有知识论与逻辑；它的着重点是生命与德性，它的出发点或进路是敬天爱民的道德实践，是践仁成圣的道德实践，是由这种实践注意到'性命天道相贯通'而开出的。"③ 应该说，牟宗三的这一观察和判定是符合中国思想史的实际的；他的学术创造，他对推进儒家思想新发展的理论方向的选择，与这一观察和判定也是分不开的。牟宗三没有像冯友兰那样在中国思想的缺弱处着手，竭力把现代科学理性的、逻辑的因素注入儒学中而锻造出"新理学"；而是关注中国思想的重点处——作为中国文化的人文精神核心或根源的儒家道德理念和实

---

① 冯友兰曾从逻辑经验主义的理论立场上批评朱子说："惜在中国哲学中，逻辑不发达，朱子在此方面，亦未著力；故其所谓理，有本只应为逻辑者，而亦与伦理的相混。如视之理，如指视之形式而言，则为逻辑的；如指视应该明而言，则为伦理的。朱子将此两方面合而为一，因为一物之所以然之理，亦即为其所应该。盖朱子之兴趣，为伦理的，而非逻辑的。"（《朱子哲学》，《三松堂学术文集》，第238页）。

② 牟宗三以儒家思想为中国文化、哲学之主流的观点是十分明确的，如他说，"说到对于中国哲学传统底了解，儒家是主流，一因它是一个土生的骨干，即从民族底本根而生的智慧方向，二因它自道德意识入，独为正大故"（《现象与物自身·序》，《现象与物自身》，台北学生书局1990年版，第9页），"中国文化即是以儒家为主流所决定的一个文化方向、文化形态"（《时代与感受·从儒家的当前使命说中国文化的现代意义》）。

③ 牟宗三：《中国哲学的特质》，第10页。

践，对此作出具有现代哲学观念内涵的新诠释，这就是他的"道德的形上学"。

界说　牟宗三对他的道德的形上学有一明确的界说：

> "道德的形上学"与"道德底形上学"并不相同，后者重点在道德，即重在说明道德之先验本性，而前者重点则在形上学，乃涉及一切存在而为言者，故应含有一些"本体论的陈述"与"宇宙论的陈述"，或综合曰"本体宇宙论的陈述"。此是由道德实践中之彻至与圣证而成者，非如西方希腊传统所传的空头的或纯知解的形上学之纯为外在者然。故此曰道德的形上学意即由道德的进路来接近形上学，或形上学由道德的进路而证成者。[①]

牟宗三此界说是通过两层比较来彰显道德的形上学之含义。道德的形上学不同于"道德底形上学"，它不是论述道德本身所内蕴的形上性质——如道德之先验本性，而是论述一种具有道德性质的形上学——一种十分独特的道德性质的本体论、宇宙论，或本体宇宙论；因此，道德的形上学也不同于"纯知解的形上学"，它不是理性逻辑表述出的形上学而是道德实践证成的形上学。学者多一般地判定，儒家的道德精神，在宋明理学中有最自觉和完整的表现，牟宗三则凸显这种道德精神的人心根源的方面，他说："宋明儒讲学之中点与重点唯是落在道德的本心与道德创造之性能（道德实践所以可能之先天根据）上。"[②] 他的道德的形上学就是围绕对宋明儒学的"道德本心"——心体与性体的诠释而建构起来的。

论证　牟宗三道德的形上学之主要理论内容，就是对心性之本体性质及其如何成为真实的生命实践的论证。可析之为三。

其一，确定儒家道德超越根据之本体。牟宗三道德的形上学首先从宋明儒学众多的范畴、观念中，拣择出"心性"，研判其为宋明理学的理论

---

① 牟宗三：《心体与性体》第一册，台北正中书局1968年版，第9页。
② 同上书，第4页。

核心，是儒家道德实践的先天根据。他说：

> 自宋明儒观之，就道德论道德，其中心问题首在讨论道德实践所以可能之先验根据（或超越的根据），此即是心性问题是也。由此进而复讨论实践之下手问题，此即工夫入路问题是也。前者是道德实践所以可能之客观根据，后者是道德实践所以可能之主观根据，宋明心性之学之全部即是此两问题。①
>
> 内圣之学之本质唯是在自觉地相应道德本性而作道德实践，故其中心问题之所以落在心性，即是因要肯认并明澈一超越的实体（心体性体）以为道德实践（道德行为之纯亦不已）所以可能之超越根据。②

明清的理学家曾概括理学的基本内容说："本体，理也；工夫，学也。"③即理学的理论主题是论证儒家所主张的伦理道德理念之最后的、永恒的根源；阐述践履、实现这些伦理道德规范的途径。牟宗三在新的、现代的观念背景下，判定宋明儒学的"中心问题"，甚至"全部问题"是讨论道德实践的客观根据和主观根据，与此大体上是一致的。但是，牟宗三以心性为道德实践的先验根据，为形上的本体，为超越的实体（心体性体），则还是需要作出新的论证的。因为正如朱子所说"理降而在人，具于形气之中，方谓之性"（《朱子语类》卷九十五），"心者，气之精爽"（同上书卷五），在传统理学的主流理论中（程朱理学），性与心皆被定位在宇宙论层面上。传统理学的陆王心学走向上，虽然有心（陆九渊的"本心"、王守仁的"良知"、刘宗周的"意"）的本体性升越，但在"易简工夫终久大"（《象山全集》卷二十五《鹅湖和教授兄韵》）、"做得工夫方识本体"（《阳明全书》卷三十二《传习录拾遗》）、"独之外别无本体，慎独之外别无工夫"（《刘子全书》卷八《中庸首章说》）的心学宗旨主导下，心学向来是唯注重对"心"的"体认"之修养工夫，对心或理之

---

① 牟宗三：《心体与性体》第一册，台北正中书局1968年版，第8页。
② 牟宗三：《心体与性体》第二册，第252页。
③ （清）耿介：《理学要旨·序》。

儒学与我国现代化进程

381

本体性的论证阐发之事，则视之为"支离""外求"而被鄙弃、被付之阙如①。也很显然，如果以构成传统理学的程朱理学和陆王心学两条基本理论路线来判分，牟宗三道德的形上学选择的是对立于程朱而趋同于陆王的理论立场。当然，牟宗三有用于自己的理论标尺对宋明理学所作另外的派系划分，虽然这也是道德的形上学中的一个颇有特色的具体内容，但毕竟不是其理论核心，我们这里就不再评述这个问题。

其二，论证心性之本体性质。牟宗三对心性之作为道德实践的超越、先验根据（心体性体）的论证，是在中国传统哲学和康德哲学两个哲学观念性质有所不同的范围内展开的。在中国传统哲学的范围内，牟宗三主要是援依二首诗（《诗经》之《周颂·维天之命》与《大雅·烝民》）和四部书（《论语》《孟子》《中庸》《易传》），完成了心性的形上的、本体的升越（心体、性体），赋予了心体性体之所以可作为道德实践之超越根据的那种内涵或功能——道德创造之实体与生化创造之实体。牟宗三认为，《周颂·维天之命》所咏唱"维天之命，於穆不已"，是先秦思想的理性源泉②，儒家正是在此智慧根源处，实现了一种摆脱原始宗教的理性之转变，"天"从在其先的人格神观念中蜕变出来，"天不是人格神的天，而是於穆不已的实体义之天"③。又认为，《论语》每言"仁"，《孟子》有"尽心知性"，《中庸》谓"天命之谓性"，《易传》说"乾道变化，各正性命"，儒家思想在这里有一种观念的整合或犀通，"通过孔子之言仁，孟子之言本心即性，《中庸》《易传》即可认性体通于天命实体，并以天命实体说性体也"④。这样，性之本体性就得到了证明：性体即天命实体。

---

① 如陆九渊曾非议传注、诠解之事曰，"二帝三王之书，先圣先师之训，炳如日星，传注益繁，论说益多，无能发挥而衹因为蔽"（《象山全集》卷十九《贵溪重修县学记》），"古先圣贤，未尝艰难其途径，支离其门户……人孰无心，道不外索，患在戕贼之耳，放失之耳；古人教人，不过存心、养心、求放心，岂有艰难支离之事？"（同上书卷五《与舒西美》）王守仁亦认为："是非之心人皆有之，不假外求，讲求亦只是体当自心所见，不成去心外别有个见……从册子上钻研，名物上考索，形迹上比拟，知识愈广而人欲愈滋，才力愈多而天理愈蔽。"（《阳明全书》卷一《传习录上》）

② 牟宗三说："'维天之命，於穆不已'是先秦儒家发展其道德形上学所依据之最根源的智慧，亦是了解其言道体、性体之法眼。"（《心体与性体》第一册，第404页）

③ 牟宗三：《心体与性体》第一册，第30页。

④ 同上书，第36页。

牟宗三说：

> 就其（按：指天、天道）统天地万物而为其体言，曰实体；就
> 其具于个体之中而为其体言，则曰性体……性体与天命实体通而
> 为一。①

性之本体性既得到了证明，心之本体性也由"心性不二"，相应可逻辑地
得到证明。牟宗三说：

> 心即是道德的本心，此本心即是吾人之性……客观地言之曰性，
> 主观地言之曰心，心性为一而不二。②

牟宗三对心性之本体性质的论证，可以归纳为一句话：心性是从"天道"
（天命实体）那里获得它的本体性质——性体是天命实体在个体中的显
现；心体是个体（性体）的主观方面。这样，在牟宗三的道德的形上学
中，传统理学（朱子理学）的"性"，因"性体与天命实体通而为一"，
完全具备了本体性的品格；"心"亦因"心性为一而不二"完成了由形下
向形上，即由宇宙论层面向本体论层面的升越。

在论证了性体、心体是超越的、形上的天命实体后，在中国传统哲学
范围内，牟宗三进一步对此种"实体"之内涵做了明确的说明：

> 天命实体就统天地万物而为其体言，曰形而上的实体（道体③），
> 此则是能起宇宙生化之创造实体；就其具于个体之中而为其体言，则
> 曰性体，此则是能起道德创造之创造实体。④

---

① 牟宗三：《心体与性体》，第 30~31 页。
② 同上书，第 41~42 页。
③ 这里的"道体"，是牟宗三道德的形上学中对天命实体的另一界说、另一名号。牟
宗三说："道体是就'於穆不已'之天命实体言，是就'为物不二，生物不测'之
创生之道言。"（《心体与性体》，第 82 页）
④ 牟宗三：《心体与性体》，第 40 页。

牟宗三认为，作为道德超越根据之天命实体——可从不同角度上表述为道体、性体、心体，是"道德创造"的实体，也是"宇宙生化"的实体。这是道德的形上学的最基本的理论观念。这里需要特别指出的是，牟宗三道德的形上学中创造实体的"创造性"，有其特定的含义。第一，作为道德超越根据（道体、性体、心体）的两种创造性功能（宇宙生化与道德创造），本质上皆是人的道德创造性。他说：

> 依儒家，只有这道德的性体心体之创造才是真实而真正的创造之意义。它既不是生机主义的生物学的生命之创造，亦不是宗教信仰的上帝之创造。因为生物学的生命之创造，是实然的自然生命之本能，不真是能创造的，就是宗教信仰所说的上帝之创造，若真是落实了，还是这道德的性体心体之创造。①

在以往的人类哲学观念中，对宇宙生化作出根源性解释时，或归之于"上帝创造"，或诠之以"自然发生"。在道德的形上学中，这两种解释均被排除了。因为在牟宗三看来，这两种"生化"的根源处，都没有人的道德主体因素，所以牟宗三说：

> 性体心体不只是人之性，不只是成就严整而纯正的道德行为，而且直透至形而上的宇宙论的意义，而为天地之性，而为宇宙万物底实体本体，为寂感真几，生化之理。②

可见在道德的形上学中，道体"宇宙生化"，实际上是指人的（性体）道德创造性向宇宙范围的拓展，是人之道德精神在宇宙范围的映现。"宇宙便是吾心"（《象山全集》卷二十二《杂说》）、"心外无物、心外无事"（《阳明全书》卷四《与王纯甫二》）的陆王心学基本观点，被牟宗三用新的、心之本体性被显化了的理论语言表述出来了。第二，道德的形上学中

---

① 牟宗三：《心体与性体》，第179页。
② 同上书，第138页。

的人的道德创造性，本质上还是指，或者说实际上更是表现为人之个体生命在道德实践中能不断产生新的道德自觉，不断跨入新的道德境界。牟宗三曾很清晰地概述此过程：

> 性体心体在个人的道德实践方面的起用，首先消极地便是消化生命中的一切非理性的成分，不让感性的力量支配我们；其次便是积极地生色践形，睟面盎背，四肢百体全为性体所润，自然生命底光彩收敛而为圣贤底气象；再次更积极地便是圣神功化，仁不可胜用，表现而为圣贤底德业；最后，则与天地合德，与日月合明，与四时合序，与鬼神合吉凶，性体遍润一切而不遗。性体心体在这样体证之呈现中的起用，便是所谓"道德的性体心体之创造"。①

不难看出，牟宗三认为，儒家的道德实践过程是个体生命主动地从"消化生命中的一切非理性的成分"，经"圣贤气象""圣贤德业"到"与天地合德"的实现生命之至德至善的过程，是性体从润泽个体生命到"遍润一切而不遗"的过程；这个儒家完整的道德境界的建构过程②，就是人之性体作为道德创造实体的创造性的表现。应该说，这是道德的形上学对陆王心学中"若我不识一个字，亦须还我堂堂做个人"（《象山全集》卷三十五《语录下》）、"满街都是圣人"（《阳明全书》卷三《传习录下》）所表现的那种道德自我实现的信心、道德实现之普遍可能性的信心，作出的本体论意义上的诠释。

牟宗三在中国传统哲学范围内，援依二诗四书，以互证、整合其中天命、性、心等儒家基本哲学观念和命题的陈述方式，完成了对心性之本体

---

① 这里的"道体"，是牟宗三道德的形上学中对天命实体的另一界说、另一名号。牟宗三说："道体是就'於穆不已'之天命实体言，是就'为物不二，生物不测'之创生之道言。"

② 顺便提及，牟宗三道德的形上学此处所述四种道德境界，与冯友兰新理学中对人生境界作自然境界、功利境界、道德境界、天地境界四种境界之划分（见《新原人》），有所不同。粗略辨之，新理学四种人生境界，是就人对宇宙人生之"觉解"内容言，且已跨出儒学范围，兼有道家的思想内容和理论立场；道德的形上学纯粹在儒家立场上立言，谓人的道德实践所显现之精神境界，自始至终、从低到高有四个阶段。

性的提升，和其作为道德超越根据是某种创造实体的论证。牟宗三不是停留在这里，而是跨出中国哲学的樊篱，在西方哲学的园地里发掘可以进一步诠释儒家道德实践之超越根据的理论。他发觉，可以借助康德哲学给予宋明儒学的心性之学以新的、现代观念的解释：

> 由道体、性体、心体所展示之形上学，是真正儒家的"道德的形上学"，其内容吾人可借康德之意志自律、物自身、道德界与存有界之合一这三者来规定。①

牟宗三认为可援借来自康德三大批判中的三个基本理论观念来"规定"儒家道德的形上学，其意是谓可借"物自身"来界定性体之本体性质②，以"意志自由律"来显化性体之内涵，用"道德界与自然界合一"来印证性体作为创造实体之功能。较之传统理学，牟宗三道德的形上学攀缘康德哲学，不仅使理论形式上具有西方哲学观念的色彩，更重要的是其本体观念内容和陈述方式发生了变异和转变。按牟宗三的理解，所谓"物自身"，即是"物之在其自己"之概念，这是"一个有价值意味的概念，不是一个事实之概念；它亦就是物之本来面目，物之实相"③。即是说，以"物自身"来诠解、界定的"本体"，即是物之真正的、现象背后的"自己"。这样，传统理学本体观念（如"理"）中的那种作为宇宙万物之根源、总体的内涵就消失了。在传统理学中（程朱理学），本体论层面上的"理"，与"理"之落于形气中的，即宇宙论层面上的心性，是有界限的，是分别陈述的；但在道德的形上学中，以本体为"在其自己"（"物自身"）来理解和界定性体，其本体与其在实践中的呈现，是一而不二的，所谓"天命、天道、太极、太虚、诚体、神体、中体、性体、心体、仁体，乃至敬体、义体，其义一也，总指这'於穆不已'之实体（易体）

---

① 牟宗三：《心体与性体》第一册，第97页。
② 牟宗三曾说："'於穆不已'之性体……真是可使吾人说'物自身'者。"（《心体与性体》第二册，第534页）
③ 牟宗三：《现象与物自身·序》，《现象与物自身》，第6页。

而言"①。这是一种"本体宇宙论"的陈述方式，即在"物自身"的本体观念之下，消融了本体层面与宇宙层面界限的陈述方式。顺便提及，两种不同的心性观念和两种不同的陈述方式，正是牟宗三用来重新判分宋明理学派系的主要理论标尺。

牟宗三认为可用康德哲学的三个主要理论观念来界定、诠解性体、心体的本体性质，构筑道德的形上学，但是，牟宗三的道德的形上学并未蜕变成或趋同于康德哲学。牟宗三十分自觉地、清晰地标帜了自己的道德的形上学与康德哲学的分野。依牟宗三之见，这种分野"关键是在'智的直觉'之有无"②。若具体言之，这种分野可以说主要表现在两个理论观念上。第一，"物自体"的哲学意义。康德认为人类无"智的直觉"——无须使用范畴和通过辩解而显现主体自己或顿现全体的直观③，因而绝无可能认识"物自体"。所以"物自体"只是一个消极的、表示人类认识界限的词语（表述物有"在其自己"者）。牟宗三则认为，人类可以有智的直觉，使物自身（如性体）在人类精神生活中被实现、被给予。他说："我与康德的差别，只是在他不承认人有智的直觉，因而只承认'物自身'一词之消极的意义，而我则承认人可有智的直觉因而亦承认'物自身'一词之积极意义。"④ 第二，道德超越根据的哲学性质。在康德的道德哲学中，作为道德超越根据或根源的"意志自由"，只是一种观念上的假定、准设；但在牟宗三看来，作为道德超越根据的"性体"，完全是真实的、实体的存在，即是在道德实践中的呈现。牟宗三明确地表述了他与康德的这种差异："自主、自律、自由的意志，这道德性的最后真实，其

---

① 牟宗三：《心体与性体》第二册，第115页。
② 牟宗三：《智的直觉与中国哲学·序》，《智的直觉与中国哲学》，台北商务印书馆1971年版，第4页。
③ 牟宗三曾归纳康德所论，确定"智的直觉"内涵有四：1. 就其认知方式言，是直觉的，而不是辩解的；2. 就其直觉之内容言，是纯智的，而不是感触的；3. 智的直觉就是灵魂心体之自我活动而单表象或判断灵魂体自己者，此是智的直觉之原初、根源性质；4. 智的直觉自身就能实现存在，直觉之即实现之（存在之），此是智的直觉之创造性（见《智的直觉与中国哲学》，第145、146页）。要言之，"直觉"不是通过思辨的逻辑过程，而是顿现地觉识对象；不是对象之表面的、部分的现象，而是对其本质的、整体的真实存在的觉识。"智的直觉"是指对"物自体"或"本体"的觉识。
④ 牟宗三：《智的直觉与中国哲学》，第123页。

绝对必然性，为什么不可以在道德践履中去理解（证悟）、去辨识（默识），因而使它真实地呈现于吾人之道德心灵之前呢？为什么必依条件底方式，概念思考底理性，而把它摒除于人类理性底力量之外，而视之为假设呢？康德这不恰当、不相应的思考方式，只表示其对于道德生命、道德真理之未能透彻，未能正视道德真理与道德主体之实践地、真实地呈现之义。"① 总之，在牟宗三看来，康德道德哲学中虽潜在着道德的形上学的理论胎形，但它未能育成，即未能由"道德的进路"——道德实践与智的直觉来证成。这种"道德的进路"具体说来是怎样的呢？

其三，道德超越根据之证成。牟宗三道德的形上学援依中国传统哲学的二诗四书，论定了作为道德超越根据的本体是心体性体；又援借康德哲学，以"意志自由"来诠释此心体性体之内涵，以"物自身"来诠定此本体的性质。但在康德哲学中，"物自身"只是表示认识的界限，"意志自由"也只是一假设。这样，道德的形上学之完成，还必须摆脱康德，说明智的直觉如何可能，说明作为道德超越根据的心体性体之物自身如何证成，即证明心性本体就是真实的生命实践存在。牟宗三认为，在中国哲学的思想传统中，显现有这种可能和途径。

第一，智的直觉如何可能——"逆觉体证"。前面述及，牟宗三对"智的直觉"曾有较周延的、四项意涵的界定，其一、二义是说智的直觉是直觉而不是思辨，是纯智而不是感触。更重要的是三、四义，界定智的直觉是心体表象、判断其自己，是存在的整体呈现。牟宗三研判，宋明儒学中的一种修养方法——逆觉体证，正是具有这些意涵的智的直觉。所谓"逆觉体证"，牟宗三解释说：

> "逆觉"即反而觉识之，体证之义。言反而觉识此本心，体证而肯认之以为体也。②

显然，这是宋明理学中陆王一派的心学观点，即"发明本心""致良知"

---

① 牟宗三：《心体与性体》第一册，第 160 页。
② 牟宗三：《心体与性体》第二册，第 476 页。

的修养工夫，作为对本体"心"的体认，亦是本体——"即工夫即本体"①。牟宗三称之为"本心仁体之明觉活动"，并进一步揭示其具有智的直觉之意涵说：

> 本心仁体之明觉活动，反而自知自证其自己，此在中国以前即名曰逆觉体证。此种逆觉即是智的直觉，因为这纯是本心仁体自身之明觉活动故，不是感性下的自我影响。明觉活动之反觉亦无"能"义，反而所觉之本心仁体亦无"所"义，明觉活动之反觉其自己即消融于其自己而只为一"体"之朗现，故此逆觉体证实非能、所关系，而只是本心仁体自己之具体呈现。②

牟宗三"本心明觉"之论揭示，逆觉体证是纯智活动而不是感性活动，是智的自我反思、表象、判断自己；此种反思不是可以区分出"能""所"的认识活动，而是自我之体的整体呈现。不难看出，逆觉证体具有了智的直觉之主要的，甚至可以说是全部的内涵或特质。牟宗三认为，由"逆觉体证"的存在，即可相信智的直觉在中国哲学背景下③，是完全可以得到说明的，是完全可能的。

第二，心体性体之本体性如何证成——道德实践中呈现。同样，在牟宗三看来，依据中国哲学提供的理论经验，道德超越根据的证成，不应如康德那样，视为是对其"绝对必然性"的理论证明的问题，而应是"性体"在道德实践中被体证、呈现的问题。概言之，"是一个实践问题，不是一个知识问题"④。他说：

> 宋明儒所讲的性体心体，乃至康德所讲的自由自律的意志，依宋

---

① 王守仁说："合着本体的是工夫，做得工夫的方识本体。"(《阳明全书》卷三十二《传习录拾遗》)
② 牟宗三：《智的直觉与中国哲学》，第196页。
③ 牟宗三除了主要立足于儒家外，还援依道家的"不知之知"、佛家的"般若智"来论说中国哲学中的"智的直觉"(参见《智的直觉与中国哲学》第19~21论题所论)，此处只取其以儒家宋明理学"逆觉体证"("本心明觉")为据之论。
④ 牟宗三：《心体与性体》第一册，第168页。

明儒看来，其真实性（不只是一个理念）自始就是要在践仁尽性的真实实践工夫中步步呈现的：步步呈现其真实性，即是步步呈现其绝对的必然性……此实践意义的理解，当是宋明儒所说的证悟、彻悟，乃至所谓体会、体认这较一般的词语之确定的意义。①

依原始儒家的开发及宋明儒者之大宗②的发展，性体心体乃至康德所说的自由、意志之因果性，自始即不是对于我们为不可理解的一个隔绝的预定，乃是实践的体证中的一个呈现。③

牟宗三此番论述，明确表述了可认为是道德的形上学中的一个最重要观点——"性体心体乃是在实践的体证中的一个呈现"；并且也较清晰地解说了它的意涵：首先，此观点是承接宋明理学中主张"心性为一而不二""本体宇宙论"陈述方式的心学一派而来；其次，这里的所谓"实践"，是指"践仁尽性"的道德实践，是指在这个过程中对人之本心本性的领悟、体证；所以最后，这种体证不是对任何一自体以外的对象的认知，而是性体心体本身的呈现。显言之，"在此种体证与呈现中，所成的不是知识系统，而是德性人格底真实生命之系统"④。性体心体以"德性人格""真实生命"，在从"消化生命中一切非理性的成分"，到"与天地合德"的精神过程中，呈现其真实性，证成其"绝对必然性"。

总之，牟宗三以中国传统哲学中的"逆觉体证"等指向个人内心世界、超越纯粹思辨的修养方法、觉识途径，说明智的直觉之可能；认为道德实践所含蕴、实现的道德理念、道德完成，即是道德超越根据的证成。可以说，此即是道德的形上学之"道德的进路"的基本含义。

评议 如果说，冯友兰的新理学是对宋明儒学之程朱理学的"接着

---

① 牟宗三：《心体与性体》第一册，第169页。
② 牟宗三主要以其一，不同的心性观点——心性一而不二与心性有别；其二，不同的陈述方式——本体宇宙论地言之与本体论宇宙论分别言之两项标准，判分宋明儒学中北宋三子（周敦颐、张载、程颢）、陆九渊、胡宏、王守仁、刘宗周七人组成的一派是儒家正统，为大宗；程颐、朱熹二人一派是歧出，为小宗（牟宗三《心体与性体》中多处及《中国哲学十九讲》第十八讲）。
③ 牟宗三：《心体与性体》第一册，第178页。
④ 同上书，第170页。

讲"，那么似乎也可以说，牟宗三的道德的形上学则是对陆王心学的"接着讲"。新理学引进具有现代科学精神的逻辑方法，改变了传统理学的表述、论证方式；但是由重言式的分析命题编织新理学不能诠释或拒绝诠释理学的具有丰富的形上意蕴的内容。道德的形上学的表述、论证方式，仍然承袭传统理学的义解方法——援引儒家的或儒外的经典有关论述、观点互解、互证，然后整合为一结论，但是在其对心体性体之形上的本体性质论说中，却在两个根本之处改变了传统心学理论贫乏的局面。第一，道德的形上学援借先秦儒家经典的"寂感""生化"等观念，将心学的"心"之观念诠释为一具有"宇宙生化""道德创造"性能的"道德超越根据"之实体；又援引康德哲学，赋予这个实体以"物自身""意志自律""道德界与存在界合一"等内涵，使陆王心学的"本心""良心"之本体观念内容充实、丰富起来。第二，道德的形上学以"智的直觉""道德实践中呈现"来诠解"心"之本体的证成、实现，使陆王心学中只有模糊叙说的"发明本心""致良知"的修养方法明晰起来，特别是对"智的直觉"基本内涵的界定，更使陆王心学以个人体悟为主的觉识方法，成为可被理性分析、说明的意识状态，消除了它的神秘性。

新唯识论、新理学、道德的形上学是 20 世纪中国儒学的三个最重要的、具有代表性的儒学形上学理论形态，它们从融合儒佛、改造理学、发展心学等中国哲学的不同学术方向上展现自己新的理论姿态，昭示儒学已步入一个新的理论建设时代。

3. 儒学"内在超越"性质的阐发

不企望超越人性，不企望超越生死，是儒学伟大的明智。儒家的生存方式和目标，是在人伦日用中，如同"绘事后素"（《论语·八佾》），追求不尽地完善人性、完美人生。儒家生活方式貌似平凡、"平面"，实际上亦有其多层的结构和深固的根源，否则我们就不能解释何以儒家文化有如此多姿多彩的多种生活形态的历史表现，不能解释何以历经几千年风雨，在异质文化背景下观察，中华文化至今仍保持基本的精神特质而不走易。这一深层的根源如前面所已论及，可以说是儒家的人性、人生的深刻信念，根系于一在先秦儒家那里被称为"天"（"天命""天道"）的超越性质的实在（实有）。从孔子所说"道之将行也与，命也；道之将废也与，命也，公伯寮其如命何"（《论语·宪问》），和孟子解释所说"莫之为而为者，天也；莫之致而至者，命也"（《孟子·万章上》），可以看出，在先秦儒家那里，此种"天"或"命"的"超越"之性质，最为鲜明的还是其超时空的超验性，及其赋予人的生命过程以规定性、必然性的那种人之外之上的外在性。但从孔子自谓"五十而知天命"（《论语·为政》），孟子申述为"尽其心知其性，知其性则知天矣"（《孟子·尽心上》），又表明在先秦儒家那里，此种人性、人生超越性根源，不是与人隔离的、只能被信仰的对象，而是可在人的人生积累、道德实践中被体认、被实现的对象，具有某种"内在"于人的品质。宋代理学家每说："在天为命，在义为理，在人为性，主于身为心，其实一也"（《河南程氏遗书》卷十八），"性者，人所受天之理；天道者，天理自然之本体，其实一理"（《论语集注》卷三《公冶长》）。所以可以认为，儒学中作为人性、人生根源的超越性实在天命、天道，在宋明理学中进一步被与人性、人生一体化了、内在化了。即是说，人性、人生的最终根源还是存在于、显现于人自身的道德实践之中。超越性的人性、人生根源之内在化，是儒家伦理道德自觉达到了最高程度的理论表述。20世纪的中国儒学，在强势的西方文化、西方哲学挑战面前，为了固守儒学阵地；在现代化道路的艰难选择面前，为了破解方向迷失的困惑，都需要开发自己最深层的精神资源，形成自己对中国文化特质更深刻的识解。此种情势下，儒家思想最独特的、超越而内在的道德根源之观念，就更凸现出来。20世纪50年代以后，在中国港台或海外的第二代、第三代新儒家学者，援依、映照西方文化、思想中具有最高精神价值的宗教之特质，从不同理论角度上，共同地将儒家的具有根源性内涵的天（天道、天命）诠释为"内在超越"。

三个不同角度的界说　最先，也是最为明确地界说儒家的"天"之性质为"内在超越"者是牟宗三。他援引《诗经·周颂·维天之命》之"维天之命，於穆不已。於乎不显，文王之德之纯"为据说：

　　天道高高在上，有超越的意义。天道贯注于人身之时，又内在于人而为人的性，这时天道又是内在的（Immanent）。因此，我们可以说天道一方面是超越的（Transcendent），另一方面又是内在的。天道既超越又内在，此时可谓兼具宗教与道德的意味，宗教重超越义，而道德重内在义。在中国古代，由于特殊的文化背境，天道的观念于内在意义方面有辉煌煊赫的进展，故此儒家的道德观得以确定。①

牟宗三"内在超越"结论的关键之处，是在"天道贯注于人身之时，又内在于人而为人的性"。这是在以"天道"既为本体，亦为流行，"天道"与"性"有内在关系的宋代理学的观念基础上才能作出的研判；是本体论层面的宇宙本体与道德本体合一的结论。

此后，余英时直接从孔孟的论说里推出这个结论：

中国儒学相信，"道之大源出于天"，这是价值的源头。"道"足以照明"人伦日用"，赋予后者意义。那么我们怎样才能进入这个超越的价值世界呢？孟子早就说过："尽其心者知其性，知其性则知天。"折射走内在超越的路，和西方外在超越恰成一鲜明的对照。孔子的"为仁由己"，已经指出了这个内在超越的方向，但孟子特提"心"字，更为具体。②

显然，在余英时这里，"内在超越"是价值论层面上的结论，是对与西方文化不同的儒家文化之价值源头和价值实现途径不可分离、超越世界（价值）和现实世界（事实）没有鸿沟的观念之概括表述。

最后，刘述先则主要是在将儒学与西方基督宗教传统的对比中，解说这个结论③：

---

① 牟宗三：《中国哲学的特质》，第21页。
② 余英时：《从价值系统看中国文化的现代意义》，《中国思想传统的现代诠释》，江苏人民出版社1989年版，第10页。
③ 刘述先曾说："孟子思想有深刻的宗教哲学的意蕴。他说'尽其心者知其性也，知其性则知天矣'，尽心知性自然便知天，故天人不隔，超越与内在两方面互相穿透，这是中国特殊形态的人文主义思想，天的超越性要通过人的内在来实现。"（《论儒家"内圣外王"的理想》，景海峰编《刘述先新儒学论著辑要：儒家思想与现代化》，中国广播电视出版社1992年版，第6页）可见刘述先也曾从孔孟的论说中推出"内在超越"的结论。这里舍去他的这个论述角度，而取其立于西方宗教传统比较的论述角度，以显示为另一种理论立场的代表。

中国的儒家传统与西方基督教传统对于终极的体会，有十分明显的不同。儒家是一个"内在的超越"的传统，而基督教则是一"纯粹的超越"的传统。儒家所崇信的天道，就流行在这一个世界之中，虽说"形而上者谓之道，形而下者谓之器"，然而器即是道的表现，道（超越的生生的泉源）即内在于吾人的生命之中，故曰"内在的超越"。而基督教徒所崇信的上帝是世界的创造者，并不是世界的一部分，故巴特（Karl Barth）说，它是"绝对的他在"（Wholly Other），换句话说，也即是"纯粹的超越"。①

在中国传统的思想观念范围内，儒家的道德理论和实践，在汉唐以来的儒佛、儒道之辨中，其与佛家、道家（道教）相比较，一直定位为"外"而不是"内"②；只是在西方信仰上帝的基督宗教观念背景下，并且其"上帝"不是像19世纪以前的理性派神学家所理解的内在于世界的一切的存在，而是按照出现在20世纪两次世界大战间新正统派神学所理解的是绝对的、外在的、超越的存在——巴特正是欧洲新正统派神学的首位代表，儒学具有道德内涵的、超越性的实在"天道"，才是"内在的超越"。刘述先的"儒家传统是一个内在的超越的传统"之结论，显然是在这样的背景下、条件下才能得出的。

儒学性质的不同判定　儒学之"内在超越"特质，被20世纪的中国儒学从三个有所不同的理论角度上定义、解说出来了；但是，这一诠释工作并未结束。以"内在超越"为观念基础，从三个有所不同的理论角度上，还各有对儒学之性质或儒家文化之特色的进一步阐发。

牟宗三由儒学的"天道"观念是一种内在超越，"兼具宗教与道德意味"之观点出发，进而将儒学诠定为一种宗教——"人文教"。牟宗三的

---

① 刘述先：《当代新儒家可以向基督教学些什么》，《刘述先新儒学论著辑要：儒家思想与现代化》，第301页。
② 前已论及，中国历史上之佛家、道家与儒家相比较，每有内外、本末之分，佛道所论亦有所不同。道教以己为本为内，儒家为外为末，如葛洪说："道者儒之本，儒者道之末。"（《抱朴子·内篇·明本》）佛家则以己为本为内，儒道为外为末，如北周道安说："救形之教，教称为外；济神之典，典号为内。释教为内，儒教为外……道属儒宗，已彰前简。"（道安：《二教论》）

这一判定与他的宗教观相犀通。概言之，牟宗三的宗教理念可以说主要有两项意涵。其一，宗教是文化的"基本动力"。他说：

> 一个文化不能没有它的基本的内在心灵。这是创造文化的动力，也是使文化有独特性的所在。依我们看法，这动力即是宗教，不管它是什么形态。依此，我们可说：文化生命之基本动力当在宗教。①

其二，宗教有两个"责任"。他说：

> 宗教的责任有二：第一，它须尽日常生活轨道的责任……第二，宗教能启发人的精神向上之机，指导精神生活的途径。②

显然，在众多的诸如宗教、哲学、科学、文学、艺术等不同的具体文化形态中，牟宗三是以是否具有"基本动力""两个责任"之两项特定的社会功能为标准来衡定宗教的。也正是用这两项标准，他判定儒学是宗教——是"儒教""人文教""圆教"。首先，如前已述及，牟宗三根据儒学是"土生的骨干"、有强烈的道德意识等基本的历史实际、理论特质，判定儒学是中国文化的主流，决定了中国文化的方向、形态。换言之，儒学就是中国文化生命的"基本动力"。在此意义上，儒学也就是宗教，可称之为"儒教"。故他说："了解西方文化不能只通过科学与民主政治来了解，还要通过西方文化之基本动力——基督教来了解。了解中国文化也是同样，即要通过作为中国文化之动力之儒教来了解。"③ 其次，作为衡定宗教的"两个责任"标准，也就是牟宗三诠释出的儒家"天道"理念的超越与内在两项意涵；并且，有此两项意涵的"天道"观念，还使儒家在其理论思想和社会生活中排除了"外在超越"的人格神出现的可能，因而"儒教"亦可称为"人文教"。故他说："儒家不舍离人伦而即经由人伦以印证并肯定一真善美之'神性之实'或'价值之源'，即一普遍的道

---

① 牟宗三：《中国哲学的特质》，第93页。
② 同上书，第94、95页。
③ 同上书，第93页。

德实体。而后可以成为宗教……儒家所透彻而肯定之超越而普遍之道德精神实体，决不能转成基督教所祈祷崇拜之人格之神，依此而言，儒家为人文教……人文教之所以为教，落下来为日常生活之轨道，提上去肯定一超越而普遍之道德精神实体。"① 最后，在牟宗三看来，内在超越的儒学之为人文教，在于儒学是在人伦日用中印证"价值之源"，有"提上去"与"落下来"的两方面的周延的功能，所以是"圆教"；而"外在超越"的宗教，崇敬的对象与人文世界总是分隔，所以是"离教"。故他说："儒家教义即依据此两面之圆满谐和形态而得成为人文教，凡不具备此圆满谐和形态者，吾皆认之为离教：或耶或佛。"②

牟宗三在超越而内在的"天道"理念的基础上，诠定儒学的性质是一种圆满的宗教——人文教。不仅如此，牟宗三似乎还萌生了要走出单纯的理论诠释，实际创立儒家人文教的意图。如他说："吾人处今日，单据日常生活之轨道提撕精神，启发灵感两义，而谓科学与民主以外，有肯定并成立人文教之必要……吾人肯定人文教，并非欲于此世中增加一宗教，与既成宗教争短长，乃只面对国家之艰难，生民之疾苦，欲为国家立根本。"③ 牟宗三的此种创教意图，不禁使人联想到 20 世纪初辛亥革命前后，康有为等人试图立孔教为国教的努力，这是一个已被中国现代社会进步所否定的、失败的努力。牟宗三觉得需要与其划清界限，故评断说：

> 他们（按：指康有为及其积极投入创立孔教会、立孔教为国教活动的门人陈汉章）不知孔教之所以为教之最内在的生命与智慧，只凭历史传统之悠久与化力远被之广大，以期定孔教为国教。一个国家是需要有一个共所信念之纲维以为立国之本。此意识他们是有的，此亦可说是一个识大体的意识，但其支持此意识之根据却是外在的……他们的心思尚仍只是在典章制度风俗习惯之制约中而不能超

---

① 牟宗三：《人文主义与宗教》，《生命的学问》，广西师范大学出版社 2005 年版，第 63~65 页。

② 同上书，第 64 页。

③ 同上书，第 66、67 页。

拔，故其根据纯是外在的。①

牟宗三以"内在的生命与智慧"与"外在的典章制度风俗习惯之制约"来划分他的"成立人文教"与康有为的"立孔教为国教"之间的界限，并不准确，亦欠公允。客观地说，康、牟皆是以儒学在历史上所表现出的具有规范社会生活，赋予人生、生活以意义的独特社会功能而诠定儒学为宗教的。如前所论，康有为视宗教为一国之"桢干"，能建构出一个国家的基本形态②；还特别指出宗教具有"入其人民之心，化成其神思"的塑造人们内在的精神世界的"国魂"功能③。可见，康、牟立教之说的差别，不能以"外在""内在"来划界。但是应该说，牟宗三视儒学为一种"文化生命"，以"内在超越"的观念为基础而诠释儒学之宗教功能，有哲学本体论的理据、具体的道德精神内容，是更具理论色彩、更为深刻的论证。因此，康、牟立教之论确有义理的深浅之别。然而，康、牟立教的真正差异，却是在于他们的意图、诉求有根本的不同：康有为"立孔教为国教"，是为了继续获得、保持儒学与国家权力的结合，恢复、维护随着辛亥革命成功而崩溃了的、失去了的儒学自汉代以来而逐渐形成的作为国家意识形态的地位，所以他的努力必然是要失败的。而牟宗三的"成立人文教"，则意在崇高化、神圣化儒学的核心价值理念，坚守住中国文化生命中的主要是从儒学那里发育生长起来的道德精神和智慧方向，正如他自己所宣示的："从前是儒释道三教相摩荡，现在则当是儒佛耶相摩荡，这是不可避免的时代课题，如不能本儒家的智慧以畅通中国文化生命之道路，则其民族生命是无法健康地站立起来的。"④ 虽然，在儒家的生活方式下，创立一个新形态的儒家宗教，既无必要，也不可能，但他的理论诉求——要以儒学的自我理论生长、发展来实现儒学或中国文化的绵延存在、发展，还是应受尊重的。

刘述先在西方基督教传统的背景下，特别是 20 世纪新正统派神学家

① 牟宗三：《现时中国之宗教趋势》，《生命的学问》，第 86 页。
② 康有为：《孔教会序一》，《康有为政论集》，第 733 页。
③ 康有为：《中国颠危误在全法欧美而尽弃国粹说》，《康有为政论集》，第 896 页。
④ 牟宗三：《关于宗教的态度与立场》，《生命的学问》，第 82 页。

巴特的"绝对的他在"观念映衬下，将儒学的"天道"诠定为"内在的超越"。在此基础上，他援借20世纪新正统派另一位代表人物美国神学家、宗教哲学家田立克（P. Tillich 或译为蒂利希）的"终极关怀"观念，也判定儒学具有宗教性的内涵。他说：

> 当代神学家田立克乃将宗教重新界定为"终极关怀"（ultimate concern）。这样的改造是有其必要的，不只佛教有其终极关怀，表面上看来彻底现世性的儒家，一样有其终极关怀，而有其宗教意涵。①

前面已论及，田立克以"终极关怀"——对人之存在及其意义的关切来界定宗教，从存在主义的立场将宗教从一种对有人格特征、品格的外在超越性存在的超理性信仰，转换为对作为是整体、无限、终极的存在之本体的具有理性内涵的体认，融化了不同宗教之间的界限与对立，在这个"宗教"定义下，内在超越的儒学，当然也就有了"宗教意涵"。但是在这里，刘述先对儒学"内在超越"进一步的诠释与牟宗三有明显的不同。第一，他只是在最宽泛的"终极关怀"的意义上，判定儒学具有"宗教性"，而并不认为儒学也是严格意义上的如佛教、基督宗教那样的"宗教"。如他说：

> 把宗教重新界定为"终极关怀"，在这种情形下，儒家的宗教性跟西方的宗教性就可以比较接近。②
> 中国传统一向以儒释道为三教，这个"教"字的意思当然不即是我们现在所谓的宗教（Religion），但儒家思想与佛家、道家思想一样也有宗教的意蕴，则是不容置疑的。③

---

① 刘述先：《论宗教的超越与内在》，《儒家思想开拓的尝试》，中国社会科学出版社2001年版，第43页。
② 刘述先：《从学理层次探讨儒家思想本质》，《刘述先新儒学论著辑要：儒家思想与现代化》，第266页。
③ 刘述先：《"两行之理"与安身立命》，《儒家思想开拓的尝试》，第79页。

应该说，儒学不是宗教而却具有宗教性，这样的判定还是符合实际的。第二，他也并不认为"内在超越"的儒学一定优越于"外在超越"的宗教；相反，从"外在超越"的立场上，可以形成一种批评的视角，观察到儒学的不足。如他说：

> 儒家也可以在天人合一的强调之外，多讲一点天人的差距。天的生生的精神固然在于个体的生命之中，但人毕竟不即是天。有限可以通于无限，并不意味着有限可以等同于无限。①
>
> 人需要对于神圣的向往，也需要培养好奇心以及开创的欲望，不能只卷在日常生活的俗事里，浑浑噩噩地度过一生。人文主义发展到了泛滥的情况，也可以造成障蔽，不利于文化的进一步开展。②

应该承认，刘述先所批评、警告的现象，在儒家的社会生活里是发生过、存在着的，缺乏对"超越"的敬畏，会引起道德信念、道德行为的削弱、崩溃。但是，也应该说，儒家的人文主义核心是道德的理性自觉；对神圣的追求，对"超越"的敬畏，都是儒家道德的理性自觉的表现。所以，如果有这种"浑噩"现象的出现，只能说是道德的理性自觉不足，儒家人文主义的不足，而不是"泛滥"。刘述先的观察所见只是表明，在外在超越的宗教精神世界里，最后的精神防线是信仰，在内在超越的儒家精神世界里，唯一可坚守住生命价值不堕落、不丧失的精神防线则是道德的理性自觉。

余英时对儒学"内在超越"的进一步诠释，与牟宗三、刘述先皆不同，他不是去揭示它的"宗教"或"宗教性"的特质，而是将它视为是一个文化价值系统的核心的、基础的理念，首先判定它的非宗教的品格。如他说："内在超越的中国文化，由于没有把价值之源加以实质化（reified）、形式化，因此也没有西方由上帝观念而衍生出来的一整套精神

---

① 刘述先：《当代新儒家可以向基督教学些什么》，《刘述先新儒学论著辑要：儒家思想与现代化》，第305页。
② 同上书，第304页。

负担"①；然后主要是揭示它发力于中国现代化进程中的表现，亦如他说："我要从正面说明中国文化的内在超越性在现代化进程中所已经发生或可能发生的作用。"② 余英时离开对"内在超越"更深入的义理内容的阐发，进入对其实际的社会功能的考察，他的独特的理论取向，我们也从另外的一个理论角度，在下一个论题中再予论述。

4. 儒学创新的方法论自觉

方法论自觉是理论创新的必要前提，是一种深度的学术觉醒。前面所述儒学形上学重建中的"新唯识论""新理学""道德的形上学"都有这种自觉表现。20 世纪 80 年代以后，从"文化大革命"阴影笼罩下走出来的中国大陆，在对传统文化研究热潮中，儒学研究很自然地被凸显为最重要的学术领域，儒学的现代诠释或创新的方法论问题更被突出地提上日程。一些长期旅居海外，并一直从事中国传统文化或儒学研究的华人学者，能熟悉和准确理解、把握现代西方思想，有较广阔的理论视野和新颖的思维理路，正所谓"他山之石，可以为错；他山之石，可以攻玉"（《诗经·小雅·鹤鸣》），他们在各自已有的儒学或中国哲学研究的学术积累的基础上，吸纳现代西方哲学思想，率先思考并提出了相互间有同有异的传统儒学实现现代理论创新的学术途径的观点。粗略地归纳言之，可谓有三：转化、重构、对话。

现代转化 儒家思想、价值体系如果能在现代社会继续存在、有所发展，必须要有儒学的现代转化（有时学者们或表述为"创造性转化""自我转化"），这几乎是所有现代儒家学者的共识。但是，作为以现代观念阐述传统儒学的一种方法，一种诠释模式、原则、理路的"现代转化"，美国哈佛大学教授杜维明对其内涵论述得比较明确和周全。从 20 世纪 80 年代以来，杜维明对儒家传统现代转化的多次论说中可以看出，这种转化应是指进入现代语境、具有现代观念和回应现代问题等不同的理论层面或理论内容。杜维明说："任何一种哲学思想，只要是活的、有生命力的，就一定要用现代的语言来陈述。这个陈述本身，就是一种哲学思考。这不

---

① 余英时：《从价值系统看中国文化的现代意义》，《中国思想传统的现代诠释》，第16 页。
② 同上书，第15 页。

是削足适履的方法，也不是曲解原意的方法。你要进入哲学家的领域，了解他的哲学内涵，对他的语言、范畴、文字、时代了解得越多越好；同时，你是站在 20 世纪现代人的立场来了解古典，不能把现在所处的条件、环境给消解掉。所以，我们在研究过程中，对自己所采用的方法的自觉程度很重要，每个时代的人都在用自己的方法进行思考，这里有个语境（context）的问题。"① 应该说，这是毋庸置疑的。儒家传统现代转化在最低的层面上是应用现代的话语表达、陈述古代的思想。以今人的语言解说古人思想是很自然的、合理的。作为宋明理学主要理论载体的语录，就是用当时通俗语言诠解传统儒家思想。现代中国经过五四以来的白话文运动和西方学术涌入，语言文体和思想观念都发生了巨大的变迁，甚至是某种断裂，古代思想若不进入现代语境，没有现代语言、概念、观念的注入和润泽，就会是僵死的、凝固的，难以成为构筑现代人思绪理路、精神世界的元素。在儒家传统现代转化的应具有现代观念的层面上，杜维明有更多的论述。他说："儒家传统的现代转化，就是儒家传统能不能接受启蒙心态所体现的一些基本价值，如自由、平等、人权、法治等，能不能吸收到儒家传统之中。这是一个进行创造转化的前提。假如不能，那么儒家传统本身在现代社会发挥积极作用的可能性便不存在"②，"假如儒家的人文精神不能通过自由、民主、理性、法治的考验，它本身就没有办法现代化"。③ 简言之，儒家传统的现代转化，就是要在观念的层面上接受和消化西方启蒙思想的主要价值观念。最后，在更高的层面上，杜维明认为儒家传统的现代转化或新的发展，在于能否回应现代社会发展提出的理论的和实践的问题，或者说能否回应西方的挑战。他说："就我自己的感受而言，如果儒家这个传统，面对西方的挑战没有创建性的回应，它就没有发展的可能。这个创建性的回应是多层次的，至少应该分三个层次。一个是宗教的层次，对基督教所提出的问题有没有创建性的回应？

① 杜维明：《儒家传统的现代转化》，《杜维明文集》第一卷，武汉出版社 2002 年版，第 560 页。
② 杜维明：《从"文化中国"的精神资源看儒学发展的困境》，《杜维明文集》第五卷，第 469 页。
③ 杜维明：《儒家人文精神与文明对话》，《杜维明文集》第五卷，第 611 页。

然后是社会的层次，对马克思和各种不同的民主制度、不同的社会思潮有没有创建性的回应？还有一个是心理的层次，即能否对弗洛伊德的各种心理问题作出回应？"① 也是在这个层面上，杜维明还认为，接受、消化了启蒙思想的儒家传统，还可以回应启蒙心态、启蒙理论异化而遗留在西方社会中的弊端②。

至此，我们可以作出这样的评断：杜维明对儒家传统现代转化——儒家思想获得新的生命、新的发展之方法或途径的论述，在现代儒家学者中是最为丰满和周延的，但是西方背景的生活经历、文化感受和理论渊源，使其问题意识多产生自回应西方学者对儒学的质疑，罕有对儒学自身历史发展中滋生、积累的问题的观照；问题阐述和证验多参引西方资本主义社会生活，弱于和中国已经发生和正在发生的现实——中国现代化进程相切合。

理论重构 与"现代转化"有所区别的另一种试图对儒学作出现代诠释、理论创新的方法或途径，是先确定一核心观念、基本原则，或先设计一理论架构，再以之审视、诠释儒家传统或中国哲学，使之以一种与这个架构、原则一致的，且有现代观念内容的新的理论面貌出现，我们称之为"理论重构"或"理论重建"。20 世纪 80 年代以来，海外华人儒家学者提出的重构、重建儒家传统或中国哲学的方法论模式主要有余英时的"价值系统的中心观念"、刘述先的"理一分殊"和成中英的"本体诠释"等。

"价值系统的中心观念"是哈佛大学教授、华人学者余英时选择的用以对中国文化传统作现代诠释的理论角度，基本的理论立足点。余英时曾明白地宣示，他的这一诠释角度或方法论立场是在西方历史学家维柯（G. B. Vico）、人类学家克罗伯（A. L. Kroeber）等的文化观影响下形成的。这种文化观认为，文化是多元的，每一民族都有自己的独特文

---

① 杜维明：《儒学的创造性转化》，《现代精神与儒家传统》，生活·读书·新知三联书店 1997 年版，第 284~285 页。

② 杜维明多次论及启蒙心态或启蒙理论异化而显现在西方现代社会生活中的弊端。如谓由理性精神而变异出的人类中心主义、科学主义，"为一切生灵所带来的危机，要靠世界各地的精神文明来化解"（《化解启蒙心态》，《杜维明文集》第五卷，第 262 页）。

化；每种文化的核心，是由一套传统观念，尤其是价值系统所构成①。接受这种文化观，余英时审视处在现代化进程中的中国文化传统，相应地也有了两个重要结论。其一是关于现代化模式的："检讨某一具体的文化传统（如中国文化）及其在现代化的处境时，我们更应该注意它的个性……中国文化的现代转变中，西方文化是这一转变中的一个重要环节，但现代化决不等于西化"②。其二是关于中国文化重建的："中国文化重建的问题，事实上可以归结为中国传统的基本价值与中心观念在现代化的要求之下如何调整与转化的问题"③。这样，在余英时这里，中国文化传统的现代化之路必然是在有异于西化的走自己之路的原则确定之后，研判中国文化传统——余英时如多数学者一样，认同儒学是其主流或主体④——的中心价值观念，研判由这个中心观念展开而形成的价值体系，即人生的"意义之网"⑤，就在他的诠释角度或方法论立场上凸显起来。余英时将人间秩序和道德价值的根源及其与人世间的关系，视为是一种文化、一种价值体系中的核心问题⑥，并在西方文化背景下，判定中西文化皆以这种人间秩序和道德价值的根源为一种超越的存在；但相对于西方文化中的价值根源是人格化的上帝，是一种"外在超越"，中国文化的超越性根源"天""道"，乃是一种"内在超越"。他说："孟子早就说

---

① 余英时：《从价值系统看中国文化的现代意义》，《中国思想传统的现代诠释》，第2~3页。

② 同上书，第5页。

③ 余英时：《试论中国文化的重建问题》，《中国思想传统的现代诠释》，第52页。

④ 余英时对儒学作为中国文化的主流，有十分肯定而充实的说明："在两千多年中，通过政治、社会、经济、教育种种制度的建立，儒学已一步步进入国人的日常生活的每一角落。我们常常听人说儒学是中国文化的主流。这句话如果确有所指，则儒学决不能限于历代儒家经典中的教义，而必须包括受儒家教义影响而形成的生活方式。"（余英时：《现代儒学的困境》，《现代儒学的回顾与展望》，生活·读书·新知三联书店2004年版，第54页）

⑤ 余英时说："在个人层面上，无论是自觉或不自觉，人生都离不开一套'意义之网'的支持，这是人的'精神的家'。"（余英时：《文化建设私议》，辛华、任菁编《余英时新儒学论著辑要：内在超越之路》，中国广播电视出版社1992年版，第79页）

⑥ 余英时说："价值的来源问题，以及价值世界和实际世界之间的关系问题，是每一文化都要碰到的问题，是讨论中西文化异同所必须涉及的总关键。"（《从价值系统看中国文化的现代意义》，《中国思想传统的现代诠释》，第7页）

过，'尽其心者知其性，知其性则知天'，这是走内在超越的路，和西方外在超越恰成一鲜明的对照。"① 进而，余英时又从人和天地的关系、人和人的关系、人对自我的态度、对生死的看法等不同方面研讨"内在超越"这个中国文化的中心观念衍生的价值观念，编织的"人生意义之网"。这个理论角度上所能观察和诠释的中国文化传统的现代转化，大体都呈现出来了，其中，有三项结论最能显示这一理论角度或诠释方法的特色。一是中国传统的现代化——科学和民主的实现。五四时的知识分子，蹈袭西方近代现代化进程启动时的经验，提出在中国也要掀起"文艺复兴"和"启蒙运动"。余英时从他的中西文化有"内在超越"和"外在超越"之根本差异的理论立场上，对这个口号表示明确的否定的态度，视为是"西方历史的机械移植"②。但是，他对五四时形成的科学与民主应为现代化的主要价值内涵、生活内容的社会共识，却是认同的。并且从同样的理论立场上判定，就"科学"而言，传统文化的现代化就是西化。余英时说："内倾文化注重人文领域内的问题，外倾文化注重人文领域以外（自然）或以上（宗教）的问题，由此可见中国之所以发展不出科学是具有文化背景的。西方的科学的突飞猛进虽是近两三百年的事，可是它的源头必须上溯至希腊时代。中国如果要在这一方面赶上世界水平，只有走'西化'之路。从这个特定的问题上，现代化和西化是同义语。"③ 显然，在这里余英时是在"科学"与"技术"有重要内涵差异和"科学"有特定含义的意义上，作

---

① 余英时：《从价值系统看中国文化的现代意义》，《中国思想传统的现代诠释》，第 10 页。

② 余英时说："'五四'时的知识分子要在中国推动'文艺复兴'和'启蒙运动'，这是把西方的历史机械地移植到中国来了。他们对儒教的攻击即在有意或无意地采取了近代西方人对中古教会的态度。换句话说，他们认为这是中国'俗世化'所必经的途径。但事实上，中国的现代化根本碰不到'俗世化'的问题，因为中国没有西方教会的传统。中国的古典研究从来未曾中断，自然不需要什么'文艺复兴'；中国并无信仰与理性的对峙，更不是理性长期处在信仰压抑之下的局面，因此'启蒙'之说在中国也是没有着落的。"（《从价值系统看中国文化的现代意义》，《中国思想传统的现代诠释》，第 14～15 页）

③ 余英时：《从价值系统看中国文化的现代意义》，《中国思想传统的现代诠释》，第 23～24 页。

出这样判定的①。就"民主"而言，在内在超越的中国文化价值体系中，"由于缺乏上帝立法的观念，法律始终没有神圣性"②，有礼治而无法治；人与人之间，人与国家之间，都是人伦关系，"权利意识一向被压缩在义务观念之下"③，所以中国文化传统缺乏构成民主的必要因素，没有发展出民主。但是，"中国文化把人当作目的而非手段，它的个人主义精神凸显了每一个个人的道德价值；它又发展了从'人皆可为尧舜'到'满街皆是圣人'的平等意识，以及从'为仁由己'到讲学议政的自由传统。凡此种种都是中国民主的精神凭借，可以通过现代的法制结构而转化为客观存在的"④。概言之，在余英时的诠释角度、理论立场上观察，中国现代化进程中的"科学"的实现，应是"西化"；而"民主"的完成，则可以是"转化"——儒家固有道德价值中蕴含的平等、自由理念，经由现代法治制度转变为现实。二是中国传统价值的后现代意义。《大学》曰："知止而后有定，定而后能静，静而后能安，安而后能虑，虑而后能得。"余英时认为，《大学》这里所谓止、定、静、安，本来是描述个人修养过程的心理状态，但也可视为是对一种内倾文化性格的表述，"适用于中国文化的一般表现"⑤。在对中国文化的特性作出如此的判定的基础上，余英时回顾中国历史，判定中国文化的这种内倾性格，"在现代化过程中的确曾显露了不少不合时宜的弊端，但中国文化之所以能延续数千年而不断，却也是受这种内在的韧力之赐"⑥；又环视现当代的西方后工业化的发达国家，观察到，"今天西方的危机却正在动而不能静，进而不能止，富而不能安，乱而不能定"⑦。这样，余英时就得出结论："如果说在现代

---

① 余英时说："基本科学的研究不以实用为最高目的，而是为真理而真理、为知识而知识的，这是运用理性来解释世界、认识世界的。"(《从价值系统看中国文化的现代意义》，第 24 页)科学在其特质上与道德和在目的上与技术皆有区别的认知理性。又说"西方的科学是近两三百年的事"，显然是以逻辑、实验等条件为内容科学，是一种工具理性。余英时这里的"科学"，兼有这样两重意涵。

② 余英时：《从价值系统看中国文化的现代意义》，《中国思想传统的现代诠释》，第 31 页。
③ 同上书，第 33 页。
④ 同上书，第 34 页。
⑤ 同上书，第 20 页。
⑥ 同上书，第 19 页。
⑦ 同上书，第 20 页。

化早期，安定静止之类的价值观念是不适用的，那么，在即将进入'现代以后'（post‑modern）的现阶段，这些观念则十分值得我们正视了。"①

三是现代儒学的困境。内在超越是中国传统文化、传统思想的特性、特质，当然更是作为其主流、主体的儒学的特性、特质。在现代的科学观念背景下，在辛亥革命和五四后中国社会制度和思想观念发生巨大变迁的情境下，从这个中国文化的核心之处，会发生两个在作为历史学家的余英时看来是使儒学落入困境的问题。一个是理论性的问题。儒家（如前引孟子）以为超越的价值之根源内在于人心、人性之中，这种"内在"能不能得到一种高于传统儒家经验性说明之上的、科学的证明？"人是否具有与生俱来的价值自觉的能力？"② 一个是实践性的问题。原来是通过制度化而存在、而发挥功能的儒学，在传统社会解体后，内在超越的价值体系能有何种制度化的落实？"将以何种方式维持它的新生命呢？"③ 对于第一个问题，余英时的回答是： "这个问题我们尚不能给予'科学的'答案。"④ 但他对儒学理论的这一立论之基础仍有所坚持，援借美国语言学家乔姆斯基（N. Chomsky）"转换生成语言"理论认定人有与生俱来的语言能力的观点，推论人的先天价值自觉能力尚有可证明的空间，"这个问题仍然是开放的，疑者固然有理，信者也不算完全无据。"⑤ 总之，儒学陷入在一个理论根本之处必须确认而又不能确证的理论困境之中。对于第二个问题，余英时的回答是："现代儒学是否将改变其传统的'践履'性格而止于一种'论说'呢？还是继续以往的传统，在'人伦日用'方面发挥规范的作用呢？如属前者，则儒学便是以'游魂'为其现代命运；如属后者，则怎样在儒家价值和现代社会结构之间重新建立制度性的联系，将是一个不易解决的难题。"⑥ 在余英时看来，现代处境中的儒学困境，在于它只是不断被注入现代论说的观念性的历史遗迹，难以获得能在

---

① 余英时：《从价值系统看中国文化的现代意义》，第 19 页。

② 同上书，第 42 页。

③ 余英时：《现代儒学的困境》，《现代儒学的回顾与展望》，第 56 页。

④ 同上书，第 42 页。

⑤ 余英时：《从价值系统看中国文化的现代意义》，《中国思想传统的现代诠释》，第 43 页。

⑥ 余英时：《现代儒学论·自序》，《现代儒学的回顾与展望》，第 267 页。

现代人伦日用、社会结构中表现其价值实现的那种新的生命。

余英时从人类学、文化学的理论和西方文化背景中，研判出中国传统价值系统的中心观念——内在超越；进而从这个理论角度推演了中国传统在现代化进程中的科学、民主应如何生成和在后现代所具有的意义，观察到现代儒学面临的困境。这些结论既显示出这是一个视域很宽广的诠释角度，也表现了注重实证根据、尊重历史实际的历史学方法论特色和理论品质。正是这种历史学的理论品质，使余英时能突破一直盘踞在"中国现代化的道路"这个论域里的"中体西用"或"全盘西化"的模式设计，而代之以对已发生和正发生的历史事实的客观叙述；对儒学作为中国文化主流的界说，不仅指陈它的儒家教义之内涵，还凸显其受儒家教义影响而形成的、以制度化为主要内容的生活方式之意蕴；即使像"内在超越"这样具有形上性质的观念，也要执着地试图从实证科学那里去寻找"科学"的证明，而鄙弃心性哲学的"体悟"的论证①。当然，也绽露了某种历史学方法的局限。例如在对现代儒学研判中，余英时依据乔姆斯基判定人有天生的语言生成能力，推断或许人也有先天价值自觉能力。这个类推，就其本身来说，固然有其目的的合理性，但它从乔姆斯基那里得到的却是一个否定的回答。乔姆斯基曾说："在研究大脑心智进化时，我们无法猜测：一个符合人类特有的物质肌体条件的生物，除了产生转换生成语法以外，还有没有可能产生什么别的东西？可以认为根本没有，或者极少可能。"② 显言之，乔姆斯基只承认"生成语法"这种语言能力是人所固有的，否认人还有其他固有的心智能力。从哲学立场审视，"语言能力"与"价值自觉能力"其心智内容的性质应该是有形下、形上的区别，此种类推，可能构成逻辑的"不类"。他的"游魂"说似乎看重了"制度化"在一种生活方式中的"决定"作用，看轻了儒家独特而周延的伦理

① 余英时在《钱穆与新儒家》一文中，曾品评以牟宗三为核心的现代新儒家学派论说"重建道统"的根据，"在最关键的地方是假借于超理性的证悟，而不是哲学论证"；戏称其"开出"科学与民主的"良知坎陷"说，是"曲折有趣的说法"。（余英时：《现代危机与思想人物》，生活·读书·新知三联书店2005年版，第549～550、558页）

② 乔姆斯基：《语言学对心智研究的贡献》，《乔姆斯基语言哲学文选》，徐烈炯等译，商务印书馆1992年版，第121页。

道德思想观念（这里可以有包括"内在超越"的价值系统在内的许多表述），实际上已渗透进、融化入制度层面以外的更广泛、深入的生活方式中。在一种异质文化背景下观察，制度虽变，其作为一种独特生活方式的特质、特色仍存。这里需要凭借历史学以外的理论视角来研判。

"理一分殊"是香港中文大学教授刘述先提出的用以对传统儒学作出现代阐释和创新的核心观念、方法论基础。追溯起来，在儒家思想史上，"理一分殊"原初是宋儒程颐分辨儒家"仁爱"与墨家"兼爱"之区别时提出的一个观念、一个命题，意谓儒家的"仁爱"是由己及人地将"仁"的精神（"理一"）有次序、差等地推向所有的人（"分殊"），是谓"一本"，不同于墨家的"兼爱"，是"爱无差等"的"二本"①。随后，朱子将这一原有具体内容的特指命题的意涵扩展，成为一涵盖极广的普遍命题。朱子对"理一分殊"意涵扩展的诠释，显现为三个理论层面：在伦理道德层面上，此命题表述的是一般性原则与具体规范之间的关系②；在宇宙论层面上，可诠定为是宇宙万物共同根源和生成的万物之间的关系③；最后，亦可解说为本体论层面上的总体之理与各别事物之理之间的关系④。刘述先认同、接受了朱子对"理一分殊"之意涵丰富、涵盖周延的普遍性的解释，而且赋予"理一分殊"以更强的、具有是一种方法论之原则或基础的诠释性功能。他说："仁、生、理的三位一体，是朱子秉承儒家传统所把握的中心理念⑤，这样的理念并不因朱子的宇宙观的过时而在现代完全失去意义……当我们赋予'理一分殊'以一全新的解释，

---

① 墨家夷之主张"爱无差等，施由亲始"，孟子批评说："夷子信以为人之亲其兄之子为若亲其邻之赤子乎？……天之生物也，使之一本，而夷子二本故也。"（《孟子·滕文公上》）程颐论及《西铭》，援此而说："《西铭》明理一而分殊，墨氏则二本而无分。（原注：老幼及人，理一也；爱无差等，本二也。）"（《河南程氏文集》卷九《答杨时论西铭书》）
② 如朱子说："理只是这一个，道理则同，其分不同，君臣有君臣之理，父子有父子之理。"（《朱子语类》卷六）
③ 如朱子说："人物并生于天地之间，本同一理，而禀气有异焉。"（《孟子或问》卷一）
④ 如朱子说："理一分殊，合天地万物而言，只是一个理；及在人（物），则又各自有一个理。"（《朱子语类》卷一）
⑤ 刘述先以"仁、生、理的三位一体"来诠释朱子"理一分殊"的意涵，大体对应着朱子思想的伦理道德、宇宙论和本体论三个理论层面。

就可以找到一条接通传统与现代的道路。"① 在刘述先这里，以"理一分殊"之观念作为沟通传统与现代的途径，作为用现代观念诠释儒家传统的理论创新模式，主要表现有三。一是重新诠解儒家传统中科学与民主的生成和研判中国哲学的独特之处。20 世纪五六十年代后，在中国台湾、香港逐渐形成一以牟宗三为核心的学术群体或学派。他们有师承关系，以对儒家传统作出现代诠释、赋之以新的理论生命为自己的抱负，并且还有明显的倾心、承接宋明儒学中心学传统的理论取向。在这个学术群体的诸多的关于儒学或中国哲学——他们一般多明确判定中国哲学应以儒学为其主体②——的理论观点中，有两个前面已论及的、可视为是其学术标帜、根本立足的观点："良知自我坎陷"和"智的直觉"。这个学派借"良知自我坎陷"，诠释出传统儒学能"转出""曲致"现代的科学与民主，实现"内圣开出新外王"的儒学第三期发展；这个学派认为"智的直觉"是中国哲学儒、道、佛共有的传统，与西方哲学之最大差异处③，因而，宋明儒学心学传统的"本心""良知"本体（心体、性体、道体），既可以援用康德哲学中的"物自体"、道德自律、道德界与存有界合一来给予饱满的现代观念诠释，又可跨越康德哲学对理性的限制，以"智的直觉"来证成。此可见在这个学派中，这两个观点是何等重要！就师承关系和学术抱负而言，刘述先也应归属于这个学术群体或学派，但他却以"理一分殊"为作出诠释的观念基础、原则，从新的角度、新的理路完全不同地回答了这两个观点所关切的问题。刘述先说："到了今天我们仍然可以维持我们对于仁、生、理的终极关怀，但我们要觅取它的现代表现，就不能不对传统展

---

① 刘述先：《"理一分殊"的现代解释》，《刘述先新儒学论著辑要：儒家思想与现代化》，第 531、536 页。

② 如牟宗三在其哲学讲座《中国哲学的特质》再版自序中说："此讲辞以儒家为主，盖以其为主流故也……故此小册题名曰《中国哲学之特质》，纵使内容只限于儒家，亦无过。"（《中国哲学的特质》，第 1 页）

③ 如牟宗三说："康德不承认我们人类能有'智的直觉'。我以中国哲学为背景，认为对于这种直觉，我们不但可以理解其可能，而且承认我们人类这有限的存在实可有这种直觉。这是中西哲学之最大差异处。"（牟宗三：《智的直觉与中国哲学》，第 118 页）并认为"儒家德性之知即是一种智的直觉"（同上书，第 188 页），"道家之独特形态的智的直觉，随其道之创造性之独特性而来者……佛家以佛心无外即是无限，因而必函有一智的直觉在，此智的直觉即寄托在圆教之般若智中"。（同上书，第 211 页）

儒学与我国现代化进程

开彻底的批判，才能够走得上现代化的道路。"① 刘述先这里所说的"仁、生、理的终极关怀"就是"理一"，"它的现代表现"就是"分殊"。这种理论架构所含蕴的内在逻辑，使他得出这样的结论："我不相信中国如果没有受到西方的冲击，会发展出现代科学来。但西方既已发展出现代科学，却没有任何理由中国不能够吸收西方的成就。他们必须放弃传统天人感应的思维模式以及中世纪的宇宙观，但他们没有理由放弃他们对于仁、生、理的终极关怀。他们所必须体悟到的是应该容许乃至鼓励人们去追求对于仁、生、理的间接曲折的表现方式，这样才能更进一步使得生生不已的天道实现于人间……我同样怀疑，如果中国不是受到西方的冲击，会自己发展出西方的民主制度来。然而我也同样相信，没有理由中国不能够把西方的民主吸收过来。我们并不需要改变我们对于仁政的向往而继续把它作规约原则，但我们必须改变过去的传统观念，由臣服的思想改变成平列的思想。中国过去喜欢用直接的方式表现仁，于是以伦理的方式来看政治，以家庭的方式来看国家。这样的方式或者可以适用于传统的农业社会，却断然不能够适用于现代的工商业社会。理一而分殊，今日要卫护仁政的理想，就必须要采取反传统的方式，才能够找到符合仁政的超越理念的现代表现。"② 显然，与牟宗三援借黑格尔"绝对观念"自我发展的哲学理论，以"良知自我坎陷"推演儒家传统能够"开出"科学与民主不同，刘述先是以"理一分殊"的理论构架，缘依一种历史发展的经验和逻辑，诠说儒家理念能"表现"出科学与民主。作为中国哲学最重要特质或最独特之处的研判，刘述先说："依我之见，中国文化最深刻处，在无论儒、释、道，都体现一种'两行'的道理。"③ "两行"原是庄子思想中的一个认识论性质的概念或观念。庄子曰："道通为一，其分也，成也；其成也，毁也。凡物无成与毁，复通为一。唯达者知通为一，为是不用而寓诸庸……是以圣人和之以是非而休乎天钧，是之谓两行。"（《庄子·齐物论》）庄子的"两行"可作出两种意义上的诠释。其一是在认识

---

① 刘述先：《"理一分殊"的现代解释》，《刘述先新儒学论著辑要：儒家思想与现代化》，第533页。
② 同上书，第536~537页。
③ 同上书，第549页。

论意义上，"两行"是指"达者"或"圣人"对是与非皆持守一种不作分辨、皆予认肯的、超然的"休乎天钧"之态度。其一是在存在论的意义上，就"道"来说，物之成与毁，事之是与非，皆"通为一"；但就事物而言，作为"道"之纷然表现的物之成毁与事之是非，也是真实存在的。"两行"就是在一"达者"或"圣人"的全幅的存在图景中，兼有一通之"道"和分殊之万物。应该说，对"两行"的第一种诠释，更符合庄子思想所固有的相对主义理论立场；后一种诠释，只是对庄子思想所内蕴的宇宙架构的一种实然的描述。刘述先在这里选择了后一种诠释，并且将其表述为"理一"与"分殊"，他说："依照传统的解释，是非为两行，能够超越两行，就能与道合而为一……我这里提议给予一种新的解释，'理一'与'分殊'才是两行，兼顾到两行，这才合乎道的流行的妙谛。从天道的观点看，一定要超越相对的是非，道通为一，这是'理一'的角度。但道既流行而产生万物，我们也不能抹煞'分殊'的角度，如此燕雀有燕雀之道，无须羡慕大鹏。既独化（分殊）而玄冥（理一），这才真正能够体现两行之理。"① 进一步，刘述先以"超越"（理一）和"内在"（分殊）为"两行"之内涵②，逐一考察、诠定道家、佛家和儒家的"两行之理"③，作出了此为"中国文化最深刻处"的判断，并与牟宗三对中国哲学的特质的判定加以比较说："牟宗三先生曾谓中国传统的三教儒释道均肯定'智的直觉'，引起了许多争议。我则对三教所隐含的'两行之理'作出了创造性的阐释，把'理一'与'分殊'当做两行，给予崭新的现代解释，提供在这里作为参考之用。"④ 显示正是借"理一分殊"的理论架构、理论角度，刘述先获得对中国哲学新的观察和结论。二是回应

---

① 刘述先：《"理一分殊"的现代解释》，《刘述先新儒学论著辑要：儒家思想与现代化》，第 549 ~ 550 页。

② 刘述先说："人不可以否定自己的性，要接受内在的分殊面；却又不可执著自己的形，要体证超越的绝对面，这样才可以把握到道理的全。"最能显示他以"超越"和"内在"为"两行"之内涵（刘述先：《"两行之理"与安身立命》，《儒家思想开拓的尝试》，中国社会科学出版社 2001 年版，第 65 页）。

③ 刘述先在《"两行之理"与安身立命》一文中，分别诠定道与道之流行、性空与缘起、道德伦理与宗教意涵是道家、佛家、儒家的超越与内在的"两行之理"（见《儒家思想开拓的尝试》，第 59 ~ 102 页）。

④ 刘述先：《自序》，《儒家思想开拓的尝试》，第 2 页。

西方后现代的哲学困境和全球伦理的追求。刘述先研判表现在解释学、结构主义等这些西方后现代哲学身上的困境，主要是"陷落在相对主义的回流之中"，是"只见内在，不见超越"。然而中国哲学的"理一分殊"，却是"变易之中有不易，超越就在内在之中"①，完全可以化解西方后现代哲学所没入的那种纷扰，为之显示了一条可以走出困境的路线。20世纪八九十年代以后，在多元文化背景下追求普遍性价值规范的世界伦理（全球伦理、普世伦理）思潮兴起，世界伦理的合理性，或者说多元文化中的普遍性如何可能，是何种形态，困扰着学者们。英、美学者提出基本上可归属为两种模式："极小"或"极大"模式——界定世界伦理应该是底线的，因而是最少的规范，或崇高的，因而是无疑的价值要求；"文化平行"模式——不必界定普遍性伦理的内涵或形态，而是要在多元对话中，寻求理解与一致②。显然，"文化平行"模式只是提供一种方法或过程，而没有结果、结论；"极小""极大"模式虽然有明确的结果、结论，但缺乏一种哲学理念将世界伦理所内蕴的兼有差异性与普适性的意涵整合进、消化在结果、结论中。西方伦理学在世界伦理面前遭遇到的理论困境，刘述先认为可以用"理一分殊"摆脱，他多次回应说："我觉得'极小'和'极大'那样的说法很容易引起误解，而提议用宋儒的'理一分殊'之旨来面对文化差异与世界伦理的问题"③，"事实上我们无须抹煞各个不同传统之间的差别，却又不必一定会阻碍彼此之间精神上的感通……

---

① 刘述先：《"理一分殊"的现代解释》，《刘述先新儒学论著辑要：儒家思想与现代化》，第541、542页。

② 1993年在美国芝加哥举行的世界宗教议会上，通过由德国天主教神学家孔汉思起草的《世界伦理宣言》。1997年联合国教科文组织启动"世界伦理计划"，于是年3月在法国巴黎、12月在意大利那勒斯召开第一次、第二次会议，希望能起草、审定一份新的《世界伦理宣言》，在次年的联合国大会上通过。在第二次世界伦理会议上，英国伦理学家韩普夏（S. Hampshire）主张在"正义"的极小概念之上寻求世界伦理的可能性。美国学者弗莱霞克（S. Fleischacker）提出建立普遍伦理的三种模式：人权模式、先验条件模式、文化平行模式。他否定前两种模式，主张第三种模式（参见刘述先：《起草"世界伦理宣言"的波折》，《儒家思想开拓的尝试》，第124页）。我在这里将弗莱霞克所说的第一、二两种模式，宽泛地划入了"极小极大"模式中。

③ 刘述先：《起草"世界伦理宣言"的波折》，《儒家思想开拓的尝试》，第127页。

故我提议用'理一分殊'的方式来面对这一问题。"① 三是作为建构系统哲学的核心的、基础的理念。刘述先还有一个学术抱负是要创建一个系统哲学。1983 年他在一次演讲中说："眼前我们所要做的，是有没有可能建立一个普遍的架构。把分殊的文化成就熔为一炉，纳入一个开放的系统，作统一的考虑，而让各分殊的文化成就，在这个系统中得到时代的定位。"② 这就是一个包括人生内容的共同根源和人生内容的有机整体"两个基本问题"的系统哲学③。刘述先系统哲学的构想，显然是受到德国哲学家卡西勒（E. Cassirer）符号哲学的成就和不足的触引而起。在刘述先看来，一方面，卡西勒能在纷繁的人类文化符号现象中揭示出"功能统一"的原则，并借以精辟地论述神话、宗教、语言、艺术、历史、科学等人类已经创造出的文化符号；另一方面，"他还没有更进一步探索存有与价值的共同根源，没有把这些文化符号系统地综合起来，形成一个有机的全体"④。所以，正是"顺着卡西勒指点的方向往前探索，我们发现，理一而分殊，各文化形态之间可以有一种紧张对立的关系，但也可以在更高的功能观点之下，把它们作一种和谐的综合"⑤。换言之，"理一分殊"也正是可以融摄系统哲学"两个基本问题"的理念基础、核心观念。

总之，在刘述先这里，"理一分殊"本身获得了一种现代诠释，并进而作为一种理论构架、理念、方法，用来诠释儒家传统中的问题，回应儒家传统所面临的现时代问题。

"本体诠释学"是美国夏威夷大学教授、华人学者成中英构建的试图将本体论与方法论，即从不同角度观察的结构与过程、知识与价值、部分与整体等融为一体、相互诠释的一种理论模式、架构。成中英对此有多次的解说，如他说："所谓'本体'，是根源、本原和整体的意思；所谓'方法'，是理性本体的概念化，是适应特殊目的而能有效运作的客观规

---

① 刘述先：《从当代新儒家观点看世界伦理》，《儒家思想开拓的尝试》，第 148 页。
② 刘述先：《系统哲学的探索》，《刘述先新儒学论著辑要：儒家思想与现代化》，第 403 页。
③ 同上书，第 392 页。
④ 同上书，第 393 页。
⑤ 同上书，第 402 页。

划。本体诠释学是要用本体来批评方法，同时也用方法来批评本体。通过本体与方法不断地相互批评，本体就能逐渐突显出来，方法也能更适合我们的目标，所要诠释的意义方法彰著起来。……因此，本体诠释学既是一种方法哲学，也是一种本体哲学，它能够通过方法与本体的结合、统一来探求意义与价值。"① 成中英将自己的本体诠释学定位在西方现代哲学的分析哲学和哲学诠释学的交会点上，定位在中国哲学和西方哲学的交会点上。亦如他所解说："我后来发展出来的本体诠释学的，也可以说是基于对奎因思想的批评反省，融合中国哲学及欧洲诠释学的传统，而发展出来。"② 虽然成中英一再宣示，他的本体诠释学的形成是受到中国哲学，特别是《易经》（《周易》）的整体观念的启发触引③，但实际上他的本体

---

① 成中英《本体诠释学与中国哲学的现代化和世界化》，《成中英文集》第四卷，湖北人民出版社 2006 年版，第 346 页。成中英还界说曰："所谓'本体诠释学'（Onto‑Hermeneutics），即方法论与本体论的融合，用方法来批评本体，同时也用本体来批评方法；在方法与本体的相互批评中，真理就逐渐显露了。"（《方法概念与本体诠释学》，《成中英文集》第四卷，第 19 页）"本体诠释学主张方法与本体的结合，这一结合是深度的结合和多层次的结合。"（《本体诠释学要义》，《世纪之交的抉择》，知识出版社 1991 年版，第 82 页）成中英还就本体诠释学要实现的学术目标解说曰："'本体诠释学'的提出，就是为了在差异多元中寻求一体，在一体和合中发现并创造丰富的差异和多样。"（《中国哲学现代化的根据》，《世纪之交的抉择》，第 306 页）

② 成中英：《深入西方哲学的核心——我的哲学教育与哲学探索》（《世纪之交的抉择》，第 391 页）。成中英对此还有更多明确的解说："中国哲学往往是知合不知分，西方哲学家则有知分不知合的痼癖。知分不知合与知合不知分，同是哲学发展的两大障碍，而本体诠释学正是基于一个更大的整体系统，来包容差异，沟通差异。"（《诠释学产生的理论背景》，《世纪之交的抉择》，第 61 页）"'本体诠释学'是基于对西方方法论的批评和中国本体论的解释所作出的一个创造性工作。"（《从〈易经〉看中国哲学的重建》，《世纪之交的抉择》，第 333 页）"从深刻走向清晰，从清晰走向深刻，这两种并行的潮流如何整合，这是现代西方哲学面临的一个内在问题……现代西方哲学的每一流派都可以说是构成了本体诠释过程，并是本体诠释体系中的一个部分。本体诠释学我们可用来起整合作用。"（《从诠释学到本体诠释学》，《世纪之交的抉择》，第 57、83 页）

③ 成中英曾说："西方哲学家都倾向将诠释学看成方法学，而没有看成本体学，我们基于对中国哲学的研究和反省，乃提出把方法学看成本体学的本体诠释学的理论，以统一方法学和本体学。"（《诠释学的历史发展过程》，《世纪之交的抉择》，第 68 页）又曾说："本体诠释学的看法，是植根于中国哲学观念之中，尤其是植根于强调整体作用的《易经》哲学之中。"（《本体诠释学要义》，《世纪之交的抉择》，第 83 页）

诠释学的内容架构——所谓"十项原则"或"四个阶段"①,却正是为顺应西方哲学传统的主客体之分和为融摄现代西方哲学的主要流派或八种思潮——现象学、结构主义、存在主义、机体论、分析哲学、批判理论、过程哲学、实用主义而设计,充盈着现代西方哲学的观念内容和话语、逻辑色彩②。成中英对包括儒家在内的中国哲学,从宏观的研判,到具体派别、人物、问题的论述,并不总是显示他的本体诠释学的"整体哲学"的特色,而往往多为从现代西方哲学某一派别理论角度上的观察;虽然有其理论观点的新颖、独特,但也不免时有与中国思想史之历史真实的疏漏、脱离。这里我们选择三个他以较清晰的本体诠释学观点论述的中国哲学领域的问题,来审视这一理论架构或方法所具有的诠释功能。一是中国哲学的重建——中国哲学现代化与世界化的实现。本体诠释学的理论实质和追求,是要在本体与方法、知识与价值间运作和实现在西方现代哲学背景下的诠释的综合、整合。在这个理论立场上看来,古老的、具有深厚的价值论、本体论积累而缺乏方法论、知识论学术传统的中国哲学——儒家思想是其主体③,它的重建很自然地首先

① 成中英本体诠释学的"十项原则",前四项原则是援引自意大利哲学家贝蒂(E. Betti)的独立、整体、实现、和谐(符合)四项诠释的方法原则,成中英将其划分为属客体的"理"的原则和主体的"知"的原则;后六项原则是成中英的补充,分别是现象、终极、逻辑、语言、历史发生、效果分析,意在能对应和涵盖现代西方哲学的主要派别;并从本体诠释学理路进展的角度,将此十项原则简化为四个原则,或称"四个阶段"("四个方面"):现象分析、本体思考、理性批判、秩序发生。成中英称:"将贝蒂的四项诠释原则和我个人提出的六项原则结合起来,我们就有了一套完整的本体诠释学观念。"(《方法概念与本体诠释学》,《成中英文集》第四卷,第19~20页)又说,"经过这四个阶段,本体才得到实现,这个过程我们叫本体诠释学"(《从本体诠释学看中西文化异同》,《中国文化的现代化与世界化》,中国和平出版社1988年版,第118页),"这四个方面结合起来就是本体诠释学,八种思潮则被统括在一个本体和方法交叉的过程中去实现"。(《现代西方哲学的发展趋势》,《中国文化的现代化与世界化》,第283页)
② 所以成中英有时也将本体诠释学解说为或自定性为一现代西方哲学流派。如说,"本体诠释学作为西方当代一个重要流派……"(《西方现代哲学的发展趋势》,《中国文化的现代化与世界化》,第282页),定性为现代西方哲学的整合,如前引所说:"现代西方哲学的每一流派都可以说是构成了本体诠释过程,并是本体诠释体系中的一个部分。"
③ 成中英也认为并多次宣示儒学或儒家思想是中国哲学的主体、主流。如谓:"儒学作为中国主流思想,代表的是自本体的诠释形态(按:"自本体的诠释"是成中英对本体诠释学的本体与方法互为诠释之特色的另一种解说,以与"对本体的诠释"之为诠释本体的理路相区别),应是中国哲学与中国文化中的诠释典型。"(《本体诠释体系的建立:本体诠释与诠释本体》,《成中英文集》第四卷,第36页)

应该是援用具有方法论、知识论理论优势的西方哲学来自我改造、补充。成中英说："中国哲学的重建，共有八个标准：现象性的、结构性的、过程性的、逻辑分析的、诠释理解的、理论系统的、辩证思考的，以及实际效用的。这些都是基于整体哲学可以要求的意义标准。假如相应于现代哲学的要求，必须把这些标准减至最少，那么就必须选择分析的标准和诠释的标准。作为最重要的两项标准……经过分析诠释相互决定的过程，走向一种新的哲学语言，一个新的哲学系统，这就是中国哲学思想的重建的本质要求。"① 而这个用西方哲学语言、观念来改造和创新中国哲学的重建过程，就是中国哲学的现代化。成中英界定说："利用西方哲学以解析和了解中国哲学，这并不表示用西方哲学取代中国哲学，而是用以达到中国哲学本体、观念、逻辑、知识结构和语言义理的澄清、彰显和创新。这个澄清、彰显和创新的过程，可名之为'中国哲学的现代化'。"② 中国哲学重建的另一层含义，是要求现代化的中国哲学具有对西方哲学的存在作出评说，对其挑战作出回应的理论能力，这就是中国哲学的"世界化"。成中英又界定说："中国哲学经过这一现代化过程，可以对西方哲学提出诠释，以求了解并认识西方哲学，从而对其进行普遍的说明和批评，甚至用中国哲学来解说西方哲学的种种问题，或提示其发展方向，或与之再作深入的比较。这个过程可称为'中国哲学的世界化'。"③ 就本体诠释学倾心于追求综合、整合的理论性格而言，中国哲学现代化可以视为是中国哲学自身完成了传统与现代的整合；而中国哲学的世界化则是中国哲学与世界哲学的整合。可见本体诠释学是从一个新的理论角度上提出并回答了中国传统思想的现代转化的问题。应该说，本体诠释学的学术理想甚是高远，它开拓了一个广阔而明晰的能容纳全部现代西方哲学的理论空间，期许中国哲学、儒学能在这里吸收丰富的理论营养，获得新的理论诠释、新的理论生长。但是，这一愿望的实现，需要诠释者对以儒家为主流的中国哲学和纷繁的西方哲学之历史实际和理论逻辑，都要有准确的理解、认识。这样，在对它们之间的对接、综合、整合的诠释中，才不会发生与这种实际和逻辑的背离，用哲学诠释学的话语来说，才能形成

① 成中英：《重建中国哲学的涵义》，《世纪之交的抉择》，第 322～323 页。
② 同上书，第 332 页。
③ 同上书，第 333 页。

"真前见"和具有合理性、真理性的"视域融合"①；而缺失这种合理性、真理性，尽管是新颖的诠释，也不能有被理解、被接受、被传播的理论品质和活力。二是科学、民主何以可能——"圆性"。五四以来，科学与民主一直被视为是中国社会进步或现代化的主要内容或目标。从儒家思想中发掘生长出科学与民主的精神资源，回答儒家何以能认同科学与民主，或在儒家的社会生活中科学与民主何以终究可能，一直是现代儒家学者的一项共同的理论追求。成中英没有回避这个问题，但他的回答方式、理路与前面已述及的学者们所论又有所不同，他是在他的以本体诠释学建构的"圆性"的心性哲学基础上作出回应的。成中英运用本体诠释学的综合、整合功能，首先将儒学有关"性"的属于不同向度、层次的含义加以归纳、分析，凡十二项②，称之为"原性"；进而认为所有这些心、情、生、德等意涵，"都能融合为动态的一体"③，特别是宋明儒学的"性即理"与"心即理"两个对立的心性观念，也能被整合，故称之为"圆性"。成中英说："我们已就十二个要点把宋明理学与心学整体有关性的意义做了整体的综合与分析……此一理论的提出是看重及包括宋明理学及心学的性的阐述，故为'原性'之论。此一理论又是整合及圆融了性即理与心即理的理学与心学，揭诸心性互动互发的要义，可名之为'圆性之学'，简称为'圆性'。"④ 在这个整合了"心即理"与"性即理"的"圆性"的心性结构中，成中英又援引《中庸》"合内外之道，故时措之宜"，将作为根源的

---

① 哲学诠释学将"理解"界定为历史的和现在的"视域融合"。如伽达默尔（H. Cadamer）说："如果没有过去，现在视域就根本不能形成。正如没有一种我们误认为有的历史视域一样，也根本没有一种自为的现在视域。理解其实总是这样一些被误为是独自存在的视域的融合过程。"（伽达尔：《真理与方法》，洪汉鼎译，上海译文出版社1999年版，第393页）而构成视域的"前见"，也有真假之分，如伽达默尔说："时间距离才能把我们得以进行理解的真前见与我们由之而产生误解的假前见区分开来。因此，诠释学上训练有素的意识将包括历史意识。"（同上书，第383页）
② 成中英归纳宋明理学或儒学中的"性"有根源、原质、整体、自然、殊性、发展、生化、包含、理性、理想、本心、道德等十二项属于不同层级的意涵（成中英：《原性与圆性：性即理与心即理的融合》，《合外内之道——儒家哲学论》，中国社会科学出版社2001年版，第100页）。
③ 成中英：《原性与圆性：性即理与心即理的融合》，《合外内之道——儒家哲学论》，中国社会科学出版社2001年版，第100页。
④ 同上书，第110页。

"理"，作出"理"既是"宇宙根源"，又外显为"宇宙秩序和事物关系"的"内理"与"外理"的区分；作出心性指向源头的活动、以历史性方式实现（既成之根源）为"内理化"和心性指向理性目标、以未来性方式实现（新的生成）为"外理化"的区分。但是，它们都统一在时间性的心性整体结构中。所以，"要实现'内理化'就必须透过'外理化'来完成……同样，也要从心性的'内理化'的自觉作起，借以达到'外理化'的价值完整"①。这样，在本体诠释学中，科学、民主就是心性结构中的一种理性存在，科学、民主必须是在"内理化"与"外理化"相互作用中才能实现。成中英说："科学、民主为外理化的理……科学、民主可以被看成兼'内理化'与'外理化'的过程，故具有心性时间性的历史性与未来性两面，也必须自此两面的考虑来解决其实现的问题。"② 本体诠释学在"圆性"的心性哲学基础上对科学与民主问题的研判，主要是回应现代新儒学中牟宗三"道德的形上学"对这个问题的解答。在成中英看来，牟宗三的"良知坎陷"说，实际上是以心性的本源性，即"内理化"为心性的唯一价值内涵，故以陆王为正统，忽视了程朱格物穷理的心性"外理化"的方向。所以，在以道德为主体、本体的"道德的形上学"那里，儒学如何能"开出"科学与民主的问题，"并未获得真正的解决"③。应该说，从儒学中何以生成科学、民主的问题的答案，本体诠释学与道德的形上学的确有所不同，但它们都是由各自预设的一个观念性前提出发，再经自洽的逻辑推演而得出，理论性质是完全相同的。道德的形上学判定陆王继承了孔孟正统，而程朱是旁出，显然是不会获得多数历史学者认同的，因为以完整的儒学理论之传承和社会功能之发挥的历史实际来检验，恰是程朱处于儒学之主导的、正统的地位。本体诠释学将"心即理"与"性即理"放置在同一的心性理论层面上来作"内理""外理"互动的整合，显然也有悖于宋代儒学的思想实际。因为在朱子思想

① 成中英：《原性与圆性：性即理与心即理的融合》，《合外内之道——儒家哲学论》，第112页。
② 同上书，第112～113页。
③ 同上书，第111页。

中，"心"是宇宙论层面上的概念①，"性"是对本体"理"在具体实物中显现的一种表述②，"心"与"性"是有理论层面的差别的；在陆王心学中，受禅宗影响，"心"既是本体（"性"），也是宇宙论层面上的知觉作用，"心"与"性"经常是不能或不必作出区分的③。可见，本体诠释学与道德的形上学各自在自己的这个重要立论的根基之处，存在着与历史真实相脱节的情况也是相同的。三是儒学历史问题的研判。本体诠释学在本体与方法、知识与价值间，以及在差异多元中综合、整合的理论性格，在对某些儒学历史问题的研判中也显示出来。这里举出两个例证。其一，对历史上朱陆之争评断。南宋朱子与陆九渊兄弟曾围绕为学之方、经典诠释、人物评价等多项内容发生争执，这里所谓的"朱陆之争"是指朱陆在鹅湖会上开始发端的修养方法的争论。最早真实地记述了这次争论的是陆九渊的弟子朱亨道，他说："鹅湖之会，论及教人。元晦（按：朱熹之字④）之意，欲令人泛观博览，而后归之约。二陆（按：陆九渊与其季兄陆九龄）之意，欲先发明人之本心，而后使之博览。朱以陆之教人为太简，陆以朱之教人为支离，此颇不合。"（见《象山全集》卷三十六《年谱》）可见，以历史的眼光审视，朱陆鹅湖之争只是较单纯的儒者如何为学、育人之两种方法、路数的争论。但是，这个争论却留下了广阔的诠释空间。明清儒学阵营内，固守朱陆门墙的学者，皆坚持朱陆之争是判分儒家正统与非正统的界限、标准，这就是黄宗羲所观察到的："宗朱者诋陆为狂禅，宗陆者以朱为俗学，两家之学，各成门户，几如冰炭。"（《宋元学案》卷五十八《象山学案·案语》）但没有门户之见的、折中和会朱陆的多数学者则认为，朱陆之见虽异而互补⑤，或

---

① 如朱子说："心者，气之精爽。"（《朱子语类》卷五）
② 如朱子说："未有形气，浑然天理，未有降付，故只谓之理；已有形气，是理降而在人，具于形气之中，方谓之性。"（《朱子语类》卷九十五）
③ 禅宗每说："心性不异，即性即心；心不异性，名之为相。"（黄檗希运：《宛陵录》）
④ 宋人叶绍翁记述："先是，先生（朱熹）本字元晦，后自以为元者乾，四德之首，惧不足当，自易为仲晦。"（《四朝闻见录》甲集《考亭》）
⑤ 如黄道周引述施邦曜和孙奇逢引述张凤翔的观点，认为朱陆的修养方法是"实"与"虚"互补。（见《漳浦文集》卷二十一《王文成公集序》和《夏峰先生集》卷二《寄张蓬轩》）

虽异而旨同①，这也如黄宗羲所表述的："而先生同植纲常，同扶名教，同宗孔孟，亦不过仁者见仁，智者见智，所谓学焉而得其性之所近，原无有背于圣人。"（同上）现代学者对朱陆之争的性质之研判，突破了传统的"泛观博览"与"发明本心"的"为学""教人"的修养方法（工夫论）之不同的视域，认为它具有深刻的本体论之对立的根源。20 世纪 30 年代，冯友兰论断朱陆之根本差异曰："朱陆之不同，实非只其为学或修养方法之不同，二人之哲学根本上实有差异之处，此差异之所在，则可谓朱子一派之学为理学，而象山一派之学为心学也。"② 又进一步论断这种根本差异的内涵是："朱子言性即理，象山言心即理，此一言虽只一字不同，而实代表二人哲学之重要差异，朱子所见之实在，有二个世界，一不在时空，一在时空，而象山所见之实在，则只有一个世界，即在时空者。"③ 冯友兰以哲学本体论的视角审视，朱陆之间根本差异是理学与心学，或"性即理"与"心即理"的哲学根本观念的不同；又以现代西方哲学的实在论的立场上观察，朱陆在他们的哲学中建构的"实在"世界，有两种"实在"和只有一种"实在"的区别。应该说，冯友兰的这些辨析、研判，都是十分准确的。遗憾的是，他未能直接援引朱陆的理学语言来证验、解说④。至此，可以清晰地看出，朱陆修养方法的不同，实际上

---

① 如孙奇逢谓："周程朱陆王，皆从浩博中体认精微，所谓殊途而同归，百虑而一致。"（《夏峰先生集》卷四《重刻四书说序》）李颙谓："周程张朱，其为学则古称先，陆吴陈王，其为学反己自认，各有所见，各有所得，合并归一，学斯无偏。"（《李二曲集》卷十五《授学纪要》）

② 冯友兰：《中国哲学史》，商务印书馆 1934 年版，第 938 页。

③ 同上书，第 939～940 页。

④ 前已多次引述，朱子在分辨"太极含动静"与"太极有动静"两命题之差别时，分别注解说，一为"以本体而言也"，一为"以流行而言也"（《朱文公文集》卷四十五《答杨子直一》）。此可见朱子哲学中有本体（超越，"不在时空"）、宇宙（"流行"，"在时空"）两个世界。另外，在朱陆围绕如何理解"无极"而展开的辩论中，涉及对《易传·系辞》"一阴一阳谓之道"的诠释。朱子的解释是："一阴一阳虽属于形，然其所以一阴一阳者，乃是道体之所为。"（《朱文公文集》卷三十六《答陆子静五》）也显现"两个世界"：本体（"道体"，"所以一阴一阳者"）与宇宙（形器，一阴一阳）。陆九渊的反驳是："如直以阴阳为形器而不得为道，此尤不敢闻命。《易》之为道，一阴一阳而已。"（《象山全集》卷二《与朱元晦二》）显现的正是"一个世界"：本体与宇宙融一（"道，一阴一阳而已"）。冯友兰没有明确援引朱陆此番言论来验证他的朱陆之"二个世界""一个世界"说。

是被他们的本体论的差异所决定，是他们本体论上的差异的投影。因为在陆九渊那里，"心即理"，本体论层面与宇宙论层面融为一个世界，是一个"实在"，"发明本心"即达到本体；在朱子这里，本体论层面与宇宙论层面是二个世界，二种"实在"，"心者，气之精爽"，"心"是宇宙论层面的事物，须要有"格物居敬"的过程，才能体认到本体之"理"。这样，儒学历史上的朱陆之争，作为两种有差异的方法论（修养方法、工夫论），在从本体论角度作出的诠释中，这种差异性就能被深化、被加强；但是在和会、折中朱陆的儒者那里，当朱陆之争被转移至指向实现相同的儒家伦理道德目标的背景下时，这种差异性却会被削弱，甚至消失。现在，面对着儒学历史这个有如此独特理论内容和历史内容的问题，本体诠释学如何展示自己的诠释功能？成中英说："在中国哲学史上有程朱陆王之争。一个重视性即理，一个重视心即理。这两种理论是对立的，那么究竟是本体意识，还是方法意识不同呢？从本体诠释学来看，他的方法上受了自我限定，本体上因此没有办法呈现更大的本体性。陆王重视心即理，是把精神和本体结合，忽视客观物质世界，代表一种心灵的超越和深化。程朱讲格物致知，讲究一种方法的认识，对物的世界作个交流，发挥心的主体作用。但对心本身的主体性的反省，则没有陆王那么重视，他们甚至认为心本身不可知。他们之间的争论，是本体和方法之间关系的争论。如果在本体意识中加以扩大，然后再加以反省，在一个更高的境界中这两派就可以得到调节，使之相辅相成。"① 不难看出，本体诠释学的理论性格在诠释朱陆之争中表现为两项综合、整合：所谓"他们的方法上受了自我限定，本体上因此没有办法呈现更大的本体性"，就是要将朱陆的方法论与本体论综合，克服陆王"忽视客观物质世界"的缺陷，增强程朱"对心本身主体性的反省"；所谓"如果在本体意识中加以扩大，在一个更高境界中这两派就可以得到调节，相辅相成"，就是要在"性即理"与"心即理"两个本体论之间的整合，使朱陆之争归于熄灭。也不难看出，本体诠释学的这种综合、整合，只是一种诠释的预设、推演，与

---

① 成中英：《从本体诠释学看中西文化异同》，《中国文化的现代化与世界化》，第118~119页。

朱陆之争的历史实际、理论逻辑皆有距离。并且正是在这里显示出，本体诠释学中可能存在着一个理论陷阱，如果对诠释对象缺失真实的、深入的识解，就会落入折中主义的泥沼。折中主义总是在一种忽略或无知于对立的或有差异的对象之间理论上或情境上之根本差别的情况下，将其综合。

其二，对当代新儒家之理论局限的评断。成中英在"当代新儒学"与"当代新儒家"之间曾有所区分，他说："新儒学是指当代学者对儒家学说的学术研究，并在此一研究基础上作出力图公平而恰当的评价，以为个人理解、行为或公共政策的参考；新儒家却是当代哲学思考者的一家之言，在已经确认或坚信的价值基础，发展和创立一套价值的体系或思想的命题，倡议其普遍真理性和必要性。前者以历史观察与理性分析的方法，后者则往往诉之于个人体验、憬悟与直觉；前者是跳出固定的儒家传统讲，后者则接着一个儒家传统讲。"[1] 应该说，这一对当代儒学作为一种学术和作为一个学派之间意涵上的不同之界分，是正确的，有时也是必要的[2]。进而，他对以牟宗三为代表的当代新儒家理论体系的局限提出批评："牟宗三对宋明理学，对朱子和王阳明，陷于一种偏颇的先验的判断，不能把理学和心学当做相互为用的关系，他的理论融合力不高，容易引起门户之争，抑朱扬陆，说明了他的哲学体系构架的狭隘性，对儒学的源头及其发展缺乏整体性的思考。另一方面，新儒学对西方哲学缺乏深刻的理解，它的坐标定位在康德，未能把握整个西方哲学内在的发展动力。"[3] 这两点批评虽然不足以全部否定掉"道德的形而上学"所拥有的儒学真理和自洽的逻辑推演，但至少有基本的历史真实；而这个批评的理论角度，或者说其中所内蕴的理论要求——在整个的现代西方哲学理论基础上，形成对多样性、差异性的理论作综合、整合的能力和运作，正是完

---

① 成中英：《当代新儒学与新儒家的自我超越：一个致广大与精微的追求》，《成中英文集》第二卷，第 420～421 页。

② 这是当代学者在"新儒学"与"新儒家"之间作出的界分，也有当代学者直接对"新儒家"作出界分。如余英时区分"新儒家"有三种不同用法：首先，最广义的，凡 20 世纪中国学者，对儒学不存偏见，且认真研究者；其次，只有在哲学上对儒学有新的阐释发展者；最后，仅指以熊十力开始的、以心性之学为中国哲学、文化之真髓的一派（余英时：《钱穆与新儒家》，《现代危机与思想人物》，生活·读书·新知三联书店 2005 年版，第 537～538 页）。

③ 成中英：《本体诠释学与当代精神》，《成中英文集》第四卷，第 137 页。

整的、全貌的本体诠释学。总结言之，本体诠释学的理论架构吸纳了几乎全部的现代西方哲学观念，用之化作资源或理路，形成很强的诠释功能，以儒家为主体的传统中国哲学在这里可以获得多方面的现代诠释。但是，也应该说，由本体诠释学诠释出的儒学真理、中国哲学真理，时时都要经受历史真实性和逻辑合理性的检验。

对话 20 世纪 80 年代以来，儒学创新的方法论自觉，在"转化"之内涵的全面论述、几个"重构"（重建）模式的展现之外，就是"对话"主张的提出。对话，作为不同关系的主体间实现不同目的的沟通方式，可以有不同的界定①。这里的"对话"，当然是指在当代由经济、科技的快速发展而形成的"全球化"，和伴此而来的由民族文化自我认同的普遍觉醒而形成的多元化之背景下，作为一种文明形态或宽泛意义上的一种宗教的儒学与其他文明或宗教间的对话；一种不同文化、宗教间实现相互理解、和谐共存的努力。但这里并不是要论说这个对话方方面面的丰富内容，而只是从本论题所需要的特定角度，研判这种不同文明或宗教间的对话，对于推动传统儒学现代转化、理论发展所具有的方法论价值。一种方法即是一种理论视角或诠释理路，所以换言之，也就是研判这种对话所形成的理论视角或诠释理路，及由其涌现出的儒学创新的结论。不同文明或宗教间的理解的对话中含蕴着、呈现出何种理论视角或诠释理路？我们可以从前面已论及的两位现代儒家学者的论说中作出研判。

> 杜维明：我认为对话首先不是要去传自己的道，其次也不是要利用这个机会把自己的道理说清楚。那么对话是什么呢？是要增加自我反思的能力，同时要了解别人，通过了解使彼此的视域得以展现。真正的对话是要学到未知的东西，倾听不同的声音，向不同的视野开

---

① 例如，成中英曾在一种诠释学的背景下，将对话区分为理解的对话、探索辩证的对话、对立论证的对话、求证科学真理的对话、求取建立协议的对话等五种形态（见成中英《本体诠释学的本体结构与诠释结构：兼论中国哲学的诠释定位》，《成中英文集》第四卷，第 84～85 页）。我们这里要论述的是不同文明、宗教间相互理解的对话。自然，作为一种文学叙事方式理论的巴赫金（M. Bakhtin）对话理论——表现"自我"与"他者"之差异、展现人之生命存在的对话，也不在我们的论列之内。

放，反省原初的预设，分享真知灼见，发现彼此心领神会的领域，并为人类繁荣开辟出最佳路线。如果那种迫使他者皈依的意识压倒了倾听和学习的渴望，对话便会陷入困境。①

　　成中英：以相互理解为目标的对话……不是求谁是谁非，而是求如何自身理解对方，又如何使对方理解自身，也许我们可以把接纳对方在自身系统中表达对方看成此一理解性的对话的根本目的。对话的不断进行就在不断建立及完善自身理解对方的过程。由于歧义可以不断发生，故对话必须不断进行。相互能够包含对方于自身系统中，此即相互理解的现象；又因相互理解或因问答的引导，改善了或改变了自身的立场或自身的结构，使自身得到一种自身超越或相互超越，这即是自身的一种发展。②

　　两位现代儒家学者关于"对话"的论说，展示了现代儒学对文明对话的基本立场，即认为不同文明或宗教间理解的对话，在实现相互肯定与接受的多元文化群体共存的目标过程中，存在着各自反思、共同分享、发展的重建等不同理论环节。文明或宗教对话中的反思，在浅近的意义上是"对比"。一种文明、宗教传统在与对话中的对方接触时会有所比较，感受到自己的某种缺弱和优长，获得要修正缺弱、巩固优长的自我认识的增强。但在更深入、重要的意义上是"进入"。处于对话关系中的文明、宗教传统，思考的是自己的信仰真理、核心价值如何在对方的观念系统、历史传统、生活结构中找到相对应的、可转释的位置和话语，实现理解，在这里，不同文明或宗教都是作为一个有独立的、完整的个体生命来被确认、被接受的，是多元的实现。一种文明或宗教都拥有一个独特的历史形态，拥有一个独特的对包括人生终极关切在内的全幅人生问题提供解决途径的智慧源泉，文明或宗教对话中的分享，就是对这种不同的智慧、历史经验的学习与吸取。现代人类的面前，正不断涌现着富有挑战性的颠覆或超越已往历史经验、价值观念的新问题。无疑地，如何回应这种挑战，会

---

① 杜维明：《全球化条件下的文明对话》，《哲学研究》2003 年第 8 期。
② 成中英：《本体诠释学的本体结构与诠释结构》，《成中英文集》第四卷，第 85 页。

是不同文明或宗教间对话的主题；努力发掘各自的传统智慧资源，合力构筑新的价值原则，维护人类的未来，会是这一对话形成的基本共识。这样，文明或宗教对话中的分享，还应是一种共同的参与和创造。不同文明或宗教间对话中形成的发展重建，一方面表现为一种文明、宗教自身系统通过对话中的反思、分享，获得理论的改善、增长，获得新的阐发、定位；另一方面也会表现为不同文明、宗教间通过进入对方的相互理解、分享智慧的共同创造，在广阔的多元文化背景下，曾经存在的陌生、隔阂、对立、冲突的关系之消解，相互尊重、彼此接受的和谐共存的局面之形成。

我们粗略地从现代文明或宗教对话中解析、界分出了它的具有方法论意义的理论视角、诠释理路。现在，我们可以进一步审视现代儒学在这个论域里的论说和结论。应该说，有不少当代儒家学者于此都有所贡献，但我们还是选择一位在当代文明对话中十分活跃的、视野开阔的儒家学者杜维明为代表，以他的论断来观察现代儒学缘沿这个论域获得的新进展。杜维明围绕文明对话的实践活动和理论论述都很丰富。这里只是凸显他在文明或宗教对话的三个理论环节或向度上的主要结论。可以认为，杜维明在文明对话论域内的第一个结论是现代化模式和现代性的多元性。他说："西方的现代化虽然在历史上引发了东亚的现代化，但没有在结构上规定东亚现代性的内容。因此，东亚现代性是西化和包括儒家在内的东亚传统互动的结果。由此顺推，伊斯兰教之于东南亚，印度教之于南亚，佛教之于亚太，天主教之于拉美，东正教之于俄罗斯，乃至本土宗教之于非洲，都可以发挥塑造现代性的作用。现代化的多元倾向，乃至非西方的现代文化的创生，皆可不言而喻。"[1] 又说："任何一个社会，比如法国的民主与法国的革命传统，英国的民主与英国的实证主义、英国的经验主义，德国的民主与德国的民族主义，美国的民主与美国的市民社会都有密切的关系，每个社会里的传统对于创造和发展现代化都有一定的塑造能力。这样看来，多元现代性是绝对可能的，现代性本身不是单元的，不是同质的，

---

① 杜维明：《儒学创新的契机（代序）》，《现代精神与儒家传统》，第 3 页。

崔大华全集（第五卷）

它有多元的倾向。"① 杜维明的这个结论与文明或宗教对话中的"反思"的理路和结论都是一致的。因为在这个对话的实现理解的反思中，总是要把不同的文明、宗教传统作为一个独特的信仰、价值体系，一个独立的历史形态、生命活体来肯定与接受的。亦如杜维明所说，那种追求统一性的、"迫使他者皈依的意识"，只会使对话"陷入困境"，而真正的、成功的对话的最后结局则是"庆幸多样"②。当然杜维明的现代化模式和现代性多元性的论断，还不能视为是这个文明对话的结论的逻辑延伸，自有它更多的理论内容。要言之，他借援了雅斯贝斯（K. Jaspers）的"轴心文明"说，认为公元前 800 年至公元前 200 年的几个世纪里形成并一直被传承着的希腊、希伯来、中国、印度等各具特色的精神传统，是今天多元文化存在的深刻的历史理由或基础③；出色地消化了韦伯（M. Weber）的资本主义兴起的理论，研判韦伯对新教伦理与资本主义形成之关系的论述，只是一个解释模式，不能视为是对于实现现代化具有普遍性的、因而也是唯一的因果关系的规律④；最后，当代美国社会学家柏格（P. Berger）的"三种工业文明"的观点，也被援引为佐证⑤。论证儒家传统不会悖谬于，

---

① 杜维明：《文明对话的发展及其世界意义》，《南京大学学报》2003 年第 1 期。
② 同上。
③ 如杜维明所说："如果接受了轴心时代的观点，就可以了解各种不同的文明有各种不同的倾向，即各有其运行轨道，不能只用一种发展趋向来作为其他文明的典范，也不能只用一种文明来解释其他文明的发展。"（《现代西方的动源》，《现代精神与儒家传统》，第 105 页）
④ 杜维明说："我对韦伯学的结论是：韦伯是从发生学的角度来了解资本主义的兴起，通过他的理性思考，他的后学把发生的理由变成了结构的理由……我认为，一直到 80 年代，才有可能突破韦伯的典范。在这以前没有任何经验事实可用来作为对韦伯命题的驳斥，即没有任何现象来作反证。"（《韦伯：资本主义的兴起》，《现代精神与儒家传统》，第 74~75 页）"韦伯以清教伦理来解释资本主义的兴起，既非必要条件，又非充分条件，它是一个背景的了解。"（《工业东亚的兴起》，《现代精神的儒家传统》，第 333 页）此前，杜维明还说过："我的建议是用韦伯的观点作为一种解释模式。而不是作为一种单一的因果解释。"（《儒家伦理与东亚企业精神》，《新加坡的挑战：新儒家伦理与企业精神》，高专诚译，生活·读书·新知三联书店 1989 年版，第 115 页）
⑤ 杜维明说："最近皮特·伯格说世界上出现了三种不同的工业文明，即西欧和美国模式，苏联和东欧模式，以及东亚模式，这是以前韦伯和柏深思（按：T. Parsons，或译为帕森斯，美国社会学家，根据他的理路，现代化不仅是西化，更可具体地说是美化）的时代所不能想象的。"（《柏深思：现代化的多面性》，《现代精神与儒家传统》，第 112~113 页）

而是可适应甚或有助于现代化进程，一直是现代儒学的理论主题之一。杜维明从世界多元文化背景下作出这种论证，较之前此众多学者主要从儒学资源内部发掘理据的论证，是重要的补充与进展。第二个结论，儒学具有回应现代性问题的丰富资源。所谓"现代性"，固然有不同的解说，但一般多是将其理解为由完善的市场经济、自由主义的政治制度和个人主义、高度发达的工具理性等构筑的现代资本主义的或后工业的发达国家的精神特征。杜维明也是这样理解的，认为"现代性就是市场经济、民主政治、个人主义，由这三个不同侧面组合而成"①，"就是代表现代西方的主流精神"②。杜维明观察到，回应由现代性滋生的社会危机，近30年来西方世界涌现了四种重要的社会思潮：生态意识、女性主义、宗教多元主义、全球伦理；判定"四大思潮为我们提供了继承启蒙精神和超越启蒙心态的新思维和新契机"③。现代性的社会问题不同程度上也是处于现代化进程中的或发展中的国家社会所面临或将遭遇的问题。所以，发掘传统儒学的思想资源，参与回应现代性的社会危机，既是现代儒学的一种社会责任，同样也是它的理论创新和发展的契机。杜维明十分明确地表述了现代儒学的这种信心和态度："我们相信儒家面对人类现代所碰到的生态环境和在各方面的危机而必须实现全球伦理这样大的课题，儒家传统有非常丰富的资源……我们儒家对世界各种不同的重大问题，包括现代西方文明所碰到的困境，当做是我们自己的困境。"④ 正如我们所看到的那样，在这个新

---

① 杜维明：《人文精神与全球伦理》，《杜维明文集》第五卷，第 522 页。杜维明并指出，如此理解的现代性，正是帕森斯的观点："T. 帕森斯所理解的现代性之不可分割的三方面，即市场经济、民主政治和个人主义。"（《家庭、国家与世界：全球伦理的现代儒学探索》，《杜维明文集》第五卷，第 487~488 页）

② 杜维明说："西方自启蒙思潮所发展出来的人文精神……体现在现代意识上，包含了三个层面，即市场经济、民主制度和个人主义，这也就是代表现代西方的主流精神。"（《文明竞赛？——评亨廷顿"文明冲突"论》，《杜维明文集》第五卷，第 474~475 页）

③ 杜维明说："近三十年来西方涌现的四种思潮为我们带来了继承启蒙而又超越启蒙的新思维、新契机……生态意识改变了我们的宇宙观，女性主义重构了我们的人生观，两者都对启蒙心态进行严厉的批判。宗教多元主义为人类社群的前途展开了对话的空间。另外，正因为多元主义比排他和融摄两种思路较有说服力，全球伦理的必要性更加显豁。"（《自序：新轴心时代的文明对话》，《杜维明文集》第一卷，第 7~8 页）

④ 杜维明：《儒家人文关怀与大学教育理念》，《杜维明文集》第五卷，第 596 页。

的理论方向上——围绕生态伦理、女权主义、宗教对话、全球伦理，援借儒家资源而展开论述，不仅杜维明本人，还有更多的现代儒家学者都已作出了贡献，"四大思潮"已成为现代儒学学术领域中活跃而显著的新论域。第三个结论，儒学的新定位。文明或宗教对话开拓了儒学的视野，作为对话带来的一种发展，儒学需要和能够在不同文明间和谐共存的格局中，在不同文明实现相互理解、分享的兼容中，作出新的外延性的和内涵性的定位。这里所谓的"外延性"，是指在历史形成的世界不同文明共存的结构中，儒学或儒家文明占据着何种族群地理和人们心灵的范围；"内涵性"是指在现代观念背景下，对儒家思想的理论特质、核心价值、基本内容等的界定。杜维明论说的"儒家文化圈"和"文化中国"两个概念、观念，可以视为是在文明对话的全球视野下对儒家文化外延性的定位。杜维明说："儒家传统也是东亚文明的体现，它的影响圈又不仅限于中国民族文化的圆周里。因此，儒家传统不但是中国的，也是朝鲜的、日本的和越南的。如果把海外华人社团的价值取向也列入考虑，那么，广义地说，儒学传统也是新加坡的、东南亚的、澳洲的、欧美的。"① 历史上，中国周边的朝鲜、日本、越南等国家的文化、社会发展，受到来自中国儒家文化的制度建设、价值观念的影响，因不同原因流居海外的华人，虽然身处异域，却一直在不同程度上保持着儒家传统的基本的人生价值理念和生活方式，都是确凿无疑的；现实中，"工业东亚"，即日本、韩国、新加坡、中国台湾和中国香港等国家或地区资本主义的现代化的实现，固然有其各自独特的条件和努力，也吸纳了不同的精神文明，但是，正如一些西方学者从异质文化背景下观察出的那样，"从价值总体取向来看，儒家伦理是导致工业东亚文明如此发展的基础之一。"② 所以，杜维明的儒家文化"影响圈"的论断，是有充分的理据的。"文化中国"是指杜维明在全球视野内，对与包括儒家在内的中国文化有生活联系、精神关切的社群的完整的概括；并以这种联系之疏密与关切之深浅的程度不同，将其区分为不同的"意义世界"。他说："所谓文化中国，包括了三个意义世

① 杜维明：《儒学第三期发展的前景问题》，《杜维明文集》第一卷，第417页。
② 杜维明：《工业东亚的兴起》，《现代精神与儒家传统》，第357页。

界……第一是中国大陆、中国港澳台和新加坡，主要是由华人所组成的世界；第二个意义世界包括东亚、东南亚、南亚、太平洋地带，乃至北美、欧洲、拉美、非洲等地世界各地的华人社会；第三个意义世界，包括所有在国际上从事中国研究以及关切中国文化的学人、知识分子、自由作家、媒体从业人员、乃至一般读者和听众。"① 虽然杜维明本人将"文化中国"定性为"三个意义世界中每一成员，都能各尽所能、各取所需而自愿参与的话语社群"②，但某种意义上，也还是可以将"文化中国"视为是杜维明从另外一个角度，在广阔的范围内对儒学所具有影响力的定位。在对话的、全球的背景下，杜维明以"儒家文化圈""文化中国"的观念，给予儒学新的外延性定位。其理论意图显然是要将儒家思想、儒家文化推向国际的理论与学术的舞台，在这宽广的天地里实现儒学的现代发展。与这种意图相适应，杜维明对儒学之理论特质、结构，也作出了新的定位。杜维明有两段论说，清晰、完整地表述了这种新的内涵性定位：

> 儒家基本上是一种哲学的人类学，是一种人文主义。但是，这种人文主义既不排斥超越的层面"天"，也不排斥自然。所以，它是一种涵盖性比较大的人文主义。③
> 我想假若儒家人文精神的重建能继承启蒙精神（自由、理性、法治、人权和个人尊严的基本价值）而又超越启蒙心态（人类中心主义、工具理性的泛滥、把进化论的抗衡冲突粗暴地强加于人、自我的无限膨胀），并充分证成个人、群体、自然与天道，面面俱全的安身立命之坦途，应能为轴心时代提供思想资源：一、个人自我之中身体、心知、灵觉与神明四层有机整合；二、个人与社群（家国天下）乃至社群与社群之间的健康互动；三、人类与自然的持久和谐；四、

① 杜维明：《关于中国文化的涵义》，《杜维明文集》第五卷，第409~410页。
② 杜维明：《培育文化中国》，《杜维明文集》第五卷，第428页。
③ 杜维明：《超越而内在——儒家精神方向的特色》，《杜维明文集》第一卷，第341~342页。

人与天道的相辅相成。①

司马谈曾说"儒者序君臣之礼，列夫妇长幼之别，不可易也"（《史记·
太史公自序》），刘向亦谓"儒家游文于六经之中，留意于仁义之际"
（《汉书·艺文志》）。可以认为，在历史上儒学都是被作为一种伦理道德
的思想理论和人生实践来界定的。《礼记》曰"天地之祭，宗庙之事，父
子之道，君臣之义，伦也"（《礼器》），"君子无物而不在礼矣"（《仲尼
燕居》）。可以看出，在儒家的社会生活中，人的生活实践，对家庭、国
家、祖先（宗庙）、自然（天地）的关系，都被定性为一种伦理关系，人
被笼罩在由各种伦理性关系编织的周延的网络里，正如二程所说，"父子
君臣，天下之定理，无所逃于天地间"（《河南程氏遗书》卷五），个人总
是作为一个伦理角色存在，而不会是作为一个独立的自然人格出现。杜维
明对儒学新的内涵性定位，正是在这两点上改变了传统儒学：其一，将儒
学作为一个凸显伦理道德特质的理论思想体系，转移到一个更普泛的
"哲学人类学"的理论平台上，界定为既含有超越，又不排斥自然的涵盖
性强的"人文主义"；其二，将儒家社会生活中伦理角色的、伦理性的个
人，置换为自然人格的、主体性的个人。在这里，人的修养过程，是一独
立个体由体魄、知识、智慧、境界"四层次"构成的人格完成过程，不
同于传统儒学人格的"格物、致知、诚意、正心、修身、齐家、治国、平
天下"的"八条目"的道德完成过程；自然人格（身、心、灵、神）与
社群、自然、天道之关系的实践，也是主体性的人格实现，而不是传统儒
家所诠定的那种伦理性的实践②。不难观察到，杜维明对儒学内涵性的新
定位，就其对传统儒学理论特质的改变而言，可以认为是一种发展，但也
有断裂；从构成文明对话之背景的两个基本方面——全球性（全球化）

---

① 杜维明：《自序·新轴心时代的文明对话》，《杜维明文集》第一卷，第11页。
② 杜维明在论及儒家教育时曾说："教育是以身体现的艺术。通过以身体现，我们把
　　自己（身、心、灵魂、精神）在社群、自然和天道中实现出来。"（《修身作为体现
　　人性的教育》，《杜维明文集》第四卷，第673页）在这里，传统儒学伦理人格"为
　　仁由己"（《论语·颜渊》）、"尽心、知性、知天"（《孟子·尽心上》）的在伦理道
　　德实践中的主动性，与杜维明所表述的作为自然人格在社群、自然、天道间独立自
　　主的行为选择的主体性是不同的。

与根源性（本土化、多元化）来看①，自觉不自觉地强化了它的普适性的、能融入现代语境的方面，而削弱了它的本土根源性的、固有理论逻辑的方面。

以上，我们从方法论自觉的角度，借转化、重构、对话三个论题审视了 20 世纪 80 年代以来的儒学理论创新。在现代儒学研究或儒学思潮中，在这三个论题下的四位学者，因师承关系常被划入继熊十力、钱穆、方东美、牟宗三之后的"第三代新儒家"②，所以可以视为这是第三代新儒家的理论创新，是 20 世纪儒学最后的理论进展。在这 20 世纪儒学最后的创新中所开创、确立的诸多具有现代、当代理论特质和内容的论域、论题、话语，与前此两代新儒家的理论创造，正共同笼罩、引领着当前，特别是青年一代学者的儒学研究，将会在很大程度上塑造儒学理论的未来发展。但是，在这四学者所贡献的 20 世纪儒学最后的理论创新中，某种程度上也可以包括前此两代新儒家的理论创造，也有明显的理论缺陷，要言之，一是儒家传统主要是作为一个观念体系被诠释，儒家传统作为一种生活方式的内容并未得到阐释。当然，这种观念形态的诠释是必要的，但是，作为一种文化的儒家传统，它的主要特征、独特形态，都不是单一的观念表现，而是多种观念的综合表现，是一种生活方式的存在。应该说，第三代新儒家已形成儒家传统作为一种生活方式存在的识解③，但他们并没有给予儒家生活方式明确的界定和具体的阐述。然而，没有儒家生活方式历史演变的背景，单一的儒家观念的诠释，确切地判断今天儒家传统中仍然活着的、已经死去的和缺弱的，就是很困难的；没有对儒家生活方式特质之真切的认识，儒家传统的现代转化，也只能是理论的话语，难以成为生活

---

① 杜维明本人曾明确界分过这两个方面："我们现在面临两个相互冲突而又同时并存且影响相当大的基本潮流，一个是全球化现象，另一个是本土化现象……这两股潮流不只是发展中国家才碰到，而是任何发达国家都能碰到。"（《人文精神与全球伦理》，《杜维明文集》第五卷，第 501～503 页）

② 方克立：《第三代新儒家掠影》，《现代新儒家与中国现代化》，第 54～63 页。

③ 例如，前已引述及，余英时曾说："儒学决不能限于历代儒家经典中的教义，而必须包括受儒家教义影响而形成的生活方式，特别是制度化的生活方式。"（《现代儒学的困境》，《现代儒学的回顾与展望》，第 54 页）杜维明亦有论曰："我基本上认为儒学是一种伦理……一种生活方式。"（《儒家伦理与东亚企业精神》，《新加坡的挑战：新儒家伦理与企业精神》，第 117 页）

的真实。二是与在儒家传统诠释的生活方式内容被遗忘相羼连，在对儒家思想观念的诠释中，表现为对思想观念发生、演变的历史情境的遗忘。历史性的内容每每是一个思想观念、范畴、命题完整内涵的必要构成，是对其作出准确诠释的必要因素。失去了历史性内容，思想观念就会是一种孤立的、语言形式的存在。在某种纯粹的、形而上的、以逻辑性演绎运行的哲学世界里，这样的观念阐释、推演或许可能；但在储积着丰富历史资源的儒家传统中，每个观念、命题后面都有它的独特的历史情境与意涵，如果遗弃这些历史性内容而对它作现代观念"转化""重建"的诠释，就会背离原来培壅它生长的理论环境和理论轨道，为它作出的只能是外在的现代理论选择，而不是真正的诠释。正如前面已引述的哲学诠释学的一个重要观点所说，没有真确的历史内容，就不能形成真实、正确的"前见"，也就不能形成合理性的"视域融合"、理解和最终实现真理性的诠释。所以，这种离开儒家思想观念历史情境和意涵而作出的现代转化的诠释，往往在现代观念和传统观念间缺乏合理的理论成长和历史承接的过程，不同程度上显现一种观念断裂。现代新儒家及其儒学新理论如果塑造出的新儒学、新学人对儒学丰富的历史生命和精神经历，表现出淡忘、陌生，甚至谬解，那将是很不幸的。

二 中国现代化进程中的儒学

中国现代化进程一般界定为是从 1840 年鸦片战争后开始的，但它的决定性的、基本实现的阶段，应该是在主要内涵有 1911 年民主革命成功和 1949 年社会主义革命胜利及 1979 年后改革开放带来"和平崛起"的 20 世纪的一百多年间。我们已经大体审视了 20 世纪时段内儒学所呈现的新的理论面貌；下面，我们将进一步考察在中国现代化进程中，儒家传统——儒家思想及其模塑的生活方式中仍然活着的、珍贵的积极因素，如何影响、推助了这个进程。

（一）界定

人类社会由以农业生产力为主要生产力社会，向以工业生产力为主要生产力社会的转变过程，20 世纪 50 年代，美国等西方国家学者开始选择用"现代化"（Modernization）一词来表述、概括之①。我国学者在研究、吸纳西方学者现代化理论的基础上，也提出了自己的对"现代化"的一般的界定。这里列举两个有代表性的观点，其一是：

> 现代化是传统社会向现代社会的转变过程。它是多层面同步转变的过程，是涉及人类生活所有方面的深刻变化。概括起来，现代化可以看作是经济领域的工业化，政治领域的民主化，社会领域的城市化以及价值领域的理性化的互动过程。这种转变的动力从根本上来说是产生于人类在科学革命的推动下所获得的空前增长的知识，从而不断增强对环境的控制能力②。

这一界定的主要之点，是将现代化看作是一种与传统社会不同的新的社会制度和价值的综合系统；它的动力来自科学、技术的革命和知识的增长。这一界定显示的是以结构和功能来描述社会现象的西方社会学主流的理论眼光；其具体内容也都可以在美国社会学家五六十年代的著作中寻找到踪影③。

---

① 对 20 世纪 50 年代以来西方国家现代化理论的形成和演变，我国学者有很清晰的论述。参见罗荣渠《西方现代化思潮与现代化研究》（《现代化新论》第二章，北京大学出版社 1993 年版），杨豫《译者前言》（C. E. 布莱克编《比较现代化》，杨豫、陈祖洲译，上海译文出版社 1996 年版），谢立中《编者前言》（谢立中、孙立平主编《二十世纪西方现代化理论文选》，上海三联书店 2000 年版）。

② 杨豫：《译者前言》，布莱克编《比较现代化》，第 7 页。

③ 例如，美国现代化理论家丹尼尔·勒纳（D·Lerner）在其《传统社会的消失》（1958 年）中判定："城市化、工业化、世俗化、民主化、普及教育和新闻参与等，作为现代化进程的主要层面，它们的出现绝非是任意而互不相关的。"（转引自塞缪尔·P. 亨廷顿《变化社会中的政治秩序》，1968 年，王冠华等译，生活·读书·新知三联书店 1989 年版，第 30 页）C. E. 布莱克在其《现代化的动力》（1967 年）中界定："现代化指的是近几个世纪来，由知识的爆炸性增长，导致源远流长的改革过程所呈现的动态形式。"（《现代化的动力》，段小光译，四川人民出版社 1988 年版，第 11 页）美国政治学家亨廷顿也概括说："现代化是一个多层面的进程，它涉及人类思想和行为所有领域里的变革。"并认为现代化的各层面可广义地归纳为"社会动员"和"经济发展"两类："社会动员涉及个人、组织和社会渴求的变化；经济发展涉及个人、组织和社会能力的变化，对现代化来说，这两种变化缺一不可。"（《变化社会中的政治秩序》，第 30、31 页）

其二是：

现代化是突破原有农业大生产力形态转向工业大生产力形态引起的社会剧变。在世界历史上，这种大转变的最早启动，主要是由内在因素导致的突破，称为内源性现代化，这是一种创新性剧变，是一个自下而上的自发过程。最早进入现代化进程的西欧各国属于这种类型。主要是由外在因素导致的突破，称为外源性现代化，这是一种传导性剧变，是自上而下，或上下结合的急剧变革过程，后进国家属于这种类型。这一世界规模的大变革经历三次发展浪潮，第一次大浪潮（18世纪后期到19世纪中叶），是由英国工业革命开端、向西欧扩散的早期工业化过程，第二次大浪潮（19世纪下半叶到20世纪初），工业化向整个欧洲、北美扩散并取得胜利的过程，同时在非西方世界产生强大的冲浪，拉开非西方世界走向现代化的序幕。第三次大浪潮（20世纪下半叶），是发达工业世界向高工业化升级与欠发达世界大批国家卷入工业化的过程①。

这一界定的主要之点，是将现代化视为人类历史上特定历史阶段和具有特定内容的一次社会变迁过程；这一过程从世界历史的角度观察，有两种类型，即最早踏入这一进程的西欧各国的现代化，是由内在因素自发引发的"内源性现代化"，后跨进这一进程的世界其他国家则是由外在因素——感受来自先实现了现代化国家的经济、政治、军事、文化的种种压力，而被动启动的"外源性现代化"。这是一个具有历史学家眼光，且有一定理论创新的现代化观点。当然，在60年代的西方现代化理论中，这样历史主义的理论视角也已经形成②。

---

① 罗荣渠：《现代化新论·序言》，北京大学出版社1993年版，第4页。

② 例如，作为现代化理论的历史学派代表人物、以色列社会学家艾森斯塔德曾界说："就历史观点而言，现代化是社会、经济、政治体制向现代类型变迁的过程。它从17世纪到19世纪形成于西欧和北美，而后扩及其他欧洲国家，并在19世纪和20世纪传入南美、亚洲和非洲大陆。"并区分这种现代化的进程，在英国、西欧和北美，"主要是通过社会内部的发展而实现的"，其他地区"现代化的推动力主要是来自外部力量，即随着西欧初期的社会变迁而发展起来的崭新的国际 （转下页注）

这两个界定，大体上可以视为是现代化之基本特质的坐标上的横向和纵向的两个维度：一个是现代化作为一种新的人类社会所具有的共同的、一般的特征，即立足于科学技术的工业社会和与此相适应的民主政体、市场经济、城市化等制度和理性、民主、法治等价值理念；另一个则是现代化在某一国家具体实现时的特殊性，指它发生在哪一个历史时段内，是"内源性"还是"外源性"的，以及与此相伴的种种独特的历史的、社会的情境。用这样的现代化坐标的两个维度，我们可以给中国的现代化作出基本的定位：一方面，中国的现代化是在1840年鸦片战争失败后被迫启动的，是"外源性"的现代化，是属于"后进国家"或"后来者"的现代化，有自己的、如下面我们将要论及的来自儒家传统的个性特色；另一方面，鸦片战争后中国此起彼伏出现的洋务运动（自强运动）、维新变法、辛亥革命、五四运动等政治、文化的社会运动，都是向着工业社会、向着工业社会的制度和价值，即五四时代明确提出的"民主"和"科学"的目标前进，也表现出鲜明的现代化的共同特征。

1840年以来的我国现代化进程，虽然只走过不能说是很长的一个半世纪的时光，但是，巨大的社会政治、经济、文化变革，却使这个进程呈现出明显的、有多次转折的阶段性。如果用不同的标准来研判，对此阶段性的划分，亦有所不同。1980年出版的、由美国九位学者共同撰作、罗兹曼（G. Rozman）主编的《中国的现代化》一书，是第一部全景地——它从中国的国际环境、政治结构、经济结构与经济增长、社会整合、知识

（接上页注②）政治、经济和思想体系的冲击力"［S. E. 艾森斯塔德：《现代化：抗拒与变迁》（1966年），张旅平等译，中国人民大学出版社1988年版，第1、77~78页］。美国社会学家列维（M. J. Levy）在1966年更明确提出"内源发展者"和"后来者"两个重要概念，并界定说："'内源发展者'（indigenous developers）和'后来者'（late-comers）是我们研究的两个重要概念。所谓内源发展者，就其在当今社会的发展过程来说，是指其现代化结构是在它本身基础上长期逐渐发展起来的社会。即使在18世纪，国际的接触和关系就已经形成了，从这个意义上讲，所涉及的这些国家中没有一个真正是在其固有基础上完成任何事业的。但是，尽管如此，英国、美国和法国等社会还是可以看作是现代化的'内源发展者'社会。其他社会是'后来者'社会。当然，德国是一个较早的后来者社会，俄国稍晚，日本更晚，中东一些国家比日本还晚。在许多观点中，最具重要的后来者，是当世界其他地方已经高度发达而它实际上还没有进入现代化过程的国家。"（列维：《现代化的后来者》，谢立中、孙立平主编《二十世纪西方现代化理论文选》，第811页）

与教育等五个方面——描绘、论述中国现代化进程的著作。该书将中国现代化进程区分为1840年到1949年和1949年以后两个阶段、两个部分来论述的。作者说："我们绝不认为19世纪中叶的任何变革已因内部条件而与过去发生了彻底的决裂，而1949年显然在许多方面表现出与过去的断然决裂。"① 似乎可以说，这是用社会学的社会动员状况和社会整合能力两个标准，即用现代化进程中的社会分化的彻底程度和形成社会控制的完善有效程度等现代化社会的主要标志，来对中国现代化进程作出这样阶段性的区分。这是合理的，也是基本符合事实的。分别于1993年和1997年出版的我国学者系统论述现代化的第一部专著——罗荣渠的《现代化新论》和《现代化新论续篇》，则是用另外的标准对中国现代化进程的阶段性做了另外的划分。作者说：

> 中国现代化的最初启动可以追溯到19世纪60年代的自强运动，以此为起点，根据领导力量与运作方式之不同，可大致划分为两大阶段：1860～1911年，即清王朝最后50年中试图挽救其衰亡命运而从事的现代化努力，是第一阶段；1912～1949年，即共和时代为争取按西方资本主义模式建立现代国家的独立、统一与经济发展所做的努力，是第二阶段②。

作者又说：

> 十九世纪下半叶到二十世纪初，即从自强（洋务）运动经过维新运动到立宪运动，大约半个世纪，是中国现代化的初始阶段，是在旧王朝体制下探索资本主义发展取向上的自上而下的改革时期……1949年革命的胜利带来了发展模式的一次全面大转换，中国从资本主义模式转向社会主义模式……1979年邓小平推行开放式的现代化路线，主要是从计划经济逐步转向市场经济，从单一经济成分转为多

---

① 吉尔伯特·罗兹曼主编《中国的现代化》，国家社会科学基金"比较现代化"课题组译，江苏人民出版社1995年版，第9页。
② 罗荣渠：《现代化新论》，第271页。

种经济成分，转向一种中国式的混合发展模式，这是 1949 年模式大转换以来的又一模式大转换，是中国现代化运动的第三次大转折①。

《新论》以国家的政治体制或权力结构的变迁，又以经济增长、发展模式的转换，将中国现代化进程区分为三个阶段的更替——清王朝、民国、人民共和国；判分为三种模式的演变——资本主义、社会主义、混合经济，无疑也都是完全符合历史事实的。随后，中国社会科学院"九五"基础研究课题"中国现代化历程"，得出"中国的现代化经过了四个阶段和三种发展道路的变化"之主题结论②，显然是将国家政治制度变迁和经济发展模式转换整合到一起的一个判定。

1840 年以来我国现代化进程的阶段性特征，如果不是用社会动员和社会控制的程度，或政治制度和经济模式之明显转变这样的标准来判定，而是用这个进程与儒学的关系之变化，或者说用儒学存在状态之变迁为标志来划分，那么，它就应该以推翻了君主专制的 1911 年辛亥革命为分界线，区别为两个性质完全不同的阶段。这样的划分有两点理由，第一，在此前，儒学主要是作为国家意识形态，自觉地发挥维护君主专制政治制度和社会生活秩序的功能而存在；此后，儒学就被从国家的意识形态结构上剥离出来，以一种历史地形成的儒家文化传统，一种社会集体意识的儒家思想观念，已内化为不自觉的、超越自觉的儒家生活方式的存在了。第二，与此相联系，此前和此后的儒学，即作为君主专制国家意识形态的儒学，和作为建构、模塑了一种生活方式的儒家传统，在我国现代化进程中所表现出来的作用、功能，也是迥然有别的。中国现代化进程的最初路径，是在衰败的清王朝晚期的半个世纪里走过的，经历了洋务、变法、立宪等具体内容有所不同的自上而下的社会动员或社会运动。儒学以何种角色、何种力量显现在这个过程中，从以下六则当时的先知先觉者或三次运

<hr />

① 罗荣渠：《现代化新论续篇》，北京大学出版社 1997 年版，第 108～112 页。
② "四个阶段"是：1912 年之前为"前提与准备阶段"，1912～1949 年为"启动和道路抉择阶段"，1949～1978 年为"经典式社会主义现代化阶段"，1979 年以后为"有中国特色社会主义现代化阶段"。"三种发展道路"是资本主义、经典社会主义、有中国特色社会主义（见虞和平《中国现代化历程·绪论》，虞和平主编《中国现代化历程》，江苏人民出版社 2001 年版，第 17 页）。

动的参与者的言论中，可以作出判定：

> 以中国之伦常名教为原本，辅以诸国富强之术。（冯桂芬：《校邠庐抗议》下卷《采西学议》）

> 取西人器术之学，以卫我尧舜禹汤文武周孔之道。（薛福成：《筹洋刍议·变法》）

> 不变者，伦纪也，非法制也；圣道也，非器械也；心术也，非工艺也……曾子固曰："法者所以适变，不必尽同；道者所以立本，不可不一。"夫所谓道本者，三纲四维是也。（张之洞：《劝学篇·变法》）

> 令乡落淫祠，悉改为孔子庙，其各善堂会馆，俱令独祀孔子，庶几化导愚民，扶圣教而塞异端。（康有为：《上清帝第二书》①）

> 不知君主立宪，大意在于尊崇国体，巩固君权，并无损之可言……以今日之时势言之，立宪之利有最重要者三端：一曰皇位永固，一曰外患渐轻，一曰内乱可弭。（载泽：《奏请宣布立宪密折》②）

> 纲常名教，中国数千年相传之国粹，立国之大本也，有之则人，无之则兽，崇之则治，蔑之则乱。（劳乃宣：《续共和正解》③）

张之洞、康有为、载泽是洋务、维新、立宪运动的主要人物，冯桂芬、薛福成是晚清变法自强时势的清醒观察者，劳乃宣可被视为是立宪运动的保守的发言人。他们的言论一致地、清晰地显示，第一，在作为中国现代化进程构成部分的洋务、变法、立宪这些目标在推动社会变化、国家进步的社会运动中，以"三纲五常"为核心价值观念的意识形态儒学，却是唯一地被视为是不能变动的；所谓"取西人之学，以卫我周孔之道"，甚至还是这些社会运动要最终保卫的对象——一种羼入了君主专制社会的国家权力和宗法权力因素的伦理道德信条。第二，儒学作为君主专制国家意识形态，在吸取西方文明、试图向停滞的社会政治经济生活和腐朽的国家体制注入新的活力的

---

① 汤志钧编《康有为政论集》，中华书局1981年版，第132页。
② 中国史学会主编《辛亥革命》第四册，上海人民出版社1957年版，第28页。
③ 沈云龙主编《近代中国史料丛刊》第357册，《桐乡劳先生遗稿》第一卷，台北文海出版社1966年版，第148页。

洋务、变法、立宪运动中，它总是占据价值的核心地位，是"道""体"，排斥、轻蔑西方文化要素为"器""用"；并且要以孔学为圣教，"化愚民塞异端"，以纲常名教的传统信条，捍卫"皇权永固"，表现了维护君主专制国家旧体制、旧传统的功能。现代化理论认为："我们可以将传统社会设想为在现代知识、理念施以最初影响之前的一种相对静止的承继而来的体制或结构。现代知识的影响将改变传统体制必须执行的功能，反过来这也影响体制本身。在这种意义上，现代功能对传统体制的冲击，就是现代化进程的核心。"① 作为君主专制国家意识形态的儒学，在中国现代化进程的启动阶段，显现的如以上所述的那种性质的面目和功能，表明它是中国传统社会保持固定不变的唯一的精神重心，是抵抗现代化冲击的最主要的精神力量。换言之，在辛亥革命以前的中国现代化初始阶段，儒学扮演的是一个负面的角色；中国早期现代化步履艰难和最终失败，作为当时国家意识形态的、被君主专制的政治异化了的儒学，是难辞其咎的。

那么，辛亥革命以后的儒学，不再是国家的意识形态，而由其历史地模塑、建构成的儒家传统、儒家生活方式，在中国现代化进程中扮演的、显示的又是何种与前阶段迥然有别的角色、功能，这正是我们下面需要考察的。

（二）贡献：中国现代化道路上的儒家传统因素

20世纪六七十年代以后，现代化理论的重要发展，是逐渐放弃或修正了它的早期理论中的三个重要观点：现代社会与传统社会是对立的，现代化即西化，启动现代化的动力是科技革命的发生。② 例如，前已述及的以色列社会学家艾森斯塔德，曾从现代化进程的世界背景下举出三项传统

---

① C. E. 布莱克：《现代化的动力》，第76页。
② 美国社会学家 D. 勒纳对前两个观点似乎有较明确的表述，1958年，他在《传统社会的消逝》一书中提出相互对立的两种社会系统，一端是传统社会，另一端是现代社会的观点；在为《国际社会科学百科全书》撰作词条时，定义"现代化"是"西欧和北美产生的制度和价值观念，从十七世纪以后向欧洲其他地区的传播过程"（见杨豫《译者前言》，C. E. 布莱克编《比较现代化》，第1、3页）。第三个观点在布莱克的《现代化的动力》一书中有明确表述："现代化可以定义为伴随科学革命的发生而带来的各种体制适应变化的功能过程。"（《现代化的动力》，第11页）

与现代并不对立的例证后说："现代化的成功在很大程度上受益于传统背景中的某些因素；现代社会功能的履行在很大程度上依赖于传统力量在现代化过程中的可利用性。"① 这是对将传统与现代对立起来的观点的一个明确、清晰的修正，并展示一种新的理论眼光和文化姿态：在现代化进程中，对待传统文化不是简单的决裂、抛弃（这实际上是不可能的），而应自觉地作适应变化的改造。布莱克则从现代化进程的终点上补充了这个结论："从长期来看，使本国的传统制度适应新的功能，比或多或少原样照搬西方的制度更为有效。"② 现代化首先在西方实现，此后，在不同时段和世界不同地区或国家的实现中，又呈现出某些社会制度结构和价值观念的共同特征，这种历史因素，常使人们将现代化等同于"西化"。但是，现代化实际上是人类社会发展必然会经历的历史阶段，不同时段和国家的现代化的制度结构和价值观念上的某些共同特征，是适应工业社会生活需要的选择，不能简单地研判为对西方国家现代化的趋同、复制。因为成功的"后来者"的现代化实现，必然会在这种选择中注入自己国家独特的文化因素，保持着自己的现代化在制度和价值上的某些独特性。正是在此种意义上，布莱克曾预言，在现代化进程的可以预见的将来，"会导向一种功能的普遍化……不可能导向体制的普遍化"③。艾森斯塔德则是更明确地表述了现代化并不等同于西化的观点："尽管西方国家率先实现了现代化，但非西方国家无须在文化意识上西化，以及接受从西方国家中发展出来的现代性的具体文化形式和组织形式，也能发展出具有一切现代性特征的社会来。"④ 亨廷顿也有相似的表述："现代社会无论是抽象的还是多方面的，都是西方社会。但是，对于非现代的和非西方的社会来说，现代化过程和西方化过程，确实是截然不同的。"⑤ 可以认为，在西方现代化理论进展中，早期现代化理论的现代与传统对立、现代化等同"西化"

---

① S. E. 艾森斯塔德：《传统、变革与现代化——对中国经验的反思》，谢立中、孙立平主编《二十世纪西方现代化理论文选》，第 1088～1089 页。

② 西里尔·E. 布莱克：《比较现代化·导论》，第 5 页。

③ 西里尔·E. 布莱克：《现代化的动力》，第 68 页。

④ S. E. 艾森斯塔德：《现代化：抗拒与变迁》，第 57 页。

⑤ 塞缪尔·亨廷顿：《导致变化的变化：现代化、发展和政治》，布莱克编《比较现代化》，第 53 页。

的两个观点是被较彻底地修正或舍弃了；它的科技革命是现代化的动力的观点，在描述内源性现代化启动的触发因素——英国的工业革命，仍然是可被坚持的历史事实。即使在当代社会，我们也可以时时感受到科技进步、知识增长给社会生活带来的巨大变化。但是，对于处在各种不同国际环境、社会状态和文化背景下的现代化"后来者"国家，启动、支持现代化进程这个巨大的、沉重的社会工程的动力因素，往往要复杂得多、独特得多，不是单一的科学技术、知识产生的力量所能提供的。一种现代化进程动力多样性的观点浮现出来。艾森斯塔德在世界背景下考察现代化进程时发现，不同地区或国家的现代社会，存在着现代化的重大的结构多样性。他对这一现象提出有两个原因的解释：

> 一个可以解释这种多样性的重要变量，就是各个社会都有各自不同的现代化起点这个事实……然而，与现代化的起点同样重要的，是最初推动现代化发展的动力的性质，无论它是经过各种群体或精英的内部活动所产生的，还是经过诸如殖民的与帝国的扩张，技术革新或文化运动等各种外部力量的影响而产生的。这种初始推动力的性质，可能大大地影响各种不同制度领域中现代化的时序。①

艾森斯塔德认为，现代化社会的结构多样性，是一个国家现代化的历史起点的不同和现代化启动时的动力性质多样性两个变量带来的结局。换言之，在现代化起点上的不同国家或社会那里，存在着科技因素以外的、由各自诸如独特的政治环境、经济状况、文化传统等不同因素形成的不同性质的现代化动力因素。现代化进程的动力多样性的观点，是现代化理论的最具广阔视野和诠释功能的观点，一个能很快捕捉到不同国家、社会现代化进程中的那个最具活力的或是政治的、经济的，或是文化的独特因素之理论视角。

现代化理论在对自己早期理论的三个观点的修正中所形成的这种基本的理论视野、理论角度，在这里也正是我们考察、研判儒家传统在中国现

————————

① S. E. 艾森斯塔德：《现代化：抗拒与变迁》，第 53 ~ 55 页。

代化进程中所显示的功能和所扮演的角色之基本的现代观念背景。这一论题在这样的理论视野、观念背景下，凸显出三个问题。首先，现代化进程是由传统农业社会向现代工业社会转变的过程，中国的传统农业社会已有数千年历史，是十分稳固的，也已有久远历史的儒家传统，能为启动、支持这个艰难的过程提供何种性质的动力因素？其次，传统社会与现代社会在制度和价值观念上存在着巨大差异，两种体制转换过程中，不同程度、不同形态的社会失控、道德失范现象难免会发生，儒家传统能否有助益于现代化进程的秩序形成？最后，传统与现代尽管不能说是绝对对立的，但在其转变过程中，不同程度、不同形态的冲突及由此而产生的社会震荡和破坏，也是不可避免的，儒家传统有无或有多少可缓解、削弱这种冲突的适应能力？如果说，不同国家、地区现代化道路、现代化社会的独特性，是由它的现代化启动时和进程中的独特现实处境和文化传统造成的；那么，中国现代化进程和实现的独特性，正是由儒家传统在这三个问题上表现的功能所铸就。

1. 动力：中华民族的复兴

1840 年鸦片战争以后开始的我国的现代化，是属于外源性的、后来者的现代化。现代化进程是在一个历史悠久、人口众多、领土广大、曾经辉煌的国家，社会处在极度衰败的情况下被迫启动的；时时遭遇到、感受着来自西方列强，即先行进入现代化国家的政治、经济、军事和文化等各方面宰割、压迫、遏制，步步遭遇到、感受着附依在旧的国家制度上的社会力量、思想观念的阻挡，一直在困难、挫折中艰难行进；必须有一种巨大的、不竭的、能注入包括科学技术在内的政治、经济和文化等构成这次社会类型转变的各个领域、层面中去的动力，才能带动、支持这个进程。这个动力就是"中华民族复兴"——一个能对中国现代化进程产生最广泛的社会动员和社会整合作用的理念目标。"中华民族复兴"的基本内涵，可以从中国现代化进程中两位最有力的推动者的召唤中得到诠释：

> 孙中山："人为刀俎，我为鱼肉，我们的地位在此时最为危险。如果再不提倡民族主义，结合四万万人成一坚固的民族，中国便有亡国亡种之忧。我们要挽救这种危亡，便要提倡民族主义，用民族主义

来救国。"①

　　毛泽东："我们中华民族有同自己的敌人血战到底的气概，有在自力更生的基础上光复旧物的决心，有自立于世界民族之林的能力。"②

中国现代史上这两位最重要的领袖人物的召唤昭示，我们要用"民族危亡"的危机意识，将全体中国人民唤醒，团结起来，从帝国主义列强的压迫下争取民族的独立；我们还要有"自立于世界民族之林"的信心和决心，用自己的努力，将在现代化的道路上已经落伍的故国家园建设好，恢复作为一个历史悠久的文明大国应有的地位和对人类的贡献。这似乎应该就是"中华民族复兴"的两个基本意涵。

　　中国现代化进程中的全体中国人民，都认同中华民族复兴的理念和目标③。何以"中华民族复兴"作为一种政治理念、价值理念能注入现代化进程中的每一个中国民众的信念中，注入构成现代化进程的各个社会实践的生活层面中，转化为不竭的精神力量，转化为支持现代化进程的动力？这只能从历史地形成的儒家传统、儒家生活方式中得到解释，从被这种传统、生活方式模塑、培壅的全体中国民众的具有普遍性的精神品格、思想观念、行为方式中得到解释。这种精神品格、思想观念当然有其十分广泛的具体表现，但就这里我们论述的作为构成现代化进程中的动力因素而言，最为

---

① 孙中山：《三民主义》，《孙中山选集》，人民出版社 1956 年版，第 621 页。

② 毛泽东：《论反对日本帝国主义的策略》，《毛泽东选集》第一卷，人民出版社 1991 年第 2 版，第 161 页。

③ 1949 年后的三十年间，中国大陆地区的现代化进程，一直在经典的社会主义模式下进行。在思想理论领域，处在主导地位的马克思列宁主义的历史唯物主义阶级分析、哲学党性原则，对儒家思想和传统采取的基本上是批判、否定的态度。20 世纪 80 年代以后，建设有中国特色社会主义的新路线确立，现代化进程转移到混合经济或社会主义市场经济模式的轨道上，儒家文化传统的珍贵价值也从新的理论角度上被认识，"民族复兴"也被在作为现代化进程的终极目标和具有最广泛的社会动员、社会整合功能的意义上被发现和使用，正如作为中国共产党第二代领导集体核心的邓小平所说："党的十一届三中全会以后，我们集中力量搞四个现代化，着眼于振兴中华民族。没有四个现代化，中国在世界上就没有应有的地位。"（《邓小平文选》第三卷，人民出版社 1993 年版，第 357 页）此后，在中国共产党第三代、第四代领导人的讲话中，"为了中华民族的伟大复兴"就较频繁地出现了。

儒学与我国现代化进程

重要的似乎应是对国家的伦理认同、社会责任的意识和勤勉的品质。

国家的伦理认同 "中华民族复兴"的理念或目标之所以能成为后动和支持中国现代化进程的巨大动力，首先应是源于对自己的国家共同体有强烈的认同；而在中国文化中，这种认同感正是由儒家传统培育出来的。这是一种伦理性质的认同，即把自己的国家、民族视为与家庭同质同构的、更高更大的伦理共同体来予以认同的。孟子有谓："天下之本在国，国之本在家，家之本在身。"（《孟子·离娄上》）在孟子的当时，"家"是指以夫妇、父子、兄弟至亲血缘关系而构建的伦理共同体，也是一个最小单元的、基本的社会共同体。"国"是指为周天子分封的诸侯领地，它们多是文王、武王、周公的姬姓后裔，或夏商旧朝姒姓、子姓的后裔，相互之间有远近不同的血缘、姻缘关系纽带，地处中原地带，被称为"华夏"或"诸夏"之国。在不太严格的意义上，可视为是氏族的共同体。"天下"则是指包括华夏诸侯之国，及其外的四夷之地的全部"四海"之内的领地①，是一个更大的共同体。我们今天称为"民族"或"中华民族"，可以认为就是在此种"天下"观念的意义上演变、发展而来的。天下、国、家虽然是大小不同的社会共同体，齐家、治国、平天下的生活实践内容也有繁简、难易的差别，但在儒家看来，以家庭为基础、为起点的那些伦理原则却是共同的、根本的。所以《大学》说："君子不出家而成教于国：孝者所以事君也，弟者所以事长也，慈者所以使众也。"换言之，在儒家看来，国家（国）也就是家庭同质同构的放大，国家（君主）与臣民间的关系，如同家庭中父母与子女间的关系，都是伦理性质的关系。在这里可以看出，儒家的"家齐而后国治"（《大学》）的国家观念，与现代西方政治学的国家观念甚有不同。如前所引述，20世纪英国政治理论家拉斯基曾界定"国家"说："我之所谓国家，意思是指这样一种社会，它由于具有一种强制性权威，在法律上高出于作为这个社会一部分的任何个

---

① 《诗经》云："溥天之下，莫非王土，率土之滨，莫非王臣。"（《小雅·北山》）《礼记·曲礼下》"君天下，曰天子"，郑玄注："天下，谓外及四海也（按：中国古人认为，中国或'九州'四境为海环绕）。今汉于蛮夷称天子，于王侯称皇帝。"（《礼记正义》卷四）此可见，"天下"即"四海之内"，包括四夷（南蛮北狄东夷西戎）之地。孟子曾将战国时诸侯霸王们统一天下的政治企望表述为"莅中国而抚四夷也"。（《孟子·梁惠王上》）

人或集团，而构成一个整体……国家拥有领土，划分为政府和居民（个人或集团），他们的关系由最高强制权力的行使所决定。"① 现代政治学者还有很多从不同角度对国家的界定、界说，但一般都会将国家视为是由主权与领土、自由的个人和团体、权力和法律的运行等要素构成的政治实体。然而在儒家，则主要是把国家视为是大于、高于家庭的伦理共同体。

孔子的弟子子夏说："四海之内皆兄弟也。"（《论语·颜渊》）所以对于儒家来说，包括四夷之国之民在内的"天下"，也可以视为是一伦理共同体。历史上，儒家是以华夏诸国有一种可追溯的共同原始祖根、用血缘纽带关系或宗法原则，将家庭伦理同质同构地拓展到国家；又以一种"华夷之辨"的文化原则，将四夷异族吸纳、融入"天下"——今天可称之为"中国"或"中华民族"的伦理共同体中。儒家"华夷之辨"实际上包含着两项内容或原则。一个是自然的血缘分界原则，即严格按照种类或氏族血缘关系划分华夏同族和四夷异族。"非我族类，其心必异"（《左传·成公四年》）就是最早的一个"华夷之辨"的结论②。这也是春秋时代华夏诸国审视国际关系、决策聘盟诛伐的一条基本准则；并且直到宋、明、清，在某些特定的历史情境下，还被儒家学者，包括其中最有影响的人物如朱子、王夫之、章炳麟坚持着③。另一个是"礼"的文化分界原则，即四夷之国有认同、表现儒家之"礼"的行为，就视之为"华夏"，华夏之国有失"礼"的表现，就视之为"夷狄"，所谓"用夏变于夷者则夷之，夷而进于中国则中国之"④。这一原则在"《春秋》三传"——《左传》《公羊传》《穀梁传》对《春秋》书法的解析、诠释中被发现和提出，汉唐宋诸儒，如董仲舒、韩愈、程颐等更有对其明确的表述。舍弃种族、地域、习俗的观念而以对"礼"的文化认同的原则来判分华夷，

① H. J. 拉斯基：《国家的理论与实践》，第5页。
② 《左传·成公四年》记载这句话出自《史佚之志》。《左传·僖公十五年》"且史佚有言曰"，杜预注："史佚，周武王时太史名。"（《春秋左传正义》卷十四）
③ 朱熹、王夫之"族类"（血缘）原则的华夷之辨言论，前文已述。此外，在清末反对清王朝君主专制的革命斗争中，章炳麟是以鼓吹"种族革命"的姿态出现的，故其持华夷之辨亦严，如谓："同类君其国则谓之帝，异类君其国则谓之篡。"（《訄书·蒙古盛衰》）
④ （宋）罗泌：《路史》卷二十四《国名纪·桥》。

是儒家华夷之辨中的一个深刻的、宽容的方面，一个最具创造活力和融合功能的方面。中国历史上的儒家礼文化，就当时人类社会发展水平而言，是一种在较发达的农业生产力基础上发展起来的先进农业文化，一种文明程度很高的、以伦理道德观念为核心的成熟文化。这样，中国历史上的四夷族对华夏族（汉代以后可称之为汉族）礼文化的认同，就是很自然的了，这与它们的社会发展、文化成长是一致的。这一文化认同产生了两个重要的历史结局：一是汉民族扩大。多数较小的四夷之族（如"五胡十六国"和"五代十国"时的种族或氏族），在和汉民族的接触、交往中，生活习惯、文化心理的界限逐渐消失，融入汉族。二是中华民族的形成。少数较大的四境之族（如唐以后逐渐成型的藏、蒙、回、满），在各自独特的历史际遇中，特别是有一种坚固的宗教信仰支持下，仍然保持着自己生活习俗、语言文字、宗教心理，并没有融入汉民族。但是，在儒家文化创造的民族和宗教宽容之中，他们也对以伦理道德观念为核心的儒家文化之文明精神、先民远祖的历史追寻表现了认同，对与汉族是生存在同一个国家的伦理共同体中、生活在同一个中华民族的大家庭中表现了认同。这种认同，化作一种生活感受、一种政治理念，在近现代中国受到帝国主义入侵压迫的情境下，就更为强烈、自觉。1912 年，中国民主革命的领导人孙中山就职中华民国临时大总统时宣告："国家之本，在于人民。合汉、满、蒙、回、藏诸族为一人——是曰民族之统一。"[1] 1913 年，西蒙古 22 部 34 旗王公会议即发表声明："数百年来。汉蒙久成一家……我蒙同系中华民族，自宜一体出力，维持民国。"[2] 此可谓是对中华民族认同的典型的表现。所以可以说，儒家观念的民族、中华民族，就是以血缘纽带关系和礼文化认同之原则，在长期的历史发展中逐渐形成的伦理共同体。当然，从历史上看，这并不总是一个自然生长的和平过程，而是也有对立、冲突，甚至有战争的磨合过程。显然，这种民族观念与西方现代民族观念也甚有不同。西方民族观念一般认为，民族是独立国家政治斗争的产物，是独立国家的有机组成部分，民族存在于与国家结合为

---

① 孙中山：《中华民国临时大总统宣言书》，《孙中山选集》，第 90 页。
② 西盟王公会议招待所编《西盟王公会议始末记》，第 41~45 页。

"民族国家"的政治共同体中。不难看出，在儒家这里，国家（政治实体意义上的"中国"）与民族（以华夏文化或礼文化为根源的"中华民族"）在外延上是完全重合的，在主要内涵上（伦理共同体）也是相同的，当然，"国家"还有主权、领土、人口，"民族"还有共同的宗教信仰、语言文字等各自必要的内涵，在纯粹逻辑概念的意义上，它们间的区别也还是存在的。

这样，儒家对国家、民族的认同，就是一种伦理性质的思想观念和生活实践，表现为从情感上和理智上认同国家、民族是高于个人存在的命运共同体，个人要和她休戚相关、荣辱与共，愿为她奉献、牺牲个人的所有。从"民知其母而不知其父"①，到"孝悌也者，其为仁之本与"②，在儒家看来，伦理关系能被人理智觉知，伦理责任能被人自觉践履，都是人类社会文明程度进展的标志。《诗经》咏叹"王事靡盬，不遑将父，王事靡盬，不遑将母"（《小雅·四牡》），《左传》定义"公家之利，知无不为，忠也"（僖公九年），"将死不忘卫社稷，可不谓忠乎"（襄公十四年），《公羊传》称赞"不以父命辞王命，不以家事辞王事"（哀公三年），《宋史》记述，南宋危亡时，"忠节相望，班班可书"（卷四百四十六《忠义传》）③，《明史》见证，明朝覆灭时，"蹈死如归者尤众"（卷二百八十九《忠义传》）。可见，在儒家传统中，对国家、民族的伦理认同之观念和实践，已有久远的历史了；在这里，对国家、民族的伦理认同，不仅是一种道德观念形态的存在，而且已移化为、升华为人们生活行为之内在的精神品格了，已内化为一种生活方式的存在了。这种精神品格不仅在中国历史上有过崇高悲壮的呈现，在艰难的中国现代化进程中，也有无

---

① 《商君书·开塞》中描述远古人类生活状态之语。《礼记·丧服传》也有谓"禽兽知母而不知父"。中国古代先贤已理智地推定，人类曾经历过没有伦理观念的蒙昧发展阶段。

② 《论语·学而》记有子之语。儒家认为，能践履伦理规范，是为人之本。

③ 当然，在今天融合华夏之族和四夷之族在内的中华民族已经形成的历史终点上看，《宋史》的记述，《明史》的见证，只是中华民族形成过程中的一个片段的场景；但在当时的历史情境下，这仍是儒家文化的对国家、民族（华夏族）伦理认同的典型表现。现在，这种历史情境虽已消逝，内蕴在这一典型表现中的精神品格、价值理念却仍然附着在这个历史记忆上而存在；当时的民族界限已经消失，这种精神品格、价值理念也就成为中华民族共有的道德遗产。

数令人感奋不已的展现①。相比之下，现代西方民族国家的这种精神的和生活的经历，则是晚近得多，浅淡得多了。② 在历史上的儒家社会生活中，从社会学的社会控制方式的角度来研判，人们是生活在由国家的政治权力和宗族的宗法权力构成的二元社会结构中，由于伦理关系之外的公共生活不发达，社会动员能力薄弱；而宗法权力建构的伦理性的社会生活却甚为有力、活跃。对国家、民族的伦理认同，经常是作为一种伦理道德理念觉悟潜存在社会的集体意识中，养育在家庭（家族）这个伦理共同体的生活实践中。儒家社会生活的历史事实和历史经验多次显示，这种认同往往会在一种伦理危机中，特别会在一种威胁、动摇国家、民族伦理共同体的生存、发展的巨大灾难中被激活。中国的现代化进程正是在近现代中国面临巨大的危机中启动，在感受着、遭遇到外部强权进逼和内部多重困难阻挡的艰难中前进。儒家传统形成的国民对国家、民族的伦理认同，能时时被这种危机感唤醒，为支持国家所从事的现代化事业，释放出不竭的能量。

社会责任意识 儒家传统中，在对国家、民族伦理认同的精神环境里，也会十分自然地孕育出一种责任的意识——一种由儒家伦理道德理念生长出来的一个人能自觉地将实现、维护国家、社会民众的利益，视为是自己应有的义务、应尽的责任的观念。先秦儒家对儒者的责任有两次较明确的表述：

---

① 例如，在1931～1945年抗日战争期间，且不说为国捐躯的彪炳千秋的无数将士，即使是普通民众，也有许多感人的对国家之伦理认同的崇高表现。"死字旗"可为一代表。四川安县一普通百姓王者成，儿子王建堂主动报名参军，他就用三尺见方的白布，正中写了个斗大的"死"字，两旁写上殷切的嘱咐。右方写道："我不愿你在我近前尽孝，只愿你在民族分上尽忠。"左方写道："国难当头，日寇狰狞，国家兴亡，匹夫有分。本欲服役，奈过年龄，幸吾有子，自觉请缨。赐旗一面，时刻随身，伤时拭血，死后裹身，勇往直前，勿忘本分。"在国家生死存亡时刻，这位父亲不要儿子守着家庭尽孝，而鼓励他赴战场为国家献身。这面"死字旗"，如今保存在四川成都建川博物馆内。

② 美国史学家斯塔夫里阿诺斯（L. S. Stavrianos）在其《全球通史》中曾记述曰："民族主义是近代欧洲历史上的一种现象。它并没以可辨认的形式存在于中世纪……因而，在那些世纪里，民众应忠于国家这一点是无人知晓的。相反，大多数人认为自己首先是基督徒，其次是某一地区如勃艮第或康沃尔的居民，只是最后——如果实在要说的话——才是法兰西人或英吉利人。"（《全球通史——1500年以后的世界》，吴象婴、梁赤民译，上海社会科学院出版社1992年版，第355页）

曾子曰："士不可以不弘毅，任重而道远。仁以为己任，不亦重乎？死而后已，不亦远乎？"（《论语·泰伯》）

孟子曰："（伊尹①）思天下之民匹夫匹妇有不被尧舜之泽者，若己推而内之沟中——其自任以天下之重也。"（《孟子·万章下》）

儒家以实现"仁"为自己的责任，以实现仁政（"尧舜之泽"）于天下为自己的责任。"仁"在儒家思想中含义十分丰富，有多种角度的诠释。作为一种责任的"仁"，既是道德修养的目标，又是社会理想的目标。其内涵可以用孟子的一句话来界定："君子之于物也，爱之而弗仁②，于民也，仁之而弗亲，亲亲而仁民，仁民而爱物。"（《孟子·尽心上》）更可用朱子对孟子此语的解释来做周延的说明："亲亲、仁民、爱物，无非仁也。但是爱亲乃是切近而真实者，乃是仁最先发去处，于仁民、爱物，乃是远而大了。"（《朱子语类》卷五十六）即"仁"的责任，是要将以家庭生活为起点的人与亲人间的伦理道德实践，推向人与人间、人与自然间的更广阔的生活领域。"仁"能在这样广阔的人的全部生活中实现，就是儒家理想中的"尧舜之治"的实现。所以，"仁以为己任"也就是"以天下为己任"或"自任以天下之重"。这是多么沉重的、远大的责任！很明显，儒家的这些立论最初都是站在自己所处的阶层位置上（"士"）发言的，这是一个在西周封建和宗法制度中能分享到"礼"之生活的地位最低的阶层。但是，正如前面已经论述的，儒学一个伟大的理论和历史贡献，就在于论说并实现了一种突破——将"礼"的文明生活范围，向士以下的庶民阶层拓展。孔子认为"民之于仁也，甚于水火"（《论语·卫灵公》），倡导"有教无类"（同上）；孟子认为"天下之本在国，国之本在家"（《孟子·离娄上》），界说"仁之实事亲是也，义之实从兄是也"（同上）。孔孟儒学把当时的

---

① 伊尹，辅助汤建立商王朝，又帮助汤之子、孙巩固商王朝，被儒家视为先贤（参见《孟子·万章上》）。

② 《孟子》"君子于物也，爱之而弗仁"，汉儒赵岐注曰："物，谓凡物可以养人者，当发育之而不如人仁，牺牲不得不杀也。"（《孟子注疏》卷十三下）宋儒朱子曰："物，谓禽兽草木。爱，谓取之有时，用之有节。"（《孟子集注》卷十三）从经学家和理学家一致的注释中可以判定，这里的"物"是指有生命的自然界，不是指无生命的物世界。

《诗》、《书》、礼乐文化成就努力推向士以下庶民阶层，在庶民也拥有的家庭生活中解说"礼"的实践，都是这种实现突破的表现。这样，在儒学思想此后的发展中，儒学最初立足于"士"的"仁以为己任""自任以天下之重"的社会责任意识，也就有了向全体民众中去拓展的空间。历史上，志士仁人的"天下兴亡，匹夫有责"的抱负与行为①，也就成了儒家生活方式中全体民众的共识，成了积淀在儒家传统中的时时会显现为某种关心国家命运、襄助社会进步之实践行为的集体意识。在中国现代化进程中，这种由儒家传统发育出的社会责任意识每表现为关切国家现代化道路的选择，愿为国家现代化事业的进展贡献力量。换言之，这种社会责任意识也是儒家传统可能为中国现代化进程提供的动力因素之内涵构成之一。

可以说，在中国现代化进程中，所有的社会阶层都具有和表现了这种源自儒家传统的社会责任意识。这里，本书试以两个典型事例来说明儒家传统的这种社会责任意识，在我国现代化进程中生长的是何其深入和广泛。一个事例是五四新文化运动中的作为社会精英知识分子的表现。1919年的五四运动是在外国帝国主义列强的政治压迫和西方现代思想理念（包括马克思主义）启迪的双重因素触引下爆发的兼有爱国救亡和思想启蒙的双重内涵的文化运动。五四运动高举的民主、科学的旗帜，现在看来，可以宽容地理解为是当时不同政治派别、社会思潮对中国现代化目标的共同选择。五四运动中出现的分歧、对立，也可以宽容地理解为是他们对走向这个目标的道路的不同选择。儒学与这次伟大的觉醒有十分特殊的关系。一方面，在作为文化启蒙的五四运动中，在一种资本主义工业文明的现代西方观念背景审视下，儒学成为被批判的对象，吴虞、胡适喊出的"打倒孔家店"②，可以视为是五四文化思想启蒙的标志性的口号。五四前后新思潮对儒学的批判，归纳言之可谓有二。一是认为以儒学为核心的传统道德原则是制造社会罪恶的根源，这可以用鲁迅在《狂人日记》中所

---

① 明末清初，一介布衣的顾炎武，极度悲愤于明之亡，倡言"有亡国，有亡天下……保国者，其君其臣肉食者谋之；保天下者，匹夫之贱，与有责焉耳"。（《日知录》卷十三《正始》）
② 胡适在《吴虞文录序》一文中，称赞吴虞为"只手打孔家店的老英雄"（见《胡适文存》卷四，第259页）。

表述的意思为代表——"仁义道德吃人"！① 一是认为以儒学为核心的传统思想文化违背现代的科学精神和民主潮流，这可以陈独秀为唤醒青年的几句话来代表："要拥护那德先生，便不得不反对孔教、礼法、贞节、旧伦理、旧政治；要拥护那赛先生，便不得不反对旧艺术、旧宗教，要拥护德先生又要拥护赛先生，便不得不反对国粹和旧文学。"② 显然，五四的儒学批判主要是将儒学作为一个服务于腐朽的、没落的君主专制主义的国家政治制度和社会伦理秩序的意识形态来研判的，这无疑是真实的。但是，儒学还有不同于、超越于这些的精神内容和历史表现，所以，有学者，特别是五四时代以后的学者，认为五四的儒学批判缺乏对儒学的同情的理解和尊敬。实际上，五四的儒学批判者也是值得同情和尊敬的，因为他们的激烈的儒学批判是从一个刻骨铭心的痛苦中发出的，这种痛苦当然也有个人遭际的成分，但主要是由于深切地感受到国家民族的深重苦难而产生的一种超越个人利害的神圣的感情。时过境迁，这种感情也许是五四时代以后的人不能再有的了。一个民族要前进，必须对自己文化中已经落后的、失去合理性的内容有深刻的反省和勇敢的决裂。从这个意义上，我们可以将儒学在五四文化启蒙中扮演的被批判角色理解为这次民族觉醒的必要的组成部分，是儒学在这次民族觉醒中所发挥的一种独特的作用。另一方面，在作为爱国救亡的五四运动中，儒学则完全是一个积极的、正面的因素，因为正是儒家的基本伦理道德精神——对家庭、国家、民族的责任感、义务感铺垫了五四精神基础，孕育出五四的爱国热情。在五四的思想启蒙中对旧道德施以最尖锐批判的鲁迅曾对友人表白："我们生于大陆，早营农业，遂历受游牧民族之害，历史上满是血痕，却竟支撑以至今日，其实是伟大的。但我们还要揭发自己的缺点，这是意在复兴，在改善。"③ 另一位言辞激烈者吴虞也曾说："儒教不革命，儒学不转轮，吾国遂无新思想、新学说，何以造新国民？悠悠万事，唯此为大。"④ 所以其

① 鲁迅：《狂人日记》，《鲁迅全集》第一卷，第 425 页。
② 陈独秀：《〈新青年〉罪案答辩书》，《独秀文存》卷一，第 362 页。
③ 鲁迅：《致尤炳圻》，《鲁迅全集》第十三卷，人民文学出版社 1981 年版，第 683 页。
④ 吴虞：《儒家主张阶级制度之害》，《吴虞集》，四川人民出版社 1985 年版，第 98 页。

至可以说，即使在五四的"反儒"中，也涌动着一种儒家的情怀，一种儒家的道德精神。青年时代的陈独秀曾创办《安徽俗话报》，向民众宣传"国家乃是全国人民的大家，人人有应尽力于这大家的大义……自古道国亡家破，四字相连"①。青年时代的胡适曾愿望"不谈政治"，而是"想在思想文艺上替中国政治建筑一个新的基础"②。不难看出，五四新文化运动的这两位引领潮流人物，尽管在此后的政治走向上分道扬镳了，在他们青年时代也并不相同的志趣抱负中，仍显现出相同的"天下兴亡，匹夫有责"的儒家心态。由这个典型事例我们可以推开说，五四运动的参加者由于不同的政治信念、理论立场，最终使他们选择了不同的事业和政治前途，但渊源自儒家伦理理念的对国家民族的责任感、义务感却是他们共同的精神基础、共同的起点。诚然，社会责任感、义务感是一种在不同文化的观念系统中都可以萌生、长成的道德意识，但其精神内涵或性格并不相同。例如在法国大革命中的革命家和俄国革命中的十二月党人和革命民主主义者那里，在诸多的慈善者那里，我们都可以看到从某种自由主义的和民主主义的政治理念中、从某种宗教的情感中孕育出来的个人的社会职责观念及其强烈表现。五四运动的领导者、参加者们所表现出的社会责任感，则是一种献身于作为历史文化实体的国家民族的伦理感情。在中华文化中，这是儒家的传统。

另一事例是中国商人阶层的社会责任意识的表现。在我国古代的社会生活中，一般将民众分为士、农、工、商四个阶层③。《汉书》解释说："士农工商，四民有业。学以居位曰士，辟土殖谷曰农，作巧成器曰工，通财鬻货曰商。圣王量能授事，四民陈力受职，故朝无废官，邑无敖民，地无旷土。"（卷二十四《食货志上》）可见，四民之分，基本上是一种社会职业的区分，四民职能对于社会生活的存在都是不可废缺的。但是，由于传统儒学是形成于农业社会生活的思想体系，作为其理论核心的伦理道德思想又是一个彻底的道义论观念体系；这样，在以儒家思想为主导的社

---

① 陈独秀：《说国家》，林茂生等编《陈独秀文章选编》（上），生活·读书·新知三联书店1984年版，第39页。
② 胡适：《我的歧路》，《胡适文存》二集卷三，上海亚东图书馆1924年版，第96页。
③ 《管子·小匡》："士农工商四民者，国之石民也，不可使杂处……圣王之处士必于闲燕，处农必就田野，处工必就官府，处商必就市井。"《公羊传·成公元年》："古者有四民：有士民，有商民，有农民，有工民。"

会生活中，在重义轻利、重农轻商的儒家传统中，以追求利润为主要职业目标的商人阶层受到抑制、歧视，就是不难理解的了。中国历史上，虽然在四民中，商人的生活比较富裕，也因凭财力而拥有一定的文化优势，但国家权力却每有不准商人穿着华丽，不准商人子弟出任官吏的歧视性的法令出现①。在民众中，特别是在士的阶层中，轻蔑商业、商人的观念也很普遍②。当然，在明清以后，随着商业的繁荣、商业资本的发展，这种情况也有所变化，例如明末清初的儒家思想家黄宗羲向社会呼吁"工商皆本"③，清后期可视为是儒商的沈垚观察到"古者四民分，后世四民不分；古者士之子恒为士，后世商人之子方能为士"④，明清人此番所言所见，都反映了这种变化。但是，在经常的情况下，传统观念、社会舆论对社会各阶层之职业功能和道德地位的评价，商人仍是处于四民之末。

然而，历史上的中国商人阶层，在此种为儒家思想所酿造成的生活情境中，也还有另外一方面的情况和表现。商人阶层在思想观念上对于超越阶层区分之上的儒家伦理道德的价值观念，也是自觉地认同和践履的。明末徽州商人世家汪凤龄告诫子孙的一席话"诸子有志于四方甚善，但能礼仪自将，不愧于儒术，吾愿足矣"⑤ 最可为代表。换言之，在儒家思想浸润下，商人阶层也具有对国家、民族的伦理认同意识、社会责任意识，并且亦能有所表现。明人李清《三垣笔记》中有则记事：

> 长安街上有一换钱小民，失记姓名，闻上（按：崇祯皇帝）需饷，囊中积银三百两，伏阙助公。上嘉其意，拜官锦衣卫百户，谢曰："贼

---

① 例如，汉初，"高祖乃令贾人不得衣丝乘车，重租税以困辱之。孝惠高后时，为天下初定，复弛商贾之律，然市井之子孙亦不得仕宦为吏"（《史记》卷三十《平准书》）。晋时，前秦苻坚亦曾下令："金银锦绣，工商、皂隶、妇女不得服之，犯者弃市。"（《晋书》卷一百十三《载记十三·苻坚上》）

② 例如，北朝学者颜之推的儿子看到家境窘困，想弃学经商，颜之推即表示反对，说："使汝弃学徇财，丰吾衣食，食之安得甘？若务先王之道，绍家世之业，藜羹缊褐，我自欲之。"（《颜氏家训·勉学》）南宋诗人陆游临终嘱咐子孙："仕宦不可常，不仕则农，无可憾也；但切不可迫于衣食，为市井小人事耳。"（明·叶盛：《水东日记》卷十五《陆放翁家训》）

③ （清）黄宗羲：《明夷待访录·财计三》。

④ （清）沈垚：《落帆楼文集》卷二十四《费席山先生七十双寿序》。

⑤ （清）吴伟业：《梅村家藏稿》卷五十二《汪处士传》。

（按：李自成）信急矣，留财无用，且此身恐未必保，何有于官？小民愚蠢，亦不知做官也。"固辞不受职。（《三垣笔记·附识中·崇祯》）

这里记述的是明末李自成农民起义军即将攻陷北京时，一个小商民在国家危急艰难时，听说朝廷急需军饷，即倾囊中所有，不求任何报偿献金助饷。这是一则很感人的记事。无须更多的诠释即可判定，这个不知姓氏的、普通平凡的小商贩的行为所显现的，就是儒家的社会责任意识，就是这个意识最高尚、纯粹的方面。

在中国现代化进程中，商人阶层——现在可称之为工商业者、企业主、实业家的社会群体，其从儒家传统中生长出来的社会责任意识，也一直有着鲜明、强烈的自觉表现。如前所述，我国的现代化是后进的、"外源性"现代化，抗衡、消解来自外部的宰制、压迫，是中国现代化实现的必要组成部分。"救国为目前之急……而根本则在实业。"① 中国现代化进程启动以后最早涌现出来的以郑观应、张謇为代表的民族企业家，在他们创建中国近代民族工商业的艰难奋斗中，改变国家积弱积贫、经济命脉受制于人状态的崇高责任感，都是一个主要的动力。百年来，每当某一危及国家生存的危机降临时，商人阶层也都会和其他社会阶层表现出同样的维护国家、民族利益的社会责任意识。例如，1915 年，当袁世凯政府接受了日本政府为解决一战后德国遗留下的"山东问题"而提出的企图独霸并最终吞并中国的"二十一条"时，在全国各阶层民众一致的抵制、反对浪潮中，商人阶层表明自己的态度是：

国以民为本，民以国为归，国频于危，民亦何能独活？毁家纾难，杀身成仁，人同此言，实堪共言。②

孔子曰："志士仁人，无求生以害仁，有杀身以成仁。"（《论语·卫灵公》）商人阶层在这次民族危机面前宣示的"国濒于危，民亦何能独活？

---

① 张謇：《对于救国储金之感言》，张孝若编《张季子九录·政闻录》卷三。
② 《汉口商务总会为日本要求条件事复北京商务总会电》，载《中华全国商会联合会会报》第二年第七号（1915 年 6 月）。

毁家纾难，杀身成仁"的态度，就是来自儒家传统的社会责任意识。

亦如前所述，现代化是传统农业社会向现代工业社会的转变过程。从某种角度上，这个过程也可以理解、定义为一种经济增长、经济发展的过程[①]。各类工商业、企业的繁荣发达和良好的生长环境，是现代化的重要标志。商人阶层被推向社会经济生活的重心位置。我国的现代化进程在20世纪八九十年代采取改革开放的混合经济发展模式后，就较快地迎来了这样的局面——经济增长理论的"起飞"[②]。位重者责任重，利多者责任大。处在社会经济生活重心位置上的，也是占有较多社会资源的企业组织、商人阶层，源自儒家传统的社会责任意识，也有了新的自觉和升越，他们响应并实践着一个更高的理念——"企业的社会责任"。

我国学者研判，"企业社会责任"作为企业活动的一个自觉的决策理念，大约是在20世纪50年代首先在美国的经济学者中被明确提出的[③]。

---

① "经济增长"理论是20世纪60年代最早对现代化作出描述的一个理论，主要代表有罗斯托（W. W. Rostow）、库兹涅茨（S. Kuznets）等。如罗斯托的经济增长理论，将现代化过程表述为连续的经济发展过程，其由三个阶段组成："建立起飞的前提条件的漫长时期（长至一世纪或更多），限定在二三十年里的起飞期，以及增长变得正常和相对自动化的长时期。"（罗斯托：《由起飞进入持续增长》，刘晓君译，谢立中、孙立平主编《二十世纪西方现代化理论文选》，第423页）库兹涅茨则将"经济增长"定义为："一个国家的经济增长，可以解释为在一个长时期内提高为其居民提供种类越来越多的经济产品的能力；这种日益提高的能力基于不断进步的技术以及它所要求的制度上和意识形态上的调整。"并分析出现代经济增长具有人均产值增长率和人口增长率快、生产力提高速度快、经济结构转变速度快、社会结构和意识形态迅速变化、技术的扩展广泛、经济增长的传播有限等六个特征。（库兹涅茨：《现代的经济增长：发现和思考》，杨豫、陈祖洲译，谢立中、孙立平主编《二十世纪西方现代化理论文选》，第437、439~440页）在经济增长理论中，工商业、现代企业被凸显地处在社会经济生活的重心位置上。
② 罗斯托的经济增长理论将"起飞"定义为："随着人均产值上升，投资率上涨的那段时间；这种最初的上涨带动生产技术的巨大变化和收入分配的流动，它们保持了新的投资规模，进而保持了人均产值的递增趋势。"（罗斯托：《由起飞进入持续增长》，谢立中、孙立平主编《二十世纪西方现代化理论文选》，第421页）我国20世纪80年代"改革开放"以来的经济发展，有更为丰富的内容，但也有这种"起飞"的基本特征。
③ 美国学者博文（H. R. Bowen）1953年在其著作《商人的社会责任》中提出"商人应该为社会承担什么责任"的问题后，给出商人社会责任的最初定义："商人有义务按照社会所期望的目标和价值，来制定政策，进行决策或采取某些行动。"（见郭若娟《西方企业社会责任理论研究进展》，《国外社会科学》2006年第2期）

它的主要内涵或基本原则，是企业不能一味地追逐利润，唯利是图的商业竞争、企业操作已给社会带来巨大的破坏；企业不应仅仅关心自己的经济效益，企业索取了社会的资源，也应承担社会的责任，回应和满足社会对企业的劳工权益、产品质量、节约资源、保护环境、关心贫困等多重期望。"企业社会责任"理念的实践，会使以利润为唯一或主要价值取向的传统的、有数百年历史的"旧资本主义"，发生某种精神观念上的转变，成为"新资本主义"①。当然，一直以来，西方的学者和企业家对企业社会责任之是否可作为企业决策理念，并没有完全一致的观点；其作为企业理念所应有的内容，也并没有完全一致的理解。但是到了90年代后期，企业社会责任却逐渐在世界各国大的跨国公司、强力企业间取得共识。例如，联合国在1999年制定了企业《全球契约》，推动"企业生产守则"运动；美国"经济优先领域鉴定代理委员会"（EPAA）在1997年制定的旨在确保产品生产和服务符合劳工人权保护社会道德的认证标准（SA8000），2001年时也已成为全球第一个关于企业社会责任的国际标准。

我国（大陆地区）的具有独立法人地位和现代品质的企业，虽然是在20世纪八九十年代经济转型和"起飞"后刚刚形成，很快也就有了对企业社会责任的响应。2002年，《中国企业家》杂志曾在中国企业领袖年会上对400位企业高层进行了关于企业公民——企业作为经济人、独立法人理解、践行企业社会责任理念的问卷调查，86.1%的被访问者认同企业社会责任与企业利润目标并不矛盾②。2004年，《中国经营报》企业竞争力研究中心则在公众中就企业社会责任问题进行一次问卷调查。对"企业除了追求利润外，还应有其他社会责任目标吗？"的回答中，984人中

---

① 1988年美国学者哈拉尔（W. E. Halal）出版了《新资本主义》一书，从多维度上论述工业社会的"旧资本主义"正被改造为适合于后工业社会的"新资本主义"。而形成了在利润动机之外的多重企业目标，正是这个"新资本主义"的特征之一，实现条件之一，"能够造成必不可少的经济增长的社会，不可能建立在自私狭隘的追求利润的目标上，而需要有以社区价值观念为基础的更激动人心的想象力，才能达到企业和国家所追求的目的"。（哈拉尔：《新资本主义》，冯韵文、黄育馥等译，社会科学文献出版社1991年版，第262页）

② 见施星辉《企业公民——中国企业社会责任状况调查报告》，《中国企业家》2003年第1期。

有970人认为还应有其他责任目标①。在这两次调查中，还大体形成了对企业社会责任之主要内涵的确认，即可从企业对劳工工资、社会保障的投入和产品质量水平、纳税数额、环保和慈善等社会福利事业的贡献三个方面，即对个体的（员工和消费者）、政府的、社会的三个角度上来评价一个企业对其承担的社会责任的履行。我国的企业家能够毫无理论困难和心理阻碍地理解、认同企业社会责任的理念，无疑地，这是因为他们生长在具有儒家传统的社会生活环境中的缘故。如果说，在我国的经济伦理理论领域内，企业社会责任一般可被定义为企业在利润之外还有别的责任目标；这个责任目标一般可被理解对国家职能的运行——保障劳工和消费者的利益、向有收益者征税、保护环境和弱势群体——有所助益和贡献；那么，从儒学理论立场上审视，企业社会责任的内涵实质上也就是，或者说可化约为个人（企业公民）与国家间的伦理关系和利与义（责任）间的道德关系。《诗经》云"雨我公田，遂及我私"（《小雅·大田》），古文《尚书》曰"以公灭私，民其允怀"（《周官》）：儒家有伦理其同体高于个人的伦理规范。孔子曰"见利不亏其义"（《礼记·儒行》），"君子义以为上"（《论语·阳货》）：儒家有义重于利的道德原则。这是儒家传统中沉淀、凝固得最深厚、最坚固的道德理性、集体意识。中国现代企业家或商人对企业社会责任的认同与践行，正是渊源于此。一位跻身全国企业500强的企业家的宣示可以为证：

> 企业是社会进步的基础，社会进步是企业发展的条件，两者相辅相成，互为促进。一个有远见的企业家，总是把企业的发展同国家的前途命运紧密地联系起来，因为没有国家的好政策，企业就没有好的生存发展环境；企业发展好了，也应该主动地为国分忧，为民造福，为社会做奉献。②

上述发生在儒家传统中的两个典型事例，似乎构成一种吊诡：一个在

---

① 见金碚、李钢《企业社会责任公众调查的初步报告》，《经济管理》2006年第3期。
② 徐文荣：《一个企业家的心声——关于横店的哲学思考》，人民出版社2001年版，第157页。

儒家传统中备受尊崇的阶层——士或知识分子，在对中国现代化取向作道路选择时，曾激烈地、彻底地表现出对儒家伦理和道德观念的鄙弃与决裂；而一个在儒家传统中遭到轻蔑的阶层——商人，在现代化进程中却鲜明地、坚定地认同儒家的道德理念。然而，稍作辨析即可发现，这里的鄙弃与认同都共同地根系着儒家传统的社会责任意识。所以，这里的吊诡也就能给出一个有力的证明：儒家传统的社会责任意识是多么深入而广泛地浸润了儒家生活方式中的属于不同阶层、处在不同情境下的民众的心灵，储蓄着多么巨大的能转化为推动中国现代化进程的动力因素。

勤勉的品质 被儒家传统孕育出来的可以转化为构成推动中国现代化进程之动力的精神因素，除了对国家的伦理认同、社会责任意识外，还有勤勉的品质。正如现代化理论家布莱克所说："彻底的现代化是一个需要动员极大的人力物力资源的革命过程。"① 毫无疑义的，中国现代化进程的每一步前进，中国现代化的最终实现，都寄望于、依赖于全体中国民众在自己职业岗位上的勤奋劳作。一般说来，自觉地、努力地创造某种有价值的成果——物质的或精神的财富，为完成某种有益的社会事业而劳动着的品质，应是文明人类的普遍品质。但是，也很显然，形成、显现这种品质的精神内涵，在不同人类群体（国家、民族）那里，却有着具体的、独特的历史背景和文化传统的差别。例如，韦伯曾研判，促使近代西方资本主义兴起的那种视劳动积累财富为自己的责任义务的伦理精神，一种具有理性主义内涵的勤奋品格，是来自 16 世纪宗教改革中形成的新教加尔文派的上帝预定论和禁欲主义的宗教理念②。那么，儒家传统中的人的勤勉品质之独特精神内涵是什么？概言之，在新教伦理这种宗教性内涵的勤

---

① C. E. 布莱克：《现代化的动力》，第 183 页。

② 韦伯认为，新教伦理"强调固定职业的禁欲意义为近代的专业化劳动分工提供了道德依据；同样，以神意来解释追逐利润也为实业家们的行为提供了正当理由"；观察到"清教徒心理上认可劳动是一种天职，是获得上帝恩宠确实性的唯一手段……相信劳动和勤勉是他们对上帝应尽的责任"；判定"宗教禁欲主义的力量提供了有节制的、态度认真、工作异常勤勉的劳动者"，"构成近代资本主义精神乃至整个近代文化精神诸要素中的理性行为要素，正是从基督教禁欲主义中产生出来的"。（马克斯·韦伯：《新教伦理与资本主义精神》，于晓、陈维纲等译，生活·读书·新知三联书店 1987 年版，第 128、140、139、141 页）

奋品质映衬下，它凸显的是一种世俗的道德理念。

儒家传统的勤勉品质，根基于儒学对现世的、具有物欲内容的世俗生活的充分肯定。孔子曾向那些指责、不满他积极参与改革社会活动的栖迹山林的隐者说："鸟兽不可与同群，吾非斯人之徒与而谁与?"（《论语·微子》）孔子也不赞同并阻止他的学生去探讨死后之类无法为经验、知识检验的往生问题，说："未知生，焉知死?"（《论语·先进》）儒家从一开始就自觉而鲜明地形成了与陆沉于人世或企盼"永生""来世"之信仰不同的关切现世人生、融入世俗生活的积极、理性的人生态度。与这种现世的、世俗的人生态度相犀通，对于人们追求物质生活的丰满的行为取向，儒家也从人性的层面上认定其合理性。如孔子说："富与贵，是人之所欲也。"（《论语·里仁》）孟子也说："口之于味也，目之于色也，耳之于声也，鼻之于臭也，四肢之于安佚也，性也。"（《孟子·尽心下》）孔孟还以此来裁定一个成功的、理想的治理得好的国家，应该是使自己的民众"富之"（《论语·子路》），"财不可胜用，有菽粟如水火"（《孟子·尽心上》）。儒家的生活理念中不存在宗教的禁欲主义、苦行主义的内容。儒家这种肯定现世生活、物欲生活的世俗品性，使得在儒家的生活方式中，在儒家传统所由生长的农业社会里，勤勉劳作的生活态度能很自然地生成，并被认同、被崇尚，古文《尚书·大禹谟》就有"克勤于邦，克俭于家"的训词。

同等重要的是，儒学的世俗品性中总是充盈着道德的性质，儒家在现世的、物欲的世俗追求中始终保持着道德的理性自觉。第一，儒家主张物欲的追求应有来自个人内心理智、修养境界的自我节度，如孔子所说"君子欲而不贪"（《论语·尧曰》），孟子所谓"养心莫善于寡欲"（《孟子·尽心下》）。如果失去节度，陷入纵欲，跨越"人禽之辨"的界限，在儒家的社会生活中就会受到谴责："触情纵欲，谓之禽兽。"（《说苑·修文》）第二，儒家更提出客观的道德原则——礼义或道义来制约利欲的追求，如孔子表白"不义而富且贵，于我如浮云"（《论语·述而》），呼吁"见利思义"（《论语·宪问》），《礼记》推崇"以道制欲"（《乐记》[①]）。儒家认为对财

---

① 《礼记·乐记》以音乐之娱乐性为例说："乐者，乐也。君子乐得其道，小人乐得其欲。以道制欲，则乐而不乱；以欲忘道，则惑而不乐。"

富的追求，必须遵循、符合"义"或"道"的原则；如果不顾道义，一味追逐财富利欲，也会被轻蔑："孳孳为利者，跖之徒也。"（《孟子·尽心上》）这样，在儒家的生活方式中，勤勉作为一种生活态度，一种品质，如果只有来自肯定世俗生活的追求物欲性对象的内涵，而没有高于物欲的道德性的精神内涵，它就会慢慢萎缩、枯竭，不会总是坚挺不衰的。从中华民族的勤劳表现得到举世公认的事实①可以推断，儒家传统中的勤勉品质必有某种有力的道德理念的支持；而汉代以来的中国社会生活史则显示，在儒家生活方式中，作为勤勉品质之精神核心的这个道德理念就是"孝"。

儒家传统的社会生活是以农业社会的家庭为基础、为核心而建构起来的，孝作为伦理性的德行规范，在儒学众多的德行规范中处于最重要的位置②。因而，儒家经典对孝也有多维度的界定和充分的解说。这里，选择四则对孝之观念内涵和行为范围能共同构成周延的论述，记录如下：

善父母为孝。（《尔雅·释训》）

孝子之事亲也有三道焉：生则养，没则丧，丧毕则祭。养则观其顺也，丧则观其哀也，祭则观其敬而时也。尽此三道者，孝之行也。（《礼记·祭统》）

身体发肤，受之父母，不敢毁伤，孝之始也；立身行道，扬名于后世，以显父母，孝之终也。夫孝，始于事亲，中于事君，终于立身。（《孝经·开宗明义》）

不孝有三③，无后为大。（《孟子·离娄上》）

---

① 例如，明代万历年间来华传教的天主教耶稣会教士意大利人利玛窦，在华居住了28年，晚年他在回忆录中写道："根据我们自己的经验，大家都知道中国人是最勤劳的人民。"（利玛窦、金尼阁：《利玛窦中国札记》，第19页）前已引述的20世纪70年代英国著名历史学家汤因比在和日本著名学者池田大作对话中所说："在现代世界上，我亲身体验到中国人对任何职业都能胜任，并能维持高水平的家庭生活。中国人无论在国家衰落的时候，还是实际上处于混乱的时候，都能坚持继续发扬这种美德。"（《展望21世纪——汤因比与池田大作对话录》，第288页）也可以视为是对中华民族勤勉、坚韧品质的一种肯定。

② 如《孝经》所表述："曾子曰：'敢问圣人之德无以加乎孝乎？'子曰：'天地之性，人为贵；人之行，莫大于孝。'"（《孝经·圣治》）

③ 东汉赵岐注曰："于礼有不孝者三事：谓阿意曲从，陷亲不义，一不孝也；家贫亲老，不为禄仕，二不孝也；不娶无子，绝先祖祀，三不孝也。"（《孟子注疏》卷七下）

从儒家经典的四则论述中可以看到，孝的内涵就是"善父母"，子辈要周全地践履对父母的道德义务责任。在儒家传统中，这种道德义务责任实际上涉及父、子（本人）、孙（本人之子）三代生命个体，可以从三个生命维度上析解为三项内容。第一项道德义务责任是对待父母：当父母还健在时，有尽心恭顺①地赡养；父母故去时，要悲哀地服丧②；父母故去之后，要一直有怀念之情，按时追思祭奠③。这应该是儒家"善父母"或"孝"之主要观念内容和实践要求。孝的第二项道德义务责任是要创造出新的下一代生命——这既是一个自然的生命，更是一个被企望有能力、有成就、使家世得以光大的价值载体。所以在传统的儒家生活方式中，作为是生物学意义上的自然繁衍的生育，它的情爱内容总是被淡化，而伦理道德意义上的要求则一再被强调。孝的第三项道德义务责任是对孝之实践的生命主体本身而言。为了践行、完成侍奉父母、养育子女两项道德义务责任，一个人必须勤勉地劳作；这种劳作可以覆盖一个人的全部生命过程，全幅的生活领域。勤勉劳作因此也具有了孝的道德内涵。儒家心态能由父母得到的乐养和儿女显现出的希望中，产生一种非常充实的欣慰感、幸福感，感受到生活的价值、人生的意义；而这些正是勤勉劳作收获到的果实。这样，在儒家文化的生活方式中孝的实践就是最为普遍、基本的人生自觉，勤勉地劳作也是最为普遍、自觉的生活态度和品质。在这种勤勉劳作里，道德和功利融为一体，生活中的全部目标——从爱惜自己的个体生命到扬名后世，从自我修养到服务社会，都可以还原到、包容到孝的道德践履中；而由这种道德理性、道德情感产生的力量，也可以支撑一切功利追求：儒家传统中的一个最广泛地存在和时时表现着的人生的、生活的动力因素，就是这样形成的。在中国现代化进程中，这个基本上是个体生活层面上的动力因素，作为儒家传统的道德性精神结构的构成因素之一，也会汇入精神内涵和生活层面都更宏大广阔的、由对国家的伦理认同和社会责

---

① 孔子曰："今之孝，是谓能养，至于犬马，皆能有养，不敬，何以别乎？"（《论语·为政》）儒家认为对父母之孝中，必须有尊敬之心。
② 子路曰："吾闻诸夫子：丧礼，与其哀不足而礼有余也，不若礼不足而哀有余也。"（《礼记·檀弓上》）儒家认为服丧中悲哀的情感最有道德价值。
③ 孟子曰："大孝终身慕父母。五十而慕者，予于大舜见之矣。"（《孟子·万章上》）舜终身怀恋父母，儒家以舜为孝之典范。

任意识形成的动力因素中去，共同支持、推动我国现代化的前进步伐。

回应韦伯 在这里，有必要对韦伯在其《中国宗教》（《儒教与道教》）一书中对中国实现现代化的社会转变——他称之为发展出近代理性资本主义的考察和结论，作出简单的回应。韦伯的学术思想涉及社会学、宗教学、政治学、经济学、法学等广泛领域，且影响巨大。《中国宗教》只是他对几个最大的世界宗教，即印度宗教（印度教与佛教）、犹太教、伊斯兰教、新教——经过宗教改革的基督宗教（基督教），进行社会学的和伦理观的比较考察、研究的一部分，试图阐明与新教相比，这些古代东方宗教不具备促使近代理性资本主义兴起的精神条件。正是这样，《中国宗教》的最终结论就是"在中国发展不出资本主义"[①]。

在《中国宗教》中，韦伯大体上是从社会制度和思想观念的两个维度上来论证这个结论的。在制度的维度上，韦伯从城市、国家、管理、法律等四个方面的货币制度、行会、祭祀、官吏体制、租税、俸禄、军队组织、国库、民族组织、法律结构等诸多具体角度，跨入对中国古代社会的考察。显然，这是一种有别于历史学（社会史、经济史）的独特的社会学性质的理论框架和理论视角；从这些视角上观察，构筑中世纪的欧洲走向近代资本主义之轨道的那些制度因素，在古代中国都是缺乏的、不发达的。韦伯由此作出判断："在中国式的管辖下，现代意义上的工商业资本主义是不可能产生的"[②]，"在中国，由于缺乏法律和理性的管理与司法……不可能产生西方所特有的理性的企业资本主义。"[③] 应该说，尽管韦伯据以认为中国没有发展出近代理性资本主义，宽泛地说，即没有实现现代化的可能的论断，其所占有的中国文献材料，在一位中国社会史或经济史学家看来是很有限的、不充分的，但他的结论毕竟还是有其理据的。然而，当代中国最近半个世纪的现代化进展——一个不同于西方资本主义的现代化正在实现中，还是质疑、否定了韦伯的论断。韦伯的论断在这里陷入误区，与其说是根据的不足，不如说是理论的缺陷。因为如果用完整的现代化理论尺度来裁量，韦伯的近代理性资本主义兴起的理论，应是属于早期现代化理论带有

---

① 马克斯·韦伯：《儒教与道教》，洪天富译，江苏人民出版社 1993 年版，第 277 页。
② 同上书，第 123 页。
③ 同上书，第 124 页。

明显的将现代化等同于西化，等同于近代资本主义的那个理论成见。如前所论，在一般的和主要的意义上，现代化可被理解为是传统农业社会向现代工业社会的转变过程；这个转变过程的完成，必然要形成与工业社会相适应的新的制度体系和价值系统。作为人类社会都会经历的现代化过程，在世界范围内，是在不同文化、历史背景的不同国家、地区中，在不同时段里启动和实现的。现代化的先进入者和后来者，其所创造的新的制度体系和价值系统，既有适应工业社会的社会生活要求之共同的、普遍性的内容，也有来自各自文化传统的独特的成分。具体来说，现代化进程是在西方欧美国家首先启动和实现的；其形态也就是韦伯所概括的"近代理性资本主义"。这个形态的制度和价值，既有适应工业社会的普适性内容，也有西方文化传统的个性成分。20 世纪以来，后来者实现着的现代化中，一方面有自己的独特文化历史传统而形成的现代化道路、形态上的个性特点；另一方面也有与西方现代化制度和价值的趋同①的内容，但在本质上，这并不是西方资本主义形态的复制，而是对工业社会的社会生活客观需要的自觉适应。普适性是可能移植的，个性却是不能复制的。在多元现代化的格局已经形成的背景下，现代化即"西化"，即是"西方特有的理性资本主义"的观点，是一个理论误区，就是十分明显的了；没有西方文化和制度传统的国家，就不能形成通向现代化的制度和价值之轨道的论断，陷入了这个误区也是十分明显的了。

在《儒教与道教》中，韦伯除了从制度的维度上，还从思想观念的

① "趋同"是现代化理论中的一个有争论的问题。赞同者提供了主要是来自制度（模式）和功能两个角度的论说。如列维研判，现代化是"一种普遍的社会溶剂，相对现代化的社会模式，一旦发展起来，就能展示出能够渗透到任何与之接触的社会背景的普遍趋势"，"现代化的模式就是，社会现代化程度越高，他们就越互相相似"（列维：《现代化的社会模式和问题》，谢立中、孙立平主编《二十世纪西方现代化理论文选》，第 109、132 页）。布莱克预断，"现代化进程可以预见的将来，会导致一种趋同状态，或者说导致一种功能的普遍化"（《现代化的动力》，第 68 页）。概言之，适应工业社会的需要，现代化进程中的国家在诸如职业结构、家庭形态、消费市场、政治民主等制度或模式和社会控制的功能上，会有或浅或深的带着各自文化特色的趋同表现。质疑者似乎主要是将现代化或工业化理解为"西化"，因而认为在不同的、有差异的文化背景下实现现代化的国家那里，"通过文化的过滤"，会使"工业社会几乎不存在一致性"。（伊恩·温伯格：《工业社会的趋同问题》，布莱克编《比较现代化》，第 513～534 页）。

维度上论证"在中国发展不出资本主义"。如果说，在制度的维度上，如
上所述，韦伯主要是在与中世纪欧洲社会制度对比中判定古代中国的社会
制度不能形成通向近代理性资本主义，即现代化的道路；那么，在思想观
念的维度上，韦伯则是将清教（新教）与儒家思想（他称之为"儒教"）
做比较论述，主要以其摆脱巫术的程度和对超验的超越对象（上帝）的
关系两个标准，来判断它们的理性化成熟程度有高低的不同①，凸显它们
对人生、世界的态度有紧张与随和、改造与适应的差异或对立；在这些论
述中潜存着、证实着一个基本的逻辑结论就是：儒教不能为理性资本主义
的兴起，即现代化进程提供动力因素。就此两宗教的上帝观念及对世界的
生活态度而论，韦伯认为，在清教徒的宗教生活中，人的一生始终处在上
帝与世界、原罪与救赎、现世与彼岸的紧张对峙之中。而儒家思想作为一
种世俗道德所建构的生活，则完全没有这些内容②。韦伯因此说："除了
渴望摆脱无教养的野蛮之外，儒教徒不企求任何'救赎'，他们没有事先
确定下来的超验的伦理，没有超世的上帝的律令与现世之间的对峙；他们
没有对彼岸的追求，也没有极恶的观念。谁要是能遵守根据人的平均能力
而制定的戒律，就不会有罪。"③ 韦伯由此番比较得出的结论是："如果说
儒教对世上万物采取一种随和态度的话，那么，清教伦理则与'世界'
处在一种强烈而严峻的紧张状态之中。"④ 就摆脱巫术的程度而论，韦伯
认为清教"已将巫术彻底地摈除"⑤，清教徒生活只有根据上帝的命令、
伦理的理性主义的行为；而在儒教伦理和儒家生活中，"纯巫术性宗教从
未间断存在，巫术性宗教渗透进一切领域"⑥，例如官方和民间都把天地、

---

① 马克斯·韦伯：《儒教与道教》，第256页。
② 韦伯曾在与佛教相比较中判定儒学的性质说："儒教就像佛教一样，只不过是一种
伦理，即'道'，相当于印度的'法'。不过，与佛教形成强烈对比的是，儒教纯
粹是俗世内部的一种俗人道德。与佛教形式更加显明对比的是，儒教所要求的是对
俗世及其秩序与习俗的适应，归根到底，它只不过是为受过教育的世人确立政治准
则与社会礼仪的一部大法典。"（《儒教与道教》，第178页）韦伯对儒学的研判，既
有符合事实的一面，也有较浅薄的一面。
③ 马克斯·韦伯：《儒教与道教》，第258页。
④ 同上书，第257页。
⑤ 同上书，第256页。
⑥ 同上书，第259页。

鬼神、祖先崇拜，"当做一项基本的任务"①。韦伯由此番比较得出的结论则是："儒教的是巫术。清教的则是一个超世的上帝的、归根结底无法探明究竟的意旨；行之有效的巫术手段和来自超世的上帝的使命区别是：儒教的任务在于适应此世，而清教的任务则在于通过理性改造此世。"② 如果韦伯关于儒教的两个结论都是符合事实的、正确的，那么，儒教将是十分不幸的了，它必将枯萎、死亡；因为一个没有内在的紧张，又没有改造生活、改造世界的理想的宗教或文化哪里会有不断地生长的动力？哪里会有持久的生命？幸运的是，儒教或儒家思想不是这样的，是韦伯在这里又一次陷入了误区，未能深入、准确地观察到儒学之底蕴、究竟。就第一个结论而言，韦伯的失误在于他虽然对清教和儒教作宗教伦理和世俗道德的区分，但仍然混淆地用同一性质的理性主义尺度来量度它们。在儒家立场看来，韦伯所谓清教的伦理理性主义，实际上是将基督宗教的超验的信仰理性化，是一种超理性，因为这个超世的、超验的对象（如上帝）依然是只能用信仰而不能以理智来接受的。儒家的道德理性中也有超验的对象（如天命），但这个对象就在人的心性之中，能被生活实践、被"德性之知"所认知或体知的。在儒家的道德理性里，任何与人构成分离、对立的超验对象都难以产生。换言之，清教的伦理思想和宗教生活中的那些需藉信仰才能发生的"内在紧张"，在儒家思想和儒家生活中不能存在。但是，在儒家道德理性和道德生活中，也有自己的固有的内在紧张和对立冲突：情欲与德性、道义与功利、公与私、德行与权力、仁义与生死。不难看出，儒家思想和生活中的这些道德紧张、冲突，覆盖了完整的生命过程和全部的生活领域，是十分周延的。这种紧张、对立向儒家生活注入了巨大的精神力量，通过人禽之辨、义利之辨、公私之辨、以德抗权③、杀身成仁的道德理性的自觉选择，儒家生活中实现的绝不仅仅是"摆脱无教养的野蛮"，还有人性的美丽、人格的崇高、生命的精彩与悲壮，这些就

① 马克斯·韦伯：《儒教与道教》，第259页。
② 同上书，第269~270页。
③ 孟子曰："说大人则藐之……在彼者皆我所不为也，在我者皆古之制，吾何畏彼哉。"（《孟子·尽心下》）此可视为儒家"以德抗位"之内涵的表述。中国历史上每有儒臣在朝堂皇帝面前，据理廷争面谏，至死亦无所惧，则是儒家此种德行的实际表现。

是通过理性的道德生活实现的人生意义，并且绝不比建立在超理性基础上的宗教生活实现的人生意义逊色。就韦伯的第二个结论而言，他的失误在于将儒家社会生活中的祭祀天地、鬼神、祖先行为，定性为"巫术"，理解为是一种非理性的迷信行为①。实际上，如前面所论，在儒家思想中，"天地"是有功德于人类的，具有善的品质的自然存在，"鬼神"是人死后的一种"气"的存在状态，并无异于人的超越性质，"祖先"是一种记忆中的种族、家族的历史存在。儒家对天地、鬼神、祖先的祭祀，是属于"五礼"之首的"吉礼"，是人生需要践履的与君臣、父子、夫妇、长幼等性质相同的全幅十种伦理关系和规范（"十伦"）的一种，是一种自觉的伦理实践，毫无企图接近、控制异己的神灵之"巫术"的意涵。儒家思想对祭祀之精神的或心理的内涵也有明确的说明："夫祭者，非物自外至者也，自中出，生于心也，心怵而奉之以礼。是故唯贤者能尽祭之义"（《礼记·祭统》），"唯祭祀之礼，主人自尽焉尔，岂知神之所飨，亦以主人有齐敬之心也。"（《礼记·檀弓下》）可见在儒学中，祭祀只是人对处在伦理序列源头处的天地、鬼神、祖先的思慕、崇敬之情，是一种在自觉的"慎终追远，民德归厚"（《论语·学而》）的道德理性主导下的道德感情的抒发，既无神秘"魔法"，更不是非理性的迷信。儒家的祭祀观念是经过了深刻的历史反思、生活经验而形成的理性程度很高的、基本上消除了信仰、迷信成分的道德理念。当然，也应该承认，在儒家的社会生活中，官方或民间的祭祀行为，的确吸附有来自诸如佛教、道教或其他民间宗教的某些信仰的、非理性的附着物。但是，韦伯据此而研判"儒教"是充满非理性因素的"巫术"，则显然是缺乏对儒学真正的、深入的了解。韦伯这一误判的逻辑延伸，是他认为儒学（儒教）只会有适应世界

---

① 前已论及，巫术是人类早期在智慧、知识低下状态下而产生的一种企图接近、控制异己的神灵的原始宗教行为。与韦伯同时代的英国人类学家弗雷泽宽容地将它理解为"谬误的规则"："早在历史初期人们就从事探索那些能扭转自然事件进程为自己利益服务的普遍规律……那些属于真理或珍贵的规则成了我们称之为技术的应用科学的主体，而那些谬误的规则就是巫术。"（弗雷泽：《金枝》，第77页）韦伯这里的"巫术"则是在浅近的意义上指一种非理性的、魔法式的迷信。他说："新教已经将巫术完全彻底地摈除……清教徒在自己心爱的人被埋葬入土时也不举行任何仪式，为的是挖出任何迷信的根源，消除任何对巫术性操纵的信任。只有新教才坚决彻底地使世界摆脱魔法。"（《儒教与道教》，第256页）

的任务或能力，而不能有理性地改造世界的目标和功能。然而在儒家看来，作为儒家思想核心的伦理道德规范，即"礼"，如同"绘事后素"（《论语·八佾》），其根本的功能，就是美化、提升人性；所谓"礼者，所以定亲疏、决嫌疑、别同异、明是非也"（《礼记·曲礼上》），其根本的功能就是全面地塑造、建构出一种社会生活。历史悠久的儒家文明，就是儒家思想或"儒教"改造世界的能力和理想的见证；在世界文明中，它不是完美无缺的，但却是有自己可以站得住的特色的。

人类社会由传统的农业社会向现代的工业社会转变的现代化进程，或者用韦伯的话语来说，近代理性资本主义的兴起，为什么是在基督宗教的新教国家而不是在中国或印度首先启动、发生？历史已经这样发生，历史无法重演，因而这是一个诱人思索的，却是无法再次验证的问题；是一个答案会是多样，却不能证实唯一正确的问题。韦伯就曾明确地说自己的回答，"对于分析我们正在考察的这种历史现象来说，绝不是唯一可能的观点"[1]。他甚至谦逊地表示，"不要夸大我们这些考察的重要性"[2]。所以，作为韦伯这个答案组成部分的"在中国发展不出资本主义"的论断——中国不存在或难以形成现代化进程的道路和动力，虽然正遭遇着事实的质疑和否定，但这只是表明他因对"儒教"缺乏深入、准确的认识而蹈入某种理论误区，并不是欧洲中心论或西方强势文化立场有时表现出的那种傲慢与偏见。

2. 秩序

现代化进程是一个复杂的、较长时期才能实现的由传统社会向现代社会转变的过程。毫无疑义的，一个稳定的、健康的社会秩序，是保证这一进程得以顺利运行、最终完成而不至于中断、夭折的必要条件。所谓社会秩序，可以一般地理解为是社会生活中历史地形成的具有合法性、合理性的制度化之规范系统；含蕴着或可解析为属于政治、经济不同社会生活领域内的法律或道德的具体内容。因而，对于形成能支持中国现代化进程的秩序因素的分析，也可以从不同维度上展开。本书这里只是在儒家传统与

---

① 马克斯·韦伯：《儒教与道教》，第 17 页。
② 马克斯·韦伯：《新教伦理与资本主义精神》，第 32 页。

现代化关系的特殊的视角上观察到，在中国现代化进程中，儒家传统对作为社会秩序核心的国家权力重心的形成，和社会生活中行为失范危机的消解，具有较明显的助益作用。

重心的形成 20 世纪 60 年代的现代化理论，总结世界上许多现代化进程的历史经验后认为，一个强有力的、能成功有效实现社会控制的国家政权出现，一个社会生活重心出现，是现代化政治秩序或现代国家形成的首要条件和标志。例如艾森斯塔德曾研判："在政治领域，现代化首先表现为疆域的日益扩展，尤其是表现为社会中心、法律、行政和政治机构的权力之强化。"① 布莱克也认为："现代化的政治内涵，在公众和个人领域出现的决策强化方面最显而易见"②，"现代国家正是从这种地方政权强固之中崛起，尔后又进一步在某种功能基础上将其权力扩展到历来属于私人或地方的各种活动领域。"③ 相反，缺乏这种有权威的政治秩序，缺乏这种社会生活重心的国家，就不是一个现代国家，或只能是艰难地踟蹰在现代化进程中的国家，正如亨廷顿所说："首要的问题不是自由，而是建立一个合法的公共秩序。人当然可以有秩序而无自由，但不能有自由而无秩序。必须存在权威而后才能谈得上限制权威。在那些处于现代化之中的国家，恰恰少了权威，那里的政府不得不听任离心离德的知识分子、刚愎自用的军官和闹事的学生的摆布。"④ 回顾历史，在我国的现代化进程中，也有这样的缺乏社会重心、政治权威的历史经验或教训。20 世纪 30 年代，在九一八周年（1932 年）时，胡适曾写了一篇《惨痛的回忆与反省》的纪念文章，深切反思洋务运动以来 70 年中国现代化进程——他称之为"民族自救运动"没有进展，甚至是失败的原因。这个原因，据胡适文章中所论，似乎可以归纳为两点，一是传统留下的"祸孽"。他说：

> 我们应该自己反省，为什么我们这样不中用，为什么我们的民族自救运动到于今还是失败的？……我们的大病源，依我看来，是我们

---

① S. E. 艾森斯塔德：《抗拒与变迁》，第 4 页。
② C. E. 布莱克：《现代化的动力》，第 19 页。
③ 同上书，第 20 页。
④ 塞缪尔·亨廷顿：《变化社会中的政治秩序》，第 7 页。

的老祖宗造孽太深了，祸延到我们今日。①

一是现实生活中政治秩序的"重心"一直未能确立。他说：

> 这六七十年追求一个政治重心而终不可得的一段历史，我认为最值得我们的严重考虑。我以为中国民族自救运动的失败，这是一个最重要的原因。②

如果说，胡适"反省"中的"病源"之论，无论在现代化理论立场上看来，此是将现代与传统割裂、对立；或在儒家立场上看来，此是将处在一种极度腐朽时期的、作为君主专制国家意识形态的儒家思想和生活形态的衰败表现，视为是其本质的、全部的表现，都是陷入了某种理论误区，因而是可被质疑、否定的；那么，他的缺少"政治重心"，是70年来"民族自救运动"失败的"主因"之论，则是完全确凿真实的了。胡适真切地观察到，晚清、辛亥革命以来，由于没有形成一个稳定的、有权威的国家政权，结果"没有一项事业有长期计划的可能，没有一个计划有继续推行的把握，没有一件工作有长期持续的机会，没有一种制度有依据过去经验积渐改变的幸运"③。这当然就是"民族自救运动"或现代化进程没有进展、只是失败的结局。

　　20世纪50年代以后，随着抗击日本帝国主义侵略战争的胜利，从现代化理论视角观察是属于中国现代化道路不同选择而引起的内战的结束，一种能适应现代化进程需要的政治秩序，一种能实现有效社会控制的、稳定的权力重心逐渐形成、巩固了，并从儒家传统的伦理秩序理念中——认同、追求实现一个统一的、有权威的国家政权，得到支持。儒家的这一秩序理念，可以用《春秋公羊传》的"大一统"概念或观念来表述，这是汉代公羊学家对《春秋》书法作诠释时首先提出的。《春秋》是经过孔子

---

① 胡适：《惨痛的回忆与反省》，《胡适论学近著》第一集卷四，商务印书馆1935年版，第473页。
② 同上书，第475～476页。
③ 同上书，第476页。

修订的、记录自鲁隐公元年至鲁哀公十四年间以鲁国为主的春秋时期历史事件、人物活动的编年史。《春秋》记事，用鲁国纪元，但每年记事开始的月份（通常是正月，有时或为二月、三月）前，总要加"王"字（通常是"王正月"，有时或为"王二月""王三月"）。《公羊传》诠释《春秋》隐公元年之"王正月"曰：

> "王"者孰谓？谓文王也。曷为先言"王"而后言"正月"？大一统也。（《春秋公羊传注疏》卷一）

《公羊传》将"王正月"诠释为"大一统"，意为尊崇"一统"。但"一统"的意涵是什么？仍不明确。汉、唐经学家做了进一步的、有所不同的解释：

> 何休：统者，始也。王者始受命，改制布政施教于天下，莫不系于正月，故云政教之始。（《春秋公羊传注疏》卷一）
>
> 颜师古：一统者，万物之统皆归于一也。《公羊传》"大一统"，此言诸侯皆系天子，不得自专也。（《汉书》卷五十《董仲舒传》注引）

不难看出，对于"大一统"，汉代经学家的训解偏重于"一统"的自然性意涵，认为是原始、开端之义；唐代经学家的解释则注入了社会政治内容，认为是尊崇天子，维护最高统治者的统一的权威之义。孔子针对鲁国执政的卿大夫季孙要出兵攻打鲁国的一个附属国，批评说："天下有道，则礼乐征伐自天子出；天下无道，则礼乐征伐自诸侯出。"（《论语·季氏》）孟子在回答梁襄王的"天下恶乎定"问题时说："定于一①。"（《孟子·梁惠王上》）所以，也不难看出，若以孔子、孟子所论来衡量，唐代

---

① 此"定于一"之"一"，儒学中有两解。一解为"仁政"。赵岐注曰："孟子谓仁政为一也。"（《孟子注疏》卷一下）此以"一"谓之"元"也，元即仁。一解为"统一"。朱子曰："孟子对以必合于一，然后定也。"（《孟子集注》卷一）焦循亦曰："孟子谓时无王者，不能统一，故天下争乱而不能定。《公羊传》'大一统'，孟子当亦谓此。"（《孟子正义》卷一上）

经学家对"大一统"的训解，较之汉代经学家是更符合孔孟儒家思想的；唐代经学家在"大一统"中诠释出统一、权威的意涵也是准确的。儒家的这种认同、追求实现一个统一的、有权威的国家政治秩序的理念，深深地影响了、模塑了中国历史上的国家形态、儒家生活形态。在中国历史上，国家处于"大一统"政治秩序下的社会生活有一大半的时段[1]，在另一小半时段国家分裂的状态下，"大一统"的理念仍然存在，并未破碎，依然是人们追寻的目标，生活的梦想[2]。"大一统"是儒家社会生活中的集体意识，是儒家传统的一项独特的精神遗产；在中国现代化进程中，它能支持现代化进程所必需的那个最重要的秩序因素——一个有效实现社会控制的权力中心的形成。正所谓"不识庐山真面目，只缘身在此山中"[3]，一种文化的特出之处，有时在另种文化的角度上或背景下才能更容易、更清晰地观察到。对于儒家传统的"大一统"的观念及其在中国现代化进程中的功能，正是在由美国九位学者共同撰作的《中国的现代化》一书中，最先地作出观察和论断的：

> 消除分裂并建立起强大而整齐划一的中央政府，这是深深植根于中国历史传统之中的民心所向，尤其是中国从来就不存在各种相互竞争的宗教或世俗的组织和权威，统一的呼声非常之高。这种民心所向一旦变成现实，它就具备自身向前发展的原动力。[4]

当然，儒家的"大一统"有它的属于君主制或帝制中国时代的具体内容，其"统一"的意涵更多的是"臣事君以忠"（《论语·八佾》）的君臣间的伦理秩序，其"权威"也更多是指来自"为政以德，譬如北辰"（《论语·

---

① 从秦统一（前221年）至清灭亡（1911年）共有2132年。其中秦、汉、西晋、隋、唐、元、明、清八个统一王朝共占1422年。

② 东晋将军祖逖闻鸡起舞、中流击楫，志在收复中原（见《晋书》卷六十二《祖逖传》），南宋诗人陆游临终犹在叮嘱"王师北定中原日，家祭无忘告乃翁"（《剑南诗稿》卷八十五《示儿》），都可为例证。

③ 苏轼《题西林壁》："横看成岭侧成峰，远近高低各不同。不识庐山真面目，只缘身在此山中。"（《东坡集》卷十三）

④ 吉尔伯特·罗兹曼主编《中国的现代化》，第591～592页。

为政》）的道德合理性的力量。凡此，皆有别于民主中国时代的具有民意选择、选举的合法性的国家统一体制和政府权力结构。但是，"大一统"的儒家传统理念、集体意识，却仍能为这种政治秩序重心的形成、为这种政治秩序下的民意选择、选举提供基本的精神基础、价值导向。甚至还可以说，在中国现代化进程中，儒家思想尽管已经不再是国家意识形态，但它所塑造的儒家传统，对于国家政权的权力和权威地位，仍然具有某种固有的、源自伦理认同的维护作用；只要这个政权能保持着自己的政治道德的健康和社会经济的发展，就不会失去儒家传统的合理性与合法性，就是稳定的。

失范的消解　"失范"，即规范缺失，是社会学用来指称人们在社会生活中违反或偏离社会规范的行为之社会现象的概念。社会学家对这一社会现象或其本质、形成的原因，有不同的研判。要言之有三，其一，19世纪末到20世纪初，最早提出、使用这一名词或概念的法国社会学家涂尔干认为，失范是指在一个社会转变——"向工业社会发展"的过程中，固有的道德的和法律的规范驾驭、抑制不住人的欲望增长而酿成的混乱的社会状态①。在涂尔干这里，失范是被定性为"罪恶"的、负面的社会现象，必须确立新的规范才能消除这种状态②。其二，是20世纪上半叶美国社会学家默顿（Robert K. Merton）的观点，认为社会失序是社会的文化目标与制度化手段之间的分离或不平衡③；在这种社会结构的矛盾中，可

---

① 涂尔干在其《社会分工论》第二版序言中说："在本书里，我再三强调了现代经济生活存在着的法律和道德的失范状态……我们所要揭示的失范状态，它造成了经济世界中极端悲惨的景象，各种各样的冲突和混乱频繁产生出来。"并认为这一切都是在"我们的社会在本质上已经在向工业社会发展"的过程中发生的。在该书的结论中说："转眼之间，我们的社会结构竟然发生了如此深刻的变化，而新的道德还没有迅速成长起来，我们的意识最终留下了一片空白，我们的信仰也陷入了混乱状态……我们只有重新确立一种原则，重新巩固这一基础，才能彻底消除这些现象。"（埃米尔·涂尔干：《社会分工论》，渠东译，生活·读书·新知三联书店2000年版，第14、16、366~367页）

② 涂尔干说："如果说失范是一种罪恶的话，那是因为它使社会遭尽了磨难，社会没有凝聚力和调节力，就无法存在下去……要想治愈失范状态就必须建立一套我们现在所缺乏的规范体系。"（《社会分工论》，第17页）

③ 默顿说："我的主要假设是，可以从社会学角度将反常行为看成是文化规定了的追求与社会结构化的实现该追求的途径之间脱节的征兆。"（罗伯特·K. 默顿：《社会理论和社会结构》，唐少杰等译，译林出版社2006年版，第264页）默顿此观点最早是在1938年发表的《社会结构与失范》论文中提出的。

以归纳出五种个人行为模式——顺从、革新、形式、逃避、反叛。对既有文化目标和制度化手段来说，除"顺从"表示完全接受外，其他四种皆是接受其一，拒绝其一，或完全拒绝的"反常行为"（失范行为）。在默顿这里，失范不再是社会转变时期出现的社会混乱状态，一种负面的行为；而是常态社会下皆可能存在的、从其社会结构矛盾中产生的偏差行为，并且对这种行为也难以或不必作出单一的肯定或否定的价值评价。其三，当代失范理论也很纷繁，多是从某一特定理论立场对失范行为、现象进行解析。如从心理学的个体性格的理论角度剖析失范行为的心理结构及其社会作用机制，以现象学的理论角度审视失范现象本身，而不是对它身后的"本质""原因"之类去作追寻①，等等。十分自然地，在本书这里要考察影响着我国现代化进程的秩序因素之形成的失范现象时，会选择涂尔干的论述失范的理论立场，因为这一论述和本书的考察面对着相同的处于社会转变时期的历史情境、相同的核心问题——与新时代相适应的道德建设。

我国的现代化进程，特别是其中一个最近的阶段，即 20 世纪 80 年代以后现代化的经济模式从计划经济向市场经济的转变过程中，由于制度、体制的转换而衍生的社会控制削弱和价值追求多元化两个基本原因带来的社会秩序混乱的失范现象——背离法律、道德规范的行为，也是很普遍的、严重的。下面几项反映失范情境的统计数字，可资证明：

失范情境区分 〽 失范现象发生年份 与数量增减比较	1978~1982 年	1998~2002 年	两时段数量 增减比较
全国法院共审结各类案件数	358.7 万余件	2960 万件	增 8.3 倍
全国法院共审结刑事案件数	93.9 万余件	283 万件	增 3.0 倍
全国法院共审结经济纠纷案件数	4.9 万件	670 万件	增 136.7 倍
全国法院共审结民事纠纷案件数	264.8 万件	2362 万件	增 8.9 倍
全国法院共接待、处理民事申诉、来信来访数	8.37 万件(次)	4224 万件(次)	增 504.7 倍

① 我国社会学学者渠敬东在其《缺席与断裂——有关失范的社会学研究》一书中（上海人民出版社 1999 年版），对当代失范理论有所介绍。该书尝试用现象学诠释失范，也颇具特色。

这是一组从不同方面概括地描述失范情境的设计①。法院审结的刑事、民事、经济、行政等所有案件，当事者一方或双方在不同程度上违反了相应的法规，因此都是广义上的失范行为。刑事犯罪威胁到民众的生命、财产安全和社会的安定，触犯法律，是最严重的失范行为。经济纠纷既折射了从事经济活动者有越出道德诚信等方面的问题，也反映了市场行为不规范、秩序混乱的状况，是经济领域失范的表现。民事纠纷多源起于道德的和法律的约束松弛，为利益而起冲突，是社会成员日常生活中失范行为的指标。信访是民众通过写信、上访方式向上级有关部门申诉自己不满的、不合理的处境，多显现为社会下层成员利益受损害的状况，其中内蕴着多种类型和性质的制度秩序混乱、社会成员行为失范。这组从不同方面描述失范情况的统计数字表明，1978～1982 年，是我国现代化经济"起飞"的最初阶段，各项显示失范的指数，都在较低的位置上，到了经过 20 年高速增长的 1998～2002 年，指数则有了数倍乃至数百倍的增长，失范现象是普遍而严重的。随着我国现代化的经济发展，以法治为中心的制度建设和以新的价值观念为核心的道德建设是何其重要而迫切！

我国的社会学学者对我国现代化社会转变中的失范现象，进行了深入的理论分析，也开展了大量的相关失范问题的社会调查。其中有两个问题的社会调查结果对我们这里要论述的论题——儒家传统对于消解我国现代化进程中失范危机的功能特别重要；甚至可以说，这两个问题的调查结果，也就是对这个论题的回答。第一个问题是针对失范行为的发生概率提出来的："有人认为，'只要能赚钱，没有什么不能干的'，您怎么认为?"调查的结果（百分比）是：

对问题的不同回答 年份	未回答	不赞同	不太赞同	无所谓	比较赞同	赞同
2002 年	0.3	57.3	28.6	7.6	4.4	1.8
2003 年	—	58.9	29.6	5.6	4.5	2.1

① 这组失范情境设计和统计数字，采摘自朱力《变迁之痛——转型期的社会失范研究》，社会科学文献出版社 2006 年版，第 59、62、69、74～75、76～77 页。

这一调查结果①表明，社会中存在着 6.6% 的，即不足一成的认为可以"唯利是图"的人群；条件具备时，这些价值理念上有偏差的群体，就可能成为失范的潜在行动者。然而在社会生活中诚信守法的价值观念仍然处于主导地位，八成以上的主流民意是不赞同缺乏道义目标的、不择手段追逐金钱的行为，显示这一源自儒家"见利思义"（《论语·宪问》）、"见利不亏其义"（《礼记·儒行》）的道德观念仍被绝大多数社会成员坚守着，在自觉不自觉中，儒家的道德传统仍是社会抵御失范行为的力量。第二个问题是就失范行为的矫治机制提出来的："在现代社会存在的多元规范中——习俗、道德、宗教、法律、规章制度等，您认为对您的行为影响最大的因素是什么？"调查的结果（百分比）是：

年份 \ 对问题的不同回答	习俗	道德	宗教	法律	规章制度	说不清
2002 年	11.7	57.9	0.8	15.8	7.5	9.0
2003 年	13.3	52.3	1.4	15.8	7.5	9.6

这一调查结果②表明，一半以上的社会成员认为，对自己的生活行为影响最大的因素，首先是道德——家庭或社会生活中伦理的或品德的自律性规范，其次才是法律——来自国家权力的对公共生活秩序的强制性规范。相对于西方已经发展成熟的现代化社会，通常以法律作为社会控制的主要手段③，这次调查对象对于矫治失范的最重要途径所作的这种道德重于法律的选择，显示出现代中国的多数社会成员仍然保持着儒家传统生活方式的那种德治高于、优于法治的价值取向和治国理念，这就是为孔子所最早揭示的"导之以政，齐之以刑，民免而无耻；导之以德，齐之以礼，有耻且

---

① 统计数字采摘自朱力《变迁之痛——转型期的社会失范研究》，第 97 页。2003 年小数点后数字可能有误。

② 统计数字采摘自朱力《变迁之痛——转型期的社会失范研究》，第 444 页。2002 年小数点后数字可能有误。

③ 如前所引述，美国法学家庞德在其论著中曾研判："自十六世纪以来，法律已经成为社会控制的最高手段了。"（《法律的任务》，第 131 页）"在近代世界，法律成了社会控制的主要手段。在当前的社会中，我们主要依靠政治组织社会的强力，我们力图通过有秩序的和系统的适应能力，来调整关系和安排行为。"（《通过法律的社会控制》，第 10 页）当然，他主要是就有法治传统的西方现代国家的社会生活特征来说的。

格"（《论语·为政》）。换言之，儒家道德理念具有矫治、消解失范行为危机的功能，已得到社会广泛的认同。社会转型时期的社会成员失范行为，需要用完善制度、体制、法律，增强社会控制能力来阻止、救治，这是不可或缺的，甚至是会有立竿见影之成效的；但是，道德的建设，用以消解价值取向中的空白或混乱——正是在这种价值取向的空白或混乱中，滋生了驾驭不住的欲望，带来了行为失范的后果，却是根本的；虽然也许它并不是立显成效，有时甚至像是"失效"，但仍是必须坚持努力去做的。因为确如涂尔干所说："人们的欲望只能靠他们所遵从的道德来遏止。"① 失范行为根系着道德缺失，所以道德的耕耘必有收获；道德的果实虽然生长期较长，但能润泽久远。儒家的道德传统何以形成并表现出抵御、矫治失范行为的功能？答案也显现在上述两个问题的社会调查结果中，儒家的道德传统中，一方面有十分明确的义利之辨、公私之辨的道德理念，使人们可以在经常是导致失范行为的唯利是图、因公肥私错位选择面前，保持理智的分辨能力；另一方面也矗立着各类道德典范，如同能使"顽夫廉、懦夫有志、鄙夫宽、薄夫敦"（《孟子·尽心下》）那样有力地唤醒、激励人们的道德心灵、道德感情。这种道德的理智和情感，既能生成道德的判断力，生成个人的行为自律，在义利、公私间作出正确的选择；也能形成道德的批判力，使社会舆论能借以对违背道德、法律规范的失范行为予以批评、诛伐。正是由于这种道德的判断力，所以在第一个问题的社会调查中，绝大多数被调查者表示不赞同"只要能赚钱，没有什么不能干的"行为原则；正是由于有这种道德的批判力，使得在第二个问题的社会调查中，也有多数被调查者认为相较于法律制裁的威慑，舆论的道德声讨，也许更具力量，更不可抵抗。2004 年安徽阜阳有不法商家出售劣质奶粉，婴儿食后，营养不良，成"大头娃娃"。2008 年河北石家庄三鹿奶业集团生产的婴儿奶粉，掺有三聚氰胺，婴儿食后患肾结石。两起事件被媒体披露后，皆在全国民众中引发愤慨、谴责。随着事件原委查清，责任人受到法律制裁或行政处分，受害人得到赔偿，事件也就画上了句号。但是"良心何在"的道德谴责却不会终止，永远地被钉在人们的耻辱的记忆中了。

---

① 涂尔干：《社会分工论》，第 15 页。

儒家的道德传统具有抵御、消解失范行为的功能，应该说是很明显的。当然，儒家传统的道德理念是在农业社会的、以家庭为基础的社会历史条件下形成的伦理本位的道德观念，在工业社会的、契约性的公共生活发达的环境下会有不能适应或缺弱之处。如前所述，20世纪80年代以后，我国现代化进程加快，在伴随着经济起飞，而体制、法制建设显得滞后的情况下，社会生活各个领域内影响、破坏社会秩序的形形色色的失范现象，也滋生蔓延起来。新形势下，国家在加强法制、体制建设的同时，也多次提出加强道德建设的措施。其中最可为代表的是1996年的《加强社会主义精神文明建设若干主要问题的决议》（以下简称《决议》）和2001年的《公民道德建设实施纲要》（以下简称《纲要》）。在《决议》中，将道德建设具体分解为三部分："社会公德"——文明礼貌、助人为乐、爱护公物、保护环境、遵纪守法；"职业道德"——爱岗敬业、诚实守信、办事公道、服务群众、奉献社会；"家庭美德"——尊老爱幼、男女平等、夫妻和睦、勤俭持家、邻里团结。在《纲要》中，则是凸显道德的"公民"意识特质，并以20个字概括社会成员在社会公共生活领域内的基本准则——"爱国守法，明礼诚信，团结友善，勤俭自强，敬业奉献"。不难看出，这些已得到全社会响应的新的道德建构，虽然其规范的内容已超越了儒家传统道德的伦理性范围而向公共性领域拓展，但其精神义境，仍是儒家德性、德行观念的延伸，因此可以视为是儒家传统新的生长，这正是我们后面还要论述的一个重要论题。

还须顺便提及，一段时期内失范现象的严重和难以遏止，曾经使人对道德的功效失去信心，有学者提出应开放、引进宗教，用宗教之力度高于、强于道德的"敬畏"之心，来抑制、阻断滋生种种失范的邪恶、欲望之念。应该说，这一建言不无善意。但是，从儒家的立场上看，也不无可商榷之处。康德曾慨叹："有两种东西，我们愈时常、愈反复加以思维，它们就给人心灌注了时时在翻新、有加无已的赞叹和敬畏：头上的星空和内心的道德法则。"① 可见，在一个真正的、卓越的人类理性这里，感到崇高、神圣、敬畏的，除了浩瀚的宇宙，就是人的能够自律的道德心灵。在儒家，孔子曾说："君子有三畏：畏天命，畏大人，畏圣人之言。"

---

① 康德：《实践理性批判》，关文运译，商务印书馆1961年版，第164页。

（《论语·季氏》）孟子曰"圣人，人伦之至也"（《孟子·离娄上》），圣人是儒家道德理念和典范的体现。所以，儒家"三畏"中的"圣人之言"，可以直接诠释为对道德的敬畏。"大人"是有权位的人，"畏大人"是对权位、对国家权威的敬畏。但在儒家，"德以叙位"（《荀子·致士》）、"德必称位"（《荀子·富国》），权位、权威的合法性，来自道德的合理性。如孟子所说，"说大人则藐之"（《孟子·尽心下》），失去道德合理性——缺失德性、德行的有权位的人，也就不值得敬畏。因此，儒家的"畏大人"实际上也可最终诠释为对道德的敬畏。儒家的"天命"（或称"天""命"），具有高于、外于人的那种超越性①。但它不是超理性的信仰对象，而是如孟子所说，"尽心知性则知天矣，存心养性所以事天也"（《孟子·尽心上》），即可以被理智把握、道德修养体证的对象。宋代理学家界定理学几个基本概念时说："在天为命，在义为理，在人为性，主于身为心，其实一也。"（《河南程氏遗书》卷十八）更进一步将"天命"诠释为、内化为人的道德本性本身。这样，"畏天命"最终也可以理解为对"天理"——义理、道德的敬畏②。儒家生活方式中最受尊崇的是发自人性、人心之中的德性、德行。如果儒家社会生活中的道德敬畏之心不足，道德自律的力度不足，那是因为社会的道德建设不足，人们的道德理性自觉不足。宗教的敬畏之心源发自对某种诸如"上帝"那样的高于人类、创造人类的超验、超越之实体或实在的非理性、超理性的信仰。这是在孔孟儒学的经验和理智中很难形成的观念形态③。当代社会，

---

① 如孟子曰："莫之为而为者，天也；莫之致而至者，命也。"（《孟子·万章上》）朱子注曰："此皆非人力所为而自为，非人力所致而自至者。盖以理言之谓之天，自人言之谓之命，其实则一而已。"（《孟子集注》卷九）

② 朱子注释"畏天命"曰："畏者，严惮之意也。天命者，天所赋之正理也。知其可畏，则其戒谨恐惧，自有不能已者。"（《论语集注》卷八）

③ 当然，在孔子、孟子之前就已形成的儒家早期经典（如《尚书》《诗经》）中，还有原始宗教性质的信仰的观念形态存在，即有人格特征的、作为最高主宰的"天"（或"帝"）观念存在。但在孔孟儒学中，这种观念被消解了："天"被分解为两义——"天地"之"天"的自然义，"天道""天命"之"天"的超越义。朱子曰，"天道者，天理本然之本体"（《论语集注》卷三《公冶长》），"天命，即天道之流行而赋予物者，乃事物所以当然之故也"（《论语集注》卷一《为政》）。即"天"的超越义被诠释为可为理性认知和道德实践体认的物理、事理、伦理，不再有非理性、超理性的内容。

在儒家传统的生活方式里，试图以引进宗教——显然，学者在这里更多的是指具有强势文化背景的西方基督宗教——来养育、提振"敬畏之心"，那无异于饮鸩止渴。在理性的、富有人文意蕴的儒家世俗文化中注入非理性或超理性的宗教内容，如果它是可能的，也必将带来人们精神世界的骚乱和社会生活的动荡；并且正如"橘生淮北则为枳"的物性变异那样[1]，一种宗教的优秀品质表现，自有它的许多独特历史条件所形成——如韦伯所描述的新教伦理那样，在另一种文化的社会环境中，也许就生长不出来。况且，宗教信仰也经常处在衰退和异化的困扰中，例如在现代的社会生活里，基督宗教的信仰衰落便是十分明显的。涂尔干所观察到和论述的严重失范现象，正是在这种信仰衰落时发生的。衰退的宗教信仰，其可遏止失范行为的"敬畏"之心，也是处在崩塌消失之中。所以涂尔干就不是冀望于恢复宗教的"敬畏"之心，而是主张用道德建设——提倡职业道德来救治失范现象[2]。在历史上的儒家社会生活中，宽容地存在着多种宗教，但对于社会控制、社会秩序建构的实现，国家主要还是选择先德治（礼治）后法治的途径方法，发挥道德和法律的功能，而宗教总是尾处在后。这种儒家传统仍保留在我国的现代社会生活中，前面所述及的关于矫治失范的多元规范选择问题的社会调查结果，最可视为是真切有力的证明。

3. 适应

传统的农业社会与现代的工业社会是在制度和价值上都有巨大差异的

---

[1]　春秋时，齐国大夫晏婴论及不同社会生活环境会形成人们不同的风俗习惯、性格品行时曾举譬说："橘生淮南则为橘，生于淮北则为枳，叶徒相似，其实味不同。所以然者何？水土异也。"（《晏子春秋》卷六）

[2]　涂尔干在其《社会分工论》中就矫治失范现象说："要想治愈失范状态，就必须首先建立一个群体……由那些从事同一种工业生产的人们所构成的，这就是我们所说的法人团体……法人团体为每一种职业制定了明确的规范，规定了雇主和雇工，以及雇主之间的各项责任。"（《社会分工论》第17、25页）稍后，他在其《自杀论》中评论宗教何以具有阻止自杀（亦可推及其他失范行为）的力量时说："并不是因为宗教鼓励人们对有些神秘色彩的来世产生一种模糊的情感，而是因为宗教本身强大而灭绝人性的清规戒律使人们的行动和思想都受到约束。宗教一旦到了只作为一种象征性的理想主义，一种能让人们自由讨论，并且与我们的日常工作没有太大关系的传统哲学时，它对我们产生的影响也就几乎完全消失了。"（杜尔凯姆：《自杀论》，钟旭辉等译，浙江人民出版社1988年版，第327页）

两种社会形态。新一代现代化理论尽管排除了早期现代化理论中的将传统与现代对立起来的观点，但没有，也不能否定传统与现代间的矛盾、冲突，认为仍然可在某种意义上判定："现代功能对传统体制的冲击，就是现代化进程的核心。"① 不同程度和不同形态的冲突及由此而产生的社会震荡和破坏，也是不可避免的。显然，如果一种传统对现代化的社会转变能有较大的适应能力，那么，这种振荡和破坏就会较小，这种在制度和价值观念上的转变就能较平稳完成。正如亨廷顿所观察到的，"在现代化进程中，比较原始和简单的传统政治体制，经常被彻底摧毁。相比而言，较复杂的传统政治体制，则更能适应新环境的需要"②。易言之，一个文化底蕴比较丰厚的传统，它的适应能力就会较强，现代化转变的可能性方向选择就会较多。因此，一种传统的现代适应性，既是这一传统现代化进程中的理论问题，也是它的实际问题。亦如布莱克所观察到的，"较后发展的社会所面临的问题，不是抛弃自己的制度而一味向西方借用各种制度，而是要评价自己的制度遗产，并且决定在多大程度上对它进行改造以适应现代性的要求"③。儒家传统对现代化能有多大的适应性，能为中国现代化事业贡献多少可缓解、削弱社会转变带来的震荡、冲突的适应能力？

现代化社会有哪些具体特征？社会学家们虽然没有完全一致的，却也有大体相同的解说。美国社会学学者瓦尔马（B. N. Varma）曾将韦伯、帕森斯及其后的三代社会学学者对现代化社会主要特征的论述，归纳如下：

> 维贝尔（按：韦伯）选出下列因素作为现代化社会的组成：建立在实验基础上的科学的作用；文艺复兴时期美术方面的发展，合理

① 如布莱克说："我们可以将传统社会设想为现代知识施以最初影响之前的一种相对静止的、承继而来的体制或结构。现代知识的影响将改变传统体制必须执行的功能，反过来这也影响体制本身。在这种意义上，现代功能对传统体制的冲击，就是现代化进程的核心。"（C. E. 布莱克：《现代化的动力》，第76页）

② 塞缪尔·亨廷顿：《变化社会中的政治秩序》，第17页。

③ C. E. 布莱克：《比较现代化·导论》，《比较现代化》，第6页。

的法制与行政体制，现代化的国家，理性化的资本主义。①

　　对当代的现代化社会，帕森斯强调下列各项"变项"：市场体制和市场体制中合同、财产和职业构成的"经济复合体"形式；摆脱宗教和种族控制，并起那种具有领导能力、权威性和条理性的"政治复合体"形式的作用的民族国家；一种带有普遍性的法制；社团和利益集团；公民权；有代表性的政府；能胜任的行政机关；民族主义；民众教育是文化上朝着现代化发展的一个创举。②

　　其他社会学家还为现代化社会添加了一些特性：社会规模的扩大，都市化，代表国家一级的机构和集团权力集中的中央集权化，种族集团在国家事务中的权力削弱，大众传播工具作用的扩展，以国家利益为重的上层人士，不受约束的知识界，论功行赏式的评级，宗教和社会的世俗化趋向，核心家庭，人口控制。在这些特性之外，还应当加上保障所有人的基本权利和基本自由这一条。③

亨廷顿还有个更简捷的概括：

　　现代化过程实际上是人类思想和行为一切领域的变化。它的组成部分至少包括工业化、城市化、社会流动、分化、世俗化、传播媒介的扩大，文化教育的提高，参政范围的扩大。④

不难看出，这些对现代化社会特征的归纳、概括，实际上是以西方现代资本主义的社会生活为背景、为标准而作出的。它难免渗入有西方社会独特历史文化传统的因素，也会有西方国家政治意识形态的成分；但更多的应视为是适应现代工业社会的政治、经济、文化的社会生活需要而形成的那些具有普适性的，诸如统一的民族国家、有权威的政府、核心家庭、法

---

① 贝·纳·瓦尔马：《现代化问题探索》，周忠德、严矩新编译，知识出版社 1983 年版，第 29 页。
② 同上书，第 31 页。
③ 同上。
④ 塞缪尔·亨廷顿：《导致变化的变化：现代化、发展和政治》，布莱克编《比较现代化》，第 45 页。

治、市场经济、公民参政、民众教育的基本制度和诸如理性、科学、世俗化、权利、民主、自由的价值观念。这些现代社会的制度和价值的特征，在传统的儒家生活方式中是不存在的，或者说是有差别的。但是，若深入观察，经过长期历史演变、发展的儒家思想及其建构的社会生活，作为一种甚是丰富的观念体系和复杂的传统制度，也可以解析出并且实际上也是存在着与现代化的具有普适性的制度和价值观念的兼容、契合之处。这里且以现代化价值观念源头处的权利观念和被视为是现代化国家"尺度"之一的科层制（官僚制）为代表，来说明这个结论。

价值层面的适应：权利与义务的犀通 西方现代社会具有所谓的普适性的民主、自由价值观念，其源头是 17、18 世纪欧洲启蒙思潮中最凸显的人的自然权利观念：独立的个人皆有追求、维护自己正当利益的权利。正如这个思潮的代表人物英国哲学家洛克所说："人们既然都是平等和独立的，任何人就不得侵害他人的生命、健康、自由或财产。"[1] 这个结论有两个明显的预设前提：追求利益是人之本性，人的独立存在是人的固有状态。儒家是从另外的角度观察人性和人的处境。孟子曰："仁义礼智非由外铄我也，我固有之也……人性之善也，犹水之就下也，人无有不善，水无有不下。"（《孟子·告子上》）程子（颐）曰："父子君臣，天下之定理，无所逃于天地间。"（《河南程氏遗书》卷五）即是说，人性是善的，趋向于道德的实现；人总是处在伦理共同体的关系网络中，一定是以某种具体的伦理角色存在的。人的生活内容和意义，就是要去履行伦理义务：在家庭、国家等社会生活不同领域内的道德责任——"父慈、子孝、兄良、弟悌、夫义、妇听、长惠、幼顺、君仁、臣忠，十者谓之人义。"（《礼记·礼运》）可以说，与欧洲启蒙思潮在自然人性论基础上形成的权利的价值观不同，儒家在道德人性论基础上形成的是义务的价值观，这是权利本位与义务本位（伦理本位）的不同。作为权利观念最重要体现的民主形态和自由理念，在权利本位的西方国家，其所经历的那种古代城邦的直接民主和近现代民族国家的代议制的间接民主，以及现当代由普选制、利益集团、新闻舆论三位一体的直接民主与间接民主相结合的政治体

---

① 洛克：《政府论》（下篇），叶启芳、瞿菊农译，商务印书馆 1964 年版，第 6 页。

制，其所发生的诸如"消极自由"和"积极自由"的区分①，以及自由主义、保守主义、社群主义之间的争论②，在义务本位的儒家传统的中国都是未存在、未发生过的。但是，作为两种价值观念或社会行为的拥有权利和履行义务之间，也有某种相依而存在的关系。我国有位法学学者将此种关系设定在不存在神、圣贤、国家等外在权威强制的条件下，其发生的逻辑序列表述如下：

> （1）利益是基于主体的自然需要而先在的，是主体自求的；
> （2）义务是在资源匮乏的条件下，对多种利益衡平、取舍而产生的；
> （3）义务是先在的，权利是由承诺并履行义务而派生的。③

即是说，并不是任何主体利益皆能构成权利，只是具有正当性的利益才能成为权利；而利益的正当性又来自对普遍的社会义务规范的承诺、履行。在此意义上，权利来自义务。权利和义务的这种关系，洛克的《政府论》在某种意义上也已经论及，如他在"论父权"中说：

> 父母所享有的对于他们的儿女的权力，是由于他们应尽义务所产生的，他们有义务要在儿童没有长成的期间管教他们。④

---

① "消极自由"和"积极自由"是英国政治思想史家伯林（E. Berlin）提出的概念。"消极自由"是"个体不被别人干涉"，"积极自由"是"个体成为自己的主人"[以赛亚·伯林：《自由论·两种自由概念》，《自由论》（《自由四论》扩充版），胡传胜译，译林出版社2003年版，第191、200页]。伯林对"自由"的两种界定，周延地涵盖了霍布斯、斯宾诺莎以来的自由理念。
② 20世纪70年代以来，西方政治学领域展开了自由主义与保守主义（新保守主义）、社群主义之间的争论。我国政治学者一般多研判，这是西方自由主义内部在共同的"自由"政治理念下的争论，它们间的差异只是由于对社会基本结构中个人与社会的关系之多方面内容有不同的理解，因而对建构"自由"的社会生活提出并坚持不同的政治经济原则（如公正优先或权利优先）和社会规范（如权利优先或公益优先），有别于与马克思主义的争论是属于不同性质政治意识形态之间的争论。
③ 北岳：《关于义务与权利的随想》（下），《法学》1994年第4期。
④ 洛克：《政府论》（下篇），第36页。

在这里，"权力"在特定意义下的人际关系中被解读为一种"权利"，是指因某种独特原因获得的一种对他人具有强制性、权威性的特殊"权利"。父母拥有对他们的儿女强制性权利（父权），因为他负有养育儿女的义务。同样，在洛克看来，国家或统治者拥有对臣民的"政治权力"，也就是要用以"来为他的臣民谋利益，以保障他们占有和使用财产"①。拥有权利，必须承诺、履行义务；承诺、履行义务，才能获得权利。权利和义务这种相互依存而不是对立的关系，在这里我们称之为兼容的关系。

儒家思想的确未曾出现过如同西方启蒙思潮以来的那种自觉、强烈的"权利"意识和价值观念形态，那种诉诸民主、自由的实现方式。但是，并不能因此就判定儒学中没有权利的意识和追求。在权利和义务相依而显义的意义上，可以说历史上儒家社会生活中，个人的权利意识和追求，是通过要求他人承诺、履行义务而表现出来的。《孟子》中有两则记述最清晰地显现了这种权利观念：

> 孟子曰："伯夷辟纣，居北海之滨，闻文王作，兴曰：'盍归乎来！吾闻西伯善养老者。'太公辟纣，居东海之滨，闻文王作，兴曰：'盍归乎来！吾闻西伯善养老者。'二老者，天下之大老也，而归之，是天下之父归之，其子焉往？诸侯有行文王之政者，七年之内，必为政于天下矣。"（《孟子·离娄上》）

> 齐宣王问曰："汤放桀，武王伐纣，有诸？"孟子对曰："于传有之。"曰："臣弑其君，可乎？"曰："贼仁者谓之'贼'，贼义者谓之'残'，残贼之人谓之'一夫'。闻诛一夫纣矣，未闻弑君也。"（《孟子·梁惠王下》）

《孟子》中的这两则记述，以历史上国家政治生活中发生的正反两面的事例叙说出统治者的政治权力形成或消失与践行义务的关系。《礼记》曰："宗子（按：诸侯、国君）……重社稷，故爱百姓"（《大传》），"君民者子以爱之，则民亲之。"（《缁衣》）儒家认为维护国家、爱养臣民是国家统治者

---

① 洛克：《政府论》（下篇），第107页。

的伦理义务和道德责任；而一个能够施仁爱于民众、践行了自己义务责任的国君，民众就会亲近他、拥戴他。换言之，他也就获得了特殊的权利——政治权力。在儒家的历史记忆中，周文王是位能"发政施仁"的①、最好地履行了统治者义务的王者，天下两位最有声望的老者（伯夷、吕尚）带头归向了他。天下所有的老者和他们的儿子也都归向了他，文王也就获得了最高的政治权力。孟子由这个历史经验推断，一个国君如果能像文王那样彻底、不懈地实施仁政，践履自己的责任义务，一段时间后②，必定会获得驾驭天下的权力。而在儒家的历史记忆里，夏桀和商纣提供的则是反面的经验。桀、纣因为未能履行作为国家最高统治者的责任义务，结果也就不再拥有最高的政治权力，不再拥有最大的权利；因此也不再是一国之君，而是一介匹夫。所以当齐宣王质疑武王伐纣是违背伦理道德的"弑君"时，孟子就反驳说："闻诛一夫纣，未闻弑君也。"孟子在这里多么鲜明地表现了儒家的权利观念——不履行伦理道德义务，就没有权利③。西方启蒙时期以来，在自然人性论基础上的权利观念，将个人自由、个人在社会生活中的意志独立，置放在价值的首要位置上，亦如洛克所说："自由是其余一切的基础"④，"人的自然自由就是不受人间任何上级权力的约束，不处在人们的意志或立法之下，只以自然法作为他的准绳。"⑤ 儒家道德人性论的义务观念，则主要是承认人的人格独立，所谓"三军可夺帅也，匹夫不可夺志也"

---

① 孟子曰："鳏寡孤独，此四者天下之穷民而无告者，文王发政施仁，必先斯四者。"（《孟子·梁惠王下》）

② 孟子在另处说："师文王，大国五年，小国七年，必为政于天下矣。"（《孟子·离娄上》）此处是就小国言之。

③ 胡适在其《民权的保障》一文中曾分析说："孟子说的最明白，'非其义也，非其道也，一介不以与人，一介不以取诸人'，这正是'权利'的意义。'一介不以与人'是尊重自己所有，'一介不以取诸人'是尊重他人所有。"（《独立评论》1933年第38号）这是胡适在其自由主义（个人主义）立场上，从《孟子》的一个具体论断中诠释孟子或儒家的权利观念。就儒家的立场来看，孟子此语显现的是儒家以"道义"为准绳的取舍原则，以义为尚、唯礼义是举的道德观念，即《礼记》所谓"纪之以义"（《文王世子》）、"礼义以为纪"（《礼运》），难以解析出有"尊重自己所应有"与"尊重他人所应有"的意涵。换言之，从孟子这一论说中并不能诠释出孟子或儒家的权利观念。

④ 洛克：《政府论》（下篇），第13页。

⑤ 同上书，第16页。

（《论语·子罕》）；社会生活中的主要价值是伦理道德的实践和完成，相信并努力于"人皆可以为尧舜"（《孟子·告子下》），两者的价值取向有所差异，但也并不构成对立，都是从不同的生活维度上对人的存在之价值、意义的充分肯定。

20世纪以来，在西方的法哲学和政治哲学领域中涌起了对以自然人性、自然法为基础而形成的个人自由、绝对权利观念的反思、批评的思潮。其中，当以法哲学的"社会连带主义"和政治哲学中的"社群主义"最可为代表。社会连带主义是法国法学家莱翁·狄骥在20世纪20年代提出的。他认为："一切人类学和社会学的研究证明，人类不可能孤独地生活，也永远不会孤独地生活，而只能在社会中生活。"① 可以说，这就是他的"社会连带"的基本含义。他据此批评"自然权利"说："讲到权利基础的一切学说，无疑地必须以自然人作为它的基本论点，但自然人不是18世纪哲学家所说的孤立而自由的人，是按照社会连带关系来理解的个人。我们必须肯定：人们不是生来就有自由和平等权利的，但他们生来却是集体的一个成员，并且由于这个事实，他们有服从维持和发展集体生活的一切义务。"② 不难看出，莱翁·狄骥对西方启蒙时期自然权利观点的批评凸显在个人与社会之关系和权利与义务之关系的两个问题上。莱翁·狄骥在这两个问题上的观点，对儒家的义务本位立场来说，是能理解的，甚至是能认同的。但是，作为形成莱翁·狄骥这种观点之基础的"社会连带"论，是在一种对公民社会作社会学的分析基础上形成的③，完全不同于儒家的义务本位论是奠立在伦理本位的、社会是包括从家庭到国家、民族，甚至还包括自然（天地）在内的，并且基本上是在与家庭伦理同质同构的意涵上定义的巨大伦理共同体的观念基础上的④。20世纪80年

---

① 莱翁·狄骥：《宪法论》（第一卷），钱克新译，商务印书馆1959年版，第153页。
② 同上。
③ 莱翁·狄骥认为"人们是在社会中联合，并且始终是联合的"（《宪法论》，第63页），并将这种联合或连带关系分析为出于两种需要：一种是共同需要，"形成同求的连带关系或机械的连带关系"（同上）；另一种是个人的不同需要，"这就是经常分工的连带关系或有机的连带关系"。（同上书，第63~64页）
④ 《礼记》曰："天地之祭，宗庙之事，父子之道，君臣之义，伦也。"（《礼器》）可见，宽泛意义上的儒家伦理关系包括了极广泛的范围。

代以后，主要活跃在美国的社群主义者们，虽然在与新自由主义的辩难中各具特色，各有重点，但个人与社会间和权利与道德（含义为"好"的"善"）间的关系问题，也是两个最凸显的中心问题。社群主义认为，善（公益）的原则应该优先于权利（正义）的原则①；认为个人作为一个自由的主体，只有在社群中才能发展起来，他要获得这种自主性，就必须对社会尽义务，要获得更大的个人自主性，就必须对社会尽更多的义务。换言之，个人只有在社群中，在对善的目标追求、实践中，才能实现自我认同或自主性②。对于儒家义务本位的立场来说，社群主义这样的基本观点也是可以理解的、接受的。但是社群主义与儒家在这里也存在着重要的，甚至是根本的差异。在社群主义的善（"好"）优先于权利的论证中，鲜明地表现着以目的论质疑、反对道义论的伦理学理论立场，显然这与儒学是相悖的；社群主义定义的"社群"，是以某种"善"为目标，通过某种制度形式而理智地建构的一种主要功能在能实现自我认同的共同体或联合体，也不同于儒家生活方式中自然长成的，以孝、忠、信之道德理念和感情维系，呈现为高于、多于实现"自我认同"的全部世俗生活的伦理共同体。

我们以"权利"观念为中心，将义务本位或伦理本位的儒家生活方式特质与现代化的西方——姑且称之以权利为本位的社会生活特质相比较，旨在说明儒家传统的伦理义务价值观念与引领西方现代化进程的个人权利价值观念，在义务与权利或责任与利益的对立中，可弱化为具有兼

---

① 对此，被视为是社群主义的代表、美国政治哲学家桑德尔有最明确的论述，他在其《自由主义与正义的局限》一书中，特别标立一个论题："驳斥权利对善的优先性"（见《自由主义与正义的局限》，第 225 ~ 229 页）。加拿大政治哲学家泰勒（C. Taglor）则在其《自我的根源——现代认同的根源》一书中给出一个最简捷的说明："善总是优先于权利，基本的理由在于：善给予规定权利的规则以理由。"（《自我的根源——现代认同的根源》，韩震等译，译林出版社 2001 年版，第 134 页）

② 如泰勒说："与我们对认同的需要相关的自我概念，意指突出人类主体性的这个关键的方面，在没有趋向善的某种方向感的情况下，我们无法获得这个概念；正是依靠它，我们每个人才本质上（即至少特别是规定我们自己）拥有立场"，"我通过我从何处说话，根据家谱、社会空间、社会地位和功能的地势、我所爱的与我关系密切的人，关键地还有在其中我最重要的规定关系得以出现的道德和精神方向感，来定义我是谁。"（《自我的根源——现代认同的形成》，第 46、49 页）

容、相互依存关系的差异；在差异中，显示有可在不同领域、不同意义上的沟通、理解、对话的观念空间，表现出适应性的能力。在中国现代化进程中，正是这种适应能力，削弱、缓解了现代观念对人们精神世界的冲击，支持有自己特色的现代化形态、模式的形成。这个特色，如果就中国现代社会的权利本位与义务本位的价值模式的选择而言，就是双向的模式选择。国家一方面不断提出家庭美德、职业道德、社会公德、公民道德的道德建设目标和措施，另一方面也不断作出加强法制的努力。1978 年我国现代化模式转换和经济起飞以来，国家最高立法机构（全国人民代表大会及其常务委员会）已制定现行有效法律 229 件，涵盖全部七个法律部门——宪法及宪法相关法、民法商法、行政法、经济法、社会法、刑法、诉讼与非诉讼程序法①。法理学家们鉴于我国传统社会是一个义务本位的社会，甚至称我国现代化的社会发展为"走向权利的时代"②。

制度层面的适应：理性与法的内涵 制度层面上的现代化社会特征，从前面引述的三代社会学家的概括中可以看出，除了市场经济或工业资本主义的经济制度这个主要特征外，还有在政治制度方面诸如公民参与公共政治生活的民主体制，作为合理的社会管理的方法和体系的科层制，民众教育和优秀人才的选择机制等。20 世纪 50 年代，我国历史学界通过深入研究、热烈争论，大多数学者判定："中国资本主义生产因素萌芽出现在明代中叶，清代乾隆、嘉庆时期并有发展。"③ 换言之，在传统的儒家社会里，资本主义经济制度因素也是有可能生长的。虽然这里出现的只是资本主义生产关系的"因素"的"萌芽"，并不就是资本主义经济制度的真

---

① 中华人民共和国国务院新闻办公室：《中国的法制建设》白皮书，2008 年 2 月。

② 20 世纪 90 年代，我国法理学界曾对我国民主法制建设或法学体系之"权利本位"或"义务本位"的法理性质展开过讨论，多数学者赞同"权利本位"说（见《中国法学》1991 年第 1 期《深化对权利义务的研究——民主法制权利义务研讨会综述》）。法学家夏勇主编的一部论述当代中国社会发展与权利保护的著作，更题名为《走向权利的时代》（中国政法大学出版社 2000 年版）。

③ 中国人民大学中国历史教研室：《编者的话》，《中国资本主义讨论集》（生活·读书·新知三联书店 1957 年版，第 4 页）。应该说，当时我国的历史学家们都是在马克思主义的生产关系与生产力之关系的历史唯物论理论基础上，以资本积累、雇佣劳动为资本主义的主要特征的意义上，根据明代中叶至清中期商业、手工业之发达的历史资料作出这样的判断的。

正形成，但已是从一个具体而重要的方面显示了儒家传统潜存着对现代化的经济生活、制度的兼容、适应的能力①。在现代化的政治生活的这些重要制度方面，也可以观察到儒家传统的这种兼容、适应能力。

公民参与公共政治生活、维护和裁决自己应有权利的民主制度，无疑是现代化社会最重要的政治制度。如前所论，在义务本位或伦理本位的儒家传统社会生活中，这种制度是不存在的。但是，在儒家思想中我们仍可解析出、诠释出与民主制度赖以建立的认为个人、公民有不可被剥夺的固有权利的理念相犀通的观念：第一，认为每个人就其本性来说都是相同的、善的，人格是独立、平等的；第二，认为国家（王、君）应以民众为本为上②，负有保护其利益的责任。儒学经常拟伦理地将君王统治者比作民之"父母"③。这样，在儒家的社会生活中没有公民，只有子民；子民的权利不是自己争取、维护的，而是国家统治者君王履行在其作为治理者责任中被实现、给予的。虽然如此，在儒家的社会生活中，个人在人性、人格上仍是平等的、独立的，民众也有自己的"权利"——要求统治者践履他们的伦理道德职责，能对没有履行职责的统治者施以道德的批判，乃至否定

---

① 20世纪80年代，美籍华人历史学家、前面已论及的现代新儒家代表人物之一的余英时在其《中国近世宗教伦理与商人精神》一书中，从另外的理论角度上对此"资本主义萌芽"的结论提出了否定的看法："马克思所谓'资本主义'，其涵义是非常严格的，即指西欧十六七世纪以来所发展的一套经营和生产方式……无论是马克思或韦伯，都认为这一套经济系统是西欧所特有的。个别因子如资本积累、各种手工业、市场，甚至雇佣劳动、商业竞争等也可以存在于中国传统社会之中。但是如果整个组成和运作系统不同，则纵使中国的个别因子在发展过程上和西方有某种平行的现象，我们仍不能据以断定'资本主义'已经在中国'萌芽'。"（《中国近世宗教伦理与商人精神·自序》，安徽教育出版社2001年版，第60页）他本人对中国近代资本主义的研究主要是援依韦伯《新教伦理与资本主义精神》的理论取向和方法，揭示在新禅宗、新道家、新儒家影响下，明清"商人精神"的形成："我只希望通过韦伯的某些相关的观点来清理中国近代宗教转向和商人阶层兴起之间的历史关联和脉络。"（同上书，第73页）在本书这里，"资本主义生产因素萌芽"和"商人精神"都可以视为儒家传统对中国现代化进程所具有的制度的或价值的适应能力的表现。

② 如古文《尚书·大禹谟》曰，"民为邦本"；孟子曰，"民为贵，社稷次之，君为轻"。（《孟子·尽心下》）

③ 如《尚书》曰："天子作民父母"（《洪范》），《诗经》咏国君"乐只君子，民之父母"（《小雅·南山有台》），《大学》诠释曰："民之所好好之，民之所恶恶之，此之谓民之父母。"《国语》也曾界定："夫从政者，以庇民也。"（《楚语下》）

掉他。换言之，儒家思想中没有权利的政治意识，但有权利的道德理解；义务本位的儒家传统社会生活中，根系于政治意识的权利理念基础上的民主制度是不可能产生的，但在中国现代化进程中，一场社会革命、政治革命后带来的民主制度，儒家传统的道德理解的权利观念，对它也是能够兼容和有适应能力的，在宽泛的意义上，它可被理解为是儒家人性、人格平等、独立和以民为本、为上的道德理念之制度的和法律的表述和实现。

儒家传统对现代化社会在制度上的兼容和适应能力，在一个具体的制度上——被视为是现代化国家主要"尺度"之一的、作为社会管理方式的科层制（官僚制）中，有更明显的、受到现代化理论家重视的表现。科层制之被视为是现代化社会的主要特征，韦伯的论断最为明确："正如自从中世纪以来，所谓迈向资本主义的进步是经济现代化的唯一尺度一样，迈向官僚体制的官员制度的进步是国家现代化的同样明确无误的尺度。"① 在韦伯统治社会学的历史的视野里，将人类社会的社会控制或统治行为，就其拥有的合法性之不同，将其区分为三种类型：建立在传统的神圣性上的，如世袭君主制的"传统型统治"；建立在个人魅力上的，如英雄、先知的非凡品质感召力的"魅力型统治"；建立在法令规章制度上的"合理—合法型统治"②。"合理—合法型统治"就是依赖官僚制的统治，而现代化社会统治或管理的特征就是官僚体制化。韦伯对现代化国家官僚制的分析、界说③，主要凸显了这一制度的这样的品性。第一，理性品质（合理性）。理性的官僚制有严谨的层级结构、明确的职责划分、依循规则的中立态度、专门化的技术操作等，官僚科层制组织的管理是可预期、可计算、可控制的。第二，法规或权威品质（合法性）。官僚制遵循法令、规则组建和运行，因此是具有权威、权力的。第三，理想性的特色。韦伯的官僚制是一纯粹、抽象、标准的组织形态，既纯粹化了现实官僚制运行的诸多具体的方面，又设计了它应有而实际没有的内容，与现实

---

① 马克斯·韦伯：《经济与社会》（下卷），林荣远译，商务印书馆1997年版，第736页。
② 参见马克斯·韦伯《经济与社会》（上卷），林荣远译，商务印书馆1997年版，第241页。
③ 韦伯对官僚制的论说，主要集中在其《经济与社会》上卷《没有官僚行政管理班子的合法型统治》论题下（第242~251页）和下卷《官僚体制统治的本质、前提和发展》论题下（第278~324页）。

的官僚制是有距离的①。官僚制在历史上和现代社会中真实地存在着的负面功能表现，如经常出现的效率低下、创造性受抑制，使得韦伯的管理科层制度理论，特别是以其作为现代化尺度之一的功能评价，一直受到批评、质疑。但是，一种权力依职能和职位进行分工、分层，以规则为管理主体的组织体系和管理方法，确实应被视为是现代化社会或国家的一项基本制度。

在中国历史上，君主制的，且是以儒家思想为主导的政治生活中的官僚体制，随着朝代更替、官制的设置——"其一是官职、官品、官禄的确定，其二是官吏权责的分划，其三是官吏任用的程序"②，既有承袭，也每有变换、增益，十分纷繁，是一个很发达的官僚体制。虽然在韦伯的统治社会学里，这无疑应是属于合法性建立在君主权力神圣基础上的传统型统治方式③；但是，儒家社会政治生活中的官僚体制也潜在有现代化社会或国家官僚制中的那种合理与合法性——遵循理性和法规而运作的品质。首先，在作为儒家经典之一的、展示儒家官僚政治制度理想图式的《周礼》（《周官》）中④，最能清晰地显现这一品质。《周礼》的理性精神表

① 我国社会学学者林婷在其《关于"科层制"与"官僚制"的概念辨析》一文中，提出可以从"理性化特征""权威体制""理想状态"三个维度上来把握韦伯官僚制概念（见《云南行政学院学报》2005年第2期）。我亦认为由这三个维度构成的理论角度能较准确地观察、诠释韦伯的官僚制理论。

② 这是我国著名的马克思主义经济学家、社会学家王亚南对中国古代官制主要内容的一个理论概括（见王亚南《中国官僚政治研究》，1948年初版，中国社会科学出版社1981年再版，第65页）。

③ 韦伯界定说："如果一种统治的合法性是建立在遗传下来的制度和统治权力的神圣的基础上，并且也被相信是这样的，那么这种统治就是传统型的。"（《经济与社会》上卷，第251页）

④ 《周礼》一书，传统儒家学者认为是周公遗典、遗教。如唐贾公彦谓："郑玄遍览群经，知《周礼》者，乃周公致太平之迹。"（贾公彦：《序周礼废兴》，《周礼注疏》卷首）朱子曰："《周礼》是周公遗典也。"（《朱子语类》卷八十六）清孙诒让说："此经建六典，洪纤毕贯，精意眇旨，弥纶天地，其为西周政典，焕然无疑。"（孙诒让：《周礼正义》卷一）晚近学者以金文与先秦文献对勘比较，因其名物、制度、思想所显现的时代特色，多研判为是秦汉间或汉初儒者所作。如梁启超说："这书总是战国、秦汉之间，一二人或多数人根据从前短篇讲制度的书，借来发表个人的主张。"（梁启超：《古书真伪及其年代》，中华书局1955年版，第125页）胡适谓："其为汉人所作之书似无可疑。"（胡适：《论秦时及〈周官〉书》，《古史辨》第五册，上海古籍出版社1982年版，第639页）显然，晚近学者的见解更有理据。本书只是将《周礼》（《周官》）视为是儒家经典之一，其成书年代与作者问题，于本论题无涉无碍，不作深论。

现在它的官制设计中，贯穿着高于经验的某种理念、原则。《周礼》将全部官职，分属天官（冢宰）、地官（司徒）、春官（宗伯）、夏官（司马）、秋官（司寇）、冬官（司空）之下，使官职之设与天地、四时相符，寓意着人与天合一的理念。将六官职责划分为治典、教典、礼典、刑典、事典，即不同的管理领域和治理的方法途径，借以对邦国、官吏、民众三类不同的治理对象实现不同的治理目标：

六官治理职责＼治理目标＼治理对象	邦国	官吏	民众
天官掌治典	经邦国	治官府	纪万民
地官掌教典	安邦国	教百官	抚万民
春官掌礼典	和邦国	统百官	谐万民
夏官掌政典	平邦国	正百官	均万民
秋官掌刑典	诘邦国	刑百官	纠万民
冬官掌事典	富邦国	任百官	生万民

《周礼》对这些职官、职能首先有一个总体结构的概括综述，然后分六官层次各有具体的职责规定和解释（《冬官·司空》部分已佚或未作，汉代学者刘歆以《考工记》补充之）。从总体解说中可以看出，《周礼》官制职能涵盖了国家政治体制、民众教化、典章礼仪祭祀、军旅疆防征伐、法规施行、山川治理、器具房屋建造等全幅社会生活内容及其企望的社会目标（见《天官·冢宰》），表现出《周礼》的官制设计整体上贯彻了职官责任范围周延、功能完备的原则。这一原则在具体职官的职责规定那里也表现出来，如将地官大司徒的教化职责功能概括为三项，"一曰六德——知、仁、圣、义、忠、和，二曰六行——教、友、睦、姻、任、恤，三曰六艺——礼、乐、射、御、书、数"（《地官·大司徒》），将秋官大司寇的掌刑典之职责概括为"掌建邦之三典：一曰刑新国用轻典，二曰刑平国用中典，三曰刑乱国用重典"（《秋官·大司寇》）。这些职责规定的内容或范围之周延性、完备性是很显然的。周延性、完备性的原则，是高于感性经验的理智思考的产物，具有高于个人经验的普遍性，所以《周礼》官制设计的这一原则是理性的表现。《周礼》官制设计的理性

品质还表现在职官的层级结构严谨和职官的专业技术要求明确。《周礼》有所谓"施法于官府而建其正，立其二，设其考，陈其殷，置其辅"（《天官·大宰》），即六官各有正职一名，副职二名，以下还有多级官职、属员，各有职责，层级井然有序。《周礼》的职官从高层到低级，都有专业的技术要求，如对掌管山川治理、民众教化的地官大司徒，要求应有诸如"辨十有二壤之物而知其种，以教稼穑树艺"的知识能力（《地官·大司徒》），天官系列的疾医官，职责是治疗百姓疾病，须知道民众中四季各有何种常见病，如何诊断，用哪些药材、食物来疗养，专业的知识要求更细致具体（见《天官·疾医》）。总之，《周礼》官制设计中的天人合一理念、周延性的原则、职官层级结构和职业技术的要求，都表现了《周礼》的理性品质。《周礼》中的法规意识也很鲜明。《周礼》设计的六官职责中，大宰、大司徒、大司马、大司寇都要于每年初将本部门法规条文悬挂公布于大庭广众之处十天，让民众观阅；其副职小宰、小司徒、小司马（缺）、小司寇也要于每年初亲率百官观阅、熟悉法规。各录一则为例如下：

> 正月之吉，始和，布治于邦国都鄙，乃县治象之法于象魏，使万民观治象，挟日而敛之。（《天官·大宰》）
>
> 正岁，帅治官之属而观治象之法，徇以木铎，曰："不用法者，国有常刑。"乃退，以官刑宪禁于王宫，令于百官府曰："各修乃职，考乃法，待乃事，以听王命，其有不法，则国有大刑。"（《天官·小宰》）

《周礼》这番设计，就是要使这个官僚体制按照君王意志、法规条文履行职责，并从君王、法规那里，获得权威、权力，也使民众、百官服从这个权威、权力。《周礼》官制的合理合法性品质——传统型的，但也内蕴有理性和法之意识的合理合法性，就是这样确立起来的。

相较《周礼》官制的理想图式，儒家社会官僚政治体制在历史实际中的表现要纷繁复杂得多，自汉至清，历代正史皆以《职官志》（《百官志》）予以记载，并称"官制沿革，不可殚举"（《宋史》卷一六一《职官志一》）。这里姑且以《新唐书》对唐代官制的一段概括的叙述为代表，

儒学与我国现代化进程

493

来观察、分析儒家社会实际存在的官僚体制之理性的和法规意识的内涵及其共同特征：

> 唐之官制，其名号禄秩，虽因时增损，而大抵皆沿隋故。其官司之别，曰省、曰台、曰寺、曰监、曰卫、曰府，各统其属，以分职定位。其辨贵贱、叙劳能，则有品、有爵、有勋、有阶，以时考核而升降之，所以任群材、治百事。其为法则精而密，其施于事则简而易行。所以然者，由职有常守，而位有常员也。方唐之盛时，其制如此。盖其始未尝不欲立制度、明纪纲为万世法，而常至于交侵纷乱者，由其时君不能慎守，而徇一切之苟且，故其事愈繁而官益冗，至失其职业而卒不能复。（《新唐书》卷四十六《百官志一》）

《新唐书》所述显示出，第一，唐代官制，一方面，"大抵皆沿隋故"；另一方面，也"因时增损"。即是说，唐代官制的基本面貌可概之为是对隋代官制的继承与发展。《隋书》记述隋代官制之大体曰：

> 高祖（按：隋文帝杨坚）践极，百度伊始，复废《周官》，还依汉魏，唯以中书为内史，侍中为纳言，自余庶僚，颇有损益。（《隋书》卷二十六《百官志上》）

北周拓跋氏政权虽然存时短暂（25年），但汉化、儒化方针坚定，色彩鲜明，故官制设置，舍弃汉魏以来缘沿的秦之"三公九卿"体制①，改依儒家经典《周礼》的六官建置。杨坚夺取北周政权，进而统一南北后，又废止了北周的官制，恢复秦汉建置。但也多有改变，"三公"成为虚位，服务宫廷的"九卿"（九寺）增多了行政职能，即开始了中央机构主体向政府和宫廷官员职能区分明确的"三省六部"的过渡。唐代官制之中央

---

① 秦的官制，中央机构主体是丞相、太尉、御史大夫（"三公"）和奉常等列卿（九卿）。汉代官制中央机构大体如是。故《汉书》谓："秦兼天下，建皇帝之号，立百官之职，汉因循而不革，明简易、随时宜也。其后颇有所改。"（《汉书》卷十九《百官公卿表上》）

行政机构的三省六部，在机构建置和职能确定方面都趋于完备成熟，应该是对隋代官制继承与发展的最突出之处。正史记述唐以后历朝官制曰，"宋承唐制"（《宋史》卷一百六十一《职官志一》），"明官制，沿汉唐之旧而损益之"（《明史》卷七十二《职官志一》），"世祖（按：清顺治皇帝）入关，因明遗制，内自阁、部，以迄庶司，损益有物"（《清史稿》卷一百十四《职官志一》）。唐后历代其所"损益"者，如宋之"二府"，明之"内阁"，清之"军机处"，皆是将三省权力收束、取消而由君主（皇帝）直接控制六部的新设计。所以，唐代官制所显示出的继承与发展的特征，也是此前自汉代以来，此后至清代的中国君主专制或帝制时代的历代官制所共有的品性，即在《周礼》的理想图式之外的、各自因应历史情境需要的创新，这是一种随机性的制度创造、设计的智慧。第二，唐代官制的又一个明显特征是官职覆盖周延，职能完备，层级严谨。唐代中央官制系统有行政机构（省、寺、监）、监察机构（御史台），军事机构（卫、府）；行政机构中又可分为政务机关（三省）和事务机关（九寺五监）；最高政务机关的三省职能相辅相成——中书省根据帝意拟诏令，门下省审核，经皇帝批准由尚书省执行；尚书省下属吏、户、礼、兵、刑、工六部二十四司（每部四司），史家评曰："凡二十四司，分曹共理，而天下之事尽矣。"① 唐代官制还有明确的职官层级划分（九品三十阶），劳绩评定等级（九等爵号，十二等勋号），考核之德与能的标准（四善二十七最）。总之，唐代官制多方面表现出周延、完备、严密的特色，表现出制度设计的智慧、理性品质。第三，唐代官制的建置和运行，是"各统其属，以分职定位"，"其为法则精而密，其施于事则简而易行"。即是说，唐代官制以规范而建构，依法则而施行，简易而有效率。显然，这就是构成韦伯的合理合法性的那种法的内涵。第四，唐代官制，也包括汉代以后其他历代官制，何以在其初"欲立制度，明纪纲为万世法"，是一具有理性和法的合理合法性品质、运行有效的官制系统，最终却散漫蜕败，丧失功能，"失其职业而卒不能复"？《新唐书》的回答是："由其时君不能慎守，而循一切之苟且。"这是一个符合唐代，也符合历代

① （宋）郑樵：《通志》卷五十三《尚书省第五·上》。

官制溃滥、吏治腐败之共同特征的事实的回答。显言之，在中国历史上君主专制的和以儒家伦理道德思想为主导的社会里，它的官僚体制中的法规、法则的合理合法性品质，其源头乃是君主帝王的意志，它的理性品质中充满了伦理因素，浸润着个人情感的成分。合理、合法的官僚体制，每每在君主的驰骋私意中，在履职者的徇情苟且中，被践踏、毁弃，变得完全失去初衷的无理、无法。正是在这里，我们可以看到，儒家传统的或历史上儒家社会生活中的官僚制与韦伯所说的作为现代化国家"尺度"的官僚制之根本性质的不同或差异。韦伯说："官僚体制组织是现代群众民主的不可避免的伴随现象。"① 即是说，作为现代化国家"尺度"的官僚体制之合理合法性品质，必须是在法规、法则是社会的、公民的意志，而不是任何个人意志的现代民主制基础上才能形成。韦伯又说："官僚体制是'理性'性质的：规则、目的、手段和'求实的'非人格性控制着它的行为。"② 即是说，现代化国家的、"契约"社会的③官僚体制中理性，是一种感情中立的工具理性。儒家传统的官僚制与现代化"尺度"的官僚制，虽然有社会性质的根本不同而带来的重要差异，但是在追求体制的周延、完备、严密的理性要求上，按规范、法规运行而形成合法、权威的机制上，却有相通和兼容。这种兼容性，既有观念上可沟通、理解的理论空间，也有在实践上作出相同、相近之创造的智慧空间；也就是在这种兼容性中，儒家传统为中国现代化进程中的制度变迁、更新，储存了适应能力。

现代化的或合法型的官僚制内在地需要一种良好的人才招募或官员选拔制度，如韦伯所说，这是一种"在最合理情况下，通过考试获得最具有专业业务资格之人才"的制度④。应该说，在儒家传统的历史上，选官制度很早就已出现并一直处在演变完善之中。在《周礼》的官制图式里，

---

① 马克斯·韦伯：《经济与社会》下卷，第305页。

② 同上书，第324页。

③ 韦伯曾说："正如资本主义在其当今的发展阶段中需要官僚体制——虽然两者成长的历史渊源不同——一样，资本主义也是官僚体制可能以最合理形式赖以存在的最合理的经济基础。"（《经济与社会》上卷，第249页）无疑地，资本主义的社会，也就是"契约"的社会。

④ 马克斯·韦伯：《经济与社会》上卷，第246、250页。

就有根据德行、才能在民众中推举管理者的设计①。在汉代以后的儒家社会政治生活中，两汉的察举、征辟（征召与辟举）、魏晋的九品中正制是这两个时期选拔人才的基本制度。察举、征辟是郡守根据乡党评论来推荐贤能，九品中正制是由中正官凭借家世、才、德作人才品级定位。时久弊生，权势财贿、私意爱憎的破坏性因素渗入，加之选材虚假不实、欠缺公平的弊端②，使这两种选官制度最终消失。隋炀帝时开始实行科举制，此后经唐代定型，历代又各有所损益，作为不同于两汉魏晋的、通过考试来选拔官员的制度，一直延续至清代末年。科举制的选官制度，就其制度本身，或者说在理想的状态下，它有明显的平等与公正的品格，它将国家官员所拥有的那种权威、权力同等地向民众开放，让民众在公正的竞争中获得。元初一位儒家学者评断唐宋科举考试的两句话——"一番科第，诸色人皆备；糊名考校，一决文字而已"③，正是对这种品格的具体说明。当然，科举制在唐至清代的实施中并不总是顺畅无阻而是充满质疑、反对的声浪，并且最终还是被废止了。这主要是因为在儒家传统的社会生活中，科举制并不只是作为一种纯粹的、"工具理性"的选拔官员的考试制度来使用的，而是一方面，科举制负载不了人们寄望于它的超过了它作为考试之工具性功能之外的更多的期待。如人们一再质问它能对一个参试者在其德行和才能之间、在其文字能力和实践能力之间作出正确判断、选择吗？④ 另一方面，科举制又吸附了、垄断了不应属于它的过多的文化和智力的资源。科举的"专业业务资格"之考试，特别是在明清以后，实际

---

① 如《周礼》设计乡大夫有职责："三年则大比，考其德行、道艺，而兴贤者、能者。"（《地官·乡大夫》）郑玄注："郑司农云，兴贤者谓若今举孝廉，兴能者谓若今举茂才。"（《周礼注疏》卷十二）遂大夫有职责："三岁大比，则帅其吏而兴贮。"（《地官·遂大夫》）郑玄注："兴贮，举民贤者能者。兴犹举也。"（《周礼注疏》卷十五）

② 如东汉末叶，时人讥察举为"举秀才，不知书；察孝廉，父别居"（葛洪：《抱朴子·外篇·审举》）。西晋刘毅曾上书评九品中正制有"八损"，其中有"上品无寒门，下品无势族"之语。（《晋书》卷四十五《刘毅传》）

③ 元初儒者刘壎评论唐宋科举考试说："宋沿唐制，亦贵进士科。然唐时犹兼采才望，不专辞章。宋则糊名考校，一决文字而已。故议者有'一番科第，诸色人皆备'之说。虽则云然，要之实出于公。"（《隐居通议》卷三十一《杂录·前朝料诏》）

④ 例如中唐儒者赵匡撰《举选议》，评议科举考试制度有"十弊"，其中即含有这样的质疑。（见杜佑《通典》卷十五《选举五·杂议论中》）

上已将中国文化导向为、挤压为儒家学说，将儒家学说导向为、挤压为作为国家意识形态的程朱理学——且是教条式的、失去精髓的程朱理学；科举考试成为国家和民间教育的中心，吞噬了一代代青年学子、士人的精力、智慧，成为知识分子一生最重要的，甚至可能是全部的生活内容；科举不再仅是一种选择官员的考试制度，而是已演变为一种儒林生活①。清末，在清帝国政权被民族、民主革命的大潮撞击得濒临崩溃的危急情势下，政府下令停罢科举考试的决定，就是以科举制度阻碍新教育制度实行、新知识传播、新人才培养的理由，带着显示"除旧布新"，以扭转危局的企盼作出的②。但是，科举考试制度的平等与公正的品格，却完全符合工具理性的资本主义社会的需要，据我国的历史学学者考证，19世纪法、英、美等西方国家在现代化进程中采取的文官考试制度，就曾受到中国科举制度的启发而形成③。现代化理论的理论家也正是在此种意义上，对于儒家传统的科举制、官僚制（科层制）给予了充分的、具有现代价值的肯定："科举制及其与此相伴随的中华帝国的科层系统，就是大规模的社会管理设计的一个例子……两千年的时间里，中国的科层系统可以说也是一个世界奇迹。"④

前面已经论述，韦伯在其《儒教与道教》一书中，大体上可归纳为是从制度和观念的两个维度上分析和论断了"中国发展不出资本主义"。与此同时，在该书的结尾处，韦伯也预断："中国人同样能够（也许比日本人更加能够）在现代文化领域里学会在技术与经济上均已获得充分发

---

① 清代文学家吴敬梓的小说《儒林外史》，多有对追逐功名、热衷科举考试的士子、落魄文人形象的刻画，反映出科举制度如何塑造了、扭曲了当时知识分子的生活方式、精神世界。

② 光绪三十一年八月，袁世凯等六大臣联名请废科举奏折中谓："欲补救时艰，必自推广学校始；而欲推广学校，必自先停科举始。"（见舒新城编《中国近代教育史资料》上册，人民教育出版社1961年版，第63~64页）随后，同年九月，光绪皇帝即下诏停罢科举考试。

③ 我国历史学者刘海峰在其《科举制对西方考试制度影响新探》一文中考定：1570年至1870年间，有120种以上的英文版论述中国科举考试制度的西方文献史料，明确说明19世纪英、法等国建立的文官考试制度，曾受到中国科举制的启示和影响。（《中国社会科学》2001年第5期）

④ M.列维：《中日现代化因素之比较再探讨》，谢立中、孙立平编《二十世纪西方现代化理论文选》，第1151、1155页。

展的资本主义。"① 这自然是一个会使国人感到释然欣慰的预言。只是在韦伯的书中，似乎很难找到或归纳出他得出这个预断的前提或理由。现在看来，如果将韦伯的"充分发展的资本主义"或"理性资本主义"，宽泛地理解为现代化社会，那么，韦伯的这一预断可能是正确的，因为它正在被证实着；而它的前提或理由就是虽然儒家传统没有原生地生长出现代化社会的价值观念及制度，但是儒家思想中的人性、人本理念，儒家社会制度的设计和运行中实际蕴含的理性、法意识的品质，皆能与现代化社会的价值观念和制度系统构成不同意义、不同程度上的兼容，具有适应能力。

以上，我们在现代化理论的观念背景下，从儒家传统能为我国现代化进程提供动力因素、秩序因素和适应能力的三个维度上，论述了儒家传统以及已经走出国家意识形态位置的儒家思想，如何仍然在推助着我国的现代社会进步和发展，如何仍然在影响和模塑着我国现代化模式的选择和现代社会形态的形成。这也正是研究中国现代化进程的美国九位著名学者，从异质文化背景下清晰地观察到和明确地表述出的那个结论："迅速实现现代化的正面因素，存在于前现代中国的传统之中。"② 换言之，可以视为是人类文明新经验、新贡献的中国现代化道路，是儒家传统因素铺垫了它的路基，构造了它的富有活力的独特性。

（三）生长：儒家传统在现代化进程中的转化

儒家思想及其形成的儒家传统，仍然存在于、发力于我国的现代化进程中，这是一方面的情况。另一方面，正像多数学者所理解、界定的那样，现代化是传统农业社会向工业社会的转变过程；这样，作为历史上儒学和儒家传统赖以存在之基础的农业文明社会，在现代化进程中，就会渐次消失；十分自然地，体现儒家思想和儒家传统的制度建构、价值观念也将式微。在新的历史情境下，儒学和儒家传统还能存在吗？还有新的生长空间和如何继续生长？

1. 走出伦理本位的社会

我国的现代化进程，作为一个"外源性""后来者"的现代化，从19

---

① 马克斯·韦伯：《儒教与道教》，第277页。
② 吉尔伯特·罗兹曼主编《中国的现代化》，第593页。

世纪中叶的鸦片战争后启动，迄今已走过了一个半世纪的历程。其间，洋务运动（自强运动）、维新变法和辛亥革命，都是这个进程中的重要步骤或契机。但是，由于在这些历史阶段中，都没有形成可视为是现代化进程的必要条件的有效实现社会控制的国家权力中心，加上来自外部的西方列强，特别是日本军国主义多次发动对中国的战争的破坏①，中国现代化进程的步伐一直很艰难、缓慢，甚至时有中断、倒退。只有中国共产党领导的社会主义革命在 1949 年成功后，才彻底消除阻碍中国现代化进程的两个主要原因。但是中国现代化进程获得"起飞"的经济发展和蕴有制度、价值观念全面革新的社会进步，还是在 20 世纪 80 年代后国家采取"改革开放"的方针、选择"多种经济成分混合发展"和"社会主义市场经济"的发展模式，迄今 30 年内迅速完成的。可以认为，现时的中国社会，是一个已经基本上跨出了传统农业而迈进了现代工业的社会，是一个在更全面地实现着、完善着现代化的社会。当然，从不同的现代化理论立场上，对中国现代化的实现程度或状态会有不同的研判。例如我国有学者从一种政治学的现代化理论角度认为，历史和国际的经验显示，一个国家的现代化实现涉及物质、制度、民族精神、文化更新四个层面；物质层面的现代化是"第一次现代化"，后三个层面的现代化是"第二次现代化"。用这个理论框架来研判，20 世纪 80 年代以来的中国现代化，至今仍是处在"第一次现代化的初期"②。我国还有学者从经济现代化理论角度提出"二次现代化"的观点：第一次现代化是工业化的经济现代化（经典经济现代化），由农业时代跨入工业时代；第二次现代化是知识化的经济现代

---

① 1895 年中日甲午战争后，西方列强掀起掠夺中国领土、瓜分势力范围的狂潮。有两位美国学者评述此时情景说："在世界历史上，没有一个拥有中国十分之一的领土和人口的国家，曾经遭到过中国 1897 年 11 月到 1898 年 5 月这六个月中所遭到的那一连串的屈辱。我们不妨补上一句，也没有一个国家在行政上的那些公认弊病的改革方面，在具有很多优良品质的坚强民族所居住的一块极其富庶的土地上一切资源的组织方面，曾经表现出这样的无能。"（马士、宓亨利：《远东国际关系史》下册，姚曾廙等译，商务印书馆 1975 年版，第 412 页）两位美国学者在此时此处观察到的两个在世界其他国家所"没有"的情景，正是本书这里研判的阻碍中国现代化进程步伐的两个主要原因。

② 邱震海：《中国仍处于"第一次现代化"初期》（新华社主办《参考消息》2006 年 12 月 7 日。原文发表于新加坡《联合早报》2006 年 12 月 4 日，题为《中国的现代化及其风险》）。

化，由工业时代跨入知识时代。用这一理论框架来裁量，2002 年的中国，"还是处于经典经济现代化的发展期，大约为工业化的中期"①。显然，我们这里对中国现代化进程的分析，采取的主要是历史学、社会学的立场和方法，即将现代化视为是人类历史发展过程中从传统农业社会转变到现代工业社会的特定的历史阶段，并对这个过程作属于社会学性质的描述。从社会学的不同理论视角上，对这一社会转型的主要特征或实际的社会后果，也可能有不同的见解。如有学者认为，中国现代化进程中，由于体制和政策而造成了诸如城乡之间、城市内下岗失业工人和新兴产业工人之间构成的"一个社会的不同部分几乎是处于不同时代之中"的那种"社会的断裂"②，认为出现了在城乡二元社会结构基础上，加上农民工（第三元）的"三元社会结构"③。应该说，古老中国的现代化社会变迁所呈现的复杂局面，是很自然地会产生不同的观察和结论。一个准备不足或进行不彻底的现代化进程，都会存在着失败或夭折的风险；一个"外源性"现代化进程，其因应时势变化、控制社会发展之策略、政策的主观选择，总是多于"内源性"现代化进程的政治、经济的自然生长，"社会断裂"，其他出乎政策、策略设计意料之外的某种社会后果的发生，也常常是难免的。根据前面所论，历史上儒家思想赖以存在的社会基础和其建构的社会生活，可以概括为这样的主要特质：这是一个以农耕生产为主要生产力的农业文明社会；以"礼"建构的、具有等级性社会阶层结构和以主干家庭④为主体家庭形态的社会。由于它的社会生活、社会关系都处在极为宽

---

① 中国现代化战略研究课题组、中国科学院现代化研究中心：《中国现代化报告2005——经济现代化研究》，北京大学出版社 2005 年版，第 222 页。

② 孙立平：《我们在开始面对一个断裂的社会?》（《战略与管理》2002 年第 2 期），《1990 年代中期以来中国社会结构的裂变》（《天涯》2006 年第 2 期）。

③ 甘满堂：《城市农民工与转型期中国社会的三元结构》（《福州大学学报》2001 年第4 期）；徐明华等：《中国的三元社会结构与城乡一体化发展》（《经济学家》2003年第 6 期）。

④ 前已引述，现代社会学以不同标准对家庭结构有不同的划分，本书这里援依按家庭成员的身份和代际层次之标准的划分：1. 核心家庭，两代人组成的家庭，即一对夫妇与未婚子女共同生活的家庭；2. 主干家庭（直系家庭），两代以上，并且每一代人只有一对夫妇的成员组成的家庭；3. 联合家庭（复合家庭），两代以上，并且每一代中至少有两对夫妇的成员组成的家庭。这三种家庭结构一般被视为是传统家庭形态，此外的"家庭"则被视为是非传统的家庭形态。

泛且细密的，包括从家庭到国家民族乃至自然的儒家伦理观念笼罩之下，在此种特征的意义上，可称之为"伦理本位社会"。150年来，特别是最近30年，中国现代化进程已经走到了何种位置，实现到了何种程度，尽管有着政治学、经济学中的不同判定，但是，在儒学的视角里，现代中国已经跨出了伦理本位社会，儒家传统社会那三个主要特质已渐蜕化、消失，则应是无疑的。

等级性社会阶层结构解体　在中国传统的农业社会和儒家思想建构的社会生活中，一直存在着最早源自西周封建制（分封制）和宗法制而形成的社会阶层等级结构。春秋时代，晋国一位卿大夫（师服）说：

> 吾闻国家之立也，本大而末小，是以能固。故天子建国，诸侯立家，卿置侧室，大夫有二宗，士有隶子弟，庶人、工、商各有分亲，皆有等衰。是以民服事其上，而下无觊觎。（《左传·桓公二年》）

楚国一位卿大夫（无宇）也说：

> 天子经略，诸侯正封，古之制也。封略之内，何非君土？食土之毛，谁非君臣？……天有十日，人有十等。故王臣公，公臣大夫，大夫臣士，士臣皂，皂臣舆，舆臣隶，隶臣僚，僚臣仆，仆臣台。（《左传·昭公七年》）

春秋时期二位卿大夫所论，基本上将西周至春秋时社会阶层结构的状况叙说清楚了。这种阶层结构有两个明显的特点，一是具有合法性的尊卑等级性。楚大夫所说"人有十等"，其等级性十分显然。若用现代社会史学者的眼光看，"十等"可简化为三等：贵族、平民、奴隶。贵族是由封建制度、宗法原则而形成的一个拥有权力、土地、人口的，且亦有不同等级的阶层。所谓"封建"制度，就是通过伐商战争而获得最高权力的周天子，将土地、民众分封给在战争立有功勋的同姓或异姓诸侯（国君），诸侯（公）再封赏给卿大夫（采邑），士的禄田则由卿大夫授予。所谓"宗法"原则，就是嫡长子继承制，用以维持天子、诸侯及宗子对其权力、财产的支配权和等级秩序①。对于构筑中国古代社会阶层结构来说，分配国家权力的封建制和定位家族血缘关系的宗法原则之作用，是密不可分的，是一体之两面②。庶人、工、商都可说是平民阶层，是承担农田劳动、服务于贵族阶层的百工制作、货物流通之人。《周礼》曰："以禽作六挚，以等诸臣：孤执皮帛，卿执羔，大夫执雁，士执雉，庶人执鹜，工商执鸡。"（《春官·大宗伯》）可见在平民中，农夫与工商者亦有等级之差。隶、僚、仆、台都是因各种不同原因失去人身自由而隶属于主人的奴隶阶层③。战国以后，经秦汉、唐宋，迄至明清，社会生活虽有变化发展，但在君主（皇帝）专制制度下，有具有合法性的封建、宗法制度的保护，贵族、平民、奴隶这一基本的社会阶层等级结构并无变化。社会史学者援借、综合更多的历史文献记载，将西周春秋、秦唐间、宋清间社会阶层的等级结构总括如下④：

时代	等级与层次构成						
西周春秋	六等级	1	2	3	4	5	6
		天子	诸侯贵族	百官贵族	庶人	准贱民	臣妾
	十层次	1	2	3～5	6～8	9	10
		国王及其家庭	侯伯等	卿—大夫—士	国人、皂舆—农夫—手工业者—商贾	隶、僚、徒、百工、农奴	仆、台、获丑、牛牧、马牧、娼、女乐

① 清代经学家程瑶田界说"宗法"曰："宗法者，大夫、士别于天子、诸侯者也。公子不得祢先君，公孙不得称诸侯矣。使无宗法，则支分派衍无所统，诸侯将无以治其国，天子将无以治其天下。故宗法者为大夫、士立之，以上承夫天子、诸侯而治其家者也。"（程瑶田：《宗法小记·宗法述》，阮元编《皇清经解》卷五百二十四）
② 晚近，史学家童书业曾诠解说："桓二年传：'天子建国，诸侯立家，卿置侧室，大夫有二宗，士有隶子弟'，此封建制，亦即宗法制也。天子以嫡长子继位，众子封为大夫；大夫亦以嫡长子继位，众子为士。士为小宗，以大夫为大宗；大夫亦为小宗，以诸侯为大宗；诸侯亦为小宗，以天子为大宗。故封建系统即宗法系统，宗法为'封建'之本也。"（童书业：《春秋左传研究》，上海人民出版社1980年版，第309页）
③ 清代学者俞正燮考证：皂、舆是无爵位的卫士，隶、僚是罪人，仆、台是罪人家属被罚为奴者（见俞正燮《癸巳类稿》卷二《仆臣台议》）。
④ 见冯尔康主编《中国社会结构的演变》，河南人民出版社1994年版，第26、68、133页。

续表

时代		等级与层次构成							
	八等级	1	2 宗室贵族	3 贵族官僚	4	5	6 平民	7 半贱民	8 奴隶
秦—唐间	层次构成	皇帝	尊属—疏属—赐姓	贵族、大官僚—中层官僚—下层官僚	士族	弟子员	佐吏、有爵平民、下层勋官—豪民、酋豪—庶民地主、农民、秦汉佃农及耕佣	商人、手工业者、军户、宾客、僧祇户	杂户
	七等级	1	2 贵族	3 官僚	4 绅士	5 平民		6	7
宋—清间	层次结构	皇帝	宗室贵族—衍圣公孔府—异姓贵族	高级官僚—中级官僚—小官僚	缙绅—衿士	形势户、庶族地主、自耕农、商人—平民佃户、平民佣工、手工业者、军户—僧、道、阴阳、医、卜诸户		半贱民	贱民

二是没有流动、分化机制之可能的凝固性。在历史上的儒家社会生活中，这种具有等级性的阶层结构是儒家所追求的、理想的伦理秩序的核心内容，因而也是儒家要努力维护的。试援引《左传》三则记事来证说之：

> 秦景公使士雃乞师于楚，将以伐晋，楚子（按：楚共王）许之。子囊曰："不可，当今吾不能与晋争。晋君类能而使之，举不失选，官不易方。其卿让于善，其大夫不失守，其士竞于教，其庶人力于农穑，商、工、皂、隶不知迁业。……君明臣忠，上让下竞，当是时也，晋不可敌，事之而后可。君其图之。"（襄公九年）

> 齐侯（按：齐景公）与晏子坐于路寝。公叹曰："美哉室！其谁有此乎？"晏子曰："敢问，何谓也？"公曰："吾以为在德。"对曰："如君之言，其陈氏乎！陈氏虽无大德，而有施于民，民归之矣，陈氏而不亡，则国其国也已。"公曰："善哉！是可若何？"对曰："唯礼可以已之。在礼，家施不及国，民不迁，农不移，工贾不变，士不滥，官不滔，大夫不收公利。"（昭公二十六年）

晋赵鞅、荀寅帅师城汝滨，遂赋晋国一鼓铁，以铸刑鼎，著范宣子所为刑书焉。仲尼曰："晋其亡乎！失其度矣。夫晋国将守唐叔之所受法度以经纬其民，卿大夫以序守之，民是以能尊其贵，贵是以能守其业。贵贱不愆，所谓度也……今弃是度也，而为刑鼎，民在鼎矣，何以尊贵？贵何业之守？贵贱无序，何以为国？"（昭公二十九年）

第一则记事记述，鲁襄公九年时，秦国派使者来向楚国借兵，攻伐晋国。时为楚国令尹的子囊（楚庄王子，楚共王弟公子贞），分析形势，认为晋国正处在社会秩序安定、国势兴旺时期，因而不可战胜，不能与之争。显然，这种安定秩序的内涵就是"君明、臣忠、上让、下竞"的和谐、稳定的伦理秩序；这种稳定的伦理秩序的基础就是卿、大夫"不失守"、庶人工商皂隶"不知迁业"的没有分化的稳固的社会阶层结构。第二则记事记述齐国大夫晏婴向齐景公谏言，如何预防、消除征兆已明显的陈氏大夫可能会夺取姜氏齐国政权的危险。齐国陈氏（田氏）原来是齐桓公时从陈国内乱中逃亡来的陈厉公之子陈完的后代。刚落脚齐国的陈完，为齐桓公的工正，属士的阶层，第五代陈桓子（无宇）事齐庄公，甚得宠，已获取上大夫的爵位。至齐景公时，传到第六代厘子田乞，田乞立齐悼公，为齐相，开始柄齐政。第七代为成子田常（陈恒），杀齐简公，立齐平公，齐国之政皆归田氏。第十代田和，为齐宣公、齐康公相，周天子封之为齐侯（田齐太公）。第十一代田齐侯（田剡）在齐康王二十五年时，将姜氏齐国吞并①。陈氏从职位甚低的管理百工的工正，升为上大夫（卿），再走到专齐国之政的权力高峰，选择的是"施惠于民，赢得人心"的途径②。这是一个对固有阶层结构和秩序既有颠覆性，却又有其某种"合法性"——正当性、功德性的路数。但齐景公却从田氏"家族益强，民思田氏"中预感到政权将被取代的威胁，而又不知如何阻止、消解这

---

① 据《史记》卷四十六《田敬仲完世家》，略有修正。
② 《史记》记述曰："田厘子乞事齐景公为大夫，其收赋税于民，以小斗受之，其粟予民以大斗，行阴德于民，而景公弗禁，由此田氏得齐众心，家族益强，民思田氏。"（卷四十六《田敬仲完世家》）

种危险。睿智的晏子告诉齐景公，唯有用"礼"才可阻止这种威胁的增长，才能化解这种危险的结局。因为遵循"礼"，则"大夫不收公利"，获取民心是国君才能享有的利益，陈氏的企图是悖礼的；遵循"礼"，农不移、工贾不变，卿大夫也要恪守名分，陈氏不能、不应妄生以臣凌君、以臣篡君的悖礼僭越之心、之为。在《左传》的舞台上，子囊的活动年代是自鲁成公十五年至鲁襄公十四年（前576～前559），晏子的活动年代是自鲁襄公十七年至鲁昭公二十六年（前556～前516），两人年齿都在孔子之先①。对于子囊，反映儒家立场的《左传》"君子谓"②评价曰："子囊忠，君薨不忘增其名；将死，不忘卫社稷，可不谓忠乎?"③（襄公十四年）对于晏子，孔子曾赞许为"义也夫!"④所以可以认为，被儒家视为忠、义之人的子囊、晏子都是儒家的先驱人物；《左传》记述的他们之"庶人、工商皂隶不知迁业，卿大夫不失其守"的保持社会阶层结构稳定、伦理秩序和谐的观点，也正是儒家的观点。第三则记事记述晋顷公时，晋国用卿大夫赵鞅筑城所征得的铁（铜），将此前晋平公时主国政者

---

① 孔子生于鲁襄公二十一年（前551年）。《左传》中记载孔子在政治舞台上的，最早是在定公元年（前509年），以鲁司寇为昭公墓沟筑兆域。《左传》记载孔子言论甚多，部分是孔子读史时对史册记载的自己生前或少年时发生的历史事件或人物的评论，如批评僖公二十八年（前632年）时晋文王召周王来温地相会是违礼之举（《左传·僖公二十八年》），批评襄公二十七年（前546年）宋国宴请晋、郑宾客之礼过于修饰（《左传·襄公二十七年》）。更多的是孔子与弟子们一起评议同时代发生的事件和人物，多在昭公、定公、哀公时。

② 前已引述，《左传》中有"君子谓""君子曰"评语七十余则，多为从儒家思想立场上，对其记述的历史事件或人物作出评断。

③ 楚共王（名审）将死，与诸卿大夫议及死后谥号，表示自己无德行，愿受恶谥"灵"或"厉"（按：《逸周书·谥法解》谓"乱而不损曰灵，戮杀无辜曰厉"）。楚共王死后，子囊主议，改谥为恭（共）（按：《逸周书·谥法解》谓"既过能改曰恭"）（《左传·襄公十三年》）。子囊将死，叮嘱继任者令尹子庚，一定要在郢地筑城，防御吴国来侵（《左传·襄公十四年》）。

④ 儒家认为："三年之丧，斋疏之服，飦粥之食，自天子达于庶人，三代共之。"（《孟子·滕文公上》）晏子坚守礼制，父亲晏弱死了，他服、食皆依古礼行丧父之礼，受到家臣讥议："这不是大夫的礼仪。"他委婉地说："只有卿才是大夫（按：晏子在齐无卿的爵位），我够不上大夫的身份。"（《左传·襄公十七年》）孔子亦认为："三年之丧达乎天子，父母之丧，无贵贱，一也。"（《礼记·中庸》）所以就此事评论说："晏子可谓能远害矣，不以己之是驳人之非，逊辞以避咎，义也夫!"（《晏子春秋》卷五《杂篇上》）

范宣子（士匄）所作的"刑书"，铸刻在铜鼎上，遭到孔子激烈的批评。范宣子的"刑书"的内容，《春秋》经、传都没有记载，不得而知，但可推测与《左传·昭公六年》记载的"郑人铸刑书"同类。当时，也是可作为儒家先驱人物的晋卿叔向（羊舌肸），曾为此致信郑国执政者子产，批评说："昔先王议事以制，不为刑辟，惧民有争心也，民知有辟，则不忌于上，民知有争端矣，将弃礼而征于书……终子之世，郑其败乎？"（《左传·昭公六年》）据此可以认为，晋国铸刑鼎与郑人铸刑书一样，是将一些人人皆可援依来裁决争端的法令条文，镌刻、公之于众。孔子对晋国此举的批评与叔向对子产的批评也一样，认为这是弃"礼"——"唐叔之所受法度"即周公之"礼"而从法（辟）。似乎孔子的批评更加强调，这样一来，贵贱尊卑的伦理秩序就要被破坏，等级性的社会阶层结构就要被颠覆，以封建制度、宗法原则建构的国家也不再存在。

《左传》此三则记事表明，在历史上的儒家社会生活里，在封建、宗法的制度下，在"礼"的观念中，农夫、工商的平民阶层不知也不能"迁业"，公、卿、大夫的贵族地位十分稳固，等级性的阶层结构因不存在能使其分化、流动的因素、机制而处于凝固之中。当然，历史上的儒家社会生活里也每每发生诸如先秦晋国之"栾、郤、胥、原、狐、续、庆、伯降在皂隶"[1]，齐国之工正陈氏腾升为卿、为侯、为王[2]；诸如唐诗所咏"旧时王谢堂前燕，飞入寻常百姓家"[3]，东晋门阀贵族大户，唐时竟沦落为蓬屋平民人家等等的阶层位置沧海桑田的变迁现象。然而，这只是阶层结构中的个体性的家族盛衰、朝代兴亡，不是社会阶层整体性、结构性的分化或重构。在历史上的儒家社会中，没有出现使封建的、宗法的等级阶层结构解体的经济、政治的动因和机制。

---

① 《左传·昭公三年》记晋卿叔向语。西晋杜预注："八姓，晋旧臣之族；皂隶，贱官。"（《春秋左传正义》卷四十二）杨伯峻注："此八氏之先，栾枝、郤缺、胥臣、先轸、狐偃五氏皆卿，续简伯、庆郑、伯宗皆大夫。"（杨伯峻：《春秋左传注》修订本，中华书局1981年版，第1236页）

② 田齐侯剡吞并姜齐后，经田齐桓公午，至桓公子因齐时，即称王（齐威王）（《史记·田敬仲完世家》）。

③ （唐）刘禹锡诗："朱雀桥边野草花，乌衣巷口夕阳斜。旧时王谢堂前燕，飞入寻常百姓家。"（《刘宾客文集》卷二十四《乌衣巷》）

但是，在中国现代化进程中，传统儒家社会的阶层结构却解体了、崩溃了。在造成这种结局的诸多因素中，有两个最根本的、决定性的因素。一个是政治性的因素，即在中国现代化进程中，作为中国现代化进程重要组成部分的 1911 年发生的辛亥革命，推翻了君主制的国家政治制度，否定了等级性的社会阶层结构。辛亥革命后，1912 年颁布的第一部宪法《中华民国临时约法》中明确宣布：“中华民国人民，一律平等，无种族、阶级、宗教之区别。”① 此后，在三民主义的中国国民党主导制定的《中华民国宪法》和社会主义的中国共产党主导制定的《中华人民共和国宪法》里，也完全继承了这个“人民一律平等”的基本的政治、法律理念②。虽然由于政治的、经济的、社会的各种因素的限制，由于中国现代化成熟程度的限制，在某些情况下，人民或国民的“一律平等”尚未真正实现，但在国家最高法律的意义上，人民或国民的平等是被确立了，将人民或国民分等级、不平等地对待的现象可能还存在，但不再是合法的了。易言之，传统儒家社会那种建立在封建、宗法制基础上的等级性的阶层结构解体了。另一个是经济性的因素，即在 20 世纪 80 年代以后，中国现代化进程发生经济体制模式转换时——显然，这里和下面所述，都是依据作为中国现代化进程之主体的社会主义中国大陆地区的情况而作论断的——市场经济原则被引入、被确立③。

---

① 见王培英主编《中国宪法文献通编》，第 316～317 页。

② 此理念在 1946 年以中国国民党为主导而制定《中华民国宪法》中表述为：“中华民国人民，无分男女、宗教、种族、阶级、党派，在法律上一律平等。”（王培英主编《中国宪法文献通编》，第 357 页）在 1954 年以中国共产党为主导而制定的《中华人民共和国宪法》中表述为：“中华人民共和国公民在法律上一律平等。”（同上书，第 222 页）

③ 1984 年中国共产党第十二届三中全会通过的《关于经济体制改革的决定》提出：“商品经济的充分发展，是社会经济发展的不可逾越的阶段，是实现我国经济现代化的必要条件。”［《十二大以来重要文献选编》（中），人民出版社 1986 年版，第 568 页］1992 年中国共产党第十四次全国代表大会《政治报告》提出：“我国经济体制改革确定什么样的目标模式，是关系整个社会主义现代化建设全局的一个重大问题。这个问题的核心，是正确认识和处理计划与市场的关系……实际的发展和认识的深化，要求我们明确提出我们经济体制改革的目标是建立社会主义市场经济体制，以利于进一步解放和发展生产力。”［《十四大以来重要文献选编》（上），人民出版社 1996 年版，第 17～18、18～19 页］

这是一个追求经济利益（利润）的原则。人们追求利益的途径是多样的，结局也会是不同的，所以这一能为社会经济运行注入活力的原则，同时也含蕴着社会成员发生分化的机制。市场原则的调节功能，被英国古典经济学家亚当·斯密称为"一只看不见的手"①。这一形象的比喻，在较充分的意义上可以解释为：一种自然本性的、自发的利益追求，会在无意、不自觉中推助某种新的经济、政治形态和结构的形成。这样，在中国现代化进程中，一种与传统不同的、新的社会阶层结构，在被国家最高法律保障着的"公民一律平等"的生活舞台上，在"一只看不见的手"的指挥下，逐渐呈现。我国的社会学学者对这个新的社会阶层结构有不同的研判、分析，一个比较重要的和有代表性的观点是，主张"以职业分类为基础，以组织资源、经济资源和文化资源的占有状况为标准，来划分社会阶层"②。按照这个理论观点或分层原则所划分的当代中国的社会阶层，由十个阶层构成；其在社会主义体制的中国初期（1952 年）、体制转换时（1978 年）和体制转换 20 年后（1999 年）的情况分别是：

1952～1999 年中国社会阶层结构演变 *

单位：%

层别 ＼ 年份	1952 年	1978 年	1999 年
总　计	100.00	100.00	100.00
1　国家与社会管理者	0.50	0.97	2.10
2　经理人员	0.14	0.23	1.50
3　私营企业主	0.18	0.00	0.60
4　专业技术人员	0.86	3.48	5.10
5　办事人员	0.50	1.29	4.80

① 亚当·斯密论及市场的调节功能说："每个人管理产业的方式目的，在于使其生产物的价值能达到最大程度，他所盘算的也只是他自己的利益。在这场合，像在其他许多场合一样，它受着一只看不见的手的指导，去尽力达到一个被非他本意想要达到的目的。"（亚当·斯密：《国民财富的性质和原因的研究》下卷，郭大力、王亚南译，商务印书馆 1974 年版，第 27 页）

② 陆学艺主编《当代中国社会阶层研究报告》，社会科学文献出版社 2002 年版，第 8 页。

崔大华全集（第五卷）

续表

层 别	年 份	1952 年	1978 年	1999 年
6	个体工商户	4.08	0.03	4.20
7	商业、服务业人员	3.13	2.15	12.00
	其中：农民工	—	0.80	3.70
8	产业工人	6.40	19.83	22.60
	其中：农民工	—	1.10	7.80
9	农业劳动者	84.21	67.41	44.00
	其中：外来农民	—	0.00	0.10
10	无业、失业、半失业人员	—	4.60	3.10

* 陆学艺主编《当代中国社会阶层研究报告》，社会科学文献出版社 2002 年版，第 44 页。

此表格揭示的 1952～1999 年中国社会阶层结构演变情况，是作者根据历年《中国统计年鉴》分行业从业人员数、《中国人口统计年鉴》各职业人口状况报告，并参考全国人口普查和全国 1% 人口抽样调查资料综合而成，是真实可信的。与传统儒家社会阶层结构相比，此表格显示的中国当代社会阶层结构的特点，正是在于：第一，它不再是以不平等的封建、宗法之伦理和法制为基础的尊卑等级结构，而是在"公民在法律上一律平等"原则下，主要以能力因素形成的一种公民职业划分；第二，它也不再是凝固的，而是具有分化机制，处在流动中的社会构成。能"平等"地追求利益，但并不能同等地获得利益。各阶层间此消彼长的相互流动，仍然是社会主体阶层的农民不断成为工业劳动者，成为商业、服务业（第三产业）员工，都是明显的社会分化、流动、重组的现象。如果我们一般地将社会阶层结构变迁视为是社会转型的核心内容，那么，由当代中国社会阶层结构所显示的这两个新特点，也就可以一般地判定，现代的或当代的中国社会已经跨出了传统的社会。

经济结构之变化　除了以社会学的社会阶层结构的变化，我们还可以进一步援引中国现代化研究的学者们从经济学角度提供的中国现代化进程中产业结构和劳动力就业结构之变化的两组数字，来充实当代中国已跨出了传统社会这个结论。

1900～2000 年中国产业结构的变化*

单位：%

年份与三类产业比较	1900年	1950年	1980年	2000年	2000 年中国产业结构与西方现代化国家比较	
					最大年代差	最小年代差
农业	69	59	30	16	英国 2000 年产业结构：1：29：70。中国仅相当英国 1870 年水平（15：40：44），差距 131 年。	相当于希腊 1985 年水平（15：27：58），差距16 年。
工业	10	21	49	51		
服务业	22	20	21	33		

* 见中国现代化战略研究课题组、中国科学院中国现代化研究中心《中国现代化报告 2005——经济现代化研究》，北京大学出版社 2005 年版，第 147、156 页。1900 年产业结构数字稍有误。

1913～2000 年中国劳动力就业结构的变化*

单位：%

年份与三类产业比较	1913年	1950年	1980年	2000年	2000 年中国劳动力就业结构与西方现代化国家比较	
					最大年代差	最小年代差
农业	90	84	69	50	英国 2000 年劳动力就业结构：2：25：73。中国仅相当英国 1801 年水平（34：30：36），差距 200 年。	相当于希腊 1970 年水平（46：19：33），差距 31 年。
工业	3	7	18	23		
服务业	7	9	12	27		

* 见中国现代化战略研究课题组、中国科学院中国现代化研究中心《中国现代化报告 2005——经济现代化研究》，北京大学出版社 2005 年版，第 148、155 页。1980 年劳动力就业结构数字稍有误。

这两组数字所揭示的中国现代化进程中所实现的那个根本的社会转变，需要在一定的历史背景下才能明晰起来。中国传统的儒家社会是农业社会，从经济的角度看，它至少有这样两个标志性的特征：农业劳动力占全社会劳动力的比重，农业劳动收入占全社会财富收入的比重，都在一半以上。中国历史上没有明确、准确和系统的这种资料的记载，但是史志中仍有不少片段、零散的记载，可以映现出这种特征。例如，《清史稿》中有则乾隆三十一年（1766 年）全部财政收入的记录，制表显示如下：

乾隆三十一年（1766 年）赋税收入 *

单位：万两

收入类别及数额	田赋		盐课	关税	诸杂赋						捐输
	地丁	耗羡			芦、鱼课	茶课	落地税	契税	牙、当税	矿税	
	2991	300	574	540	14	7	85	19	16	8	300
合计及比例	3291 占 67.80%		1563 占 32.20%								

* 据《清史稿》卷一百二十五《食货志六·会计》。

乾隆四十九年（1784 年）《杭州府志》有则所辖九个县的乡民、市民人口数的统计记录，其合计数以表显示如下：

乾隆四十九年（1784 年）杭州府（九县）乡民、市民人口数统计 *

	乡、市民总数（丁口）	乡民数（丁口）	市民数（丁口）	乡民数占比例（%）	市民数占比例（%）
全府(九县)合计	261573	234656	26917	89.70	10.29

* 据乾隆四十九年《杭州府志》卷四十四《户口》。此处对乡、市民丁口总数的正确计算略有改正。

清代乾隆年间这两组经济数字表明，农业税收（田赋）在当时的国家财政收入中占据了 70% 的比重；农村人口占全部人口的 90%。杭州府是明清时中国商业经济最繁荣发达的地区，如果就全国人口比例来看，当时农村人口的比重可能还要更高一些。这些 18 世纪中国的情景，显示的都还是典型的农业社会特征。20 世纪中国现代化进程中产业结构和劳动力就业结构变化的数字，其所显示出的则是另一种社会特征了。从经济学的角度看，现代化进程是工业化、城市化的实现过程，产业结构（三类产业的产值比）、劳动力就业结构（三类产业各占有的劳动力比）都表现为在工业、服务业方面的增长和所占比重逐渐超过农业的趋势。1900 ~ 2000 年的中国所经历的正是这样的过程。迄至 2000 年，在产业结构中，农业产值比重已从 1900 年的 69% 下降至 16% 了；劳动力就业结构中，农业劳动力的比重也从 1913 年的 90% 下降到 50% 了。当然，这里也凸显中国作为一个近代工业基础薄弱和人口众多的传统农业大国，在现代化进程中的问题：产业结构变化较快，劳动力结构变化较慢，这将严重制约中国经济现代化的推进；中国经济现代化在整体的结构方面与世界先进水平仍有较大的距离，现代化的全面实现还有待时日。然而，这并不妨碍我们仍可作出这样的判断：现代或当代的中国已经跨出了传统的农业社会。

主干家庭衰退　儒家认为，"君子之道，造端乎夫妇"（《礼记·中庸》）。换言之，儒家传统的起点，是建立在传统的家庭结构、功能及其观念的基础上的。在现代化进程中，这些都正在剧烈地发生变化。

儒家的家庭观念，可借《礼记》中对"婚礼"的界定来加以说明：

> 婚礼者，将合二姓之好，上以事宗庙，而下以继后世也，故君子重之。（《婚义》）

"合二姓之好"，是两姓、两性结合形成的姻缘；"上以事宗庙，下以继后世"，是两性结合而生育产生的血缘。姻缘、血缘是儒家传统的家庭观念之主要的、不可或缺的内涵①。所以在儒家看来，只有姻缘而无血缘的家庭，是特殊的家庭；既无姻缘又无血缘的人与人的结合体，不能成其为家庭。传统儒家的家庭观念中还有另外一个重要内容，即缘沿姻缘而来的夫妇关系和缘沿血缘而生的亲子关系，应如何定位。这种关系的定位，按照《礼记》的表述是，"男帅女，女从男，夫妇之义也"（《郊特牲》），"父母在，不敢有其身，不敢私其财"（《坊记》）。简言之，在构成家庭的主要成员夫妻、父子之间，是主从关系。应该说，这种关系在其源头处，反映的是当时农业生产力的状况，是一种相互间承担着应被视为是等值的道

---

① 比较规范、周延的社会学"家庭"定义，一般是用姻缘、血缘、收养三项内涵来界定的。如《中国大百科全书》定义"家庭"曰："家庭是由婚姻、血缘或收养关系所组成的社会生活基本单位。"（《中国大百科全书·社会学卷》，中国大百科全书出版社 1991 年版，第 102 页）儒家在预防"异姓乱宗"的宗法观念主导下，法律规定不许立异姓为嗣或收养异姓子入户，但可以收养三岁以下弃儿。如《唐律》规定："即养异姓男者徒一年，与者笞五十。其遗弃小儿三岁以下，虽异姓听收养，即从其姓。"（《唐律疏议》卷十二《户婚》）

德责任之伦理位置——"夫义妇顺，父慈子孝"①，并不是涵有权力意识的尊卑、主奴的关系。当然，这样的历史事实也不能否认，就是汉代以后，随着儒家伦理道德思想政治化、意识形态化的异化现象加深，随着"三纲"之说的出现，家庭中亲子、夫妇间伦理位置的差异，也逐渐与有法权不平等性质的"父为子纲，夫为妻纲"混同，并最终甚至被其置换。总之，儒家视家庭为社会生活中最小的、最基本的、神圣的伦理共同体。

历史上，在儒家思想为主导的社会生活中，家庭作为社会最基本的伦理共同体，有重要而特殊的生育、生产与生活、教育的功能。从《礼记》对"婚礼"的定义中可以看出，由两姓及两性婚姻构成的家庭，繁衍家族的生育功能是首要的功能。此外，儒家经典还说：

> 百亩之田，无夺其时，八口之家可以无饥矣。（《孟子·梁惠王上》）
>
> 君子不出家而成教于国：孝者所以事君也，弟者所以事长也，慈者所以事众也。（《礼记·大学》）

即是说，在农业社会里，家庭还是一个最小的男耕女织的生产单位，一个最小的"女正位乎内，男正位乎外"（《周易·家人·彖》）的从中获得饥餐渴饮、男欢女爱之生理、心理满足的生活共同体。② 最后，在儒家的社会生活中，人们基本的伦理道德教育和由此而衍生的基本的社会行为规范，也是在家庭中从父母长辈那里接受的；正如诗人描绘农家生活的一首诗所写："昼出耕田夜绩麻，村庄儿女各当家。童孙未解供耕织，也傍桑阴学种瓜。"③ 在这生产力水平不高的农业社会里，劳动者的生产技能最初也是在家庭中学到的。

在中国古代的农业社会里，由于生产力水平不高，只能维持不大的家庭规范。《礼记》说："制农田百亩，百亩之分，上农夫食九人，其次食

---

① 前已多次引述的《孟子》中之"五伦"（《滕文公上》）、《礼记》中之"十义"（《礼运》），皆有这样的规范。

② 《礼记》含蓄地将其表述为："饮食男女，人之大欲存焉。"（《礼运》）

③ （宋）范成大：《石湖诗集》卷二十七《四时田园杂兴》。

八人，其次食七人，其次食六人，下农夫食五人。"（《王制》）这当然只是对一种理想状态的概括：百亩田地，五口到九口的一家。实际情况应该是如晚近我国历史学者综合多种历史文献作出的统计那样：从西汉平帝元始二年（2年）到清宣统三年（1911年）多数时段内大约每户占有土地在六十亩上下，平均每户人口在五人左右①。所以，正如《宋会要》所判定："大率户为五口。"② 此既可视为是有宋一代的家庭人口数目，也大体可视为是历史上汉代以降的儒家社会生活中的家庭人口数目。由中国古代社会这样人口数目的家庭规模，我国社会学家孙本文解读出其家庭结构："古人所谓五口之家、八口之家，是指上有父母，下有妻、子之家，即普通平民之家，这种平民家庭组织，自古迄今，并无多大变迁。"③ 换言之，按现代社会学以代际亲属关系为标准划分的家庭结构类型，中国古代社会的家庭结构为主干（直系）家庭。现代社会学划分的核心家庭、主干家庭、联合（复合）家庭，都具有两姓、两性姻缘和亲子血缘的内涵，都是儒家观念能够接受、承认的家庭形态。联合家庭是由两代以上，并且每代都有至少两对夫妇的成员组成的大家庭。联合家庭需要较大的经济力量支撑，在中国历史上的农业社会里，为数甚少。另一方面联合家庭内有较复杂的姻缘、血缘关系，能够存在下来，必然需要大家庭的成员有相忍相让的品德修养，和谐的伦理秩序，有效的生产、生活管理，在中国历史上崇尚伦理的儒家社会里，每每能受到民众的景仰、国家的表彰，称为"义门"④。但是，在历史上的儒家社会生活中，主干（直系）家庭毕竟还是处于主体地位，这不仅与一夫之力、百亩之田只能维持五口、八口之家生计的农业社会生产力相适应，与嫡长子继承制的宗法观念相吻合，而且

---

① 参见梁方仲《中国历代户口、田地、田赋统计》，第4～11页。梁氏统计表中显示宋代每户人口数，其低于其前后历代（只有2～3人/户）。盖因宋初"乾道元年令，诸州岁奏男夫……不预女口。"（元·马端临：《文献通考》卷十一《户口考二》）即宋代人口统计制度特殊，只统计男丁，不统计女口。

② （清）徐松辑《宋会要辑稿》第九千七百八十九卷《食货上·四之十》。

③ 孙本文：《现代中国社会问题》，商务印书馆1942年版，第68页。

④ 据清代史学家赵翼考证，三世、百口以上的兄弟夫妇同居共炊的大家庭，始见于后汉。《南史》以下史籍记载有146家，都是受到朝廷表彰的"义门"。其中著名者如唐之张公艺，九世同居，受到北齐、隋、唐三朝褒誉，宋之河东姚氏十三世不析居，累代受旌表（见赵翼《陔余丛考》卷三十九《累世同居》）。

儒家社会生活中的伦理道德规范和法律制度也显示出是围绕主干家庭而设计的。儒家道德将"孝"置于人生实践的主德的地位，所谓"孝，德之本也，教之所由生也"（《孝经·开宗明义章》）。就一般民众而言，"孝"是规范、要求子女在父母健在时要敬爱地赡养，死亡时要哀伤地服丧，亡故后能长久地怀念。即孔子所说"生事之以礼，死葬之以礼，祭之以礼"（《论语·为政》）。不能做到这些，就是"不孝"。儒家法律将"不孝"视为重罪，所谓"五刑之属三千，而罪莫大于不孝"（《孝经·五刑章》）。隋唐以后，"不孝"之罪以"十恶"之一被列入刑律之中①，《唐律·名例》将"不孝"罪从法律上界定为：

> 七曰不孝：谓告言、诅詈祖父母、父母；及祖父母、父母在，别籍、异财，若供养有缺；居父母丧，身自嫁娶，若作乐，释服从吉；闻祖父母、父母丧，匿不举丧；诈称祖父母、父母死。（《唐律疏议》卷一《十恶》）

不难看出，"不孝"的法律条文正是针对"上有父母，下有妻、子"的三代直系主干家庭为社会主体的家庭结构来设定的，并确定对各类"不孝"行为的不同惩治刑级②，对主干家庭予以维护。主干家庭是儒家实现"父慈子孝"双向相互道德责任的家庭伦理之最理想的家庭结构。在这双向道德责任或义务间，儒家特别强调孝而不是慈，是出于爱子之情固浓、敬亲之意或淡的人性实际的考虑。《礼记》援引孔子之语曰："父母在，不称老，言孝不言慈；闺门之内，戏而不叹。君子以此坊民，民犹有薄于孝而厚于慈。"（《坊记》）

在中国现代化进程中，传统儒家社会生活中的家庭结构、功能发生了巨大变化，儒家传统的家庭观念也受到质疑、挑战。美国社会学家古德（W. Goode）在分析工业化如何影响家庭时说：

---

① "十恶"是指谋反、谋叛、谋大逆、恶逆、不道、大不敬、不孝、不睦、不义、内乱等十种重罪。罪名始著于隋《开皇律》、唐《武德律》（参见《唐律疏议》卷一《十恶》）。

② 唐律和其后的宋、明、清律，皆明确规定对"不孝"行为的刑法惩处。如唐律规定："诸祖父母、父母在，而子孙别籍、异财者，徒三年。"（《唐律疏议》卷十二《户婚》）"诸詈祖父母、父母者，绞。"（同上书卷二十二《斗讼》）等等。

我认为，随着工业化的发展，会出现三个削弱传统家庭控制制度的主要过程。第一，愈来愈多的人靠工作生活，人们通过就业而挣得工资，再也不像过去那样靠分得土地或租种土地谋生，而土地往往掌握在家里年长者手里。第二，由于工业经济讲求效率，人们的就业和提升，主要依靠能力，至于他们在家庭中的地位如何，这与雇主毫不相干。第三，市场经济中的工作岗位，使人们有作为个人而不是作为家庭成员谋生的可能性，他不必依赖长辈或亲属。①

古德在现代化进程的一般背景下对工业化会带来的传统家庭变迁的观察，是符合实际的。就中国的现代化进程来说，这一变迁也可表述为：工业化为农民离开土地、离开农耕家庭创造了经济条件，也为人们摆脱受祖父母、父母束缚的大家庭，构筑个人独立的较小家庭，创造了社会环境。换言之，儒家传统的家庭形态，在现代化或工业化进程中，正向着规模小型化和结构核心化的方向演变，向着主干家庭退处次要地位而核心家庭升至主导位置的方向演变。有下列三组统计数字可资证明：

1911~2000 年户均人口数变化 *

年份	1911 年	1920~1940 年	1953 年	1974 年	1982 年	1990 年	2000 年
户均人口	5.17 人	5.17~5.38 人	4.33 人	4.78 人	4.41 人	3.96 人	3.44 人

　*此表资料来源：1911 年数字据梁方仲《中国历代户口、田地、田赋统计》，第 11 页；1920~1940 年、1953 年、1974 年数字据邓伟志、徐新《当代中国家庭的变动轨迹》一文（《社会科学》2000 年第 10 期）；1982 年、1990 年、2000 年数字据王跃生《当代中国家庭结构变动分析》一文（《中国社会科学》2006 年第 1 期）。

1950~2000 年核心家庭占各类家庭总数比重变化 *

单位：%

时间	20 世纪 50 年代	20 世纪 70 年代	1982 年	1990 年	2000 年
比重	50	58	71	73	68

　*此表资料来源：20 世纪 50 年代、20 世纪 70 年代数字据邓伟志、徐新《当代中国家庭的变动轨迹》一文（《社会科学》2000 年第 10 期）；1982 年、1990 年、2000 年数字据王跃生《当代中国家庭结构变动分析》一文（《中国社会科学》2006 年第 1 期）。

---

① W. 古德：《家庭》，魏章玲译，社会科学文献出版社 1986 年版，第 249~250 页。

1982～2000 年不同类型家庭结构所占比重*

单位：%

年份\人口普查	核心家庭				主干（直系）家庭				复合家庭			单人家庭	缺损家庭	其他	合计
	父母子女	一对夫妇	其他	小计	二、三代直系	四代直系	隔代直系	小计	二代复合	三代以上复合	小计				
1982 年	52.89	4.78	14.31	71.98	16.63	0.52	0.66	17.81	0.11	0.88	0.99	7.97		1.02	100.00
1990 年	57.81	6.49	9.50	73.80	16.65	0.59	0.66	17.90	0.09	1.06	1.15	6.32		0.81	100.00
2000 年	47.25	12.93	7.97	68.15	19.00	0.64	2.09	21.73	0.13	0.44	0.57	8.57	0.73	0.26	100.00

  ＊此表资料来源：据王跃生《当代中国家庭结构变动分析》一文（《中国社会科学》2006 年第 1 期），略有简化。合计数稍有误。

第一组数字显示，在 20 世纪的一百年间，无论是在民国初年（1912 年）或中华人民共和国成立时（1949 年），现代化进程沉寂阶段（1920～1940 年）或起飞时刻（1982 年后），现代中国家庭规模变小的趋势都未停止。与此相适应，无论是在中华人民共和国的经济最初发展时期（20 世纪 50 年代），或因政治原因而陷入混乱、停顿岁月（20 世纪 70 年代），或以新的发展策略和模式而崛起中（1982 年后），核心化的家庭结构类型，都在增长，逐渐在各类家庭结构类型总数中占有一半以上，乃至三分之二的主流比重，这就是第二组数字显示的现代中国家庭形态发展的态势。第三组数字所显示出或可以解读出的现代中国家庭形态变迁，则有更多的内涵。这是根据 1982 年、1990 年、2000 年三次全国人口普查数字而作出的，对在中国现代化进程"起飞"过程中家庭结构演变的定量的显示。其中，最为重要的是核心家庭已稳定地位居主流，一对夫妇家庭和单人家庭也明显地处于增长。因为正是在这些演变中，潜存着和增强着对儒家传统的家庭观念、伦理道德观念的挑战和否定。标准的、主体的核心家庭，是一对夫妇和未婚子女组成的家庭。从儒家理论立场上观察，这样的家庭就其结构模式而论，会出现伦理关系的断裂和道德意识的缺失。在传统儒家的观念中，"五伦"或"十义"的伦理关系，就是由五对或十种双向的或相互的道德义务责任构成的社会生活中的全部人际关系；"父慈子孝"就是传统家庭中完整的亲子两代间的伦理义务或道德责任。但在核心家庭里，子女在父母的百般呵护、溺爱中成长，一旦能够独立，赡养父母的义务责任未遑践行，又会忙于去建立自己的核心家庭，飞离了亲代的"空巢家庭"。所以从理论上说，这样的家庭伦理关系是断裂的、单向的；子代的道德意识是缺失的，"不出家而成教于国"的教育功能也不再存在。对最亲近的、有着"三年之怀"①的家庭这个伦理共同体的感恩之情也就更难萌生。虽然实际情况并不总是这样发生，传统的道德影响的存在，法律中的道德要素的存在，都会制约这种情况的滋生，但儒家传统的家庭伦理在这里受到挑战，变得淡泊，则是无疑的。

如果说核心家庭的主流地位只是对儒家传统的家庭伦理、道德观念提出了挑战，那么，夫妇家庭、单人家庭则是在更深入、更根本的意义上潜存着颠覆儒家传统家庭观念的因素。"夫妇家庭"是指只有夫妻二人组成的家庭。形成这种家庭的原因有很多，归纳言之有二：一是因某种生理的、经济的具体原因，被迫地、被动地不能生育；一是因某种人生价值取向，主动、自觉地选择不生育，这是被称为"丁克"（DINK，意为"双收入、无子女"）的家庭。如前所引述，《礼记》认为家庭是"合二姓之好，上以事宗庙，下以继后世"，姻缘、血缘是家庭不可或缺的构成因素；孟子也有"不孝有三，无后为大"之论（《孟子·离娄上》），生育是儒家应该践履的一项道德责任。丁克家庭主动、自觉地选择不生育，排除家庭的亲子伦理构成，应是对儒家的传统家庭观念的彻底否定。"单人家庭"是户主一人独立生活的家庭，其形成也可以归纳为两种情况：一是因某种客观原因，诸如丧偶、离婚而被动地造成；一是由某种主观的人生理解，主动地选择不婚、单身。独身者或单人家庭，既鄙弃姻缘，也鄙弃由姻缘而产生的血缘，是对儒家家庭观念更为彻底的否定。2000年上海市妇联针对全市家庭状况所作的一项调查显示：在上海，丁克家庭已占到家庭总数的12.4%②。稍前，上海人口情报研究中心提供的关于上海市婚姻状况报告中有一组数字：1980年结婚人数为18万对，1990年是12万对，1997年是10万对。此一递减趋势从某个侧面说明，不婚率正在逐步上

---

① 孔子的学生宰予认为服父母丧三年，似乎太长，一年就可以了。孔子批评他："予之不仁也。子生三年，然后免于父母之怀。夫三年之丧，天下之通丧也，予也有三年之爱于其父母乎?"（《论语·阳货》）

② 见肖爱树《当代中国丁克家庭的社会历史学考察》一文（《苏州科技学院学报》2004年第3期）。

升①。调查还显示，选择"丁克"、单人家庭的人群，多是高文化、高收入的白领阶层人士②。他们在个人自由与伦理责任间选择个人自由，感受了西方文化、后工业社会的思想潮流的影响，显然是一个重要原因。早在20世纪80年代，美国著名的未来学家托夫勒就观察到，随着"第三次浪潮"（后工业社会）的到来，由"第二次浪潮"（工业社会）形成的核心家庭已经破裂，美国"户主总数的五分之一，是由独居的人组成"③；美国家庭32%的已婚妇女没有生育过孩子，是"不生育的文化"的家庭④。在这位未来学家的视野里，人类未来的婚姻、家庭之特点，似乎可以归纳为二。第一，建构一个家庭的内在因素，是为满足个人欲望的随机选择。"未来社会婚姻的最大特点，正是让那些对婚姻关系具有不同要求的人，作出各自的选择。"⑤ 因此，第二，家庭的形态也会是多元的、个体性的。"我们正在脱离小家庭时代，进入一个以各种家庭生活模式为特点的新社会，家庭将长期没有一个单一的模式。家庭制度将与社会的生产制度、信息制度一样，变得非群体化。"⑥ 托夫勒的预见是充满睿智的，人类未来的婚姻、家庭可能正是要如此呈现的。但是他毕竟还是在现代西方文化思想和社会发展状态的独特背景下，才有这样的观察，才有这样的逻辑。1999年河北省石家庄市《燕赵都市报》曾就对"丁克家庭"的态度进行了一次社会调查，结果是：十分支持者11%，可以基本接受者37.5%，理解但不接受者42%，无法接受者9.5%⑦。这一调查结果——一半以上的被调查者理解但不能接受"不生育的文化"的家庭，似乎正是中国现代发展阶段的反映，儒家传统依然存在的反映。在儒家看来，两姓、两性婚姻的家庭，有血缘的家庭仍是正常的、神圣的家庭；无婚姻、不生育的家庭，只是个人的选择，不是人类的选择。人类社会正在跟随着为实现、

---

① 见齐鳞《单身家庭的现状和成因》一文（《西北人口》2003年第1期）。
② 据北京市的一项调查，自愿不生育的夫妇中，干部、知识分子的比例占73.7%，具有大专以上学历的男性占65.8%，女性占68.4%（见邱文清《"丁克家庭"悄悄叩开中国大门》一文，《社会》1998年第1期）。
③ 参见阿尔温·托夫勒《第三次浪潮》，第296页。
④ 同上书，第297页。
⑤ 同上书，第300页。
⑥ 同上书，第300页。
⑦ 参见《燕赵都市报》1999年7月7日。

满足人的欲望而向着存在着巨大不确定性的方向变迁。儒家认为人性善，对此，除去孟子心理层面上"四端"和朱子本体论角度的"理"之两种根源的解释外，还可从儒家经典中观察到、理解为是两项功能表现的解释：第一，"礼以饰情"（《礼记·曾子问》），人性能自律地以伦理道德规范、礼乐文采来约束、润泽自己的欲望，使人类生存状态变得美丽；第二，"自作孽，不可活"（《孟子·公孙丑上》①），人性能自动地显示人类存在的自然界限，保护着人类。人的合理欲望的实现，会引导人类的发展；但是，当人的某种欲望的满足引来了人类生存的崩溃时，这就是"自作孽"了，表明人践踏到了、跨越了人类存在的自然界限。任何宗教教条、伦理道德规范皆不能阻止、否定人的欲望生长，只有人性中潜在的自然界限，才能阻止、否定人的"作孽"，保护着人类。这种人性之善的理念，使儒家能坚持自己的伦理道德立场，也能有信心地理解和宽容地对待异己的价值理念和生活方式：都是在人性范围或界限内的存在。

最近的百年，在中国的社会生活中，核心家庭渐居主位，主动选择不生育的丁克家庭和独身的单人家庭也滋生出来，儒家传统的家庭观念、儒家传统社会的以主干家庭为主体的家庭形态构成及其生育的、教育的功能，都渐趋衰微。家庭的观念和形态的这些变迁说明，儒家传统在实现现代化进程中遭遇的挑战，不仅是现代性质的了，而且也开始有了后现代的内容了。儒学的现代转型和新的生长是更迫切的了。

小结：何种转型？何种生长？ 一百年来中国现代化进程中经济结构——产业结构和劳动力就业结构的变化昭示，当代中国已经走出传统的农业社会。与此种变化同步发生的，伟大的民主革命和社会主义革命的成功，儒家传统社会生活中的依据"礼"而建构的等级性社会阶层结构已经解体；处于主体位置的家庭形态，也已由主干家庭转变为核心家庭：此则表明当代中国已经走出伦理本位的社会。在中国现代化进程中儒家传统社会的这种变迁，如果用一个源起法理学而实际上可作社会学、政治学多重解读的现代观念来表述，那就是前已引述的 19 世纪英国法律史学家梅

---

① 孟子之前，《尚书·太甲》将此观点表述为："天作孽，犹可违；自作孽，不可逭。"

因在其《古代法》一书中提出的"从身份到契约的运动"①。梅因在欧洲的法律传统和家族制传统的历史背景下，将"身份"界定为是被家族权力限定、依附于家族、缺失独立性的人格状态，"契约"则是独立个人间自主约定或"合意"的行为。从中世纪的家族制、家长制、农奴制的社会走出来，走向个人可以作为独立的"法律单位"而存在的资本主义社会，即"从身份到契约"，也正是欧洲现代化进程的一个方面的表现。梅因之论虽然有其特定的欧洲历史背景和法理学角度，但一般还是可以将其"身份"和"契约"所内蕴的伦理的和法律的因素，援用来判分两个不同社会的人格状态和社会控制方式，表述中国现代化的社会转型。在历史上的儒家社会生活中，每个社会成员总是以某一承担着君臣、父子、夫妇、兄弟、朋友的"五伦"或"十义"的人伦义务与道德责任的伦理角色出现，处在公卿士庶、士农工商的出身或职业的、兼有伦理和法权性的等级秩序中，这就是儒家社会里人的"身份"的构成，也是基本的人格——受着封建的、宗法的权力制约、限定的伦理人格的表现。在中国现代化进程中，等级性社会阶层结构解体了，人与人之间封建的、宗法的法权不平等被最高法律规定的"公民在法律上一律平等"所替代，每个社会成员因此在法律上都是独立的、有自主权的个人。中国现代化进程的社会转型，在此种人格状态变化的意义上也可以概之为"从身份到契约"。

若从社会控制方式角度来观察，中国现代化进程的这种社会转变，则可以称之为"从礼治到法治"。在"身份"的社会或儒家伦理本位的社会里，社会生活是以"礼"来建构的，人际关系是依靠"身份"或伦理规范即"礼"来规定、调节的，这就是儒家经典反复论说的"礼，经国家，定社稷，序民人，利后嗣者也"（《左传·隐公十一年》），"礼者，所以定亲疏，决嫌疑，别同异，明是非也"（《礼记·曲礼上》）；并且在封建制和宗法制中具体地表现出来。而"契约"社会里，社会生活秩序以法律来维护，人们之间的关系是建立在"自由合意"的契约关系基础上的，是独立个人的意愿的表现，是要依靠法律来确定、裁判的。亦如前已引述的，美国法学家庞德曾评估最近400年来的社会进展说："自十六世纪以

---

① 亨利·梅因：《古代法》，第96～97页。

来，法律已经成为社会控制的最高手段了。"① 美国社会学家帕森斯也诊断当代的社会状况说："法律对权威内容及其范围的界定，成了达到高层次功能分化的社会的迫切需要。"② 两位来自成熟的现代化国家的学者的观察表明，在现代化进程中，在发达的现代化社会中，法律或法治手段已逐渐成为并将最终居于主导的地位。中国现代化进程中，随着等级性的社会阶层结构解体，儒家传统的主体家庭形态主干家庭的衰微，以封建、宗法为内涵的伦理性人格，正逐渐被独立自主、个体自由的公共性的、法律平等的公民性人格代替；社会生活也逐渐由被伦理关系笼罩的礼治环境进入拥有公共生活的法治环境③。一个法治的环境按照亚里士多德的虽然已经古老，但仍是基本的界定："已成立的法律获得普遍的服从，而大家所服从的法律又应该本身是制定得良好的法律。"④ 1911 年以来，无论是中华民国还是中华人民共和国，都有将权力归于人民，人民（公民）在法律上一律平等的最高法律的确认；1978 年以来，中华人民共和国的最高立法机构已制定有效法律 200 多件，国家正向健全法制的方向努力前进。因此，中国现代化进程实现的社会转型，也可以表述为"从礼治到法治"。

中国现代化进程带来深刻的社会变迁，是社会成员由具有依附性、隶属性内涵的伦理角色转变为法律上独立、平等的个人；社会形态完成"从身份到契约"、从礼治向法治的转型。虽然儒家在这个社会转型中曾经有形成动力、秩序、适应能力等诸方面推助这个进程的积极的、正面的作用，但是儒家传统的生长环境毕竟随着这一转型的逐步实现发生了根本

---

① 罗·庞德：《法律的任务》，第 131 页。
② 帕森斯：《现代社会的结构和过程》，梁向阳译，光明日报出版社 1988 年版，第 156 页。
③ 需要说明，这里的"公共性""公民性"，是与儒家传统的"伦理本位"相对而言，主要是指社会成员摆脱了具有封建、宗法之依附、隶属内涵的伦理角色，成为自由、平等的独立人格。同样，这里的"公共生活"，是指从有封闭性特征的伦理网络笼罩下走出来的自由个体组构着的社会生活；"公民社会"是指封建、宗法的等级性社会阶层结构解体后，在"公民在法律上一律平等"的最高法治理念指导下创建着的社会形态。凡此，与前面已论及的现当代西方政治哲学中有其独特的历史背景和观念内容的"公民社会"（"市民社会"，其内涵似乎主要是指与代表社会共同体权威及强制力的国家相对的、呈现社会成员自主性——自由和权利的生活领域）、"公共领域"（其内涵似乎主要是指在与"国家"相对的"社会"中，知识分子表达政治诉求、表达对公共事务关切的空间或领域）之概念有所不同。
④ 亚里士多德：《政治学》，第 199 页。

的改变。在此情境下，儒学有无新的生长空间，能否适应新的生长空间，回答是肯定的，儒学作为有深厚的人性基础、理性品质和理论积累的伦理道德思想体系，一定能在法治社会的伦理秩序中、公民社会的个人道德中继续生长，继续具有儒家文化特色的生活方式创造。

2. 儒家传统道德的新生长

从鸦片战争算起，迄至今日，中国现代化进程已经走过了一个半世纪的时间。大体上可以说，现代的中国已基本上实现了传统农业社会向现代工业社会的转变；与此相适应，现代的中国社会也基本上实现了"由身份向契约""由礼治到法治"的转型。在此新的情境下，生长在传统农业社会的，和以伦理身份、礼治为特征的儒家思想及其模塑的儒家传统道德，也在社会生活涌现的新的道德自觉、道德行为、道德精神中，显现出新的生长。

新的道德自觉和成长　一百多年来，在中国现代化进程中，国人精神生活中新的道德自觉，从儒家的立场上看，有两次重要表现：一次是20世纪初梁启超提出的"公德""私德"观念，一次是新世纪初国家发布的《公民道德建设实施纲要》中提出的公民道德规范和"法治德治紧密结合"的治国理念。

《公德论》是梁启超在1902年（光绪二十八年）发表的"新民说"一组文章中的一篇，摘录其主要论述曰：

> 我国民所最缺者，公德其一端也。道德之本体一而已，但其发表于外，则公、私之名立焉。人人独善其身者，谓之私德，人人相善其群者，谓之公德。吾中国道德之发达，不可谓不早，虽然，偏于私德，而公德殆阙如，试观《论语》《孟子》诸书，吾国民之木铎，而道德所从出者也，其中所教私德居十之八九，而公德不及其一焉。今试以中国旧伦理，举泰西新伦理相比较，旧的伦理之分类，曰"君臣"，曰"父子"，曰"兄弟"，曰"夫妇"，曰"朋友"；新伦理之分类，曰"家族伦理"，曰"社会（自注：即人群）伦理"，曰"国家伦理"。旧伦理所重者，则一私人对于一私人之事也（自注：一私人独善其身，固属于私德之范围，即一私人与他私人交涉之道，义仍

属于私德之范围也）新伦理所重者，则一私人对于一团体之事也。今吾中国所以日即衰落者，岂有他哉？束身寡过之善士太多，享权利而不尽义务，人人视其所负于群者如无有焉，人虽多曾不能为群之利，而反为群之累，夫安得不日蹙也。纵观宇内大势，静察吾族之所宜，而发明一种新道德，以求所以固吾群，善吾群之道，未可以前王先哲所罕言者，遂以自画而不敢进也。知有公德，而新道德出焉矣，而新民出焉矣。①

梁氏"公德"之论可解析为三项内容。第一，人的道德行为，就其表现的构成而言，可区分为、界定为私德和公德，私德是指人的自我品德修养（"独善其身"），及其在私人与私人（如与君、父、兄弟、朋友）的交往中的德行要求；公德则是指高于私人的某一团体（如家族、国家、社会）的关系中既享有权利，也应承担义务的要求。第二，从儒家的道德传统来看，儒家先贤对私德的阐发很充分，对公德论说得较少，因而公德是我国国民所最缺的一种品性。第三，就当时的社会现实而论，国家的衰败，也正是公德不彰——"人人享权利而不尽义务，视其负于群者如无有"的结果。应该说，梁氏之论对国势衰微的清代末年社会生活中道德颓靡状况的观察，是符合实际情况的；对历史上儒家社会生活被宗法伦理关系笼罩，缺乏公共生活空间而造成的缺乏社团道德意识发育成长的研判，也是有所据的。换言之，梁启超在《论公德》中明确地指出了儒家道德思想中的一种缺弱，强烈地呼吁有了"公德"就有了新道德、新国民，在当时的历史情境下，都可以视为是新的道德自觉的表现。

1903 年，梁启超又发表了《论私德》一文，这篇长文在广阔的中国和西方政治、思想的历史背景下论述的诸多问题中，凸显两个核心问题。第一，私德之重要。梁启超认为，"容有私德醇美而公德尚多未完者，断无私德浊下，而公德可以袭取者；公德，私德之推也"。公德必须有私德为基础、土壤，才能生成展现，所以他又呼吁"欲铸国民必以培养个人之私德为第一义，欲从事于铸国民者，必以自培养其个人之私

① 梁启超：《新民说·论公德》，《饮冰室文集》卷八。

德为第一义"①。第二，私德之培养。梁启超认为，一种道德必须从其固有的历史、文化、道德传统中汲取营养来培育，而"欲以他社会之所养者养我，谈何容易耶"②。故他批评试图以西方的由宗教、法律传统和近代启蒙思想家观点等因素构筑的道德观念来改造、重建中国的"新道德"之设计，是"磨砖作镜，炊沙求饭"，而主张中国今日新道德培养、生长的基础、资源，还是"吾祖宗遗传固有之旧道德而已"③。五四以来，在"西化"思潮风靡之下，梁启超此种观点自然会遭轻蔑、鄙弃。事过境迁，现在看来，公德要在私德中、在固有的道德传统中生长之观点，自有其正确、深刻之处，是一内存有丰富历史经验和理性反思的新的道德自觉。

2001 年 9 月国家公布的《公民道德建设实施纲要》（以下简称《纲要》），既有丰富的伦理道德思想内容，也有鲜明的马克思主义、中国特色社会主义理论的国家意识形态色彩。我们这里只是从儒家道德观念的视角上，来审视其中最重要的道德要素——公民道德规范和"依法治国与以德治国紧密结合"社会控制模式所表现出的新的道德自觉和新的道德生长。

《纲要》提出的公民道德规范可分为两类。第一，对全体公民从总体上提出的"基本道德规范"：在全社会大力倡导"爱国守法、明礼诚信、团结友善、勤俭自强、敬业奉献"的基本道德规范④。我国的伦理学者对此"基本道德规范"的基本的解读是："二十字基本道德规范，集中反映了千百年来中华民族的传统美德和革命道德，是每一个公民进德、修业、立人的根本，应该成为家喻户晓、人人皆知、人人皆信、人人皆行的行为准则。"⑤ 显然，这里是将公民道德"基本规范"，理解、定义为是我们国家所有公民应该遵循、履行的道德规范的总概括，既是责任的要求，也有

---

① 梁启超：《论私德》，《饮冰室文集》卷十三。

② 同上。

③ 同上。

④ 中共中央文献研究室编《十五大以来重要文献选编》（下），人民出版社 2003 年版，第 1982 页。

⑤ 朱海林：《以德治国与加强公民道德建设——第十一届全国伦理学理论研讨会述要》，《高校理论战线》2002 年第 11 期。

美德的期盼①。第二，对公民在三个基本的社会生活领域内提出的行为规范要求，即社会公德、职业道德、家庭美德。摘要如下：

> 社会公德是全体公民在社会交往和公共生活中应该遵循的行为准则，涵盖了人与人、人与社会、人与自然间的关系。以文明礼貌、助人为乐、爱护公物、保护环境、遵纪守法为主要内容。② 职业道德是所有从业人员在职业活动中应该遵循的行为准则，涵盖了从业人员与服务对象、职工与职工、职业与职业之间的关系，以爱岗敬业、诚实守信、办事公道、服务群众、奉献社会为主要内容。③

> 家庭美德是每个公民在家庭生活中应该遵循的行为准则，涵盖了夫妻、长幼、邻里之间的关系，以尊老爱幼、男女平等、夫妻和睦、勤俭持家、邻里团结为主要内容。④

"社会公德""职业道德""家庭美德"之"三德"的主要内容，在1996年10月发布的《中共中央关于加强社会主义精神文明建设若干问题的决议》中，已经明确提出⑤，《纲要》中对其各自规范的范围作了更清晰的界定。由"基本道德规范"和"三德"所构成的我国公民的道德结构，大体上可以解释为"基本规范"是指公民作为一个独立的、社会的个人所应有的道德责任和道德品格，"三德"则是指公民在某一特定的、具体的社会生活领域——这里区分为公共生活、职业岗位、家庭生活三个基本

---

① 当然，我国伦理学界对"公民道德"（"公民伦理"）内涵也有不同的理解。如有学者认为"公民伦理只在人们面对同陌生人（"一般他者"或"复数他者"）的关系，并且把他（他们）当作自身地位同等的公民而相互对待时才存在"（见廖申白《公民伦理与儒家伦理》，《哲学研究》2001年第11期）。又有学者认为，公民道德是国家对其公民提出的在国家和社会公共生活中的基本道德要求，不同于人们日常生活中的个体美德（见肖群忠《"公民道德基本规范"新探》，《南昌大学学报》2004年第3期）。这里援引的我国伦理学者对《纲要》的定位论断，主要是对已出现在《纲要》中的"基本道德规范"作出的诠释，未遑论及其他。
② 参见《十五大以来重要文献选编》（下），第1985～1986页。
③ 同上。
④ 同上。
⑤ 中共中央文献研究室编《十四大以来重要文献选编》（下），人民出版社1999年版，第2057页。

的或主要的领域，作为一特定的、具体的社会角色，所应有的道德责任和道德品格。从儒家的道德视角来观察，《纲要》的"基本道德规范"和"三德"规范所表现出的新的道德自觉，就是将其道德规范的理念、精神之根深深地植在儒家传统的伦理道德的"仁义礼智信"德性土壤之中，而努力向儒家传统的伦理观念和生活限域之外的广阔社会生活空间生长。《纲要》道德规范的这一内容特色和道德图景，需要放在一种较完整的儒家伦理道德思想——儒家的德性观念和人格理想的观念背景下，以及儒家道德行为的某种独特的发生机制下来审视，才能显得清晰。

前面已经论述，孔孟儒学一开始就是在人自身之中追寻道德根源，从心理的、心性的层面上，以情感或心智的特征归纳出"仁义礼智信"五种"德性"，视为是人的道德行为之发端。"仁"之德性是"恻隐之心"，是爱的情感。从孔子所说"泛爱众，而亲仁"（《论语·学而》），孟子所说"君子之于物也，爱之而弗仁；于民也，仁而弗亲；亲亲而仁民，仁民而爱物"（《孟子·尽心上》），可以看出，儒家之"仁"涵盖爱亲人、爱众人、爱万物的广阔范围，且有由近及远、由人及物渐次有差序地展开的过程。"义"之纯粹逻辑意义上的内涵是"宜"（适宜），《中庸》曰："义者，宜也。"朱子注曰："义者，分别事理，各有所宜。"（《四书章句集注·中庸章句》）周延的"宜"或"事理之宜"，有实然（本然、固然）、必然、应然（应该）三种情况。实然是事物的真实本然状态、固有缘由，必然是事物内蕴的可重复再现的客观性，应然含蕴的则是供主观选择的行为合理性。道德行为的本质是自律，是自觉的德性选择。所以作为德性的"义"之内涵的"宜"，更确切地说，就是对"应该"、对全部道德原则的自觉选择、自我归属、自我担当。违弃了"应该"，就会有自我谴责的羞愧情感产生。心性层面上的德性之"礼"，与社会体制、典章等制度层面上的"制度在礼，文为在礼"（《礼记·仲尼燕居》）之"礼"不同，是"礼以饰情"（《礼记·曾子问》）之"礼"，是谦卑之情、感激之情，是先人后己的辞让心态。孔子曰："恭而无礼则劳，慎而无礼则葸，勇而无礼则乱，直而无礼则绞。"（《论语·泰伯》）可见在儒家这里，德性之"礼"是发育出德行所内蕴的自觉、自律、自信之必需的心理环境。"智"是理性，是对"应该"本身，即全部道德规范、原则之所以然的自觉，对行为之是与非的选择、判断能力。孟子说："智之实，知斯二者（按：指仁与义）是也。"（《孟子·离娄上》）王夫之进一步解释说，"夫智，仁资以知爱之真，礼资以知敬之节，义资以知制之宜，信资以知诚之实，故行乎四德之中"（《周易外传》卷一《乾》），将"智"视为是道德行为中必要的心性品质，使儒家道德理念始终保持着理性的光彩。"信"之德性是真诚。朱子说："诚是自然底实，信是人做底实。"（《朱子语类》卷六）即是说，"诚"是事物本来真实的样子，"信"是人之所为同其本来真实样子相符。作为德性的"信"，就是要人的德行出于衷心，真实不妄，不是做作，不自欺，不欺人。朱子在回答门人"仁义礼智，性之四德，又添信字，谓之五性，如何"之问时说："信是诚实此四者，实有是仁，实有是义，礼智皆然。如五行之有土，非土不足以载四者。"（同上）即是说，所有道德行为，都内蕴有诚实本然的品质。在儒家的生活方式中，德性贯注入"五伦"或"十义"的人伦关系中，就形成日常生活中的多种道德行为，其中，在个人与家庭、国家、朋友三个主要人伦关系中形成的"父子有亲，君臣有义，朋友有信"（《孟子·滕文公上》），即孝、忠、信三个德行规范最为重要。概言之，以"五性"为观念源头的儒家道德，其特质就是内蕴着"爱人"的道德情感和担当"应该"的道德自觉，凸显孝、忠、信为主要伦理道德规范的道义论的道德系统。

在儒家思想及其模塑的儒家社会生活中，具有"仁义礼智信"之德性和德行的人被称为"君子"，这是儒家的理想人格，儒家经典对此有甚多的从不同角度的解说。儒家思想中有"仁"、"礼"（"制度在礼，文为在礼"之"礼"，主要内涵是社会伦常制度）、"命"三个核心的范畴，在不太严格的意义上，这三个范畴构成了儒家思想之心性的、社会的、超越的三个理论层面，映现儒家生活方式的全幅人生。因此，对儒家"君子"人格的道德内涵或行为表现之周延的界说，可以归纳为这样三项。第一，仁爱精神。孔子说："君子无终食之间违仁，造次必于是，颠沛必于是。"（《论语·里仁》）具有"仁"的品德是儒家君子人格的首要表现。孔子曾用最简明的语言对他的弟子解释说，"仁"就是"爱人"（《论语·颜渊》），"仁者"就是"己欲立而立人，己欲达而达人"（《论语·雍也》）。所以，君子人格之"仁"的品德，就是要将自己的仁爱情感和行为推展到所有人。第二，伦理自觉。社会层面上伦常制度的儒家之"礼"，编织了从天地、鬼神，到国家、家庭、师友的周密的伦理之网①，每个人都被确定在伦理共同体的某个伦理位置上，承负着相应的伦理义务。儒家君子的一个重要的人格标志，就是对自己的伦理位置和义务有充分的自觉和努力的实践。这种自觉除了表现为如《礼记》所说的"君子无物不在礼"（《仲尼燕居》），君子的实践行为都符合礼的要求外，还表现为君子以实践这些伦理义务为自己的责任，所谓"仁以为己任"（《论语·泰伯》），"自任以天下之重"（《孟子·万章下》）；更表现为在某种危难境况下，君子能为践履这种义务和责任而献身。孔子曰，"志士仁人，无求生以害仁，有杀身以成仁"（《论语·卫灵公》），《礼记》曰，"国君死社稷，大夫死众，士死制"（《曲礼下》），都显示君子——虽然从社会身份或伦理位置而言有从国君到庶人的不同，但是作为伦理自觉，则皆有践行维护伦理共同体的存在和利益之义务责任，有高于自己生命的价值。第三，"命"的自觉——充分的人生自觉。"命"是儒家关于人生终极的一种理性观念。孔子曰："不知命，无以为君子也。"（《论语·尧曰》）"命"的自觉是儒家理想人格内蕴的最深邃的精神品质。在先秦儒家那里，"命"似乎主要是指人的生命过程中的某种非人所能左右的必然性②。按照宋代理学家们更成熟的思考和解释，儒家的"命"不是人的生命之外的某种既定的"安排"，不是宿命，而是人之生命本身在源头处的生命载体"气"的"偶然相值"③，过程中的"日新日富"④，终点处显现

---

① 孟子提出父子、君臣、夫妇、长幼、朋友等"五伦"（《孟子·滕文公上》）。《礼记》更曰："天地之祭，宗庙之事，父子之道，君臣之义，伦也"（《礼器》），"祭有十伦焉：见事鬼神之道焉，见君臣之义焉，见父子之伦焉，见贵贱之等焉，见亲疏之杀焉，见爵赏之施焉，见夫妇之别焉，见政事之均焉，见长幼之序焉，见上下之际焉，此之谓十伦。"（《祭统》）天地、鬼神（"气"）等自然的实体存在也因其成为祭祀对象而纳入人的伦常范围，从家庭、师友到国家、自然，儒家生活方式中的伦理之网是很周延的。

② 《论语》记载，鲁人公伯寮在鲁国权臣季孙氏面前中伤孔子师生治理鲁国的努力，孔子知道后说："道之将行也与，命也；道之将废也与，命也。公伯寮其如命何！"（《宪问》）

③ 朱子回答门人"气禀是偶然否"之问时说："是偶然相值着，非是有安排等待。"（《朱子语类》卷五十五）

④ 王夫之曰："命日新，性日富。"（《思问录·内篇》）

的"不可移"①——不可逆的唯一。换言之，"命"是人之生命过程中的一种内在超越性因素。儒家君子命的自觉，表现为在生命存在的过程中，遵循伦理、物理的原则，积极创造生活。"君子遵道而行"，绝不颓萎而"半途而废"（《礼记·中庸》）；甚至因是道义所在，能为"知其不可而为之"（《论语·宪问》）。而对生命唯一性的结局，穷达与否，认为是一种必然，自审生平已尽努力，故坦然接受，"君子不怨天，不尤人"（《孟子·公孙丑下》）。在此双重意义上，儒家命之自觉可以表述为"君子行法②以俟命而已矣"（《孟子·尽心下》）。儒家君子在命的自觉中感受到不忧不惧，豁然自如，收获生命和精神的自由。这样，君子在全部的生存过程中，既表现锐意进取的性格，也有宽厚包容的品质。《易传》曰，"天行健，君子以自强不息"（《乾·象》），"地势坤，君子以厚德载物"（《坤·象》），就是以天与地的德性来壮写"知命"的君子之人格。总之，儒家的理想人格君子，就是能践仁、履礼、知天命——对伦理道德实践、对全幅人生有充分自觉的人。

在儒家思想及其模塑的儒家社会生活中，道德感情和道德行为总是伴随伦理认同的实现而释放、而发生。传统的儒家社会是伦理本位的社会，是伦理性的"身份"的社会。社会成员处在从家庭到国家民族，甚至包括天地的不同层级的伦理共同体中，处在"五伦"或"十义"的伦理关系网络里；社会生活中，人们总是以一具有某种"依附性"——承载某种义务、责任的伦理角色出现的。换言之，社会成员是通过伦理关系来实现作为一个人的自我认同、社会认同。然而对于儒家来说，这个伦理关系网络，既是实现认同的途径，也是形成认同的界限。儒家不能或不愿认同社会生活中离开伦理关系的个人独立存在和人际关系存在。因此激烈抨击杨朱"为我"的观点是抛弃了伦理责任的"无君"之论，墨子"兼爱"

---

① 朱子注《论语》中子夏之语"死生有命，富贵在天"曰："命禀于有生之初，非今所能移；天莫之为而为，非我所能必。"（《论语集注》卷六《颜渊》）

② 前已引述，此"行法"，经学家如汉赵岐注曰，"顺性蹈德，行其法度"，清焦循疏曰，"人生不容逾、不容缺之常度，则而行之，是为行法"（《孟子正义》卷十四）。理学家如朱子注曰："法者，天理之当然者也。"（《孟子集注》卷十四）简言之，遵循伦理规范、物理规律而行为。

的主张是破坏"亲亲"① 伦理原则的"无父"、无本（"二本"）之论②。若以"契约"社会的公共生活原则研判，杨朱"为我"，认为生命高于一切，主张珍爱自己的个体生命，作为独立个体的价值选择，是可被容许的，也是有理性内容的；墨家"兼爱"的理念，呼吁人与人之间应没有差别的相互关爱，作为自由个体的信念和行为选择，不仅是可被容许的，更是道德的。但在儒家"仁者无不爱也，急亲贤之为务"的道德实践中，必须首先对他人与自己的关系，有伦理性的认同和定位，然后才能有自己的道德感情释放和道德行为发生———一种道义论的、无任何功利目的的义务与责任的道德表现。契约性社会公共生活领域的超越伦理或非伦理性的独立个体和人际关系，使儒家在这里会发生认同的障碍，可能表现出诚信的不足、关系的淡薄。虽然儒家曾提出、曾补充"四海之内皆兄弟"（《论语·颜渊》），"民吾同胞，物吾与也"（《正蒙·乾称》）的道德理念，希望通过"拟伦理"的途径来克服这个认同障碍，但是，由于儒家道德是在伦理性的，即人与人总是在某种相互承担义务、责任的关系中孕育成长的，缺乏或者说没有感到需要对契约性的，即独立自主个体间在公共生活中的行为规范的思考、设计和道德心理的培育。所以，仍然不能消弭在现代化的社会转型中变得凸显的儒家道德世界中的公共生活领域的行为规范———"公德"的缺弱。

我们已简要地用儒家道德的德性理念、理想人格观念、道德行为的发生机制三个理论视点，勾画了儒家伦理道德思想的大体轮廓。在这个轮廓的背景下观察，《纲要》与儒家道德思想的关系是，第一，《纲要》的"基本道德规范"和"三德"规范，充分地吸收了儒家道德传统中优秀的、仍然活着的成分，这就是它的"德性"精神和"君子"人格理想。显然，"基本道德规范"中的"明礼诚信、团结友善"与"仁义礼智信"的意蕴是犀通的，是这些德性的现代表述；"爱国守法、勤俭自强、敬业

---

① 孟子曰："孩提之童，无不知爱其亲者，及其长也，无不知敬其兄也。亲亲，仁也；敬长，义也。"（《孟子·尽心上》）又曰："仁者无不爱也，急亲贤之为务……尧舜之仁不徧爱人，急亲贤也。"（《孟子·尽心上》）

② 孟子曾抨击杨墨说："杨氏为我，是无君也；墨氏兼爱，是无父也。无父无君，是禽兽也。"（《孟子·滕文公下》）又针对墨者夷之"爱无差等，施由亲始"之论辩析说："天之生物也，使之一本，而夷之二本故也。"（《孟子·滕文公上》）

奉献"，映照的正是一个儒家理想人格对自己的家庭、国家、民族应有的伦理自觉，对自己的生活、人生平凡而又高尚的理性自觉。第二，《纲要》各项道德规范的设计，都将作为道德实践主体的公民，从伦理的关系网络中剥离出来，置于社会的公共生活之中；道德主体不再是某种具有独特"身份"的伦理角色，而是一种"契约性"的独立、平等的社会成员。映现了随着中国现代化事业的进展，现代中国已经跨出了传统的内存着封建等级性和宗法依附性的伦理本位社会，迈入了"公民在法律上一律平等"的公民社会。各项道德规范虽然根系着儒家道德传统的德性理念、君子人格精神，但具体规范的、要求的、期盼的却都是社会成员在公民社会的公共社会生活中应当有的行为。从儒家的立场来看，这就是儒家道德传统新的生长。在这里，"家庭美德"的"尊老爱幼、男女平等、夫妻和睦、勤俭持家、邻里团结"五条规范最可为例证。《礼记》曰："何谓人义？父慈、子孝、兄良、弟悌、夫义、妇听、长惠、幼顺、君仁、臣忠，十者谓之人义。"（《礼运》）又曰："治国必先齐家，其家不可教而能教人者，无之。故君子不出家而成教于国：孝者所以事君也，弟者所以事长也，慈者所以使众也。"（《大学》）从《礼记》之论可以看出，在传统的儒家社会生活中，家庭伦理具有多么重要的地位！家庭伦理是社会伦常的重心或中心，在全部十项"人义"中，它占据了八项；全部的社会道德都是在这里孕育，由这里向外推展。《礼记》之论还显示，在传统的儒家社会生活中，家庭伦理规范是对具有血缘、姻缘关系的家庭成员的伦理角色的定位和其承担的伦理义务、道德责任的规定。这些义务、责任是相互的，因而也是等值的或平等的。但是，在嫡长子继承制的宗法制度和观念影响下，家庭伦理中的男女、夫妇间，实际上是有不平等的。如《礼记》曾以婚礼时新郎要去女方家迎娶新娘，回来时要走在前面一事而就题发挥说："出乎大门而先，男帅女，女从男，夫妇之义由此始也。妇人，从人者；幼从父兄，嫁从夫，夫死从子。夫也者，夫也，以知帅人者也。"（《郊特牲》）《纲要》中的"家庭美德"，正是从这些方面改变了儒家传统的家庭伦理规范的实质或价值取向。首先，《纲要》中的"家庭美德"不再是社会道德的中心或重心，而只是社会生活一个具体的生活领域的行为规范；这些规范也不再有可作为社会生活其他领域的道德规范之基础或源头的意蕴或功用①。这应该是现代化（工业化社会）进程中主干家庭式微和后工业社会传统家庭衰落的现实反映。其次，"家庭美德"中的道德实践主体，也被从家庭这个共同体的结构中分离出来，不再显示为是承担某种特定伦理义务、道德责任的伦理角色，因而家庭生活形态也不再显现由姻缘、血缘而产生的那种亲子、夫妇、兄弟间的伦理温情，而主要凸现在家庭这一生活共同体中独立、平等的男女、老幼自然性人格个体，合作地、和谐地、亲密地相处。最后，"家庭美德"还突破家庭伦理关系网络的笼罩，跨出"家庭"的范围，也走到更广的社会生活空间，规范了家庭与家庭间的关系。总之，《纲要》中的"家庭美德"，典型地表现了存在于传统儒家伦理本位社会源头处的伦理规范，也在现代公民社会中向着公共的社会生活空间里生长。

《纲要》第 1 条对当代中国的社会治理模式作出了明确的设计：

> 必须在加强社会主义法制建设、依法治国的同时，切实加强社会主义道德建设、以德治国，把法制建设与道德建设、依法治国与以德治国紧密结合起来，通过公民道德建设的不断深化和拓展，逐步形成与发展社会主义市场经济相适应的社会主义道德体系。②

用历史的眼光审视，"依法治国与以德治国紧密结合"的治国方略或社会控制方式，与儒家传统既有很深的相通，也有很大的不同。《左传》记载，孔子曾对子产在郑国的执政经验——"唯有德者能以宽服民，其次莫如猛"表示赞许："善哉！政宽则民慢，慢则纠之以猛。猛则民残，残则施之以宽。宽以济猛，猛以济宽，政是以和。"（《左传·昭公二十年》）孟子和他的弟子公孙丑讨论治国经验时也说："国家闲暇，及是时，明其政刑，虽大国必畏之矣。"（《孟子·公孙丑上》）可见孔孟儒家很早也就

---

① 《纲要》共有 8 项 40 条。在第 4 项"大力加强基层公民道德教育"中，提出要从家庭、学校、单位（党政机关、事业部门）、社会 4 个领域对公民进行道德教育；家庭只是"人们接受道德教育最早的地方"（《纲要》第 19 条）。在《纲要》中，公民"基本道德规范"为第 4 条，公民"社会公德"、"职业道德"、"家庭美德"分别为第 15 条、第 16 条、第 17 条。

② 中共中央文献研究室编《十五大以来重要文献选编》（下），第 1980 页。

形成了治理国家民众应兼用道德和法律（刑罚）两种手段的见地。但是，也正如孔子所说，"道之以政，齐之以刑，民免而无耻；道之以德，齐之以礼，有耻且格"（《论语·为政》），孟子所说，"善政不如善教之得民也；善政民畏之，善教民爱之；善政得民财，善教得民心"（《孟子·尽心上》）。处在伦理本位社会和主张礼治的儒家，显然是要把道德教化能开发民众自觉的功能作用，置放在法律的刑罚威慑之上、之先的。《纲要》中的"法治与德治紧密结合"，与其说是一种对治国模式的选择，不如说是对由现代化的社会变迁和历史传统共同酿成的中国现代社会某种独特性质的适应。《纲要》显示我国现代化进程已经进入"社会主义市场经济"发展模式的时期，如前面所述，这是我国社会形态基本完成从伦理本位到公民平等的转变，或者说是"从身份到契约"的时期，也是社会控制方式由礼治转变到法治的时期。国家法制建设的迅速推进和不断走向完善，"法律成为社会控制最高手段"的现代社会特征逐渐显露，《纲要》中的"依法治国"，正是适应这种特征——对实现有效社会控制和社会公正的迫切需要的反映。但是，中国现代社会不仅有国家现代化的社会转变所带来的特征，而且还有儒家传统一直活跃在社会生活中所产生的特征。亦如前面所述，儒家传统的观念和行为方式，深入、广泛地渗透进我国现代化的进程中，模塑了中国现代化道路和形态的诸多特色；在今天中国不断完善着的法治社会环境里，历史地形成的儒家传统的道德因素的社会控制方式、塑造社会生活的功能，仍然存在，依然强大。《纲要》中的"以德治国"，正是对这一历史传统的自觉，将其作为一种重要的、积极的精神因素，导入中国的现代社会建设中；《纲要》的制定、发布、贯彻，都是实施德治的具体步骤。如果说，在将会越来越完善的现代中国的法治社会里，周延的法律体系建构、调整着的是国家的政治秩序、社会秩序——以法律条文维系着的独立个人间的关系；那么，公民道德体系，即公民的"基本道德规范""社会公德""职业道德""家庭美德"，所建构、调整的就是这个社会秩序的具有合理性、稳定性的核心——伦理秩序，一种以道德规范来维系的、相互承担某种义务与责任的人际关系，这里是人们实现自我认同的精神家园。《纲要》认为法治和德治对于现代中国的社会进步、社会稳定都是必要的，因而要"紧密结合"，这是符合中国现代社会性质和历史传统的判定。在儒家立场看来，法治社会里伦理秩序中的道德义务责任意识，如同公民社会里公民道德中的儒家德性观念，都可以视为是儒家传统在中国现代化社会转型中的真实存在和新的生长，而且正是在儒家传统道德表现的缺弱处——超越伦理关系的、会发生认同障碍的社会公共生活领域里的生长。

新的道德典范和道德精神　以上，我们已一般地论定，在中国现代化进程中已经形成并逐渐完善的公民社会、法治国家里，儒家传统的道德会继续存在、生长；它的主要表现，从儒家的角度来看，就是公民社会的公民道德和法治社会的伦理秩序，其精神之根仍然深植在儒家道德传统的德性观念和理想人格理念中，其新的生活形态之发育、成长却是在或多能在传统儒家伦理生活网络之外广阔的公共社会生活领域里展开。下面，我们再以 2007 年评选出的全国道德模范和 2008 年四川省汶川地震抗灾中全体国民彰显的道德精神这样两件事例来简要、具体地说明这种表现。

2007 年 7 月到 9 月，在《公民道德建设实施纲要》发布六周年时，中央文明办、全国总工会、共青团中央、全国妇联四单位联合主办了评选表彰全国道德模范的工作。全国道德模范候选人由群众推荐、群众投票评定。全国参与推荐候选人的群众有近 3500 万人次，共推荐道德模范人选 3.6 万多人。最后由 2200 多万张有效选票评选和评委评选，从 307 名正式候选人中选出 53 位"全国道德模范"。这些模范都共同有着高尚的道德情操，感人的道德事迹。但按照他们各自最主要的、最有特色的道德表现，将其分属助人为乐、见义勇为、诚实守信、敬业奉献、孝老爱亲等五个不同道德行为类别①。这 53 位道德模范有工人、农民、教师、医生、军人、学生、企业职员、国家公务员，有男性女性，有老年青年，他们在不同的生活环境中创造的道德事迹、发出的道德光芒，感动着人们，照亮着人们，可以解读出许多有意义的话题。我们这里只能从我们的论题需要，凸显两点。第一，道德行为的精神根源。全国道德模范都是热爱自己的国

---

① 参见《中央文明办负责同志就全国道德模范评选表彰活动答记者问》一文，《光明日报》2007 年 9 月 21 日。

家、自己的人民、自己的亲人的人，对自己的家庭、国家、民族有至深的伦理认同；他们都是仁爱的人、诚信的人、奉献的人、自强不息的人。这些一贯的、不懈的道德表现，一定有颗坚强的道德心灵，生长在深厚的、有悠久历史传统的精神土壤里，这应该就是儒家"仁义礼智信"的德性理念和"君子"的人格理想。这种理念、理想，不仅是以一种纯粹的观念形态在儒家经典中存在，而往往更重要的是以渗透在、沉淀在儒家传统的生活方式中的集体意识存在，在一代又一代普通人身传口教地传递着的人生经验、生活态度中存在。第二，道德行为的展现范围。53 位全国道德模范的道德表现，与历史上儒家社会生活中出现过的道德典范有很大不同，他们的道德行为多是在传统的家庭这个伦理共同体和与家庭同质同构的"国家"伦理共同体——在历史上它实际是指拥有最高权力、权威的一代或一姓君主制政权，但儒家把它理解为、诠释为包括所有民众、高于个人及家庭的伦理共同体——之外的，即以血缘关系、封建（分封）制度、宗法观念所构筑的伦理关系网络之外的一个更广阔的现代国家的公共社会生活空间里展现。历史上的道德典范一般皆被记载入正史的《忠义传》《孝义传》中①，因为正如《晋书》所论定："君父居在三②之极，忠孝为百行之先"③，对君、父的忠、孝被视为是最重要的德行。其所谓"忠义"，是为一姓朝廷国家之死难者；所谓"孝义"，是能尽心爱养父母、丧葬尽礼、友善兄弟的人。显然，全国道德模范的道德行为远远跨越了这样的狭隘的范围。在这里，"助人为乐""见义勇为""诚实守信""敬业奉献"，这些道德行为都不是在特定的伦理关系中，向着特定的伦理对象才释放，而是在公共的社会生活空间，向所有的独立的个人，或所谓"复数的他者"开放。即使是"孝老爱亲"的道德模范，在似乎有所限定的道德行为空间和对象里，也有比传统"孝义"内涵丰富得多、范围宽阔得多的表现。例如全国孝老爱亲模范之一的谢延信（原名刘延

---

① 正史二十五史中，《晋书》开始立《忠义传》、《孝友传》（《孝义传》），此后正史多沿袭之。
② 《国语》记载春秋时晋大夫栾共子（共叔成）之语："民生于三，事之如一。父生之，师教之，君食之。"（《晋语一》）儒家以君、父、师三者皆是自己应服勤至死的伦理对象。
③ 《晋书》卷八十九《忠义传》"史臣曰"。

信），是位 55 岁的工人。22 岁时他的妻子谢兰蛾病故，临终时嘱托他一定要照顾好她的父母和有智障的弟弟。30 多年来，谢延信就像伺候、赡养自己的血亲父母、弟弟一样养护着他们，为了表示这种坚贞的孝心，把自己的姓氏也改"刘"为"谢"①。另一位全国孝老爱亲道德模范洪战辉是位 25 岁的大学生。他从 13 岁起就挑起伺候父亲、照顾年幼弟弟、抚养被父亲捡来的弃婴妹妹这样一个沉重的家庭负担，经历着千辛万苦。他的事迹传开后获得社会同情，得到社会的援助。他又用来自社会的帮助他的钱款，建立"教育助学责任基金"，资助贫困学生。他说："我要力所能及地帮助需要帮助的人。"② 这两位孝老爱亲模范人物的道德行为都清晰地显示，他们作为现代社会的道德模范，都已经走出传统的宗法伦理的樊篱，在更广阔的人性、人道的天地里释放着、表现着他们善良的"孝"与"爱"的道德情感、道德行为。

2008 年 5 月 12 日，四川省汶川县发生了 8 级强烈地震，地震破坏力波及 10 个省区，灾区面积有 50 万平方公里，是新中国成立以来发生的破坏性最强、范围最广的一次地震。地震发生后，国家最高领导机构迅速作出救灾部署，各级政府、军队立即响应，救灾物资、人员源源不断地流向灾区。全国人民也立即行动起来，到处都可以看到排队捐款、献血的行列，更有无数的志愿者——后来统计，总数约有 20 万人③，星夜兼程奔向灾区，去救出那里被压在倒塌的楼房下的人们，疗治他们的伤痛，为他们服务。一家外国报纸观察并评论说："在任何一场灾难中，都未曾看到过像中国这样的举国动员能力、勇往直前的决心和强大的团结互助的精神。毋庸置疑，这个民族表现出的精神与力量，将使它在前进的道路上坚不可摧。"④ 的确，在这次抗震救灾中，我们的国家有许多值得自豪的表

① 《全国道德模范候选人事迹·E55 谢延信》，《光明日报》2007 年 9 月 1 日。
② 《全国道德模范候选人事迹·E35 洪战辉》，《光明日报》2007 年 9 月 1 日。
③ 新华社记者：《胜利属于英雄的中国人民——汶川大地震抗震救灾一月全景记录》一文称，灾区"救援现场活跃着一支 14 万多人的志愿者队伍"（《光明日报》2008 年 6 月 12 日）。又一个月后，在刘诚、李健《"80 后"是党和人民可以信赖的一代》一文中称，"据不完全统计，在灾区近 20 万志愿者队伍中，有近 10 万是'80 后'"（《光明日报》2008 年 7 月 12 日）。
④ 西班牙《世界报》2008 年 5 月 19 日文章：《一个摧不垮的民族》（见新华社主办《参考消息》2008 年 5 月 21 日）。

现，我们的人民有无数令人动容的故事；这种表现、这些故事内存的、彰显的道德精神，从不同的理论立场或角度上，也可能会有不同的诠释。在儒家立场的研判，这种道德行为和道德精神，则应被诠定为是由儒家传统孕育的对国家民族的伦理认同之一次有力的激活，是仁爱的德性、德行之一次集体的展现和成长。

前面已经论述，对于国家、民族（中华民族）作为伦理共同体的认同，是在中国历史上长期的儒家生活方式中，在家庭这个伦理共同体的基础上，以家、国同质同构的观念或思维模式逻辑推演而成。儒家传统的家庭是以血缘、姻缘之自然性原则、元素建构的伦理共同体，是一个最亲近、温馨的精神家园。虽然历史上的封建制的国家，只是一姓或一代的君主制政权，但儒家以宗法的伦理原则，将它理解为、诠释为包括全体民众在内，同质同构于家庭，因而又是高于个体之家庭的伦理共同体。儒家所谓"君子不出家而成教于国：孝者所以事君也，弟者所以事长也，慈者所以使众也"（《礼记·大学》），就是最明显地将家庭的伦理关系、道德原则推移到国家伦理共同体中。中华民族是指在古代中国疆域内的各种族，以认同儒家礼乐文化而与华夏（中原）民族融合形成的汉族，以及至今在基本的儒家文化认同基础上仍保持着自己宗教、习俗亚文化传统，与汉民族有共同命运的 55 个少数民族，他们处在共同的国家疆域内和国家政权下，因而实际上也构成一个伦理共同体。一首受到群众喜爱并广为传唱的《爱我中华》歌曲唱道，"五十六族兄弟姐妹是一家"，就表达了这样的应该是属于儒家的思想观念。儒家经典中每说"以公灭私，民其允怀"（古文《尚书·周官》），"以私害公，非忠也"（《左传·文公六年》），"不以父命辞王命，不以家事辞王事"（《公羊传·哀公三年》），儒家的伦理认同就是个人对于伦理共同体、一个伦理共同体对于高于自己层级的伦理共同体，都有维护它的存在和利益的伦理义务、道德责任。在历史上农业社会的儒家生活方式中，人们主要是在家庭这个伦理共同体中生活和成长，通过"九族""五服"等众多而有序的亲戚关系、亲属称谓，获得充分的伦理认同、自我认同，实现道德情感和道德行为的释放，"孝"之道德实践成为最重要的，甚至是可用来涵盖全部社会生活行为的道德实践①。家庭利益——家庭伦理共同体成员的幸福，占据着人们生活实践的中心和重心。国家、民族有高于家庭的利益和存在价值的儒家理念，经常是作为一种道德理性、文化自觉和历史记忆存在于集体意识之中，不是也不能像家庭生活形态那样时时被真切感知；特别是在某种国家政治腐败、社会秩序混乱的情势下，世人沉湎私己，漠视、忘却国家、民族的生存与利益的表现，可能更为严重。然而，以中国悠久历史和文化为载体而潜存于人们内心深处的国家民族高于个人和家庭的儒家伦理观念和道德意识并不会泯灭，总要被埋藏在这种情势下的某种巨大危机或灾难——如国家崩溃、民族衰亡所激活，喷发出为国家、民族的生存和利益而奉献、牺牲的道德精神、道德行为。儒家生活方式中的此种在国家民族这个伦理共同体层面上，道德情感和行为伴随伦理认同而发生的机制，在历史上每有表现。例如相对宋末和明末的士风颓废、民气萎靡，《宋史》所赞"靖康之变，志士勤王，临难不屈，所在有之；及宋之亡，忠节相望，班班可书"（《宋史·忠义传》），《明史》所颂"庄烈之朝，蹈死如归者尤众"（《明史·忠义传》），都正是一种昂扬的道德精神和悲壮的道德行为，都正是对国家民族至深的伦理认同能被亡国的伦理危机所激活的证验。汶川抗震救灾彰显的道德精神、道德表现，是这一道德发生机制的再证验，只是这次激活对国家民族伦理认同之道德意识的不是伦理危机，而是自然灾难；所表现的道德精神形态，不是为国家死难，而是将仁爱推向社会。

20世纪80年代以后，一方面，我们国家实行了"改革开放"的政策，采取了"社会主义市场经济"的现代化发展模式，30年的时间，经济实现了高速的"起飞"，社会获得了巨大的进步。我国的现代化进程在制度和价值的层面上都发生了深刻的变化，取得了辉煌的成绩。另一方面，在制度和价值的层面，我们的准备、建设都还不足，不能完全适应、驾驭这个变革的时代和社会。其中一个最突出的表现，就是我们的法制建设还规范、控制不了市场经济的商业运作所带来的混乱秩序；道德建设还制止、消解不掉市场经济中那只"看不见的手"——追逐利润、金钱的

---

① 如《礼记》有谓："居处不庄非孝也，事君不忠非孝也，莅官不敬非孝也，朋友不信非孝也，战陈无勇非孝也。五者不遂，灾及于亲，敢不敬乎！"（《祭义》）

欲望所产生的道德衰退。《公民道德建设实施纲要》是这样概述 80 年代以来逐渐积累的道德问题的：

> 我国公民道德建设方面仍然存在着不少问题。社会的一些领域和一些地方道德失范，是非、善恶、美丑界限混淆，拜金主义、享乐主义、极端个人主义有所滋长，见利忘义、损公肥私行为时有发生，不讲信用、欺骗欺诈成为社会公害，以权谋私、腐化堕落现象严重存在。这些问题如果得不到及时有效解决，必然损害正常的经济和社会秩序，损害改革发展稳定的大局。①

在儒家的理论角度上审视，这些都是为了满足私己的欲望利求，而忘记、抛弃了对他人、对国家民族应有的伦理义务和道德责任，就是对国家民族伦理认同的缺失、道德的衰退。道德的衰退、伦理认同的缺失甚至在家庭这个伦理共同体里也表现出来。1999 年春节晚会上，一首《常回家看看》的歌曲最受欢迎，并很快传唱开来。歌词曰：

> 找点空闲，找点时间，领着孩子，常回家看看；带上笑容，带上祝愿，陪同爱人，常回家看看。生活的烦恼跟妈妈说说，工作的事情向爸爸谈谈。帮妈妈刷刷筷子洗洗碗，给爸爸捶捶后背揉揉肩。老人不图儿女为家做多大贡献，一辈子总操心奔个平平安安。

这首歌词很亲切温情、贴近生活，这也许是它受到欢迎的原因之一；但更重要的是它表达了一种我们精神的需要，填补了我们生活中的一种情感——家庭伦理情义的空缺。从社会学的角度看，这首歌曲典型地反映了、描写了中国现代化进程中社会主体家庭形态从主干家庭蜕变到了核心家庭，传统的家庭伦理观念变得淡薄，亲子间的交流、沟通变得稀少、困难。在儒家的立场上，可能会失望地感到，这些行为对于"善父母"的

---

① 中共中央文献研究室编《十五大以来重要文献选编》（下），第 1981 页。

"孝"之实践来说①，是欠缺不足的；会沉重地认为，社会道德的衰退在传统道德的基础、核心部位上也发生了。

然而，降临于国家的汶川地震巨大灾难，给这种令人不满、不安的道德局面带来了巨大变化。一位外国记者观察到的这种变化是：

> 悲惨的震灾致使中国人的意识发生了剧变。"经受了地震的洗礼，产生了新的价值观"，"活着就是价值"，无论是在街头，还是在互联网上，都充斥着这样的语言。看到救援人员和志愿者的活动画面，几亿中国人流下了感动的眼泪。
>
> 在中国，实行改革开放后出现了市场经济，拜金主义蔓延，甚至出现了医院拒绝为交不起钱的急病患者治疗的情况。然而看到在无情的天灾面前互相帮助的情景，中国人开始反省了。
>
> 一家报纸进行的调查显示，88%的回答"地震改变自己的人生"，60%的人回答"对公益活动态度变得积极了"，78%的人回答"与家人和朋友的关系密切了"。②

这位日本记者对汶川地震带来"中国人的意识剧变"的观感，应该说是客观的、符合事实的。这种道德表现的"剧变"，用儒家的观察来诠表，就是汶川地震灾难激活了儒家传统道德播种在文化历史载体中和我们每个人生活里的对家庭、国家民族伦理认同的道德意识，唤醒了被儒家视为是人的道德行为之根基的仁的德性和爱的情感。仁爱的精神成为汶川抗震救灾中最明亮的道德表现。这里有伟大的母爱③，有崇

---

① 儒家经典界定："善父母为孝。"（《尔雅·释训》）

② 日本共同社记者盐泽英一：《地震使中国人的意识发生剧变》，载新华社主办《参考消息》2008年8月13日。

③ 有篇报道文章记录下了三位母亲临难前母爱的最后释放，至为感人："永远记住这些普通而伟大的母亲：她的双手支撑着身体，护卫着襁褓中的孩子，手机里留着临终前写下的短信：'亲爱的宝贝，如果你能活着，一定要记住我爱你。'年轻的妈妈怀抱着婴儿，蜷缩在废墟中，已经没有呼吸的她，临去的那一刻，把乳头塞进了孩子的嘴里。已经遇难的母亲，用弓曲的脊背顶住压下的大梁，诀别之际，她割断自己的静脉，让血流的方向对准怀里孩子的小嘴。"（《胜利属于英雄的中国人民——汶川大地震抗震救灾一月全景记录》，《光明日报》2008年6月12日）

高的师德之爱①，更多的是所有社会成员向灾区每个人表达、奉献同情和帮助的那种平凡而又真挚无私的关爱。对于儒家来说，前两种爱的行为还是属于"亲亲"的伦理性的，后一种则是理想的、需借"拟伦理"来克服认同障碍而实现的了②。换言之，这是超越伦理关系笼罩的、在公共社会生活中表现出的仁爱；是一种比伦理责任更广阔的社会责任，一种具有公民意识的道德行为了。这也正是儒家传统的仁爱精神在公民社会里新的生长。这种新的生长，在这次抗震救灾中涌现的英雄模范人物身上最能体现。例如，有位模范是四川省北川中学校长刘亚春，他的妻子是一名中学高级教师，他的儿子是本校高一年级的优秀学生，在这次灾难中都遇难了。灾难中刘亚春没有分身分心去寻找、救助自己的亲人，而是全身心地去寻找、救助埋在废墟下的每一个学生、老师。他说："作为校长，在紧要关头，灾难就是战场，我必须坚守岗位，绝不能放弃任何一个老师和学生!"③ 还有位模范是江苏黄浦再生资源利用有限公司董事长陈光标，是位已多次为社会公益事业做出贡献的企业家。地震发生后，他立即率领由60台吊车、挖掘机、推土机等设备组成的救援队，第一时间赶到了灾区，连续几十个日夜奋战，用带去的重型机械打通了最困难的北川县生命线、映秀镇生命线。他真情地说："我深信，最有价值的生命，是能够帮助更多的人改变自己生活的生命。我希望我的行动能够带动更多的人行动起来，发自内心地去帮助他人，温暖他人。而于一个永不止步的企业家来

---

① 多篇通讯文章报道了这次抗震救灾中的教师英雄群像。其中有篇这样记述一位把生的希望让给学生，把死的危险留给自己的老师："当群众搬开垮塌的汶川县映秀镇小学教学楼一角时，被眼前的一幕惊呆了：一名男子跪扑在废墟上，双臂紧紧搂着两个孩子。两个孩子都还活着，而他已经气绝。这就是该校29岁的老师张米亚。'摘下我的翅膀，送给你飞翔。'多才多艺、最爱唱歌的张米亚老师，用生命诠释了他自己写的歌词，用血肉之躯为他的学生扛住了生命之门。"（郑晋鸣：《照彻灾难隧道的美德之光》，《光明日报》2008年6月5日）

② "老吾老以及人之老，幼吾幼以及人之幼"（《孟子·梁惠王上》），是儒家对仁爱精神之实现的理想状态的表述。"四海之内皆兄弟"（《论语·颜渊》），是儒家在无伦理关系的人际间作"拟伦理"的亲近表述。

③ 刘亚春：《师生共铸爱的丰碑》，《光明日报》2008年6月13日《抗震救灾英模事迹首场报告会全文实录》。

儒学与我国现代化进程

说，发展企业的最好办法，就是养成高度的社会责任感。"① 两位抗震救灾模范所言所行，表现的都是敬业奉献的公民道德精神，但也都可以理解为、诠释为是儒家传统的"自任以天下之重"的责任意识、"己欲达而达人、己欲立而立人"的仁爱道德精神——一种发自内心的、无任何个人功利目的的道义行为的新的生长。这些道德表现的精神之根深深地盘结在儒家伦理道德传统的德性理念、人格理想里，而又能在超越家庭伦理共同体的国家民族的更高伦理共同体里实现认同，在超越伦理关系界限的更宽广的社会公共生活空间里实现认同，释放出道德情感和道德行为。这就是新的道德精神的基本特征。

公民道德规范的形成和新的道德典范的表现都表明，儒家的道德传统在已基本完成了现代化社会转型的现代中国的公民社会、法治社会里，能适应社会变化，继续生长，并发挥其社会功能。

3. 结语：最基本的坚守

儒家道德思想是一个很丰富的、有很强精神塑造能力的观念系统。从国家发布的公民道德规范中，从全国道德模范和汶川抗震救灾中国民的道德表现中，都可以较清晰地看出，当代中国道德所坚守着的，也正是儒家传统道德仍然生长着和发挥功能的、具有生命力的那些精神遗产，其基本道德理念、道德要素是，第一，道义论的道德判定原则。儒家的道义论（义务论）是奠定在"五性"德性观念基础上的判定道德行为的根本原则，其基本的意涵，一是认为只有伦理道义的行为"仁义"——"爱"的道德情感和"应当"的道德自觉的行为，才具有善或道德的价值，将功利排除在道德行为之外，即孟子所说："何必曰利，亦有仁义而已矣。"（《孟子·梁惠王上》）二是认为道义行为只是义务责任，只是根据"应当"而行，没有义务和责任自身之外的目的，亦如孟子所说："由仁义行，非行仁义也。"（《孟子·离娄下》）儒家的道义论只是对人的道德行为的性质作出是"仁义"的而非功利的界定，但并没有否认人的道德行为之外的其他生活行为的正当性、合理性，所以也并没有否定功利。儒家

---

① 陈光标：《写好人生道德文章》，《光明日报》2008年10月22日《第五届公民道德论坛发言摘登》。

有所谓"见利思义"（《论语·宪问》），"见利不亏其义"（《礼记·儒行》），也就是说，虽然功利不是道德行为追求的目标，但儒家仍然肯定、接受符合道义的功利。在古希腊哲学中的以美德是能获得幸福的一种品质之目的论和近代西方以道德为能得到功利的行为之效果论伦理学立场映衬下，儒家道义论原则之特色——道德应是履行伦理义务责任的行为，德行是自觉践行伦理道德规范的精神品质，就更为鲜明。儒家道德因此有了自己的理论品格或特质。在儒家看来，公民"基本道德规范"和"三德"规范，是对公民从不同方面提出的道德责任要求，是属于道义论性质的，禀赋着儒家道德的理论品格。

第二，在伦理认同和践行中构建的精神家园。精神家园是人的心灵感受到安宁的栖息之处，能实现安身立命的自我认同之处。在儒家的生活方式里，这样的精神家园就是获得伦理认同的家庭和国家民族。在儒家观念中，家庭是以血缘、姻缘之人性的、自然的情感元素和伦常关系构成的伦理的共同体。家庭成员承担着诸如"父慈子孝"（《礼记·礼运》）的相互的、双向的伦理义务和道德责任。对家庭的伦理认同，就是在家庭的伦理关系网络中找到自己的伦理位置、伦理角色；在努力践行自己的义务责任中，在父母得到乐养、子女健康成长的生活实践中，获得动力，感受幸福，体验人生意义。在儒家观念中，"凯弟君子，民之父母"（《诗经·大雅·酌》），"君天下者，子民如父母"（《礼记·表记》），国家——按儒家的理解与诠释，君主专制时代的君主，民主时代的国家政权皆是"国家"的体现——是个与家庭伦理共同体同质同构的更大的"家庭"，更大的伦理共同体。对国家的伦理认同，也就是在子民或国民（公民）与国家间存在着诸如"君仁臣忠"（《礼记·礼运》）的相互的、双向的伦理义务和道德责任。国家要保护、爱护自己的子民、国民，子民、国民也要努力维护国家的存在和利益。从孟子所谓"君有过则谏"（《孟子·万章下》），"闻诛一夫纣，未闻弑君也"（《孟子·梁惠王下》），《礼记》所谓"为人臣下者……怠则张而相之，废则埽而更之，谓之社稷之役"（《少仪》），可以认为，子民、国民的伦理义务和道德责任，自然也内蕴有对国家的腐败和堕落施以道德的批判和社会的改造。儒家生活方式里的精神家园，在对国家民族的伦理认同中，范围被拓展，境界被提高，因为在这里孕育着更深厚的源自关切国家命运的生活动力，培壅着所有国人的生命和心灵的安宁，更矗立着如灯塔般照耀着人们的那些为国家的存在和利益而舍生求义、杀身成仁的悲壮崇高人生。现代政治学一般将国家理解为一个拥有主权和领土，权威机构（政府）通过法律来维系的、由个人和社团组成的政治共同体，凸显它的统治功能；现代社会学一般将家庭界定为由血缘、姻缘、收养关系组成的相对稳定的生活共同体，凸显它的生活功能。与此不同，儒家传统则在家庭、国家共同体中主要诠释出内涵是伦理义务、道德责任的伦理性品格，凸显家庭、国家都是伦理共同体；并在这种伦理认同中——伦理义务、道德责任的践行中构建精神家园。这种精神家园也正是公民道德规范所要建设的；全国道德模范和汶川抗震救灾中国民的行为表现，其热爱自己的家庭、国家和人民的道德情怀，为他们而献身的道德精神，也正是生长在这样的精神家园中。

第三，私德规范向着公德领域——公共社会生活空间生长。儒家传统的道德行为表现，其最为鲜明的特点，是在对家庭、国家伦理共同体以及其他能构成伦理关系——相互间实际上已有或可能会产生某种义务、责任的对象（如师友、乡里）实现伦理认同后，才能释放的且程度有差别的道德感情、道德行为。换言之，传统的儒家道德多为一个伦理角色在有伦理关系的空间里的伦理性行为规范，此可称为"私德"；而作为一独立的个体在公共社会生活中与没有伦理关系的陌生他人间的一般行为规范，此可称为"公德"①，此在传统的儒家道德中，则比较缺弱。当然，儒家的道德思想中也并不是缺乏这样的理念资源，前面引述的先秦儒家所谓"四海之内皆兄弟"，"亲亲、仁民、爱物"，宋代儒家所谓"民吾同胞，物吾与也"，都是努力于要把在家庭之伦理关系空间

----

① 需要说明，这里所谓"私德"，是指在有伦理关系的，即能发生伦理认同的生活空间里，以践行伦理义务、道德责任为主要品质特征和行为内容的德行。在此意义上，孝、忠、信都是"私德"。"公德"是指独立的社会成员个体，在超越伦理关系的社会公共生活领域内应遵循的一般的行为规范，如遵守法纪、文明礼貌、爱护公物、保护环境。比较而言，私德和公德的德性意蕴有深浅之差别，公德浅于私德；但私德与公德表现功能的界域不同，难以做轻重之区分。此与前引梁启超界定的"公德""私德"有所差异。

里才能发生的道德感情、道德行为推展到家庭以外的社会领域，甚至更远的万物、自然。公民道德规范"三德"中的"社会公德""职业道德"，"家庭美德"中的"邻里团结"，从家庭之外更广的生活领域提出的公民行为准则，都可以理解为是儒家这种道德意识在现代社会情境下的延展。儒家道德的道义论原则立场，限定了，但也支持了它能以扩展"私德"来弥补它的"公德"缺弱。公民社会里公民个体的权利、利益等诸多在义务与责任之外行为的正当合理性，是公德的基础，对此，儒家道德并不证明之，但也并不否定之。孔子的弟子有若曾观察到："其为人也孝悌，而好犯上者鲜矣；不好犯上而好作乱者，未之有也。"（《论语·学而》）前引梁启超也曾论断："容有私德醇美而公德尚多未完者，断无私德浊下而公德可袭取者。"所以在儒家看来，能自觉履行人与人之间的伦理义务与道德责任的私德是根基，公共社会生活领域里的以承认、尊重他人权利、利益为主要意涵的行为规范公德，可以且必须在私德基础上生成。

总之，公民道德规范、全国道德模范、汶川抗震救灾，都从不同方面彰显了根系于儒家传统道德的那种道义论的道德精神，那个由伦理地认同家庭、国家民族而形成的精神家园，以及儒家传统道德在现代社会的公共社会生活空间里新的成长。《公民道德建设实施纲要》由国家发布，体现着国家的意愿和我国当代伦理学理论识解的高度①，全国道德模范则是数千万群众推荐评选产生，汶川抗震救灾更是全国人民自觉的集体行动。完全可以说，正是这些构成了当代中国道德世界的主体、主流，表现着当代中国的道德理解、道德选择；而儒家传统的道德则被融摄于其中，也生长于其中。

当然，全幅的当代中国道德世界里，还存在着另外的道德理解和道德追求。2005 年出版的《伦理的嬗变——十年伦理变迁的轨迹》一书，通过问卷调查方式，对 20 世纪 90 年代到 21 世纪初中国青年大学生的道德

---

① 一位伦理学者评介《公民道德建设实施纲要》说："学界专家高度评价《纲要》的重大价值。这是辛苦劳作的成果，集思广益的结晶，党内党外集体智慧的展示。"（夏伟东：《解读〈公民道德建设实施纲要〉》，《伦理学研究》2002 年第1 期）

思想状况作出分析，进而研判中国现代化进程中的伦理变迁。这里摘录其中三所大学学生（调查对象共有十所大学的学生，答卷情况基本相同）对 2002 年问卷中（共 54 个问题）最能反映一代青年道德取向和态势的有关传统道德与现代道德、义与利、个人与集体三种关系的 5 个问题的回答，并略作评议。

其一，传统道德与现代道德之关系。

问题：从道德的角度看，当今社会的主要问题是如何发扬传统道德而不是追求现代道德。①

调查对象② 不同回答	同意（%）	基本同意（%）	中立（%）	基本不同意（%）	不同意（%）
中山大学学生	4.7	8.7	21.1	33.4	30.3
北京大学学生	4.9	7.8	21.0	30.1	36.3
浙江大学学生	5.4	10.3	17.5	32.8	34.3

答卷显示，多数（66% 上下）的青年大学生认为，当代中国的道德建设的重点应该是培养现代道德，构建现代生活方式；传统道德处在青年大学生精神世界的边缘。青年人倾心现代、向往未来是很自然的。但青年人阅历浅，难以感受和认知现代道德是如何从传统道德生长、蜕变而来。能够认识和自觉践履传统道德的基本的，也是还活着的，具有生命力的道德理念和规范——在儒家传统的生活方式里，这就是道义论的道德理解立场和对家庭、国家民族的伦理认同及其推展，乃是一个人在现代生活中认识自我，实现自我认同的必要内容。没有这个道德之根，在现代生活的道德选择、道德成长中就会飘移不定、无所适从。

其二，义与利之关系。

---

① 李萍、钟明华主编，曾盛聪等著《伦理的嬗变——十年伦理变迁的轨迹》，人民出版社 2005 年版，第 5、33、187 页。

② 因投放的问卷数量不同，各学校的调查对象数目（收回的有效答卷数）也不同：中山大学为 1037 人，北京大学为 529 人，浙江大学为 485 人。

问题 1. 您对"君子喻于义，小人喻于利"的看法①：

调查对象 \ 不同回答	同意（%）	基本同意（%）	中立（%）	基本不同意（%）	不同意（%）
中山大学学生	18.2	25.1	23.6	18.5	14.4
北京大学学生	33.1	24.6	18.9	11.3	12.1
浙江大学学生	30.9	25.8	16.5	15.1	11.8

问题 2. 您认为人与人之间的关系应该是②：

调查对象 \ 不同回答	责任关系（%）	利害关系（%）	互利关系（%）
中山大学学生	34.5	10.1	54.1
北京大学学生	38.4	6.1	55.5
浙江大学学生	35.9	10.7	53.4

《论语》记载孔子曰："君子喻于义，小人喻于利。"（《里仁》）这是儒家以"义""利"来对有道德修养和缺乏道德修养的人所作的基本区分。孔子还说"君子义以为上"（《阳货》），表明儒家还认为一个有道德修养的人，不仅是理智上能明了、懂得"义"，而且在待人接物的生活实践中能遵循体现"义"的原则——以能践行伦理义务、道德责任为原则。答卷显示多数（55%上下）青年大学生也认同作为品性修养可以用义、利界分有道德的人与缺乏道德的人，但在生活实践的人际交往中，他们又放弃了这个儒家的道义论原则，而认为应以"互利"——一个功利论的原则来选择、确定行为。"互利"是契约行为的原则在契约社会或公民社会的独立个体间，它的合理性是毋庸置疑的，但作为是一种道德行为的选择标准，会是可疑的，作为普适的一切行为的选择标准，更是困难的。在这里，儒家的普适的原则应该是"己所不欲，勿施于人"（《论语·颜渊》），这仍是一个道义论的而不是功利论的原则。

---

① 李萍、钟明华主编，曾盛聪等著《伦理的嬗变——十年伦理变迁的轨迹》，第4、34、188页。
② 同上书，第14、37、202页。

其三，个人与集体之关系。

问题1. 您对"大河有水小河满，大河无水小河干"的看法①：

调查对象 ＼ 不同回答	同意（％）	基本同意（％）	中立（％）	基本不同意（％）	不同意（％）
中山大学学生	41.0	25.2	16.7	10.0	6.5
北京大学学生	57.1	19.5	12.5	6.4	4.5
浙江大学学生	51.1	23.7	10.5	6.4	8.2

问题2. 您对"个人的事再大也是小事，国家的事再小也是大事"的看法②：

调查对象 ＼ 不同回答	同意（％）	基本同意（％）	中立（％）	基本不同意（％）	不同意（％）
中山大学学生	10.4	18.7	22.2	24.4	24.0
北京大学学生	22.3	23.5	21.2	16.5	16.5
浙江大学学生	16.3	24.9	18.4	19.2	21.2

两个同样可以用来诠解集体高于个人之道德关系的问题，从"大河""小河"之日常经验的、生活理智的角度观察，能得到70%上下的赞同，而以"国事""家事""个人事"之对伦理共同体认同的较高道德理性来识解，却只有40%上下的共识。相较于古人的"不以父命辞王命，不以家事辞王事"，今日青年个人独立自主意识增强了，对国家的伦理认同却减弱了。当然，"80后"——20世纪80年代出生的青年一代在汶川抗震救灾中的表现③，使这一问卷调查显示的结论要适当修正。应该说，今日青

---

① 李萍、钟明华主编，曾盛聪等著《伦理的嬗变——十年伦理变迁的轨迹》，第10、35、190页。

② 同上。

③ 前已援引的那篇报道汶川抗震救灾的通讯文章称，在参加汶川抗震救灾的20万志愿者中，有一半是"80后"。该文并以具体事实说明"80后"的优秀表现是：胸怀祖国，能够理性捍卫国家主权和民族利益；心系人民，能够无私奉献同胞情谊和人间大爱；勇于担当，能够自觉践行职业使命和人生价值（见刘诚、李健《"80后"是党和人民可以信赖的一代》，《光明日报》2008年7月12日）。

年一代心灵深处也储藏着对国家民族至深的伦理认同，会随机被某种重大因素激活。在儒家立场看来，这是儒家道德传统又塑造了新的一代人。

《十年伦理变迁的轨迹》和其他有关当前社会道德思想状况的社会调查都显示，当代中国的道德世界是复杂的、多元的。中国传统的和西方现代的道德观点、理念，都活跃在其中，既冲突也融合在其中，塑造着、影响着人们的道德思维、道德选择。在此情境下，对于保持中华文明固有的精神价值与生活方式之存在和发展来说，儒家道德传统的道义论原则，其对家庭、国家民族之伦理认同和践行而构建的精神家园，其向着适应时代变迁方向的生长，都是儒家立场上的最基本的坚守。儒家此种立场，如下面我们将论述的，也显现为这样一种文化姿态：多元价值的现代性生活已经来临，儒家传统不会，当然也不能阻止它的到来，但其拥有的精神资源，使其能宽容地接受它的到来，从容自立地汇入它的到来。

丙 篇

儒学与现时代：儒学的现代性回应

"现代性"（Modernity）的意涵，在哲学或社会学的不同学术领域或理论立场上有不同的理解和界说。例如在后现代主义哲学家那里，现代性被理解为表现"启蒙"特征的那样一种思想态度、行为方式。"启蒙"精神的主要之点是人的理性和主体性①，但在后现代主义哲学这里，现代性的这种精神，并不是被作为思想成就从正面表述出来的，而是对它的负面、弊端，通过具有颠覆性的理论途径的反思，批判地、否定地表述出来的②。与此不同，社会学是从另外的理论视角上来理解、界说现代性的。美国社会学家布莱克曾界定"现代性"说：

---

① 康德界说"启蒙"曰："启蒙就是人类脱离自己所加之于自己的不成熟状态。不成熟状态就是不经别人的引导，就对运用自己的理智无能为力。"（康德：《什么是启蒙运动》，《历史理性批判文集》，何兆武译，商务印书馆1991年版，第22页）康德的"启蒙"界说中凸显的正是人的理性和主体性，西方启蒙运动的思想文化成就和社会制度变迁也正如此显示。后现代主义的主要代表、法国哲学家福柯（M. Foucault）因此评价康德《什么是启蒙运动》一文，是"现代性态度的纲要"（福柯：《什么是启蒙》，陈燕谷、汪晖编《文化与公共性》，生活·读书·新知三联书店1998年版，第429页）。

② 后现代主义哲学将论说人之理性、主体性的诸多现代性哲学思想理念（如"本质""普遍""总体"）称为"元叙事"，而对"元叙事"的不信任及从不同理论角度的批判、解构，就是后现代主义哲学的思想特征，正如后现代主义的主要代表、法国哲学家利奥塔尔（J. F. Lyotard）所宣示："简化到极点，我们可以把对元叙事的怀疑看作是'后现代'。"（利奥塔尔：《后现代状态》，车槿山译，生活·读书·新知三联书店1997年版，第2页）

在上一辈人那里，"现代性"被相当广泛地用于描述那些在技术、政治、经济、社会发展方面最先进国家的共同特征，而"现代化"则被用于描述这些国家获得这些特征的过程。①

显然，在社会学的现代化理论家这里，"现代性"是指现代化进程——由传统农业社会到现代化工业社会所塑造的那个特定的历史时代的社会特征。英国社会学家吉登斯（A. Giddens）说，"现代性，大略地等同于'工业化的世界'"②，"现代性本质上是一种后传统秩序"③，也是在此种意义上理解"现代性"的。这一界定将现代性理解为由完善的市场经济、自由主义的政治制度和个人主义精神、高度发达的工具理性等因素构筑的现代资本主义，并且在较宽泛的意义上，剔除其中的意识形态因素，现代性也就是现代文明。此种理解虽然比较浅近，但却十分基本、符合实际，也是本书这里观察现代性要选择的理论角度。

18 世纪以来，现代化在世界范围内不同程度上的实现，也不同程度带来了政治民主、个人自由、科学技术发展、财富增加，人类社会在价值的和制度的层面上都取得了巨大的进步；但是在现代性社会，特别是在现代化已成熟发展了西方发达国家，现代性也孕育了社会风险和精神危机。西方学者对此有甚多的深入的分析，具有代表性的如吉登斯在其《现代性的后果》一书中，从经济、政治、军事、社会等制度层面上研判现代性的具有严重后果的风险是：经济增长机制的崩溃，极权的增长，核冲突和大规模战争，生态破坏和灾难④。加拿大学者泰勒的《现代性之隐忧》一书，则是从价值的层面上观察到现代性带来的"三个隐忧"的精神危机：意义的丧失，工具理性猖獗面前的目的的晦暗，自由的丧失⑤。20 世纪下半叶以来，西方国家涌起的社会运动、社会思潮——吉登斯将其归纳为劳

① C. E. 布莱克：《现代化的动力》，第 9～10 页。
② 安东尼·吉登斯：《现代性与自我认同》，赵旭东、方文译，生活·读书·新知三联书店 1998 年版，第 16 页。
③ 同上书，第 22 页。
④ 安东尼·吉登斯：《现代性的后果》，田禾译，译林出版社 2000 年版，第 150 页。
⑤ 查尔斯·泰勒：《现代性之隐忧》，程炼译，中央编译出版社 2001 年版，第 12 页。

工运动、民主运动、和平运动、生态运动、女权主义（女性主义）运动①，都是对现代性制度和价值层面上产生的那些社会问题、精神危机的回应，试图化解之的努力——吉登斯称之为"通向未来的车轮"②。

现代的中国，已基本实现了从传统农业社会向现代工业社会的现代化社会转变，并且继续在自觉地完善着与这一社会转变和更高社会进步相适应的制度层面和价值层面上的建设；现代化已经成熟的、已跨入"后工业"的西方发达国家那些现代性的社会问题、精神危机，在我们这里也显露端倪。如果说，如前所论，儒家传统在我国现代化进程中曾贡献了形成动力、秩序因素和适应能力的积极作用，并在我国现代化进程所产生的新的社会环境——公民社会的个人道德和法治社会的伦理秩序中，实现了新的道德生长，出色地表现了儒家传统——儒家思想及其建构的生活方式，仍然具有保持和创新中国固有文化特色的那种功能和生命力，儒家传统能否和如何回应现代性的那些社会问题、精神危机呢？这里，我们拟选择现代性精神危机中的一个核心问题——人生或生命意义失落，以及现代性的影响、指涉最广，且能周延地构成人与自然、人与人之关系的社会思潮或运动——生态运动、全球伦理、女权主义运动，来审视儒学借其思想的和生活方式的资源对此所可能形成的理解和态度，显示儒家传统能宽容地接受和从容自主地汇入现代性的人类生活中去的那种文化姿态。

一　儒家生活中的人生意义

人生或生命的意义，可以简单地、形式地界定为是人的一种主观的对生命的心理体验和对生存的理性自觉。这种体验和自觉的主要特质，是在不同的识解程度上执着于在客观的实际生活中潜在着、呈现着某种有价值的、值得期待的追求目标，因而从中获得生活的动力、勇气和满足。十分显然，在不同文化的生活方式中，在不同的历史时代里，生活目标不同的人们对人生意义的体验和自觉也是不同的。《论语》记载，孔子对不满他孜孜于改造社会之人生态度的隐者——可以理解为是对现实生活感到失

---

①　安东尼·吉登斯：《现代性的后果》，第139~140页。

②　同上书，第142页。

望、认为无意义而放弃社会实践的人说："鸟兽不可与同群，吾非斯人之徒而谁与?"（《微子》）子路则将孔子对隐者的人生态度之批评表述得更清楚："长幼之节，不可废也；君臣之义，如之何其废之? 欲洁其身，而乱大伦。"（同上）换言之，儒家是在社会伦理道德的实践中确定生活的目标，感受人生或生命的意义。儒家回应异己的思想派别或生活态度的基本理论立场也由此构成。朱子每说："佛老之学，不待深辨而明，只是废三纲五常，这一事已是极大罪名，其他更不消说"（《朱子语类》卷一百二十六），"老子佛氏亦尽有可取，但归宿门户都错了。"（《朱子语录》卷一百二十五）可见，作为历史上儒家思想最重要理论发展的宋代理学，正是在这种理论立场上对中国历史上两个最重要思想派别的人生价值、生活道路的选择提出批评的，作出具有影响力的回应的。十分自然地，这种理论立场也就成为儒家传统的重要内容。那么，在工具理性、个人主体性极度张扬的现代性生活方式里，在一种人生意义的心理感受、理性自觉不断被现实生活剥蚀的情境下，儒家传统应如何回应，如何坚守? 中国的现代化进程仍处在制度的和价值的不断完善的过程中，仍葆有广阔的经济和政治发展的社会进步空间，西方成熟的现代化国家那种具有现代性内涵的"意义丧失"的精神危机并不明显，并不典型。所以在这里，我们就以这一现代性精神危机在西方社会显现出的形态和内容为背景、为代表，来审视儒家传统用自己的思想资源作出的可能的回应。

（一）背景：西方学者视角中的人生意义失落和救治

西方学者对现代社会里人们感到人生意义丧失的精神危机的分析研判，也是很丰富的，这里为能构成一个简单且有一定周延性的论域，将其区分为两个主要问题：意义丧失的根由、意义修复的途径，并以最具代表性的观点来作说明。

1. 人生意义失落之根由

西方学者首先观察到，作为一个有基督宗教信仰传统的西方社会，在现代性生活中，人们的人生无意义、无价值感受的孳生蔓延，是宗教信仰衰退，乃至丧失的结果；而这一结果又犀通着、根系于现代化进程，从某种意义上说，这就是理性化的"祛魅"过程。现代性生活的特质就是理性的生活，因而这一结果是必然的、不可避免的。韦伯最先明确地表述了这样的观点：

> 一切神学，都是对神圣之物做出理智上合理化，预设世界必然有某种意义……相信某些神启就是事实，因为这被视为事实的神启，关系到拯救，从而能使人过上有意义的生活。①
>
> 我们这个时代，因为它所独有的理性化和理智化，最主要的是因为世界已被除魅，它的命运便是，那些终极的、最高贵的价值，已从公共生活中销声匿迹，它们或是遁入神秘生活的超验领域，或者走进了个人之间直接的私人交往的友爱之中。②

韦伯认为，传统生活的人们是在对宗教预设的"神圣之物"的信仰中获得人生意义的，但在现代，在"我们这个时代"，这些在信仰中存在的"神圣之物"已被"祛魅"，即那些神秘的、不真实的对象已被理智、理性破除③，生长在这种信仰中的终极价值、人生意义也就消失了。此后，美国学者贝尔（Daniel Bell）也是在韦伯理论的思路上得出相同的结论："在现代社会，宗教的主要依托——天启，已被理性主义破坏，而宗教信仰的核心'被除去神话色彩'，变成了历史……宗教的衰败过程，在文化范围内存在着亵渎行为，即那套解释人与彼岸关系的意义系统的衰败。"④最后，吉登斯也观察到，"在晚期现代性的背景下，个人的无意义感，即那种觉得生活没有提供有价值的东西的感受，成为根本性的心理问题"⑤。并且研判这种"个人的无意义感"或"生存的孤立"，其根源"并不是个

---

① 马克斯·韦伯：《学术与政治》，冯克利译，生活·读书·新知三联书店1998年版，第46~47页。
② 同上书，第48页。
③ 韦伯解释"祛魅"说："理智化和理性化的增进，含有这样的知识或信念：只要人们要知道，他任何时候都能够知道；从原则上说，再也没有什么神秘莫测、无法计算的力量在起作用，人们可以通过计算掌握一切，而这就意味着为世界除魅。"（《学本与政治》，第29页）
④ 丹尼尔·贝尔：《资本主义文化矛盾》，赵一凡等译，生活·读书·新知三联书店1989年版，第219页。
⑤ 安东尼·吉登斯：《现代性与自我认同》，第9页。

体与他人的分离，而是与实践一种圆满惬意的存在经验所必须的道德源泉的分离"①。在一个有宗教信仰、宗教传统的社会，道德源泉存在于宗教之中。吉登斯将现代性生活背景下生活无意义的感受归之于"与道德源泉的分离"，也就意味着这种感受萌生自宗教信仰的衰退、丧失。

西方学者又观察到，人生意义在现代性生活中失落还有一个根由，那就是自我中心的个人主义。泰勒说：

> 个人主义的黑暗面是以自我为中心，这使我们的生活既平庸又狭窄，使我们的生活更缺乏意义，更缺少对他人及社会的关心。②

泰勒像许多西方学者一样，认为个人主义勇敢捍卫个人权利，使我们这个世界人们有权利选择自己的生活方式，有权利以自己的良知决定各自的信仰，不再受到超越他们之上的权力、秩序的侵害，这是个人主义积极的、正面价值，是"现代文明的最高成就"③。但是，张扬个人权利的个人主义也有消极的一面，是以自我为中心，把自我利益、欲望的实现、满足，放在生活的首要的，甚至是全部的位置上，导致不再有更高的生活目标，不再有对自我之外的他人、社会的关怀。缺乏道德内容的平庸、封闭的生活，就会产生无意义感，就是失去生命意义。因为人生意义总是在实践与他人、社会相联系的、高于当下生存状态的生活目标中，才能生成，才能呈现。泰勒将此表述为"生命的英雄维度的失落，人们不再有更高的目的感，不再感到有某种值得以死相趋的东西"④。此前，贝尔也已考察、研判现代资本主义的文化特性"就是要不断表现并再造'自我'，以达到自我实现和自我满足"⑤；判定"资本主义制度已失去它的超验道德观……资本主义的文化正当性已经由享乐主义取代，即以快乐为生活方式，它的意识形态原理就是把冲动追求当成了行为规范，资本主义文化矛

---

① 安东尼·吉登斯：《现代性与自我认同》，第9页。
② 查尔斯·泰勒：《现代性之隐忧》，第5页。
③ 同上书，第2页。
④ 同上书，第4页。
⑤ 丹尼尔·贝尔：《资本主义文化矛盾》，第59页。

盾就在于此"①。换言之，也正是"个人主义的黑暗面"——以自我为中心的自我实现、自我满足，使现代资本主义文化丧失了终极意义，出现了精神危机。

在我国最早的诗歌《诗经》里，你可以听到这样的咏叹，"我生之后，逢此百忧，尚寐无觉"（《王风·兔爰》），"今者不乐，逝者其耋；今者不乐，逝者其亡"（《秦风·车邻》）。在久远的希腊悲剧中你也可以听到这样的呼喊："带我去就死吧，因为在我周围看不到什么希望与幻想。"② 可见在古代的人们那里，经受着生活的苦难、生命的短暂、厄运的打击，人生或生命意义失落的心理感受、精神形态也就产生了。但是这里西方学者分析、研判的现代生活中人们人生意义失落的两个缘由——理智化、理性"祛魅"带来的宗教信仰被消解，自我中心的个人主义造成的生活平庸、浅窄、没有目标，内在地犀通着现代性的两个基本内涵——理性和主体性，显示这种人生意义丧失，虽然在其形态与历史上已发生过的似曾相识，但其内涵、特质却有所不同，它是属于现代社会生活的，是现代性生活结下的苦果——一种难以化解的现代性的心理困惑、精神危机。

2. 人生意义丧失之救治

如何回应或者说救治由现代性生活带来的人生意义丧失，西方学者提出了以宗教来"修复意义"和从生活中"发现意义"的两个方案③。

---

① 丹尼尔·贝尔：《资本主义文化矛盾》，第 67~68 页。

② 欧里庇德斯：《赫卡柏》，《欧里庇德斯悲剧集》，罗念生译，人民文学出版社 1957 年版，第 351 页。

③ 20 世纪初，颇有影响的德国生命哲学家奥伊肯（Rudolf Eucker，旧译倭铿）曾集中论述"生活的意义与价值"的问题，提出了一个他认为是"能使生活值得一过的方案"。其主要内容是：1. 在以往宗教（基督宗教）、内在唯心主义、实在论（含自然主义、理智主义、人本主义，人本主义又含社会主义、人文主义）六种思想观念建构的生活图式里，生活皆遭到不同性质和表现的损害、破缺，不能给生活以真正的意义与价值。2. 只有在一种能将主体与世界、内部感情与外部事实包容在一体的，具有生活的稳固基础、自由首创精神、高尚目标三项内涵的"精神生活"中，才能有生活的意义与价值（参见鲁道夫·奥伊肯《生活的意义与价值》，万以译，上海译文出版社 1997 年版，第 4、64、77、95 页）。奥伊肯生命哲学设计的此一"重建"值得一过的生活之方案，与我们这里要论述的救治作为现代性后果的人生意义丧失之论题，内容有某些联系，但论旨甚有不同，故未予论列。

　　贝尔在对资本主义文化矛盾的考察中，观察到一个明显的现象，那就是在西方现代性生活中，伴随着宗教的衰败，包括人生意义在内的传统的、根系于宗教的世俗"意义系统"也衰落了。于是，他作为一个文化保守主义者①，就得出了这样的结论：

　　　　假如世俗的意义系统已被证明是虚幻，那么人依靠什么来把握现实呢？我在此提出一个冒险的答案——即西方社会将重新向着某种宗教观念回归。②

贝尔将他所设计的这种宗教观念的回归称为"走向大修复"③。显言之，他认为对于现代性生活中人们已经衰败、丧失的人生意义感，对于人们的这种精神创伤，要用宗教来修复。贝尔"向宗教观念回归"的真正含义，在下面这段论述中有清晰的显示：

　　　　尽管现代文化处于混乱之中，我们仍能期待某种宗教答案出现。因为宗教并不是（或不再是）一种杜尔凯姆（按：即前面已引述的法国社会学家涂尔干，或译迪尔凯姆）意义上的社会"财产"。它是人类意识的一个组成部分，是对生存"总秩序"及其模式的认知追求；是对建立仪式并使得那些概念神圣化的感情渴求；是与别人建立联系，或同一套将要对自我确立超验反应的意义发生关系的基本需要；以及当人面对痛苦和死亡的定局时必不可少的生存观念。④

贝尔这段意在回归宗教的总结性论述，第一，显示了他的"向宗教观念回归"之"宗教"，与为涂尔干所论述的、西方社会学主流的传统宗教观念是不同的。要言之，涂尔干根据澳洲土著居民氏族社会图腾制度，将宗

---

① 贝尔曾明确申明自己的立场："本人在经济领域是社会主义者，在政治上是自由主义者，而在文化方面是保守主义者。"（丹尼尔·贝尔：《资本主义文化矛盾·一九七八年再版前言》，《资本主义文化矛盾》，第21页）。
② 丹尼尔·贝尔：《资本主义文化矛盾》，第75页。
③ 同上书，第197页。
④ 同上书，第221页。

教诠释为是由神圣事物信仰、仪式、组织等要素构成的"社会事物",是"集体心智"①,贝尔则倾向于将在传统宗教失败的地方出现的新的宗教,理解为是"与过去历史传统无关的个人经验和个人信仰"②;涂尔干强调宗教的主要功能不是思考、认知,而是行动,帮助生活③,贝尔则特别看重宗教能满足人们对神圣事物内在意蕴、世界总体或"总秩序"、死亡等超验意义的认知追求。所以,贝尔的"宗教回归",不是对传统式的宗教生活的恢复,而是借援宗教观念来"修复"失落的人生意义。第二,也显示了贝尔何以选择、期待以宗教来修复在现代性生活中变得衰微、"虚幻"的意义系统的缘由。首先,孤立的个人,不会感到"意义","意义"在个人与他人、社会的联系中、认同中才能显现。贝尔认为,"传统的认同方式一直是宗教,宗教是理解一个人的自我、一个人的民族、一个人的历史和一个人在事物格局中地位的超世俗手段"④。即是说,贝尔相信,作为个人经验、个人信仰且能满足人们诸多精神上"认知追求"的宗教,必能在最宽广、深入的程度上实现人的自我认同。其次,毫无疑义的,人生意义的意识或观念,是一个最深刻的生存自觉。这种意识或观念若能与某种最深刻的根源联系在一起,才能是最稳固的。在一个有宗教传统的社会生活里,人们不难发现,宗教的信仰中所呈现的终极性、超验性,正具有这样的品性。贝尔反复说:"从历史的角度讲,宗教作为与终极价值有关的意识形态,就是一种共有的道德秩序的根据"⑤,"宗教作为超越人类

---

① 如迪尔凯姆说:"宗教乃是一种具有明显社会性的事物,宗教表象是表述集体实在的集体表象……宗教是由神话、教义、仪式和典礼所组成的或多或少有点复杂的体系。"(埃米尔·迪尔凯姆:《宗教生活的基本形式》,《迪尔凯姆论宗教》,周秋良等译,华夏出版社2000年版,第104~105页)又说:"宗教不是起源于个体感情,而是起源于集体的心智状态,并因这些集体心智状态不同而不同……宗教为我们提供的表象不是个体理智的作品,而是集体心智的产物。"(迪尔凯姆:《关于宗教现象的定义》,《迪尔凯姆论宗教》,第86~87页)
② 丹尼尔·贝尔:《资本主义文化矛盾》,第221页。
③ 如迪尔凯姆说:"宗教的真正功能不是促使我们思考,丰富我们的知识,也不是把另外一些起源不同,性质不一样的表象添加到科学的表象上去,而是逼迫我们行动,帮助我们生活。"(迪尔凯姆:《宗教生活的基本形式》,《迪尔凯姆论宗教》,第138页)。
④ 丹尼尔·贝尔:《资本主义文化矛盾》,第207页。
⑤ 同上书,第206页。

的一种超验概念，能够把人同他身外的某些事物联系起来"①，"宗教是在生存的最深层次寻求生活的意义。"② 唯其如此，贝尔选择、期待借宗教"走向大修复"，是十分自然的。

　　西方学者另一救治人生意义失落的方案，是奥地利心理学家弗兰克尔（Viktor E. Frankl，或译弗兰克）从精神病治疗的角度提出的。弗兰克尔作为一个精神病医生真切地观察到，现代社会的生活无意义感正在腐蚀着人们的精神。20 世纪 50 年代，他曾叙说亲身所感："越来越多的迹象表明，无意义感正在不断蔓延。在一次新近召开的、由弗洛伊德的门徒所组成的国际会议上，人们一致强调指出，他们所面临的越来越是这样的一些病人，这些病人的病痛本质上在于某种与其生活相关的、总体的无内容感。"③ 于是他形成了与弗洛伊德"性"本能、阿德勒"权力"本能相似的，也被视为是人的原始动力之一的"意义意志"的观念，提出了"意义治疗"的新的精神治疗方法，关注人的存在意义以及人对于这一意义的寻求，被称为"维也纳第三心理治疗学派"④。弗兰克尔的"意义"治疗与弗洛伊德的"快乐"治疗、阿德勒的"优势"治疗的重要不同，是他的理论基础跨出了自然人性的生理心理樊篱，引入了，并以其作为主要观念支柱的是社会性内涵的价值理念；他是在一种人生价值、人生哲学观点的叙说中，而不仅是在对心理障碍的生理学、生物学的消解中来进行和完成治疗。正是在此种理论意义上，意义治疗追寻生命意义的基本理论，对于我们这里从一般的理论立场上考察救治现代性生活中的人生意义丧失，也很重要，也有价值。

---

① 丹尼尔·贝尔：《资本主义文化矛盾》，第 218~219 页。
② 同上书，第 222 页。
③ 维克多·弗兰克：《无意义生活之痛苦——当今心理治疗法》，朱晓权译，生活·读书·新知三联书店 1991 年版，第 4 页。
④ 弗兰克尔对自己的"意义治疗"有一简要界说："意义治疗，或被一些人称做的'维也纳第三心理治疗学派'，关注人的存在意义以及人对这一意义的寻求。根据意义治疗的原理，这一寻求生活意义的努力，是人的最原始的创造性力量。这就是我所提出的意义意志，与弗洛伊德的精神分析中阐述的快乐原则（或可称为快乐愿望）不同，也与阿德勒通过使用'争取优势'一词所阐述的'权力愿望'不同。"（维克多·E. 弗兰克尔：《追寻生命的意义》，何忠强、杨凤池译，新华出版社 2003 年版，第 100~101 页）。

弗兰克尔意义治疗追寻生命意义的基本理论，如果剔去它的诸如"矛盾意向"① 等治疗技术性的内容，可以筛出三个最值得重视的、引导寻得生命意义的思想或观点。第一，坚信生活总是有意义的。弗兰克尔说：

> 并不存在什么实际上是无意义的生活。其理由可以归纳为：人的存在表面上消极的方面，尤其是那种由痛苦、罪过和死亡组成一体的、悲剧性的三位一体，也可以转变为某种积极的东西，转变为某种成就，如果我们以正当的立场和态度来对待它们的话。②

弗兰克尔认为，即使像痛苦、罪过、死亡这些生活中"最无意义"的事物，也可能是有意义的，因为我们的精神能在悟彻、跨过这些苦难中得到磨炼，得到升华，得到成长。这是弗兰克尔从一个具体事例中，也是一个最消极、否定性的事物中看到成就、积极的意义。弗兰克尔还从一个根本的方面论证一个人的生命总是具有意义的。他说：

> 人不应该寻求抽象的生命意义。每个人在他的生活中都拥有需要完成的特定事业或使命。因此，他的个体不能被替代，他的生活也不能被重复。因此，每个人的任务与他实现这一任务的特定机会一样，是独一无二的……每个人都应追问生命的意义，但每个人只有通过承担他自己的生活才能向生命做出回答，他只有通过成为负责任的人才能对生活做出反应。③

弗兰克尔认为，一个人作为一个独立个体，他的生存状态、生活经历，总是独特的，不能被重复的；他要承担和完成的使命，即生活赋予他的责

---

① 弗兰克尔曾解释说："意义治疗法的技术之一是'矛盾意向'技术。该技术建立在两种事实之上，一个是恐惧带来他所害怕的，另一个是过度的注意使他所希望的成为不可能。"（《追寻生命的意义》，第126页）

② 维克多·E. 弗兰克尔：《无意义生活之痛苦——当今心理治疗法》，第27页。

③ 维克多·E. 弗兰克尔：《追寻生命的意义》，第111页。

任，也总是独特的，不能被代替的。正是这种一个人生存处境、生活内容的独特性、唯一性，使他的生命总是内存着、附着有意义。只要去生活，去实践责任，就是一个独一无二的生命的呈现，就是一个生命意义的呈现。在弗兰克尔的意义治疗理论中，生命的意义几乎是在一广阔无垠的生活范围内被发掘、被肯定的。第二，意义不能被制造，必须被发现。弗兰克尔说：

> 意义必须被发现，然而不能被制造……这总是令我想起加利福尼亚的研究人员将电极移植在其下丘脑部位的那些实验动物。只要接通电路，这些动物便体会到满足感，或者是性欲方面的，或者是食欲方面的。最后，它们便学会了自己接通电路，而对实际的性伙伴及提供给它们的食物熟视无睹。①

生命、生活的意义感，不单纯只是一种满足、充实感的心理体验、感受，一个纯粹的心理现象，而重要的是一种潜存着价值目标的、具有社会内容的对生存的理性自觉、精神境界。弗兰克尔曾说："人所需要的实际上不是一种无焦虑的状态，而是为了一个有价值的目标所作的努力和斗争，一种自由选择的任务；他所需要的不是不惜一切代价地排遣焦虑，而是呼唤一种等待他完成的潜在意义。"② 其表述的也正是这样的生命意义的观点。所以生命的意义感，不是可以通过技术手段制造出来的某种生理的心理状态，就像实验动物在下丘脑被电流刺激的情况下，即使没有性伴侣、食物，也会有性欲、食欲的满足感；而是存在于一种真实的、合理的生活结构中、人际关系中，需要通过自己对生活中有价值内涵的责任和目标的实践，才能有感知，被发现。弗兰克尔正抱有这样的信心："意义不仅必须而且能够被发现，而良心引导着人们去寻找它。"③ 换言之，在弗兰克尔的意义治疗理论中，生命意义是生活的价值世界中的真实存在，但不能用工具理性来制造，而只能用价值理性或道德理性来诠释、来发现。

---

① 维克多·E. 弗兰克尔：《无意义生活之痛苦——当今心理治疗法》，第 23 页。
② 维克多·E. 弗兰克尔：《追寻生命的意义》，第 107 页。
③ 维克多·E. 弗兰克尔：《无意义生活之痛苦——当今心理治疗法》，第 23 页。

第三，发现意义的三条途径。弗兰克尔说：

> 根据意义疗法，我们可以用三种不同的途径来发现生命的意义：
> 1. 通过创造一种工作或做一件实事；2. 通过体验某件事或遇见某个
> 人；3. 通过我们对于不可避免的痛苦的态度。①

弗兰克尔认为："生命的真正意义应当发现于世界之中，而不是在人的内心。"② 他提出的发现生命意义的三条途径，实际上也就是三种性质不同的，似乎能构成某种周延的人的生存境遇。弗兰克尔解释说，"工作"是创造、是劳动；"体验"是通过自然、文化的事物感受真、善、美，通过与他人的关系中感受爱③；对痛苦的态度忍受，能够经受苦难，"是最高的进取"④。弗兰克尔还将三条发现意义的途径、三种生存情境，解释为三种人生："可以把现代人划为工匠人，他在创造中实现其存在的意义；多情人，他在体验中、在遭遇和爱之中充实其生活的意义；以及受苦人，即忍受着痛苦的人，在挫败中实现自身。"⑤ 可以认为，弗兰克尔发现意义的三条途径——三种生存情境、三种人生道路，是对"并不存在实际上是无意义的生活"之观点的进一步阐述，凸显了意义治疗理论中一个色彩最鲜明、意蕴最深刻的人文理念，"生命的意义是无条件的"⑥；表现了这位富有人文精神的心理学家对于治愈、消弭人生意义丧失这一现时代精神危机的无与伦比的信心。

以上，我们以西方学者对现代社会生活中人们的生活目标、生命意义失落之根由和救治途径两个基本问题的观点，构筑了一个简单的现代性人生意义问题论域。这里的人生意义问题与儒家在历史上面对道家、佛家的人生理想，面对生活苦难和生命短暂的人生困境而遭遇的人生意义问题，在时代背景和实质内容方面都有不同：这里的人生意义问题是现代性的精

----

① 维克多·E. 弗兰克尔：《追寻生命的意义》，第113页。
② 同上书，第112页。
③ 同上书，第113页。
④ 维克多·弗兰克：《无意义生活之痛苦——当今心理治疗法》，第80页；。
⑤ 同上书，第80～81页。
⑥ 维克多·E. 弗兰克尔：《追寻生命的意义》，第117页。

神危机问题；问题的产生不是由于某种独特的"理想"，而是没有理想；不是由于客观的困境，而是自我制造的困境。那么，儒家应如何回应？

（二）儒家之回应

儒家学说拥有一个以伦理道德思想为核心的、很丰富的观念系统，儒家思想还塑造了有很强适应能力的、世俗的儒家生活方式，这些都是儒家可用以审视、研判现代性问题的理论的、精神的资源。凭借这个资源，儒家对发生在现代化已成熟的西方社会里的现代性人生意义失落的精神危机，能够从容地作出回应。儒学不仅可以用自己的理论独立研判现代性人生意义丧失的两个根由和救治途径，还可以在现代观念背景下从儒家思想和生活方式中诠释出它的意义空间和构成人生意义主要内容的自由和幸福。

1. 审视两个根由

如前面所论，西方学者研判现代社会生活中人们的人生意义失落，是因为产生意义感的超越的神圣信仰对象，已被作为现代性之内在品质的理性所"祛魅"而削弱、消失。在西方这样一个有悠久宗教传统的社会——一个人们的心灵为"外在超越"笼罩着的社会，这就是与实现圆满的精神生活所必需的超验的终极道德源泉的分离。此外，现代社会生活中人们的生活无意义感，还产生自个人主义的消极、黑暗的一面——以孤立、封闭的自我为中心，它则是与现代性的另一内在品质主体性之极度张扬相犀通。从儒家的立场上看，西方现代社会生活中发生现代性人生意义丧失之精神危机的两个根由，在儒家的精神世界和生活方式中并不存在，因为在儒家的内在超越和伦理认同的理论和实践中，人的生命与道德终极根源的分离，个人生活与伦理责任的分离，都难以发生。

内在超越　内在超越是儒学最重要的理论特质、特征。在这里，"超越"是指超时空、超验的那种性质。具体事物或构成具体事物的元素，都存在于时空之中，可以或可能被人的经验感知，就不是"超越"；只有被宗教或哲学预设的有某种最高的、终极的、作为包括人类在内的世界万物之根源品质的"实在"，才是"超越"，它是一种超越时空、超越感性经验的存在。宗教的"超越"对象需要依赖宗教信徒超理性的信仰才能确立；哲学的"超越"预设，是哲学家们试图通过形上的理性思考努力阐明的。西方基督宗教的"上帝"就是这种"超越"；并且在西方主流的、正统神学中，"上帝"一直被诠释为外在于人类的、不是人类所能认知的"绝对"存在①，是一种"外在超越"。在这种宗教信仰的生活中，人们十分自然地会将生活中的美好向往、愿景的实现，苦难、罪恶压力的纾解，皆投向上帝。生活的力量、生命的意义都根系于这个神圣的根源。当现代化进程中这个"神圣"被理性"祛魅"，人们的精神根源被理性动摇、消解时，人生意义的失落感、生存的空虚感也就产生了。在儒家思想里，具有这种超越性的"实在"是"天"或"命"（或"天命""天道"）。孔子曾说"道之将行也与，命也；道之将废也与，命也"（《论语·宪问》），"死生有命，富贵在天"（《论语·颜渊》）；孟子则更概括地说"莫之为而为者，天也，莫之致而至者，命也"（《孟子·万章上》），都清晰地显示孔孟儒学中的"天""命"，正是一种超时空的、超验的终极性根源的存在。与前面所述基督宗教正统神学对上帝的诠释相比较，儒学对天、命的诠释，明显的独特之处，在于诠定天、命是可被人的理智所理解、认知或悟解的。孔子曰"吾五十而知天命"（《论语·为政》），表明在孔子那里，天命是可以通过生活经验、思想经历的积累来认识或体验的对象。《礼记》中还有一个具体的解释：

> 哀公问："敢问君子何贵乎天道？"孔子对曰："贵其不已。如日月东西相从而不已也，是天道也。不闭其久，是天道也。已成而明，是天道也。（《哀公问》）

《诗经》云："维天之命，於穆不已。"（《周颂·维天之命》）作为是终极根源的"天命"或"天道"，也是永恒的。《礼记·哀公问》的作者，借

---

① 例如，现代基督教新正统派的著名瑞士神学家巴特认为："我们是人，不能谈上帝"，"能够谈上帝的只有上帝自己。"［巴特：《上帝之言是神学的使命》，刘小枫主编《20世纪西方宗教哲学文选》（中卷），上海三联书店1991年版，第643、653页］著名的德国神学家奥托也认为："一个被理解了的上帝，绝不是真正的上帝。"（奥托：《论神圣》，第29页）都是把基督宗教的"上帝"解释为外在于人类的、只能以信仰而不能用认知来接近的超越对象。

孔子之口对天命的此种超时空的超越性质，作出了可理解的解释。认为日月不停地运行，万物在不知不觉、无声无息中生成，都是天道的表现。换言之，天命、天道就在万事万物之中；通过万事万物的存在就可以理解、认知天道、天命。儒学对天、命的诠释所显示出的更重要特出之处，在于天、命没有作为万事万物根源而进一步在宇宙论或本体论理论层面上被赋予宗教色彩的实体化、人格化，而是富有人文精神地在人之存在的理论层面上将其主体化、内在化，认为天或命就内在于人的心性之中。孟子说：

> 尽其心者，知其性也，知其性，则知天矣。存其心，养其性，所以事天也，夭寿不二，修身以俟之，所以立命也。（《孟子·尽心上》）

孟子对天、命的此番诠释，是儒学中对超越对象的最重要诠释。其主要意涵是，第一，"内在超越"。作为超越的天、命就内在于自己的心性之中，用现代儒学的语言来表述，就是"内在超越"。这样，在儒学中，超越之天、命与人之心、性是不可分离的，如宋儒所说，"在天为命，在义为理，在人为性，主于身者为心，其实一也"（《河南程氏遗书》卷十八），天、命与心、性是儒学从不同维度上对同一对象——人的表述，对人之本质的规定。第二，"立命"。朱子训解说："立命，谓全其天之所付，不以人为害之。"（《孟子集注》卷十三）简言之，"立命"就是命的实现，人生的完成。孟子除对"命"做过一般的界定，还对其内容有过具体的说明："仁之于父子也，义之于君臣也，礼之于宾主也，知之于贤者也，圣人之于天道也，命也。"（《孟子·尽心下》）可见，在孟子这里，"立命"或命的实现，人生的完成，也就是践行仁义礼智的道德规范。这样，在孔孟儒学的精神生活中，最高精神境界、最高人生自觉——孔子所说的"知天命"，也就凸显出是尽心、养性、修身的内容，朗现为是心性修养、伦理道德实践的人生过程。在儒家的生活方式里，一个人由人生自觉所设定、在精神境界中所呈现的生活目标、生命意义，也只能形成于、存在于现世的范围广阔的伦理道德实践中。儒学将天、命之超越存在诠释为内在于人自身之中，天、命之实现诠释为现世人生的道德实践过程，是儒家道德理性最高的、最深刻的表现。有对生活目的、生命意义的自觉，是一个人实现自我提升、自我超越的精神基础。宗教通过信仰使人能从外在的神圣超越那里获得这样的信念，这是信仰的深邃之处。涂尔干曾评价这种信仰的功能说："信仰是温暖，是热情，是整个精神生活的狂喜，是对人的提升。如果不从外部获得能量，人又怎样补充自己的能量呢？单凭自己的力量，不从外部获得支援，人又怎样超越自我呢？"① 但是，宗教的外在超越的神圣对象，是一个"减去道德因素，也减去理性因素"的对象②，所以在现代性生活中因被理性"祛魅"而衰落了③。儒学超越性的天、命理念是儒家在人自身中，在人之心性中追溯道德根源而升越、凝结的一个最高的终极观念，它能被理智理解、认知，能在人之道德实践中被体验、实现。儒学的理性和明智在于能在现世中，依靠发掘人自身的精神源泉，实现自我超越、自我提升，完善人性、完善人生。儒学的道德世界不会被理性"祛魅"，不会因此而带来人生意义的失落。但儒学也有自己的精神危机，它会因缺乏充分的道德理性自觉而陷入价值选择的冲突和精神困惑，并因此而衰微。中国历史上，魏晋名士裸体散发，以任放为达，乐广批评曰："名教中自有乐地，何为乃尔也。"（《世说新语》卷一《德行》）宋代文人风靡于佛禅，儒门淡泊，程颐究其缘由曰："儒者而卒归异教者，只为于己道实无所得，虽曰闻道，终不曾实有之。"（《河南程氏遗书》卷十五）在历史上这两个时期里，儒家践行伦理、道德的生活目标、人生意义被道家、佛家侵蚀、削弱，固然各有其更深刻的思想、社会的原因，但就儒家立场上看，明显的是放任自恣的名士鄙弃了"名教中自有乐地"，佞佛的儒者"于己道实无所得"。易言之，缺乏、丧失了对儒家伦理道德之理论和实践的充分理性自觉。现时代，在强有力的西方文化影响下，应该说，儒家的这种精神危机的情况也一直在发生着。

伦理认同 西方现代性生活中另一个带来人生意义失落的根由，如西方学者所研判，是个人主义极度扩张的自我中心，造成自我封闭的孤

---

① 迪尔凯姆：《宗教生活的基本形式》，《迪尔凯姆论宗教》，第 147 页。
② 奥托曾说：宗教领域的"神圣"术语，是"一个剔除其中道德因素，同时也除去其理性的方面的'神圣'"（奥托：《论神圣》，第 7 页）。
③ 例如，最近，一位英国圣公会主教警告说："英国已不再是基督教国家，英国圣公会可能会在一代人时间里消亡。"（英国《每日电讯报》网站 2009 年 6 月 27 日报道，新华社《参考消息》6 月 29 日转载）

立个人，失去对他人及社会的关心，也失去了对生活的意义感。如果说，可将现代性生活中因宗教信仰衰落而引起的生命意义失落，理解为人与超越性根源的分离；那么，这种因个人主义"黑暗面"而酿成的意义丧失，就可以说是个人与其社会责任的分离。在以伦理认同为实现自我认同、社会认同途径的儒家生活方式里，这种分离无论是在生活结构的或观念形态的意义上，一般都不会发生。如前所论，儒家以"礼"建构的社会生活，是个主要围绕家庭、国家之伦理共同体而形成的伦理关系、伦理网络周密的社会，社会成员被嵌定在伦理位置上，总是以某一伦理角色的身份存在，承担着各自的诸如"父慈子孝""君仁臣忠"被称为"五伦"或"十义"的伦理义务、道德责任。在儒家思想中，伦理义务、道德责任的特质，在于它是一种相互的、等值的人际关系；处于这种关系中的人，只是伦理位置的不同，人格上却是平等的，故有孟子所谓"君之视臣如手足，则臣视君如腹心；君之视臣如土芥，则臣视君如寇仇"（《孟子·离娄下》）。先秦儒家曾批评逃避社会责任的隐者说："长幼之节，君臣之义不可废也。"（《论语·微子》）宋代理学家曾针对舍弃世俗伦常的佛家说："父子君臣，天下之定理，无所逃于天地之间。"（《河南程氏遗书》卷五）都表明儒家以伦理自觉为人生最基本的自觉，以践行伦理义务为人生不可逃避的责任。儒家社会的社会成员，正是在这种伦理的义务责任践行中才能感受到生存、学会思想和行为，认识到他的社会角色的内容和生活位置，实现自我认同——我是一个怎样的人。这种个人通过对家庭、国家伦理共同体、对他人的伦理义务责任来实现的自我认同，就是儒家的伦理认同。伦理认同使人总是要将生活指向实现高于个人的与伦理共同体或他人关系中的道德目标，指向实现人生意义，这就是儒家生活中的人的自我提升、自我超越。舍弃人伦、舍弃责任的孤立个人，在儒家伦理、儒家生活中是不能存在的。孟子对杨墨和宋明理学对佛老的严厉批评都是证明。当然，在历史上的实际生活里，儒家生活方式的宽容品格，还是接纳了它们的存在。自我中心的个人主义会要求唯我的、无视他人存在空间的自由，会造成个人与承担责任的分离、生命意义感的丧失。所以弗兰克尔曾从高于纯粹的意义治疗的角度说："现在您或许将会理解，为什么我常常向我们美国大学生们进言，他们应该造一座责任神像来补充他们的自由神像。"① 个人与责任分离带来的人生意义丧失的危机，对于儒家的伦理认同来说是可以避免的。但是从历史上看，儒家的伦理认同——自觉践行伦理义务道德责任，也时时处在被权力腐蚀、异化的危机之中：相互的、等值的责任，蜕变为单方面的、不平等的承担义务；伦理自觉转换为被迫的权力屈从。在这样的生活实践中，实现自我提升、自我超越的道德目标、人生意义也都消失了。儒家伦理的生活方式与自我中心的个人主义生活方式不同，这里需要的不是补立一座"责任神像"，而是要坚守、充实责任的伦理性特质——相互的、等值的人格平等的内涵。

似乎可以认为，在以内在超越和伦理认同为主要特质的儒家思想、儒家生活中，也会有人生意义失落的精神危机存在，但那是由另外的原因造成的；就此两个特质而言——在人自身之中寻找人生的终极根源，在践行责任之中完成人生，恰有抑制西方现代性的人生意义丧失之发生的那种理论功能。

2. 儒家生活中的人生意义空间

人生意义是人对生命、生活是有价值的一种识解、理性自觉，是由此而产生的动力、满足的心理感受、精神状态。这是只有人类才拥有的一种主观客观融为一体的生存体验和高贵的存在标志。然而，现代性的人生意义失落之精神危机，正在痛苦地困扰着人类。对此，我们考察了两个具有代表性的救治方案：用宗教——一种有别于传统宗教的新宗教来"修复"被理性"祛魅"的信仰；用一种人文精神的意义观念来从生活中"发现"意义，作意义失落的心理治疗。这是处在信仰与知识两个不同领域内的方案，面向超人类与人类两个不同维度上的方案②。在儒家立场看来，用宗教来修复失落的人生意义，对于一个有宗教信仰传统的现代社会群体或个

---

① 维克多·E. 弗兰克尔：《无意义生活之痛苦——当今心理疗法》，第120页。
② 弗兰克尔正是如此将他的意义治疗理论与神学加以区分："我们面临意义治疗法与神学的界限问题：心理治疗的目标是内心医治，宗教的目标是灵魂拯救。宗教性的人所进入的那个维度是一个更高的维度，向更高维度的突破可不是发生在知识领域，而是出现在信仰领域……在信仰中实现的是迈向超人类维度的步伐，在心理治疗中进入到专门人类的维度。"（维克多·E. 弗兰克尔：《无意义生活之痛苦——当今心理疗法》，第92~94页）。

人，也许是必要的；但其能实现到何种程度，仍有待检验。意义治疗法判定生命的意义无条件地存在于现世生活中，指出生命意义可以三种途径发现，充分显现了超越心理治疗技术理性的对人的生存状态的道德关怀和信心，显现了超越精神治疗理论范围的人文精神。在以伦理道德观念为理论核心的儒家思想和据此而建构的儒家生活方式中，这种道德情怀、人文精神，不仅可以得到认同，而且一直以来就是以自己固有特色的理论形态、生活形态存在着。意义治疗法将在生活中发现意义的途径归纳为三种：劳动中的创造、体验真善美和爱、对痛苦的忍受。在创造中得到成就感，体验爱和崇高事物时产生快乐，忍受痛苦时的自我提升，弗兰克尔基本上还是从心理治疗的角度，以不同途径、方法使病患者心理、精神变得充实，驱走心灵的空虚、无意义感。换言之，在弗兰克尔这里，三种途径虽然也可以诠释为三种生存情境、三种人生道路，但主要之点还是唤醒意义感的三种手段，基本性质还是工具性的。但在儒家的思想和生活中，日常平凡的生活、追求崇高的努力、经受苦难，都表现着、潜存着或可诠释出生命的价值，都是有意义的生活；它们共同组成全幅的儒家生活情境，显现着儒家生活中的人生意义。

平凡生活：希望与责任　这里的"平凡生活"，是指以家庭为中心的日用伦常生活。一方面，家庭日用伦常生活是每个人都会经历、都会拥有的，所以很普通，很平凡；但另一方面，在儒家的生活方式里，家庭日用伦常生活又是最基本、极重要的。因为家庭里父子、夫妇、兄弟间的伦理规范，构成了作为全部社会人伦——"五伦"或"十义"的主要部分，故有所谓"君子不出家而成教于国：孝者所以事君也，弟者所以事长也，慈者所以使众也"（《礼记·大学》）；家庭日常生活行为中充盈着、表现着道德理念，故亦有所谓"洒扫应对便是形而上者，理无大小故也"（《河南程氏遗书》卷十三）。家庭里的伦理道德规范，可以推展为国家的、社会的道德规范，家庭生活是国家社会生活的源头、基础。如果说，儒家生活里的人生意义是从伦理规范的道德实践中产生，那么，从家庭日用伦常践履里滋生的人生意义——生活的目的感、生命的有意义感，就是一种最普遍广大的、人人都能感受分享的人生意义。这种人生意义的内涵是什么？是希望与责任。

《温氏母训》是明末抗清名士温璜记录母亲陆氏平日治家教子的言论，其中有则曰：

> 人生只消受得一个"巴"字。日巴晚，月巴圆，农夫巴一年，科举巴三年，官长巴六年九年，父巴子，子巴孙。巴得歇得，便是好汉子。[1]

这位贤惠的母亲，以自然事物趋向好的归宿、农夫期望秋天的收获、举子盼中举、仕人望仕进，凸显家庭人伦之间最鲜明、强烈的精神联结是"巴"——希望亲人的人生美好。在这种希望中产生力量，要为亲人的幸福去劳作、去奋斗；并升华为一种道德的责任，要自觉地履行。在这里，一个人的生活里涌现了多于、高于个人的目标、目的，也就是有了生存自觉，有了人生意义。

在儒家经典中，在亲子之间以"孝"之范畴对子代的这种道德责任有很多从不同方面的界说或规范。《礼记·祭义》中有二则记述，借曾子之口做了较完整的表述：

> 曾子曰："大孝尊亲，其次弗辱，其下能养。"公明仪问于曾子曰："夫子可以为孝乎？"曾子曰："是何言与……参直养者也，安能为孝乎！"
>
> 曾子曰："居处不庄非孝也，事君不忠非孝也，莅官不敬非孝也，朋友不信非孝也，战陈无勇非孝也。五者不遂，灾及于亲，敢不敬乎！"

《礼记》在这里对孝的实现程度作出三等的区分：最高的大孝，是由于孝子的努力，使父母受到社会的尊重；其次是孝子的行为处世，不让父母蒙受耻辱；最低的，也是基本的孝是能养活父母。从赡养父母到荣耀父母，孝子承载的责任是很重、很高的，甚至包括曾子在内的大多数人恐怕都是

---

① 《温氏母训》，《丛书集成初编》，商务印书馆1939年版，第976册。

难以全部完成的，唯其如此，孝子之心就要求一个人终身付出努力，这种努力应该贯彻在生活的方方面面，表现出庄、忠、信、勇多种优秀品格和行为，因为做不到这些，就会在某种情境下给父母带来灾祸不幸。"树欲静而风不止，子欲养而亲不待"（《韩诗外传》卷九第三章），孝子之心也总是以为未能最好地尽到孝道而歉疚遗憾。对亲代"慈"的道德责任要求，虽然在儒家经典中没有具体明确规范，但儒家生活的世俗情态向来是"薄于孝而厚于慈"（《礼记·坊记》），父母对子女寄托着无限希望，从来是愿为子女能有美好人生而付出一切努力，自觉承载的责任也是很高、很重的。这种表现可以归纳为一句话：

> 父欲令子善，唯不能杀身，其余无惜也。（三国·王修：《诫子书》，唐代欧阳询等编《艺文类聚》卷二十三）

三国魏之名臣王修此语，可以说是表述净尽古今天下父母之心、之为。在儒家这种孝与慈的道德责任践行中，也就是在一种道德的理性自觉中，一个人，无论是亲代或子代，都能感受到生活的力量、生命的充实；并能从实践努力的收获中，在父母得到赡养、尊敬，子女获得成长、成就中，感受到欣慰、幸福。所有这些，就是在儒家的现世的、平凡的生活中，在家庭日用伦常生活的希望和责任中实现的人生意义。

追求崇高——成人、成仁、不朽　在儒家生活中，人生意义还存在于高于平凡生活的对成为有全面德性的人的追求和实践中，存在于为比家庭更高的伦理共同体国家的献身中，存在于将个体生命融入集体生命的奋斗中。易言之，儒家生活方式中也存在着这样的生活空间和精神空间，让人们在更高远的精神追求中、更有深度的生命存在中，实现自我超越，实现人生意义。其可概言之为成人、成仁、不朽。

"成人"　成人是自觉地以更全面的德性修养、道德品质、道德行为来完善自己的人性、充实自己的生命存在。孔子对"成人"有甚为明确的论述：

> 子路问成人。子曰："若臧武仲之知，公绰之不欲，卞庄子之勇，

冉求之艺，文之以礼乐，亦可以为成人矣。"曰："今之成人者何必然？见利思义，见危授命，久要不忘平生之言，亦可以为成人矣。"（《论语·宪问》）

在儒家经典中，"成人"主要有二义：其一是《礼记》曰："已冠而字之，成人之道也。"（《冠义》）意谓男子到一定年龄①，需行冠礼，拟定表字，表示"成人"，能承担成人的对家庭与国家的责任了。其二是《左传》所记郑卿子大叔（游吉）之言："人之能自曲直以赴礼者，谓之成人。"（昭公二十五年）意谓一个人能通达礼之本义，出处应对从容自如而皆符合之，即行为修养达到充分的"礼"之自觉的人。孔子这里的"成人"，显然应属于第二种意涵。孔子以具体人物和德行，将"成人"解说为有智、仁、勇、艺之全面品德修养和才能的人。对此，程颐曾有训释曰："知之明，信之笃，行之果，天下之达德也。若孔子所谓成人，亦不出此三者。武仲，知也；公绰，仁也；卞庄子，勇也；冉求，艺也。须是合此四人之能，文之以礼乐，亦可以为成人矣。"（朱熹：《论语集注》卷七引）据此，朱子进而诠定说："成人，犹言全人。"（《论语集注》卷七）孔子的论说有两层意思，第一，如果一个人有智慧、廉耻（不欲）、勇敢、才艺这些好品质，再能以"礼乐"的规范来润色、充实，就是一个全德的人了。第二，即使没有那样好的品质禀赋，如果一个人能在见到利益时以义来取舍，遇到危险时不惜付出生命，长期处于困顿之中也不忘履行诺言，这样有义、有勇、有信的人，也是全德的人了。儒家认为礼是"因人之情而为节文"（《礼记·坊记》），比喻礼是"绘事后素"（《论语·八佾》），在历史源头处的、具有合理性而没有僵化的儒家之礼，是人类摆脱野蛮走向文明的创造，是对人的自然情感、欲望的润泽、美化。所以在儒家这里，智慧、廉耻、勇敢、才艺的行为品质禀赋，再"文之以礼乐"的"成人"过程，也就是人性提高、完善的过程。同时，儒家的"成人"过程，还是自我超越过程。就人的生命存在的自然情态而言，面前立着一利

---

① 《礼记》曰："男子二十冠而字，女子许嫁笄而字。"（《曲礼上》）但如前所述，中国历史上不同朝代之间，同一朝代的不同阶级之间，加冠年龄并不相同。

益时，他会抓住它；面对一个危险时，他会逃避它；久处困厄无助之中时，昔日的许诺也就难去践履了。宽容地说，人的这些表现都应是有其自然合理性的。但对于"成人"来说，他跨越了这个"自然"界限：面对利益，他要以"义"为标准来作选择；危险降临，愿以生命作承担；在困境中也信守承诺。"成人"就是这样以其难能可贵的义、勇、信表现，实现了自我超越，他的生命中不仅有自然合理性，更有道德崇高性，因此更充实、更精彩、更有意义。"成人"——成为全德之人或实现人性完善、自我超越，并不是生命的自然生长过程，而是一个人需要经历的克制欲望、舍弃珍爱、忍受厄运等生活的、精神的磨炼过程。获得道德理性自觉的精神升华过程。当年，朱子在给他的晚辈亲属的家信中曾说："谚曰：'成人不自在，自在不成人。'此言虽浅，然实切至之论，千万勉之。"[1] 显言之，对于人的精神成长来说，这个磨炼过程是个"不自在"的，却是必要的过程。"成人"是在"不自在"中实现的道德自觉，人生意义、生命价值之超越人性自然方面的崇高性内涵，在这里显现最为鲜明。

"成仁" 成仁是为践行"仁义"的伦理道德义务责任而牺牲生命的行为，通常是指为了比家庭更高的伦理共同体国家的利益而自觉地献出生命的最高道德行为。孔子、孟子都曾说：

> 志士仁人，无求生以害仁，有杀身以成仁。（《论语·卫灵公》）
> 生，亦我所欲也；义，亦我所欲也，二者不可得兼，舍生而取义者也。（《孟子·告子上》）

孔孟儒家认为，如果面临一定要在生命与仁义之间作出选择，那么，对于一个有德性修养的人来说，应该是仁义高于生命，他会为了践行仁义——"成仁"或"取义"，而舍弃生命。应该说，在儒家生活中，这样假设的生活情境，这样困难的人生选择，并不时时存在。但是，作为儒家生活中隆起的一座精神高峰，一座指向崇高生命的灯塔，即为了国家利益而牺

---

① （宋）罗大经：《鹤林玉露》乙编卷三《朱文公帖》。

牲，却是一直存在着。春秋时代郑国子产，实行社会改革，遭到攻击、诅咒时所说"苟利社稷，死生以之"（《左传·昭公四年》），就是这种精神的明确表述①。南宋灭亡时，文天祥被俘，不屈就义时自撰表心志的赞语放在衣带里，语曰："孔曰成仁，孟曰取义，惟其义尽，所以仁至。读圣贤书，所学何事，而今而后，庶几无愧。"② 谢枋得被召至京师，绝食而死，临行以诗别亲友，诗中有曰："义高便觉生堪舍，礼重方知死甚轻。"③ 儒家"成仁""取义"的道德意涵，正是在像文、谢两位先贤及其后在近现代中华民族抵抗民族敌人的战斗中涌现的无数志士仁人那里，得到充分的诠释：以自己珍贵的生命，悲壮地、尊严地、最后地践行了维护国家民族之存在和利益的伦理责任。这样的生命也因此具有了最崇高的价值和意义。

"不朽" 在儒家生活中，最有价值的生命是具有永久性、不朽性的生命。这当然不是如中国佛教的"灵魂不灭"或道教的"神仙不死"，而是指一种已融入了中国文化和历史的集体生命中去的具有独特、伟大品格的个体生命。儒家经典中最早明确界定"不朽"，是《左传》记载的鲁国大夫穆叔（叔孙豹）在与晋大夫范宣子（士匄）一次对话中提出的。范宣子问自己的家世从尧舜夏商周以来，已经历无数世代，这是否就是"死而不朽"？穆叔回答：

> 以豹所闻，此之谓世禄，非不朽也。豹闻之，"太上有立德，其次有立功，其次有立言"，虽久不废，此之谓不朽。若夫保姓受氏，以守宗祊，世不绝祀，无国无之，禄之大者，不可谓不朽。（襄公二十四年）

穆叔认为，大家贵族，世代为官受禄，子孙繁衍不断，宗庙四时之祭

---

① 子产（公孙侨）稍前于孔子，孔子十分尊敬子产，评品子产"有君子之道四焉：其行己也恭，其事上也敬，其养民也惠，其使民也义"（《论语·公冶长》），子产可视为是儒家先驱人物。
② 《宋史》卷四百十八《文天祥传》。
③ （元）陶宗仪：《南村辍耕录》卷二《不食死》。

不绝，这是随处可见的"世禄"，不是"不朽"。"不朽"是不可多见的某种个人生命表现，其所创造、完成的德性、德行，或事功，或言论，具有独特的价值，能润泽、荫庇于后世，历经久远而不衰。后汉儒者荀爽，对穆叔"三不朽"之论有进一步阐发：

> 古人有言，死而不朽。谓太上有立德，其次有立功，其次有立言，其身殁矣，其道犹存，故谓之不朽，夫形体者，人之精魂也；德义令闻者，精魄之荣华也。君子爱其形体，故以成其德义也。形体固自朽弊消亡之物，寿与不寿，不过数十岁；德义立与不立，差数千岁，岂可同日言也哉？①

荀爽之论，意谓作为个体生命的肉体，是短暂的、会消失的；但其创造的德、功、言中含蕴的"道""德义"却是可流传久远的。荀爽之论立足于汉代流行的在"气"（"精魄"）一元论基础上的形神关系论。在这个理论角度上观察不到"不朽"的生命个体拥有何种独特的崇高精神品格，研判不出其何以能"身殁而道犹存"的缘由。作为"不朽"的德、功、言之独特价值是什么，它何以能"虽久不废"，还需要援依孔孟的道德思想来作诠释。

《论语》记载孔子曾说：

> 齐景公有马千驷，死之日，民无德而称焉。伯夷、叔齐饿于首阳之下，民到于今称之。（《季氏》）

《孟子》记载孟子曾说：

> 圣人，百世之师也，伯夷、柳下惠是也，故闻伯夷之风者，顽夫廉，懦夫有立志；闻柳下惠之风者，薄夫敦，鄙夫宽。奋乎百世之上，百世之下，闻者莫不兴起也。（《尽心下》）

---

① （东汉）徐干《中论·夭寿》引述"荀爽以为"云云。

从这两则引述里，大体上可以解读出"立德"之"不朽"的基本特质。第一，"立德"的行为，往往是某一德行被完成、实现到了极致，具有典型垂范的价值。在《论语》《孟子》中出现多位被儒家赞许的德行高尚人物，伯夷、柳下惠分别是廉直自守和宽容大度两种德行的典范代表。伯夷是商的属国孤竹国君的公子。孟子描述其为人说："目不视恶色，耳不听恶声；非其君不事，非其民不使；治则进，乱则退。"（《孟子·万章下》）君父死后，与其弟叔齐互让君位，都逃到周文王属地。周灭商后，因不食周粟，饿死于首阳山下，以他的生命殉了他的廉直。柳下惠（展禽、展季）是个职位很低的鲁国大夫，贤能但未被重用。孟子描述其为人曰："不羞污君，不辞小官；进不隐贤，必以其道；遗佚而不怨，阨穷而不悯。"（《孟子·万章下》）柳下惠贤而不见用①，以至后来孔子在阅读到鲁国这段历史时，也要严厉批评当时柄国政者是"窃位者"②。生平一直处在被他人视为是遭受委屈、不公正对待中的柳下惠，以他终生的不伐不怨、进退从容的态度，演绎出宽厚的德行。可以看出，伯夷是以终结自己的生命作为实现廉直清洁的终点，柳下惠的全部生活中都表现着宽厚随和的内容。廉与宽德行的全部意蕴在伯夷、柳下惠这里是被最高地、难以逾越地完成了，这就是"立德"。正如"闻伯夷之风者，顽夫廉，懦夫有立志；闻柳下惠之风者，薄夫敦，鄙夫宽"，立德者崇高卓绝德行的独特价值，就是使当代和后代人们的心灵被感动、被启迪，精神世界被震撼、被升华。第二，立德者之不朽，"虽久不废"，是因为他们已死的个体生命，已经融入不死的、绵延不断传递着的集体生活中、集体生命的记忆中。孔子时代距伯夷生活的时代（公元前11世纪）已有五百年的时间，但"民到于今称之"，人们对伯夷饿死于首阳，仍然在记忆着，传颂着。齐宣王时，齐国一位贤士颜斶说："昔者秦攻齐，令曰：有敢去柳下季垄五十步而樵采者，死不赦。"③ 可见，柳下惠已死三百年，依然受到人们的尊敬，坟墓也

---

① 柳下惠死，其妻作诗文述其生平曰："夫子之不伐兮，夫子之不竭兮，夫子之信诚而与人无害兮。屈柔从容，不强察兮。蒙耻救民，德弥大兮。虽遇三黜，终不蔽兮。"（汉·刘向：《列女传》卷三《柳下惠妻》）

② 孔子曰："臧文仲（按：鲁大夫臧孙辰，柄政庄、闵、僖、文四朝）其窃位者与！知柳下惠之贤而不与立也。"（《论语·卫灵公》）

③ 《战国策》卷十一《齐宣王见颜斶章》。

受到保护。这就是不朽：立德者的个人生命早已湮灭，但他仍活在后人的记忆里、生活里；并且不是以孤立的、抽象的观念形态的"崇高精神"存在，而是以诸如使"顽夫廉，懦夫立志""薄夫敦，鄙夫宽"的那种对人之精神品格形成具有影响、塑造的功能，真实具体地生长在后代人的精神生活中，融入后世人的生活方式中，构成这种生活方式之文化和历史的内容。

与立德的"不朽"相比较，立功、立言的"不朽"，其具体内容、独特价值有所不同，但构成"虽久不废"的缘由、形态却是相同的。儒家经典记述孔子之言：

> 子曰："管仲相桓公，霸诸侯，一匡天下，民到于今受其赐。微管仲，吾其被发左衽矣。"（《论语·宪问》）
>
> 仲尼曰："《志》有之：'言以足志，文以足言。'不言，谁知其志？言之无文，行之不远。"（《左传·襄公二十五年》）

春秋时代齐桓公第一个称霸诸侯，尊周王一统，抗戎狄侵扰，协调中原华夏诸国间的冲突，避免了"被发左衽"的文明倒退，推动了那个时代社会的继续发展。这一切都是在管仲辅助下实现的，亦如韩非所评断："昔齐桓公九合诸侯，一匡天下，为五伯长，管仲佐之。"（《韩非子·十过》）管仲是创造了伟大事功的人物，并且可以说，这项事功也是不朽的，因为到孔子时，也是管仲死后的二百年，其事功的遗泽余荫仍然存在，给后人以"到于今受其赐"的感受。由此可以扩展地说，不朽的事功是不会随立功者的个体生命而消失，它产生、带来的社会变化、社会进步，已转化为文化的、历史的积累，如同不朽的德行一样，也一定会影响、塑造和长入到后世人们的生活中。

孔子说"言之无文，行之不远"，换言之，历久不衰的、不朽的立言，一定要有"文"。文者，文采、美丽，与朴质相对①。但宽泛地说，作为"言"之文，还应有深刻洞见，揭示事物之真实②，还应内蕴着道德

---

① 孔子曰："质胜文则野，文胜质则史。文质彬彬，然后君子。"（《论语·雍也》）此可见文与质相对。

② 孔子主张"君子于其言，无所苟而已矣"（《论语·子路》），"言有物而行有格"（《礼记·缁衣》）。

意涵、善的品性①。具有真、善、美之内容和表达的"立言",才能是行之久远的、不朽的。先秦诸子都是中国历史上的最早立言者。在当时,他们都是从不同方面提出的改造、建构社会的一种方案,各有所见但也可能各有所蔽的一家之言,正是史家所谓"各引一端,崇其所善,以此驰说,取合诸侯"(《汉书·艺文志》)。但在今天看来,他们既是中国文化不枯竭的思想源头,也是中国文化发展中最活跃的观念因素,已成为中国文化历史实体的重要构成。因此,他们都还活着,都是不朽的。魏文帝(曹丕)有论曰:"文章经国之大业,不朽之盛事。年寿有时而尽,荣华止乎其身,二者必至之常期,未若文章之无穷。"(《典论·论文》)苏轼有诗云:"但令文字还照世,粪土腐余安足梦。"(《东坡续集》卷一《次子由诗相庆》)在中国文化传统中,文士对以诗文"立言"而不朽的追求和期待,是十分自觉的、强烈的。

作为"三不朽"的立德、立功、立言,其各自内容虽然可以分别界说,但在实际上往往是不可分离的。孔子曾说"有德者必有言"(《论语·宪问》),曾推崇"博施于民而能济众"的人为"何事于仁,必也圣乎!"(《论语·雍也》),即是说,立德者必有伟大的思想、智慧遗世;有伟大事功的人,也就是有恩德于世、立德于世的人。孔孟儒学对追求"不朽"的人生目标是持肯定的态度的。《论语》记载:

> 子曰:"君子疾没世而名不称焉。"(《卫灵公》)
> 子曰:"君子病无能焉,不病人之不己知也。"(同上)

合此二语,最能表现孔子对"名"的态度。一方面,孔子认为君子或一个人到死时名声皆不被人称赞,那是应引以为恨的;另一方面,又认为君子或一个人的名声不被人称赞,不应怨恨别人,只应惭愧自己无能,努力不够。可见,孔子对追求"名"或"不朽"的肯定,并不是意在浅薄的、形式的"名声"的获得,而是指向努力于事业的成功,特别是道德实践

---

① 孔子曾批评"言不及义""巧言乱德"(《论语·卫灵公》)。儒家对"仁"有多层面、多维度的界说,其中有曰:"言谈者,仁之文也。"(《礼记·儒行》)凡此可见,儒家主张言应有仁义之内涵。

的完成。宋儒程颐曰："孔子言'疾没世而名不称'，此只是言君子惟患无善之可称，当汲汲为善，非是使人求名也。"（《河南程氏遗书》卷十八）此一训释，最为简明正确。孟子对人应追求"不朽"的人生目标，有更明确的表述：

> 君子有终身之忧，无一朝之患也。乃若所忧则有之：舜，人也；我，亦人也。舜为法于天下可传于后世，我由未免于乡人也，是则可忧也。忧之如何？如舜而已矣。若夫君子所患则亡矣。非仁无为也，非礼无行也。如有一朝之患，则君子不患矣。（《孟子·离娄下》）

在孟子看来，君子或一个人应该向往和实现像舜那样的"为法于天下，可传于后世"，也就是立德、立功、立言的不朽。这是一个值得终身为之思慕、忧虑、奋斗的人生目标。在这个伟大、崇高的目标面前，生活中的困难挫折，都是短暂一时的，不足为患的。正是在孟子这里，"不朽"人生目标的实现过程，被明确地理解为、确定为"非仁无为，非礼无行"的道德实践、道德完成的过程——在儒家思想里，这个"仁"和"礼"实际上包括了广泛的，甚至是全部的生活内容；这个目标虽然不是每个人都能达到的、实现的，但却是每个人都能拥有的和应不懈追求的。儒家生活中的最崇高人生意义就是这样被建构的。"不朽"是儒家生活方式、文化传统中最高的、积极的价值目标。它是在现世生活中、在人自身之中发掘、确立的巨大生活力量、崇高生命意义。相比孔孟时代，在我们今天的历史位置上，观察到的那些"不朽"生命和人生的真实存在及其创造的一切，应该是更清晰和更丰富的了，而且也是更真切的了，难道在我们每个人的生活、生命里，不是都有历史上那些"不朽"生命的成分吗？

经受苦难　我们已经从平凡生活和追求崇高两个方面，或者说从生活的平凡和崇高两个维度上发掘、论述了存在于儒家生活中的人生意义。全幅的生活形态还有一个重要的维度——包括辛苦、烦恼、不幸等内容，我们称之为"苦难"的方面。我们还需从这个方面、维度上来发掘、论述儒家生活中的人生意义。对于发掘人生意义、论述人生值得一活来说，生活中的苦难是个很特殊的方面或维度。因为人们经常就是从生活中无时无地不在涌现的苦难中，从某一理论立场上、某种心理感受上质疑人生意义，否定人生值得一活。早期佛教的"苦谛"说，将人生解析为"苦"的聚合①，佛教彻底否定现世人生的出世宗教理论和宗教实践走向，都是以此为基础而确定的。中国古代文学作品中的所谓"人生在世不称意，明朝散发弄扁舟"②，"岁月无多人易老，乾坤能大愁难著"③，"野花不种年年有，烦恼无根日日生"④，描述的也正是难以消解的烦恼、忧愁、困厄等生活苦难如何吞噬掉生活的价值感、人生的意义感。从这样的视角来看，苦难是生活的消极方面，它直接证伪现世的人生意义。然而，儒家的生活理念却能从苦难中解读出、发现其具有提高生命品质、充实人生内涵的积极意义。在这里，我们还是以孔子、孟子的观点为中心来展开论述：

> 子曰："爱之，能勿劳乎？忠焉，能勿诲乎？"（《论语·宪问》）
>
> 孟子曰："天将降大任于是人也，必先苦其心志，劳其筋骨，饿其体肤，空乏其身，行拂乱其所为，所以动心忍性，增益其所不能。人恒过，然后能改；困于心，衡于虑，而后作；征于色，发于声，而后喻。入则无法家拂士，出则无敌国外患者，国恒亡。然后知生于忧患而死于安乐也。"（《孟子·告子下》）⑤

孔子认为，作为贤臣对于民众、慈父对于子女，除了"爱之"，爱护、关怀外，还应有"劳之"，以辛劳、勤勉来要求他。这样，在儒家思想、儒家生活中，辛勤劳作不再仅是一种生理意义上的体力的支出，一种生活的负担，而且具有了是生命成长、人生完善之必要条件的道德意涵。这种意

---

① 早期佛典对人生有四苦、五苦、八苦、九苦、十一苦等不同说法。其中具有代表性的界说是："所谓苦谛者，生苦、老苦、病苦、死苦、忧悲恼苦、怨憎会苦、恩爱别离苦、所欲不得苦。取要言之，五盛阴苦（按：谓由色、受、想、行、识五阴所成之苦），是谓名为苦谛。"（《增一阿含经》卷十七《四谛品》第二十五）

② （唐）李白：《宣州谢朓楼饯别校书叔云》，《李太白集注》卷十八。

③ （宋）吴潜：《满江红·豫章滕王阁》，《履斋遗稿》卷二。

④ （元）萧德祥：戏文《小孙屠·第九出》，张月中、王纲主编《全元曲》（下），中州古籍出版社1996年版，第2067页。

⑤ 孟子又有谓："人之有德慧术知者，恒存乎疢疾。独孤臣孽子，其操心也危，其虑患也深，故达。"（《孟子·尽心上》）。

涵被孟子在更一般的意义上做了进一步的阐发。孟子认为，一个堪当大任的人，一定是身体筋骨经受住饥寒困苦的锻炼，精神心智经得起烦恼、不幸种种痛苦的折磨，临事坚强有力，从容不迫。换言之，只有经历生活苦难，一个人的道德和智慧，一个人的生命，才能有真正的、成熟的成长。甚至对于国家也是这样，内无险情，外无敌国，一个国家就会在安逸忘忧中衰亡。生活和历史的经验共同昭示："生于忧患，死于安乐。"

在孔子、孟子之前，这一历史经验、生活经验就已被认识。《尚书·无逸》中，周公就是以殷王中宗（太戊，第五代贤主）、高宗（武丁，第十一代贤主）、祖甲（帝甲，第十二代贤主）、周文王四位贤王为代表，反复论说能经受磨难、知民间疾苦，才能享国长久，治理好国家；而纣王（受）和其他多位"生则逸，惟耽乐之从"的殷王，则享国短暂，并最终葬送了殷王朝。这个历史经验深深地烙在以后的儒家思想中了。《国语》中也记载了两则对这种生活经验的论述：

> 公父文伯（鲁大夫公父歜）退朝，朝其母（敬姜），其母方绩。文伯曰："以歜之家而主犹绩，惧忤季孙之怒也（按：季孙，季康子，当时柄鲁政，位尊，于季氏为大宗；公父文伯是季康子从父，于季氏为小宗），其以歜为不能事主乎？"其母叹曰："鲁其亡乎！使僮子备官而未之闻耶？居，吾语女。昔圣王之处民也，择瘠土而处之，劳其民而用之，故长王天下，夫民劳则思，思则善心生；逸则淫，淫则忘善，忘善则恶心生。沃土之民不材，逸也；瘠土之民莫不向义，劳也。"（《鲁语下》）

> 叔向（晋大夫羊舌肸）见韩宣子（晋卿韩起），宣子忧贫，叔向贺之。宣子曰："吾有卿之名，而无其实，无以从二三子，吾是以忧，子贺我何故？"对曰："昔栾武子（晋卿栾书）无一卒之田（按：上大夫有一卒之田，栾书为上卿，而又不及），其宫不备其宗器，宣其德行，顺其宪则，使越于诸侯，诸侯亲之，戎狄怀之。以正晋国，行刑不疚，以免于难……夫却昭子（晋卿却至），其富半公室，其家半三军，恃其富宠以泰于国，其身尸于朝，其宗灭于绛。今吾子有栾武子之贫，吾以为能其德矣，是以贺。若不忧德之不建，而患货之不足，将吊不暇，何贺之有？"（《晋语八》）

敬姜和叔向都是稍长于孔子并受到孔子尊重的人①。敬姜论劳的主旨是"劳生善";叔向贺贫的根据是"贫生德",并以晋国历史事例为佐证。在这里,生活中的苦难——沉重的辛苦劳作,难忍的贫穷困厄,能够锻造出人之品格和能力的人生经验,变得十分自觉,充盈着理性。

在孔子、孟子之后,这一历史经验、生活经验则获得更高的自觉和更广泛的共识。首先,这一经验甚至作为一种历史视角、历史理念进入正史,史家每援以用来审视、总结、解释某些事实、历史现象。例如,司马迁在《史记》中写道:

> 昔西伯拘羑里,演《周易》;孔子厄陈、蔡,作《春秋》;屈原放逐,著《离骚》;左丘失明,厥有《国语》;孙子膑脚,而论兵法;不韦迁蜀,世传《吕览》;韩非囚秦,《说难》《孤愤》;《诗》三百篇,大抵贤圣发愤之所以为作也。此人皆意有所郁结,不得通其道也,故述往事,思来者。(卷一百三十《太史公自序》)

此正是用经历生活苦难,用"困于心,衡于虑,而后作"来总括、解释中国文化源头处最重要、最伟大的思想文化成果的形成。唐玄宗在位四十多年,前期(开元时)社会安定繁荣,后期(天宝时)国家丧乱,欧阳修主持修撰的《新唐书》曾就此作出分析评断曰:

> 圣人不畏多难,畏无难。何哉?多难之世,人人长虑而深谋,日惕于中,犹以为未也,曰:"吾覆亡不暇,又何以安?"故能举天下付之之兴,畏之也。祸难已平,上恬下嬉,施施自如曰:"贤难得,虽无贤,尚可治也;佞可去,虽存佞,不遽乱也。"视漏弗填,忽倾弗支,偃然自慰曰:"我曷以丧?"故能举天下付之之亡,不畏也。常人所畏,圣人易之;所不畏,圣人难之。观孝明皇帝本中主,遭变可与谋始,持成不可与共终。(卷一百六十五《三郑高权崔列传·赞曰》)

---

① 孔子多次评说敬姜的为人处事,及其"劳生善"之论,皆显示敬意。如谓"季氏之妇不淫矣","公父氏之妇智也夫","季氏之妇可谓知礼矣"(《国语·鲁语下》)。孔子于叔向则评品为"古之遗直也"(《左传·昭公十四年》)。

唐玄宗（孝明皇帝）前期承受着武则天死后李唐政权复位时政局动荡的压力，励精图治，赢得"开元盛世"；后期政权巩固，压力不再，沉湎安逸，招来"安史之乱"。《新唐书》史家以此为例，从社会心理的角度分析比较在"多难"与"无难"不同情境下统治者，乃至社会民众的忧虑与恬嬉的不同精神状态，"日惕于中，犹以为未也"与"视漏弗填，忽倾弗支"的不同行为表现，最终带来的多难而畏之则"天下兴"，无难而不畏则"天下亡"的不同结局。这一历史经验，在欧阳修独撰的《新五代史》（《五代史记》）中更简明地表述为："忧劳可以兴国，逸豫可以亡身，自然之理也。"（卷三十七《伶官传·序语》）在此"自然之理"的意义上，即具有某种普遍性、必然性的意义上，这一多次出现在正史中的人生经验，已升华为、显现为是中国史家的一种历史视角、历史理念。其次，这一人生经验被作为一项宝贵的精神遗产，在民间世家大族的家训中，儒家人士对子女的训诫中，广泛地传递给后代。各录两则事例如下：

> 凡子侄多忌农作，不知幼事农业，则知粟入艰难，不生侈心；幼事农业，则习恒敦实，不生邪心；幼事农业，力涉勤苦，能兴起善心，以免于罪戾。故子侄不可不力农作。（明·霍韬：《家训》）
>
> 人常咬得菜根，即百事可做。（明·姚舜牧：《姚氏药言》）
>
> 平生乃亲多苦辛，愿汝苦辛过乃亲。（元·许衡：《训子》，《鲁斋遗书》卷十一）
>
> 汤文正公（汤斌）抚吴，日给惟菜韭。一日阅簿，见某日市只鸡，愕问曰："谁市鸡者？"仆叩头曰："公子。"公怒，立召公子跪庭下而责之曰："汝谓苏州鸡贱于河南耶？（按：汤斌系河南睢县人）汝思啖鸡，便归去，恶有士不嚼菜根而能自立者？"（清·陈康祺：《郎潜纪闻三笔》卷二《汤文正之清廉》）

霍韬《家训》和姚舜牧《药言》，是明代广有影响的两种家训。许衡和汤斌分别是元初和清初的重臣、程朱学者，他们的家训或训诫中，自然会有各自不同的具体内容和特色，但有一点是共同的：要求、期盼自己的子女后代能自觉地、勇敢地接受、经历生活中艰辛苦难的磨炼。

从上述孔子、孟子，及其前、其后儒家人物对生活中精神上或物质上的苦难之理解可以看出，儒家文化较早地也较彻底地消化掉了生活中具有负面性质的那种存在——烦恼、辛劳、贫困、灾难等等①，在其中发掘出引导人生走向成功、辉煌的因素，将其转化为具有积极价值的生存状态。儒家生活中的人生意义变得更为宽广、更为丰富：人生意义不仅存在于平凡生活的希望和责任中，存在于成人、成仁、不朽的崇高追求中，甚至也存在于生活的苦难中——只要你能坚强地经历它。

3. 自由与幸福

卢梭说："人是生而自由的。"②在西方启蒙时代的开端，或人类现代化进程的初始，"自由"就成为构成现代性的根本价值。幸福（福）则是在古希腊哲学和古代中国思想中就已出现的最古老的人生

---

① 一般会认为，生活中最大的苦难是死亡。我们这里把死亡排除在生活的苦难之外，因为死亡是生活的结束、人生的终止，所以可以不视为是生活的内容。儒家从孔子"未知生，焉知死"（《论语·先进》），到汉儒"有生者必有死，有始者必有终，自然之道也"（扬雄：《法言·君子》），到宋儒"存，吾顺事；没，吾宁也"（张载：《正蒙·乾称》），都将死亡看得淡然，处之泰然。在儒家生活中，一方面，人生不会因终以死亡为结局就失去意义；另一方面，死亡虽不是人生的内容，却对人生意义的实现有重要作用。第一，激励。人生短促，要在死亡来临前努力实践人生目标。"子欲养而亲不待也，木欲直而时不使也。"（《韩诗外传》卷七第七章）就是提醒孝子，在父母尚在时要悉力尽孝，父母故去，机会就不再有了。"人之居世，忽去便过，日月可爱也。时过不可还，年大不可少，欲汝早之，未必读书，并学作人"（王修：《诫子书》），即是告诫少小，要珍惜时光，努力读书，尽快成长。第二，圆成。具有最崇高价值的人生意义、目标的实践，往往需要以生命中价值最沉重的死亡为代价，才能表现和完成它的终极性、神圣性的品格。"成仁"的人生目标之实现——为高于个人、家庭的国家伦理共同体而献出生命，固不待说；立德者德行经常也是以终结生命来显现能感动、震撼后人心灵的那种崇高和伟大。"王子比干杀身以成其忠，尾生杀身以成其信，伯夷叔齐杀身以成其廉"（《韩诗外传》卷一第八章），即是例证。第三，一次道德洗礼。死亡虽然对死者没有意义，对生者却是生活中的大事。儒家认为，"墟墓之间，未施哀于民而民哀；社稷宗庙之中，未施敬于民而民敬"（《礼记·檀弓下》）。亲人死亡总会引起生者无限哀痛；追思、祭奠亡者，总会使生者萌生、增强蕴有善之内涵的道德情感、道德品质。"孝子之事亲也有三道焉：生则养，没则丧，丧毕则祭。养则观其顺也，丧则观其哀也，祭则观其敬而时也。尽此三道者，孝子之行也。"（《礼记·祭统》）丧祭尽哀尽制更是儒家孝之实践的重要内容。死亡给生者带来一次道德体验、道德实践，带来道德成长。

② 卢梭：《社会契约论》，何兆武译，商务印书馆1980年版，第8页。

价值了①。可以说，在现时代的世俗生活里，自由和幸福都是人生追求的主要目标。生存的自在感、生活的幸福感，无疑应是人生或生命有意义、有价值的主要内容。

自由 生命哲学家奥伊肯说："倘若生活要有意义，自由是必不可少的。"② 那么，什么是"自由"？如果就词义而言，"自由"是由自己做主，那么什么是"由自己做主"？这是一个界说纷纭、歧义众多的概念。英国现代哲学家、政治思想史家伯林曾说："自由是一个意义漏洞百出以至于没有任何解释能够站得住脚的词。"③ 他从二百多个关于"自由"概念的定义中，筛选出两个他认为是具有"核心性"的意义的内涵，并分别称之为"消极自由"和"积极自由"的两种概念：

> 消极自由回答这个问题：主体（一个人或人的群体）被允许或必须被允许不受别人干涉地做他有能力做的事、成为他愿意成为的人的那个领域是什么？积极自由回答这个问题：什么东西或什么人，是决定某人做这个、成为这样而不是做那个、成为那样的控制或干涉的根源？④

显言之，自由是个人不受别人干涉，"消极自由"论列的是这种不受干涉的范围和程度；自由是个人的自主，"积极自由"指涉的是这种自主是什么性质的或是由什么决定的。伯林"两种自由概念"从不同维度界说自由，对分歧的自由观念构成一种整合或周延，是它的优越之处。伯林对此两种自由观念还有进一步的更深入的考察和讨论，并且明显表现出维护"消极自由"的实现而警惕"积极自由"的膨胀的自由主

---

① 中国古代最早的诗歌集《诗经》中，出现有"自求多福"（《大雅·文王》）、"万福来求"（《小雅·桑扈》）等诗句，追求幸福成为明确的生活目标。古希腊亚里士多德伦理学，在更高的理性自觉的水平上将"幸福"界定为人的实践活动的最终目的："幸福是完满和自足的，它是行为的目的。"（亚里士多德：《尼各马科伦理学》，第13页）

② 鲁道夫·奥伊肯：《生活的意义与价值》，第66页。

③ 以赛亚·伯林：《两种自由概念》，《自由论》（《自由四论》扩充版），第189页。

④ 同上书，第189页。

义者的态度①。对这些，我们就不再关注，我们要进入儒学对此种现代自由观念的回应。

从儒家立场看，个人行为不受干涉的范围和程度，是由一个社会的政治制度决定的。换言之，"消极自由"的内涵实际上是政治自由的问题。西方或成熟的、发达的现代化国家，在权利理念、法律工具和民主制度等因素建构的社会结构中，确定个人自由的限度。应该说，这些观念是儒家传统所缺弱的。儒学强调的是伦理的责任义务观念，凸显的是"己所不欲，勿施于人""己欲立而立人，己欲达而达人"的仁恕理念。正如前面已考察、论定的那样，在中国现代化进程中，儒家传统曾表现出巨大的影响、模塑功能，在这里亦可以说——虽然只是一般地，然而却是可以确定地说，在一个合理范围和程度上的"个人不受别人干涉"的现代中国自由制度形成和完善中，儒家的这种道德理念既会是这一制度的道德基础，也会是其形态特征。从儒家立场看，自由是个人自主——在这里我们将个人以外的、伯林所谓"膨胀的"自主实体排除，这个"自主"的性质，其决定性根源，是个人的精神自觉。换言之，"积极自由"的内涵是精神自由的问题，由个人的精神自觉而形成的某种"自主"的形态、自由的感受②。在这个意义上，儒家思想和生活里的"自由"，如同儒家生活里的人生意义一样，空间也是广阔的，甚至是周延的。在这里既可以解析、诠释出对"固然""必然"的自觉，也存在着对"当然""自然"的自觉。如果用能构成周延的心理机能或过程的智、情、意来表述，那就是既有认识必然的理性自由，也有显现自律的意志自由，还有体味融入宇宙万

---

① 例如，伯林说："毫无疑问，对'自由'这个词的每一种解释，不管多么不同寻常，都必须包含我所说的最低限度的'消极自由'，必须存在一个在其中我不受挫折的领域。"（《两种自由概念》，第233页）又说："就'积极自由'的自我而言，这种实体可能被膨胀成某种超人的实体——国家、阶级、民族或者历史本身的长征，被视为比经验自我更'真实'的属性主体……多元主义以及它所蕴涵的'消极的'自由标准，在我看来，比那些在纪律严明的威权式结构中寻求阶级、人民或整个人类的'积极的'自我控制的人所追求的目标，显得更真实也更人道。"（同上书，第203、244页）

② 康德曾将任意选择一切他律的独立性称为"消极意义下的自由"，将意志自律的、理性自立法度的独立性称为"积极意义下的自由"（参见《实践理性批判》，第33~34页）。

物的情态自由。

在西方哲学里，将自由理解为是对必然性的认识和实践，在斯宾诺莎和黑格尔那里都已是成熟的理论观点，并有清晰的表达。如斯宾诺莎说："只依照理性的指导的人是自由的。"[①] 黑格尔也说："必然性的真理就是自由。"[②] 在儒家这里，对必然或固然的认识而建构的精神自由，就是由"知天命"而获得的人身自由。"天命"（天、命）是儒家思想中的一个超越性的理念，表述人的生命过程中被一种高于人的、不是人能左右的某种因素决定着。孟子说，"莫之为而为者，天也；莫之致而至者，命也"（《孟子·万章上》），宋儒程颐说，"君子当穷困之时，既尽其防虑之道而不得免，则命也"（《周易程氏传·困》），皆凸显出"命"之超越性、必然性的性质。儒学的"命"虽然是人之生命过程中的"不得免"，但不能以此就判定儒家是命定论者，这在宋代以后儒家学者对"命"的进一步解说中可以看出。首先是朱子，他最为明确、清晰地诠释出"命"之兼有偶然性和必然性的两项基本内涵：从生命的源头看，命是禀于气之"偶然相值，非有安排等待"（《朱子语类》卷五十五）；从生命之终点看，"命禀于有生之初，非今所能移。天莫之为而为，非我所能必"（《论语集注·颜渊》）。其次是王夫之，他深刻地观察到并判定，人之存在过程中不断变化着、增添着新的生命内容，提出"命日新，性日富"的观点（《思问录·内篇》）。朱、王之论表明，儒家认为人之"命"，在其形成的开始，是偶然性的，没有既定的"安排"，在生命过程中也是不断更新的，儒家不是命定论者；"命"只是在一个事件的结局处，整个生命的终点处，才显示为"不得免""不可移"的那种必然性——我们或许可以将其理解为、化解为这只是时间矢量、历史进程的不可逆的唯一性。人之生命的这种开始、过程、终结，共同构成人之生存状态的"固然"。在儒家思想中，一方面赋予这种固然以"莫之为而为""莫之致而至"之超验、超时空的"天命"超越性品质，儒学理论宽广、深奥的诠释空间，儒家生活崇高、神圣的终极归宿都缘此而生成；另一方

---

① 斯宾诺莎：《伦理学》，第 222 页。
② 黑格尔：《小逻辑》，第 322 页。

面，又赋予"天命"以可被人之理智、实践所"知"、所实现的品格。儒家思想中最高的理性，儒家精神生活中最大的自由也因此而呈现。孔子说自己"五十而知天命"（《论语·为政》），又说"不知命无以为君子也"（《论语·尧曰》）。但是，何谓"知天命"？到孟子时才得到较明确、完整的诠释。孟子曰：

> 知命者不立乎岩墙之下。（《孟子·尽心上》）
>
> 尽其心者，知其性也。知其性，则知天矣。存其心，养其性，所以事天也。（同上）

显然，孟子诠释出的"知天命"（知命、知天）有两种含义：不立于危墙之下的"知命"，是指遵循自然、物理规律而生活的理智态度；尽心、知性而"知天"，是指由个人的德性修养、道德实践而达到对"天命"的体认，是遵循伦理原则、道德规范而生活的道德理性态度。宋儒所谓"唯有义而无命"（《河南程氏外书》第三）、"人事尽处便是命"（《朱子语类》卷九十七），是对这种"知命"态度或意涵更明确的表达。儒家的"知天命"既有认知理性又有道德理性的内涵，所以是一种最高的理性；"知天命"的人在生活中既能自觉地遵循自然规律，又能自觉地践行伦理原则，是一个"只依照理性的指导的人"，所以就能获得生活中的最大的自由。

在西方哲学的康德哲学里，"自由"主要是被作为意志自由——道德立法的自主性和道德实践的自律性来理解和阐释的。例如他认为，"自由离了道德法则原是永远不会被人认识的"[1]，"意志的自律是一切道德法则所依据的唯一原理"[2]。在儒家思想和生活中，诠释出由对"当然"——道德规范和实践的自觉而表现出的自主、自律，是不困难的。儒家的这种当然或道德的自觉，也是在孟子那里已较完整地表现出来。主要是，第一，道德根源存在于人自身之中。儒家将道德根源表述为仁义礼智信五种

---

① 康德：《实践理性批判》，第30页。
② 同上书，第33页。

德性；而这五种德性的源头——"四端"，萌生于人之内心，是人所固有。此即孟子所说"恻隐之心，仁之端也；羞恶之心，义之端也；辞让之心，礼之端也；是非之心，智之端也。人之有四端也，犹其有四体也"（《孟子·公孙丑上》），"仁义礼智，非由外铄我也，我固有之也"（《孟子·告子上》）。所以，一切道德行为，即由五种德性在不同生活情境下显现的德行，皆是由人自主地发生的。第二，道德实践，道德规范的践履，皆应是义务责任的履行，是自律的。曾子说："士不可以不弘毅，任重而道远：仁以为己任，不亦重乎；死而后已，不亦远乎！"（《论语·泰伯》）儒家将实践仁义的伦理道德为自己终身的责任。孟子更进一步明确地说："由仁义行，非行仁义也。"（《孟子·离娄下》）朱子训解曰："仁义已根于心，而所行皆从此出，非以仁义为美，而后勉强行之。"（《孟子集注》卷八）即是将道德原则作为一种义务，以仁义为己任，完全自律地去践行；不是将其化为某种功利目标，"以仁义为美"，他律地去完成。所以，儒家以仁义为责任、为志向①的道德实践，就是一种自由的实现，因为他自律地践行的、完成的就是他自己的"四端"的道德意志。

在儒家思想和生活里，还有一种精神自由的形态，即心境融入自然而产生的快乐自得的情态自由。这种自由形态在儒学中的最先显现，可以追溯到孔子的"吾与点也"。《论语·先进》记述：一次，子路、曾晳（点）、冉有（求）、公西华（赤）四门人陪坐孔子身旁，孔子问他们各自志向、抱负。子路先回答，自信自己若能治理一个处在内外交困的千乘之国，三年时间可使其民众勇敢战斗、心向义礼。冉有接着说，自己要是管理一个较小国家，三年可使民众富足。公西华表示，愿在国家的宗庙祭祀、会盟活动中主持礼仪事项。曾点最后说出自己的向往和孔子的表态是：

> 曾点曰："暮春者，春服既成，冠者五六人，童子六七人，浴乎沂，风乎舞雩，咏而归。"夫子喟然叹曰："吾与点也。"

---

① 《孟子》记载："王子垫问曰：'士何事？'孟子曰：'尚志。'曰：'何谓尚志？'曰：'仁义而已矣……居仁由义，大人之事备矣。'"（《尽心上》）

在这里，孔子对曾点的志趣表现了明确的认同和赞赏。孔子一向主张"为国以礼"（《论语·先进》），主张治理国家要"足食、足兵"（《论语·颜渊》），子路等三人的志向与儒家这个根本的经世治国理念，与执礼相宾的儒士固有职业，都是符合的。所以孔子虽未予赞赏，也还是认可的。引起后来儒者关切的是，曾点志趣里有什么特别的精神内涵，博得孔子的赞许？曾点向往在春暖花开的暮春三月，穿着轻薄的春天服装，与春天般的青春少年一起，在温暖的春水里洗个澡，在柔和的春风中吹吹风，踏着歌走回来。这是将自己的心境完全地融入自然，体味自然，感受着无限的快乐。后来，朱子在向他的弟子们诠解《论语》中这段记述时曾说："此一段，唯上蔡见得分晓。"（《朱子语类》卷四十）谢良佐是怎样理解的呢？他说："鸢飞戾天，鱼跃于渊，无些私意……知此，则知夫子'与点'之意。"（《上蔡语录》卷中）谢良佐援引《诗经·大雅·旱麓》描写、形容心情快乐自在的诗句，将曾点融入春天自然的那种心境快乐，理解、比喻为鸢飞于天、鱼游于水的那种与自然融为一体的自由。这是一种忘我的、无碍的情态自由。至此，也许可以理解孔子何以特别认同、赞许曾点所向往的、表述的那种志趣，因为他在儒家固有道德理念、职业生活之外，补充了一种融入自然的生活理念，显现了另一种新的自由精神生活。此后，这一情态自由在孟子那里更得到一种形而上的表述："万物皆备于我，反身而诚，乐莫大焉"（《孟子·尽心上》），"君子所过者化，所存者神，上下与天地同流。"（同上）显言之，情态自由就是与万物同体、与天地同流的心境，就是由此而产生的快乐、无碍自得。这种情态自由，在宋代理学家程颢的两首诗中也有更形象的描述：

云淡风轻近午天，望花随柳过前川。旁人不识予心乐，将谓偷闲学少年。（《河南程氏文集》卷三《偶成》）
闲来无事不从容，睡觉东窗日已红。万物静观皆自得，四时佳兴与人同。道通天地有形外，思入风云变态中。富贵不淫贫贱乐，男儿到此是豪雄。（同上书卷三《秋日偶成》）

此两首诗，一首正是描写融入云淡风轻、花红柳绿的春天自然中感受到的快乐，一首则是展示心境与天地万物一体，能在世态风云变幻中、处境富贵贫贱差异中，表现、体味的从容自得。这就是儒家思想和生活所拥有的自然性内涵的情态自由，是经常被儒家强烈、浓厚的伦理道德思想和生活所遮掩了的那个生活领域和精神领域。

这里需要稍做辨析的是，在中国古代哲学思想和精神生活中，道家庄子对情态自由有深刻、丰富的揭示和描述，他称之为"逍遥"。那么，曾点志趣中内蕴的情态自由，或者被孔子"吾与点也"所肯定的儒家情态自由与庄子的"逍遥"自由有无区别？从《朱子语类》中可以看出，朱子与他的弟子们研讨"孔子与点"时，这是一个很困惑他们的问题。朱子的基本判定是："曾点意思，与庄周相似，只不至如此跌荡。"（《朱子语类》卷四十）即既有相似，亦有不同。应该说，这是符合实际情况的判断。作为一种情态自由，即由融入自然及其形而上形态的"道"而形成的充盈着自在自得感受的心理环境、精神状态，曾点的表态、孟子的理论升华、程颢的形象描写，与庄子铺陈的"逍遥"之间，确有某种相似。但从中也可看到，庄子的"逍遥"是"无待""无累""无患"，是"游乎尘垢之外"（《庄子·大宗师》），"喜怒哀乐不入胸次"（《庄子·田子方》），显示是无任何人生负累或责任的心境，凝结为遁世的、超世的情态。儒家的情态自由中总是洋溢着快乐，显示为现实生活中的从容自如，仍然保持着人世的、道德的情怀。此乃为其根本的差异。

人类的现代生活正经历着快速的变化，但人类的智、情、意的心理生理结构却是基本稳定的。儒家思想从这三个维度上创造精神生活自由的经验仍然是有价值的，有生命力的。至少是在儒家传统的生活中，我们今天仍是或仍可在对人伦物理的理性自觉中，在自觉自律的道德实践中，在将生命融入自然中，感受到精神自由。

幸福 在简单的、浅近的意义上，似乎可以把人生目的最终地还原为、追溯到获得幸福，把幸福、幸福感视为是一种以快乐、满足为基调的心理体验。但在心理学和伦理学之间，在伦理学的不同派别之间，对此做进一步的阐发时，就表现了明显的差别。从 20 世纪 50 年代兴起的"主观幸福感"研究中可以看出，心理健康、心理发展等理论性、实证性研究是心理学的幸福感研究之学术取向；而德性（道德）和快乐（享受）两种价值取向间的相互关系和选择，一直都是伦理学中幸福论的理论主题，并且一直存在着以享乐或以道德为幸福之主要内涵的快乐论和德性论的分歧①。康德曾说："幸福乃是尘世上一个有理性的存在者一生中所遇事情都称心合意的那种状况，因此，它是依靠自然和其全部目标（并和其意志的重要决定原理）间的互相和谐上的。"② 可以认为，这是从伦理学理论立场上对"幸福"的一个较完整的界定。幸福不仅是快乐的心理体验，还是对生活整体、生命过程合理性、正当性之实现达到自己满足程度的认定，还有更多的理性的、道德的内容。幸福是蕴含有智慧、道德、快乐品质的，即由智、意、情的因素共同构筑的对生活状态感到满足的心理体验。当然，一个人幸福的实现总是与一定的社会条件相联系；不同生活情境下的人，"满足"之幸福感的内容和程度也是很不相同的。这些都超出了伦理学幸福论的理论范围，我们不再涉入；我们这里主要还是要在伦理学的理论立场上，审视儒学对这个古今一直存在着的人生问题的回应，并将这种回应归纳为三点。

首先，儒学是个彻底的、完全的在现世生活、现实生活中实现人生目标的思想理论体系，对于人类固有的生存和发展的欲望，对于人们企望在生活中获得快乐，都是充分肯定的。儒家经典《诗经》中就出现了"自求多福"（《大雅·文王》）的生活目标。《礼记》训解"福"曰："福者，备也；备者，百顺之名也。"（《祭统》）百事顺遂、称心合意就是"福"，"自求多福"也可浅释为我们今天的"追求幸福"。儒家认为，"饮食男女，人之大欲存焉"（《礼记·礼运》），"富与贵，是人之所欲也"（《论语·里仁》），"饮食男女"的生存欲望的满足，"富与贵"的发展欲望的实现，都是人性之固有，也是"自求多福"的应有内容。此外，儒家还努力发掘、享受在生存和发展欲望满足之外的生活中存在的快乐。孔子说"学而时习之，不亦说乎？有朋自远方来，不亦乐乎？"（《论语·学而》）

---

① 康德提出"至善"观念，作为纯粹实践理性的整个客体，并论定："道德乃是至善的第一条件，幸福则构成至善的第二要素；并且只在它是被道德所制约并为其必要结果的范围以内，才是这种要素。"（《实践理性批判》，第122页）但仍不足以化解这种分歧。

② 康德：《实践理性批判》，第127页。

"知者乐水，仁者乐山"（《论语·雍也》）；孟子说"义理之悦我心，犹刍豢之悦我口"（《孟子·告子上》），儒家能在获得知识、真理中，在与朋友交往、亲近自然中，感受、体验到快乐、满足。儒家赞美快乐，对生活抱着积极的、乐观的态度，孔子就说自己是一个"发愤忘食，乐以忘忧，不知老之将至"（《论语·述而》）的人。

其次，儒学作为一个彻底的道义论的道德思想体系，总是把道德（德性、德行）放在生活的首要位置上，对于人之生存和发展的欲望的满足，总是要以道德来制约它、规范它。这就是儒家所说"饮食男女，人之大欲存焉，死亡贫苦，人之大恶存焉……欲一以穷之，舍礼何以哉"（《礼记·礼运》），"富与贵，是人之所欲也，不以其道得之，不处也"（《论语·里仁》）。从儒学的历史看，儒家对人之欲望满足提出的制约性、规范性要求，主要有两个。一是先秦儒家提出的"寡欲"。孟子说："养心，莫善于寡欲。"（《孟子·尽心下》）一个人要完成健康的心性修养，就要节制自己的欲望，不能纵欲，陷入《尚书》所警告的"欲败度，纵败礼"（《太甲中》）。孔子所说的"不欲"①，实际上也是寡欲、少欲的意思。应该说，这是一个欲望应有适度性的理性主义要求，如后来北齐儒者刘昼所准确解释的那样，"声色芬芳，所以悦人；悦之过理，还以害生"（《刘子·防欲》）。二是宋代理学家提出的"损人欲复天理"（或"存天理灭人欲"）。这是一个欲望应有正当性，即符合"应当""当然"的道德主义的要求。宋儒明确地将人之欲望分解为两部分："天理"与"人欲"。程颐说：

> 天下之害，无不由末之胜也：峻宇雕墙，本于宫室；酒池肉林，本于饮食；淫酷残忍，本于刑罚；穷兵黩武，本于征讨。凡人欲之过者，皆本于奉养，其流之远，则为害矣。先王制其本者，天理也；后人流于末者，人欲也。损之义，损人欲以复天理也。（《周易程氏传》卷三《损》）

---

① 孔子回答子路问"成人"时说："若臧武仲之知，公绰之不欲，卞庄子之勇，冉求之艺，文之以礼乐，可以为成人矣。"（《论语·宪问》）朱子训解"公绰之不欲"为"廉足以养心"（《论语集注》卷七），即孟子"寡欲"之义。

朱子也说：

> 饮食者，天理也；要求美味，人欲也。(《朱子语类》卷十三)
> 人之一心，天理存则人欲亡；人欲胜则天理灭，未有天理人欲夹杂者，学者须要于此省察之……学者须是革尽人欲，复尽天理，方始是学。(同上)

显然，程朱理学观点把人的生活中那些属于人之生存的、人性自然的欲望和行为，认为是"本""当然"，赋予"天理"的道德品格，如谢良佐所说："天理，当然而为之，当为天之所为也"，"学者直须明天理是为自然底道理，移易不得。"(《上蔡语录》卷上)超出这个界限的欲望，就被视为是"末"，是"人欲"，不具有道德的品质，而应被在个人的心性、品德修养中革除掉。程朱理学的理欲观，在这里显现了一个严重的理论缺陷，不能解释何以正是超越人性自然界限、追求美化、提升生活品质的人之欲望——"人欲"，构成为推动生活文明形态发展、提高的重要因素。程朱理学以自然人性为标准来判分人的欲望之正当（"天理"）与非正当（"人欲"），实际上是个很低的、很狭隘的、自我限制的道德尺度，是个浸润着道家思想的判断标准①。儒家（理学）需要恢复、重启先秦儒家孔子以"礼"为"绘事后素"（《论语·八佾》）的那个应不断使生活更完美的道德理念。这一理论觉醒在明末清初的被史家或称为是实学思潮或反理学思潮中的儒家学者那里表现出来了。这一思潮中的儒者认为，天理、人欲不可分离，有所谓"理必寓人欲以见……不离欲而别有理"②；认为正当、合理的"人欲"，也就是"天理"，有所谓"人欲不必过为遏绝，

---

① 《庄子》一书中，有很多正是以人与物的自然本性为理据，对社会的文明进步、对儒家的伦理道德作出批评的。如谓："且夫待钩绳规矩而正者，是削其性者也；待绳约胶漆而固者，是侵其德者也；屈折礼乐，呴俞仁义，以慰天下之心者，此失其常然也。"(《骈拇》)又谓："夫赫胥氏之时，民居不知所为，行不知所之，含哺而熙，鼓腹而游，民能以此矣。及至圣人，屈折礼乐以匡天下之形，县跂仁义以慰天下之心，而民乃始踶跂好知，争归于利，不可止也，此亦圣人之过也。"(《马蹄》)。

② （清）王夫之：《读四书大全说》卷八《梁惠王下篇》。

人欲正当处，即天理也"①。大体上可以说，反理学思潮中儒者质疑的是理学对人之欲望作"天理""人欲"之对立的分割，尤其质疑理学对"人欲"的鄙弃。如果将幸福简单地界定为欲望的满足，那么儒家学者还是一致地认为，应该以道德（"正当"）来主导幸福（福）的实现，并且可以宋儒张载的论断为最准确的表述："至当之谓德，百顺之谓福；德者福之基，福者德之致。"（《正蒙·至当》）

最后，儒家伦理道德思想建构的是一个伦理本位的社会生活，在对家庭、国家伦理共同体的认同中，从这两个伦理共同体所取得的成就中，产生的强烈、鲜明的欣慰感，也是一个具有儒家思想和生活特色的幸福心理体验。欣慰感不是孤立的个体快乐感，而是从至亲至爱的伦理对象——亲人或伦理共同体的快乐里分享到的喜悦，获得的心灵安宁；它比快乐的情感更深厚、更持久，因为它还内蕴着伦理责任完成后而感到充实的那种道德情感。孟子曾说："君子有三乐：父母俱存，兄弟无故，一乐也；仰不愧于天，俯不怍于人，二乐也；得天下英才而教育之，三乐也。"（《孟子·尽心上》）对于儒者来说，如果祈愿三件快乐的事，除了生平无愧疚行为，保有安宁心境和能得到天下最优秀人才授业传道外，家庭伦理共同体的健康存在，就是最值得期待、欣慰的了。晚年的陆游（67 岁时）有首示儿诗云："吾儿虽孱素业存，颇能伴翁饱菜根。万钟一品不足论，时来出手苏元元。"（《剑南诗稿》卷二十三《五更读书示子》）此时的诗人，青壮年时期的豪迈澎湃之情已经消退，心境渐趋宁静淡漠，但他仍从儿辈健康有为地成长的身上，看到了他们将成就一番有益于民众的事业前程，油然涌生了充满希望、信心的欣慰感情，一种幸福的感情。应该说，在历史上的儒家思想和生活中，对家庭伦理共同体的认同和由此而能在父母的安养、子女的成长中产生欣慰的幸福感，还是充分而普遍地存在着的；并且如前所述，这是构成儒家生活中人生意义的主要内容之一。儒家思想和生活中对国家伦理共同体认同的主要道德要求和实践表现，正如《礼记》所说，"宗子（诸侯、国君）重社稷，故爱百姓"（《大传》），"君民者子以爱之，则民亲之"（《缁衣》），就是国家要爱护、保护自己的

---

① （清）陈确：《陈确集·别集》卷二《近言集》。

民众；国民要亲近、维护自己的国家。国家与民众，应该是同忧同乐。正是在这种伦理认同的观念背景下，宋儒范仲淹所表述的"先天下之忧而忧，后天下之乐而乐"① 的道德情怀，除了抒发儒者以天下为己任的责任感，还显现了儒者在国家昌盛、民众快乐之中分享到的无限喜悦。晚近，作为儒者的梁启超，在 20 世纪初曾对这一认同提出一个"爱国"的现代表述："以国事为己事，以国权为己权，以国耻为己耻，以国荣为己荣。"② 一个有这种对国家伦理认同的人，必然会为国家处境艰难而感到忧虑，也必然会从国家取得的进步中体味到欣喜。我们国家的现代化事业已进行了一百多年，我们已付出了沉重的代价与牺牲，在今天，尽管我们还有很多不足，但我们毕竟还是取得了令世界瞩目的成就！如果你能为此感到欣慰和幸福，那么，就是有一颗儒家道德思想的种子在你的心田里发芽、开花了。

现代性的社会，不同文明的人们，都在努力追寻、编织着自己的幸福；儒家传统下的人们，当然也在以自己的识解和行动实现着幸福。悠久的儒家道德思想体系及其创造的现世生活经验，于此刻能向现时代社会的人们贡献何种致福之道？援用唐代著名儒臣魏征③的话来说，就是：

> 傲不可长，欲不可纵，乐不可极，志不可满。四者，前王所以致福。（魏征：《十渐疏》，《魏郑公文集》卷一）

但愿人们不要轻蔑它的陈旧，而能珍视它的屡试不爽的生活真理性内容。

二 儒学与现时代的重要社会思潮

我们已经论述了儒学对现代性的一个核心社会问题——人生意义失落

---

① （宋）范仲淹：《岳阳楼记》，《范文正集》卷七。
② 梁启超：《爱国论一》，《饮冰室文集》卷五。
③ 魏征是隋代儒家思想家王通（文中子）的弟子，唐太宗"贞观之治"的主要谋臣，前后谏言献策二百余事；据《礼记》作《类礼》二十篇，总撰《隋书》等数部正史。史家赞为"三代遗直"，"前代净臣，一人而已"（见旧新《唐书·魏征传》）。凡此，皆是儒者风范。

的精神危机的回应，努力阐释了儒家传统中所固有的那种可缓解、消除这种危机的理论因素和生活表现。尽管传统总是处在蜕变、削弱中，但我们还是相信和期待，在中国的现时代生活中，儒学的这种功能仍然能继续得到发挥。

下面，让我们转入新的论域，对现时代的思想理论在思考、应对人与自然的关系和人与人的关系——人类的不同文明或文化类型间、人类的男女两性间、人类与"后人类"间——时形成的重要社会思潮、社会运动，从儒学的立场上加以审视，并作出可能的研判。

（一）人与自然关系的儒学选择

"自然"概念有演变着的多种意涵，这里的"自然"是指作为人类生存条件的、以地球为母体的生态环境系统，是宇宙间有机物、无机物的总体，儒家称之为"天地"。历史上，人类在自觉不自觉中多以征服自然、利用自然的价值取向和行为态度来对待自然。这种情况在现时代发生了变化，儒学对人与自然关系（天人关系）的固有态度是怎样的？能否适应这种变化？

1. 一个广泛的现代共识

人类社会从 18 世纪由西欧开始的现代化的社会转型，是一次以工业革命或实现社会工业化为根本内容的社会转变。这是人类利用工具理性认识自然，创造财富，满足物质欲望和其他功利目标的过程。现代化的工业革命带来了生产力的空前发展，收获了巨大的财富，但同时也导致了自然资源枯竭、环境恶化的生态危机。迄至 20 世纪结束、新世纪到来的今天，这种危机更是发展到人类生存的生态环境安全可能丧失的严重程度。据美国学术团体"全球生态足迹网络"估测，人类从地球过度索取了 23% 的资源，已达到了地球所能承受的极限①；大气、土壤、水源被污染，气候变暖，维持人类生存的生态条件已十分脆弱。有幸的是，对于如何遏制、消解这一现代性的社会危机，20 世纪 70 年代以来，生活在不同社会制

① 英国《独立报》2006 年 10 月 9 日文章：《人类向自然界的"索取"创新高》（见新华社主办《参考消息》2006 年 10 月 11 日）。

度、文化传统下的人们，以其理性和智慧逐渐取得了基本的共识。这种共识，如果就两份重要的关于人类环境状况和战略对策的研究报告——1972年由58个国家152位人文学者和社会、自然科学家共同完成的《只有一个地球》，和1991年由世界自然保护同盟、联合国环境规划署、世界野生生物基金会组织学者编写的《保护地球——可持续生存战略》，以及三个由联合国通过的关于保护人类环境的重要文件——《斯德哥尔摩宣言》（《人类环境宣言》1972年）、《世界自然宪章》（1982年）、《里约环境与发展宣言》（《地球宪章》1992年）而论，其中最主要的生态观念或原则是。

①人类可生存的生态环境面临崩溃的危险①。

②拥有可生存的生态环境应属于基本人权之一②。

③生态危机的消解，要从人与自然的关系、人与人（穷人与富人，或发展中国家与发达国家）的关系、当代人与后代人的关系三个关系维度上来作符合平等、正义的规划与实施③；要将环境保护与持续发展、和平作为三个人类基本目标来协调实现④。

---

① 《只有一个地球》警告："如果人类继续让自己的行动被分裂、敌对和贪婪所支配，他们将毁掉地球环境中的脆弱平衡，而一旦这些平衡被毁坏，人类也就不能再生存下去了。"（巴·沃德、雷·杜博斯主编《只有一个地球》，国外公害资料编译组译，石油工业出版社1981年版，第57页）。

② 《人类环境宣言》第一项即宣称"人类环境的两个方面，即天生和人为的方面，对于人类的幸福和对于享受基本人权，甚至生存权利本身，都是必不可少的"；《里约环境与发展宣言》第一项原则即是："人类应享有以与自然相和谐的方式过健康而富有生产成果的生活的权利。"（《迈向21世纪——联合国环境与发展大会文献汇编》，中国环境报社编译，中国环境科学出版社1992年版，第156、29页）。

③ 《保护地球》归纳"可持续生存的世界道德准则要点"，第一项就是："每一个人都是生命大家庭的一员。这个大家庭把所有的人类社会、把现在和将来的世代、把人类和自然界的其他部分，都联系在一起。它包含了文化和自然的多样性。"（世界自然保护同盟、联合国环境规划署、世界野生生物基金会合编《保护地球——可持续生存战略》，国家环境保护局外事办公室译，中国环境科学出版社1992年版，第7页）此项要点中即蕴了解决可持续发展的生态问题的三个关系维度。

④ 《人类环境宣言》第六项是："为了这一代和将来的世世代代，保护和改善人类环境已经成为人类一个紧迫的目标，这个目标将同争取和平、全世界的经济与社会发展这两个既定的基本目标共同和协调地实现。"《里约环境与发展宣言》第二十五条原则是："和平、发展和环境保护是相互依存的和不可分割的。"（《迈向21世纪——联合国环境与发展大会文献汇编》，第157、32页）

④生态或环境保护的根本的伦理立场或道德原则是，每种生命形式都有独特价值，因而应尊重大自然①。

人类面临严重的生态危机，人类应携手合作共同来缓解、消除这个危机。这是当代人类难得获得的一个能被最广泛地接受的基本共识。

严峻的自然生态危机，一方面激起了人们为缓解、消除这种危机的社会实践努力，这些共识及其引导下的诸如各种民间绿色环保运动，签订环保条约、实施环保工程的国家行为，都是具体表现；另一方面，在更深入的精神的、理论的层面上，也唤醒了人们一种新的道德意识，把道德关怀扩展到人与自然关系间的生态伦理（环境伦理）理念也在成长中②。例如，被视为是生态伦理主要创始人的美国学者利奥波德（Aldo Leopold）在 20 世纪三四十年代酝酿形成的"大地伦理"中，就明确提出了伦理主题转变的观点："最初的伦理观是处理人与人之间关系的，后来增添的是处理个人和社会关系的……但是迄今还没有一种处理人与大地，以及人与在大地上生长的动物和植物之间的伦理观。"③ 又提出了伦理主体应改变为"生物共同体"的观点："迄今所发展起来的各种伦理都不会超越这样的前提：个人是一个由各个相互影响的部分所组成的共同体的成员。大地伦理只是扩大了这个共同体的界限，它包括土壤、水、植物和动物，或者概括起来是大地。大地伦理是要把人类在共同体中以征服者的面目出现的角色，变成这个共同体中平等的一员和公民。"④ 这个将人与大地包含在一起的共同体，利奥波德称之为"生物共同体"。最后，还提出了新的道德的或正当的行为判定标准："当一个事物有助于保护生物共同体的和

---

① 《世界自然宪章》序言中提出："每种生命形式都是独特的，无论对人类的价值如何，都应得到尊重。"并在"一般原则"中以第一条规定："应尊重大自然，不得损害大自然的基本过程。"（中国网 2003 年 4 月 24 日）

② 当代环境伦理学的派别，国外学者有不同的划分。我国环境伦理学者多有根据一种环境伦理理论所确定的道德关怀范围的不同，将其区分为四个主要流派：人类中心主义、动物解放或动物权利论、生物中心主义、生态中心主义（参见杨通进《环境伦理：全球话语 中国视野》，重庆出版社 2007 年版，第 37 页）。这里为便于与儒家伦理思想作比较，选择道德关怀范围最广的、最能体现当代环境伦理思潮理论特征的生态中心主义的两位代表人物为例来作论述。

③ 奥尔多·利奥波德：《沙乡年鉴》，吉林人民出版社 1997 年版，第 192 页。

④ 同上书，第 193～194 页。

谐、稳定和美丽的时候，它就是正确的，当它走向反面时，就是错误的。"①"大地伦理"的伦理框架和内容都还很简略，但作为能够构成一种新伦理观的那些主要之点，它已经具备，并很清晰。美国学者罗尔斯顿（Holmes Rolston），作为完成生态伦理学现代建构的最重要人物，他也认为现代人类需要一种新的伦理观："我们尚未拥有适宜于这个地球及其生命共同体的伦理学……我们正在探寻的是一种恰当地'遵循大自然'的伦理学。我们想最大限度地使人类适应地球，并且是以道德的方式去适应。伦理学的一个未完成的主要议题，就是我们对大自然的责任。"② 罗尔斯顿生态伦理学的理论基石是他的价值论——自然价值论和生态系统价值论。在罗尔斯顿这里，自然万物的价值，不再是由人的主观感受、体验而形成的工具性判断（工具价值），而是它的源自自然创造性的属性（内在价值）："大自然的所有创造物，就它们是自然创造性的实现而言，都是有价值的。"③ 因此，自然万物、每种生命，都有自己独特的价值。在自然进化史中，这种体现自然创造性的自然物属性，使生命个体实现了自我存在，即内在价值，同时也以工具价值的性质协同地实现了自然进化。所以，人作为自然进化的后来者，成果的享受者，"唯一负责的做法，是以一种感激的心情看待这个生养了我们的自然环境"④，应当尊重自然。生态系统价值不同于自然万物的个体属性，而是由个体自然物构成的系统整体的性能。在生态系统整体中，个体自然万物在不同位置上或过程中，会有不同的功能，内在价值与工具价值也在变动着："生态系统是一个由多种成分组成的完整的整体。在其中，过程与实在、事实与价值密不可分地交织在一起，内在价值和工具价值彼此变换，各种各样的价值都镶嵌在地球的结构中。"⑤ 这样，在罗尔斯顿的生态伦理学中，超越了内在价值和工具价值的系统价值，就是一种最高价值，"创生万物的生态系统，是

<hr>

① 奥尔多·利奥波德：《沙乡年鉴》，第213页。
② 霍尔姆斯·罗尔斯顿：《环境伦理学》，杨通进译，中国社会科学出版社2000年版，《序言》，第1～2页。
③ 同上书，第270页。
④ 同上书，第269页。
⑤ 同上书，第296～297页。

宇宙中最有价值的现象"①；维护生态系统也就成为基本的义务、责任：
"无论从微观还是从宏观角度看，生态系统的美丽、完整和稳定，都是判断人的行为是否正确的重要因素。"② 人应尊重自然，人类对自然生态负有责任。这个生态伦理学最重要的结论，在罗尔斯顿这里就是这样确立起来的。1975 年，罗尔斯顿构建他的生态伦理学之初，在他发表的那篇著名论文《生态伦理是否存在》中曾说：

> 出于必要的实用性考虑，对生态道德之探索的大部分可能都将是派生意义上的、保守的，因为这样的思路是我们较为熟悉的。这样做我们可以把伦理学、科学和人类利益混在一起而置于我们逻辑的控制之下。但我们认为生态伦理学的前沿是超越了派生意义上的生态伦理学的，是一种根本意义上的再评价。在此再评价中，作为伦理学之创造性的反映，良知必须向前进化。……人们走向派生意义上的生态伦理还可能是迫于对他们周围这个世界的恐惧，但他们走向根本意义上的生态伦理只能是出于对自然的爱。③

在这里，罗尔斯顿既为他的生态伦理学宣示了明确的理论意图，也显示了鲜明的理论特色：他要将当代人类为消解生态危机的努力奠定在超越工具理性、高于科学技术的有更充分自觉、自律的道德理性基础上；这个道德理性基础不是功利主义、目的论的，而是内涵为"良知""爱心"的道义论的。

在维持人类生存的自然环境已严重恶化的生态危机面前，人们已经达成了基本的共识，要在人与自然、不同社会经济发展水平下的人与人、当代人与后代人三个关系维度上来设计缓解、消除这一现代性社会危机的原则、方案；这个原则、方案除了要有平等、正义的人类社会伦理准则外，还要有尊重自然、对自然负有责任的新的道德理念基础。在儒家立场看

---

① 霍尔姆斯·罗尔斯顿：《环境伦理学》，第 306 页。
② 同上书，第 307 页。
③ 霍尔姆斯·罗尔斯顿：《哲学走向荒野》，刘耳、叶平译，吉林人民出版社 2000 年版，第 35 页。

来，现代人类的这个基本共识中，对人与自然关系给予道德的理解、道德的选择——人应有保护自然、尊重自然的道德责任，是原则的主要之点、精神的最高之点。儒家思想和生活中都存在着这种观点的生长空间，因而儒学可以从容地对这一现代性问题作出回应。我们试以先秦儒学和宋明理学为代表来作说明。

2. 先秦儒学：人对自然之责任的三个层次展现

在先秦的儒家思想和生活中，保护自然、尊重自然的人对自然之责任的观念就已形成，并在三个层次上或以三种形态展现出来。首先，人对自然应负有责任的观念，显现为一种哲学理念，存在于儒家对人与自然关系的深刻的道德理解中。儒家认为，人与自然（"天地"或"天"）处在同一伦理共同体中，人与自然是一种根源相通、性能相应的"天人合一"关系。《礼记》曰："天地之祭，宗庙之事，父子之道，君臣之义，伦也。"（《礼器》）在儒家的道德世界中，天地万物也进入了以家庭伦理共同体（亲人）为起点的、经国家伦理共同体（民众）渐次向外推展的更高、更大的伦理共同体中，人也应该将对家庭亲人那种仁爱的伦理情感、责任有等差地向外扩展，这就是孟子所表述的：

> 君子之于物也，爱之而弗仁；于民也，仁之而弗亲。亲亲而仁民，仁民而爱物。（《孟子·尽心上》）

这里的"爱物"，朱子诠解为"谓取之有时，用之有节"（《孟子集注》卷十三），甚是精确。据此，"爱物"之"爱"在情感的性质与程度上，虽与"亲亲""仁民"有别，但反对暴殄天物，应当保护、尊重自然的意蕴还是明显的。在先秦典籍里，"天人合一"的天人相通、相辅之内涵也很清晰。孟子认为，"尽其心者，知其性也；知其性，则知天矣"（《孟子·尽心上》），人之心与物之性、天之道是相通的。因此儒家相信，人（圣人）若"能尽人之性，则能尽物之性；能尽物之性，则可赞天地之化育"（《礼记·中庸》），人能辅助天成。《易传》也认为，"立天之道曰阴与阳，立地之道曰柔与刚，立人之道曰仁与义。兼三才而两之，故《易》六画而成卦。"（《说卦》）"易"所构筑的世界整体，是由天道、地道、人道共同组成的。因此，人（圣人）能够和应该"与天地合其德，与日月合其明，与四时合其序，与鬼神合其吉凶，先天而弗违，后天而奉天时"（《乾·文言》），人应与"天"或自然保持一致。在"天人合一"理念下的儒家，选择人对自然的态度，不是索取、掠夺，而是尊重、敬畏。

其次，在规范或制度的层次上，保护、尊重自然的责任意识和行为，显现为一种美德、某种法规。《礼记》记述：

> 曾子曰："树木以时伐焉，禽兽以时杀焉。夫子曰：'断一树，杀一兽，不以其时，非孝也。'"（《礼记·祭义》）
> 孔子曰："开蛰不杀，当天道也；方长不折则恕也，恕当仁也。"（《大戴礼记·卫将军文子》）

"仁"是儒家的第一德性，"孝"是儒家的第一德行，先秦儒家甚至以此崇高的标准来要求、评价人们不滥杀、摧残禽兽草木，能保护、珍惜自然的行为。

《礼记》又记述：

> 獭祭鱼，然后虞人入泽梁；豺祭兽，然后田猎；鸠化为鹰，然后设罭罗；草木零落，然后入山林。昆虫未蛰，不以火田。不麑，不卵，不杀胎，不殀夭，不覆巢。（《王制》）

《礼记·王制》是汉代儒家学者搜集春秋时代或其前社会各项典章制度的记录①。这里援引的是一则涉及农事生产的具有强制性的法规，规定了可以捕鱼、打猎、捉鸟、伐树、火田的季节月份，规定了不准许捕获幼兽、探取鸟卵、杀害怀胎母兽等等的行为。显然，这是一项保护、珍惜自然生物的法规。爱护、尊重自然的意识和责任，在儒家这里是以一种德行、一

————————

① 《史记》云："文帝十七年……使博士诸生刺六经中作《王制》。"（卷二十八《封禅书》）《王制》所记制度与《周礼》《孟子》之间，与《礼记》其他篇之间或有不合（参见清儒姚际恒《礼记通论·王制》），汉代经学家多理解为周制，郑玄或解释为夏、殷制。

种法规的形态被强化和巩固。

最后，在日常生活的层次上，人们具有了珍惜、保护自然生物的道德自律和守法的自觉。兹引三则事例为证：

> 宣公夏滥于泗渊，里革（按：鲁太史，名尅）断其罟而弃之，曰："……山不槎蘖，泽不伐天，鱼禁鲲鲕，鸟翼彀卵，虫舍蚔蝝，蕃庶物也，古之训也。今鱼方别孕，不教鱼长，又行网罟，贪无艺也。"公闻之曰："吾过而里革匡我，不亦善乎！是良罟也，为我得法，使有司藏之，使吾无忘谂。"（《国语·鲁语上》）
>
> 子（按：孔子）钓而不纲，弋不射宿。（《论语·述而》）
>
> 孔子弟子有宓子贱者，仕鲁为单父宰……三年孔子使巫马期远观政焉。巫马期入单父界，见渔者得鱼辄舍之。巫马期问焉曰："凡渔者为得，何以得鱼即舍之？"渔者曰："鱼之大者名鱄，吾大夫爱之，其小者名为鱦，吾大夫欲长之，是以得二者辄舍之。"巫马期返以告孔子曰："宓子之德，至使民暗行若有严刑于旁，敢问宓子何行而得于是？"孔子曰："吾尝与之言曰，诚于此者刑于彼，宓子行此术于单父也。"（《孔子家语·屈节解》）

第一则事例记述的是发生在孔子之前的事。鲁宣公（前608～前591年在位）在幼鱼生长的季节里，用大网在泗水中捕鱼。太史里革把网折断扔掉，并责备他违背应爱惜、保护幼小生灵的"古训"，是贪婪的行为。宣公接受里革的批评，并表示要将断网保存起来，作为鉴戒。这个故事可以解读出多重意涵，但核心的内容则是这对贤明君臣的保护大自然生物的道德责任意识和行为表现。第二则记述的是孔子本人日常生活中之事，他未曾用网而渔，未曾射过归巢之鸟，总是曲全万物而无尽取之心、必得之心，珍惜自然生灵的生存。第三则记述的宓子贱治理下的单父地方一个普通民众之事。宓子贱（名不齐）是孔子的一位年轻弟子（少孔子49岁），有很好的品德，孔子称赞他"君子哉若人！"（《论语·公冶长》）为单父地方长官。可以推想，在他的"君子"地治理下，"开蛰不杀，方长不折为仁恕"的道德意识也会在民众中传播，所以一个渔人也能完全是自愿地将捕获的小鱼放回水中。这是守法的自觉，也是道德的自觉。

总之，在儒家思想和生活里，保护、尊重自然的责任观念，很早就从哲学理念、道德规范和法规、生活行为等不同层次或形态中形成和表现出来。

3. 宋代儒学：人对自然之责任的三种诠释

宋代儒学或宋明理学是儒家思想发展史上新的高峰。人与自然关系的儒学理解和选择，在宋代儒学中有传统的承接，更有新的发展。先秦以后，汉唐国家政权都颁布有保护自然环境的法规、诏令①。宋代继承了这个传统，也多次制定、发布这样的法规、诏令。如宋太祖建隆二年令："禁春夏捕鱼射鸟。"（《宋史》卷一《太祖纪》）宋真宗大中祥符四年诏曰："火田之禁，著在《礼经》，山林之间，合顺时令。其或昆虫未蛰，草木犹蕃，辄纵燎原，则伤生类。诸州县人……自余焚烧野草，须十月后，方得纵火。"（《宋史》卷一百七十三《食货志·农田》）宋刑律也规定："诸失火及非时烧田野者，笞五十。"（《宋刑统》卷二十七《杂律》）这些都可以视为是保护自然的责任意识在制度、规范层面上的显现。在宋代，这种责任意识也每在人们日常生活形态中显现，兹引三位著名儒者的行为为例证：

> 周叔茂窗前草不除去，问之，云："与自家意思一般。"（《河南程氏遗书》卷三）
>
> 司马公时至独乐园，危坐读书堂，尝云："草妨步则薙之，木碍冠则芟之，其它任其自然，相与同生天地间，亦各欲遂其生耳。"（宋·王应麟：《困学纪闻》卷二十《杂识》）
>
> 一日，讲罢未退，上（按：哲宗皇帝，时年十一岁）忽起凭槛，戏折柳枝。先生（按：程颐，时为皇帝经筵讲官，年五十四岁）进曰："方春发生，不可无故摧折。"（《河南程氏遗书》附录《伊川先生年谱》）

---

① 例如汉宣帝元康三年，"令三辅毋得以春夏摘巢探卵、弹射飞鸟"（《汉书》卷八《宣帝纪》）。唐代刑律有对非时火田伐木的处罚规定："诸失火及非时烧田野者，笞五十"，"诸毁伐树木、稼穑者，准盗论。"（《唐律疏议》卷二十七《杂律》）

在儒家看来，花草树木等自然生物，如同人一样，都在按自己固有本性生长，这是大自然生意盎然的美丽风采，只要不妨碍人类的生存，人就不应该毁损它们，让万物"各遂其生"地生长，应是人们的一种责任。周敦颐不除窗前草，司马光不芟路旁树，程颐告诫年少的哲宗皇帝不可戏折柳枝，三位儒者这些生活行为中浸润着的正是此种道德责任的意识。

宋代儒学或宋代理学消化、吸收了诸多佛家、道家思想观念，形成了更广阔的理论视野、更深邃的义理境界。与先秦儒学相比较，宋代理学对人与自然的关系也有了新的、更深入的诠释，在对宇宙万物存在结构的不同哲学识解中，形成了程颢的"人与万物同体"、程颐的"万物各得其所"和张载的"民胞物与"三种主要的人对自然之责任的理解。

"与万物同体" 这是程颢对"仁"作深刻思索后体悟出的观点。"仁"是儒家道德思想中最重要的德性、德行观念，其基本的意涵是"爱"的道德情感，可以由近及远地有差等而无止境推展的道德情感。如何给"仁"的这种品质以更高的、义理的升华的表达，程颢体悟出的是"与万物一体"，他说：

> 学者须先识仁。仁者，浑然与物同体。（《河南程氏遗书》卷二上）
> 仁者，以天地万物为一体，莫非己也。认得为己，何所不至。
> （同上）
> 若夫至仁，则天地为一身，而天地之间，品物万形为四肢百体。夫人岂有视四肢百体而不爱哉？（《河南程氏遗书》卷四）①

这样，通过一种哲学的观照、识解，爱的道德情感就升华为"浑然与万物一体"的精神境界。在这种境界里，爱的情感才能有"何所不至"的广阔，才能有如爱自己身体般的那种真切。程颢对"仁"之意涵更进一

① 《河南程氏遗书》辑二程语录共二十五卷，前十卷二程语录混编，谁者之语多未有注明。这里援引此等语录，甄别原则有三：[1] 语录思想内容明确，自可在二程间作出判分；[2] 语录首次或仅一次出现，思想内容之归属不易判断，则依据朱子的判分；[3] 情况同上，又无朱子的判分，则依据《宋元学案》的判分。《河南程氏遗书》此条语录未注明为二程谁者之语，但可依据甄别原则 [1]，判定为程颢语。

步的诠释，是在此"万物一体"的观照里，又体悟"仁"是"生"，是生长着、律动着的万物整体生命。他就《易传·系辞》对天地之德性的观察描述加以发挥说：

> "天地之大德曰生"，"天地絪缊，万物化醇"，万物之生意最可观，此元者善之长也，斯所谓仁也。（《河南程氏遗书》卷十一）
>
> "生生之谓易"，天只是以生为道，万物皆有春意。（同上书卷二上）①
>
> "成性存存，道义之门"，亦是万物各有成性存存在，亦是生生不已之意。天只是以生为道。（同上）②

这样，在程颢的诠释里，"仁"不仅是爱的道德情感，也是生命的表现和存在；仁者不仅是与万物同体，而且是与万物处于一种生命的同一体中。在这种人与万物同体的精神境界里，或宇宙万物的存在结构是一种生命同一体的哲学识解中，先秦儒学的"天人合一"或"赞天地化育"之论，都是不必要的、多余的了。程颢说：

> 人在天地间，与万物同流，天几时分别出是人是物？（《河南程氏遗书》卷二上）③
>
> 天人本无二，不必言合。（同上书卷六）④
>
> 天人无间，夫不充塞则不能化育，言"赞化育"，已是离人而言之。（同上书卷二上）⑤

---

① 《河南程氏遗书》此条语录未注明为二程谁者之语，但可依据甄别原则［1］，判定为程颢语。
② 同上。
③ 同上。
④ 同上。
⑤ 《河南程氏遗书》此条语录未注明为二程谁者之语，但可依据甄别原则［1］，判定为程颢语。另外，朱子曾有谓："程先生言'参赞'之义，非谓赞助，此说非是。"（《朱子语类》卷六十四）朱子对二程的称谓每有所区别，称程颢为"程先生"，尊称程颐为"程子"。所以，依据甄别原则［2］，亦可判定此条语录为程颢语。

可以看出，在程颢这种人与万物是生命同一体的观照、体认中，人之珍惜、保护自然，其行为性质已经变化，它不再是对异己的"应然"的道德责任，而是对自己生命的"固然"的生活行为，如同身体有病痛"不仁"处，当然要去切脉医治一样。程颢每以"切脉最可体仁"（《河南程氏遗书》卷三）来形容表达这个意蕴。这不是人对自然之责任的放弃、取消，而是在一种更高的境界上对这个责任的彻底履行，即是将其理解为自己生命的、生活的固有内容去完成。

在宋明理学中，程颢此种将人与自然关系之"应然"融入或化为"固然"的观点，得到陆王心学一派的响应。陆九渊所谓"宇宙内事乃己分内事，己分内事乃宇宙内事"（《陆九渊集》卷三十六《年谱》[1]），王守仁所谓"仁者以天地万物为一体，使有一物失所，便是吾仁有未尽处"（《阳明全集》卷一《传习录上》），都可以认为是这一观点的进一步表述。

"万物各得其所"   程颐的宇宙万物存在结构图式，是以"理"（"天理"）观念为基础来构筑的。程颐所论及的"理"有两种："一物须有一理"之"理"和"万物皆是一理"之"理"。程颐未曾对其"理"有过明确界定，但以现代哲学观念审视，此两种"理"分属于宇宙论和本体论的不同理论层面还是很清晰的。程颐说："天下物皆可以理照，有物必有则，一物须有一理"（《河南程氏遗书》卷十八），"凡眼前无非是物，物物皆有理，如火之所以热，水之所以寒，至于君臣父子间皆是理。"（同上书卷十九）这里的"理"显然是指具体事物的性质、规律，是其当然之则和所以然之故，是宇宙论理论层面的"理"[2]。程颐又说，"万物皆是一理，至如一物一理，虽小，皆有是理"（同上书卷十五），"动物有知，植物无知，其性自异。但赋形于天地，其理则一"（同上书卷二十四），"万理归于一理也"（同上书卷十八），这里的"理"是超越具体事

---

① 陆九渊是位悟性极高的儒家学者、理学家。可作为他的心学思想之标志性的命题"宇宙便是吾心，吾心即是宇宙"，"宇宙内事乃己分内事，己分内事乃宇宙内事"，在其《年谱》内都编写为是十三岁时悟得，对此已无法考证。这里仍是将此语作为陆氏心学最具代表性的、成熟的观点来援用的。

② 后来，朱子在此理论层面上界定说："天下之物，则必各有所以然之故，与其当然之则，所谓理也。"（《大学或问》卷一）

物之上的万物共蕴的"理"，是万物最终的根源、根据之"理"。程颢所说"实有是理，乃有是物"（《河南程氏经说》卷八《中庸解》），"万事皆出于理"①（《河南程氏遗书》卷二上），都是表述"理"的这种性质，这是本体论理论层面的"理"②。综合言之，程颐的宇宙万物存在结构就是由"一物一理"和"万物一理"组成的理共同体。在这样的共同体里人与自然的关系或人对自然的责任应如何确定？程颐说：

道一也，岂人道自是人道，天道自是天道？《中庸》言："尽己之性，则能尽人之性；能尽物之性，则可以赞天地之化育。"此言可见矣。（《河南程氏遗书》卷十八）

有物必有则……万物庶事，莫不各有其所，得其所则安，失其所则悖。圣人所以能使天下顺治，非能为物作则也，唯止之各于其所而已。（《周易程氏传》卷四《艮》）

万物无一失所，便是天理时中。③（《河南程氏遗书》卷五）

显言之，在这种理共同体中，一方面，人与自然"一物一理"，是有差异的，"天人所为，各自有分"（同上书卷十五）；另一方面，人与自然又统属于"万物一理""万理一理"，所谓"一物之理即万物之理"（同上书卷二上）。所以，人与自然不可分离、对立，人应该赞助自然实现其本性、本分，使万物各得其所，无一失所。这既是人的本性、本分的实现——人的道德实现，也是"天理"的实现。

二程从对宇宙万物存在结构的不同哲学识解中，形成了人对自然之责任的不同理解。对此，朱子有明确的评断。他不认同程颢"赞化育是离人而言"之论，谓"此说非是"；而认为，程颐"天人所为，各自有分"

---

① 《河南程氏遗书》未注明此条语录为二程谁者之语。但据《宋元学案·伊川学案》所录语录中，以"天地之化，譬之两扇磨行"云云为伊川语，可推断此条语录为程颐之语。

② 后来，朱子在此理论层面上界定说："理也者，形而上之道也，生物之本也。"（《朱文公文集》卷五十八《答黄道夫一》）

③ 《河南程氏遗书》未注明此条语录为二程谁者之语。但《宋元学案》录入《伊川学案·语录》。

之论是"说得好"（《朱子语类》卷六十四），并更具体地解释"赞天地之化育"说：

> 人在天地中间，虽只是一理，然天人所为，各自有分，人做得底，却有天做不得底。如天能生物，而耕种必用人；水能润物，而灌溉必用人；火能爇物，而薪炊必用人。裁成辅助，须是人做，非赞助而何？……至于尽物，则鸟兽虫鱼，草木动植，皆有以处，使之各得其宜。（《朱子语类》卷六十四）

显然，朱子认为人对自然万物的责任，就是"使之各得其宜"，完全认同并承接了程颐的"万物各得其所"的观点。

"民胞物与"　张载的宇宙万物存在结构图式，可以说是一种天人伦理共同体。他在《西铭》①中道：

> 乾称父，坤称母；予兹藐焉，乃混然中处。故天地之塞，吾其体；天地之帅，吾其性。民吾同胞，物吾与也。大君者，吾父母宗子；其大臣，宗子之家相也。尊高年，所以长其长；慈孤弱，所以幼吾幼。圣其合德，贤其秀也。凡天下疲癃残疾，茕独鳏寡，皆吾兄弟之颠连而无告者也。（《正蒙·乾称》）

不难看出，张载这一天人（人与自然）伦理共同体的哲学识解，是由"天地之塞，吾其体"和"天地之帅，吾其性"两个观念成分构成，或者说是由他的"气"本体论观点和儒家传统的伦理观念结合而成。首先，张载的气本体论认为，"太虚不能无气，气不能不聚而为万物，万物不能不散而为太虚"（《正蒙·太和》），人与万物皆是一气之聚散，人与万物

---

① 张载曾书写其《正蒙·乾称》篇之"乾称父，坤称母……存，吾顺事；没，吾宁也"一节于学堂之右牖，称之为《订顽》，又书其"戏言出于思也，戏动作于谋也……不知孰甚焉"一节于左牖，称之为《砭愚》。程颐认为其名称涵盖不周，其文义易发生诠释上的歧解，"是起争端"，故将其改为《西铭》《东铭》（见《河南程氏外书》第十一）。

在本质上是相同的，性能上也是相通的；人与人之关系同人与物之关系，在本体论的意义上也是相同的、相通的。其次，张载承继儒家伦理以个人、家庭为中心而向外推展的理论传统，以"乾父坤母"将人与万物所共处的宇宙环境，定性为一个具有伦理性质的整体结构，"混然中处"的人因此与万物有了广泛意义上的伦理关系、道德责任。人应当以处于一个大家庭中的伦理感情、态度去处置天地间的事事物物。在此基础上，张载提出的确定人与自然之关系、人对自然之责任的理念——"民吾同胞，物吾与也"，其主要的意涵也就是人不仅对他人，同时对自然万物也承担着某种伦理责任；人的全部伦理道德实践，不仅在人际间，也要在人与宇宙万物间实现。

张载的"民胞物与"观点，得到朱子的认同，并予以明确、详尽的阐释。朱子在《西铭注》中概括其主题曰："此篇论乾坤一大父母，人物皆己之兄弟一辈，而人当尽事亲之道以事天也。"（见《张子全书》卷一）又诠释"民胞物与"曰：

> 人物并生于天地之间，其所资以为体者，皆天地之塞，其所得以为性者，皆天地之帅也。然体有偏正之殊，故其于性也不无明暗之异。惟人也得其形气之正，是以其心最灵而有以通乎性命之全体，于并生之中又为同类而最贵焉，故曰"同胞"，则其视之皆如己之兄弟矣。物则得夫形气之偏而不能通乎性命之全，故与我不类，而不若人之贵。然原其体性之所自，是亦本之天地而未尝不同也，故曰"吾与"，则其视之也如己之侪辈。惟"同胞"也，故以天下为一家，中国为一人。惟"吾与"也，故有形于天地之间者，若动若植，有情无情，莫不有以若其性，遂其宜焉。此儒者之道，所以必至于参天地，赞化育，然后为功用之全，而非有所强于外也。（《张子全书》卷一）

朱子判定《西铭》之主旨为"以事亲之道以事天地"，诠解"物与吾也"为"视万物如己之侪辈"，都是对张载将伦理道德感情拓展到人与万物之间的伦理观念的十分准确的揭示。朱子完全赞同这种观点，故称此为"儒者之道"；认为儒者不仅完成了人际间的，同时也完成了人物间的伦理道德实践，方是"功用之全"。朱子这一诠释还凸显出儒家（理学）所确定的人与自然间伦理关系的基本内涵是，第一，人与自然万物共处于一个宇宙共同体中。即人与万物"并生于天地之间"，其体"皆天地之塞"，其性"皆天地之帅"，是一气之流行、一理之显现①；是林林总总、形形色色的人与自然万物之形体、性能构成了宇宙整体。第二，由此可推定，自然万物也应拥有伦理地位、享有道德关怀。因为较之于人，自然万物"原其体性之所自，是亦本之天地而未尝不同也"。第三，进而可推定，人应对自然万物负有道德义务与道德责任。因为人既是天地间之"最灵""最贵"，故当视天地间之自然万物如"己之兄弟""己之侪辈"，使其"莫不有以若其性，遂其宜"。可以认为，这也正是理学将伦理关系从人与人之间向人与自然之间拓展的基本理据，是儒学伦理思想周延的、圆成的发展。

以上，我们简略地考察了儒学在其发展的成熟历史阶段——理学时期，理学家在宇宙万物存在结构的三种不同的哲学识解中，对人与自然的关系或人对自然的责任形成了"与万物一体"、"使万物各得其所"和"民胞物与"的三种回答，分别显现为是一种精神境界、一种理性的生活态度和一种应践履的道德原则。其间虽有所差别，但也共同表现出尊重、善待自然和与自然和谐相处的立场，共同构成人与自然关系的儒学选择——一种充分而彻底的道德的选择②。

4. 小结：珍贵的思想资源

儒家伦理所认定的人对自然承担责任或道德关怀的范围——整个自然界，与当代西方环境伦理学中的生态中心主义是相同的；并且所由确

---

① 朱子有谓："人物之生，同得天地之理以为性，同得天地之气以为形。"（《孟子集注》卷四《离娄下》）

② 谈到人与自然关系的儒学选择，这里不能不补充说明，先秦儒学大家荀子于人与自然关系也多有立论。其所提出"大天而思之，孰与物畜而制之；从天而颂之，孰与制天命而用之"，主张"天地官，万物役"（《荀子·天论》），有异于这里所论述的孔孟儒学和宋明理学的立论。前已论及，鉴于在儒学历史上，荀子之学在儒学的三个主要理论层面上——心性的、社会的（"礼"）、超越的（"天命"），都于孔孟正统儒学有所变异，理学家甚至视其为异端，如程颐说，"荀子悖圣人者也"（《程氏遗书》卷二十五），朱子亦说，"荀卿著书立言，无所顾忌，敢为异论……荀卿全是申韩"（《朱子语类》卷一百三十七），故这里于荀子之学姑且不论。

定这个范围的两个理论观念——伦理由人向自然的推展和人与万物处于同一共同体，也是相似的。但是，儒家伦理和生态中心主义的这两个观念的形成根源和性质并不相同。儒家伦理的义务、责任所覆盖的包括自然在内的广阔范围，是"仁"的道德理念或爱的道德感情由个人与家庭间，向与国家间、与自然万物间有差序的推展过程，是个人道德实现的完整过程，是一种道德理性。儒家理学中的"仁"的生命同一体、"一物一理"与"万物一理"的理共同体以及"气"的天人伦理共同体，都是从某种特定观念立场对宇宙万物存在结构的哲学识解，是一种哲学智慧。生态中心主义的伦理主题演进观念和共同体观念，则是来源于 19 世纪实证科学之一的生物学的重要成就，即达尔文进化论和生态学兴起。达尔文的《物种起源》将亲缘的范围扩大到了所有的生命，《人类的起源》判定人的道德感（"同情"）是进化的产物①，这些科学思想启迪了生态中心主义扩展伦理对象或道德关怀范围的理论思考。所以正如美国学者、第一本较完备的西方《环境伦理史》作者纳什（R. F. Nash）所说："达尔文的著作《物种起源》（1859 年）与《人类的起源》（1871年）成为环境主义和环境伦理学的重要思想资源。"② 19 世纪后半叶兴起的生态学——探索有机体彼此之间，及其与整体环境之间如何相互影响的机理、规律的生物学科，就是以生物群落或共同体为主要研究对象。生态中心主义的"生物共同体"或"生命共同体"观念显然与此相通，故纳什曾指出，"利奥波德吸收了生态科学的成果"③。可以认为，生态中心主义的伦理演进和共同体观念，是以现代实证科学为基础的、充盈着科学理性的道德意识。

较之生态中心主义，儒家伦理对人与自然关系的道德选择，有更深厚的道德意识，是更纯粹的道德良知；尽管它很古老，但仍是新的环境

---

① 达尔文在《人类的由来》中，对动物和人类的心理能力比较、原始人类的理智和道德能力的发展等做了许多具体论述后说："同情心也者，作为社会性本能中最为重要的一些因素，当初无疑是通过自然选择而发展起来的。"（达尔文：《人类的由来》，潘光旦、胡寿文译，商务印书馆 1983 年版，第 220 页）

② 罗德里克·弗雷泽·纳什：《大自然的权利——环境伦理学史》，杨通进译，青岛出版社 2005 年版，第 47 页。

③ 同上书，第 74 页。

伦理理念所不会、不能逾越的。也许正是在此种意义上，著名的英国历史学家汤因比曾建议："对于现代人类社会的危机来说，把对'天下万物'的义务和对亲爱家庭关系的义务同等看待的儒家立场，是合乎需要的，现代人应当采取此种意义上的儒教立场。"① 当然，当代自然生态危机的社会问题真正解决，还是更需要科学技术的支撑，更需要不同社会制度下政治意识形态的妥协和不同发展水平国家经济利益的平衡。环境伦理的思想理论，只是能为自然生态问题的解决开拓一个必要的伦理基础、道德空间。在儒家的立场上，对于现代的人们为消解这一现代性社会危机的努力，无论是作为社会实践的保护环境运动和作为社会理论思潮的环境伦理建设，都是能给予真诚的认同和支持的；儒家伦理和生活，无论是对于这个社会实践运动或这个社会理论思潮，都是一种珍贵的历史记忆和思想资源。

（二）多元文化伦理共识的儒学模式

现时代是全球化的时代。"全球化"（Globalization）的解说十分纷纭。我们这里只是描述说，全球化是指一种状态，金融贸易、信息通信、交通往来，世界似是一个"地球村"，实现了"一体化"；全球化也是指一种过程，是人类不断跨越空间障碍和制度、价值等文化社会障碍，在全球范围内实现交流、达成共识与共同行动的过程。全球化是现代化深入发展的社会后果，现代性的一种具体表现。从文化的角度看，全球化不仅是一个整体性过程，更是一个多样化的过程。多元文化共存是现时代的重要特征，在表现出巨大差异，甚至有冲突的多元文化共存中探寻基本的伦理共识，是现时代的一项思想理论任务。"全球伦理"就是在这种背景下出现的。儒学对此可能有何种响应？

1. "全球伦理"的提出

构建"全球伦理"是 1993 年美国芝加哥世界宗教议会的《走向全球伦理宣言》明确提出来的。世界宗教议会关切建立全球伦理是基于这样的现实判断："世界正处于苦难之中……我们的世界正在经历着一场根本

---

① 汤因比、池田大作：《展望二十一世纪》，第 427 页。

的危机：一场发生在全球经济、全球生态和全球政治中的危机。"① 应该说，这一富有宗教情怀的判断是正确的，有众多的事实根据的。作为现代性科学工具理性"祛魅"的负面所带来的传统道德观念崩溃的危险，自然生态环境被破坏的危机，还有不公正的、充满尖锐冲突的现代世界政治经济秩序，都在困扰着人类。世界宗教议会因此判定需要全球伦理，"没有一种全球伦理，便没有更好的全球秩序"②，并界定全球伦理"指的是对一些有约束性的价值观，一些不可取消的标准和人格态度的一种基本共识"③；确定全球伦理的主要道德原则是："一个基本要求"——"你希望人怎样待你，你也要怎样待人"；"四项不可取消的规则"——"坚持非暴力与尊重生命的文化"，"坚持一种团结的文化和一种公正的经济秩序"，"坚持一种宽容的文化和一种诚信的生活"，"坚持一种男女之间的权利平等与伙伴关系的文化"。非常明显，这个道德原则的内容主要渊源于基督宗教传统的"金规则"④ 和"不要杀人""不要偷盗""不要撒谎""不要奸淫"四条戒律⑤，但也是其他宗教或文化传统能够接受的。应该说，《全球伦理宣言》所确定的道德原则基本具备了作为"全球伦理"的那种"不可或缺的标准"和"最低限度的基本共识"的品质；所界定的"全球伦理"内涵——有约束性的和最基本的道德规范，还是周延的；而它所内蕴的宽容、开放的精神，则可视为是建成全球伦理所必需的文化姿态。

当然，我们还可以走出宗教的心境，不是从人类"苦难"的现实背景中，而是从更广阔的人类社会的变迁、发展的全球化现实背景中，来审视在现代人类的人文关怀中，全球伦理的主题的必然涌现。在这个观察角度上我们会看到，一方面，世界"一体化"的进程成为当代人类社会发展的不可逆转的趋势；另一方面，在全球化进程中，文化传统和价值观念的多元化也凸显起来。事实上，文化传统和价值观念的多样性在人类历史

① 孔汉思、库舍尔编《全球伦理——世界宗教议会宣言》，何光沪译，四川人民出版社1997年版，第3、7页。

② 同上书，第12页。

③ 同上。

④ 《圣经·马太福音》第7章第12节、《路加福音》第6章第31节等出现此项要求。

⑤ 《圣经·出埃及记》第20章第3～17节"十诫"中有此四诫。

开端就已产生，在前现代的人类缺乏交往的相当长的时期里，一直被种种相对孤立的、独特的生活形态和观念形态加固着。但在现时代，在作为人类历史发展必然趋势的世界现代化、全球化导引的"一体化"进程中，不同文化传统和价值观念有了频繁接触；在接触中就有了比较，发现了差异；不同文化在差异中，除了能相互吸收外，还会感受到对立，乃至发生为维护自己的文化存在而对强势的异质文化的抗争。这样，人类尚存的不同文化传统在社会生活或理论观念不同层面上的和不同强度上的觉醒，顽强表现着的人类文化多样性，也成为影响当代世界进程的一个重要因素①。在当代世界，全球化、"一体化"的进程既是有深厚动因的发展趋势而不可逆转；作为人类历史积淀的文化价值观念多元化也是无法消除的，人类处在这两个既相反又相成的生活情境之中。对于全体人类来说，既需要全球秩序，也需要不同的生活方式。这也正是系统哲学家拉兹洛（E. Laszlo）领导完成的《多种文化的星球》研究报告的最终结论："人类的共同未来，不能多样化而没有协调，也不能统一而没有多样性。"② 在此背景下，全球伦理——作为全体人类生活的基本道德原则，显然应是被界定为在不同文化传统和生活方式之间存在的最低限度、最基本的伦理道德共识和规范。发掘几个主要文明传统中最低界限的基本道德意识、道德规范，并且通过交流、对话，加以整合，形成在更大范围和更高层次上的、超越特定文化传统的伦理思想和道德规范认同，已成为当代人文学者和宗教人士一项共同的使命和努力。基于这样的理解，本书这里从儒学的立场作出观察，认为在作为中国文化、中国哲学主流的儒家学说中，有三个基本的思想观念或道德原则，可以视为是中国文化传统的最低的，并且能构成某种周延的道德界限，因而可称为是底线的道德原则，它们是：

---

① 当代世界文化的多元状况，难以周延描述。1993 年出版的由联合国教科文组织专家小组提出的《多种文化的星球》研究报告称"现有的文化数以千计"，并重点地将当代世界文化划分为欧洲文化、北美洲文化、拉丁美洲文化与加勒比地区、阿拉伯文化、非洲文化、俄罗斯文化和东欧文化、印度和南亚文化、中国和东亚文化等八个文化圈来加以论述。（欧文·拉兹洛编《多种文化的星球——联合国教科文组织国际专家小组的报告》，戴侃、辛未译，社会科学文献出版社 2001 年版）。

② 欧文·拉兹洛编《多种文化的星球——联合国教科文组织国际专家小组的报告》，第 232 页。

儒学与现时代：儒学的现代性回应

①"己所不欲,勿施于人";②"人禽之辨"和"义利之辨";③"民胞物与"。儒家道德中此三项道德原则或律令的内涵与其他文化传统中基本道德观念也有着相互契合与融通的相容之处。可以认为,这是中国儒学贡献给全球伦理的主要资源。

2. 儒家道德底线三原则

作为中国传统文化主体的儒家思想,是一以伦理道德思想为核心的理论体系。传统的儒家思想从心性的、社会的和超越的不同理论层面,或个人的、家庭的和社会的不同生活层面上,提出了许多伦理道德观念,诸如"五性"(仁、义、礼、智、信)、"三德"(知、仁、勇和孝、忠、诚)的德性、德行范畴,"五伦"或"十义"的基本伦理规范;提出了"知天命""知性、事天、立命"的终极追求;等等。儒家的这些伦理道德观念,构成了儒家生活方式的内在特质和形态特征。在儒家思想中,我们还看到三个行为原则或道德律令,构成了儒家生活方式的基本的、最低的道德界限。

"己所不欲,勿施于人" "己所不欲,勿施于人"可能是在孔子以前就已经出现的古语,但尚无明确的内涵。《论语》记载仲弓问"仁"、子贡问"恕",孔子都以"己所不欲,勿施于人"来解释①。可见在儒学中,"己所不欲,勿施于人"一语被赋予了"仁"与"恕"的道德内涵:"仁者爱人"②,"推己及人为恕"③,是对人友善、宽容的行为表现。在儒学中,"己所不欲,勿施于人"作为一种行为原则,还被表述为"絜矩之道",即"所恶于上,毋以使下;所恶于下,毋以事上;所恶于前,毋以先后;所恶于后,毋以从前;所恶于右,毋以交左;所恶于左,毋以交右"(《礼记·大学》),就是要以度量自己的喜好厌恶的同一把人性之尺来度量别人。儒家的这一行为原则,具有鲜明的自律性质,所以是一种道德原则,因为正如康德所说,"自律原则是道德之唯一原则"④,没有自律,也就没有道德行为。道德自律可以一般地界定为约束、克制自己,

---

① 《论语》记载:"仲弓问仁。子曰:'出门如见大宾,使民如承大祭,己所不欲,勿施于人。在邦无怨,在家无怨。'"(《颜渊》)"子贡问曰:'有一言而可以终身行之者乎?'子曰:'其恕乎!己所不欲,勿施于人。'"(《卫灵公》)

② 孟子曰:"仁者爱人,有礼者敬人。"(《孟子·离娄下》)

③ 朱子曰:"尽己之心为忠,推己及人为恕。"(《四书集注·中庸》第十三章)

④ 康德:《道德形上学探本》,唐钺译,商务印书馆1957年版,第55页。

自觉地践履根源于人之理性自身的道德规范。这种自我约束、克制，因为是一种道德理性自觉，所以在心理感受上产生的并不是意欲被扭曲的精神窒息的感觉，而是人性被提高的自由的感觉①。"己所不欲，勿施于人"中的"勿施"，"絜矩之道"中的"毋以"，都是一个明确的自我约束的道德指令，它要求人不要，也不能把不愿别人对自己做出的行为施加他人。这是一个内容最少、范围最广的道德原则，可以衡量一切行为的道德尺度。同时，儒家这一道德原则是以人性相同、人格平等为其内在信念的。因为十分明显，必须首先有对他人具有与自己同样的欲望需求的尊重和同等的存在发展权利的确认，然后才有作为道德指令、道德原则的"己所不欲，勿施于人"或"絜矩之道"的成立，所以这又是一个精神基础深厚的道德原则。总之，以仁、恕道德观念为理性内涵、人性相同、人格平等为信念基础的"己所不欲，勿施于人"原则，是儒学最基本的道德设定，是儒家生活方式中的最低道德界限。

"人禽之辨"与"义利之辨"　　在儒学中，对人之行为作出进一步的、有具体道德要求的基本规范是"人禽之辨"和"义利之辨"。"人禽之辨"是指人的最低道德行为标准是要与动物有区别。孟子说，"人之所以异于禽兽者几希"（《孟子·离娄下》），"人之有道也，饱食、暖衣、逸居而无教，则近于禽兽"（《孟子·滕文公上》），最先提出并界定了这一标准。后来的儒家也说，"无别无义，禽兽之道也"（《礼记·郊特牲》），"触情从欲，谓之禽兽"（《说苑·修文》）。可见在儒家这里，作为道德原则的"人禽之辨"可以理解为要有克制自然情欲，践履人伦规范的道德自觉；并且作为最低的道德行为要求，还在传统的儒家生活方式中，逐渐

---

① 这一界定和西方传统伦理学中康德对道德自律性的定义基本一致，康德说："意志的自律，就是指意志能够成为自己的规律这个特性，完全与意志的对象的任何特性无关……假如意志越出自身以外，从它的任何对象的特性寻找这个规律，那么，结果总是他律。"（《道德形上学探本》，第54~55页）这一界定和现代西方元伦理学中的一种观点相反，这一观点认为，践履社会道德规范（"要求型道德"）是"他律"，实现自我欲望（"愿望型道德"）是"自律"（参见莫里茨·石里克《伦理学问题》，孙美堂译，华夏出版社2001年版，第63~66页）。分歧显然由于对人性本质的理解——是道德人性，抑或自然人性之不同而引起。儒家是道德人性伦者，与康德一致。

形成了这样的社会舆论和道德评价定式：纵欲乱伦行为最为社会所不齿。儒学的"义利之辨"是指对道义行为和价值行为（功利行为），即合于伦理道德规范的行为和获得财富、权位等能带来各种"好处"的行为两者之间关系的分辨和选择。在完整的传统儒学中，义、利行为之关系从作为个人德性修养和作为国家职能两个有所差别的论述角度上有不同的立论。在儒家看来，推行教化（义）和追求强国富民（利），都是治理国家所应有的行为，在这里义与利虽有区别，但并不对立，而是互为一体的行为，这就是儒家经典中的"利者义之和"（《周易·乾·文言》）、"义以生利"（《左传·成公二年》）、"义者利之本"（《左传·昭公十年》）之论。但是作为个人德性修养行为，儒学则是将义与利视为是有道德的和非道德的两种性质对立的行为，以"义"的内涵为践行人伦规范的道德行为，所谓"父慈、子孝、兄良、弟悌、夫义、妇听、长惠、幼顺、君仁、臣忠，十者谓之人义"（《礼记·礼运》），而"利"则是属于追逐实现自然欲望的非道德行为，或者说是无道义内涵的行为；并且认为"义"应高于、重于"利"，所以孔子每每说"君子义以为上"（《论语·阳货》）、"见利思义"（《论语·宪问》）、"不义而富且贵，于我如浮云"（《论语·述而》）。这是儒家从它的彻底的道义论伦理学立场必然要得出的结论。总之，儒家人禽、义利之分辨，宣示了作为人所应有的最低的伦理自觉和作为有道德的人所应有的基本德行修养，这也是儒家生活方式中的底线道德界限，较之"己所不欲，勿施于人"内蕴着的道德理念，在这里已显现为较具体的人伦规范和美德行为。

"民胞物与" 儒家的"人禽、义利之辨"确立的道德原则，规范着人类自身范围内的人伦关系的道德实践，宋代儒家学者张载提出的"民吾同胞，物吾与也"（《正蒙·乾称》）的伦理道德理念，则是突破了"十义"的人伦樊篱和人与物的界分，确立同处天地之间的一切人皆是兄弟同胞，万物与人也是同一性体的泛人伦的伦理原则，显示了儒家伦理关怀的宽广及其道德原则由己及人、由人及物的推展过程。"民胞物与"原则虽然是由张载提出和完整表述，但其内蕴的思想在先秦儒家那里也就已形成。孔子表示自己的愿望是"老者安之，朋友信之，少者怀之"（《论语·公冶长》），孟子认为"仁政"的道德行为原则是"老吾老以及人之老，幼吾幼以及人之幼"(《孟子·梁惠王上》)，都表现出对家庭、国家的人伦关系之外的一切人的关爱，《中庸》提出"能尽人之性则能尽物之性，能尽物之性则可以赞天地之化育，可以赞天地之化育则可以与天地参矣"，孟子所说"尽其心者知其性也，知其性则知天矣"(《孟子·尽心上》)，都潜涵着人与自然万物在性体上相通的意蕴。张载之后，朱熹在《西铭注》中诠释"民吾同胞"之"同胞"为"天下一家，中国一人"，"物吾与也"之"吾与"是人对万物要"若其性，遂其宜"(载《张子全书》卷一)，更加清晰地显示了儒家主张全体人类应该友好相处，人类应该尊重自然、善待自然的伦理立场。

总结以上对儒家道德底线三原则的说明，可以概括地说，"己所不欲，勿施于人"内蕴着人性相同、人格平等理念和自律态度，在行为的层面上给出最低的道德尺度；"人禽、义利之辨"是从道义论的立场，在道德行为的层面上指示基本的人伦原则和美德内容；"民胞物与"要求将道德行为由人伦向公共人际间、向人与自然间由近及远地拓展，此三原则构成了儒家生活方式中的基本的、周延的道德界限和范围。

3. 相容性

儒学中的"己所不欲，勿施于人"、"人禽义利之辨"和"民胞物与"三个伦理道德的思想观念或原则，可以作为儒家贡献给未来全球伦理的主要资源，一方面如前面所说明的，此三项原则是儒家生活方式中不同行为层次最低的和基本的道德界限，具有和生活本身共存的生命力；另一方面，如下面要说明的，此儒家道德底线三原则与西方的、阿拉伯的、印度的等现存主要文化传统中的基本道德观念也是相容的，这也是建构全体人类道德共识所必需的理论品质。

我们不难观察到，西方传统的伦理观念，即表现在希腊哲学和希伯来宗教中的伦理思想，都存在着与儒学道德底线三原则相同的，或相契合的行为规范、道德原则。例如，在基督教《圣经》中多次出现的、西方伦理学称为"金规律"的基督宗教戒命——"无论何事，你们愿意人怎样待你们，你们也要怎样待人"(《马太福音》第 7 章第 12 节，《路加福音》第 6 章第 31 节)，"多有财利，行事不义，不如少有财利，行事公义"的训言（《箴言》第16章第8节），《当代世界教会牧职宪章》宣谕的"人可能并应当爱护天主所造的万物；万物受自天主，应视为天主手工而予以尊重"的律法①，与儒家道德底线三原则都是完全契合的。由可作为古希腊哲学之代表的亚里士多德②所说，公正善良的人，就是"能以德性对待他人，而不只是对待自身"③，"人类如果不讲礼法，违背正义，他就堕落为最恶劣的动物"④，在灵魂（德性）、身体（健康）、外物（财富）三项"善因"中，"灵魂的善是主要的、最高的善"⑤，一般也可以判定，古代希腊哲学的伦理思想对儒学的"絜矩之道"和"人禽义利之辨"也是认同的。当然，《圣经》中的和希腊哲学中的伦理道德原则，其观念性质、逻辑起点、最终根源或根据等方面与儒学会有所差异，例如，《圣经》的一切道德原则的最终根据总要归束于上帝⑥，而儒学的道德根源只能追溯到人性自身⑦；希腊哲学（亚里士多德）的道德原则是在目的论（价值

---

① 《当代世界教会牧职宪章》第37节（按：此宪章系1962～1965年第二届梵蒂冈大公会议颁布；此译文转引自卡尔·白舍客《基督宗教伦理学》第二卷，静也等译，上海三联书店2002年版，第812页）。

② 当代美国伦理学家麦金太尔（A. Maclntyre）在其《德性之后》一书中评断亚里士多德思想说："没有一种理论可以像亚里士多德主义那样，在非常广阔多样的社会背景条件下——不论希腊、伊斯兰教、犹太教，还是基督教——中证明自己的正确性。"（《德性之后》，龚群等译，中国社会科学出版社1995年版，第148～149页）此前，罗素在他的《西方哲学史》一书中作出的是与此相反的评断："亚里士多德死之后一直过了两千年，世界才又产生出来任何可以认为是大致能和他相匹敌的哲学家。直迄至这个漫长时期的末尾，他的权威性差不多始终是和基督教会的权威性一样地不容置疑，而且它在科学方面也正如在哲学方面一样，始终是对于进步的一个严重障碍。自起十七世纪初叶以来，几乎每种认真的知识进步都必定是从攻击某种亚里士多德的学说而开始的。"（《西方哲学史》上卷，何兆武译，商务印书馆1963年版，第209页）尽管两位著名西方学者对亚里士多德思想真理性的评断分歧很大，但对他的思想的巨大历史影响的评断却是一致的。

③ 亚里士多德：《尼各马科伦理学》，第97页。

④ 亚里士多德：《政治学》，第9页。

⑤ 亚里士多德：《尼各马科伦理学》，第15页。

⑥ 《圣经》宣谕作为基督教律法或道德基础的"爱"之最终根据说："我们应当彼此相爱，因为爱是从上帝来的。凡有爱心的，都是由上帝而生，并且认识上帝。没有爱心的，就不认识上帝，因为上帝就是爱。"（《约翰一书》第4章第7节）

⑦ 孟子说，"仁义礼智，非由外铄我也，我固有之"；又引《诗》"天生烝民，有物有则，民之秉彝，好是懿德"，说明这是秉自人之天性（见《孟子·告子上》）。

论）立场上推出的①，儒家坚持的则是义务论（道义论）的立场。但作为道德指令，其基本内涵，即对人的生活实践的行为要求是相同的、一致的，因而作为两种伦理也是相容的。

在世界现存的主要文化传统中，除了处于强势的西方文化外，还有影响地域广泛的、以伊斯兰教为核心的阿拉伯文化和历史悠久的印度文化。在这两种文化的观念源头处，剔除它们根源于各自独特的精神超越层面的信仰而形成的宗教生活的方面，在世俗生活方面也存在着与儒学道德底线三原则相容的道德观念或原则。例如《古兰经》记载穆圣的教导说，"当他们妄自尊大，不肯遵守戒律的时候，我对他们说，你们变成卑贱的猿猴吧"（第7章第166节）；"在他们复活之日，即财产和子孙都无裨益之日，唯带一颗纯洁的心来见真主者，得其裨益"（第26章第87~89节）；"舍真主所启示的正道，而顺从私欲者，有谁比他们更迷误呢"（第28章第50节）。凡此皆显示，在《古兰经》指导的世俗生活中，也是以人禽、义利、理欲之别来判分是与非、道德与不道德的界限。印度文化的思想源头，一般都要追寻到古印度的"吠陀时代"和"史诗时代"。在这两个时代的文献中，在世俗生活层面上契合儒学道德底线三原则的观念，也是容易发现的。例如，被《奥义书》阐释出的"善良与愉乐，两俱来就人，明智妙观察，宛转能辨甄，智者择善良，宁使欢乐屯，愚人不好善，乐事乃所遴"②；为史诗《摩诃婆罗多》所吟唱的"你自己不想经受的事，不要对别人做；你自己向往渴求的事，也应该希望别人得到——这就是整个的律法"③，也正是儒学的"义利之辨"和"絜矩之道"的道德原则。《奥义书》作为主题来阐释的"万物在大梵中"的古代印度哲学基本观点④，

---

① 亚里士多德简明地表述了这种伦理学立场："一切技术，一切研究以及一切实践和选择，都以某种善为目标，所以人们说得好，善是一切事物所求的目的。"（《尼各马科伦理学》，第1页）

② 《五十奥义书·羯陀奥义书》第二章第二论，《五十奥义书》，徐梵澄译，中国社会科学出版社1984年版，第357页。

③ 《摩诃婆罗多·教诫篇》第113章第8颂（此处译文转引自《全球伦理——世界宗教议会宣言》，四川人民出版社1997年版，第150页）。

④ 《奥义书》中此类阐释甚多，今举一语义明显者为例："宇宙万事物，交织皆在斯，此即是大梵，动静双摄持，逝唯往其中，归海川流驰。"（《五十奥义书·智顶奥义书》第17颂，《五十奥义书》，第809~810页）

史诗《薄伽梵歌》中推崇和追求的"一切同仁无尊卑"的修养境界①，也会在理论上和逻辑上支持或演绎出儒学的"民胞物与"的伦理道德原则。

同样处在现代转化中的儒家文化、伊斯兰教文化和印度文化，未来的理论态势和生活形态仍然会是不同的，西方文化在近现代经历了"理性化"的洗礼，当前正处在充满困惑、歧异和"颠覆"的"后现代"之中，但在它们观念源头与儒学道德底线三原则所形成的相容性，还是会保持下去的②，因为儒学道德底线三原则是从三个不同行为层次或生活层面规约着、标志着人类行为的最低界限，越过这个界限，实际上并不是对一种特定的道德理念的否定，而是对人类社会存在本身的毁损。应该说，不同的文化类型和生活方式中，都能发育出这样的道德自觉；寻求全球伦理，正是这种道德自觉的表现。

4. 评议

从儒学的立场上看来，全球伦理的基本理论品格应是，第一，可以从

---

① 例如《薄伽梵歌》吟唱："无论是博学谦恭的婆罗门，还是母牛、象、狗及贱民，贤人哲士对待诸类，一视同仁而无尊卑之分"，"如果自我达到了瑜伽态，处处等观而无丝毫差别，他便会在一切中见到自我，也会在自我中见到一切。"（《薄伽梵歌》，张保胜译，第5章第18颂，第6章第29颂，中国社会科学出版社1989年版，第68、79页）

② 根据西方学者的划分，按其理论主题和方法的不同，西方现代伦理学有规范伦理学和分析伦理学（元伦理学）之分，规范伦理学中又有义务论（道义论）和目的论（价值论）之分。康德作为义务论的代表，衡定义（道德）与利（幸福）之关系说："道德乃是至上的善（作为至善的第一个条件），至于幸福则构成至善的第二要素，并且只在它是被道德所制约，并为其必要结果的范围内才是这种要素。"（《实践理性批判》，第122页）。功利主义者穆勒（J. S. Mill）作为目的论的代表，认同"金规律"和"美德"说："从拿撒勒的耶稣的黄金律内，我们见到功用伦理学的全部精神"，"功用主义承认在利于达到最终目的的工具之中，美德应居最上。"（《功用主义》，第18、38页）。分析伦理学思潮的开创者摩尔（G. E. Moore）在批评功利主义（快乐主义）者穆勒时说："一般说来，快乐主义者所推荐的行为方针跟我所要推荐的是十分相似的。我同他们争论的，并不是关于他们的大多数实际结论，而仅仅是关于他们似乎认为足以证明其结论的那些理由；并且，我极力否认：其结论的正确性是什么足以推定其原理的正确性的根据。"（《伦理学原理》，长河译，商务印书馆1983年版，第69页）可见，西方现代伦理学在道义论与目的论之间，分析伦理与规范伦理之间，虽然有差异，但对其传统伦理的基本道德原则的认同，还是一致的。

不同文化传统、生活方式中规约出的最低的（内涵的简单性），因而可为最普遍的（适用的广泛性）行为规范；第二，行为规范是一种出自人之内心的、自律性质的道德规范，与宗教律法和法律禁令的出于外界、他律性质的规范有所不同。当然，虔诚的宗教信仰感情也是出自内心的，但这是一种高于理性的、超自然的灵性感情①，有别于道德感情是自然性质的理性感情。以这个界定来审视1993年芝加哥宗教议会通过的《走向全球伦理宣言》，它的"全球伦理"在伦理与宗教、法律三个不同理论层面的区分方面，并不是很清晰的。这一宣言的起草人孔汉思，是德国图宾根大学天主教神学教授，这一宗教信仰背景使他坚定地认为，"在宗教看来，伦理具有一种宗教的基础……一种伦理必然关联于一种对于终极的最高实在的信仰"②。他在《宣言》中所确定的一项"基本要求"和四项"不可取消的规则"，就是《圣经》中的"金规律"和四项"十诫"，显示出浓厚的基督宗教观念色彩。同时，孔汉思作为一位西方学者，虽然他十分清楚，作为一种伦理的宣言，"必须在伦理层面与纯法律或政治层面之间作出明确的区分"③，但他还是把《走向全球伦理宣言》最终定位为是对一个政治的、法律的宣言——1948年联合国《世界人权宣言》的"从伦理角度加以肯定和深化"④；他将"基本要求"——"你希望人怎样待你，你也要怎样待人"，诠定为"每一个人都应该得到人道的对待"⑤，以"一切人都拥有生命、安全和人格自由发展的权利""公正的经济秩序""不要传布意识形态或党派性的片面真理""男女之间的权利平等"等政治的、经济的、法律的思想观念⑥，来诠释"不要杀人""不要偷盗""不要撒谎""不要奸淫"四项"不可取消的规则"。凡此皆表现出，《走向全球伦理宣言》实际上已全面涉入了政治、法律的观念领域，并且

① 《走向全球伦理宣言》中宣示，"宗教的灵性力量可以提供一种基本的信赖感，一种意义的根基，终极的标准和精神的家园"（《全球伦理——世界宗教议会宣言》，第13页）。这可以视为是对"灵性"的简单界定。
② 孔汉思：《走向全球伦理宣言的历史、意义和方法》，《全球伦理——世界宗教议会宣言》，第60页。
③ 同上书，第54~55页。
④ 同上书，第11页。
⑤ 同上书，第12页。
⑥ 同上书，第16、18、24页。

是西方近现代以来在自然人性论哲学基础上形成的个人权利观念以及自由、平等、正义（公正）等理念为核心的政治、法律观念领域。在这里，如果不是《宣言》的作者自觉地改变了初衷，也是在不自觉中偏离了初衷。在儒学的立场上，在儒学可开放的、由人性相同、人格平等理念支持的公共生活空间里，当然不会否定，而且还可以说是基本认同这些伦理的、政治的、法律的理念和具体结论；但对由这些结论或理念构成的"全球伦理"，作为正在进行的对话与交流的话语，不能不认为这还是西方模式的"全球伦理"。它的根柢是基督宗教律法，主干是公共生活领域内的西方现代政治、经济和法律观念，这就在一定程度上限制了、削弱了"全球伦理"作为最基础的、无条件的行为原则所需要的那种在信徒与非信徒之间、不同信徒之间、不同政治理念的人群之间的伦理道德共识。儒家认为，完整的道德实践应该是以个人的内在道德自律（良心）为基础，由个人向人际关系，向人与自然关系逐步推开的过程；由家庭伦理向社会公共生活伦理，向环境伦理渐渐拓展的过程。儒学道德底线三原则分别是这三个道德层面上的起点，共同构成一个最低的、周延的道德范围；在这个道德范围内保留着广阔的诠释空间、观念生长和生活方式演变的空间，相对于《走向全球伦理宣言》的西方"全球伦理"模式，可以说，这是儒家的"全球伦理"模式。

1993 年，在《走向全球伦理宣言》被通过的同时，美国哈佛大学政治学教授亨廷顿的著名文章《文明的冲突》发表，这是对世界未来走向的另一种观察。亨廷顿教授的基本判定是："在正在显现的世界中，属于不同文明的国家和集团之间的关系，不仅不是紧密的，反而常常会是对抗性的。但是，某些文明之间的关系比其他文明间更具有产生冲突的倾向。在微观层面上，最主要的分裂是在西方和非西方之间，在以穆斯林和亚洲社会为一方，以西方为另一方之间，存在着最为严重的冲突。"① 这些年来，在宗教信仰、文化传统不同的民族、国家间，因具体的政

① 塞缪尔·亨廷顿：《文明的冲突与世界秩序的重建》，周琪等译，新华出版社1998年版，第 199 页。

治、经济利益，乃至卑微的习俗而引起的不和、对立和不间断的冲突面前，人们似乎有理由认为，在现时代，"文明的冲突"的研判是正确的，而"全球伦理"是一种"落后"的方案。但是，在儒学的道德立场上还是选择和谐而拒绝冲突。儒学有这样的经验和信念，如果不同文明或文化都能有成熟丰满的发展，不同生活方式的生存条件都能臻于充裕完善，那么，相互间在观念上和生活实践上的兼容能力也就会增强，基本价值观和道德界限的相容性也就会更鲜明。"和实生物，同则不继"（《国语·郑语》），和而不同是万物和生命生成、繁荣的原则，多元而和谐的人类社会也才是至善和美丽的。人类已有这样的文化自觉；自觉的人类必然选择这个方向。所以在儒学看来，"文明的冲突"——不同民族、国家、宗教等文化共同体间利益的分歧和对立，虽是赫然眼前，但总是会被协调、消解的；全球普遍认同和遵循的伦理的建成似乎遥远渺茫，但实际上作为维护能体现一种道德的、善的理念的人类社会存在的底线行为规范，早已融入了人类的生活中；将其从不同文化传统的不同表现形态中归约出来，凸显起来，形成更广泛的共识，更高程度的自觉，在人类社会生活中发挥更有力的规范功能，包括化解"文明的冲突"，这一"全球伦理"的理论期望是值得赞许的，也最终是可以实现的。

（三）儒学视角中的人类两性关系

如果对人类作出有最久远历史和最稳定基础的群体分类，那么无疑地应是男人和女人，或男性与女性；如果人类之间有真正平等、和谐的关系，那么两性关系间的平等、和谐也应是首要的、基础的。不幸的是，迄今的人类文明历史并未出现这种局面，而是如一位社会学家所抨击的那样，"人类所犯一个最大的社会罪恶是男子奴役女子"①，历史上，乃至今日，男女两性间一直存在着多种形态的不平等、不和谐。有幸的是，现时代的人们有了一个伟大的觉醒，就是对这个"最大的社会罪恶"有了认

---

① 马尔腾（O. S. Marden）：《妇女与家庭》，高尔松、高尔柏译，商务印书馆1930年版，第4页。

识，正努力地改变这一状况，从思想理论、公共政策的各个方面，将男女两性关系调整、校正到一个符合人性、人权的真正是平等、和谐且有未来广阔发展空间的方向上来。这样的觉醒、这样的运动，是由 19 世纪 80 年代开始出现的女性主义（Feminism，或译女权主义）① 引领的。

1. 背景：女性主义的简单轮廓

女性主义是"旨在支持男女平等的法律和政治权利"的社会思潮和社会运动。从西方的历史来看，据此目标就可以判定这一思潮和运动是在一个曾被人类忽略的角落，然而却是占人类一半的天地里对启蒙运动的响应，它的时代内涵是属于现代化的后果、现代性的品质。女性主义的这种历史定位，正如一位女性主义学者所表述的："女性主义在历史上是从特定的诸种历史条件下演化出来的，其中最重要的因素是，作为一种经济生产方式的西欧资本主义的发展，以及伴随着这种发展的政治民主和个人人权的政治意识形态。"② 女性主义无论是作为一种理论思潮或妇女运动，其内容都十分复杂，充盈着分歧甚至对立，亦如两位后现代女性主义者所形容："女权主义的理论看上去像是一幅用多彩的丝线织成的织品，而不是单一颜色的织物……女权主义的实践是由各种力量叠加在一起的百衲衣，而不是用某个基本定义能够限定的。"③ 但是，毕竟有一面共同颜色的旗帜、一个共同内容的理念将女性主义者聚集起来，这就是另一位美国女性主义理论家贾格尔（A. Jaggar）所说："女权主义者靠如下信念联合起来：将妇女置于与男子不平等的、卑微的地位是不公正的，应该予以改变。"④ 在此种意义上，我国女性学学者对女性主义的一个界定还是比较

---

① 美国女性主义理论家瓦勒里·布赖森（Valerie Bryson）在其《女权主义政治理论引论》文中说："女权主义这一术语于 19 世纪 80 年代首次出现在英文当中，旨在支持男女平等的法律和政治权利。"（见李银河主编《妇女：最漫长的革命》，生活·读书·新知三联书店 1997 年版，第 2 页）

② 安·弗格森（A. Ferguson）：《女性主义哲学及其未来》，邱仁宗主编《女性主义哲学与公共政策》，中国社会科学出版社 2004 年版，第 4 页。

③ 南希·弗雷泽（Nancy Feaser）、琳达·尼科尔森（Linda Nicholson）：《非哲学的社会批判——女权主义与后现代主义的相遇》，李银河主编《妇女：最漫长的革命》，第 149 页。

④ 阿莉森·贾格尔（Alison Jaggar）：《妇女解放的政治哲学》，李银河主编《妇女：最漫长的革命》，第 282 页。

周延的:

> 　　什么是女性主义，简单地讲，它是指为妇女争取平等权力和机会
> 的一种信仰和行动；或者说它是一个社会变革的建议，以及一个力求
> 结束妇女压迫的运动。①

尽管女性主义思潮和运动有男女两性关系是不平等的共同认识和要改变这
种状况的一致目标，但其内部仍然滋生了深刻的分歧，这主要是因为女性
主义者们对产生这种不平等的原因或根源的理解和批判性的诠释并不相
同，为达到改变这一状况的目标所设计的路线、策略也大有差别。概括地
说，女性主义对男女不平等之原因、根源的解释，有本质主义和社会构造
论两个甚有不同的理论立场、视角。本质主义多将男女不平等的缘由追溯
到某种生物学的，因而是稳定的、具有普遍性的"本质"因素。女性主
义者费尔斯通（S. Firestme）认为生育机制是妇女受压迫的根源，就是典
型的本质主义立场上的观点②。社会构造论则否定男女不平等是由某种本
质的，或某种固定的、普遍的因素造成的，而认为它是由某种社会的、文
化的特殊性因素历史地形成的，法国女性主义者波伏娃（S. Boauvoir）认
为"女性并非生下就是女人，而是变成女人的"之观点，及其对女性心
理、生理、生活的全幅的描述，则可视为是社会构造论的最具代表性的创
作③。女性主义者中多数是认同社会构造论的理论立场。女性主义理论中
对男女不平等现象具有巨大批判性诠释功能的"社会性别"（gender）、

---

① 刘霓：《西方女性学——起源、内涵与发展》，社会科学文献出版社 2001 年版，第 24
　　页。

② S. 费尔斯通在其《性的辩证法》一书中阐述了这个观点。此外，女性主义中的罗萨
　　尔多（M. Z. Rosaldo）的"私人领域与公共领域"观点、乔多萝（N. Chodorow）的
　　"母性""性别认同"观点、吉里根（C. Gilligan）的"生命周期"观点，也都可被
　　认为是本质主义的（参见前引《非哲学的社会批判》一文，《妇女：最漫长的革
　　命》，第 138～146 页）。

③ 西蒙娜·波伏娃在其《第二性》一书中说："女人并不是生就的，而宁可说是逐渐
　　形成的。在生理、心理或经济上，没有任何命运能决定人类女性在社会的表现形
　　象。决定这种介于男人与阉人之间的、所谓具有女性气质的人的，是整个文明。"
　　（《第三性》，陶铁柱译，中国书籍出版社 1998 年版，第 251 页）

"父权制"观念，也主要是从社会构造论的理论立场作出阐释的①。当然，本质主义和构造论两种理论立场、视角在女性主义思潮对男女不平等原因的分析、研判中，并不总是清晰的、泾渭分明的，而多有相互融摄、界限模糊的情况。一位华人女性学学者总结传统女性主义理论论证男女不平等的运思过程说：

> 传统或经典女性主义理论认为不平等两性关系的形成经历了三个转变阶段：首先是从生理差异向社会差异的转变，然后是社会差异产生价值关系，价值关系引出不平等观念。②

应该说，这一总结还是很准确、符合实际的。从这里也可以看出女性主义理论中本质论和构造论是如何交织在一起的③。本质主义或构造论似乎是在这个完整的运思过程中，分别地突出了、强调了某个环节。

由于对男女不平等产生的根源及由此形成的男女不平等状态有不同的研判，女性主义思潮中较早地涌现了自由主义、马克思主义（社会主义与此较接近）、激进主义等对改变男女不平等状态有不同策略、路线的不

---

① 性（sex）是指男女个体的生理差别，社会性别（gender）则是指具有社会、文化内容男女群体的差别。这一区别的观念是在 20 世纪 70 年代女性思潮中形成的。"社会性别"概念的社会构造论特征是很明显的。美国女性主义理论家斯科特（J. Scott）在其《社会性别：历史分析中一个有效范畴》一文中说："社会性别用来指代两性间的社会关系，清楚地驳斥了生物解释论，社会性别成为表示'文化构造'的一种方式，表明社会造就了男女不同的角色分工。"（见李银河主编《妇女：最漫长的革命》，第 156 页）父权制（男权制）是指男人拥有的对子女和女人的控制、支配的权力。美国女性主义者米利特（K. Millett）在其《性政治》一书中，对父权制作出了有代表性的一种阐释，她认为："男性强壮其根源是生物性，不过把人类文明中的政治关系说成是这种现象的产物显然是不合适的。与其他政治信条一样，大男子主义的根本起因并非体力的大小，而是对一种非生物性的价值体系的认可。"（《性政治》，宋文伟译，江苏人民出版社 2000 年版，第 35～36 页）换言之，父权制是历史地由诸多社会因素形成的。
② 柏棣：《平等与差异：后现代主义女性主义理论》，鲍晓兰主编《西方女性主义研究评介》，生活·读书·新知三联书店 1995 年版，第 2 页。
③ 英国的女性主义理论家朱丽叶·米切尔（Juliet Mitchell）在其《妇女：最漫长的革命》一文中，将性别压迫归之于生产、生育、性和儿童社会化等四个因素共同作用的结果（见李银河主编《妇女：最漫长的革命》，第 31 页）。

同的流派。贾格尔对此有个简单的概括：

> 激进女权主义试图以性别压迫的基本概念解释许多不同形式的社会压迫现象，否定了自由主义关于妇女受压迫的根源在于缺少政治权利或公民权利的观点；同样，它也不赞成传统马克思主义关于妇女受压迫最根本原因在于她们生活在阶级社会的观点；声称妇女受压迫的根源是生物性的。①

显言之，在此种识解的基础上，自由主义的女权主张是要采取立法，使妇女拥有与男性平等的机会；马克思主义（社会主义）认为应通过革命的（或和平的）社会改造，消灭私有制、阶级，使妇女获得实在的与男人一样平等的条件；激进主义则希望利用现代技术手段，实现"生物革命"，使妇女摆脱生育和养育孩子的最根本的男女不平等。

随后出现的女性主义流派也不一而足，其中重要的是从理论和实践上对此前的三个主流的女性主义派别持批判态度的两个派别：第三世界与有色人种女性主义和后现代女性主义。这里的"第三世界"泛指受发达国家压迫、剥削的民族、种族和人群，其中也包括在发达国家中的受歧视、压迫的有色妇女人群。在这样环境下生活的女性群体中所形成的女性主义，其内蕴的生活体验和权利要求，自然与此前活跃在欧美发达国家的女性主义不同，她们的女权纲领不仅要反对性别压迫，还要与种族压迫、阶级压迫做斗争。黑人女性主义者贝尔·胡克斯（Bell Hooks）说："我们需要能够为以广大群众为基础的运动提供思想和策略的理论，这种理论应该用建基于对性别、种族和阶级的理解的女性主义观点来审视我们的文化。"② 正是把种族、阶级、性别作为妇女受压迫的三个不可分割的原因，因而也是妇女获得真正平等的三个不可或缺的条件来看待的。这样，在第三世界女性主义这里，传统女性主义的理论和实践发生了蜕变与转折，社

① 阿莉森·贾格尔：《妇女解放的政治哲学》，李银河主编《妇女：最漫长的革命》，第 289~290 页。
② 贝尔·胡克斯：《女权主义理论：从边缘到中心·第二版序言》，《女性主义理论：从边缘到中心》，晓征、平林译，江苏人民出版社 2001 年版，第 5 页。

会性别的诸多问题被压缩了，在此之外诸多社会政治、经济问题被吸纳、扩充进来了。后现代女性主义是自觉地接受了、吸纳了后现代主义哲学思想的女性主义。后现代主义解构、颠覆传统的思想观念系统的理论性格，十分投合女性主义批判、改造男性权力统治秩序的理论意图。后现代女性主义从后现代主义哲学那里接受的影响，最为凸显的就是吸纳了后现代主义质疑、否定"元叙事"或宏大理论体系的观点。在这种观念下，后现代女性主义质疑、批判了传统女性主义中的本质主义（如将男女不平等归于某种生物学的根源）和普遍主义（如将"性别认同""生命周期"等观念视为有跨文化、超历史的普适性），提出了注重差异、局部、历史的新的女性主义理论模式，前面已提及那两位后现代女性主义者将此模式的内涵归纳为："后现代女权主义的理论概念应当反映事物的暂时性，应当把'现代男性父权制核心家庭，一类具有历史特色的制度性概念，摆在比'生殖''母性'一类非历史的功能主义概念更重要的位置上。不仅如此，后现代女权主义还应当是非普遍主义的，当它涉跨文化的问题时，它的模式应当是比较主义的，而不是普遍主义的；应当是适用于变化和差异的，而不是适用于'总体和规律'的。最后，后现代女权主义理论应当是一种历史的理论；它应当用多元和综合建构的社会认同概念，取代单一的'女性'和'女性气质的性别认同'的概念；它应当把性别当作其他许多概念中的一种，同时关注阶级、种族、民族、年龄和性倾向问题。"[1]显然，这是一个方法和目标与传统女性主义理论的区别都很清晰完整的理论模式。后现代主义关注"微观"，重视"细微"，将人之身体视为是文化载体，在话语、知识中解读出权力[2]。在此独特新颖观点启示下，"身体"开始成为女性主义理论中的重要论题；女性主义自觉地进入了人类学、心理学、伦理学、经济学等多种知识领域，进入保护生态、反对战争

---

[1]　南希·弗雷泽、琳达·尼科尔森：《非哲学的社会批判》，李银河主编《妇女：最漫长的革命》，第148～149页。

[2]　如米歇尔·福柯在其《规训与惩罚》一书中说："肉体也直接卷入政治领域、权力机关，直接控制它、标识它、折磨它，强迫它承担任务，履行仪式，表达意义"，"权力制造知识，权力和知识是直接相互连带的；不相应地建构一种知识领域就不可能有权力关系，不同时预设和建构权力关系就不会有任何知识。"（《规训与惩罚》，刘北成、杨远婴译，生活·读书·新知三联书店1999年版，第27、29页）

等各种社会运动，在那里发出女性的声音，表现女性的"权力"的存在。这样，在后现代女性主义这里，较之传统女性主义，不仅发生了理论模式的转变，同时也在实现着女性学术的增生、女性生活空间的拓展，使女性主义变得丰满。

百年来，女性主义及其引领、推动的妇女运动，我国学者一般研判它呈现为两次浪潮。第一次浪潮是始于19世纪后半叶，历时约七十年，到第一次世界大战时①。其间，抨击女性处于受屈辱、被压迫地位的现象，是女性主义的主调；而争取与男性享有平等的选举权、受教育权、就业权，则是这次运动的主要目标。到了第一次浪潮的尾期，在已经完成了现代化的欧美国家，这个目标是基本达到了。第二次浪潮也许可以从20世纪50年代波伏娃《第二性》出版算起，一直持续至今。这是女性主义蓬勃发展的时期。其间女性主义思潮在思想理论上表现出的新特色是，第一，女性主义学者们不再仅是描述历史上和现实的男女不平等、性别歧视的种种现象，更主要的是以本质论或构造论的多种理论观点、理论构架来批判性地分析这些现象形成的根源及改造、改变它的途径。第二，女性主义者也不再是以男性的社会地位为标准来提出自己的男女平等要求，而是以独立的女性姿态，提出女性权利的主张。例如法国的女权主义理论家伊丽加莱（L. lriaray）把女性权利概括为享有人类的尊严、女性身份或女性特有的生活空间皆应受到保护、在社会生活各个领域——包括在世俗与宗教的决策机构中与男性平等七个方面②，表现出的就是不再依附、从属于男性的独立女性对社会提出的权利要求和主动、积极参与生活建设的责任态度。第三，也最初地展露了一个富有远见的观点：男女两性关系的终极的、理想的状态，不仅是男女不平等的消除，更是两性和谐关系的建成。有两位女性主义者最可为代表。一位是波伏娃，她在其出版于女性主义运动第二次浪潮开始时的《第二性》（1948年）一书的结尾处，援引了马克

① 李银河：《女性权力的崛起》，中国社会科学出版社1997年版，第72～96页。外国学者如理安·艾斯勒（Riane Eisler）也一般地将19世纪的妇女运动称为女权主义的第一次浪潮，20世纪的妇女运动为女权主义的第二次浪潮（参见理安·艾斯勒《圣杯与剑——我们的历史，我们的未来》，程志民译，社会科学文献出版社1993年版，第174页）。

② 参见李银河《女性权力的崛起》，第89～90页。

思《1844 年经济学哲学手稿》中对男女两性关系的论断——"人和人之间的直接的、自然的、必然的关系是男女之间的关系……男女之间的关系是人和人之间最自然的关系"① ——后说："对这种情况不可能有更透彻的阐述了，这就是说，要在既定世界中建立一个自由领域，要取得最大的胜利，男人和女人首先必须依据并通过他们的自然差异，去毫不含糊地肯定他们的手足关系。"② 显言之，男女间最理想的关系——"自由的""最大的胜利"的状态，还是应在两性无法改变的、自然差异中实现和谐的"手足关系"。另一位是美国的女性主义理论家理安·艾斯勒，她在女性主义理论创造高峰的 20 世纪八九十年代出版的《圣杯与剑：我们的历史，我们的未来》（1988 年）一书中，援用西方史前史、文明史的资料，吸收了现代物理学、生物学关于宇宙、物种生成和演化的思想，构建了一个"文化转化理论"，将人类社会划分为"男性统治"和"男女合作"两种社会模式，判定"人类进化现在正处在十字路口上。就其本质而言，人类的中心任务是如何组织社会促进我们物种的生存，以及促进我们独一无二的潜能的发展。男性统治无法满足这种要求，因为它在本质上就重视毁灭性的技术，依靠暴力控制社会，它赖以生存的统治者统治的人类关系模式经常引起紧张局势。男女合作的，或合作关系的社会——它的象征是维持和增进生命的圣杯，而不是致命的剑——为我们提供了可行的选择"③。不难看出，两位著名的女性主义者研判男女两性关系的理想、终极状态的立论基础不同，但其应该是合作、和谐之局面的结论却是相近的。当然，对男女两性关系的终极、理想状态还有一种彻底的反本质主义的研判，那就是著名的法国女权主义者维蒂（M. Wittig）的观点。她认为甚至女人的身体也是社会造成的，女人没有任何"天然"之物。在维蒂理想的新社会里，只有"人"，没有"女人"和"男人"④。第二次浪潮中的女性主义运动，在社会实践上呈现的新特色是在女性主义者和妇女运动活动家的推动下，妇女运动不仅在更广泛的社会生活领域内为妇女争取权益，而且更突破这个范围，与男性一起

---

① 马克思：《1844 年经济学哲学手稿》，刘丕坤译，人民出版社 1979 年版，第 72 页。
② 西蒙娜·波伏娃：《第二性》，第 669 页。
③ 理安·艾斯勒：《圣杯与剑——我们的历史，我们的未来》，第 213 页。
④ 参见阿莉森·贾格尔《女权主义理论概览》，《国外社会科学》1989 年第 1 期。

参与了全体人类共同的发展与和平事业。妇女运动更进一步走上国际舞台，走向更广阔的天地。妇女运动赢得了已经过或正经历着现代化历程、现代性洗礼的现代国家、国际社会的认同和支持。1975 年联合国通过由妇女领袖、女性主义者参与制定的《联合国妇女十年》的方案，将妇女运动的主题定为平等、发展、和平。此后，联合国 1979 年通过的《消除对妇女一切形式歧视公约》，1985 年通过的《到 2000 年为提高妇女地位的前瞻性战略》（《内罗毕战略》），联合国支持召开的四次世界妇女大会及其通过的宣言、行动纲领（《内罗毕战略》即是其中的第三次），都是在为实现妇女运动这样三个目标的努力。

女性主义思潮及其引领、推动的妇女运动，已有百年时间。它的思想理论很丰富，也很珍贵——因为拥有独特的女性生活体验和理论眼光；它的社会实践给妇女带来福祉，给人类带来进步。女性主义是当代十分活跃、有巨大影响的社会思潮和社会运动。当然，女性主义思潮和运动也面临着困境。这种困境发生在它的理论和实践的分歧中，甚至也发生在它的理论和实践目标的实现中。对于这种困境，女性主义者们有不同的感受、研判和表述。前面已经述及的美国女性主义理论家贾格尔说，"女性主义者似乎陷入了左右为难的困境：既要求同男人平等，又蔑视同男人平等"[1]，就是一个简明而准确的、可为代表的表述。在儒学的立场上看，这一具有现代性品质的社会思潮，它的争取男女平等权利和地位的努力目标，是应该受到尊重和支持的，但对它将这一切努力都建立在对男女两性关系的一个唯一的判定上——女性被置于为男子所支配的、从属的卑微社会地位，男女是不平等的——可能会表示不完全认同。女性主义似乎只是用一个视角——权力的视角观察两性关系，儒学则是有三个视角，在权力之外，还以自然的和伦理的视角研判两性关系。从儒学的这两个角度上可以观察到，在男女两性间实际上还存在着或可塑造出高于"平等"的关系。女性主义思潮内部理论上和实践上的分歧，有时甚至陷入困境，或许与其对男女两性关系缺失全面观察相关。

---

[1] 艾莉森·贾格尔：《性别差异与男女平等》，王政、杜芳琴主编《社会性别研究选译》，生活·读书·新知三联书店 1998 年版，第 210 页。

2. 儒学的视角：儒家思想和生活中三个维度上的男女两性关系

波伏娃说："现在当然不好说女人是男人的奴隶，但他们始终依附于男人，男女两性从未平等地分享过世界。"① 这就是女性主义对男女两性关系的根本的，也是唯一的判定：男女是不平等的，女性从属、屈服于男性。但男女两性关系呈现在儒家思想理论视角里和实际生活中的状态比这要复杂，在其兼有的自然性的（终极本原）、伦理的、权力（男权）的三个维度上，既有女性对男权不平等的屈从，更有高于平等的男女相互承担着虽有差异但却是等值的伦理义务责任的和谐。

自然观的维度 中国古代哲学的自然观认为，"气"是万物本原，有"阴""阳"两种基本形态，阴阳性能相反而互补，交互作用，实现"阴阳之和"，则生成万物，构成宇宙万象。道家对此有最为清晰的表述②。这种自然观有很强的诠释功能，在儒家这里，主要表现为用"阴阳"来诠释礼或礼乐的自然性根源，《礼记》对此有很多论述，如谓"凡礼之大体，体天地，法四时，则阴阳，顺人情，故谓之礼"（《丧服四制》），"乐由阳来者也，礼由阴作者也，阴阳和而万物得"（《郊特牲》）。还表现为用"阴阳"来定性地诠释人类的两种基本的生命形态、两个最基本的群体——男性、女性。《易传》对此有明确的论说：

> 夫乾，其静也专，其动也直，是以大生焉。夫坤，其静也翕，其动也辟，是以广生焉。（《系辞上》）
>
> 乾，健也；坤，顺也。（《说卦》）
>
> 乾刚，坤柔。（《杂卦》）
>
> 乾道成男，坤道成女……一阴一阳之谓道。（《系辞上》）

---

① 西蒙娜·波伏娃：《第二性》，第8页。

② 如《老子》说："万物负阴而抱阳，冲气以为和。"（第42章）《庄子》说："通天下一气耳。"（《知北游》）"至阴肃肃，至阳赫赫，两者交通成和而物生焉。"（《田子方》）老、庄之前，在西周、春秋时代的史官那里似乎已有了"气""阴阳"的观念。如周幽王二年，三川（泾、渭、洛）地带发生地震，伯阳父解释说："天地之气，阳伏而不能出，阴迫而不能烝，于是有地震。"（《国语·周语上》）鲁僖公十六年，宋国有陨石落下，宋襄公问预兆何种吉凶？周内史叔兴说："是阴阳之事，非吉凶所生也，吉凶由人。"（《左传·僖公十六年》）

《易传》阐释乾（阳）坤（阴）的特征、特性，显然正是模拟男女两性的生理、心理的特征、特性来解说的，乾为阳，显露男性刚健特质，坤为阴，表现女性柔顺特征，所以是"乾道成男，坤道成女"，男女是"阴阳"这一自然本原的最重要显现①。这样，在儒学中，男女两性的本质是在自然的终极结构上被确定的，男女两性的关系也就可以从阴阳的关系得到诠释。阴阳有形态的差异、性能的对偶，但作为一体之气，最终要在如《老子》《庄子》所说的"交通""冲气"中实现和谐，生成万物，或如《礼记》所谓"阴阳和而万物得"。被在终极结构上定义的男女两性，其关系也应该是这样：两性虽有生物学意义上的生理、心理的差异，这种差异只是在象征的意义上概括地表述为专直与翕辟、刚健与柔顺，但并不构成绝对的对立，而是相容互补；其关系的理想状态，不是消除差异的"平等"，而是在差异中建构的高于平等的和谐。

男女生物学意义上的差异是存在的，它是伟大的自然的创造，它不应该被歧视、被拒绝，而应该受到理解、尊重；这种差异对构成完整、美妙的人类生活来说，是必要的、有价值的。我们看到，在儒家思想和生活中，男女两性关系的这种理想状态——无歧视的差异和高于平等的和谐，是存在的。《易传》在阐释儒家理想人格"君子"的品格之内涵时曾表述为：

> 天行健，君子以自强不息。（《乾·象》）
> 地势坤，君子以厚德载物。（《坤·象》）

可见，在儒家思想中，定性、定位在自然的终极结构阴阳上的男女两性，其可能有其生物学根源的不同性格、品质，是具有同等价值的，男性（乾、天）的刚健和女性（坤、地）的柔顺，都是君子的品性。"君子恭

---

① 经学家（易学家）一般是以卦体变化的本身来诠释"乾道成男，坤道成女"的。如汉儒荀爽曰："男谓乾初适坤为震，二适坤为坎，三适坤为艮，以成三男也。女谓坤初适乾为巽，二适乾为离，三适乾为兑，以成三女也。"（唐·李鼎祚：《周易集解》卷十三）无疑，此当视为是经学的正解。然而以"阴阳"诠释"乾坤""男女"，则是儒学更高理论层面上的义解。

敬、撙节、退让以明礼"（《礼记·曲礼上》），"君子贵人而贱己"（《礼记·坊记》），谦卑、退让，这些被视为是柔顺的"女性品格"，也是君子人格所珍贵的、所应具备的。《礼记》记述婚礼礼仪说：

> 父亲醮子而命之迎……妇至，婿揖妇以入，共牢而食，合卺而
> 酳，所以合体同尊卑，以亲之也。（《昏义》）

儒家礼制对婚礼从父亲吩咐儿子去迎娶新娘，到将新妇迎回，有一很完整的礼仪程序规定。最后一项是共用一个盛肉的牢盘进食，各执一瓠剖成的两瓢饮酒，其意蕴就是"合体同尊卑"，夫妇是男女和谐的一体。《仪礼》所谓"夫妻牉合"（《丧服传》），正是对这种关系之自然性内涵的确切表达。汉儒解释说："阴者阳之合，妻者夫之合，夫妇之义取阴阳之道。"（《春秋繁露·基义》）可见，也是在自然观的维度上，当男女两性的本质被在自然终极的结构上得到定位后，两性关系才能有高于平等的和谐的诠释，儒家生活中才有"夫妻一体也"（《仪礼·丧服传》）的对夫妇关系的一个最基本的判定。

伦理观的维度　儒家思想是以伦理道德为核心的观念体系。历史上的儒家社会是伦理本位的社会，每个人都是以某种伦理角色出现在社会生活中，人与人之间的关系是在家庭伦理共同体和国家伦理共同体中所表现出的伦理关系。孟子概之为五种"人伦"："父子有亲，君臣有义，夫妇有别，长幼有序，朋友有信。"（《孟子·滕文公上》）《礼记》称之为"人义"："何谓人义？父慈、子孝、兄良、弟悌、夫义、妇听、长惠、幼顺、君仁、臣忠，十者谓之义。"（《礼运》）① 五种伦理关系或十种伦理义务责任表明，儒家伦理对处在不同伦理位置上的人有不同的道德要求。但在儒家看来，这些有差异的伦理义务责任，实际上是相互的、等值的。例如孟子评论君臣关系说："君之视臣如手足，则臣之视君如腹心；君之视臣如犬马，则臣之视君如国人；君之视臣如土芥，则臣之视君如寇雠。"

---

① 儒家经典中对此"人伦""人义"还有另外的表述，但大体上是一致的。如《左传》有谓："礼之可以为国也久矣，与天地并。君令、臣共（恭），父慈、子孝、兄爱、弟敬、夫和、妻柔，姑（婆）慈、妇（媳）听，礼也。"（昭公二十六年）

（《孟子·离娄下》）显示在儒家的立场上，君臣间"君仁臣忠"的伦理关系，是一种自觉的、有人格尊严的义务责任关系，不应是慑于权力的屈从关系。孟子还评论夫妇关系说："身不行道，不行于妻子；使人不以道，不能行于妻子。"（《孟子·尽心下》）意谓在夫妇之间，丈夫不行"夫道"，"妻道"在妻子那里也行不通；如果丈夫不履行对妻子"义""和"的义务责任，那么妻子就不会做到对丈夫的"听"（顺）、"柔"的道德要求。孟子此论的深刻意蕴是，女性对男性也是人格独立的，而不是屈从的。女性（妇人）的柔、顺，是一种应受尊重的道德品格特征，是对男性（丈夫）义、和的品格、行为的回应，是有伦理性内涵的自觉，不是生物学意义上的对男性强力的屈服。这一伦理情境，在汉儒刘向《列女传》中有一具体的、典型的显现。鲁国人秋胡，新婚五日，即离家去陈国为官，五年后乃还。返程途逢妻子采桑路旁，因已不识而调戏之，许以金钱富贵，要与之淫乐。其妻严词拒绝。秋胡至家，二人方识原来是已经五年未见的夫妻。其妻愤慨，斥责秋胡"好色淫逸，污行不义"，不愿再为夫妻，弃秋胡而去，投水而死①。这个故事的意涵可以有多重解读，就夫妇间相互承担"夫义妇顺"的伦理义务责任而言，可以理解为夫不"义"，妇"顺"的伦理义务也就消失②。伦理关系义务责任的这种相互性、等值性，亦如北朝儒者颜之推在论"风化"时所说："夫风化者，自上而行于下者，自先而施于后者也。是以父不慈则子不孝，兄不友则弟不恭，夫不义则妇不顺矣。"（《颜氏家训·治家》）在儒家的社会生活中，践行伦理的义务责任所要实现的目标不是无差异的"平等"，而是在差异中构成的和谐，这也就是《礼记》所说："父子笃，兄弟睦，夫妇和，家之肥也。"（《礼运》）从"十义"或"五伦"中可以看出，在儒家社会生活中，家庭伦理占据社会伦理关系的主要部分，是重心之所在。《礼记》每曰："礼始于谨夫妇"（《内则》），"夫妇有义而父子有亲，父子有亲而

---

① 见刘向《列女传》卷五《节义传·鲁秋洁妇》。

② "秋洁妇"或"秋胡戏妻"故事，在从汉到清的中国古代社会，以汉砖画、元杂剧等多种文学、艺术形式一直流传。似乎可以认为这一历史故事所内蕴的基本道德观念——夫妻都应践履自己的伦理义务责任，获得广泛的认同。只是在元杂剧（元·石君宝撰《鲁大夫秋胡戏妻》）中，故事结局有所变动：在秋胡母亲以寻死相求下，秋胡妻（洁妇）接受了秋胡的道歉，夫妻和好。

后君臣有正"（《昏义》），"君子之道，造端乎夫妇，及其至也，察乎天地。"（《中庸》）可见，儒家更把夫妇伦理关系的和谐实现，视为是全部社会伦理实现的基础。《新唐书·列女传》绪论曰："女子之行，于亲也孝，妇也节，母也义而慈，止矣。"（《新唐书》卷二百二）在儒家的伦理本位社会里，女性作为女子、妻子、母亲三种伦理角色，在践行自己的伦理义务责任中，表现着女性的宽厚、智慧、才艺等多方面的独立人格的风采——也是一种仁、智、勇的君子风采。自刘向《列女传》后，《后汉书》以降的正史，皆立有《列女传》记述她们可感人、垂范的事迹，表明女性是中国历史上有光彩的、不能被轻视、被忘却的存在。特别是女性作为母亲，对家庭和社会更有特殊的价值和贡献。母亲为生养、教育儿女付出更多的辛劳，与儿女的感情亲密，正像《诗经》中反复咏颂的"母氏劬劳""母氏劳苦""母氏圣善"（《邶风·凯风》），最能得到儿女的尊敬与爱戴。母亲对于塑造儿女的品格、成就儿女未来的事业，起着关键的作用。刘向《列女传·母仪》序称，作为仪范的母亲，都是能"贻养子孙，以渐教化，既成以德，致其功业"。世人称道宋代苏洵与苏轼、苏辙父子三人同为一代文学巨擘，真是难得。殊不知这一切与作为妻子、母亲的程氏夫人是分不开的。苏洵 27 岁始发愤为学，受到妻子程氏的全力支持；苏轼、苏辙自小一直在母亲的教育下成长起来。所以司马光在为程氏夫人撰墓文时曾感慨说："古人称有国有家者，其兴衰无不本于闺门，今于夫人，益见古人之可信也。"（《司马温公传家集》卷七十八《苏主簿程夫人墓志铭》）女性对创造家庭的和全社会的和谐伦理生活之基础性的作用，在历史的积累中越来越丰厚、越明显，明清儒者在总结女性教育的历史经验时也将此特别凸显地标识出来：

> 闺门，万化之原。（明·吕坤：《闺范·序》）
>
> 母仪先于父训，慈教严于义方。（明·刘氏：《女范捷录》）
>
> 在家为女，出嫁为妇，生子为母。有贤女然后有贤妇，有贤妇然后有贤母，有贤母然后有贤子孙。王化始于闺门，家人利在女贞。（清·陈弘谋：《教女遗规·序》）

总之，在伦理观的维度上可以清晰地看到，儒家社会伦理生活中的女性，作为妻子，承担的伦理义务责任与男性（丈夫）虽有差异，但是相互的、等值的；作为母亲，更有男性不具备的特殊价值与贡献，女性有自己独立的人格和实现生命价值的空间。在儒家伦理生活中，男女两性的关系，就是由这些因素构成的和谐。

权力观的维度　权力是指借助制度、观念而产生的支配、控制他人的那种力量或机制。国家机构或统治者对民众所表现出的这种力量是政治权力；这里是指历史上一直存在着的男性对女性所表现出的这种力量，可称之为男权。从这个权力的维度上观察，儒家思想中既有男权观念，儒家社会生活中也有男女不平等现象存在。应该说，男权观念和男权社会的最重要生活表现——女性屈从于男性，都不是儒家的创造，而是在孔子儒学形成以前早就存在。文化人类学家一般认为，原始社会父系氏族时期出现的掠夺婚、买卖婚，将女子视为"物品"①，可以视为是最早的男女不平等在婚姻形态上的显现。《易经》有谓"乘马班如，匪寇，婚媾"（《屯·六二》），"乘马班如，泣血涟如"（《屯·上六》），"见豕负涂，载鬼一车，先张之弧，后说之弧，匪寇婚媾"（《睽·上九》），这些爻辞依稀折射出的正是掠夺婚的情景；《诗经》有云"娶妻如之何，匪媒不得"（《齐风·南山》），此"匪媒不得"，正说明买卖婚的流行。凡此皆可见，儒家形成之前的西周时代已是男女不平等②。《诗经》云："乃生男子，载寝之床，载衣之裳，载弄之璋，其泣喤喤，朱芾斯皇，室家君王。乃生女子，载寝之地，载衣之裼，载弄之瓦，无非无仪，唯酒食是议，无父母贻罹。"（《小雅·斯干》）这首被判定为周宣王时的诗③，更是将男女两性从其出生乃至其后的全部生活道路上的不平等地位都记录了下来。儒学——在这

---

① 例如，《左传》记述，"齐庆封……以其内实迁于卢蒲嫳氏"（襄公二十八年），杜预注："内实，宝物妻妾也，移而居嫳家。"此即将女性与物品视为同类。
② 《易经》（卦辞、爻辞）的作者，经学传统观点认为"卦辞文王，爻辞周公"（孔颖达：《周易正义卷首·第四论》），今人一般判定为经过编修的周初卜官筮卜记录（见余永梁《易卦爻辞的时代及其作者》，顾颉刚编著《古史辨》第三册）。故其时代当属西周。《齐风·南山》毛诗《序》认为是刺齐襄公之诗，朱子《诗集传》认为《南山》四章，前二章刺齐襄公，后二章刺鲁桓公，故此诗的时代当在东周早期。
③ 毛诗《序》判定《斯干》为周宣王时诗，朱子《诗集传》疑"未必为是时之诗"。清儒姚际恒据诗文考辨，判定诗《序》之论近是（见姚际恒《诗经通论》卷十）。

里主要是指以《礼记》和《白虎通》为代表的秦汉儒学，作为周文化的继承者，面对两周男女不平等中权力的观念和生活形态表现出何种姿态？概言之，可分析为三。第一，赋予最初蕴有权力内涵的男女不平等之两个粗糙形态——掠夺婚和买卖婚以"礼"的文明形式和道德性意蕴。儒家婚礼中的"六礼"——纳彩、问名、纳吉、纳征、请期、亲迎①，就是对"媒妁之言"的程序化、礼仪化，将古先买卖婚的文明化。纳彩、问名、纳吉、请期、亲迎五项程序礼节中，男方都要用雁以为赘礼，《白虎通》诠释说"赘用雁者，取其随时而南北，不失其节，明不夺女子之时也；又是随阳之鸟，妻从夫之义也；又取飞成行，止成列也，明嫁娶之礼，长幼有序，不相逾越也"（《白虎通》卷十《嫁娶·赘币》），更在这场特殊的女子"物品"交易中，注入伦理道德内容。婚礼期间，女家不熄烛，男家不举乐；婚礼中的亲迎程序要在黄昏时举行。婚礼制造出此种蕴有特殊的紧张、低沉的情境，似乎正是掠夺婚遗留下的习俗。《礼记》则解释说："嫁女之家，三夜不熄烛，思相离也；取妇之家，三日不举乐，思嗣亲也。"（《曾子问》）则是在这一礼仪中注入伦理道德的意涵，完全遮掩了它的历史原型中所固有的那种由掠夺的权力因素所造成的恐惧、悲伤的结果。

第二，更重要的是，进一步强化了男权意识，加深了女性对男性的屈从。这应该是秦汉以降儒家思想和生活中非常鲜明、凸显的方面。首先，儒学特别强调"男女之别"观念，认为"男女之有别，人道之大者也"（《礼记·丧服小记》）。什么是男女之别？《礼记·内则》是这样叙述的：婴儿出世，如果是男孩就在门左边挂一张木弓，是女婴就在门右边悬一条佩巾；三个月时要理发，"男角女羁"，开始留不同的发型。能说话时，"男唯女俞"，开始训练不同的音调、仪态。十岁后，男孩就要"出就外傅"，走出家门，学习文字、计算，操乐咏诗，驾车射箭，熟习礼仪，逐渐成长为能从事社会政治活动的男人；女子不能外出，要由"姆教婉娩听从"，培养女性"四德"②，缉麻织丝，制作衣服，习事烹饪，以供祭

① 见《仪礼·士昏礼》《礼记·昏义》。
② 《礼记》曰："妇人先嫁三月……教以妇德、妇言、妇容、妇功。"（《昏义》）郑玄注："妇德，贞顺也，妇言，辞令也，妇容，婉娩也，妇功，丝麻也。"（《礼记正义》卷六十一）显然可以说，女性"四德"就是要培养出适应男权社会需要的那种女性性格、气质。

祀，出嫁为妇。可见，在儒家思想和生活里，男女之别就是从心理、行为模式、生活空间和人生内容等各个层次、向度上将源自生理的、生物学意义上的男性女性差异，扩大、增强，塑造成具有巨大的，甚至诸如"男女不同椸枷""男拜尚左手，女拜尚右手"（《内则》）等细枝末节处也有对立之规范的社会性区别的男人和女人。这种区别，《易传》表述为"内外"之别："女正位于内，男正位于外；男女正，天地之大义也。"（《家人·彖》）《白虎通》更明确解释说："妇人无专制之义，御众之任，交接无辞让之礼，职在供养馈食之间。"（卷八《瑞贽·妇人之贽》）显言之，儒家社会中男女之别就是能拥有和不能拥有家庭伦理生活范围之外的社会、政治活动空间的区别。这既是女性屈从于男性的表现，也是女性摆脱不了这种屈从的原因。其次，提出"三从"的规范。儒家经典对"三从"有两次明确的表述，《仪礼》曰，"妇人有三从之义，无专用之道，故未嫁从父，既嫁从夫，夫死从子"（《丧服传》）；《礼记》曰："妇人，从人者也：幼从父兄，嫁从夫，夫死从子。"（《郊特牲》）这是最明显的用男权来规范男女两性关系，来确定女性的屈从地位。对于"三从"之意涵，秦汉儒家著作有两次论证：儒家婚礼"六礼"的最后一个程序是"亲迎"，男子要亲自到女方家中迎娶。男子（夫）乘车先导，女子（妇）乘车相随。《礼记》就此发挥说："出乎大门而先，男帅女，女从男，夫妇之义由此始也。"（《郊特牲》）《礼记》以迎亲时的男先女后来诠释"三从"。《白虎通》曰："夫妇者，何谓也？夫者，扶也，以道扶接也；妇者，服也，以礼屈服也。"（卷七《三纲六纪·六纪之义》）以"妇"之字义来阐释"三从"①。这些试图发掘"三从"或男权之合理性的论证何其浅陋！可见儒家"三从"规范之权力意识是鲜明强烈的，而其义理内容却是极为贫乏的。最后，凸显"贞节"的道德要求。"贞"是处人理事坚定专一，"节"是一种赴死不辞的操守。贞节是一美好、高尚的品德。生死相守，忠贞不渝，在男女（夫妇）关系间，这一品德应是规约双方

① 《白虎通》是后汉章帝时白虎观经学家辩论"五经"异同的产物。稍后和帝、安帝时，许慎《说文解字》完成，其解"妇"字曰："服也，从女持帚洒扫也。"（《说文》十二下）可见，《白虎通》解"妇"义是浅薄地、不类地以当时流行的语言学意义上的字义（"服"），来诠解一个有权力、道德意涵的"以礼屈服"。

的。但是男权意识注入后，它就成为女性屈从于男性的单方面的道德要求，女性的身体和生命都属于唯一的一个男性了。《易传》解释"妇人贞吉"为"从一而终也"（《恒·六五·象》），《礼记》更说"信，妇德也，一与之醮，终身不改，故夫死不嫁"（《郊特牲》），都是充盈着男权意识的贞节观。在儒家社会生活中，就女性而言，也有两种"贞节"的表现。一种是自觉地维护自己道德人格的尊严，不屈辱，不失节。《诗经》咏颂的"我心匪石，不可转也；我心匪席，不可卷也；威仪棣棣，不可选也"（《邶风·柏舟》），即所谓"柏舟之节"是也①。另一种则是由屈服于男性权力而产生的女性是男性的附属、私有的观念意识所作出的选择。汉代学者以"夫者，天也，天固不可违，夫固不可离也"来解释"妇人从一而终"，就是这一观念的代表②。随着历史上儒家社会男权意识的增强，道德理性自觉的削弱——这是历史上儒学作为国家意识形态的地位不断巩固所带来的一个具有负面效应的局部表现，"以夫为天"的附属于、屈从于男性的贞节观渐趋主导之位，贞节行为亦渐成为后世《列女传》中录入最多的女性垂范事迹。《北史·列女传》序曰："盖妇人之德，虽在于温柔，立节垂名，咸资于贞烈。"（《北史》卷九十一）《明史·列女传》序亦曰："刘向传列女，取行事可鉴戒，不存一操。范氏宗之，亦采才行高秀者，非独贵节烈也。魏晋而降，史家乃多取患难颠沛、杀身殉父之事……明兴，著为规条，巡方督学岁上其事。大者赐祠祀，次亦树坊表，乌头绰楔，照耀井闾，乃至辟壤下户之女，亦能以贞白自砥，可立传女子，不下万余人，虽间有以文艺显，要之节烈为多。"（《明史》卷三百一）两史所论，最为有见。总之，在历史上儒家的社会生活中，权力观念渗透进男女两性关系中，强化的、对立的"男女之别"，瓦解了儒学在自然观意义上将两性关系定性在终极结构"阴阳"上的那种虽是差异但却是互补、和谐的关系；"三从"观念使夫妇应是相互的、等值的承担伦理

---

① 参见刘向《列女传》卷四《贞顺传·卫宣夫人》。
② 后汉班昭（曹大家）《女诫》曰："礼，夫有再娶之义，妇无二适之文。故曰：夫者，天也，天固不可违，夫故不可离也。"（《专心》）《白虎通》亦曰："夫有恶行，妻不得去者，地无去天之义也。"（卷十《嫁娶·妻不得去夫》）此前，《仪礼·丧服传》已有"夫者，妻之天也"之谓。

的义务责任的关系，蜕变为单向的屈从，主要内涵是屈服于男权而不是捍卫人格尊严的"贞节"道德要求，更使这种屈从变得深重。这些都是历史上儒家社会里男女不平等的主要观念因素和生活表现。

第三，以道德制约男权。晚出的古文《尚书》有《五子之歌》之篇，篇中有警告国家统治者"内作色荒，外作禽荒……未有不亡"之语。唐孔颖达疏注其中"色"曰："经传谓女人为色。"（《尚书正义》卷七）所以在这里，"色荒"也就可以理解为是男权对女性的占有、蹂躏。儒家在其固有的"仁义"的道德主义立场上——"仁"者仁爱、宽容；"义"者合宜，行为合乎伦理、物理的道德规范，对此是持批判的态度。先秦儒学中如孔子说"吾未见好德如好色者也"（《论语·卫灵公》），子夏也说"贤贤易色"（《论语·学而》）。秦汉儒学也有这样警诫的论述，如《礼记》谓"好田好色者亡其国"（《郊特牲》），"好德如好色，诸侯不下渔色，故君子远色以为民纪"（《坊记》），《白虎通》亦谓"重人伦，防淫佚，耻与禽兽同也"（卷九《嫁娶·同姓外属不娶》）。这些都是要求以道德原则、德行修养来制约色欲——男权的一个主要表现形态的膨胀。

儒家的道德主义立场是继承西周贵族"敬德"的精神遗产，蕴含有某种精英的品质，要求理性自觉。孔孟儒学的伟大贡献就是将这种道德精神推展到庶民大众中，其理想是"礼以饰情"（《礼记·曾子问》），完善人性，提升人生。但是，一旦这种理性自觉衰微、丧失，这种道德主义就会蜕变为浸润着权力意识的被迫屈从，精神束缚。宋代理学家程颐对后世影响甚大的、论寡妇再嫁时所说"饿死事极小，失节事极大"一语（见《河南程氏遗书》卷二十二下），最可为例证。在程颐这里，这原是一个道德主义的约定，并且是针对上层阶层的。如他曾说："大夫以上无再娶礼。凡人为夫妇时，岂有一人先死，一人再娶，一人再嫁之约？只约终身夫妇也。但大夫以下有不得已再娶者，盖缘奉公姑，或主内事尔。如大夫以上，至诸侯天子，自有嫔妃可以供祀礼，所以不许再娶也。"（同上）但当这一约定被推移至并无这种"礼"的实现条件的民众中时，只有再娶，不许再嫁，就成为会给妇女带来痛苦的男权。事实上，程颐自己和他的家庭也并没有这样做，他的父亲曾主持再嫁守寡的甥女，程颐就肯定这是"慈于抚幼"的有德行为（见《伊川文集》卷十二《先公太中家传》）。但是，在明清，当程朱理学获得作为国家的最高意识形态之地位时，程颐"失节"之论也就不再是自律的道德约定，而是具有男权性质的礼教教条了。清儒方苞曾述其所见所感，可以为证：

> 程子"饿死事小，失节事大"之言，则村农市儿皆耳熟焉。自是以后，为男子者，率以妇人之失节为羞而憎且贱之，此妇人之所以自矜奋欤。呜呼！自秦皇帝设禁令①，历代守之，而所化尚希；程子一言，乃震动乎宇宙，而有关于百世以下之人纪若此！（《望溪先生文集》卷四《岩镇曹氏女妇贞烈传序》）

方苞是程朱理学维护者。他的叙述显示，程子"失节"之言，在附益了某种国家权力因素后，如何形成一种强大的精神笼罩，这是真实的。

另一位清代儒者徐继畬也有所见所感，可为补充：

> 伊川所谓"饿死事小，失节事大"者，匹妇能毅然行之，诚令典之所重，志乘之所必详，苟有其人，宜竭力表章焉。不能守而改醮，亦常情耳。彼固为贤，此亦中人，未为不肖也。（《松龛文集》卷四《书王印川广文诗注后》）

徐继畬除有读史、奏疏的撰作外，还著有《地球志略》《五印度论》《俄罗斯国志略》等，是位有较开阔眼界的儒者。他观察到现实生活中有能履行程子守节之言的，更多有不能行程子之言者，"彼固为贤，此亦未为不肖"。在儒家生活方式所固有的宽容中，这也是真实的。

在中国历史上君主专制的社会里，以道德制约权力，一直是儒家不曾放弃的理想和努力，但现实中道德却总是处在被权力侵蚀、蜕变之中。儒家以德制色（男权）只是在一个具体的方面显现了这种状态。

以上，我们已经从三个维度上粗略地审视了儒家思想和社会生活中的

---

① 秦始皇三十七年，始皇登会稽，刻石颂德，文中有"饰省宣义，有子而嫁，倍死不贞，防隔内外，禁止淫佚，男女洁诚"云云（《史记》卷六《秦始皇本纪》）。

男女两性关系。儒家将男女两性关系确定在自然性的终极结构上，将男女两性间最重要的夫妇关系注入义务和责任的伦理性本质，较之由权力因素形成的男女两性关系更具有真理性、合理性的品质，因而也更有生命力。即使是在历史上君主专制的儒家社会里，男女两性关系呈现的基本生活形态是女性屈从于男性的不平等的情境下，儒家伦理理念建构的夫妇间分担义务责任的和谐家庭、高于平等的和谐的男女两性关系，仍是人们不会忘却的理想和努力实现的目标，这也是儒家生活方式的一个重要特征。在今天，要摆脱现代性的女性主义所陷入的那种困境——实际上也是历史遗留下来的、普遍存在的男女两性关系间的困境，儒家的男女两性关系的思想理念，会是有理论借鉴价值的。

3. 摆脱困境：走向两性和谐

历史上长期存在着的男女不平等，甚至是表现着奴役与被奴役之对立性质的男女不平等，的确是人类的一个巨大不幸，也是人类的一个基本困境。男女两性是人类的两种基本生命形态，都是伟大自然的珍贵创造，它们应该是和谐的，而不应该是对立的。女性主义在争取男女平等的同时，也把男女两性关系的理想的、终极的状态指向能摆脱这种困境的和谐。如前所述，在女性主义运动第二次浪潮开始时和高峰时出现的"手足关系"论、"圣杯"论都表达了这种期盼。"手足关系"是在自然主义或某种本质主义立场上的结论，"圣杯"则是在一种自行设计的"文化转化"的理论框架内论证的结论。女性主义思潮中还有一个走向和谐的、摆脱男女不平等造成之困境的理论观点，它是通过对存在于女性主义运动根本目标中某种"悖谬"的分析而得出的结论。一种思潮、一个社会运动通常会是在这样的情境下陷入困境：它同时存在至少两个具有同样合理性但又是相反或矛盾的思想理念或实践走向。女性主义的困境就具有这样的性质，并可以归纳为是发生在这样三种情境下。一是在传统女性主义与第三世界、与有色人种女性主义之间。这里有由同样是合理正确的，但却有不同内容的斗争目标而引起的分歧。19 世纪 80 年代在欧美开始出现的女性主义运动，就是在实现男女平等、"将妇女置于与男子不平等的、卑微的社会地位是不公正的，应该予以改变"的旗帜下联合起来的。但第三世界女性主义却宣称"第三世界妇女无法接受女权主义只是追求男女平等待遇和妇女平等机会这一概念"，因为"就西方的第三世界妇女而言，种族、阶级、社会性别一直是她们所受压迫的三个不可分割的原因"①。如果说，欧美国家的女性主义由于文化传统②和现代化的社会后果，一开始就将消除男女不平等作为斗争目标，其合理性是毋庸置疑的；那么，对于处在除社会性别因素之外，还有殖民主义带来的种族歧视、经济剥削等多重压迫下的第三世界女性主义，她们提出"三个不可分割的原因"的合理性也是十分充分的。两种合理性虽然不是决然对立的，但会导致女性主义运动的策略路线上的分歧。二是在传统女性主义与后现代女性主义之间。这里的分歧，如前面所述，是理论上的，是理论模式和重要的理论主题的差异。这种差异可能产生女性主义理论选择、理论阐释的混乱。正如弗格森所说："由于强调妇女之间的差异和强调后现代主义的探讨方法，产生了女性主义理论未来的不确定性，这使西方女性主义理论陷入了危机。"③三是在传统的或现在仍然活跃着的正统女性主义内部，在其作为核心的、最终的与男人平等的女性主义运动目标中，存在着自我悖谬。这就是前面援引贾格尔所说"女权主义者既要求同男人的平等，又蔑视同男人的平等"那种陷入两难选择的困境。一方面，历史和现实都充分显示"女人始终依附男人，男女两性从未平等地分享过世界"，19 世纪后半叶女性主义运动第一次浪潮时争取与男子有同等的选举权、受教育权和工作权的斗

① 谢里尔·约翰森－奥德姆（C. J. Odim）：《共同的主题，不同的环境与背景》，王政、杜芳琴主编《社会性别研究选译》，第 314、316 页。

② 欧洲文化传统就其与女性主义兴起之关系而言，主要是指其宗教的和哲学的方面。基督宗教的《圣经》训示，女人夏娃是上帝用男人亚当身上的一条肋骨造的；上帝还对夏娃说，你必须受你丈夫的管辖（见《旧约·创世纪》第二章、第三章）。启蒙思潮以来的西方哲学思想是二元的，正如贾格尔所概括："西方传统是用如下的两分法来解释实在的：文化与自然、超验与内在、普遍与个别、心与身、理性与情感、公共与私人；前一术语具有更高价值，与男性特征联系在一起，而后一术语则价值较低，与女性特征联系在一起。这种传统将对妇女的文化上的贬低，刻记在终极实在的结构上。"（A. Jaggar：《转向 21 世纪的西方女性主义伦理学》，邱仁宗主编《女性主义哲学与公共政策》，第 34 页）由宗教和哲学为主要成分构成的西方文化传统，将男女两性的品质及其相互关系研判为是分优劣的而不是等值的，是对立的而不是和谐的，并且牢牢地钉在终极的实在上。欧美女性主义运动一开始就将争取与男人有平等的权利确定为是自己核心的、最终的目标，也就是不难理解的了。

③ 安·弗格森：《女性主义哲学及其未来》，邱仁宗主编《女性主义哲学与公共政策》，第 16 页。

争无疑是正确的，并给妇女带来了利益；另一方面，许多事实也显示，法律面前"绝对平等"并非总是对妇女有利，而且也并不合理，性别差别毕竟是存在的。正如贾格尔观察到和研判的，"形式上的男女平等常常可能在结果上保证了而不是消灭了男女不平等"①；如果从体制上承认性别差异而得到男女平等，"对于妇女来说，这种承认带来的好处总是有代价的"②。总之，不是在别的地方，正是在女性主义所追求的"平等"中，女性主义陷入困境："无视性别差别和重视性别差异的两种对平等的阐释，看来都包含着难以接受的威胁。"③

在女性主义的这样三种困境中——当然对女性主义中存在的分歧或困境还有其他的观察和判断，发生在正统女性主义内部的、围绕"平等"的理解和实践的"左右为难"的困境，应该是更根本、更深刻的。因为从某种意义可以说，"平等"的困境不能摆脱，"男女平等"的目标被消解，女性主义也不再存在。如何摆脱这个困境？西方女性主义理论家中，贾格尔的观点可以视为是一个走出困境的完整、简捷的"方案"。她的"方案"主要有两点内容：一是以"公正"来诠释平等。贾格尔将亚里士多德的公正观念清晰化，认为"公正的概念在于同类同等对待之"④。作为人类，男女两性间有相同之处，也有差异之处，所以"看到人类个体的全部特殊性，采取必要的区别对待，以同等对待真正相同的事例，区别

---

① 艾莉森·贾格：《性别差异与男女平等》，王政、杜芳琴主编《社会性别研究选译》，第 196 页。
② 同上书，第 198 页。
③ 同上书，第 200 页。
④ 同上书，第 192 页。这是西方伦理学对"公正"（"正义"）的一般表述。如美国一本著名的伦理学教科书中说："一切正义理论共同承认下述最低限度的原则：同样情况应当同样地对待——或者，使用平等的语言来说：平等的应当平等地对待，不平等的应当不平等地对待。"（汤姆·L. 彼彻姆：《哲学的伦理学——道德哲学引论》，雷克勤等译，中国社会科学出版社 1990 年版，第 330 ~ 331 页）亚里士多德称"公正"为"一种完满的德性"，"集一切德性之大成"（亚里士多德：《尼各马科伦理学》，第 97 页）。但他对"公正"概念没有清晰的界说，只是在论及分配公正时说："相等的人分得了不相等的事物，不相等的人反而分得了相等的事物，争吵和怨恨就会产生。而根据各取所值的原则这是无可争议的，所有的人都同意应该按照各自的所值分配才是公正。"（亚里士多德：《尼各马科伦理学》，第 100 页）

对待真正不同的事例，我们才能使公正达到完全的平等"①。这样，女性主义在"男女平等"的目标下，发生在重视性别差异和无视性别差异之间的"左右为难"，就能在"公正"的理念下得到化解。二是重新理解性别差异。在这种理解中，不能否认两性间的深刻差异，这种差异不仅塑造了妇女的个人发展，也塑造了人类整个进化过程，所以"我们所见的男女差异可能既是男女不平等的原因，又是男女不平等的结果"②。但是，这种差异"既不是先于社会已存在的，也不是固定不变的"③。更为重要的是，在这种理解中，"不把差异看成是女人弱点的凭据，而看成是可能形成妇女力量的源泉"④。女性独特的、与男性有差异的生活体验、心理体验，能形成某种能引领人类走向更美好生活的不同于二元论的世界观、价值观。一个重要的显示女性智慧和力量的，是吉里根通过自己的研究，发现女性的思考方式突出对关怀的考虑⑤。在此理论观点基础上，女性主义的"关怀伦理"开始出现。贾格尔认为，关怀的理念使女性主义形成对世界更长远的图景，更有了彻底地摆脱"平等"困境的理论力量，因为"在那样的世界里，平等是个背景条件而不是目标，公正不是'社会体制的第一美德'，在互相关怀的真正需求面前，公正和平等都会显得相形见绌"⑥。可以说，贾格尔的摆脱困境的"方案"是从平等、公正的法

---

① 艾莉森·贾格：《性别差异与男女平等》，王政、杜芳琴主编《社会性别研究选择》，第209页。
② 同上书，第202页。
③ 同上书，第203页。
④ 同上书，第202页。
⑤ 吉里根在其《不同的声音》一书中，从心理学角度分析了学术著作、远古传说、弗洛伊德理论及心理分析实验中的男女两性的性格差异，得出男性主要特征是自我中心，而女性的主要特征是关爱他人的基本结论。如她说："男性从小就被社会教会与他人分离，谋求人格独立（第一步是在情感上与母亲分离），这些定势与性别认同紧密联系在一起，演变为'男子汉'形象不可或缺的特质，而女性性别认同的实现并不取决于与他人在情感方面的分离，也不强调独立性，而注意与他人的情感联系"；"女性的压力是来自不同责任之间的冲突，而不是来自于权力竞争，这使女性的思考模式异于男性；对权力的迷恋更强调个人独享，与他人分离，而对责任的理解更强调人际联结、合作关系。"（卡罗·吉里根：《男性生命周期中的女性地位》，李银河主编《妇女：最漫长的革命》，第110、119页）
⑥ 艾莉森·贾格：《性别差异与男女平等》，王政、杜芳琴主编《社会性别研究选译》，第211页。

律世界进入互相关怀的道德世界的方案；在这里，相互关怀的、和谐的男女两性关系是高于男女平等的生存状态。"关怀伦理"从另外的角度得出和"手足关系""圣杯"相近、相同的结论。

在儒家的视角里，男女不平等是权力（男权）造成的结果。儒家没有提出"平等""公正"这种具有个人权利内涵的法律理念来消除这种不平等，甚至在历史上的儒家社会里，在浸润有权力意识的儒家之"礼"支持下，还出现了维护这种不平等的法律①。儒家只能从其固有的"仁义"道德主义立场对男权的重要表现——占有、蹂躏、奴役女性的"色荒"作出谴责，提出以德制约男权的"贤贤易色"的道德要求。然而，儒学在其自然观的维度上，将男女两性关系定性为自然性的"阴阳"，在终极的、根本的意义上确定这是一种互补的，而不是对立的关系；在伦理观的维度上判定以伦理角色出现的男女两性间是相互承担等值的伦理义务责任的关系。互补的自然差别关系，等值的伦理义务责任关系，在其排除权力因素侵蚀的理想状态下，作为一种生活形态，就是男女两性的和谐。儒家的这种思想理念具有很大的理论诠释能力和生活成长空间。在现代化进程和现代性背景下，第一，在法律政治的层面上，儒家理念会支持为消除男女不平等在无视性别差异意义上的男女权利平等的立法，也会支持重视男女性别差异的保障妇女特殊权益的公正立法。百年来，中国现代化进程一方面经历了民主和科学的现代观念洗礼，另一方面精神之根还是深植在以儒家思想为主体的中国传统文化土壤里，所以能毫无观念困难和心理障碍地认同男女平等、认同妇女权益。1950年的《婚姻法》、1954年的《宪法》，在国家的最高法律和一部对男女两性都有最切身关联的民法中，都明确规定了男女平等；1992年的《妇女权益保障法》，更宣布"国家保护妇女依法享有特殊权益"，宣示"保障妇女的合法权益是全社会的共同责任"。在中国这样一个现代国家里，

---

① 例如，《唐律》规定："诸妻殴夫徒一年，若殴伤重，加凡斗伤三等，死者，斩"，"诸殴妻者，减凡人二等，死者，以凡人论。"（《唐律疏议》卷二十二《斗讼》）可见，妻殴伤其夫，要比一般斗讼罪加三等论处，而夫殴伤其妻，则比一般斗讼罪轻二等，夫妻间同罪的量刑差距五等之多。《唐律》还有其他多条映现着男女不平等的法规，此后宋、明、清律略同。

妇女的平等地位、特殊利益，在法律上是被确认的、被保护的。第二，在伦理道德的层面上，儒家理念更为现代性生活中男女两性关系理想状态，也是女性主义所期盼摆脱男女性别关系之困境的"手足关系""圣杯""关怀伦理"——和谐关系，提供更充分的诠释。在儒家看来，"和实生物，同则不继"（《国语·郑语》），和谐的关系是有差异的事物间最美好的关系。男女的性别差异是伟大的自然创造，在终极结构上它就应该如"阴阳"那样，是互补的而绝不是对立的。女性主义的所谓"手足关系"，在这里可以得到一种更深刻的哲学自然观的充实。在儒家的伦理观念中，男性、女性作为社会生活中的伦理角色，在每种伦理情境中，如父女、夫妇、母子，所构成的承担着相互的、等值的伦理义务责任关系，都是高于平等的和谐关系。较之女性主义的"圣杯"和"关怀伦理"主要是拓展"女性品格""女性气质"——这种品格、气质是历史地形成的或是本质地存在的，还有不同的研判——之独特优势而构造的和谐，其理论的和实践的基础，都似乎是更真实、更巩固。在我们国家的现代道德建设中，在作为公民道德建设基本内容之一的家庭美德中，老幼、男女、夫妻之间和睦相处的道德要求，就是要实现互尽义务责任的和谐生活，其儒家生活方式的特征是很鲜明的。

男女两性关系是人类社会最基础的人际关系，历史上，这种关系一直被不幸所笼罩。女性主义思潮和运动正为改变这种状况做出努力，争取着男女间的平等、男女间的和谐。儒学作为一个正在有新的生长的古老伦理道德思想体系，有理论资源、道德动力欢迎、支持这种努力，表现了如同回应生态运动和普世伦理思潮一样的宽容地接受和从容自立地汇入的文化姿态。无疑地，这应被视为是儒学具有生命力的表现。

（四）结语：最后的坚守——后人类主义文化思潮中的儒学立场

在现代性的思想观念和社会生活背景下，在发达的工具理性——现代科学技术推助下，一种研判将出现与现代人类生活根本不同的"后人类"（Post-human）生活之理论思潮，已在人们视野中悄然生成。虽然因受到科技发展的当代水平的限制，受到存在于人类不同文化类型中某种共同的传统价值观念的制约，这种后人类主义无论作为哲学思潮或科学实践，还是处在现实生活的相对边缘地带，但它的那种植根于人性之欲望中的、对超越人类生存现状和界限的生活方式之追求和设计，其所具有巨大潜力的生长趋势，却是不可漠视的。儒学于此态势下秉持的是何种立场，可作出的是何种回应？

简单的界定 一位关注和研判着人类未来生活状况的美国学者说："词语'后人类'和'后人类文明'被用来指示某个我们在将来某一天可能达到的、技术上被高度武装的人类社会，这种人具有更高的智力和体力以及更长的生命周期。"[①] 尽管这种"后人类文明"现在还多是一种在科幻小说、电影中表现出的科学乌托邦，但是作为一种哲学思潮和科学实践，从西方研创超人类主义或后人类主义理论的学者的论述中，仍可以分析出"后人类"之超越于现今人类的、迥然不同于现今人类的两项主要内涵。第一，自然进化的人类被人工进化的人类取代。后人类主义的研创者宣称：在后人类，"自然进化的推动力将被人工进化所取代"[②]，"后人类可能完全是人造的，人工智能系统被某些人看做是第一种后人类存在"[③]。并且认为，这种人造的人融合人工智能工程、基因工程、神经科学、纳米技术等多重科学技术，其本体特质已经发生了根本的改变，"已从物理和机械的本体，到生物的和有机的本体——从被制造的实体，到生长的实体"[④]。可以说，人类不再唯一地以自然生育方式繁衍后代，而开始用技术手段制造新人，是后人类的首要特征。第二，后人类由其智力、体力、寿命等主要生命性能构成的生存状态，全面地、有质之差异地超越现今人类。后人类主义构建者相信："后人类已经在技术上增强到了这样一个程度，以致它不再是目前的人……后人类可以通过两种途径获得：在物理上，通过我们已经拥有的科学来获得；在精神上通过操纵文化的记忆

---

① 尼克·博斯托罗姆（Nick Bostrom）：《生存的风险——人类灭绝的场景及灾难之分析》，曹荣湘选编《后人类文化》，上海三联书店2004年版，第236页。
② 克里斯·哈布尔斯·格雷（Chris Hables Gray）：《电子人国家》，曹荣湘选编《后人类文化》，第80页。
③ 迈文·伯德（Mervyn F. Bendle）：《远距传物、电子人和后人类的意识形态》，曹荣湘选编《后人类文化》，第124页。
④ 同上书，第137页。

657

儒学与现时代：儒学的现代性回应

来导致我们动机结构的根本改变来获得。这种渴望最突出的是使用遗传学、生理学、神经生理学、神经化学和其他的科学，来提高智力、优化动机结构，减少疾病和老化的影响，以及极大地延长寿命——也许甚至能达到永生。"① 认为"进入后人类，我们体力和智力将超越人类的体力和智力，就像人的能力超越猿的能力一样"②。显言之，后人类与现今人类有一种异质之界限的根本差别：后人类是能借科学技术而"永生""全能"的人类③，现今的人类不能永生、全能；并且，若从理性的哲学角度，而不是非理性、超理性的宗教或科学乌托邦角度思考，也不追求、期望有永生、全能，因为在一种没有死亡的、一切欲求皆唾手可得的生存环境或状态下，生活的目标、人生的意义也就消失了④。当然，这并不是反对、否

① 迈文·伯德（Mervyn F. Bendle）：《远距传物、电子人和后人类的意识形态》，曹荣湘选编《后人类文化》，第 124 页。

② 安迪·迈阿（Andy Miah）：《机器人健将：在现代社会里迎接超人类主义》，曹荣湘选编《后人类文化》，第 156 页。

③ 国外报刊上一篇题为《纳米技术的奇迹和灾难》的文章中写道："想象一下这样的世界：人类不再生病，不再有年龄；房屋自我清洁、维修、照明和保温；甚至连货币都失去了意义，因为每个人想要什么就有什么。这一切可以通过纳米技术实现，从微米技术发展到纳米技术，使科学家可以操纵原子。由于所有物体都是原子在一定空间内结合的产生的，所以改变这些原子的排列顺序就可以组合出任何物体。想象一台微波炉大小的纳米机器，从一边倒入原料，另一边就会出现你想要的任何东西——从回形针到电脑。……纳米技术与基因工程结合之后，人类青春永驻的梦想可能成为现实，只要在婴儿出生时把纳米装置植入体内，就可以控制他一生的身体状态，随时修复受损的器官、组织和细胞，治愈所有疾病，人类甚至可能获得永生。"（《参考消息》2009 年 9 月 7 日《科学家称纳米时代幻景"令人恐怖"》）

④ 可以认为，现今人类的智慧已经完成了这样的思考。例如，在歌德的长篇诗剧《浮士德》和巴尔扎克的短篇小说《改邪归正的梅莫特》中，皆描写了从魔鬼那里换得"全能"魔力的人物的生活情态——一切欲求皆唾手可得、自动涌现；焦竑《类林·仙宗·捣药鸟》中叙说了一只鸟食了葛仙翁捣药遗下的一粒药后遂得不死的生存状态——永作丁当杵臼之声，都真切地映现出从"全能""不死"那里所最终收获的、感受的是空虚和寂寞。现代德国伦理学家包尔生则用理论语言表述了这种思考："没有世代的更替就没有历史，不死的人们要导致一种非历史的生活，一种其内容任何心灵也不可能描绘的生活。因此，无论谁只要欲望生活，欲望历史的人生，也就要欲望它的条件——死亡"；"只要我们还是我们现在所是的人，一种绝对没有痛苦和畏惧的生活，很快就会使我们觉得枯燥无味和不可忍受。生活就会成一种没有障碍的纯粹满足，没有抵抗的纯粹成功，我们就会像对待一种自知必赢的游戏一样感到厌倦乏味。"（《伦理学体系》第 286、222 页）简言之，由"不死""全能"而造成的没有历史和没有挫折的人之生活，会同时陷入何种悖谬、无味的痛苦之中。

定人类追求长寿、不断改善生存处境的努力。

儒学的立场 应该说，儒学没有科学理论和能力来判定人类超越生存现状和界限的欲望，在不断迅猛发展的科学技术推助下，会将未来人类引向何种必然的方向和境地。但是，儒学有这样的思想资源，对在后人类主义中显露的哲学的、科学实践的生活理念，形成和表述自己有三项基本内容的立场。第一，伦理底线。儒学认为，"归妹，天地之大义也；天地不交而万物不兴，归妹，人之终始也"（《周易·归妹·彖》），"天地纲缊，万物化醇，男女构精，万物化生"（《周易·系辞下》），"天地合而后万物兴焉，夫婚礼，万世之始也"（《礼记·郊特牲》）。文明人类的社会生活中，男女由婚礼（"归妹"）而结为夫妇，生育后代，是最基本的人伦。用现代生物进化论的语言来表述，人类的此种由男女两性结合，生育繁衍，是作为物种的人类经过长期自然进化而形成的最优的自然选择。儒学则是以"天地之大义""人之终始"，来定性、表述它的崇高和基本，宣示这是人伦的底线。与此相犀通，儒学还认为，"禽兽无礼，故父子聚麀。是以圣人作，为礼以教人，使人以有礼，知自别于禽兽"（《礼记·曲礼上》），"男女有别，然后父子亲，父子亲然后义生，无别无义，禽兽之道也"（《礼记·郊特牲》）。践踏、跨越这个底线的行为，就是失去了夫妇、父子间应有的伦理界限、道德规范的行为，如同是倒退到野蛮社会的禽兽般的行为。从历史上看，儒学此番论述主要是谴责、抨击社会生活中悖论、乱伦的纵欲行为。但是在这里，对于后人类的用人工进化取代自然进化、以技术手段制造新的人类的行为——基因工程的生殖性克隆人所必然会带来的人伦关系混乱、颠倒，也是儒家伦理不能接受的。现代伦理学研判的生殖性克隆人之难以逾越的伦理障碍、困难，可以归纳为两个方面：其一，就伦理关系言，克隆人作为是生殖性基因工程的创造物，作为任一人的体细胞核与去核卵细胞的结合，只是供体与克隆体、原本与复本间通过技术手段的联结，不再是作为长期自然进化结果的、有不可重复性之独一无二特点和多样性之丰富社会内容的父母与子女间的伦理关系；其二，就伦理原则言，克隆出人的技术行为，实际上是将被克隆的人作为某种用途制造出来，违背了人不能被伤害、不能被视为工具、不能被剥夺自主权等基本伦理原则，违背了对人的尊严之尊重的人权原则①。正是在此种伦理理念的基础上，联合国1998年通过的《世界人类基因组与人权宣言》宣示："违背人的尊严的一些做法，如用克隆技术繁殖人的做法，是不能允许的。"② 我国卫生部也在2001年明确表示"不赞成、不支持、不允许、不接受任何克隆人的实验"③。世界许多国家，包括欧美等发达国家也都表明同样的禁止克隆人类的态度，甚至为此立法。当然，应该说西方有基督宗教传统的国家，此种态度中还浸润着生命是"上帝赐予"的宗教神圣信仰的因素；儒学则是从纯粹的坚守人伦底线和谴责"象人而用之"的伦理原则的立场上与现代人类的道德良知保持一致。

第二，道德优先。孔子曰："弟子入则孝，出则弟，谨而信，泛爱众，而亲仁。行有余力，则以学文。"（《论语·学而》）朱子诠释曰："此论本末，先本后末。"（《朱子语类》卷二十一）可见，儒家在人之立身成才的修养成长过程中，总是将德性、德行的培养放置在获得知识、能力之前的优先、根本的位置上。宋儒陆九渊于此更有一个譬喻的解释："学者须是打叠田地净洁，然后令他奋发植立。若田地不净洁，则奋发植立不得。古人为学即读书，然田地不净洁，亦读书不得，若读书则是假寇兵而资盗粮。"（《象山全集》卷三十五《语录下》）强大的知识力量，必须有深厚的德性、德行方能驾驭。后人类的人们拥有"全能"的智力、体力，但如果没有高尚的德性、德行，是驾驭不住的。美国著名的科普作家阿西莫夫（I. Asimov）在他的那本脍炙人口的科幻小说《我，机器人》中描写了一个故事：机器人拜厄利是位优秀的律师、检察官，甚至在市长竞选中击

---

① 康德对这一伦理原则有最清晰明确的表述，他说："有理性者与世界的其余物类的分别，就在于有理性者能够替自己立个目的"，"一切行为的根本原则一定是：一切具有目的者（即有理性者自身）始终不应该只当做工具，应该作为限制一切工具的使用的最高条件（那就是说，永远同时认为是目的）。"（《道德形上学探本》，第51、52页）又说："在全部宇宙中，人所希冀和所能控制的一切东西都能够单纯用作手段，只有人类才是一个自在目的"，"人就是目的本身，那就是说，没有人（甚至神）可以把他单单用作手段，他自己总永远是一个目的。"（《实践理性批判》，第89、134页）孟子也曾说："仲尼曰：'始作俑者，其无后乎！'为其象人而用之。"（《孟子·梁惠王上》）此亦可解读出儒学对将人作为工具而制造和使用，是给予严厉谴责和反对的。

② 《世界人类基因组与人权宣言》第11条，农博网2007年4月3日。

③ 《卫生部明确表示反对克隆人类》，新华网2001年11月30日。

败对手真人奎因当选了市长。他的竞争对手想方设法要证明他是个机器人，向选民说明尽管他有非凡能力，但终究缺乏人的品行，使他落选。一位机器人心理学博士向这位竞争对手解惑说：你的证明是不能实现的，机器人在被装配时，都输入了三条定律——机器人不得伤害人，也不得见人受到伤害而袖手旁观；机器人应服从人的一切命令，但不得违反第一定律；机器人应保护自身的安全，但不得违反第一、第二定律。如果拜厄利履行这几条定律，他既可能是个机器人，又可能是个高尚的人①。这位科普作家在这里就表现了这样的卓越见识：在超越的、无所不能的"后人类"智能、体能中，要首先灌注入道德的意识。这也正是儒家的见解。

第三，社会公平。从孔子首倡"有国有家者，不患贫而患不均"之主张②（《论语·季氏》），到秦汉儒家"老有所终，壮有所用，幼有所长，鳏寡孤独废疾者皆有所养"之向往（《礼记·礼运》），到宋儒"尊年高，所以长其长，慈孤弱，所以幼吾幼，凡天下疲癃残疾、惸独鳏寡，皆吾兄弟之颠连而无告者也"之情怀（《正蒙·乾称》），都是儒学社会公平思想的表现。这种思想就是主张社会民众能合"礼"——合理合法地③、各得其所地④分配到社会资源；社会弱势群体能更多地得到社会关照⑤。正如联合国《世

---

① 艾·阿西莫夫：《我，机器人》，国强等译，科学普及出版社1981年版，第1、225页。
② 孔子此语在通行的《论语》版本中为"不患寡而患不均，不患贫而患不安"。但据下文有"均无贫，和无寡"之语，可推断此处"寡""贫"二字为坊间传写互易有误。《春秋繁露·度制篇》引《论语》此处文为"孔子曰，不患贫而患不均"，可据以订正。
③ 儒家之"礼"，就其理论性质而言，有心性理论层面上的"仁义礼智信"五种德性之一的"礼"，是辞让之心；有社会理论层面上的"制度在礼，文为在礼"（《礼记·仲尼燕居》）之"礼"，是指典章制度、伦理规范、行为仪则。就其社会功能而言，更有不同维度上的多重解说。如《礼记》中有谓"礼也者，理之不可易者也"（《乐记》），"礼所以制中也"（《仲尼燕居》），"体天地，发四时，则阴阳，顺人情，故谓之礼"（《丧服四制》）；又谓"分争辨讼，非礼不决"（《曲礼上》），"礼行于五祀而正法则焉"（《礼运》），"礼之于正国也犹衡之于轻重也，绳墨之于曲直也，规矩之于方圆也"（《经解》）。在现代观念背景下审视，此亦可以宽泛地诠释为"礼"之合理性与合法性。
④ 朱子注解孔子"不患贫而患不均"，曰："贫谓财乏，均谓各得其分。"（《论语集注》卷八）。
⑤ 当代美国政治哲学家罗尔斯（J. Rawls）在其著名的《正义论》中提出社会正义（公平）的两个原则，最终界定正义的基本意涵是："所有的社会基本善——自由和机会、收入和财富及自尊的基础——都应被平等地分配；除非对一些或所有社会基本善的一种不平等分配有利于最不利者。"（《正义论》，第292页）不难看出，儒家社会公平思想的两项基本内涵，与此现代观念的正义理念，内容是相符的。

界人类基因组与人权宣言》所宣示，人类基因组是"人类共同的遗产"①，人类的现代科学技术所开发出的巨大力量和物质财富，也应视为是人类共同的遗产，应该为全体人类拥有、分享。显然，在现今的人类社会中，这种公平是没有实现的；那么，在后人类社会里能否实现呢？超人类主义、后人类主义的一位主要的美国设计者宣称："我们挑战在我们潜能上的自然的和传统的局限，我们赞同利用科学技术去根除对于寿命、智力、个人的生命力和自由的限制"②，"技术是人类智力和意志、创造性、好奇心和想象力的自然延伸和表现。我们和我们心灵的产品共同发展，我们与它们融为一体，形成一个后人类综合体，从而增强了我们的能力，扩大了我们的自由。"③ 可以看出，后人类主义最关注的是个人生命力的无限增强，个人自由的无限实现。在其以现代科技的未来发展为基础而作出的为未来社会的设计中，人与人之间的公平也是缺席的。一位对后人类主义存有质疑的澳大利亚学者批评说："后人类主义话语的一个特征，是它通常使用不确定的'我们'来表示一种普遍的人性，从文字上看，似乎是为全体人类说话，但实际上是为极少数富裕阶层、科技授权的美国人或其他可能的'第一世界'的国家说话。"④ 难道不是吗？正是最发达国家、少数有钱财权势的人最先和最多地分享到高新科技的成果，而贫穷落后国家、弱势群体总是最后和最少地，甚至根本就没有品味到最新的科技果实。令人深为忧虑的是，如果说，迄今人类社会的许多罪恶和不幸是因缺乏社会公平而产生的；那么，在未来后人类社会对科学技术神速发展涌出的无与伦比的力量之不公平的分配和占有，将会形成更大的人类社会分裂，甚至还会有人类物种分裂，将会带来更大的不幸和灾难。当然不能说后人类主义的设计者不珍视社会公平，只能说崭露头角的后人类主义的理论还很粗糙，尚未遑涉入这个领域。在儒学的立场上总是期盼未来人类社会是一个美好和谐的社会，所有的人都能公平地分享到科技发展和社会进步的果

---

① 《世界人类基因组与人权宣言》，第 1 条。
② 马克斯·莫尔（Max More）：《超越主义者原理——超人类主义宣言》，曹荣湘选编《后人类文化》，第 270 页。
③ 同上书，第 275 页。
④ 迈文·伯德：《远距传物、电子人和后人类的意识形态》，曹荣湘选编《后人类文化》，第 129 页。

实。现代科学技术所蕴藏的巨大能量，既给现代社会生活带来了神奇的改变，推进了人类文明的进展，也使现代人类面临前所未有的生存风险。前面已提及的那位关注未来人类生活状态的美国学者将这种生存风险表述为："它是这样一些威胁，它一经出现就将导致人类走向灭绝或根本破坏地球上智力生命生存的潜能。"① 并研判说："近两个世纪人类面临的最大风险似乎来自人类自身所造就的先进的技术文明……如果非人类的因素在数百万年来并没有消灭人类，在近一两个世纪发生在我们身上的可能性也不大，但我们无论如何没有理由不去思考先进文明毁灭人类的可能。"② 在儒学看来，科学技术的发展是生长在人类不断超越生存的现状和界限的欲望中，有其人性的根源，是不会停止的。儒学对人类为追逐欲望的实现而带来的风险也早已提出过警示："天作孽，犹可违；自作孽，不可活。"（《孟子·公孙丑上》） 自然的灾害是能够战胜的，悖谬人伦物理的人之欲望膨胀泛滥所产生的灾难则是难以挽救的。在前所未有的、无与伦比的未来科学技术基础上建构的后人类文化中，"自作孽，不可活" 这种风险无疑也会存在的。儒学对消除这种风险的立场或建议是，在现代或未来科学技术可能改变人类进化方式、方向的关键之点上，人类应该谨慎，珍惜、尊重人类物种在长期自然进化中形成的善的人性选择③，坚守伦理的底线；向现代和未来科学技术形成的巨大力量中优先地注入道德因素；对现代和未来科学技术收获的果实作公平的分配。这也是儒学源自其理论品格、生活理念的最后的坚守。在现代政治、社会思潮中的激进主义视角里，儒学的立场或建议可能被视为是陈旧的、保守的。诚然，儒学立场或

---

① 尼克·博斯托罗姆：《生存的风险——人类灭绝的场景及灾难之分析》，曹荣湘选编《后人类文化》，第 230 页。

② 同上书，第 255～256 页。

③ 儒家"性善"的理念，在儒学历史上主要有两种阐释：一是孟子在心性层面上，以恻隐、羞恶、恭敬、是非四种心理情感，解释仁义礼智四德性，四端是人心固有，所以善是人性固有（见《孟子·告子上》）。二是朱子从本体论角度的解释：性即是"理"，理是固然、当然。固然、当然的行为即为善的表现，"善是合有底道理。"（《朱子语类》卷五）此外，还可以在某种功能的意义上从儒家经典中解读出人性之善：一方面，"礼以饰情"（《礼记·曾子问》），"绘事后素"（《论语·八佾》），人性能自律地以伦理道德规范、礼乐文采来约束、润泽自己的欲望，使人类生存状态变得美好；另一方面，"自作孽，不可活"，人性能自动地显示人类存在的自然界限，保护着人类。

建议所据以立论的历史情境已距我们很远，甚至消失；但是，儒学的立论中，亦自有其超越具体历史情境的、具有久远价值的成熟和理性的内容，这则是值得珍视和继承的。儒学也处在变迁和新的生长中，可以相信，儒学依然保有不竭的能够转化为、榫接上现代人类思想理念和社会生活的文化生命力。

参考书目

一　古著

清·阮元校刻：《十三经注疏》，中华书局 1980 年影印本。

　　《周易正义》，魏·王弼、韩康伯注，唐·孔颖达等正义；

　　《尚书正义》，汉·孔安国传，唐·孔颖达等正义；

　　《毛诗正义》，汉·毛公传、郑玄笺，唐·孔颖达等正义；

　　《周礼注疏》，汉·郑玄注，唐·贾公彦疏；

　　《仪礼注疏》，汉·郑玄注，唐·贾公彦疏；

　　《礼记正义》，汉·郑玄注，唐·孔颖达等正义；

　　《春秋左传正义》，晋·杜预注，唐·孔颖达等正义；

　　《春秋公羊传注疏》，汉·何休注，唐·徐彦疏；

　　《春秋穀梁传注疏》，晋·范宁注，唐·杨士勋疏；

　　《论语注疏》，魏·何晏等注，宋·邢昺疏；

　　《孝经注疏》，唐玄宗注，宋·邢昺疏；

　　《尔雅注疏》，晋·郭璞注，宋·邢昺疏；

　　《孟子注疏》，汉·赵岐注，宋·孙奭疏。

宋·朱熹：《四书章句集注》，中华书局，1983。

宋·朱熹：《四书或问》，《四库全书·经部四书类》，台北商务印书馆
1983 年文渊阁《四库全书》影印本第 197 册（以下简称"文渊阁影印本"）。

汉·戴德：《大戴礼记》，北周·卢辩注，《四库全书·经部礼类》，文渊阁影印本第 128 册。

汉·韩婴：《韩诗外传》，《四库全书·经部诗类》，文渊阁影印本第 89 册。

汉·董仲舒：《春秋繁露》，《四库全书·经部春秋类》，文渊阁影印本第 181 册。

清·陈立：《白虎通疏证》，《皇清经解续编》，光绪十四年南菁书院刊本第 32 函。

宋·司马光：《书仪》，《四库全书·经部礼类》，文渊阁影印本第 142 册。

宋·朱熹：《家礼》，《四库全书·经部礼类》，文渊阁影印本第 142 册。

汉·司马迁：《史记》，中华书局标点本，1959。

汉·班固：《汉书》，中华书局标点本，1962。

南朝宋·范晔：《后汉书》，中华书局标点本，1965。

晋·陈寿：《三国志》，中华书局标点本，1959。

唐·房玄龄等：《晋书》，中华书局标点本，1974。

梁·沈约：《宋书》，中华书局标点本，1974。

唐·李延寿：《南史》，中华书局标点本，1975。

后晋·刘昫等：《旧唐书》，中华书局标点本，1975。

宋·欧阳修等：《新唐书》，中华书局标点本，1975。

元·脱脱等：《宋史》，中华书局标点本，1976。

清·张廷玉等：《明史》，中华书局标点本，1974。

赵尔巽等：《清史稿》，中华书局标点本，1976。

吴·韦昭注《国语》，《四库全书·史部杂史类》，文渊阁影印本第 406 册。

晋·孔晁注《逸周书》，《四库全书·史部别史类》，文渊阁影印本第 370 册。

《晏子春秋》，《四库全书·史部传记类》，文渊阁影印本第 446 册。

汉·高诱注《战国策》，《四库全书·史部杂史类》，文渊阁影印本第

406 册。

汉·刘向：《古列女传》，《四库全书·史部传记类》，文渊阁影印本第 448 册。

魏·王肃注《孔子家语》，《四库全书·子部儒家类》，文渊阁影印本第 695 册。

南朝梁·萧统编《昭明文选》，中州古籍出版社 1990 年影印本。

宋·宋敏求辑《唐大诏令集》，《四库全书·史部诏令奏议类》，文渊阁影印本第 426 册。

清·董诰等编《全唐文》，中华书局 1983 年影印本。

魏·王弼注《老子道德经》，《诸子集成》第 3 册，上海书店 1958 年影印本。

清·郭庆藩辑《庄子集释》，《诸子集成》第 3 册，上海书店 1986 年影印本。

王先谦：《荀子集解》，《诸子集成》第 2 册，上海书店 1986 年影印本。

清·戴望《管子校正》，《诸子集成》第 5 册，上海书店 1986 年影印本。

清·王先慎：《韩非子集解》，《诸子集成》第 5 册，上海书店 1986 年影印本。

秦·吕不韦：《吕氏春秋》，汉·高诱注，《诸子集成》第 6 册，上海书店 1986 年影印本。

汉·刘安：《淮南子》，《诸子集成》第 7 册，上海书店 1986 年影印本。

汉·扬雄：《法言》，晋·李轨注，《诸子集成》第 7 册，上海书店 1986 年影印本。

汉·王充：《论衡》，《诸子集成》第 7 册，上海书店 1986 年影印本。

魏·嵇康：《嵇中散集》，《四库全书·集部别集类》，文渊阁影印本第 1063 册。

魏·阮籍：《阮嗣宗集》，《汉魏六朝名家集初刻》，清宣统三年无锡丁氏排印本。

晋·葛洪：《抱朴子》，《诸子集成》第 8 册，上海书店 1986 年影印本。

南朝宋·刘义庆：《世说新语》，梁·刘孝标注，《诸子集成》第 8 册，上海书店 1986 年影印本。

北齐·颜之推：《颜氏家训》，《诸子集成》第 8 册，上海书店 1986 年影印本。

北齐·刘昼：《刘子》，《四库全书·子部杂家类》，文渊阁影印本第 848 册。

唐·魏征：《魏郑公文集》，《丛书集成初编，文学类》，商务印书馆，1937，第 1844 册。

唐·长孙无忌等：《唐律疏议》，刘俊文点校，中华书局，1983。

唐·李鼎祚：《周易集解》，《四库全书·经部易类》，文渊阁影印本第 7 册。

唐·张说：《张燕公集》，《四库全书·集部别集类》，文渊阁影印本第 1065 册。

唐·王维：《王右丞集》，清·赵殿成注，《四库全书·集部别集类》，文渊阁影印本第 1071 册。

唐·韩愈：《昌黎先生集》，《四库全书·集部别集类》，文渊阁影印本第 1075 册。

唐·李翱：《李文公集》，《四库全书·集部别集类》，文渊阁影印本第 1078 册。

唐·柳宗元：《柳河东集》，《四库全书·集部别集类》，文渊阁影印本第 1076 册。

唐·白居易：《白氏长庆集》，《四库全书·集部别集类》，文渊阁影印本第 1080 册。

宋·范仲淹：《范文正集》，《四库全书·集部别集类》，文渊阁影印本第 1089 册。

宋·韩琦：《安阳集》，《四库全书·集部别集类》，文渊阁影印本第 1089 册。

宋·王安石：《临川集》，《四库全书·集部别集类》，文渊阁影印本第 1105 册。

　　宋·张载：《张子全书》，宋·朱熹注：《四部备要·子部儒家》，上海中华书局 1936 年排印本第 160 册（以下简称"排印本"）。

　　宋·程颢、程颐：《二程全书》，宋·朱熹辑：《四部备要·子部儒家》，排印本第 161 册。

　　宋·苏轼：《东坡全集》，《四库全书·集部别集类》，文渊阁影印本第 1107 ～ 1108 册。

　　宋·谢良佐：《上蔡语录》，宋·朱熹辑：《四库全书·子部儒家类》，文渊阁影印本第 698 册。

　　宋·杨万里：《诚斋集》，《四库全书·集部别集类》，文渊阁影印本第 1160 ～ 1161 册。

　　宋·朱熹：《晦庵集》（《朱文公文集》），《四库全书·集部别集类》，文渊阁影印本第 1143 ～ 1146 册。

　　宋·黎靖德编《朱子语类》，王星贤点校，中华书局，1994。

　　宋·吕祖谦：《左氏博议》，《四库全书·经部春秋类》，文渊阁影印本第 152 册。

　　宋·陆九渊：《象山全集》，《四部备要·子部儒家》，排印本第 166 册。

　　宋·周必大：《文忠集》，《四库全书·集部别集类》，文渊阁影印本第 1147 ～ 1149 册。

　　宋·范成大：《石湖诗集》，《四库全书·集部别集类》，文渊阁影印本第 1159 册。

　　宋·陆游：《剑南诗稿》，《四库全书·集部别集类》，文渊阁影印本第 1162 ～ 1163 册。

　　宋·文天祥：《文山集》，《四库全书·集部别集类》，文渊阁影印本第 1184 册。

　　宋·谢枋得：《叠山集》，《四库全书·集部别集类》，文渊阁影印本第 1184 册。

　　元·许衡：《鲁斋遗书》，《四库全书·集部别集类》，文渊阁影印本第 1198 册。

明·丘浚：《大学衍义补》，《四库全书·子部儒家类》，文渊阁影印本第712～713册。

明·湛若水：《甘泉文集》，清同治五年资政堂刊本。

明·王守仁：《阳明全集》，《四部备要·子部儒家》，排印本第167册。

明·王廷相：《王氏家藏集》，明嘉靖刊本。

明·邹守益：《东廓文集》，明嘉靖刊本。

明·王畿：《龙溪先生全集》，清光绪八年海昌朱氏刊本。

明·罗洪先：《念庵文集》，明嘉靖刊本。

明·顾宪成：《小心斋礼记》，《顾端文公遗书》光绪三年刊本。

明·李贽：《焚书续焚书》，中华书局，1975。

明·徐光启：《徐光启集》，王重民校辑，中华书局1963。

明·李之藻：《李之藻集》，增订《徐文定公集》卷六附，宣统元年上海慈母堂排印本。

明·李之藻：《李我存集》，《皇明经世文编》卷四八三。

明·杨廷筠：《代疑篇》，《天主教东传文献》，学生书局影印本《中国史学丛书》第40种。

明·杨廷筠：《代疑续篇》，《我存文库》第七种，我存杂志社，1936。

清·陈确：《陈确集》，中华书局点校本，1979。

清·傅山：《霜红龛集》，宣统三年山阳丁氏刊本。

清·唐甄：《潜书》，光绪九年中江李氏刊本。

清·吴伟业：《梅村家藏稿》，《四部丛刊初编·集部》，1936年上海商务印书馆，影印本第189函。

清·黄宗羲：《明夷待访录》，《四部备要·子部儒家》，排印本第167册。

清·黄宗羲：《明儒学案》，《四部备要·子部儒家》，排印本第172册。

清·黄宗羲：《宋儒学案》，清·全祖望等修补，《四部备要·子部儒家》，排印本第170～171册。

清·顾炎武：《日知录》，《四库全书·子部杂家类》，文渊阁影印本第858册。

清·王夫之：《周易外传》，《船山遗书》，1933年上海太平洋书店排印本第7~8册。

清·王夫之：《读四书大全》，《船山遗书》，上海太平洋书店排印本第45~49册。

清·王夫之：《读通鉴论》，《船山遗书》，上海太平洋书店排印本第51~56册。

清·王夫之：《宋论》，《船山遗书》，上海太平洋书店排印本第57~58册。

清·王夫之：《思问录》，《船山遗书》，上海太平洋书店排印本第63册。

清·李光地：《榕村集》，《四库全书·集部别集类》，文渊阁影印本第1324册。

清·戴震：《孟子字义疏证》，何文光整理，中华书局，1961。

清·恽敬：《大云山房文稿》，《四部备要·集部清别集》，排印本第248册。

清·沈垚：《落帆楼文集》，《吴兴丛书》，民国吴兴刘氏嘉业堂刊本。

清·赵翼：《陔余丛考》，上海商务印书馆，1957。

清·俞正燮：《癸巳类稿》，上海商务印书馆，1957。

清·俞樾：《群经平议》，《皇清经解续编》，光绪十四年南菁书院刊本第34函。

清·王昶：《金石萃编》，《嘉草轩丛书》，1918年影印本。

宋·陆游：《放翁家训》，《丛书集成初编·社会科学类》，商务印书馆1939年版，第974册。

元·郑太和：《郑氏规范》，《丛书集成初编·社会科学类》，商务印书馆1939年版，第975册。

明·庞尚鹏：《庞氏家训》，《丛书集成初编·社会科学类》，商务印书馆1939年版，第976册。

明·温璜述《温氏母训》，《丛书集成初编·社会科学类》，《温氏母训》，商务印书馆 1939 年版，第 976 册。

汉·应劭：《风俗通义》，《四库全书·子部杂家类》，文渊阁影印本第 862 册。

梁·宗懔：《荆楚岁时记》，《四库全书·史部地理类》，文渊阁影印本第 589 册。

唐·徐坚等：《初学记》，《四库全书·子部类书类》，文渊阁影印本第 890 册。

唐·李肇：《唐国史补》，《四库全书·子部小说家类》，文渊阁影印本第 1035 册。

唐·无名氏：《大唐传载》，《四库全书·子部小说家类》，文渊阁影印本第 1035 册。

唐·段成式：《酉阳杂俎》，方南生点校，中华书局，1981。

唐·刘餗：《隋唐嘉话》，程毅中点校，中华书局，1979。

唐·刘肃：《大唐新语》，许德楠、李鼎霞点校，中华书局，1984。

唐·卢言：《卢氏杂说》，元·陶宗仪辑：《说郛》，宛委山堂本，卷四十八。

五代·孙光宪：《北梦琐言》，贾二强点校，中华书局，2002。

宋·钱易：《南部新书》，黄寿成点校，中华书局，2002。

宋·司马光：《涑水纪闻》，邓广铭、张希清点校，中华书局，1989。

宋·庞元英：《文昌杂录》，《四库全书·子部杂家类》，文渊阁影印本第 862 册。

宋·黄伯思：《东观余论》，《四库全书·子部杂家类》，文渊阁影印本第 850 册。

宋·邵伯温：　《邵氏闻见录》，李剑雄、刘德权点校，中华书局，1983。

宋·宋敏求：《春明退朝录》，诚刚点校，中华书局，1980。

宋·魏泰：《东轩笔录》，李裕民点校，中华书局，1983。

宋·庄绰：《鸡肋编》，萧鲁阳点校，中华书局，1983。

宋·蔡絛：《铁围山丛谈》，冯惠民、沈锡麟点校，中华书局，1983。

宋·邵博：《邵氏闻见后录》，刘德权、李剑雄点校，中华书局，1983。

宋·沈括：《梦溪笔谈》，胡道静校注，中华书局，1959。

宋·陆游：《老学庵笔记》，李剑雄、刘德权点校，中华书局，1979。

宋·周辉：《清波杂记》，刘永翔校注，中华书局，1994。

宋·王栋：《燕翼诒谋录》，诚刚点校，中华书局，1981。

宋·洪迈：《容斋随笔》，《四库全书·子部杂家类》，文渊阁影印本第851册。

宋·孟元老：《东京梦华录》，《四库全书·史部地理类》，文渊阁影印本第589册。

宋·岳珂：《桯史》，吴企明点校，中华书局，1981。

宋·吴自牧：《梦粱录》，《四库全书·史部地理类》，文渊阁影印本第590册。

宋·张世南：《游宦纪闻》，张茂鹏点校，中华书局，1981。

宋·罗大经：《鹤林玉露》，王瑞来点校，中华书局，1983。

宋·罗泌：《路史》，《四库全书·史部别史类》，文渊阁影印本第383册。

宋·王应麟：《困学纪闻》，《四库全书·子部杂家类》，文渊阁影印本第854册。

宋·陈元靓：《岁时广记》，《四库全书·史部时令类》，文渊阁影印本第467册。

宋·周密：《齐东野语》，张茂鹏点校，中华书局，1983。

宋·周密：《癸辛杂识》，吴企明点校，中华书局，1988。

宋·周密：《武林旧事》，《四库全书·史部地理类》，文渊阁影印本第590册。

宋·陈善：《扪虱新话》，《丛书集成初编·总类》，商务印书馆1939年版，第310～311册。

宋·车若水：《脚气集》，《四库全书·子部杂家类》，文渊阁影印本第865册。

宋·金盈之：《醉翁谈录》，《碧琳琅馆丛书》，宣统元年印本。

金·刘祁：《归潜志》，崔文印点校，中华书局，1983。

元·陶宗仪：《南村辍耕录》，中华书局，1959。

元·刘壎：《隐居通议》，《四库全书·子部杂家类》，文渊阁影印本第 866 册。

明·叶盛：《水东日记》，魏中平点校，中华书局，1980。

明·陆容：《菽园杂记》，中华书局，1985。

明·李诩：《戒庵老人漫笔》，魏连科点校，中华书局，1982。

明·何良俊：《四友斋丛说》，中华书局，1959。

明·李清：《三垣笔记》，中华书局，1982。

明·刘侗、于奕正：《帝京景物略》，北京古籍出版社，1980。

明·沈榜：《宛署杂记》，北京出版社，1961。

清·王弘撰：《山志》，何本方点校，中华书局，1999。

清·王士禛：《池北偶谈》，勒斯仁点校，中华书局，1982。

清·刘献廷：《广阳杂记》，汪北平、夏志和点校，中华书局，1957。

清·龚炜：《巢林笔谈》，钱骎骎点校，中华书局，1981。

清·赵翼：《檐曝杂技》，李解民点校，中华书局，1982。

清·李斗：《扬州画舫录》，汪、北平、涂雨公点校，中华书局，1960。

清·梁章钜：《称谓录》，王释非、许振轩点校，福建人民出版社，2003。

清·昭梿：《啸亭杂录》，何英芳点校，中华书局，1980。

清·陆以湉：《冷庐杂识》，崔凡芝点校，中华书局，1984。

清·陈其元：《庸闲斋笔记》，杨璐点校，中华书局，1989。

清·无名氏：《松下杂抄》，《涵芬楼秘笈第三集》，上海商务印书馆1917 年排印本。

清·陈康祺：《郎潜纪闻初笔二笔三笔》，晋石点校，中华书局，1984。

清·陈康祺：《郎潜纪闻四笔》，褚家伟、张文玲点校，中华书局，1990。

清·刘声木：《苌楚斋随笔》，中华书局1998 年版。

清·潘荣陛：《帝京岁时纪胜》，《北平史迹丛书》，1937 年国立北平研究院排印本。

《增一阿含经》，晋·瞿昙僧伽提婆译，《大正藏》第 2 卷。

《瑜伽师地论》，唐·玄奘译，《大正藏》第 30 卷。

《成唯识论》，唐·玄奘译，《大正藏》第 31 卷。

《唯识述记》，唐·窥基译，《大正藏》第 43 卷。

元·宗宝编《六祖大师法宝坛经》，《大正藏》第 48 卷。

唐·慧然集《镇州临济慧照禅师语录》，《大正藏》第 47 卷。

唐·裴休集《黄檗断际禅师宛陵录》，《大正藏》第 48 卷。

宋·绍隆等编《圆悟佛果禅师语录》，《大正藏》第 47 卷。

宋·蕴闻编《大慧普觉禅师语录》，《大正藏》第 47 卷。

宋·释契嵩：《镡津文集》，《大正藏》第 52 卷。

梁·释僧佑：《弘明集》，《大正藏》第 52 卷。

唐·释道宣：《广弘明集》，《大正藏》第 52 卷。

元·刘谧：《三教平心论》，《大正藏》第 52 卷。

宋·释法云：《翻译名义集》，《大正藏》第 54 卷。

南朝宋·释法显：《佛国记》，《四库全书·史部地理类》，文渊阁影
印本第 593 册。

唐·〔日〕圆仁：《入唐求法巡礼行记》，上海古籍出版社，1986。

《太平经》，《正统道藏》，台北艺文印书馆 1962 年影印本第 272 册外
字号一——第 275 册入字号十。

《三元真一经》，《正统道藏》，台北艺文印书馆 1962 年影印本第 46
册果字号一。

《修真十书》，《正统道藏》，台北艺文印书馆 1962 年影印本第 46 册
珍字号一——第 50 册重字号四。

《圣经》（《旧约全书·新约全书》），中国基督教协会、中国基督教三
自爱国运动委员会印行。

《古兰经》，马坚译，中国社会科学出版社，1981。

《五十奥义书》，徐梵澄译，中国社会科学出版社，1984。

《薄伽梵歌》，张保胜译，中国社会科学出版社，1989。

〔明·西洋〕利玛窦：《天主实义》《天学初函·理编》，崇祯中刊本。

〔明·西洋〕利玛窦：《畸人十篇》《天学初函·理编》，崇祯中刊本。

二　今著

王国维：《观堂集林》，中华书局，1959。

郭沫若：《卜辞通纂》，科学出版社，1983。

陈梦家：《殷虚卜辞综述》，科学出版社，1956。

顾颉刚编《古史辨》第三册，上海古籍出版社，1982。

罗根泽编《古史辨》第四册，上海古籍出版社，1982。

顾颉刚编《古史辨》第五册，上海古籍出版社，1982。

尚秉和：《历代社会风俗事物考》，母庚才、刘瑞玲点校，中国书店，2001。

程树德：《九朝律考》，中华书局，1963。

梁方仲：《中国历代户口、田地、田赋统计》，上海人民出版社，1980。

汤志钧编《康有为政论集》，中华书局，1981。

蒋贵麟编《康南海先生游记汇编》，台北文史哲出版社，1979。

梁启超：《饮冰室文集》，上海广智书局，宣统三年。

梁启超：《清代学术概论》，中华书局，1954。

梁启超：《中国近三百年学术史》，中国书店，1985。

梁启超：《古书真伪及其年代》，中华书局，1955。

高平叔编《蔡元培教育论集》，湖南教育出版社，1987。

高平叔、王世儒编《蔡元培书信集》，浙江教育出版社，2000。

章炳麟：《章太炎文钞》，1913 年上海国学扶轮社排印本。

章炳麟：《章氏丛书》，1917 年至 1919 年浙江图书馆刊本。

章炳麟：《太炎学说》，1921 年四川观鉴庐版。

章炳麟：《章氏丛书续编》，1933 年北平刊本。

章炳麟讲演：《国学概论》，曹聚仁整理，上海古籍出版社，1997。

汤志钧编《章太炎政论选集》，中华书局，1977。

陈独秀：《独秀文存》，亚东图书馆，1932 年。

林茂生等编《陈独秀文章选编》，生活·读书·新知三联书店，1984。

胡适：《胡适文存》，亚东图书馆，1921 年。

胡适：《胡适文存》二集、三集，亚东图书馆，1924 年、1930 年。

胡适：《胡适论学近著》第一集，商务印书馆，1935 年。

吴虞：《吴虞集》，四川人民出版社，1985。

梁漱溟：《东西文化及其哲学》，商务印书馆，1921 年。

梁漱溟：《中国文化要义》，路明书店 1949 年初版，学林出版社，1981。

熊十力：《新唯识论》（语体文本），商务印书馆，1947；中华书局，1985。

熊十力：《摧惑显宗记》，大众书店，1950。

冯友兰：《三松堂学术文集》，北京大学出版社，1984。

冯友兰：《三松堂全集》第四、五卷，河南人民出版社，1986。

牟宗三：《心体与性体》（第一、二、三册），台北正中书局，1968、1969。

牟宗三：《智的直觉与中国哲学》，台北商务印书馆，1971。

牟宗三：《现象与物自身》，台湾学生书局，1975。

牟宗三：《中国哲学的特质》，台湾学生书局，1968。

牟宗三：《生命的学问》，台北三民书局，1970。

牟宗三：《时代与感受》，鹅湖出版社，1984。

辛华、任菁编《余英时新儒学论著辑要：内在超越之路》，中国广播电视出版社，1992。

余英时：《中国思想传统的现代诠释》，江苏人民出版社，1989。

余英时：《中国近世宗教伦理与商人精神》，安徽教育出版社，2001。

余英时：《现代儒学的回顾与展望》，生活·读书·新知三联书店，2004。

余英时：《现代危机与思想人物》，生活·读书·新知三联书店，2005。

景海峰编《刘述先新儒学论著辑要：儒家思想与现代化》，中国广播电视出版社，1992。

刘述先：《儒家思想开拓的尝试》，中国社会科学出版社，2001。

杜维明：《新加坡的挑战：新儒家伦理与企业精神》，高专诚译，生活·读书·新知三联书店，1989。

杜维明：《现代精神与儒家传统》，生活·读书·新知三联书店，1997。

杜维明：《杜维明文集》（第一、三、四、五卷），郭齐勇、郑文龙编，武汉出版社，2002。

成中英：《中国文化的现代化与世界化》，中国和平出版社，1988。

成中英：《世纪之交的抉择》，知识出版社，1991。

成中英：《合外内之道——儒家哲学论》，中国社会科学出版社，2001。

成中英：《成中英文集》（第二、四卷），李翔海、邓克武编，湖北人民出版社，2006。

封祖盛编《当代新儒家》，生活·读书·新知三联书店，1989。

方克立：《现代新儒学与中国现代化》，天津人民出版社，1997。

钱穆：《国史大纲》（修订本），商务印书馆，1996。

林惠祥：《中国民族史》，商务印书馆，1937。

翁独健主编《中国民族史纲要》，中国社会科学出版社，1990。

费孝通：《中华民族多元一体格局》，中央民族学院出版社，1989。

费孝通：《乡土中国》，上海观察社，1947。

童书业：《春秋左传研究》，上海人民出版社，1980。

谢维扬：《周代家庭形态》，中国社会科学出版社，1990。

陈寅恪：《隋唐制度渊源略论稿》，生活·读书·新知三联书店，1954。

王亚南：《中国官僚政治研究》，中国社会科学出版社，1981。

王培英主编《中国宪法文献通编》，中国民主法制出版社，2004。

吴宗慈：《中华民国宪法史》，台北文海出版社，1988。

朱维铮编《周予同经学史论著选集》，上海人民出版社，1983。

圣教杂志社编《天主教传入中国概观》，文海出版社，1982。

朱谦之：《中国景教》，人民出版社，1993。

宗力、刘群：《中国民间诸神》，河北人民出版社，1986。

詹鄞鑫：《神灵与祭祀》，江苏古籍出版社，1992。

吕宏军：《嵩山少林寺》，河南人民出版社，2002。

张志刚：《宗教哲学研究》，中国人民大学出版社，2003。

冯尔康主编《中国社会结构的演变》，河南人民出版社，1994。

陆学艺主编《当代中国社会阶层研究报告》，社会科学文献出版社，2002。

孙本文：《现代中国社会问题》，商务印书馆，1942。

罗荣渠：《现代化新论》，北京大学出版社，1993。

罗荣渠：《现代化新论续篇》，北京大学出版社，1997。

虞和平主编《中国现代化历程》，江苏人民出版社，2001。

中国现代化战略研究课题组、中国科学院现代化研究中心：《中国现代化报告 2005—经济现代化研究》，北京大学出版社，2005。

朱力：《变迁之痛——转型期的社会失范研究》，社会科学文献出版社，2006。

渠敬东：《缺席与断裂——有关失范的社会学研究》，上海人民出版社，1999。

曾盛聪等：《伦理的嬗变——十年伦理变迁的轨迹》，人民出版社，2005。

徐文荣：《一个企业家的心声——关于横店的哲学思考》，人民出版社，2001。

杨通进：《环境伦理：全球话语中国视野》，重庆出版社，2007。

刘霓：《西方女性学——起源、内涵与发展》，社会科学文献出版社，2001。

鲍晓兰主编《西方女性主义研究评介》，生活·读书·新知三联书店，1995。

李银河：《女性权力的崛起》，中国社会科学出版社，1997。

中共中央文献研究室编《十二大以来重要文献选编》中，人民出版社，1986。

中共中央文献研究室编《十四大以来重要文献选编》上、下，人民出版社，1996、1999。

中共中央文献研究室编《十五大以来重要文献选编》下，人民出版社，2003。

三　译著

［古希腊］亚里士多德：《政治学》，吴寿彭译，商务印书馆，1965。

［古希腊］亚里士多德：《尼各马科伦理学》，苗力田译，中国社会科学出版社，1999。

［英］霍布斯：《利维坦》，黎思复、黎廷弼译，商务印书馆，1985。

［荷］斯宾诺莎：《伦理学》，贺麟译，商务印书馆，1958。

［英］洛克：《人类理解论》，关文运译，商务印书馆，1959。

［英］洛克：《政府论》，叶启芳、瞿菊农译，商务印书馆，1964。

［英］洛克：《论宗教宽容》，吴云贵译，商务印书馆，1982。

［法］卢梭：《社会契约论》，何兆武译，商务印书馆，1980。

［法］狄德罗：《狄德罗哲学选集》，陈修斋等译，生活·读书·新知三联书店，1956。

［法］霍尔巴赫：《袖珍神学》，单志澄等译，商务印书馆，1972。

［英］亚当·斯密：《国民财富的性质和原因的研究》，郭大力、王亚南译，商务印书馆，1974。

［德］康德：《纯粹理性批判》，蓝公武译，商务印书馆，1960。

［德］康德：《实践理性批判》，关文运译，商务印书馆，1961。

［德］康德：《道德形上学探本》，唐钺译，商务印书馆，1957。

［德］康德：《历史理性批判文集》，何兆武译，商务印书馆，1991。

［德］黑格尔：《小逻辑》，贺麟译，商务印书馆，1980。

［英］约翰·穆勒：《功用主义》，唐钺译，商务印书馆，1962。

［英］达尔文：《人类的由来》，潘光旦、胡寿文译，商务印书馆，1983。

［美］路易斯·亨利·摩尔根：《古代社会》，杨东莼等译，商务印书馆，1977。

［美］威廉·詹姆士：《宗教经验之种种》，唐钺译，商务印书馆，2002。

［德］弗里德里希·包尔生：《伦理学体系》，何怀宏、廖申白译，中国社会科学出版社，1988。

［奥］弗洛伊德：《精神分析引论新编》，高觉敷译，商务印书馆，1987。

［法］柏格森：《形而上学导言》，刘放桐译，商务印书馆，1963。

［英］伯特兰·罗素：《西方哲学史》，何兆武译，商务印书馆，1963。

［英］伯特兰·罗素：《为什么我不是基督教徒》，沈海康译，商务印书馆，1982。

［英］乔·艾·摩尔：《伦理学原理》，长河译，商务印书馆，1983。

［德］莫里茨·石里克：《伦理学问题》，孙美堂译，华夏出版社，2001。

［美］霍尔特等：《新实在论》，伍仁益译，商务印书馆，1980。

［美］C. 拉蒙特：《作为哲学的人道主义》，吉洪等译，商务印书馆，1963。

［英］卡尔·波普尔：《猜想与反驳：论知识和无知的来源》，傅季重译，社会人民出版社，1986。

［美］E. 博登海默：《法理学——法哲学及其方法》，邓正来、姬敬武译，华夏出版社，1987。

［美］汤姆·L. 彼彻姆：《哲学的伦理学——道德哲学引论》，雷克勤等译，中国社会科学出版社，1990。

［美］B. F. 斯金纳：《超越自由与尊严》，王映桥、栗爱平译，贵州人民出版社，1988。

［美］A. H. 马斯洛：《动机与人格》，许金声等译，华夏出版社，1987。

［美］A. H. 马斯洛：《存在心理学探索》，李文派译，云南人民出版社，1987。

［美］E. O. 威尔逊：《论人的天性》，林和生等译，贵州人民出版社，1987。

［美］查尔斯·霍顿·库利：《人类本性与社会秩序》，包凡一、王源译，华夏出版社，1999。

［美］乔姆斯基：《乔姆斯基语言哲学文选》，徐烈炯等译，商务印书馆，1992。

［美］A. 麦金太尔：《德性之后》，龚群、戴扬毅等译，中国社会科学出版社，1995。

［美］艾·阿西莫夫：《我，机器人》，国强等译，科学普及出版社，1981。

［美］阿尔温·托夫勒：《第三次浪潮》，朱志焱等译，生活·读书·新知三联书店，1984。

［英］史蒂芬·霍金：《霍金讲演录》，杜欣欣、吴忠超译，湖南科技出版社，1995。

［英］亨利·梅因：《古代法》，沈景一译，商务印书馆，1959。

［美］罗·庞德：《通过法律的社会控制》，沈宗灵、董世忠译，商务印书馆，1984。

［美］罗·庞德：《法律的任务》，沈宗灵、董世忠译，商务印书馆，1984。

［法］莱翁·狄骥:《宪法论》第一卷，钱克新译，商务印书馆，1959。

［法］埃米尔·涂尔干:《社会分工论》，渠东译，生活·读书·新知三联书店，2000。

［法］埃米尔·杜尔凯姆:《自杀论》，钟旭辉等译，浙江人民出版社，1988。

［法］埃米尔·迪尔凯姆:《迪尔凯姆论宗教》，周秋良等译，华夏出版社，2000。

［德］马克斯·韦伯:《新教伦理与资本主义精神》，于晓、陈维刚等译，生活·读书·新知三联书店，1987。

［德］马克斯·韦伯:《儒教与道教》，洪天富译，江苏人民出版社，1993。

［德］马克斯·韦伯:《经济与社会》（上、下卷），林荣远译，商务印书馆，1997。

［德］马克斯·韦伯:《学术与政治》，冯克利译，生活·读书·新知三联书店，1998。

［英］拉斯基:《国家的理论与实践》，王造时译，商务印书馆，1963。

［美］罗伯特·K.默顿:《社会理论和社会结构》，唐少杰等译，译林出版社，2006。

［美］O. S. 马尔腾:《妇女与家庭》，高尔松、高尔柏译，商务印书馆，1930。

［美］W. 古德:《家庭》，魏章玲译，社会科学文献出版社，1986。

［德］哈贝马斯:《公共领域的结构模型》，曹卫东等译，学林出版社，1999。

［美］华勒斯坦等:《开放社会科学》，刘峰译，生活·读书·新知三联书店，1997。

［美］亨德里克·房龙:《宽容》，迮卫、靳翠微译，生活·读书·新知三联书店，1985。

［美］迈克尔·沃尔泽:《论宽容》，袁建华译，上海人民出版社，2000。

［英］阿·汤因比、［日］池田大作:《展望二十一世纪》，苟春生等

译，中国国际文化出版公司，1985。

[日] 池田大作、[英] B. 威尔逊：《社会与宗教》，梁鸿飞、王健译，四川人民出版社，1991。

[英] 约翰·德雷珀：《宗教与科学之冲突》，张微夫译，辛垦书店，1934。

[意] 利玛窦、[比] 金尼阁：《利玛窦中国札记》，何高济等译，中华书局，1983。

[英] 詹·乔·弗雷泽：《金枝》，徐育新等译，中国民间文艺出版社，1987。

[英] 马林诺夫斯基：《巫术 科学 宗教与神话》，李安宅译，中国民间文艺出版社，1986。

[德] 鲁道夫·奥托：《论神圣》，成穷、周邦宽译，四川人民出版社，1995。

[美] 列文森：《儒教中国及其命运》，郑大华、任菁译，中国社会科学出版社，2000。

秦家懿、孔汉思：《中国宗教与基督教》，吴华译，生活·读书·新知三联书店，1990。

[英] 詹姆斯·C. 利文斯顿：《现代基督教思想》，何光沪译，四川人民出版社，1992。

[古希腊] 修昔底德：《伯罗奔尼撒战争史》，谢德风译，商务印书馆，1960。

[英] 赫·乔·韦尔斯：《世界史纲》，吴文藻等译，人民出版社，1982。

[美] 斯塔夫里阿诺斯：《全球通史——1500 年以后的世界》，吴象婴、梁赤民译，上海社会科学院出版社，1992。

[美] 马士·宓亨利：《远东国际关系史》，姚曾廙等译，商务印书馆，1975。

[美] C. E. 布莱克：《现代化的动力》，段小光译，四川人民出版社，1988。

[美] C. E. 布莱克编《比较现代化》，杨豫、陈祖洲等译，上海译文

出版社，1996。

［以］S. E. 艾森斯塔德：《现代化：抗拒与变迁》，张旅平等译，中国人民大学出版社，1988。

［美］贝·纳·瓦尔马：《现代化问题探索》，周忠德、严矩新编译，知识出版社，1983。

［美］吉尔伯特·罗兹曼主编《中国的现代化》，国家社会科学基金"比较现代化"课题组译，江苏人民出版社，1995。

［美］塞缪尔·亨廷顿：《变动社会中的政治秩序》，王冠华等译，生活·读书·新知三联书店，1989。

［美］塞缪尔·亨廷顿：《第三波——二十世纪后期民主化浪潮》，刘军宁译，上海三联书店，1988。

［美］塞缪尔·亨廷顿：《文明的冲突与世界秩序的重建》，周琪等译，新华出版社，1998。

［美］塞缪尔·亨廷顿、劳伦斯·哈里森主编《文化的重要作用——价值观如何影响人类进步》，程克雄译，新华出版社，2002。

［美］丹尼尔·贝尔：《资本主义文化矛盾》，赵一凡等译，生活·读书·新知三联书店，1989。

［美］约翰·罗尔斯：《正义论》，何怀宏等译，中国社会科学出版社，1991。

［美］约翰·罗尔斯：《政治自由主义》，万俊人译，译林出版社，2002。

［美］迈克尔·J. 桑德尔：《自由主义与正义的局限》，万俊人等译，译林出版社，2001。

［加］查尔斯·泰勒：《自我的根源——现代认同的形成》，韩震等译，译林出版社，2001。

［加］查尔斯·泰勒：《现代性之隐忧》，程炼译，中央编译出版社，2001。

［英］安东尼·吉登斯：《现代性与自我认同》，赵旭东、方文译，生活·读书·新知三联书店，1998。

［英］安东尼·吉登斯：《现代性的后果》，田禾译，译林出版社，2000。

［法］让－弗朗索瓦·利奥塔尔：《后现代状态》，车槿山译，生活·读书·新知三联书店，1997。

［法］米歇尔·福柯：《规训与惩罚》，刘北成、杨远婴译，生活·读书·新知三联书店，1999。

［德］鲁道夫·奥伊肯：《生活的意义与价值》，万以译，上海译文出版社，1997。

［奥］维克多·弗兰克：《无意义生活之痛苦——当今心理治疗法》，朱晓权译，生活·读书·新知三联书店，1991。

［奥］维克多·E.弗兰克尔：《追寻生命的意义》，何忠强、杨凤池译，新华出版社，2003。

［美］巴·沃德、雷·杜博斯主编《只有一个地球》，国外公害资料编译组译，石油工业出版社，1981。

世界自然保护同盟、联合国环境规划署：《保护地球——可持续生存战略》，中国环境科学出版社，1992。

中国环境报社编译《迈向21世纪——联合国环境与发展大会文献汇编》，中国环境出版社，1992。

［美］奥尔多·利奥波德：《沙乡年鉴》，侯文惠译，吉林人民出版社，1997。

［美］霍尔姆斯·罗尔斯顿：《环境伦理学》，杨通进译，中国社会科学出版社，2000。

［美］霍尔姆斯·罗尔斯顿：《哲学走向荒野》，刘耳、叶平译，吉林人民出版社，2000。

［美］罗德里克·弗雷泽·纳什：《大自然的权利——环境伦理学史》，杨通进译，青岛出版社，2005。

［德］孔汉思、库舍尔编《全球伦理——世界宗教议会宣言》，何光沪译，四川人民出版社，1997。

［美］欧文·拉兹洛编《多种文化的星球——联合国教科文组织国际专家小组的报告》，戴侃、辛未译，社会科学文献出版社，2001。

［法］西蒙娜·德·波伏娃：《第二性》，陶铁柱译，中国书籍出版社，1998。

［美］凯特·米利特：《性政治》，宋文伟译，江苏人民出版社，2000。

［美］理安·艾斯勒：《圣杯与剑——我们的历史—我们的未来》，程志民译，社会科学文献出版社，1993。

［美］贝尔·胡克斯：《女性主义理论：从边缘到中心》，平林译，江苏人民出版社，2001。

刘小枫主编《20世纪西方宗教哲学文选》（上、中、下卷），上海三联书店，1991。

谢立中、孙立平编《二十世纪西方现代化理论文选》，上海三联书店，2002。

陈燕谷、汪晖编《文化与公共性》，生活·读书·新知三联书店，1998。

刘军编《民主与民主化》，商务印书馆，1999。

李银河主编《妇女：最漫长的革命——当代西方女权主义理论精选》，三联书店，1997。

王政、杜芳琴主编《社会性别研究选译》，生活·读书·新知三联书店，1998。

邱仁宗主编《女性主义哲学与公共政策》，中国社会科学出版社，2004。

曹荣湘选编《后人类文化》，上海三联书店，2004。

后 记

　　《儒学的现代命运——儒家传统的现代阐释》一书是我在 2003 年立项、2009 年完成的国家社会科学基金一般项目的最终研究成果。在此书出版之际，我首先要对全国哲学社会科学规划办公室给予的信赖和支持表示衷心的感谢！这一国家项目，也受到我所在的工作单位河南省社会科学院的支持，我也在此表示衷心的感谢！

　　人民出版社接受出版本书，并纳入《哲学史家文库》第 2 辑，对本书受到如此珍贵的学术价值的信任，对人民出版社哲学编辑室主任方国根编审为审读、编辑本书稿付出的辛劳，还有负责装帧设计、版式设计以及其他为本书出版付出辛勤的人民出版社的朋友，我皆表示诚挚的感谢！

　　最后，我还要对阅读了本书的读者表示感谢，并欢迎批评指正。

2011 年 5 月于郑州

《崔大华全集》 出版后记

　　2019 年 3 月，河南省社会科学院哲学与宗教研究所计划以《崔大华全集》（以下简称《全集》）的形式，出版崔大华先生已发表的论著和未发表但具有较高学术价值的作品。这项计划得到河南省社会科学院院长谷建全研究员和院领导班子的高度重视与大力支持。其后，哲学与宗教研究所原所长王景全研究员组织科研人员投入资料搜集整理工作中。我们除了向出版社提供崔先生已出版的专著（《南宋陆学》《庄子歧解》《庄学研究——中国哲学一个观念渊源的历史考察》《儒学引论》《儒学的现代命运——儒家传统的现代阐释》）、合著（《道家与中国文化精神》）和论文集（《中国传统社会思想的理路及当代价值》）外，还通过各种方式，将崔先生发表在正式期刊、辑刊、内部刊物、海外刊物上但未收入论文集的 18 篇论文以及《宋明理学史》与《中国历史大辞典·思想史卷》中由他撰写的部分整理出来。在崔先生夫人李正平老师的协助下，我们还整理了崔先生写于 20 世纪 70 年代的随笔《佳羽集》和短文《雕朽集》，并从他的书信底稿中整理出 165 封书信，选 105 封收入《全集》。李正平老师还提供了崔先生不同时期的照片 100 多幅，我们选 40 多幅作为《全集》正文前的插图。

　　《全集》由社会科学文献出版社出版。经过紧张的编辑、排版和校对工作，《全集》的样书于 2019 年 11 月印出，并作为河南省社会科学院建院 40 周年庆典书目展览。进入 2020 年，由于新型冠状病毒肺炎疫情等不可抗因素，出版进度受到影响，但是《全集》的校对、修改工作仍继续进行。2021 年 5 月中旬，我们收到出版社发来的校样稿，哲学与宗教研究所负责人潘世杰副研究员组织七名科研人员分工校对，其中：赵胤校对第一卷，高丽杨校对第二卷，徐幼萍校对第三卷，赵志浩校对第四卷，宋艳琴校对第五卷，王思远校对第六卷，代云校对第七卷。最后再由代云对所有校对结果进行汇总、整理与完善。校对结果于2021年7月中旬向出版社反馈。

《全集》的编纂与出版得到各界人士的大力支持和无私帮助。湖南大学姜广辉先生提供了崔大华先生早年多幅照片的有关信息；西南大学高秀昌教授将崔先生发表在海外的论文拍照传给我们，并就《全集》整理、编纂中存在的问题提出了具体的指导意见；河南大学张枫林博士提供了崔先生在河南大学主持研究生答辩时的照片；河南省社会科学院杨海中研究员、丁巍研究馆员就崔先生早年的两张照片提供了详细的信息；河南省儒学文化促进会副会长周桂祥先生和常务理事李若夫教授提供了崔先生参加河南省儒学文化促进会相关活动的照片与文章；人民出版社方国根编审、大象出版社卢海山副编审、西南民族大学杨翰卿教授、上海师范大学张永超教授、遵义医科大学袁永飞博士、河南省哲学学会会长梁周敏教授、郑州航空工业管理学院鲁庆中教授、河南省社会科学院刘勇研究员与周全德研究员对于《全集》的编纂工作也提出了有益的意见。此外，在两年多的时间里，河南省社会科学院领导一直关心并多次过问《全集》的进展情况，院办公室、科研处、文献信息中心积极给予支持；社会科学文献出版社诸位领导和编辑也付出了辛勤的劳动。在此，我们对大家的积极帮助和支持，表示诚挚的谢意！

编者

2021年7月